ECONOMICS

高等院校经济与管理专业核心课教材
北京高等教育精品教材

经济学教程

（第四版）

◎ 张连城 编著

经济日报出版社

第四版前言

呈现在读者面前的是一部包括微观经济学和宏观经济学基本原理的经济学教科书。经济学是适应市场经济发展的需要而产生和发展起来的理论经济学，在我国通常被称为西方经济学。西方经济学发展到现在，已经成为具有众多流派、内容纷繁复杂，同时在研究中广泛运用规范分析、实证分析和数量分析方法的学科。因此，从中选择哪些内容奉献给读者，以及对经济学的理论观点和现实经济现象做出怎样的解释，取决于经济学的任务、教学的目标和作者对经济理论及经济生活的理解。

为适应本科生、研究生以及不同专业的教学目标，西方国家许多大学都将经济学教材分为初级教程、中级教程和高级教程。而在我国的经济学教学中，这种区分并不严格。虽然西方经济学是我国大学经济和管理类本科教学的核心课程之一，也是许多经济管理类本科生考研的必修课程，但是不同的学校和不同的专业在课时安排上却有很大的差别。本书在内容安排上，是一本介于初级教程与中级教程水平之间但更接近于中级教程的教材，涵盖了微观经济学、宏观经济学中最经典的内容，可以满足 80~120 课时左右的教学需要。

为了使读者尽可能多地掌握经济学的基本原理和了解经济学的学科发展而又不增加课业负担，本书除了将传统的经典经济学理论介绍给读者外，还尽可能地把属于经济学前沿同时又比较成熟的研究成果展现在读者面前。此外，为了满足不同专业教学的需要和控制全书的字数，在不影响读者对经济理论理解的前提下，略去了许多较复杂的数学推导过程，这些数学推导过程可以根据不同专业教学的需要在教学过程中由教师和学生去完成。

为了使读者更好地掌握经济学的基本原理，把握经济学的精髓，本书在内容安排上尽可能地做到系统性、前沿性和应用性的统一；在结构安排、内容安排、分析推理等方面尽可能保持严密的逻辑性，使之更符合中国人的思维特点，更符合教学规律和认知规律。同时，在行文方面尽可能做到通俗易懂。因此，本书也适合没有学过经济学的读者自学。此外，在严格控制字数的前提下，根据经济学中级教程和高级教程的特点，本书尽可能地给读者更多的信息，读者在掌握了本教材的内容后，可以较轻松地和国外出版的经济学中级教程以及高级教程在内容上实现对接。

在《经济学教程》的基础上，读者如果需要进一步学习和更深入研究微观经济学和宏观经济学的理论，根据作者多年的教学经验，建议读者阅读如下几本原版教材：微观经济学中级教程可以选择罗伯特·平狄克（Robert S. Pindyck）、丹尼尔·鲁宾费尔德（Daniel L. Rubinfeld）合著的《微观经济学》和哈尔·范里安（Hal R. Varian）的《微观经济学：现代观点》；高级教程可以选择哈尔·范里安（Hal R. Varian）的《微观经济学（高级教程）》和安德鲁·马斯-科莱尔（Andreu Mas-Colell）、迈克尔·D. 温斯顿（Michael D. Whinston）、杰里·R. 格林（Jerry R. Green）合著的《微观经济学》；宏观经济学中级教程可以选择鲁迪格·多恩布什（Rudiger Dornbusch）、斯坦利·费希尔（Stanley Fischer）、理查德·斯塔茨（Richard Startz）合著的《宏观经济学》和罗伯特·霍尔（Roberte Hall）、约翰·泰勒（John B. Taylor）合著的《宏观经济学》、罗伯特·J. 巴罗（Robert J. Barro）著《宏观经济学：现代观点》；高级教程可以选择戴维·罗默（David Romer）的《高级宏观经济学》和本·J. 海德拉（Ben J. Heijdra）著《高级宏观经济学基础》。上述教材均有中译本。如果需要对西方经济学主要流派有一个大致的了解，选择丁冰和张连城主编的由中国经济出版社出版的《现代西方经济学说》可能更为合适。《经济学教程》在内容的安排上与上述教材都有较好的衔接。

《经济学教程》一书在 2007 年 4 月首次出版，2010 年进行了修订，2012 年再次修订。本书出版后，受到了读者的欢迎，并于 2011 年被评为北京市精品教材。本次修订的第四版除了在行文方面有某些修改，使之更加严谨外，还根据任课教师和读者的意见和要求增添了一些内容。由于作者学识水平所限，书中难免有一些疏漏甚至错误之处，所选择的内容范围也许不尽合理，敬请同行和读者批评指正。

张连城

2021 年 1 月 5 日

目 录

第四版前言 ·· 001
导　论 ··· 001

上篇　微观经济学

第一章　需求与供给的一般原理 ·· 013
第一节　微观经济运行 ·· 013
一、微观经济运行的简单模型 ··· 013
二、市场失灵和政府对市场的干预 ··· 015
第二节　需求分析 ··· 016
一、需求和需求定律 ·· 016
二、影响需求的因素和需求函数 ··· 018
第三节　供给分析 ··· 021
一、供给和供给定律 ·· 022
二、影响供给的因素和供给函数 ··· 023
第四节　均衡价格与供求定律 ··· 026
一、均衡价格 ·· 026
二、供求定律与均衡价格和均衡数量的变动 ···································· 027
第五节　市场的作用与政府对市场的干预 ··· 029
一、市场的作用与资源配置 ·· 029
二、政府对市场价格的干预 ·· 030
第六节　需求弹性和供给弹性 ··· 034
一、弧弹性、区间弹性和点弹性 ··· 034
二、需求的价格弹性 ·· 035
三、需求的收入弹性 ·· 039
四、需求的交叉弹性 ·· 041

001

五、供给弹性 ··· 043

第二章　消费理论 ·· 047

第一节　效用和边际效用递减规律 ·· 047
　　一、总效用和边际效用 ·· 047
　　二、边际效用递减规律 ·· 049
　　三、消费者剩余 ··· 050

第二节　消费者选择和效用最大化的均衡 ······································· 052
　　一、消费者偏好 ··· 052
　　二、无差异曲线和商品的边际替代率 ······································· 053
　　三、消费者的预算约束和预算约束线 ·· 058
　　四、消费者均衡 ··· 060

第三节　价格变化时的消费者均衡：需求曲线 ································· 063
　　一、价格-消费曲线 ·· 063
　　二、消费者的需求曲线 ·· 064

第四节　收入变化时的消费者均衡：恩格尔曲线 ······························ 066
　　一、收入-消费曲线 ··· 066
　　二、恩格尔曲线和恩格尔系数 ·· 067

第五节　对需求曲线特征的分析：替代效应和收入效应 ····················· 069
　　一、替代效应和收入效应 ·· 069
　　二、正常商品的需求曲线 ·· 070
　　三、低档品或劣等品的需求曲线 ··· 071
　　四、吉芬商品的需求曲线 ·· 072

第六节　从个人需求曲线到市场需求曲线 ·· 073

第三章　生产理论 ·· 077

第一节　生产函数 ·· 077
　　一、生产函数的定义 ·· 077
　　二、短期生产函数和长期生产函数 ·· 078
　　三、里昂惕夫生产函数和柯布-道格拉斯生产函数 ······················· 079

第二节　短期生产函数：一种可变生产要素的最优利用 ···················· 081
　　一、总产量、平均产量和边际产量 ·· 081
　　二、边际产量递减规律 ·· 085
　　三、一种可变投入要素的最优利用和企业生产的三个阶段 ············ 087

第三节　长期生产函数：两种可变生产要素条件下生产要素的最优组合 ·· 088
　　　一、等产量线和边际技术替代率 ······································ 089
　　　二、生产的经济区域 ·· 094
　　　三、等成本方程和等成本线 ·· 095
　　　四、生产要素的最优组合 ··· 097
　　第四节　生产扩张的最优路径和规模报酬 ································· 100
　　　一、生产扩张线 ·· 100
　　　二、规模报酬 ··· 102

第四章　成本、收益与利润最大化的均衡 ······································ 108
　　第一节　成本的性质和成本函数 ·· 108
　　　一、会计成本和机会成本 ··· 108
　　　二、显性成本和隐性成本 ··· 109
　　　三、私人成本和社会成本 ··· 110
　　　四、成本函数 ··· 111
　　第二节　短期成本函数 ··· 112
　　　一、短期总成本、固定成本和变动成本 ······························ 112
　　　二、短期平均成本和短期边际成本 ···································· 114
　　第三节　长期成本函数 ··· 116
　　　一、长期总成本 ·· 116
　　　二、长期平均成本 ··· 118
　　　三、长期边际成本 ··· 122
　　第四节　收益的性质 ··· 123
　　　一、总收益、平均收益和边际收益 ···································· 123
　　　二、不同需求条件下的收益曲线 ······································· 124
　　第五节　利润和利润最大化的均衡 ··· 126
　　　一、利润的性质 ·· 126
　　　二、利润最大化均衡的条件 ·· 128
　　　三、停止营业原则 ··· 129
　　第六节　企业和企业的经营目标 ·· 130
　　　一、企业的性质 ·· 130
　　　二、企业的经营目标 ·· 131

第五章　市场理论 ··· 134

第一节　完全竞争的市场 ·· 134
一、完全竞争市场的特征 ·· 134
二、完全竞争市场的短期均衡 ·· 135
三、厂商的短期供给曲线和行业的短期供给曲线 ························· 139
四、完全竞争市场的长期均衡 ·· 141
五、行业的长期供给曲线 ·· 145
六、完全竞争市场的效率 ·· 148

第二节　完全垄断的市场 ·· 149
一、完全垄断市场的特征 ·· 149
二、完全垄断市场的短期均衡 ·· 150
三、垄断厂商的供给曲线 ·· 152
四、完全垄断市场的长期均衡 ·· 153
五、价格歧视 ·· 154
六、完全垄断市场的效率 ·· 156

第三节　垄断竞争的市场 ·· 156
一、垄断竞争市场的特征 ·· 156
二、垄断竞争市场的短期均衡 ·· 157
三、垄断竞争市场的长期均衡 ·· 159
四、垄断竞争市场的效率 ·· 160

第四节　寡头垄断的市场 ·· 160
一、寡头垄断市场的特征 ·· 161
二、古诺模型 ·· 162
三、斯威齐模型 ··· 165
四、卡特尔模型 ··· 168
五、寡头垄断市场的效率 ·· 170

第五节　博弈论 ··· 170
一、囚徒的困境和纳什均衡 ··· 170
二、寡头垄断厂商的两难选择 ·· 172
三、重复博弈 ·· 174

第六章　生产要素市场和收入分配理论 ··· 176
第一节　完全竞争市场条件下的生产要素需求 ······························· 176

一、生产要素需求的性质和边际收益产品 …………………… 177
　　二、厂商对生产要素需求或使用生产要素的原则 …………… 178
　　三、完全竞争市场要素的需求曲线 …………………………… 181
　第二节　不完全竞争市场条件下的生产要素需求 ………………… 183
　　一、卖方垄断而买方完全竞争情况下厂商对要素的需求 …… 183
　　二、买方垄断而卖方完全竞争情况下厂商对要素的需求 …… 185
　第三节　生产要素的供给 …………………………………………… 188
　　一、生产要素的供给和生产要素价格的决定 ………………… 188
　　二、劳动的供给和工资的决定 ………………………………… 190
　　三、土地的供给和租金的决定 ………………………………… 193
　　四、资本的供给和利率的决定 ………………………………… 197
　第四节　收入分配理论 ……………………………………………… 199
　　一、边际生产力理论与欧拉定理 ……………………………… 199
　　二、洛伦茨曲线 ………………………………………………… 201
　　三、基尼系数 …………………………………………………… 203
　　四、库兹涅茨的倒"U"字形假说 ……………………………… 203

第七章　一般均衡与经济效率 …………………………………………… 206
　第一节　一般均衡和帕累托最优 …………………………………… 206
　　一、局部均衡和一般均衡 ……………………………………… 206
　　二、帕累托最优与经济效率 …………………………………… 208
　第二节　实现帕累托最优的条件 …………………………………… 209
　　一、帕累托最优的交换条件 …………………………………… 209
　　二、帕累托最优的生产条件 …………………………………… 213
　　三、帕累托最优的生产与交换条件 …………………………… 217
　　四、完全竞争与帕累托最优状态 ……………………………… 219
　第三节　社会福利问题：经济效率与公平 ………………………… 221
　　一、社会福利问题 ……………………………………………… 221
　　二、经济效率与公平 …………………………………………… 223

第八章　市场失灵与政府的作用 ………………………………………… 226
　第一节　市场机制的作用和市场失灵 ……………………………… 226
　　一、市场机制及市场机制充分发挥作用的条件 ……………… 226
　　二、市场机制的局限性和市场失灵 …………………………… 227

第二节　外部性 …………………………………………………… 228
　一、外部性及其特征 …………………………………………… 228
　二、外部性与资源配置效率 …………………………………… 230
　三、明晰产权与科斯定理 ……………………………………… 231
　四、政府对外部性的控制 ……………………………………… 233
第三节　公共物品 ………………………………………………… 234
　一、公共物品及其特征 ………………………………………… 235
　二、公共物品与资源配置效率 ………………………………… 236
　三、公共物品与公共选择 ……………………………………… 237
第四节　信息不完全的市场 ……………………………………… 239
　一、逆向选择 …………………………………………………… 239
　二、道德风险 …………………………………………………… 240
　三、委托-代理问题 …………………………………………… 241
　四、解决非对称市场信息的方法：制度设计和政府的作用 … 242
第五节　垄断 ……………………………………………………… 244
　一、垄断的弊端和效率损失 …………………………………… 245
　二、政府对垄断的公共管制 …………………………………… 247
第六节　政府的经济作用与政府失灵 …………………………… 249
　一、政府的经济作用 …………………………………………… 249
　二、政府失灵 …………………………………………………… 249

下篇　宏观经济学

第九章　宏观经济运行与国民收入核算 …………………… 255
第一节　宏观经济运行与宏观经济均衡 ………………………… 255
　一、宏观经济循环流程与宏观经济均衡的条件 ……………… 255
　二、储蓄、投资、政府预算与对外贸易 ……………………… 260
第二节　经济活动水平的衡量 …………………………………… 262
　一、衡量经济活动水平的指标 ………………………………… 262
　二、名义国内生产总值和实际国内生产总值 ………………… 264
　三、潜在产出和产出缺口 ……………………………………… 267
第三节　国民收入的核算方法 …………………………………… 269

一、核算 GDP 的方法 ·········· 269
　　二、以 GDP 为核心核算国民收入的缺陷 ·········· 271
第十章　总需求分析：均衡国民收入的决定 ·········· 274
　第一节　均衡产出、消费函数和储蓄函数 ·········· 274
　　一、总需求与均衡产出 ·········· 275
　　二、消费函数和储蓄函数 ·········· 276
　　三、关于消费函数中收入的性质 ·········· 279
　第二节　简单国民收入的决定 ·········· 281
　　一、两部门经济中国民收入的决定 ·········· 281
　　二、政府部门在国民收入决定中的作用 ·········· 284
　第三节　乘数效应 ·········· 286
　　一、投资乘数 ·········· 287
　　二、政府购买乘数 ·········· 289
　　三、自发税收乘数 ·········· 290
　　四、政府转移支付乘数 ·········· 291
　　五、平衡预算乘数 ·········· 292
　　六、加入引致税收后的乘数 ·········· 293
　　七、乘数发挥作用的条件 ·········· 294
　第四节　加速原理及其发挥作用的条件 ·········· 295
　　一、加速原理 ·········· 295
　　二、加速原理发挥作用的条件 ·········· 296
第十一章　产品市场和货币市场的均衡 ·········· 299
　第一节　产品市场的均衡和 IS 曲线 ·········· 299
　　一、投资函数 ·········· 299
　　二、产品市场的均衡和 IS 曲线 ·········· 303
　第二节　货币市场的均衡和 LM 曲线 ·········· 308
　　一、货币需求和货币需求函数 ·········· 309
　　二、货币供给和货币供给函数 ·········· 312
　　三、货币市场的均衡和均衡利率的决定 ·········· 315
　　四、货币市场的均衡和 LM 曲线 ·········· 317
　第三节　产品市场和货币市场的共同均衡：IS-LM 模型 ·········· 322
　　一、产品市场和货币市场共同均衡时国民收入和利率的决定 ·········· 322

二、均衡国民收入和均衡利率的变动 …………………………… 323
　　三、产品市场和货币市场的失衡及其调整 ……………………… 325
　第四节　充分就业的均衡与非充分就业的均衡 …………………… 327
　　一、产品市场和货币市场的均衡与就业 ………………………… 327
　　二、凯恩斯的有效需求理论 ……………………………………… 329

第十二章　开放条件下的宏观经济运行 ……………………………… 333
　第一节　国际收支平衡表与汇率 …………………………………… 333
　　一、国际收支平衡表 ……………………………………………… 334
　　二、汇率和汇率制度 ……………………………………………… 337
　　三、汇率变动对国际收支的影响 ………………………………… 342
　第二节　引入对外贸易后的宏观经济运行 ………………………… 343
　　一、影响进出口贸易的因素和净出口函数 ……………………… 343
　　二、开放经济中均衡产出的决定和开放经济乘数 ……………… 347
　第三节　资本流动与国际收支平衡 ………………………………… 348
　　一、国际资本流动和利率水平：净资本流出函数 ……………… 349
　　二、国际收支平衡函数 …………………………………………… 350
　　三、国际收支平衡与 BP 曲线 …………………………………… 351
　第四节　宏观经济的内外部均衡和失衡 …………………………… 355
　　一、经济的内外部均衡和 IS-LM-BP 模型 …………………… 355
　　二、经济的内部失衡和外部失衡 ………………………………… 357

第十三章　财政政策与货币政策 ……………………………………… 360
　第一节　宏观经济政策的目标、工具和类型 ……………………… 360
　　一、宏观经济政策的目标 ………………………………………… 360
　　二、财政政策与货币政策的工具和基本类型 …………………… 363
　第二节　经济中的内在稳定器 ……………………………………… 367
　　一、财政制度中的内在稳定器 …………………………………… 367
　　二、货币制度中的内在稳定器 …………………………………… 369
　第三节　财政政策和货币政策的效应 ……………………………… 370
　　一、财政政策的效应和财政政策乘数 …………………………… 370
　　二、货币政策的效应和货币政策乘数 …………………………… 376
　　三、财政政策和货币政策的时滞 ………………………………… 382
　第四节　财政政策和货币政策的综合运用 ………………………… 383

  一、财政政策和货币政策综合运用的必要性 ………………………… 383
  二、财政政策与货币政策组合 ………………………………………… 384
 第五节 财政政策和货币政策效应的国际传导 ………………………… 386
  一、财政政策和货币政策效应的传导 ………………………………… 386
  二、溢出效应和回振效应 ……………………………………………… 388

第十四章 总需求-总供给模型 …………………………………………… 391
 第一节 总需求函数和总需求曲线 …………………………………… 391
  一、总需求和总需求函数 ……………………………………………… 391
  二、总需求曲线和总需求函数的推导 ………………………………… 393
 第二节 劳动市场的均衡与总供给曲线 ……………………………… 396
  一、总供给和劳动市场 ………………………………………………… 396
  二、劳动市场的均衡和总量生产函数 ………………………………… 397
  三、短期总供给曲线和长期总供给曲线 ……………………………… 401
 第三节 决定总供给的因素和总供给曲线的移动 ………………… 408
  一、决定长期总供给的因素和长期总供给曲线的移动 …………… 408
  二、决定短期总供给的因素和短期总供给曲线的移动 …………… 409
 第四节 AD-AS 模型和经济波动 ………………………………………… 411
  一、AD-AS 模型 ………………………………………………………… 411
  二、由总需求冲击、总供给冲击和价格冲击引发的经济波动 …… 414
  三、面对总需求冲击和总供给冲击的政策调整 …………………… 420

第十五章 通货膨胀、失业与产出波动 ……………………………………… 424
 第一节 通货膨胀及其对经济的影响 ………………………………… 424
  一、通货膨胀和通货紧缩 ……………………………………………… 424
  二、通货膨胀的类型 …………………………………………………… 426
  三、通货膨胀的经济影响 ……………………………………………… 428
 第二节 通货膨胀的一般成因 …………………………………………… 431
  一、需求拉动的通货膨胀 ……………………………………………… 431
  二、成本推动的通货膨胀 ……………………………………………… 433
  三、结构性通货膨胀 …………………………………………………… 434
 第三节 失业与奥肯法则 ………………………………………………… 435
  一、失业和失业的经济影响 …………………………………………… 435
  二、奥肯法则 …………………………………………………………… 438

第四节 菲利普斯曲线和总供给曲线 ………………………………… 439
一、短期菲利普斯曲线和长期菲利普斯曲线 ………………………… 439
二、从总供给曲线到菲利普斯曲线 …………………………………… 442
三、存在通货膨胀预期的菲利普斯曲线 ……………………………… 445

第五节 价格调整方程和通货膨胀的国际传导 …………………… 448
一、价格调整方程 ……………………………………………………… 448
二、通货膨胀的国际传导 ……………………………………………… 450

第六节 反通货膨胀的政策 ………………………………………… 452
一、紧缩性经济政策 …………………………………………………… 452
二、收入政策 …………………………………………………………… 454
三、货币政策规则 ……………………………………………………… 455

第十六章 经济增长与经济波动 ……………………………………… 458

第一节 经济增长与经济增长的源泉 ……………………………… 458
一、经济增长与经济发展 ……………………………………………… 458
二、影响长期经济增长的因素 ………………………………………… 460
三、增长核算 …………………………………………………………… 462

第二节 经济增长理论 ……………………………………………… 463
一、哈罗德-多马增长模型 ……………………………………………… 464
二、新古典增长模型 …………………………………………………… 466
三、内生增长理论 ……………………………………………………… 480

第三节 促进长期经济增长的政策和制度创新 …………………… 485
一、促进资本积累和有效利用自然资源的政策 …………………… 485
二、促进技术进步的政策 ……………………………………………… 485
三、增加劳动供给的政策 ……………………………………………… 486
四、制度创新 …………………………………………………………… 486

第四节 经济波动与经济周期 ……………………………………… 487
一、经济波动和经济周期的类型 ……………………………………… 487
二、经济周期的阶段划分和阶段特征 ………………………………… 489
三、经济周期的直接原因和根源 ……………………………………… 491
四、真实经济周期理论 ………………………………………………… 493

后 记 …………………………………………………………………… 496

导 论

一、经济学的双重主题：资源的稀缺性和经济效率

在一个经济社会或经济体中，人的欲望或需要是无穷无尽的，当一种欲望被满足以后，新的欲望又会不断产生。然而，能够满足人们欲望的资源却是有限的。从这个意义上说，资源具有稀缺性（scarcity）。经济学所说的资源是指经济资源。检验一种资源是经济资源还是非经济资源的标准是价格。在市场经济中，经济资源都具有价格，或者说，都具有非零价格，而非经济资源都没有价格。例如，食品、汽车、住房都是有价格的，因而是经济资源，而阳光、空气是没有价格的，它们是非经济资源。可见，在市场经济中，需要人们支付货币才能得到的资源才是经济资源。

由于资源具有稀缺性，因此在任何一个时期，人们都必须作出这样的选择：即将稀缺的资源用于哪些产品的生产，以满足人们的哪些需要。显然，当我们把有限的资源用于生产某种产品时，就必须放弃其他产品的生产；换言之，当我们用稀缺的资源满足人们的某种需要时，则不得不放弃人们其他欲望的满足。在经济学中，这被称为机会成本。机会成本是指资源被用于某种用途而被放弃的其他用途可能得到的收益。显然，在一个经济体中，资源无论被用于何种用途，都是存在机会成本的。当人们面临着这一现实的但又是必须作出的选择时，就产生了任何社会都必须解决的三个基本经济问题：生产什么、怎样生产和为谁生产。

为了解决人类社会所面临的三个基本经济问题，任何一个经济体都必须建立一定的制度和机制，采用一定的方式对稀缺的资源进行有效配置。社会采用什么方式配置资源或利用何种选择机制配置资源，这必然会涉及资源的配置效率即经济效率的高低问题。一般地说，高的经济效率是指一个经济社会或经济体

能够利用现有的资源获得最大的产出,如果做不到这一点,该经济社会或经济体的经济效率就被认为是低的,低的经济效率意味着资源没有得到有效配置。

建立什么制度和机制,用什么方式来配置资源才能实现高的经济效率呢?在近现代社会,曾经存在过两种极端的经济制度和资源配置方式:一种是资源完全由市场这只"看不见的手"来配置的自由市场经济制度,20世纪30年代以前,许多资本主义国家都实行过这种制度;另一种是资源几乎完全由政府这只"看得见的手"来支配的计划经济制度,我国和其他许多社会主义国家都曾经选择过这种资源配置方式。人类社会发展的实践表明,在现代社会,选择任何一种极端的资源配置方式,都不能实现高的经济效率。目前,尽管各国的社会经济制度和政治制度不同,但在资源配置的问题上,多数国家都实行了非完全自由的市场经济制度。这种市场经济制度的特征是,以市场机制作为资源配置的基础方式,同时在一定程度上发挥政府配置资源的作用。

为什么在充分发挥市场机制作用的同时,还要发挥政府干预经济的作用呢?这是因为,市场并不是万能的,市场机制这只"看不见的手"在配置资源时,不仅存在失灵的可能性,而且存在着功能上的缺陷。这就意味着,如果完全依靠市场机制来配置资源,是无法自发地实现高的经济效率,使资源得到最优利用的。在此情况下,为了弥补市场机制的缺陷,就需要政府发挥一定程度的调节作用。由于各国政府在市场经济中发挥作用的范围和程度不同,因而也就存在着不同的市场经济模式。

经济学是研究什么的呢?在一个所有资源都可以自由取用的世界里,由于所有的需求都可以得到满足,因此也就不存在经济问题,当然也就没有了现代意义上的经济学。从人类面临的经济问题不难看出,经济学所要研究的是如何在各种可供选择的用途中配置稀缺的资源以满足人类的需要,并且使资源得到充分的利用。由此可见,资源的稀缺性和与之相联系的资源配置效率,以及资源的充分利用,乃是经济学研究的基本主题。经济学通过对资源配置效率和资源充分利用的研究,试图说明面对稀缺的资源,人类应当如何作出最优化的选择,以实现高的经济效率和社会福利。美国经济学家斯蒂格利茨在《经济学》一书中写道:"经济学是一门社会科学。它以科学的观点来研究社会的选择问题,也就是说它奠基于对选择问题的有系统的探索。这种有系统的探索包括理论的形成和数据的检验。"[1]

---

[1] 中国人民大学出版社1997年版,第17页。

理解了经济学研究的基本主题，也就不难理解经济学所面临的任务。作者认为，作为理论经济学，无论是微观经济学还是宏观经济学，所要完成的基本任务其实都有两个：一是能够解释现实生活中存在的纷繁复杂的经济现象；二是能够指导人类的社会经济实践活动。这也就意味着，与上述两个任务无关的理论是无用的理论，而无用的理论终究是没有生命力的。

二、微观经济学和宏观经济学

在西方，经济学这门学科曾经被称为政治经济学（Political Economy）。19世纪末，在使用英语的国家里，它被改称为经济学（Economics）。"西方经济学"是中国人给予这门学科的特有称谓。经济学包括微观经济学（Microeconomics）和宏观经济学（Macroeconomics）。美国经济学家保罗·萨缪尔森在《经济学》一书中写道："微观经济学和宏观经济学两大分支共同构成现代经济学的核心。"① 虽然微观经济学和宏观经济学共同构成现代经济学的核心，但它们具有不同的研究对象和理论体系。

微观经济学是在假定一个经济社会或经济体的经济活动总是运行在生产可能性曲线上，即经济资源已经被充分利用的条件下，研究如何提高经济效率，实现资源最优配置，以增进社会福利的问题。为了说明这个问题，微观经济学所关注的对象是消费者、生产者等单个经济主体的行为。通过对单个经济主体或微观经济主体行为的分析，旨在说明单个消费者和生产者为实现其行为目标，应当怎样配置有限的资源，以实现资源配置的最优化，并最终实现整个社会资源的最优配置。可以说，微观经济学是一门从个体的角度分析资源的最优化配置问题的经济学科。它把单个消费者、单个厂商以及单个产品市场和单个要素市场作为研究的对象，并试图通过对微观经济主体行为的分析以及它们之间的联系来说明价格机制是如何进行资源配置的，以及实现资源最优配置的条件。同时，微观经济学也分析如何发挥政府的作用来克服市场机制的缺陷，以提高资源配置效率，改善经济运行的质量。

微观经济学是从四个层次逐步深入地对经济主体的行为展开分析的。第一个层次是分析作为微观经济行为主体的消费者如何进行消费决策以实现效用最大化的最优化行为，以及生产者如何进行生产决策以实现最大利润的最优化行为；第二个层次是假设在所有的消费者和所有的生产者都在最优化行为的基础

---

① 人民邮电出版社 2005 年出版，第 2 页。

上，分析这种力量怎样影响市场竞争和供求关系的变动，并以此来说明单个市场上产品价格和要素价格的形成和变动；第三个层次是把所有的单个市场联系起来，分析一个经济社会或经济体中价格体系的决定，研究市场机制是如何配置资源，实现资源的最优化配置问题的；第四个层次是分析市场机制配置资源的缺陷以及政府在提高资源配置效率方面应当发挥什么样的作用。

与微观经济学不同，宏观经济学是在假定资源已经实现最优配置的条件下，研究一个经济社会或经济体如何实现资源的充分利用问题。因此，宏观经济学研究的不是经济中的个体经济行为，而是研究经济的总体运行，即把一个经济社会或经济体的整体经济行为作为自己的研究对象，或者说，宏观经济学的研究对象是一个经济社会的总体经济行为或个体行为的总体结果。例如，宏观经济学并不关注个体消费者的消费支出决策以及影响这些决策的因素，也不关注单个厂商的生产决策以及影响这些决策的因素，而是更关注总消费支出即总需求和总供给对总产出、就业和物价水平的影响。

一个经济社会或经济体的宏观经济运行涉及整个社会的产出水平、就业水平、价格水平、国际收支的平衡状况以及长期经济增长等多个方面的问题。为了说明上述问题，宏观经济学对宏观经济运行的分析沿着五个层次逐步展开：第一个层次分析在只有家庭部门、企业部门和政府部门并且只有产品市场和货币市场以及要素市场的封闭条件下，在短期内国民收入如何决定于总需求以及在什么条件下才能实现宏观经济的均衡；第二个层次是在分析封闭经济运行的基础上引入外国部门和国际市场，研究家庭、企业、政府和外国等四部门开放条件下国民收入怎样决定于总需求和宏观经济均衡的条件；第三个层次是引入时间变量，从总供给的角度解释一个经济体在长期中是如何在波动过程中实现经济增长和充分就业的；第四个层次是利用总需求－总供给模型解释宏观经济的均衡与非均衡；第五个层次是分析政府对宏观经济的干预，包括对总需求和总供给的政策干预以及对长期经济增长的政策干预，并试图说明政府如何通过政策干预来提高宏观经济运行的质量。通过对以上内容的分析，宏观经济学试图解释和说明经济社会所面临的两个重要问题：一是经济社会或经济体的总产出、就业和价格水平在短期内为什么会出现波动以及波动的规律性；二是经济社会或经济体的总产出在长期中如何实现持续增长和稳定增长。

尽管微观经济学和宏观经济学存在着研究对象和研究内容上的区别，但并不是完全独立和自我完善的。微观经济学和宏观经济学是密切相关的。宏观经济整体的运动产生于亿万个微观经济行为主体的决策，所以，不考虑相关的微观经济决策而要去理解宏观经济的运行是不可能的。在宏观经济学中，家庭部门是所有消费者即产品的需求者同时也是要素供给者的集合，企业部门是所有生产者即产品的供给者同时也是要素需求者的集合。因此，家庭部门的行为是所有产品的需求者和要素供给者行为的叠加，而企业部门的行为则是所有产品供给者和要素需求者行为的叠加。从这个意义上说，宏观经济分析是建立在微观经济分析的基础之上的，微观经济学是宏观经济学的基础。当前，经济学家们正在努力从多个方面构建宏观经济理论的微观基础。

此外，微观经济理论研究以资源配置和相对价格为核心，但这一问题的解决要受到经济总体行为的影响。因此，微观经济分析通常假定已经实现资源充分利用以及价格总水平为已知。宏观经济理论研究以资源充分利用和价格水平为核心，但这一问题的解决需要以充分理解微观经济行为为前提。因此，宏观经济学通常假定资源已经实现最优配置和相对价格水平为已知。

根据对微观经济学和宏观经济学的理解，作者对本书的结构是这样安排的：上篇从第一章到第八章，阐述的是微观经济学的基本原理。第一章主要分析市场经济条件下微观经济运行的一般机理，分析需求和供给和一般原理。对个体经济行为的分析是从第二章开始的，第二章的消费理论所要研究的是消费者行为，主要分析消费者实现效用最大化的条件，并以此为理论基础，推导出需求曲线，证明需求定律的存在；第三章是生产理论，这一章以生产者或厂商为分析对象，旨在说明厂商在什么条件下才能使生产要素得到最优利用，以实现收益的最大化；第四章仍然以生产者为研究对象，讨论成本理论，分析成本和收益的性质，并导出厂商实现利润最大化即生产者均衡的条件；第五章的市场理论所分析的对象是产品市场，在对产品市场结构进行分析的基础上，研究面对不同的市场结构，厂商为实现最大利润应当如何进行产量决策和价格决策，即在不同的市场结构下如何实现生产者均衡的问题；第六章我们将把目光转移到生产要素市场方面，分析在要素市场上，消费者为实现效用最大化，应当按照什么原则出售自己拥有的生产要素；同时还要分析作为生产要素买者的厂商，为实现利润最大化的目标，应当如何购买生产要素；第七章是在前面六章分析的基础上，把作为经济主体的消费者和生产者以及产品市场和要素市场联系起来，从局部均衡分析上升到一般均衡分析，揭示在一个经济社会或经济体中，市场机制在什么条件下才能使资源得到最优配置，实现高的经济效率；作为微观经济学最后一章的第八章，我们将讨论市场机制在资源配置的过程中为什么会出现失灵，以及政府在面对市场失灵时需要采取哪些措施和政策，以实现高的经济效率。

本书下篇阐述的是宏观经济学的基本原理。本篇的逻辑结构是：第九章主要分析宏观经济运行的一般机理，给出实现宏观经济均衡的条件和衡量一个经济社会或经济体的经济总量即国民收入的方法。第十章到第十二章，分析短期中的经济运行，即从总需求的角度分析封闭和开放条件下国民收入的决定和宏观经济的均衡。其中第十章是假定经济中只有家庭部门、企业部门和政府部门，并且仅仅存在产品市场时简单国民收入的决定和宏观经济的均衡；第十一章将在第十章的基础上引进货币市场，分析产品市场和货币市场同时存在条件下的国民收入决定和宏观经济的均衡；第十二章将在前两章分析封闭经济的基础上引进外国部门和国际市场，分析开放条件下国民收入的决定和宏观经济的均衡。第十三章在总需求理论分析的基础上，讨论政府如何运用需求管理政策干预短期中的宏观经济运行。第十四章在前面总需求分析的基础上，引进总供给，分析总需求－总供给模型；通过对总需求－总供给模型的分析，试图解释短期经济波动的直接原因以及总需求－总供给模型的政策意义。第十五章进一步从总供给的角度，分析失业、通货膨胀与产出波动之间的内在联系。第十六章主要从长期的角度，分析一国长期总供给能力的增长即长期经济增长问题，同时从总供给和总需求的角度分析短期经济波动的影响，即经济周期。

三、经济学的基本假设

一个社会的经济过于庞大和复杂，因此，经济分析应当首先忽略掉非主流的东西和繁琐的细节，更多地关注基本的经济关系，才可以揭示出经济运行的内在规律，概括出经济学的基本原理，然后再运用这些基本的规律和原理去解释经济现象，制定经济政策，以提高经济运行的质量。这就意味着，我们在构造经济行为的理论或模型时，需要设定一些假设条件。在经济学中有许多假设，其中最重要的假设是经济人假设和完全信息假设。

经济人假设包括两个方面的内容，第一个方面的内容是：在经济活动中，作为市场主体的消费者（他们也是生产要素的供给者）以及它们的集合——家庭部门，都是追求效用最大化的经济行为主体；生产者或厂商以及它们的集合——企业部门，都是追求利润最大化的经济行为主体；外国部门——包括外国的消费者和生产者也是以追求自身利益最大化的经济行为主体。这就是说，经济人在从事各种经济活动的时候，既不考虑社会利益，也不考虑自身的非经济利益。经济人假设的第二个方面的内容，是经济主体的所有的行为都是有意识的和理性的，不存在经验型的或随机的决策。因此经济人也是理性人，经济人假设也包含理性人假设。

完全信息假设是指每一个从事经济活动的个体都对有关的经济情况具有完全的或充分的经济信息，每个人都清楚地了解其所有经济活动的条件与后果。因此，经济中不存在任何不确定性。同时，获取信息不需支付任何成本。比如，每一个消费者都能充分地了解每一种商品的性能和特点，准确地判断一定数量的商品会给自己带来的满足程度，掌握商品价格在不同时期的变化等，从而能够确定最佳的商品组合购买量；生产者能够及时地了解供求信息、价格信息，能够准确地把握市场需求，并在此基础上合理地组织各种生产要素，作出生产者的最优决策。

给定这些假设，目的是为了使问题得到简化，便于从最简单的情况出发，在理想状态下分析纷繁复杂的社会经济，从而得出规律性的东西。当这一任务完成以后，经济学家们就可以在此基础上再放松假设，使理论逐步接近实践，从理想状态的分析逐步接近非理想状态的经济现实。因此，许多假设尽管与现实并不相符或不完全相符，但只要这些假设不影响经济学所要得出的结论，就是可取的。

尽管经济学中的假设使我们更易于构造经济理论和政策，但也增加了犯错误的风险，使我们构造出来的经济理论和政策不很切合实际。但经济学家们认为，如果取消各种假设，我们就可能不会得出任何有价值的理论，因此，近似的正确总比完全的错误要好。

四、经济学的分析方法

在阅读本书之前，需要读者简略地了解经济学中经常使用并且比较重要的几种分析方法。

首先是实证分析与规范分析的方法。实证分析属于描述性解释性的分析方法。运用这种方法分析经济运行，旨在描述经济实际上是怎样运行的，并解释经济为什么会这样运行。因此，对经济运行的实证分析并不涉及好或不好的价值判断问题。与实证性分析方法相联系的理论被称为实证理论或实证经济学。与实证分析方法不同，运用规范分析方法分析经济运行，要从一定的价值判断出发，提出经济行为的标准，然后说明经济应该怎样运行，并且分析经济为什么应该这样运行。与规范性分析方法相联系的理论被称为规范性理论或规范经济学。

例如，经济学家们在描述微观经济或宏观经济实际上是怎样运行以及解释为什么会这样运行时，所使用的方法就是实证分析方法；当经济学家们分析一个经济社会或经济体的经济应该怎样运行以及为什么应该这样运行时，所使用的方法就是规范分析方法。美国经济学家曼昆在《经济学基础》一书中，曾经把实证分析和规范分析简单地概括为：实证分析是"做出关于世界是什么的表述"，而规范分析是"做出关于世界应该是什么的表述"。①

实证分析的结果可以用事实、证据或者从逻辑上进行证实或证伪，而规范分析的结果往往不能用事实、证据或者从逻辑上进行证实或证伪。例如，当我们分析政府对居民征收利息税的政策会给经济活动带来何种影响时，这种分析属于实证分析。而该项政策对经济活动的实际影响是可以用数据进行证实或证伪的。但是，对政府是否应该出台向居民征收利息税的政策进行分析则属于规范分析。由于规范分析涉及价值观，不同的人可以有不同的价值标准，因此，人们无法用数据来对规范分析的结果进行证实或证伪。

在经济学中，多数理论都属于实证性理论，但也有少数理论属于规范性理论。需要说明的是，即使经济学理论多属于实证性理论，并且实证性理论在一定程度上构成规范分析的基础，但对经济运行的实证分析也是建立在一定的规范性假设前提的基础之上的。英国经济学家海韦尔·G·琼斯在《现代经济增长理论导引》一书中指出："实证经济理论所关心的是描述、解释和预示，而规范理论所关心的是法则和建议。现在，很显然规范理论常常是以纯粹的实证模型为基础，而实证模型也可能经常出现很明显的规范性的含义。"②

其次是静态分析、动态分析和比较静态分析的方法。静态分析方法不考虑时间因素，不考虑随着时间的变化对经济运行的影响，只是在一定的假设前提下分析经济运行所必须的均衡条件。因此，静态分析实际上是一种状态分析。与静态分析方法相联系的经济理论模型属于静态模型。在静态模型中，由于变量所属的时间被抽象掉了，因此全部变量都不存在时间先后上的差别。比较静态分析方法是分析已知条件变化后经济均衡状态的相应变化以及相关经济变量达到新的均衡状态时的相应变化，或者说，比较静态分析是对经济现象发生变动后对均衡位置及经济变量变动的前后状态进行比较的分析方法。与静态分析和比较静态分析的方法不同，对经济运行的动态分析必须引进时间变量，考虑

---

① 生活·读书·新知三联书店 2003 年出版，第 29 页。
② 商务印书馆，1999 年出版，第 10 页。

时间变量对经济运行的影响,因而要分析经济运行的过程。可见,动态分析实际上是一种过程分析。与这种分析方法相联系的理论模型属于动态模型。在动态模型中,需要区分变量在时间先后上的差别,研究不同时点上变量之间的相互关系。经济学家们在对微观经济和宏观经济分析的过程中,既使用了静态分析方法、比较静态分析方法,也使用了动态分析方法。

此外,在经济学的分析方法中,还广泛地使用了边际分析方法、局部均衡分析方法和一般均衡分析方法、短期分析方法和长期分析方法、稳态分析方法和非稳态分析方法等。读者在阅读本教程的过程中,会逐步地理解这些分析方法。

上 篇

微观经济学

第一章

需求与供给的一般原理

本章首先建立一个简单的微观经济活动流程图，并试图通过这个流程图来说明微观经济是怎样运行的，通过对微观经济运行的描述可以说明消费者、厂商这两个微观经济行为主体或市场主体与产品市场和生产要素市场之间的内在联系，以及一个经济社会或经济体怎样才能实现高的经济效率。在此基础上，本章将进一步分析作为微观经济行为主体与市场之间联系纽带的需求和供给，阐述有关需求和供给的一般原理。

第一节 微观经济运行

微观经济学涉及两个微观经济行为主体或市场主体：消费者和厂商。同时还涉及两种市场：产品市场和生产要素市场。这两个市场主体和两种市场之间存在的内在联系是本节我们要分析的主要内容。

一、微观经济运行的简单模型

在市场经济中，作为微观经济行为主体或市场主体的消费者和厂商与产品市场和生产要素市场之间存在着怎样的联系呢？为了说明这个问题，让我们首先观察图1-1给出的经济流程图。

在图1-1的经济流程图中，产品市场是指能够满足消费者需求的商品和服务的市场，消费者必须从产品市场上购买面包、衣服、汽车等各种消费品以满足自己的需要，微观经济学把消费者与产品市场之间的这种联系称之为需求。在现代社会，消费者的需求是由谁来满足的呢？显然，只有企业或厂商能够做到这一点。厂商根据消费者的需求进行生产，并将产品拿到市场上去销

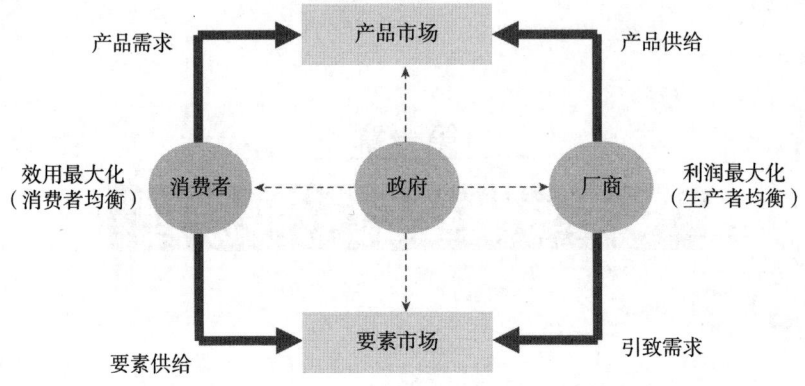

图 1-1 经济活动流程图

售,厂商与产品市场之间的这种联系微观经济学称之为供给。然而,厂商要生产各种产品,就必须使用资本、劳动和包括土地在内的各种自然资源等生产要素,显然,他们只能到要素市场上去购买这些投入品。厂商与要素市场之间的这种联系在微观经济学中被称为引致需求,也简称需求。之所以被称为引致需求,是因为厂商对生产要素的需求是从消费者对产品的需求中派生出来的。这就是说,假如没有消费者对汽车的需求,厂商就没有对生产汽车的各种生产要素的需求。最后一个问题是,在要素市场上,资本、劳动和土地等生产要素是由谁来提供的呢?在市场经济中,所有的生产要素都是由消费者来提供的。① 于是,消费者和要素市场之间就建立起了一种联系,这种联系在微观经济学中被称为要素供给,或者也简称供给。

通过上面的描述,再认真观察图 1-1 的经济流程图,我们就可以更好地了解市场经济是如何运行的。同时也不难看出,市场的需求和供给,应是我们研究微观经济运行的出发点。

在图 1-1 中我们看到,在两个市场主体和两个市场之间,都存在着需求和供给两个方面的联系。问题是,在需求和供给的背后,消费者和厂商都是按照什么行为准则来行事的呢?微观经济学假定,消费者和厂商不仅是理性的,而且都是经济人,即都是理性的追求自身利益最大化的市场主体。这就意味着,消费者消费什么产品,消费多少产品和怎样消费,以及把自己拥有的生产

---

① 迄今为止,除中国之外的市场经济都是以生产要素私有制为基础的。虽然在市场经济发达的国家并不一定完全如此,但这里并不影响我们对微观经济运行方式的分析。此外,我们也可以从广义上理解消费者的含义,从广义上说,消费者不仅包括居民,也包括政府。

要素卖给谁和按照什么价格来出卖，都会按照效用最大化的原则来进行决策。而厂商生产什么产品、为谁生产，以及怎样进行生产，都是按照利润最大化的原则来行事的。在微观经济运行过程中，一旦消费者在产品购买（需求）和要素供给的过程中实现了效用最大化，我们就将这种状态称之为消费者均衡；而一旦生产者在产品供给和要素购买（引致需求）的过程中实现了利润最大化，我们就将其称之为生产者均衡。在图 1-1 的经济流程图中，如果产品市场上既不存在产品过剩，也不存在产品短缺，我们就将其称之为产品市场均衡。同样，当要素市场上既不存在生产要素过剩，也不存在生产要素短缺时，就是要素市场均衡。在这里，市场均衡代表了所有不同的买者和卖者都愿意接受的一种稳定的状态。

在一个经济社会或者一个经济体中，如果在消费者均衡和生产者均衡的基础上，产品市场和要素市场同时实现了均衡，就意味着市场机制平衡了所有影响经济的力量，并且使稀缺性的资源得到了最优配置。显然，这是一个具有极高效率的经济体。假如这种理想状态能够实现，经济就实现了一般均衡，或者说，实现了资源配置的帕累托最优状态。关于一般均衡和帕累托最优状态的问题，我们将在第七章中进行分析。现在的问题是，完全靠市场机制的作用，能够实现资源的最优配置吗？

二、市场失灵和政府对市场的干预

被誉为经济学之父的亚当·斯密在他的伟大著作《国富论》中曾经把市场比喻为一只"看不见的手"。他这样描述市场的作用：在市场经济中，每一个人所追求的仅仅是自己的安全和私利。但是，在他这样做的时候，有一只看不见的手在引导他去帮助实现另外一种目标，尽管该目标并不是他的本意。追逐个人利益的结果，是他经常地增进社会的利益，其效果要比他真的想要增进社会的利益时更好。在这里，斯密认为，市场机制作为一只"看不见的手"，完全可以实现私人利益和公共利益的结合并使两者达到一致。

然而，在经济实际中，市场力量并不是万能的。现代微观经济学认为，由于垄断、外部性和公共物品的存在以及市场信息不完全，都会导致市场机制失灵，从而使市场机制不能自发地实现资源的最优配置，即不能实现帕累托最优状态。在此情况下，要提高一个经济体的经济效率，就需要政府对市场进行适当的干预。有关市场失灵和政府如何干预市场的问题，我们将在第八章中进行讨论。

在一个实行市场经济制度的经济体中，产品价格和要素价格是引导微观经济行为主体进行经济活动决策的重要信号。假如市场是竞争性的市场,并且不存在政府对市场的干预,那么,在产品市场和要素市场上,无论是产品的价格,还是生产要素的价格,都决定于市场需求和市场供给。因此,我们下面的分析就从需求和供给入手。

第二节 需求分析

在本节,我们首先从需求定义入手,分析商品和服务的需求量与价格之间的内在联系,然后讨论影响需求的因素,并在此基础上给出需求函数。

一、需求和需求定律

在微观经济学中,需求(demand,D)被定义为:在一个给定的时间内,在各种可能的价格水平上,消费者愿意并且能够购买的商品和服务的数量。从需求的定义可以知道,需求是由消费者的购买欲望、购买力和时间这三个要素所构成的。

需求的第一个要素是购买欲望。欲望是指人的需要。即人们想获得某些商品和服务从而得到满足的愿望,这是人类一切经济活动的原动力。但是,购买欲望并不等于需求,如果消费者仅有购买欲望而没有足够的货币即购买力,这种欲望就永远无法得到满足,因而也就不能形成有效的需求。相反也是一样,如果消费者有足够多的货币,但却没有购买欲望,消费者手中的货币或购买力依然不能形成有效的需求。因此,经济学中所说的需求,不仅包括购买欲望,也包括购买力这一要素,两者缺一不可。此外,需求是随着时间的推移而不断发生变化的,或者说,需求是个流量,因此,需求还包括一个时间要素。

需求所体现的是商品或服务的购买数量与该商品或服务的价格之间的内在联系,在微观经济学中,这种联系可以用需求表或需求曲线来表示。让我们以鸡蛋的需求为例。假设在某一时期中,如果其他条件不变,某个消费者在不同的价格水平上对鸡蛋的购买量如表1-1所示:

表1-1 鸡蛋的需求表

$P-Q$组合	A	B	C	D	E	F	G
P	1	2	3	4	5	6	7
Q	140	120	100	80	60	40	20

表1-1就是鸡蛋的需求表，它描述了在一定时期内和各种可能的价格水平上消费者购买鸡蛋数量的情况。在表1-1中，P代表鸡蛋的价格水平，Q代表不同价格水平上消费者对鸡蛋的购买数量即需求量。从表1-1中可以看出，当鸡蛋的价格较低时，消费者购买鸡蛋的数量较多，价格较高时，鸡蛋的购买数量较少。例如，当鸡蛋的价格为每公斤1元时，需求量为140公斤，价格为2元时，需求量为120公斤，依此类推，在该表所列明的每一价格水平上，我们都能找到与价格相对应的需求量。这样，我们就会得到A、B、C、D、E、F、G等7种$P-Q$组合。将这7种$P-Q$组合表示在一个横轴代表购买量、纵轴代表价格的坐标上，并且假定商品的价格和与之相对应的需求量的变化具有无限分割性，就可以把A、B、C、D、E、F、G等7个$P-Q$组合点连接在一起，得到一条斜率为负的鸡蛋的需求曲线即D线。如图1-2所示。

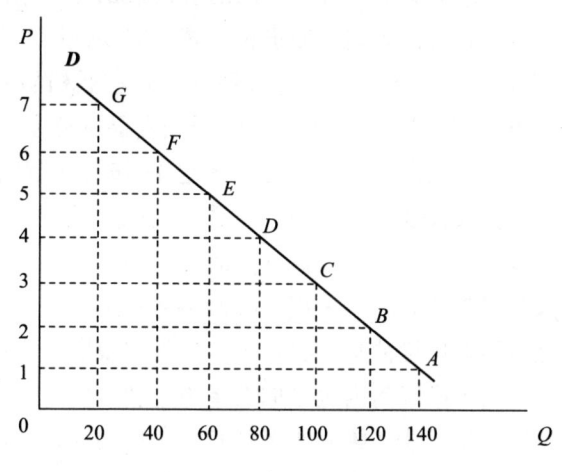

图1-2 鸡蛋的需求曲线

实际上，需求曲线可以是一条直线，也可以是一条曲线；它可能是连续的，也可能是不连续的。无论需求曲线的形状如何，就一般商品而言，都是自左向右下方倾斜的，斜率为负。斜率为负的需求曲线表明需求量和商品的价格之间存在着一种负相关的关系。需求量与商品价格之间的这种内在联系被称为需求定律或需求法则（law of demand）。需求定律表明：商品的价格水平越高，消费者对商品的需求量就越小；反之，商品的价格水平越低，需求量就越大。

需求法则之所以成立，是由消费者追求效用最大化的行为以及替代效应和收入效应决定的。在消费者追求效用最大化的条件下，当一种商品的价格上升时，人们会用其他类似的商品来代替它，从而使该种商品的销售量减少，这就是替代效应；或者当一种商品的价格上升时，人们的实际收入或购买力会相应减少，从而也会导致人们对该商品的购买量减少，这就是收入效应。不难想象，当出现相反的情况，即当一种商品的价格下降时，由于替代效应和收入效应的变化，人们会增加对该种商品的购买量。关于消费者的效用、替代效应、收入效应和需求曲线的关系，我们将在第二章进行更深入的分析。

  需求定律是就一般商品而言的，并不是所有的商品都符合需求定律。例如，吉芬商品（Giffen goods）就属于需求定律的例外，而炫耀性商品（conspicuous goods）或者声望商品（prestige goods）在很大程度上也属于需求定律的例外。吉芬商品是用英国经济学家吉芬（Robert Giffen）的名字来命名的一种低档品，它的需求曲线不是向右下方倾斜的，而是在一定的价格区间内向右上方倾斜的，其斜率为正。这意味着，当吉芬商品的价格较低时，人们对它的需求量较少，反之，当价格较高时，人们的需求量较多。需要说明的是，并不是所有的低档品都是吉芬商品，只有在一定的条件下，某些低档品才会成为吉芬商品。例如，当出现饥荒时，原来价格较低的低档食品如土豆的价格不仅会上升，其销售量也会增加；当人们的收入水平迅速提高时，原来价格较高的某些低档品，其价格不仅会大幅度下降，而且其销售量也会减少。例如，黑白电视机的销售就具有这样的特点。因此，吉芬商品具有一条正斜率的需求曲线。关于吉芬商品的需求曲线为什么斜率为正，我们也将在第二章进行分析。炫耀性商品或声望商品是指能够炫耀消费者身份、社会地位或购买力的高档商品，它们的需求曲线在一定的价格区间内也是向右上方倾斜，斜率为正的。因为如果这种商品的价格过低，就不能炫耀购买者的身份、社会地位或购买力，人们对这些商品的需求量就可能会减少。此外，一些投机性商品（speculative goods）如股票等，它们的需求曲线则可能与需求定律的要求完全不一致。

二、影响需求的因素和需求函数

  需求定律表明，消费者对商品和服务的购买数量是随着商品和服务价格的波动而变化的。但是，消费者对商品和服务的购买数量还取决于除价格以外的其他因素。为此，必须区分需求和需求量这两个概念。根据前面对需求的定义，需求应是指一个完整的需求表或一条完整的需求曲线。与需求不同，需求量则是指需求表中的某一个特定的 $P-Q$ 组合或需求曲线上的某一个点。需求量被定义为：在一个特定的时间内和某一特定的价格水平上，消费者愿意并且能够购买的商品和服务的数量。与之相联系，需求的变动与需求量的变动也是不同的。需求的变动是指在商品本身价格不变的情况下，由于其他条件的变动所引起的购买数量的变动。在一个表示需求曲线的坐标上，需求的变动表现为需求曲线位置的移动。如果需求曲线右移，表示需求增加，而需求曲线左移，则表示需求减少，如图1-3（a）所示。需求量的变动是指在其他条件不变的情况下，由于商品本身价格的变动所引起的购买数量的变动。在一个表示需求曲线的坐标上，需求量的变动表现为沿着一条特定的需求曲线的点的移动。如果$P-Q$组合点沿着D线上移，表示需求量减少；反之，$P-Q$组合点下移，则表示需求量增加。如图1-3（b）所示。

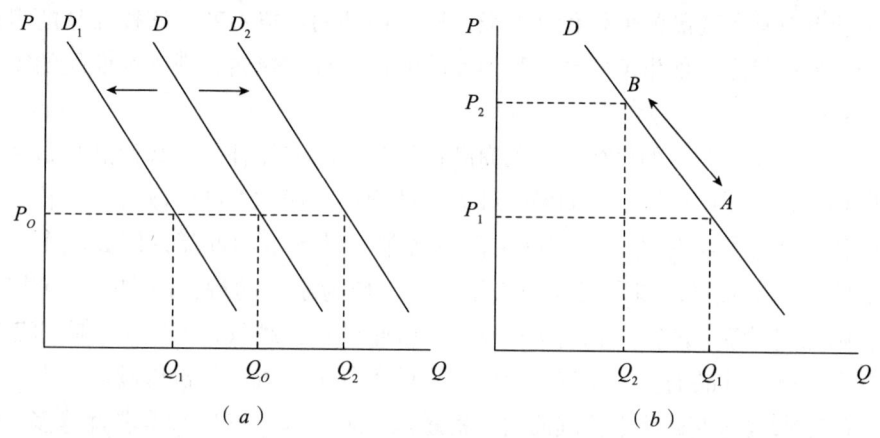

图1-3　需求的变动和需求量的变动

图1-3（a）中，在商品价格不变的条件下，由于某种因素的变化使需求曲线由D线移至D_2线，从而引起了购买数量从Q_0增加到Q_2，这意味着需求的增加；反之，当需求曲线由D线移至D_1线时，购买数量从Q_0减少到Q_1，这意味着需求的减少。在图1-3（b）中，$P-Q$组合点从点A移至点B，表示价格从P_1上升到P_2，购买数量从Q_1减少到Q_2，这意味着需求量减少；反之，从点B移至点A，表明价格从P_2下降到P_1，相应地，购买数量从Q_2增加到Q_1，这意味着需求量增加。①

需求变动和需求量变动的区别就在于引起两者变动的因素不同。从对

---

① 需求的变动和需求量的变动都表现为购买量Q的变动，在不影响我们对需求变动和需求量变动理解的前提下，需求量和购买量这两个概念一般是通用的。

图 1-3 (b) 的分析不难看出，引起需求量变动的因素是商品本身的价格。而需求的变动是由什么决定的呢？需求的变动是由除商品本身价格之外的多种因素的变化引起的，其中主要包括：

第一，消费者可支配收入。消费者可支配收入的变化对不同商品的需求会产生不同的影响。如果其他条件不变，就正常品而言，消费者可支配收入的增加会导致他们对正常品需求的增加，反之，则会导致他们对正常品需求的减少。但如果产品是低档品，消费者可支配收入的增加只会导致他们对该种商品需求的减少，反之，则会导致需求的增加。

第二，消费者偏好。消费者偏好是指消费者对某种商品的偏爱和喜好。如果消费者对某种商品的偏好程度增强，即使商品的价格不变，该种商品的需求也会增加；反之，如果消费者对某种商品的偏好程度减弱，则该种商品的需求就会减少。

第三，相关商品的价格。相关商品包括替代品和互补品。替代品是指两种可以相互替代使用而满足人们同一种需求的商品，例如茶叶和咖啡。互补品是指两种商品必须同时使用才能满足消费者某一种需求的商品，例如汽车和汽油。就替代品而言，如果茶叶的价格不变，作为茶叶的替代品咖啡的价格越高，则人们对茶叶的需求就越多；反之，咖啡的价格越低，人们对茶叶的需求就越少。就互补品而言，在汽车价格不变的条件下，汽油的价格越高，人们对汽车的需求就越少；反之，汽油的价格越低，则人们对汽车的需求就越多。可见，替代品价格的变化会导致需求按相同方向发生变化，即替代品价格提高会导致需求的增加，替代品价格的降低会导致需求的减少。而互补品价格的变化则会导致需求按相反方向发生变化，即互补品价格的提高会导致需求的减少，互补品价格的降低会导致需求的增加。

第四，消费者对商品价格的预期。如果消费者预期某种商品的价格在未来会上升，那么他就会增加对该种商品的购买，从而导致该种商品的需求曲线右移，即需求增加；反之，当消费者预期某种商品的价格在不久的将来会下降，他就会减少对该种商品的购买，从而导致需求曲线左移，即需求减少。

除了上述各种因素外，诸如时间的长短、消费信贷条件的改变、厂商广告费用支出的变化等，都会在一定程度上影响消费者对商品的需求。从理论上说，除了商品本身的价格，一切能够影响商品购买量的因素，都是影响需求的因素。

假设消费者对某种商品的购买数量是由消费者可支配收入（I）、消费者偏好（W）、相关商品的价格（P_r）、消费者对商品价格的预期（P_e）以及商品本身的价格（P）等多种因素决定的。那么，消费者对一种商品的购买数量（Q^d）就是上述各种因素的函数，这种函数关系被称为需求函数，我们可以一般地把需求函数表示为（1.1）式：

$$Q^d = f(I, W, P_r, P_e, P) \tag{1.1}$$

公式（1.1）是一个多元需求函数。在微观经济学中，通常讨论较简单的一元需求函数形式，本章将要分析的是作为商品本身价格的需求函数，即把商品的购买数量视为商品本身价格的函数。

如果假定影响购买数量的其他因素不变，仅把消费者对某种商品的需求量视为这种商品价格的函数，需求函数的一般形式可以表示为（1.2）式。

$$Q^d = f(P) \tag{1.2}$$

为简单起见，如果假定需求量和商品价格之间存在线性关系，那么一元需求函数就可以用（1.3）式来表示。

$$Q^d = \alpha - \beta P \tag{1.3}$$

公式（1.3）就是微观经济学中常用的需求函数，也称为需求的价格函数。式中 α 和 β 均为参数，其中 α 是除商品自身价格之外其他因素对 Q^d 的综合影响，β 是 Q^d 对价格变动的弹性系数，即价格每变动一个单位 Q^d 的变化量。

例如，由于消费者偏好、消费者可支配收入等因素所决定的某一时期消费者对鸡蛋的需求量为1000公斤，而鸡蛋的价格每变动1元钱所引起的销售量的变动为50公斤，于是就有 $Q^d = 1000 - 50P$。当鸡蛋的价格为每公斤4元时，人们对鸡蛋的购买量就是800公斤（$Q^d = 1000 - 50 \times 4$），如果鸡蛋的价格上升到每公斤6元，则人们对鸡蛋的需求量就会下降到700公斤（$Q^d = 1000 - 50 \times 6$）。

需求函数是微观经济学中除了需求表、需求曲线之外表达需求的另一种方式。在需求函数中，α 是一个常数，是需求曲线在横轴上的截距。根据需求函数，当价格为零时，消费者对某种商品的购买量为 α，这时需求曲线与横轴相交，说明即使价格为零，由于受时间的约束等原因，人们对商品的需求量也是有限的。同样，需求曲线也可能与纵轴相交，它表明，当商品的价格超过一定的水平时，由于受预算约束，人们会放弃对这种商品的消费。

第三节 供给分析

在本节，我们首先从供给的定义入手，分析商品的供给量与价格之间的内在联系，然后讨论影响供给的因素，并在此基础上导出供给函数。

一、供给和供给定律

供给（supply，S）被定义为：在一个特定的时间内，在各种可能的价格水平上，厂商愿意并且能够出售的商品或服务的数量。它包括厂商出售商品或服务的欲望、出售商品或服务的能力以及时间三个要素。在一定时期内，如果厂商具有出售某种商品或服务的欲望，但却没有向市场提供这种商品或服务的能力，是不能构成有效供给的；同样，如果厂商具有向市场提供商品或服务的能力，但却没有向市场提供这种商品或服务的欲望，同样不能构成有效供给。此外，与需求一样，供给也是一个流量，因此，当我们在分析供给时，不能忽视时间这个因素。

供给所体现的是厂商向市场提供的商品或服务的数量即销售量与该商品或服务的价格之间的内在联系，这种联系可以用供给表和供给曲线来表示。我们仍然以鸡蛋的供给为例。假设在某一时期中，如果其他条件不变，厂商在不同的价格水平上向市场提供的鸡蛋的数量如表1-2所示：

表1-2 鸡蛋的供给表

P-Q组合	A	B	C	D	E	F	G
P	5	6	7	8	9	10	11
Q	0	10	20	30	40	50	60

表1-2是鸡蛋的供给表，表中的P表示鸡蛋的价格，Q表示鸡蛋的销售量。供给表所表示的是在一定时期在各种可能的价格水平上厂商出售的商品数量与该商品价格之间的内在关系。根据表1-2上的各种价格-销售量（P-Q）组合，并且假定商品的价格和与之相对应的销售量的变化具有无限分割性，就可以在一个横轴代表销售量、纵轴代表价格的平面坐标上绘制出一条平滑而连续的供给曲线，即图1-4中的S线。

图1-4中的S线是将表1-2中的A、B、C、D、E、F、G几个P-Q组合点连接在一起得到的。实际上，供给曲线既可以是一条直线，也可以是一条曲线。无论供给曲线是直线还是曲线，就一般商品而言，都是自左向右上方倾斜的，斜率为正。这表明，商品的销售量或供给量与商品的价格是正相关的。商品的销售量与商品价格之间的正相关的关系被称为供给定律或供给法则

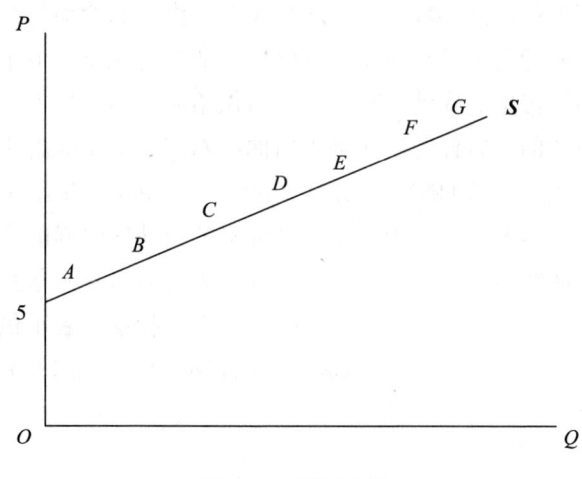

图 1-4 供给曲线

(*law of supply*)。供给定律表明，价格水平越高，商品的供给量就越多；反之，价格水平越低，商品的供给量就越少。

供给法则之所以成立，是因为微观经济学假定厂商都是追求利润最大化的经济人。在厂商追求利润最大化的条件下，如果其他条件不变，商品的价格越高，厂商的利润就越多，从而厂商向市场提供的商品数量就会越多，即供给量越多；相反，商品的价格越低，厂商的利润就越少，这时厂商向市场提供的商品数量就会减少，即供给量减少。

供给定律是就一般商品而言的，并不是所有的商品都符合供给法则，在经济中也存在着供给定律的例外。例如名画、古董等商品以及土地、劳动等要素商品就是这样。在一定的价格区间内，这些商品的供给曲线可能是一条垂直于横轴的直线，还可能斜率为负。关于土地的供给和劳动的供给，将在第六章"生产要素市场"中作进一步的分析。

二、影响供给的因素和供给函数

供给定律表明，商品的销售量是随着商品价格的波动而变化的。但是，商品的销售量还取决于除商品本身价格以外的其他因素。为此，必须区分供给和供给量这两个概念。

如前所述，根据供给的定义，供给应是指整个供给表或整条供给曲线。而供给量则是指供给表中的某一个特定的 $P-Q$ 组合或供给曲线上的某一个 $P-Q$ 组合点。供给量被定义为：在一个特定的时间内和某一特定的价格水平上，厂商愿意并且能够出售的商品数量。与此相联系，供给的变动与供给量的变动也是不同的。供给的变动是指在商品本身价格不变的情况下，由于其他条件的变动所引起的商品销售量的变动。在一个表示供给曲线的坐标上，供给的变动表现为供给曲线位置的左右移动。如果供给曲线右移，这意味着供给的增加，而供给曲线左移则表示供给的减少，如图1-5（a）所示。供给量的变动则是指在其他条件不变的情况下，由于商品本身价格的变动所引起的商品销售量的变动。在表示供给曲线的坐标上，供给量的变动表现为沿着一条特定的供给曲线的点的位移，如果$P-Q$组合点沿着S线向右上方移动，表示供给量增加；反之，$P-Q$组合点向左下方移动，则表示供给量减少，如图1-5（b）所示。

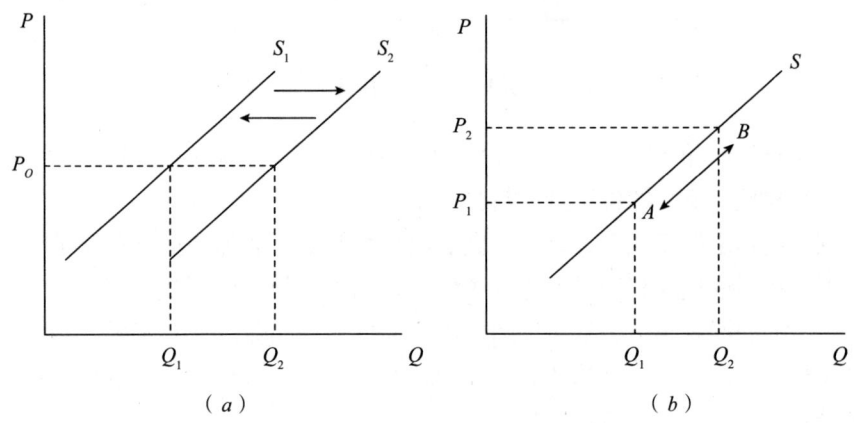

图1-5 供给的变动和供给量的变动

在图1-5（a）中，供给曲线由S_1线移至S_2线，从而引起了销售量从Q_1增加到Q_2，这意味着供给的增加；反之，当供给曲线由S_2线移至S_1线时，销售量从Q_2减少到Q_1，这意味着供给的减少。在图1-5（b）中，$P-Q$组合点从点A移至点B，表示价格从P_1上升到P_2，相应地，销售量从Q_1增加到Q_2，这意味着供给量增加；反之，从点B移至点A，表示价格从P_2下降到P_1，销售量从Q_2减少到Q_1，这意味着供给量减少。[①]

供给的变动与供给量的变动之所以不同，原因就在于引起两者变动的因素不同。供给量的变动是由商品本身价格的变动引起的，供给的变动则是由除商品本身价格之外的多种因素的变动引起的。其中主要因素有：

---

① 在不影响对供给变动和供给量变动理解的前提下，供给量与销售量这两个概念一般是通用的。

第一,投入要素的成本。如果其他条件不变,生产某种商品的投入要素的成本越高,该商品的供给就会越少;反之,投入要素的成本越低,商品的供给就会越多,两者存在负相关的关系。

第二,生产的技术水平。如果其他条件不变,某种商品的供给与生产该商品的技术水平正相关,即生产的技术水平越高,商品的供给就会越多;反之,生产的技术水平越低,商品的供给就越少。

第三,相关商品价格的变化。相关商品价格的变化也是影响商品供给的重要因素。例如,就大豆的供给而言,如果大豆的价格不变,但其他粮食作物的价格上升了,就一定会导致大豆种植面积的减少,从而使大豆的供给减少;反之,如果其他粮食作物的价格下降了,则一定会导致大豆种植面积的增加,从而使大豆的供给增加。

第四,厂商对未来商品价格的预期。在其他条件不变的情况下,如果对商品的价格水平有较高的预期,厂商就会扩大生产规模,商品的供给就会增加;相反,如果预期商品的价格水平具有下降的趋势,厂商就会缩小生产规模,商品的供给就会减少。

影响商品供给的因素是很多的。从理论上说,除商品本身的价格外,凡是能够导致厂商向市场提供商品数量变动的因素,都是影响供给变动的因素。

假设商品的销售量是由生产商品所要投入的要素成本(C)、生产的技术水平(T)、相关商品的价格(P_r)、厂商对未来商品价格的预期(P_e)以及商品本身的价格(P)所决定的,那么一种商品的供给数量(Q^s)就是上述所有影响这些商品销售量的因素的函数。这种函数关系即供给函数可以一般地用公式(1.4)来表示。

$$Q^s = \varphi(C, T, P_r, P_e, P) \qquad (1.4)$$

公式(1.3)是一个多元函数。如果假定影响供给数量的其他因素不变,仅把某种商品的供给量视为该种商品价格的函数,供给函数的一般形式可以表示为(1.5)式。

$$Q^s = f(P) \qquad (1.5)$$

为简单起见,如果假定供给量和商品价格之间存在线性关系,一元供给函数就可以表示为(1.6)式。

$$Q^s = -\delta + \gamma P \qquad (1.6)$$

在(1.4)式中,δ 和 γ 均为参数,其中 δ 是除商品自身价格之外的其他因素对 Q^s 的综合影响,γ 是 Q^s 对价格变动的弹性系数,即价格每变动一个单位 Q^s

的变化量。

与供给表和供给曲线一样，供给函数也是供给的一种表达方式。在供给函数中，$-\delta$ 是供给曲线（严格地说，是供给曲线的延长线）在坐标横轴上的截距，这表明，能使厂商出售商品的价格只能是 $P > (\delta/\gamma)$。在供给函数中，γ 是供给曲线的斜率。在线性供给函数中，这一斜率是不变的。

第四节　均衡价格与供求定律

在前面两节中，我们讨论了需求和供给。需求和供给分别代表着买方和卖方两种不同的市场力量。在市场经济中，买方和卖方都有各自的利益追求，因此，这两种力量之间必然存在着竞争。需求、供给、竞争与市场价格之间的内在联系，就是市场机制。

一、均衡价格

在一个没有政府干预的竞争性的市场中，市场机制将会使商品的需求量和供给量趋于相等，从而实现市场均衡或市场出清（cleaning market）。市场实现均衡时的价格称为均衡价格或市场出清价格，市场实现均衡时的销售量称为均衡数量或市场出清数量。如果我们把需求曲线和供给曲线整合在一个坐标中，市场力量导致市场均衡的过程就可以用图 1-6 来说明。

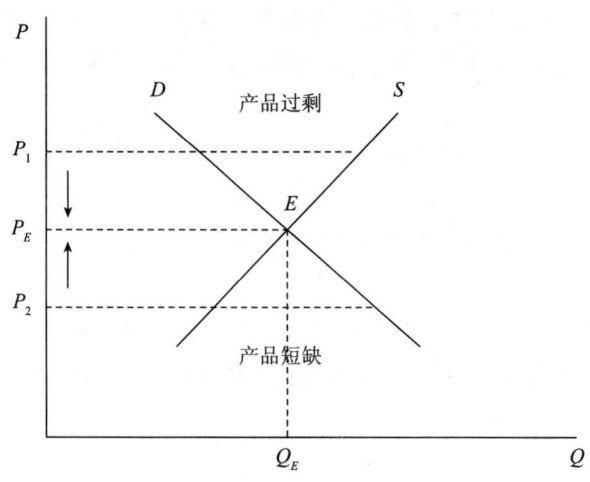

图 1-6　均衡价格的决定

从图 1-6 可以看出，当商品的价格为 P_E 时，需求曲线和供给曲线相交于 E 点，在 E 点上，需求量和供给量相等，这意味着在市场上既不存在商品过剩，也不存在商品短缺，市场刚好出清，即实现了市场均衡。但是，如果市场价格高于 P_E，例如为 P_1，这时的供给曲线在需求曲线的右侧，意味着商品的供给量大于需求量，商品会出现超额供给即过剩。在此情况下，生产者或卖者之间的竞争会迫使价格下降。反之，如果市场价格低于 P_E，例如为 P_2，由于需求曲线在供给曲线的右侧，因此商品的需求量会大于供给量，这时就会出现超额需求即供给短缺。在此情况下，消费者或买者之间的竞争又会迫使价格上升。在竞争性的市场中，市场机制的作用最终将会迫使商品的价格趋向于 P_E。当商品价格为 P_E 时，需求量和供给量均为 Q_E，市场在 E 点实现了均衡。在竞争性的市场中，能够实现市场出清的价格即为均衡价格（equilibrium price），能够实现市场出清的需求量和供给量即 Q_E 为均衡数量或市场出清数量。

我们还可以用方程式来表示均衡价格和均衡数量的决定模型，该模型可以联立（1.3）、（1.6）和（1.7）三个方程来表示。在（1.7）式中，Q^d 和 Q^s 分别表示需求量和供给量。

$$Q^d = Q^s \tag{1.7}$$

根据（1.7）式给出的均衡条件，对方程（1.3）和（1.6）联立求解，就可以求出均衡价格和均衡数量。

例如，公式（1.3）和（1.6）分别表示图 1-6 中的需求曲线和供给曲线，并假定需求函数为 $Q^d = 160 - 20P$，供给函数为 $Q^s = -50 + 10P$，根据（1.7）式，如果令 $Q^d = Q^s$，就可以解出均衡价格 $P_E = 7$ 元（$160 - 20P = -50 + 10P$）。由于在均衡点的需求量和供给量相等，因此，将均衡价格 $P_E = 7$ 元代入需求函数或供给函数，就可以求出均衡数量 $Q_E = 20$。

均衡价格的形成是市场机制自发作用的结果，在竞争性的市场上，市场机制的作用最终会实现市场出清，形成均衡价格和均衡数量。当均衡价格和均衡数量形成以后，如果需求和供给不发生变动，也就不存在价格进一步变动的压力，于是市场实现均衡。应当说明的是，在现实经济中，需求和供给或许并不总是均衡的，但是市场机制的作用将会使之趋于均衡，或者说，在一个政府不干预的竞争性市场中，市场均衡或市场出清永远是一种客观趋势。

二、供求定律与均衡价格和均衡数量的变动

在竞争性的市场上，均衡价格和均衡数量是随着市场供求形势的变化而变

化的,但无论市场需求和供给怎样变动,在市场机制的作用下,商品的实际价格和销售量总是趋向于均衡价格和均衡数量。供求的变动与均衡价格和均衡数量变动之间的内在联系,通常被称为供求法则或供求定律(law of supply and demand)。根据供求定律,我们可以知道:第一,如果供给不变,影响需求的各种因素的变动最终导致了需求增加,那么均衡价格就会上升,均衡数量相应增加;反之,若影响需求的各种因素的变动使需求减少,则均衡价格就会下降,均衡数量相应减少;如图1-7(a)所示。第二,如果需求不变,影响供给的各种因素的变动导致了供给增加,均衡价格就会下降,均衡数量相应增加;反之,若影响供给的各种因素的变动使供给减少,则均衡价格就会上升,均衡数量相应减少;如图1-7(b)所示

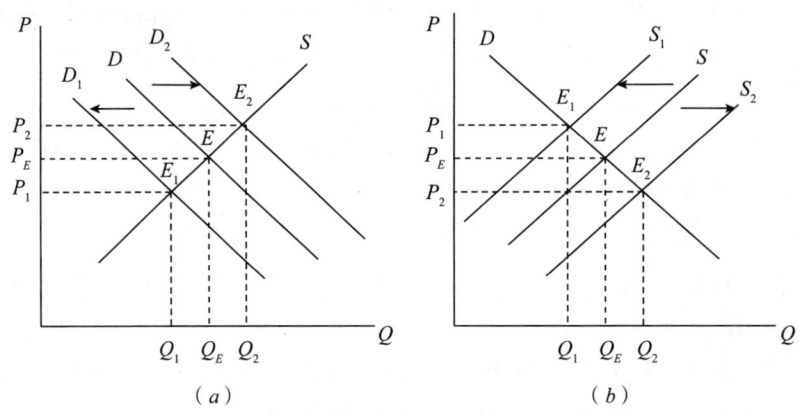

图 1-7　需求变动和供给变动对市场均衡的影响

图1-7(a)表明,在供给不变的情况下,需求的变动会导致均衡价格和均衡数量的同方向变动。例如,当需求从D增加到D_2时,均衡价格会上升到P_2,均衡数量增加到Q_2;当需求从D减少到D_1时,均衡价格下降到P_1,均衡数量减少到Q_1。

图1-7(b)表明,在需求不变的情况下,供给的变动会导致均衡价格的反方向变动和均衡数量的同方向变动。例如,当供给从S增加到S_2时,均衡价格会下降到P_2,均衡数量则增加到Q_2;当供给从S减少到S_1时,均衡价格会上升到P_1,均衡数量则减少到Q_1。

实际上,在需求变动的同时,供给也许并不是不变的;同样,在供给发生变动时,需求也会发生变动。如果需求和供给同时发生变动,并且变动的方向和变动的幅度可能相同,也可能不同。在此情况下,均衡价格和均衡数量的变

动方向和变动程度就可能具有不确定性。但无论如何，我们都可以根据供求法则推导出均衡价格和均衡数量的变动趋势。

就某一种商品而言，从某一均衡价格到另一个均衡价格的变动，可能需要较长的时间。因为需求和供给的变动归根到底取决于影响市场需求和供给的各种外生变量的变动，而影响需求和供给的各种外生变量不但具有相对稳定性，而且他们对需求或供给的影响作用可能是相互抵消的。在此情况下，影响需求或供给的外生变量即使发生了变动，需求或供给也可能不变，这时，均衡价格和均衡数量就会保持不变。

第五节　市场的作用与政府对市场的干预

均衡价格的形成是以市场机制的自发作用为前提条件的。一旦市场机制的作用受到限制，例如政府为实现自己的经济目标对市场价格进行干预，市场价格就不再表现为均衡价格。

一、市场的作用与资源配置

在一个完全竞争性的市场中，稀缺的资源是由市场来配置的。即通过市场机制的作用来决定所有产品的均衡价格和均衡数量，从而将各种资源配置到各种可能的用途中。在经济生活中，资源的配置主要表现在厂商应当生产什么、为谁生产和如何生产这样三个问题上。

厂商应当生产什么商品？显然，在一个完全竞争性的市场中，追求利润最大化的厂商只能根据市场的价格信号来进行生产决策。如果某种商品的价格较高，厂商就会增加这种产品的产量，甚至会为此投资建立新的工厂，于是，就有更多的资源流入到这一生产领域；反之，如果商品的价格较低，生产该种产品的厂商就会减少产量，甚至关闭自己的工厂，资源就会从这一生产领域流出。可见，在一个完全竞争性的市场中，稀缺性的资源是由市场来配置的。

厂商应当为谁生产？在完全竞争性的市场中，厂商是根据产品的市场需求进行生产的。而有效的市场需求不仅包括消费者的购买欲望，也包括购买力。因此厂商只为具有购买欲望并同时具有购买力的人进行生产。这就意味着，通过市场机制的作用，富人通常消费更多的资源，而穷人只能消费较少的资源。由于消费者的收入水平在很大程度上与生产要素市场上所获得的要素收入有关，因此可以说，为谁生产的问题在很大程度上取决于生产要素市场上的供给和需求以及由供求决定的要素价格。

厂商应当怎样生产？是采用劳动密集型的生产方式，还是采用资本密集型或技术密集型的生产方式？显然，这也与市场价格有关。在一个完全竞争性的市场中，当某种商品的价格较低而生产该种商品的资本或技术的价格较高时，厂商宁可使用较多的劳动力而不愿使用先进的机器设备；反之，当商品的价格较低而生产该种商品的劳动价格即工资较高时，厂商就可能采取资本密集型或技术密集型的生产方式。因为在竞争性的市场中，厂商要取得最大利润，就不能不考虑产品的成本和对付价格竞争，选择效率最高的生产方式。

总之，在竞争性的市场中，主宰资源配置的是市场，由竞争决定的价格会将稀缺的资源分配到需求它们的人们手中。但是，如果政府对市场进行干预的话，资源的配置就会有所改变。

二、政府对市场价格的干预

政府对市场的干预主要表现为对商品价格的干预。政府对价格的干预是通过制定支持价格和限制价格两种方式进行的。

支持价格（support price）是政府为了支持某一行业的发展或支持某一种产品的生产而制定的高于市场均衡价格的价格。当政府认为由市场供求力量自发决定的某种商品的价格过低而不利于该行业的发展或不利于该种产品的生产时，通常就要对该行业或该种产品实行支持价格。目前，世界上许多国家都对农产品实行支持价格，其原因就在于农产品的生产周期较长，并且需求曲线比较陡峭，即需求的价格弹性较低（需求弹性的概念将在下一节给出），这意味着较低的价格并不能导致农产品需求量的大幅度增加，在此情况下，农产品供给的增加就不会导致生产者收入的增加，即增产不增收。如图1-8所示。

在图1-8中，假定农产品的需求 D 不变，最初的供给为 S_1，这时的均衡点为 E_1，均衡价格和均衡数量分别为 P_{E1} 和 Q_{E1}。这时，生产者的收入一定是农产品价格与产量的乘积，即由点 P_{E1}、E_1、Q_{E1} 和原点围成的矩形面积。在此基础上，如果农产品的供给由 S_1 增加到 S_2，这时的均衡点就会下移到 E_2，与此相联系，均衡价格会下降到 P_{E2}，均衡数量增加到 Q_{E2}。但是，由于需求曲线比较陡峭，即农产品需求的价格弹性比较低，因此，增加产量所引起的收入的增加量不能抵偿由于价格下降所导致的收入的减少量。这时，生产者的收入仅仅是由点 P_{E2}、E_2、Q_{E2} 和原点围成的矩形面积。读者可以清楚地看到，农产品供给增加后的收入面积要小于供给增加前的收入面积。这表明，农产品产量的

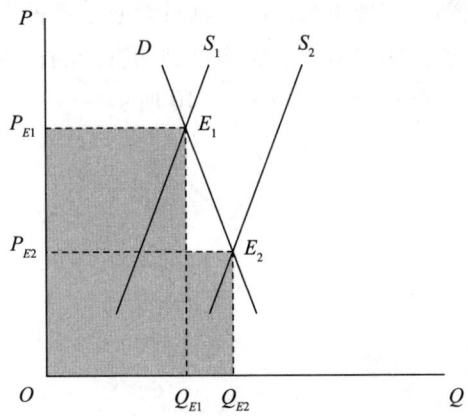

图1-8 农产品价格的变动与生产者的收入

增加并没有导致生产者收入的增加,甚至使生产者的收入减少了。这就是经济学中的悖论之一:丰收悖论。

如果在经济生活中一方面需要增加农产品的供给,另一方面又要增加生产者的收入,就需要政府对市场进行干预。然而,政府一旦对农产品市场进行干预,实行支持价格,就一定会导致农产品过剩。如图1-9所示。

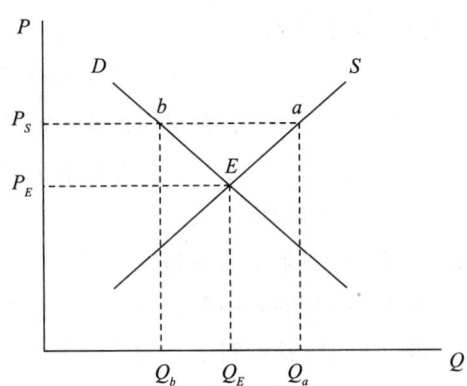

图1-9 支持价格与产品过剩

在图1-9中,P_E是由市场力量所决定的均衡价格,P_S是政府制定的支持价格。由于$P_S > P_E$,因此必然会导致农产品供给量增加和农产品需求量减少,这时的农产品供给量和需求量分别是与供给线上 a 点相对应的 Q_a 和与需求线上 b 点相对应的 Q_b,供给量大于需求量,出现了产品过剩。$Q_a - Q_b$ 即为实行支持价格后产品过剩的数量。

要消除农产品过剩，实现市场出清，就只能通过各种方式增加农产品的需求，包括增加政府需求，例如由政府收购过剩的农产品；或者减少农产品的供给，例如减少农产品的耕种面积。如图1-10所示。

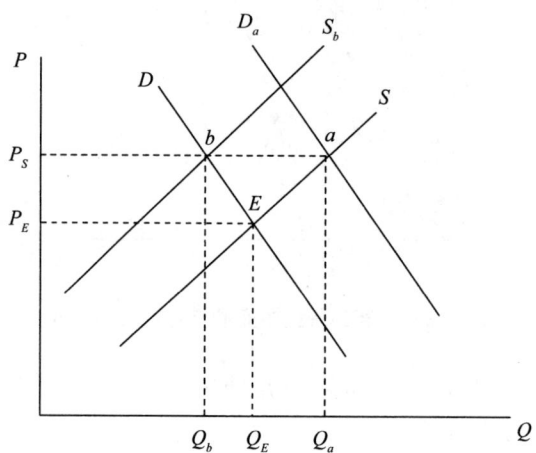

图1-10 消除产品过剩的方法

图1-10是建立在图1-9基础上的，最初的均衡点在E点，均衡价格是P_E，均衡数量是Q_E。从图1-10不难看出，如果其他条件不变，只要农产品的需求曲线从D线右移到D_a线，在a点上与S线相交；或者农产品的供给曲线从S线左移到S_b线，在b点上与D线相交，都可以消除农产品过剩。

限制价格（ceiling price）是政府为了防止价格水平过高而制定的低于均衡价格的价格。对某种产品实行限制价格的原因是很多的。例如，为了防止物价水平的过快上涨，政府有时会对某些原材料或关键产品实行限制价格；为了保护公众的利益，对于垄断性很强的公用事业的产品或服务，政府通常也要实行限制价格；在战争时期或出现饥荒的时候，为了稳定市场，政府也要对关系国计民生的产品实行限制价格，等等。对产品实行限制价格会导致该种产品出现短缺，同时还可能引发黑市交易。如图1-11所示。

在图1-11中，P_E为均衡价格，P_C为限制价格，Q_E是均衡产量。当政府对某种产品实行限制性价格以后，产品的需求量和供给量分别为Q_a和Q_b，需求量大于供给量，产品出现了短缺，$Q_a - Q_b$即为实行限制价格后产品短缺的数量。

根据供求定律，要消除产品的短缺，也只能依靠非市场的力量对产品的需

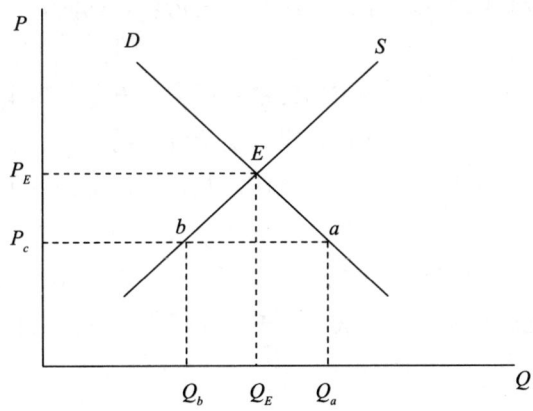

图 1-11 限制价格与产品短缺

求和供给进行干预。图 1-12 给出了消除产品短缺的两种方法。

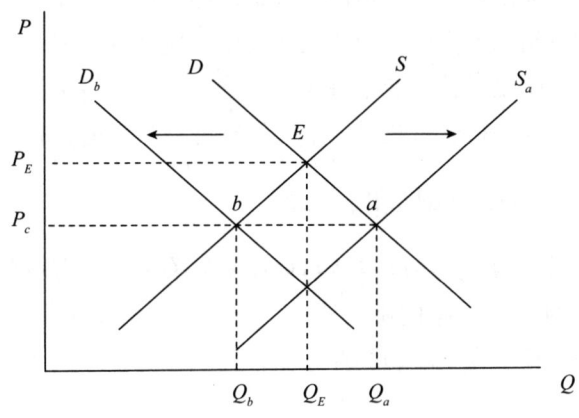

图 1-12 消除产品短缺的方法

图 1-12 表明，在图 1-11 的基础上，如果采取限制需求的方法，使需求曲线向左平移到 D_b 线，使之与 S 线相交于 b 点，产品的短缺状态就会被改变。当然，这时的市场均衡是一种被非市场力量所抑制的均衡。从理论上说，增加供给也是消除产品短缺的一种有效的办法，例如，当供给曲线从 S 线右移到 S_a 线，与 D 线相交于 a 点时，产品的短缺状态也会被消除。但是，这种消除短缺的方法在实际经济中通常会受到某些因素的阻碍。例如在战争期间和出现自然灾害时，要在短时间内增加产品的供给几乎是不可能的。

在现实经济生活中，政府应当怎样抑制需求呢？为了维持商品的限制价

格，通常，政府会采取产品配给的方法来抑制需求，同时，还必须采取相应的措施打击黑市交易。

以上，我们分析了政府控制市场价格的原因、方式、后果和消除市场失衡的方法。上述分析表明，政府无论是实行支持价格的政策，还是实行限制价格的政策，都是对市场机制作用的一种破坏，并且使资源进行了非市场力量的重新配置。政府对市场的干预，虽然会使一部分人的利益增加，但它总是建立在牺牲另一部分人利益的基础之上的。以后的分析表明，这会导致经济低效率。因此，在一个发达的和完善的市场经济中，支持价格和限制价格不应当是一种普遍的价格形式。

第六节　需求弹性和供给弹性

无论是商品的需求数量，还是供给数量，都会伴随着商品本身价格的变动以及影响需求和供给的外生变量的变化而发生相应变动。但是，对于不同的商品而言，其本身的价格或其他变量每变动百分之一，销售量的变动可能会具有很大的差别。弹性这一概念就是对一个变量对另一个变量的敏感性的度量。

一、弧弹性、区间弹性和点弹性

一般地说，只要两个经济变量之间存在函数关系，我们就可以用弹性这个概念来表示因变量对自变量的敏感程度。当一个经济变量发生 1% 的变动时，由它引起的另一个经济变量变动的百分比，我们称之为弹性系数或者简称弹性（elasticity）。

设两个经济变量之间的函数关系为 $Y = f(X)$，且自变量的变化为离散变化即可测度变化，那么，求弹性系数（E）的公式就可以表示为因变量变动的百分比（$\Delta Y/Y$）与自变量变动的百分比（$\Delta X/X$）的比值，即（1.8）式。

$$E = \frac{\Delta Y/Y}{\Delta X/X} = \frac{\Delta Y}{\Delta X} \cdot \frac{X}{Y} \tag{1.8}$$

如果经济变量的变动趋于无穷小，即 $\Delta X \to 0$，且 $\Delta Y \to 0$ 时，则弹性公式可以用（1.9）式来表示。

$$E = \lim_{\Delta x \to 0} \frac{\Delta Y/Y}{\Delta X/X} = \frac{dY/Y}{dX/X} = \frac{dY}{dX} \cdot \frac{X}{Y} \tag{1.9}$$

公式（1.8）通常适用于经济变量的变动区间较大或函数不连续、不可求导条件下弹性系数的计算，一般将其称之为弧弹性（arc elasticity）或区间弹性。弧弹性和区间弹性的区别仅仅在于，前者是对曲线需求和曲线供给而言，后者则是对线性需求和线性供给而言，由于这种区别是非本质的，故两者可以通用，一般统称为弧弹性。公式（1.9）通常适用于经济变量的变动非常微小且函数可以求导条件下的弹性系数的计算，微观经济学通常将其称之为点弹性（point elasticity）。

在何种情况下运用弧弹性或点弹性的公式来计算弹性系数，取决于人们所能获得的数据和计算弹性系数的用途。如果需求函数和供给函数是已知的，我们就可以利用点弹性的公式来评价自变量的微小变化给因变量所带来的影响，或用来计算自变量在某一特定数值时的弹性系数。但是，在现实生活中，人们一般只能得到极其贫乏的关于自变量与因变量之间关系的数据，因此，计算弧弹性就更具实际意义，它适用于自变量的离散变化即可测度变化给因变量所带来的影响。

应当说明的是，在计算需求或供给的弧弹性时，由于自变量由大到小或由小到大的变化是离散的，因而采用最初的经济变量作基数和采用变动后的经济变量作基数计算经济变量的百分比时，所求得的弹性系数是不同的。为了避免上述情况的发生，微观经济学通常取最初的经济变量与变动后的经济变量的算术平均值作为基数，来计算自变量和因变量变动的百分比，并以此为基础计算需求和供给的弧弹性或区间弹性。具体计算方法如公式（1.10）所示。该公式通常被称为计算弧弹性的中点公式。

$$E = \frac{\Delta Y/Y}{\Delta X/X} = \frac{Y_2 - Y_1}{(Y_2 + Y_1)/2} \div \frac{X_2 - X_1}{(X_2 + X_1)/2} = \frac{Y_2 - Y_1}{X_2 - X_1} \cdot \frac{X_1 + X_2}{Y_1 + Y_2} \quad (1.10)$$

在公式（1.10）中，X_1和X_2分别表示最初的自变量和变动后的自变量，Y_1和Y_2分别表示最初的因变量和变动后的因变量。

在本节，我们将主要讨论需求弹性和供给弹性的几种主要形式。其中，在需求弹性中，我们主要研究需求的价格弹性、收入弹性和交叉弹性；在供给弹性中，主要讨论供给的价格弹性。

二、需求的价格弹性

需求的价格弹性是指在一定时期内，作为自变量的商品价格每变动百分之一，该商品的需求量变动的敏感程度。需求的价格弹性包括弧弹性和点弹性。需求的价格弧弹性是指：在一定时期内，作为因变量的需求量对作为自变量的价格发生离散变化时的反应程度，即非线性需求曲线或线性需求曲线上两个 $P-Q$ 组合点之间的需求量的变动同与之相对应的价格变动之比。计算需求的价格弧弹性的公式可以用公式（1.11）来表示。

$$E_P = -\frac{\Delta Q/Q}{\Delta P/P} = -\frac{\Delta Q}{\Delta P} \cdot \frac{P}{Q} \tag{1.11}①$$

公式（1.11）中的 E_P 为需求的价格弹性系数，ΔQ 表示商品需求量的变动量，ΔP 代表商品价格的变动量。如果将公式（1.11）转换为中点公式，则需求的价格弧弹性的中点公式就可以用公式（1.12）来表示。

$$E_P = -\frac{Q_2 - Q_1}{(Q_2 + Q_1)/2} \div \frac{P_2 - P_1}{(P_2 + P_1)/2} = -\frac{Q_2 - Q_1}{P_2 - P_1} \cdot \frac{P_1 + P_2}{Q_1 + Q_2} \tag{1.12}$$

公式（1.12）中的 P_1 和 Q_1 分别为最初的价格和需求量，P_2 和 Q_2 分别为变动后的价格和需求量。如果能够得到各种商品价格变动和销售量变动的信息，根据（1.12）式，我们就可以求出各种商品的价格弹性系数。

需求的价格点弹性是指作为自变量的价格变动趋于无穷小时，作为因变量的商品需求量的反应程度，即线性需求曲线或非线性需求曲线上某一 $P-Q$ 组合点上需求量的变动对于价格变动的反应程度。计算需求价格点弹性的公式可以用公式（1.13）来表示。

$$E_P = \lim_{\Delta P \to 0} -\frac{\Delta Q}{\Delta P} \cdot \frac{P}{Q} = -\frac{dQ}{dP} \cdot \frac{P}{Q} \tag{1.13}$$

根据价格弹性系数的大小，需求的价格弹性，包括弧弹性和点弹性，都可以分为五种基本的类型。$E_P = 0$ 的弹性系数被称为价格完全无弹性或需求完全无弹性；$E_P < 1$ 的弹性系数被称为价格缺乏弹性或需求缺乏弹性，也称为价格无弹性或需求无弹性；$E_P = 1$ 的弹性系数被称为单位弹性或单一弹性；$E_P > 1$ 的弹性系数被称为价格富有弹性或需求富有弹性，也称为价格有弹性或需求有弹性；$E_P = \infty$ 的弹性系数被称为价格完全有弹性或需求完全有弹性。上述五种类型的价格弹性在弧弹性中一般可以用图 1-13 表示。

从需求价格弹性的五种类型来看，由于需求的价格弹性衡量需求量对价格的反应程度，因此，它与需求曲线的斜率密切相关：一般来说，通过某一点的需求曲线越是平坦，即曲线斜率的绝对值越小，需求的价格弹性就越大；相反，通过某一点的需求曲线越是陡峭，即曲线斜率的绝对值越大，需求的价格

---

① 凡符合需求法则的商品，其价格弹性均为负值，但为了便于比较，在一般情况下需求的价格弹性均取正值，故在求需求的价格弹性包括弧弹性和点弹性的公式前均加负号。

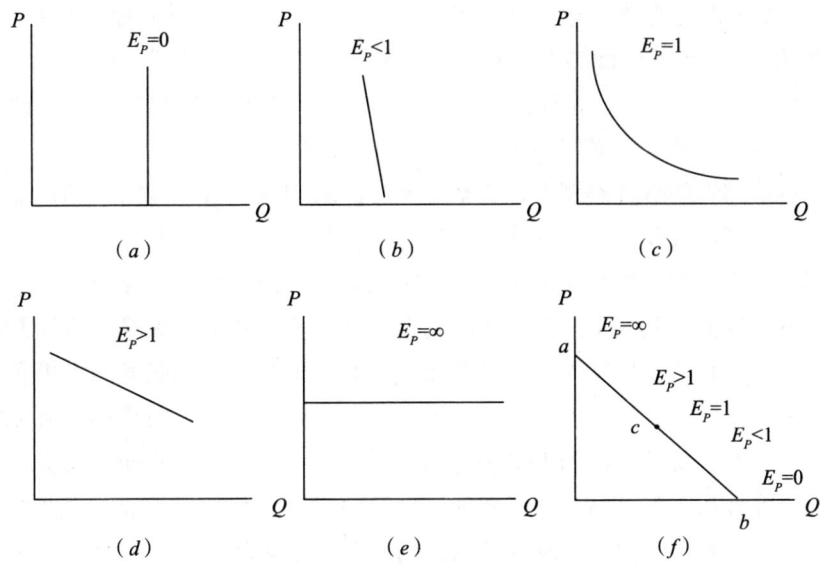

图 1-13　需求价格弹性的五种类型

弹性就越小。

从图 1-13（a）可以看出，价格完全无弹性的需求曲线是一条垂直于横轴的直线，其含义是，商品销售量 Q 的多少与该产品的价格水平无关，在一定的价格区间内，无论价格高低，该商品的销售量均不会发生改变。图 1-13（b）上的需求曲线比较陡峭，是价格缺乏弹性的需求曲线，其含义是，当价格发生较大变动时，商品的销售量只会发生较小的变动。图 1-13（c）的需求曲线是直角双曲线，因而是单一弹性的需求曲线，其含义是，商品销售量变动的幅度与价格变动的幅度完全相同。图 1-13（d）的需求曲线比较平坦，是一条价格富有弹性的需求曲线，其含义是，价格的较小变动会导致商品销售量的较大变动。图 1-13（e）的需求曲线是一条水平线，即完全有弹性的需求曲线，其含义是，在价格既定的情况下，需求量或销售量会变得无穷大，同时也表明，个别厂商商品销售量的变动，并不能导致商品价格的变化。

需求价格弹性的五种基本类型在点弹性中也同样存在。图 1-13（f）是线性需求曲线上随着 P-Q 组合点的变化点弹性系数的变化情况。图中的需求曲线是线性的，尽管线性需求曲线的斜率是不变的，但弹性系数并不是不变的。因为斜率是两个变量变动的比率，而弹性系数是两个变量变动百分比的比率。根据点弹性的公式，我们可以推导出，线性需求曲线的中点即 c 点的弹性系数为1，与纵轴相交的交点即 a 点的点弹性系数为无穷大，与横轴相交的交点 b 点的弹性系数为0。依此类推，介于 a 点和 c 点之间需求曲线上的任意一点的弹性系数都必定大于1，为有弹性需求，而介于 c 点和 b 点之间需求曲线上的任意一点的弹性系数都必定小于1，为无弹性需求。

在价格弹性的五种类型中，完全无弹性需求和完全有弹性需求的产品在现实生活中可能比较少见，但并非绝无仅有。例如，人们对骨灰盒的需求、对医院阑尾手术服务的需求可能都接近于完全无弹性，因为没有人仅仅会由于骨灰盒价格下降或摘除阑尾手术费用下降就多买几个骨灰盒或者无缘无故地割掉自己的阑尾，即是说，价格无论怎样变化，人们对这些商品和服务的需求量基本上是不变的。而在完全竞争市场上，单个厂商所面临的需求曲线都具有无穷大的弹性，厂商只要接受市场力量决定的价格，它的销售量会趋向无穷大。至于具有单位弹性需求的商品，由于在现实生活中很少有某种商品的需求曲线是直角双曲线，因此通常只是表现在该商品的某一价格区间或某一价格水平上，即需求曲线上的某一点或某一段的价格弹性系数等于1是可能的，但不可能整条需求曲线（非直角双曲线）的价格弹性都等于1。在现实生活中，绝大多数的商品都属于价格有弹性或价格无弹性这两种类型。

需求价格弹性的高低与厂商的收入水平和厂商的价格策略存在着密切的联系。如果某种商品属于有弹性需求，即 $E_P>1$，由于高价格会导致销售量的大幅度减少，从而会使厂商的销售收入减少；相反，低价格则会导致产品销售量的大幅度增加，从而使厂商的收入增加。在 $E_P>1$ 的情况下，由于厂商的收入与商品的价格呈反方向变动，因此，厂商为谋求更多的收入，通常只能实行薄利多销的低价策略。相反，如果某种商品属于无弹性需求，即 $E_P<1$，厂商为谋求更大的收入，就只能实行高价策略，这意味着，厂商只有给商品制定较高的价格才会导致收入的增加，低价只能使其收入减少。因为，对于价格无弹性的商品来说，高价格并不会导致商品销售量的大幅度减少，低价格也不会导致销售量的大量增加，这时，由于销售量的变动所引起的收入的变动不足以抵消由于价格上升或下降所引起的收入的变化，因此，厂商的收入与商品的价格是正相关的，即是说，价格较高时，厂商会获得较高的收入，而价格较低时只能使厂商的销售收入减少。

需求价格弹性的大小是由什么决定的呢？一般地说，它主要取决于：（1）商品的性质；（2）商品的可替代性；（3）某种商品支出在消费者预算中的重要性；（4）商品用途的广泛性；（5）时间的长短。

就产品的性质而言，生活必需品的需求价格弹性较小，而非生活必需品例如奢侈品需求的价格弹性则较大。因为消费者对生活必需品的依赖程度大，故价格的较大变动一般不会导致需求量的较大变动；而由于人们对非生活必需品的依赖程度小，因而该种商品的价格变化通常会导致需求量更大幅度的变化。

就商品的可替代性而言，如果某种商品的可替代性较小，即替代品数量较少或替代程度较低，该种商品价格的变动就不会导致销售量的较大变动，需求的价格弹性就较小；相反，如果某种商品的可替代性较大，即替代品数量较多或替代程度较高，那么该种商品价格的较小变动就会导致销售量的较大变动，需求的价格弹性则较大。

所谓商品支出在消费者预算中的重要性，是指消费者购买某种商品的支出在其总的预算支出中所占的比重。由于消费者的预算支出总是受其收入的约束，因此，某种商品的支出在其总的预算支出中所占的比重越大，该种商品的需求价格弹性便越大；反之，这一比重越小，则该商品的需求价格弹性便越小。

商品用途的广泛性也是影响需求价格弹性的重要因素，这与商品的替代效应有关。如果某种商品只有一种或极少的用途，即使价格降低也只能导致销售量有限的增加，因而其价格弹性就较小；反之，如果某种商品具有广泛的用途，其价格即使降低很少，销售量也可能会增加很多，需求的价格弹性就比较大。

从时间因素来看，在长期中，人们对商品的需求更富有价格弹性，而在短期内，需求的价格弹性则比较小。例如，当汽油价格上升时，在最初的几个月中，人们对汽油的需求量可能只是略有减少。但是，随着时间的推移，人们可能会购买更节油的汽车，或者选择公共交通工具，这样，在长期中，人们对汽油的需求量就可能大幅度的减少。

需要说明的是，一种商品需求价格弹性的大小通常是许多影响因素综合作用的结果，因而不能仅仅根据商品的某一种特征就能断定其需求价格弹性的类型。此外，一种产品的需求，无论是价格有弹性，还是价格无弹性，都只能是在一定的价格区间内是这样，如果超出这一价格区间，需求价格弹性的性质还可能发生变化。

三、需求的收入弹性

需求的收入弹性是指在一定时期内，作为自变量的消费者可支配收入每变动百分之一，会导致作为因变量的商品需求量变动的敏感程度，即一定时期内某种商品需求量变动的百分比与消费者可支配收入变动的百分比的比值。需求的收入弹性也包括弧弹性或区间弹性以及点弹性。需求的收入弧弹性是指在一定区间内，作为因变量的需求量对作为自变量的收入发生离散变化时的反应程度。计算需求的收入弧弹性的公式一般可以用公式（1.14）来表示。

$$Ei = \frac{\Delta Q}{Q} \div \frac{\Delta I}{I} = \frac{\Delta Q}{\Delta I} \cdot \frac{I}{Q} \tag{1.14}$$

公式（1.14）中的 E_i 表示需求的收入弹性，Q 为商品的需求量，I 为消费者的可支配收入。ΔQ 表示商品需求量的变动量，ΔI 表示消费者可支配收入的变动量。需要说明的是，在计算需求的收入弹性时，也应当使用中点公式。收入弹性的中点公式可以用公式（1.15）来表示。

$$E_i = \frac{Q_2 - Q_1}{(Q_2 + Q_1)/2} \div \frac{I_2 - I_1}{(I_2 + I_1)/2} = \frac{Q_2 - Q_1}{I_2 - I_1} \cdot \frac{I_1 + I_2}{Q_1 + Q_2} \tag{1.15}$$

公式（1.15）中的 Q_1 和 I_1 分别表示最初的需求量和收入量，Q_2 和 I_2 分别表示变化后的需求量和收入量。

需求的收入点弹性是指作为自变量的消费者可支配收入变动趋于无穷小时，作为因变量的商品需求量的反应程度。计算需求的收入点弹性的公式可用公式（1.16）来表示。

$$E_i = \lim_{\Delta I \to 0} \frac{\Delta Q}{\Delta I} \cdot \frac{I}{Q} = \frac{dQ}{dI} \cdot \frac{I}{Q} \tag{1.16}$$

需要说明的是，需求的价格弹性与收入弹性的取值范围是不同的。需求的价格弹性均为负值，只是为了便于比较，我们才取其绝对值。而需求的收入弹性既可以是正值，也可以是负值。根据商品需求的收入弹性的系数值，可以将商品分为正常品和低档品两大类。如果需求的收入弹性为正值，即 $E_i > 0$，则为正常品或高收入商品，如果 $E_i < 0$，则为低档品。$E_i > 0$ 意味着正常品的需求量会随着消费者可支配收入的增加而增加，而 $E_i < 0$ 则意味着低档品的需求量会随着消费者可支配收入的增加而减少。通常，在正常品或高收入商品中，$E_i < 1$ 的商品为生活必需品，生活必需品是缺乏收入弹性的商品，它意味着伴随消费者收入水平的提高，生活必需品的需求量虽然会增加，但增加的数量有限。$E_i > 1$ 的商品为高档品和奢侈品，高档品和奢侈品属于富有收入弹性的商品，它意味着，伴随消费者可支配收入的增加，高档品和奢侈品会以更大的幅度增加。

了解各种商品收入弹性的高低，在实际经济中具有重要的现实意义。首先，它对于厂商的生产决策是有用的。如果某种商品的收入弹性很高，由于经济的大幅度波动会引起人们收入水平的大幅度波动，从而必然会对该种商品的销售量产生重要的影响。在此情况下，厂商就可以根据经济的周期性波动来调整产量，以避免利润损失。其次，了解产品的收入弹性对于厂商制定产品的营销战略也具有重要意义。例如，对于具有高收入弹性的产品，厂商就可以将其作为声望商品来促销，而对于具有低收入弹性的产品，厂商将其作为经济型产品来促销也许是恰当的。最后，在规划某一行业的发展时，了解该行业产品的收入弹性也是重要的。因为伴随着经济的发展和人们收入水平的提高，人们对收入弹性高的那些商品和服务的需求会增长较快，而对那些收入弹性低的商品和服务的需求的增长速度较慢甚至会出现负增长。在此情况下，伴随经济的发展，属于高收入弹性的行业的发展速度就应当快一些；而属于低收入弹性的行业的发展速度就应当慢一些甚至可能要限制其发展。

四、需求的交叉弹性

需求的交叉弹性也称需求的交叉价格弹性。是指在一定时期内某种商品需求量的变动对于与之相关的商品价格变化的反应程度。即在某一时期内，某种商品需求量变动的百分比与相关商品价格变动的百分比的比值。

需求的交叉弹性也包括弧弹性或区间弹性以及点弹性。需求的交叉弧弹性是指在一定时期内，作为因变量的某种商品的需求量对作为自变量的相关商品价格发生离散变化时的反应程度。

假定商品 A 的需求量 Q_A 是它的相关商品 B 的价格 P_B 的函数，即 $Q_A = f(P_B)$，那么计算需求的交叉弧弹性或区间弹性的公式就可用公式（1.17）来表示。

$$E_X = \frac{\Delta Q_A}{Q_A} \div \frac{\Delta P_B}{P_B} = \frac{\Delta Q_A}{\Delta P_B} \cdot \frac{P_B}{Q_A} \qquad (1.17)$$

公式（1.17）中的 E_X 即为需求的交叉弹性系数，ΔQ_A 是商品 A 需求量的变动量，ΔP_B 是相关商品 B 价格的变动量。需要说明的是，在计算需求的交叉弹性时，也要使用中点公式。交叉弹性的中点公式可以用公式（1.18）来表示。

$$E_X = \frac{Q_{A2} - Q_{A1}}{(Q_{A2} + Q_{A1})/2} \div \frac{P_{B2} - P_{B1}}{(P_{B2} + P_{B1})/2} \qquad (1.18)$$

公式（1.18）中的 Q_{A1} 和 Q_{A2} 分别表示消费者对 A 商品最初的需求量和收入变动后对 A 商品的需求量；P_{B1} 和 P_{B2} 分别表示 B 商品最初的价格和变动后的

价格。

交叉的点弹性是指作为自变量的相关商品的价格变动趋于无穷小时，作为因变量的商品需求量的反应程度。计算需求的交叉点弹性可以用公式（1.19）来表示。

$$E_X = \lim_{\Delta P_B \to 0} \frac{\Delta Q_A / Q_A}{\Delta P_B / P_B} = \frac{dQ_A / Q_A}{dP_B / P_B} = \frac{dQ_A}{dP_B} \cdot \frac{P_B}{Q_A} \qquad (1.19)$$

需求的交叉弹性是某种商品需求量的变动对于与之相关的商品价格变化的反应程度。相关商品分为替代品和互补品两种。如果两种商品之间存在着替代关系，那么某种商品例如茶叶的需求量就会与它的替代品咖啡的价格之间成同方向变动，即替代品咖啡的价格越高，消费者对茶叶的需求量就越大；反之，咖啡的价格越低，消费者对茶叶的需求量就会相应减少。根据计算交叉弹性的公式可以推知，相对于替代品而言，需求的交叉弹性一定是正值。如果两种商品之间存在着互补关系，那么某种商品例如汽车的需求量就会与它的互补品汽油的价格之间成反方向变动，即作为互补品的汽油价格越高，人们对汽车的需求量就越少；反之，汽油的价格越低，人们对汽车的需求量就越大。因此，相对于互补品而言，需求的交叉弹性是负值。如果两种商品之间不存在相关关系，那么其中任何一种商品价格的变化，都不会导致另一种商品需求量的变化。

如果从相反的角度看，我们则可以根据需求交叉弹性的值来判断两种商品之间的相关关系。当需求的交叉弹性系数为正值时，两种商品之间一定存在替代关系，说明这两种商品是替代品，并且，交叉弹性系数越高，两种商品的替代关系就越强。当需求的交叉弹性系数为负值时，两种商品之间则一定存在着互补关系，说明这两种商品是互补品，并且交叉弹性系数的绝对值越大，两种商品的互补性越强。当然，如果需求的交叉弹性系数为零，则表明两种商品之间既不存在替代关系，也不存在互补关系，即是说，它们不是相关商品。可见，影响需求交叉弹性大小的因素主要取决于产品之间的替代性和互补性。

了解一种产品交叉弹性的高低在现实生活中是有意义的。就替代品而言，交叉弹性既可以用来分析厂商之间的竞争关系，也可以据此判断厂商对该种产品市场的垄断力。如果商品 A 和 B 是由两个不同的厂商生产的，并且存在替代关系，那么 A 商品的降价就会给生产 B 商品厂商的销售带来挑战，这时，如果生产 B 商品的厂商不相应地降低该商品的价格，其销售量就可能大幅度下降。

当然，如果一种产品具有很低的交叉弹性，则说明生产该种产品的厂商具有较高的垄断力，他可以不用担心来自替代品方面的竞争。就互补品而言，了解交叉弹性的大小对于厂商的生产是有用的。生产某种产品的厂商不仅要关心自己产品的市场状况，也要关注互补品价格的变化。例如，如果汽油的价格不断上涨，生产汽车的厂商就不得不考虑削减汽车的产量，或者转而生产经济型汽车，或者开发使用其他燃料的新型汽车。

五、供给弹性

供给弹性包括供给的价格弹性、供给的交叉弹性和供给的预期价格弹性。我们这里主要讨论供给的价格弹性，在微观经济学中，供给的价格弹性通常简称为供给弹性。

供给弹性是指在一定时期内，某种商品的供给量的相对变动对于该种商品价格相对变动的反应程度，或者说，供给弹性是指当某种商品的价格变动百分之一时所引起的该种商品供给量变动的百分比。供给弹性也包括弧弹性、区间弹性和点弹性。供给的弧弹性或区间弹性是指在一定时期内，作为因变量的供给量对作为自变量的商品价格发生离散变化时的反应程度，即非线性供给曲线或线性供给曲线上两点之间的供给量的变动同与之相对应的价格的变动之比。计算供给的价格弧弹性或区间弹性的公式一般可以用公式（1.20）来表示。

$$E_S = \frac{\Delta Q/Q}{\Delta P/P} = \frac{\Delta Q}{\Delta P} \cdot \frac{P}{Q} \tag{1.20}$$

公式（1.20）中的 E_S 为供给弹性系数，ΔQ 表示商品供给量的变动量，ΔP 代表商品价格的变动量。如果将公式（1.20）转换为中点公式，则供给弹性的中点公式就可以用公式（1.21）来表示。

$$E_S = \frac{Q_2 - Q_1}{(Q_2 + Q_1)/2} \div \frac{P_2 - P_1}{(P_2 + P_1)/2} \tag{1.21}$$

公式（1.21）中的 P_1 和 Q_1 分别为最初的价格和供给量，P_2 和 Q_2 分别为变动后的价格和供给量。

供给的点弹性是指作为自变量的价格变动趋于无穷小时，作为因变量的商品供给量的反应程度，即供给曲线上某一点上的供给量的变动对于价格变动的反应程度。计算供给的价格点弹性的公式可以用式（1.22）来表示。

$$E_S = \lim_{\Delta P \to 0} \frac{dQ/Q}{dP/P} = \frac{dQ}{dP} \cdot \frac{P}{Q} \tag{1.22}$$

根据供给弹性系数的大小，包括弧弹性和点弹性，都可以分为五种基本的类型。当 $E_s = 0$ 时，为供给完全无弹性；$E_s < 1$ 表示供给缺乏弹性，也称为供给无弹性；$E_s = 1$ 表示单位弹性或单一弹性；$E_s > 1$ 表示供给富有弹性，或称为供给有弹性；当 $E_s = \infty$ 时，称为供给完全有弹性。

完全无弹性的供给曲线在一个纵轴代表价格水平、横轴代表销售量的坐标上是一条垂直于横轴的直线，如图 1-14（a）所示。它表示，在一定的范围内，无论商品的价格发生怎样的变动，商品的供应量都不会因此而增加或减少。完全有弹性的供给曲线是一条水平线，如图 1-14（b）所示。其含义是，价格的微小下降会使商品的供给量骤降为零，而价格的稍许上升则会诱发无穷多的商品供给。图 1-14（c）中过原点并向右上方倾斜的直线表示供给具有单位弹性。它意味着商品供应量变动的百分比与该商品价格变动的百分比相同。介于完全有弹性和完全无弹性两种极端情况之间，供给究竟富有弹性还是缺乏弹性，取决于供给量变动的百分比是大于还是小于价格变动的百分比。一般地说，就线性供给曲线而言，缺乏弹性的供给曲线比较陡峭，如图 1-14（d）所示，而富有弹性的供给曲线则比较平坦，如图 1-14（e）所示。

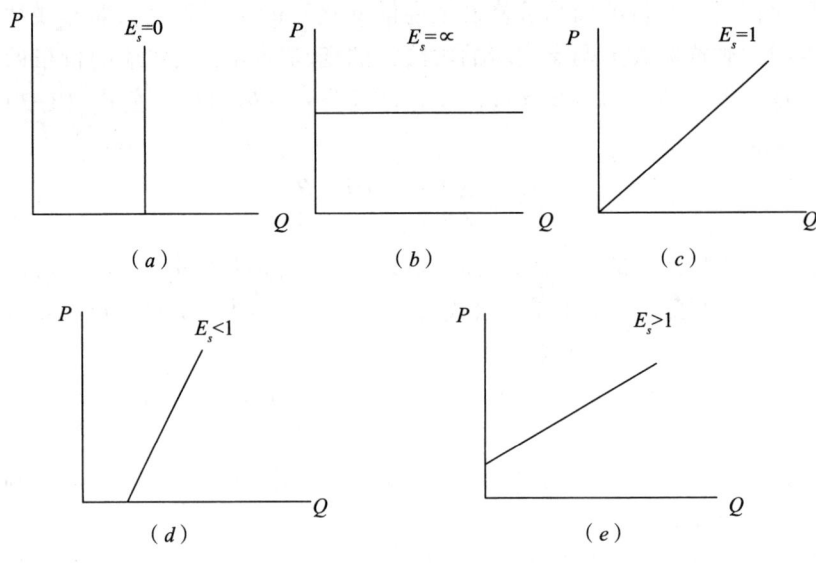

图 1-14　供给弹性的类型

就线性供给曲线的点弹性而言，其变动规律是，当供给曲线或供给曲线的延长线与坐标横轴的交点位于坐标原点的右侧时，则供给曲线上所有的点弹性系数都小于1，图1-14（d）上的供给曲线就有这样的特点；如果供给曲线的延长线与横轴的交点位于坐标原点的左边，则供给曲线上所有的点弹性系数都大于1，图1-14（e）上的供给曲线就是这样；如果供给曲线通过坐标的原点并向右上方倾斜，则供给曲线上所有的点弹性系数都等于1，图1-14（c）上的供给曲线就是如此。当然，读者不难理解，在图1-14（a），垂直的供给曲线上所有的点弹性系数都等于零，而图1-14（b）所有的点弹性均为无穷大。

商品供给弹性的大小是由什么决定的呢？一般地说，它主要取决于：（1）厂商调整产量时间的长短；（2）生产成本的变化；（3）生产要素的供给弹性等因素。

就厂商调整产量的时间因素而言，不同产品的生产周期和生产的难易程度是不同的。在此情况下，当产品的市场价格发生变化时，如果厂商在短期内不能轻易地扩大生产或缩小生产规模以调整产量，供给的价格弹性就比较小。而在长期中，由于厂商可以较容易地调整产量，甚至可以通过投资建立新的工厂或者关闭原有的企业来调整生产规模，因此价格的变动通常会导致产量发生较大的变动，产品供给的价格弹性就比较大。可见，供给在长期中的价格弹性通常都大于短期内的供给弹性。

生产成本的变化也是影响供给弹性的一个重要因素。当产品的市场价格发生变化，例如当价格上升时，如果厂商增加产量会导致生产成本较大幅度的增加，产品的供给曲线就比较陡峭，供给的价格弹性就比较小；相反，如果增加产量只会导致生产成本较小幅度的增加，产品的供给曲线就比较平坦，供给的价格弹性就比较大。

生产要素的供给弹性对商品供给弹性的影响主要表现在：如果生产要素的供给弹性较大，即生产要素价格的变动能够导致要素供给数量以更大的幅度变动，则商品供给的价格弹性就比较大；反之，如果生产要素的供给弹性较小，即生产要素价格的变动只能引起要素供给量较小幅度的变动，则商品供给的价格弹性就比较小。

在经济生活中，影响供给弹性的因素还有很多，同时，产品的供给弹性通常要受多种因素的综合影响。因此，供给弹性的变动就显得相当复杂。但是，了解产品供给弹性的大小，对于厂商的生产决策，例如在一定时期内，厂商应当生产什么、生产多少以及应当怎样生产才能获得最大利润，都具有重要的意义。

关键名词和术语

需求　需求量　需求定律　需求函数　吉芬商品　声望商品　供给　供给量　供给定律　供给函数　均衡价格　供求法则　弧弹性　点弹性　需求的价格弹性　需求的收入弹性　需求的交叉弹性　供给的价格弹性　支持价格　限制价格

复习思考题

1. 需求和需求量有什么区别？影响需求的因素有哪些？
2. 需求法则存在的理论基础是什么？为什么存在需求法则的例外？你能够指出几种现实经济生活中存在的不符合需求法则的商品吗？
3. 供给和供给量有什么区别？影响供给的因素有哪些？
4. 供给法则为什么会存在？现实生活中有哪些商品属于供给法则的例外？
5. 均衡价格是怎样形成的？形成均衡价格的条件是什么？
6. 影响需求的价格弹性的主要因素有哪些？面对不同的需求价格弹性，厂商实现收入最大化的价格决策有什么特点？
7. 影响供给价格弹性的因素有哪些？
8. 用供求法则说明政府实行支持价格和限制价格的原因、后果以及消除产品过剩和短缺的方法。
9. 石油输出国组织为什么经常限制石油产量？其后果是什么？
10. 政府对市场的干预为什么不能使资源得到最优配置？

计算证明题

1. 在完全竞争的市场上，假定在某一时期内，某种商品的需求函数为 $Q^d = 40 - 2P$，供给函数为 $Q^s = -20 + 4P$，求该商品的均衡价格和均衡数量。假设供给函数不变，由于政府降低了所得税率使消费者的可支配收入增加了，因此需求函数变为 $Q^d = 70 - 2P$，这时的均衡价格和均衡数量是多少？
2. 假设某种商品的需求函数是 $Q = 100 - 10P$，当价格为 6 元时，点弹性的值是多少？在此情况下，厂商要增加该商品的销售收入，应当怎样调整商品的价格？

第二章 消费理论

消费理论也称消费者行为理论或效用理论。在实际经济中,面对稀缺的资源和有限的购买力,消费者每天都要做出许多选择:是用有限的货币购买面包和鸡蛋,还是购买牛肉和土豆?是用有限的积蓄购买汽车,还是购买住房?是选择在家休息还是外出旅游?微观经济学假定消费者都是经济人,因此,他们无论做出怎样的选择,所遵循的都是效用最大化的行为准则。消费者怎样才能实现效用最大化?在消费者追求效用最大化的行为和需求曲线之间存在着怎样的内在联系?为了说明这个问题,本章将首先分析消费者实现效用最大化的条件,然后在此基础上,推导出不同商品的需求曲线,从而揭示需求曲线的性质。

第一节 效用和边际效用递减规律

在分析消费者选择理论之前,我们需要理解有关效用的几个基本概念。为简单起见,我们假定消费者只购买或消费一种商品。如果消费者只消费一种商品,随着该种商品消费量的增加,消费者所得到的效用将会发生怎样的变化呢?为了说明这个问题,我们首先给出总效用和边际效用的概念。

一、总效用和边际效用

一般地说,可以把效用(utility,U)理解为消费者从消费商品和服务或从其他消费行为中得到的满足程度或偏好水平。所谓总效用,就是指消费者在一定时间内消费一定量的商品所得到的效用总和或总的满足程度。假设消费者对某一种商品的消费数量为 Q,那么总效用(total utility,TU)就是对该种商品

消费量 Q 的函数。因此，总效用函数就可以一般地用公式（2.1）来表示。

$$TU = f(Q) \tag{2.1}$$

边际效用（marginal utility，MU）是指在一定时间内消费者增加一个单位商品的消费（ΔQ）所引起的总效用的增加量（ΔTU）。如公式（2.2）所示。

$$MU = \frac{\Delta TU}{\Delta Q} \tag{2.2}$$

边际效用也是商品消费量的函数。在总效用函数连续并且可以求导的情况下，边际效用可以用（2.3）式来表示。

$$MU = \frac{dTU}{dQ} \tag{2.3}$$

随着消费者对某一种商品例如对鸡蛋的消费量的增加，总效用和边际效用会发生怎样的变化呢？假设效用可以用"效用单位"来衡量，并且效用单位可以用基数如1、2、3、4、5等来表示，那么消费者在不断增加鸡蛋消费数量的情况下，其得到的总效用和边际效用可以用表2-1来表示。

表2-1 商品消费量与效用的关系

Q	TU	MU
0	0	0
1	4	4
2	7	3
3	9	2
4	10	1
5	10	0
6	8	-2

在表2-1中，我们最初假设效用是商品消费量的增函数，即随着消费者对鸡蛋消费量的增加，总效用也是增加的。例如，消费者从消费第一个鸡蛋开始到消费第四个鸡蛋，总效用便从4个效用单位增加到了10个效用单位。虽然总效用是随着鸡蛋消费量的增加而增加的，但总效用增加的速率是递减的。总效用随消费量增加的情况不会永远持续下去，当消费者的需求完全得到满足即消费掉4个鸡蛋以后，如果再增加一个鸡蛋的消费，总效用将不再增加，仍然为10个效用单位。在此基础上，如果消费者继续增加鸡蛋的消费量，例如增加第6个鸡蛋的消费，总效用不仅不会增加，还可能减少，即从10个效用单位减少到8个效

用单位。显然，这种情况的存在与人们的实际生活经验基本是一致的。

从表2-1中还可以看出，与总效用的变动规律不同，边际效用从一开始就是递减的。并且总效用和边际效用之间一定存在着这样的关系：即当$MU>0$时，TU增加，当$MU<0$时，TU减少。依此类推，当$MU=0$时，TU一定会达到最大值。同时，我们还可以看到，总效用一定是从开始处累积起来的所有边际效用之和。

根据表2-1给出的数据，我们可以得到一条倒"U"字形的总效用曲线和一条向右下方倾斜的边际效用曲线。如图2-1所示。

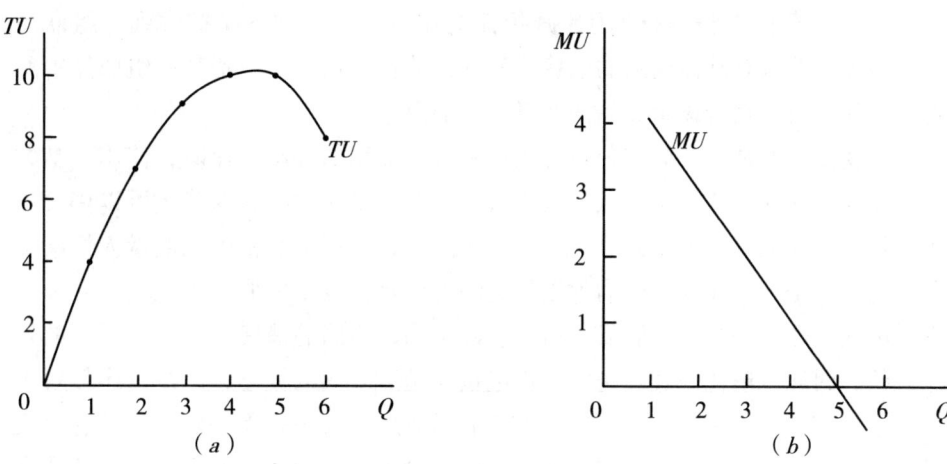

图2-1　总效用曲线和边际效用曲线

在图2-1（a）中，坐标的纵轴代表总效用，横轴代表商品的消费量。坐标中的倒"U"字形曲线就是总效用曲线。总效用曲线先是随着商品消费量的增加以递减的速率上升，当达到最大值以后，又呈下降的趋势。在图2-1（b）中，坐标的纵轴表示边际效用，横轴表示商品的消费量。坐标中斜率为负的曲线就是边际效用曲线，它随着商品消费量的增加而呈现递减的趋势。把两条线结合起来看，当边际效用为正值时，总效用曲线呈上升趋势，当边际效用为零时，总效用曲线达到最高点，当边际效用为负值时，总效用曲线呈下降趋势。

二、边际效用递减规律

从以上的分析不难看出，在一定时间内，假设消费者对其他商品的消费量不变，消费者从连续消费某一特定商品中所得到的效用将随着该种商品消费量的增加而递减。微观经济学将效用与商品消费量之间的这种内在联系称之为边际效用递减规律（law of diminishing marginal utility）。边际效用递减规律之所以存在，主要是基于这样一种事实，即消费者从商品消费中所得到的满足程度会随着对该种商品消费量的增加而减少。

一般而言，边际效用递减规律具有普遍性。不仅人们对物品的消费具有这样的特征，对服务的消费以及对闲暇时间的消费也具有同样的特点。此外，货币的边际效用也是递减的。这意味着，消费者的货币财富越多，每增加一个单位的货币给他带来的边际效用将会变得更小。但是，与商品的消费有所不同的是，货币的边际效用也许永远不会等于零或为负值。

此外，还可以把边际效用递减规律的作用从某一种商品扩大到一组商品中，假设消费者对其他商品的消费量不变，消费者从连续消费某一组商品中所得到的效用也将随着该组商品消费量的增加而递减。

需要说明的是，我们在分析总效用和边际效用的变动规律时，使用了基数的概念。早期的经济学家们认为效用可以用基数来衡量，就像鸡蛋可以用公斤来衡量，布匹可以用米来计算一样。但实际上，要用基数精确地度量人们满足程度的大小是不可能的。因为效用作为一种满足程度主要取决于人们的心理感受，因此，即使是同一种商品，由于偏好不同，不同的消费者也会有不同的效用评价。因此，现代微观经济学都拒绝接受基数效用的概念，而注重序数效用的概念。实际上，用基数还是用序数来表示效用的大小是无关紧要的，它仅仅是被用来表示消费者偏好和消费者选择的一种方法。同时，效用不能用基数来准确度量这一事实并不能否定边际效用递减规律的存在。

三、消费者剩余

消费者在购买商品时，必须向商品的卖者支付价格。在微观经济学中，价格或者价值是指消费者对商品边际效用的评价。因此，消费者在购买某种商品例如购买矿泉水时，从第一瓶到第九瓶矿泉水，都是根据对最后一瓶矿泉水即第九瓶矿泉水的效用评价来支付价格的，并且所有矿泉水的价格都是相同的，是由市场力量决定的。由于存在边际效用递减规律，因此，消费者所购买的前面的8瓶矿泉水就要比最后1瓶矿泉水具有更高的价值，因为前面8瓶矿泉水的边际效用更大。这样一来，消费者就能够在购买商品时获得一部分效用剩余，这个效用剩余被称为消费者剩余（consumer surplus）。可见，消费者剩余实际上就是消费者愿意支付的价格与实际支付的价格之间的差额，或者说，是一种物品的总效用或总的市场价值与消费者实际支付的价格之间的差额。从以上的分析不难理解，消费者剩余的存在，是用边际效用递减规律来解释的。图2-2进一步说明了消费者剩余的概念。

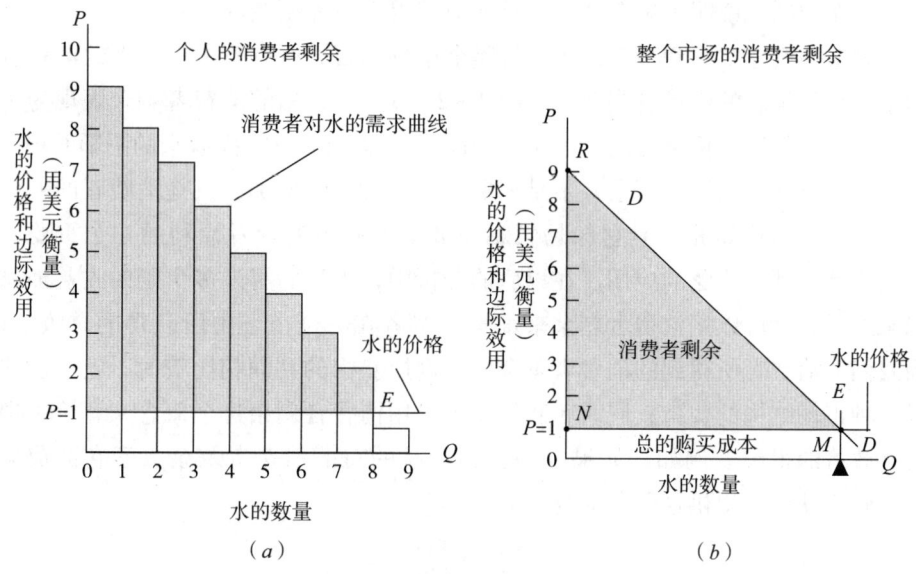

图2-2　消费者剩余

图2-2（a）描述了个别消费者的消费者剩余。假设某消费者要购买8瓶矿泉水。第一瓶矿泉水对该消费者来说是非常重要的，因而他愿意为此支出9元的价格，但每瓶矿泉水的实际价格只有1元，因此他获得了8元的消费者剩余。再考虑第二瓶矿泉水。消费者对第二瓶矿泉水效用的评价是8元，但他同样支付了1元的价格，因此他又获得了7元的消费者剩余。依此类推，直到第八瓶矿泉水。消费者对第八瓶矿泉水愿意支付的价格是2元，而实际价格是1元，因而只能得到1元的消费者剩余。假设第九瓶矿泉水对该消费者来说只值0.5元，因此他不会再购买第九瓶矿泉水。这样，该消费者用每瓶1元钱的价格总共购买了8瓶矿泉水后，实现了最大效用。

从上面的例子不难看出，消费者对8瓶矿泉水总效用的评价即矿泉水的总价值是45元（9+8+7+6+5+4+3+2+1=45）。然而，消费者为购买8瓶矿泉水实际支付的价格却只有8元钱，因此可以认为，消费者得到了36元的消费者剩余（8+7+6+5+4+3+2+1=36）。可见，消费者剩余实际上就是一种物品的总效用或总的市场价值与消费者实际支付的价格之间的差额。如果我们将图2-2（a）中的梯状曲线平滑为一条向右下方倾斜的直线，不难理解，这条直线就是消费者的个人需求曲线。所以，就单个消费者而言，消费者剩余实际上是个人需求曲线与商品价格之间的面积。

上面的例子说明了单个消费者是如何获得消费者剩余的。我们还可以把消费者剩余的概念扩大到整个市场。就整个市场而言，所有单个消费者的消费者剩余之和就是总的消费者剩余。在图2-2（b）中，总的消费者剩余表现为市场需求曲线与商品价格之间的三角形的面积，即由点 NRE 围起来的阴影面积。

综上所述，消费者剩余并不是消费者实际收入的增加，只是消费者的一种心理感受。尽管如此，但它却是微观经济学中衡量消费者福利的一个重要概念，并且得到了广泛的应用。在以后的分析中，当我们将许多个别的收益加总起来之后，就可以用消费者剩余来度量消费者在一个市场中所获得的总收益；当我们把消费者所得到的消费者剩余和厂商所获得的利润相比较时，就可以评价一种市场结构的优劣；同时，我们还可以用消费者剩余这个概念来评价一项公共政策的得失。例如，如果一项公共产品的总的消费者剩余大于它的成本时，政府就应当提供这种公共物品。

第二节 消费者选择和效用最大化的均衡

在假设效用不能用基数准确度量的情况下，人们有可能做到的，是根据消费者的偏好对商品效用的大小进行排序，这就是序数效用的概念。序数效用理论是建立在消费者偏好基础之上的。因此，我们对消费者均衡的分析就首先从消费者偏好开始。

一、消费者偏好

在微观经济学中，与偏好相联系的概念有两个，一个是偏好关系（preference relation），即消费者对各种商品组合的排序。另一个是消费集（consumption set）或选择集（choice set），即消费者所消费或购买的商品。消费者消费的商品组合也称为商品束（A basket of commodities）。在微观经济学中，我们说消费者总是追求效用最大化，其含义就是指消费者总是选择自己最偏好的商品组合或商品束。

消费者偏好（consumer preference）是指消费者按照自己的意愿和爱好对可供其消费的商品组合或商品束进行排序，因此，它是决定消费者行为的重要因素之一。在其他条件不变的情况下，消费者选择什么样的商品以及购买和消费多少商品，就取决于他的个人偏好。同时，消费者对一种商品束偏好程度的强弱，也是决定其对商品束效用评价高低及购买欲望大小的决定性因素之一。

在现实生活中，不同的消费者具有不同的偏好，消费者具有什么样的偏好是他们个人的事情。但在消费者行为理论中，由于偏好是消费者决策的基础，因此必须假定消费者的偏好是稳定的、可预见的，也就是假定受偏好支配的消费者的行为是理性的。经济学家们对消费者形成偏好时的理性行为作了四点假设，即完备性假设、传递性假设、无限性假设和反身性假设。

所谓完备性（completeness）假设，是指消费者根据自己的偏好可以比较和排列所有的商品组合，并能够明确地表达自己的选择；传递性（transitivity）假设是指消费者在按照自己的偏好排列商品组合时，必须具有逻辑上的一致性，或者说，消费者必须能够以一种不自相矛盾的方式在多种商品组合中作出选择；无限性或非饱和性（nonsatiation）假设是指消费者对于数量多的商品束的偏好永远强于数量少的商品束，通俗地说，就是"多比少好"；反身性（reflexivity）假设是指任何一种商品束与同样的商品束相比至少是同样好的，显然，这对于理性的消费者而言是不言而喻的。上述四个方面的假设也被称为消费者偏好公理，它们构成了消费者进行消费决策时的理性行为。

在现实生活中，偏好是无法被直接测度的。不过经济学家们认为，可以通过观察消费者的行为来发现他们的偏好。也就是从消费者在一系列的商品组合中的实际选择来推导出效用函数。如果消费者的行为是追求效用最大化的，那么就可以认为，消费者在市场上实际购买的商品组合一定优于那些他们能够购买而没有购买的商品组合，在这里，消费者偏好通过他们的实际购买行为被显示出来，因此被称为显示性偏好（revealed preference）。[①]

二、无差异曲线和商品的边际替代率

为了说明消费者偏好和效用的关系，序数效用理论建立了无差异曲线这一概念。无差异曲线被用来表示消费者偏好相同的两种商品的不同数量的各种组合，或者说，它被用来表示能给消费者带来相同效用水平或满足程度的两种商品的所有组合。根据定义，在无差异曲线上的任意一点所代表的商品束或商品组合，消费者的个人偏好程度和效用水平都是无差异的。

---

① 显示性偏好理论最早是由美国经济学家保罗·萨缪尔森（P. Samuelson）提出来的。研究偏好本身并不是微观经济学的任务，有兴趣的读者可以查看相关文献。

为了简单起见，我们假定，在给定的价格水平上，消费者只消费两种商品：商品 X 和商品 Y，并假定在表 2-2 中所给出的四种有关商品 X 和商品 Y 的组合（A、B、C、D）给消费者带来的效用水平是无差异的，即消费者对 A、B、C、D 中任意一种商品束或商品组合的偏好都是相同的。

表 2-2 无差异表

商品组合	X	Y
A	1	6
B	2	3
C	3	2
D	4	1.5

在表 2-2 中，A 组合表示消费者消费 1 个商品 X 和 6 个商品 Y，B 组合表示消费者消费 2 个商品 X 和 3 个商品 Y，C 组合表示消费者消费 3 个商品 X 和 2 个商品 Y，D 组合则表示消费者消费 4 个商品 X 和 1.5 个商品 Y，消费者无论选择哪一种商品组合，其所得到的满足程度即效用水平都是相同的。将表 2-2 中的数据描述在图 2-3 的平面坐标上，就可以得到一条无差异曲线。

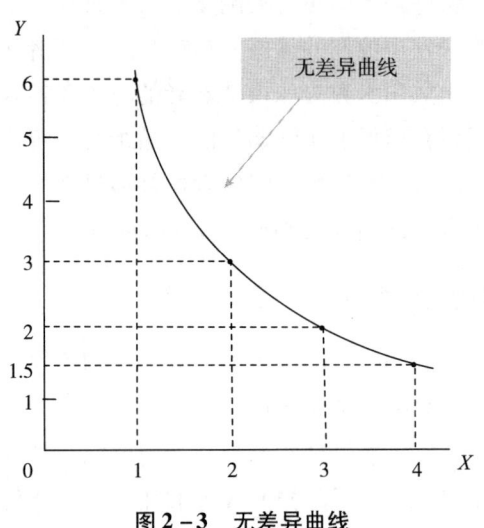

图 2-3 无差异曲线

图 2-3 中坐标的横轴用来表示消费者对商品 X 的消费量，纵轴表示消费者对商品 Y 的消费量，假如商品 X 和 Y 的数量是可以无限分割的，那么就可以

将 A、B、C、D 四个组合点连接成一条平滑的、向右下方倾斜的曲线，这就是无差异曲线。无差异曲线表明，消费者在曲线上的任意一点，而不仅仅是 A、B、C、D 四个组合点上选择商品组合进行消费，都意味着消费者的偏好程度或所得到的效用水平是没有差异的。可见，无差异曲线的本质特征是消费者选择和消费不同的商品组合，都可以得到相同的效用水平或满足程度。这表明，消费者在维持相同的效用水平时，可以在一定程度上用一种商品替代另一种商品，即是说，两种商品可以相互替代但又不能完全替代。

无差异曲线被描绘成凸向原点的斜率为负的曲线，并且在向右下方移动时变得更加平坦。这意味着，消费者在减少对商品 Y 的消费的同时，必须增加对商品 X 的消费，才能维持原来的效用水平。同时，将曲线描绘成这样一种形状也是为了说明商品之间存在着这样的替代规律：即一种物品越是稀缺，其相对的替代价值就越大；相对于那些变得充裕的商品，其边际效用会上升。

例如，在图 2-3 的无差异曲线上，当消费者的消费沿着一条既定的无差异曲线向右下方移动，即消费者从选择 A 组合变为选择 B 组合时，在增加 1 个商品 X 消费的同时愿意放弃 3 个商品 Y 的消费，因为这时商品 X 是相对稀缺的，其边际效用相对于 Y 来说较大，或者说，它的相对替代价值较大；而商品 Y 则刚好相反，由于它是相对充裕的，因而相对于商品 X 来说，它的边际效用较小，或者说，它的相对替代价值较小。这样，消费者在维持总效用水平不变的情况下，就要用较少的商品 X 替代较多的商品 Y。然而，当消费者从选择 C 组合转变为选择 D 组合时，情形发生了逆转，由于这时的商品 X 变得相对充裕，而商品 Y 变得相对稀缺，因此，消费者在增加 1 个商品 X 的同时却只愿意放弃 0.5 个商品 Y 的消费了。

对于上述情形，我们可以用商品的边际替代率这一概念予以说明。商品的边际替代率也简称边际替代率（marginal rate of substitution）。公式（2.4）给出了商品 X 对商品 Y 的边际替代率（$MRS_{X,Y}$）的定义。

$$MRS_{XY} = -\frac{\Delta Y}{\Delta X} \qquad (2.4)$$

公式（2.4）中的 ΔX 和 ΔY 分别表示商品 X 和商品 Y 的变化量，由于 ΔX 是增加量，ΔY 是减少量，所以两者符号相反。为了便于比较，通常要在公式中加上一个负号，得出来的正值即为边际替代率。

当商品数量的变化趋于无穷小时，商品的边际替代率还可以用公式（2.5）来表示。

$$MRS_{XY} = \lim_{\Delta X \to 0} -\frac{\Delta Y}{\Delta X} = -\frac{dY}{dX} \tag{2.5}$$

显然，无差异曲线某一点的边际替代率实际上就是无差异曲线在该点的斜率的绝对值。

依据公式 (2.4)，在表 2-2 和图 2-3 的例子中，当消费者从选择 A 商品组合改变为选择 B 商品组合时，商品的边际替代率等于 3 [-(6-3)/(1-2)]；当消费者从选择 B 商品组合改变为选择 C 商品组合及由选择 C 商品组合改变为选择 D 商品组合时，商品的边际替代率则分别减少到 1 [-(3-2)/(2-3)] 和 0.5 [-(2-1.5)/(3-4)]。

由上述分析不难看出，在消费者消费两种商品的替代过程中，普遍存在着商品边际替代率递减的情形，微观经济学将其称之为商品的边际替代率递减规律。对于商品的边际替代率递减规律，可以表述如下：在维持效用水平不变的前提下，随着消费者对某一种商品消费数量的连续增加，他为得到每一单位的这种商品所必须放弃的另一种商品的消费数量是递减的。之所以存在这一规律，正如我们前面所分析的那样，是因为随着一种商品消费数量的逐步增加，消费者获得更多的这种商品的欲望和边际效用就会递减，从而他为了多得到一单位的该种商品而愿意放弃的另一种商品的数量就会越来越少。显然，商品的边际替代率递减规律的存在，可以用边际效用递减规律予以说明，或者说，商品的边际替代率递减规律是假定消费者消费两种商品时对边际效用递减规律的另一种描述方式。

由于消费者的消费欲望是无穷大的，根据我们对消费者偏好的无限性假设，那么每个消费者都会有无数条无差异曲线，这些无差异曲线构成一个无差异曲线群。在无差异曲线群中，无差异曲线距离原点越远，说明消费者所得到的效用水平就越大。如图 2-4 所示。

在图 2-4 中，我们假设消费者有 U_1、U_2 和 U_3 三条无差异曲线，它们共同构成一个无差异曲线群。在无差异曲线群中，$U_1 < U_2 < U_3$，即 U_1 的效用水平最低，U_2 的效用水平高于 U_1 但低于 U_3 的效用水平，而 U_3 的效用水平最高。

无差异曲线群不仅体现了消费者偏好的无限性特征，还体现了消费者偏好的完备性假设，即每一个可能的商品组合总有一条无差异曲线从中经过，消费者可以根据自己的偏好对任何一种商品组合进行比较、排列和选择；同时，无差异曲线还体现了消费者偏好的传递性特征，即一种既定的商品组合不能同时位于两条无差异曲线上，或者说，任何两条无差异曲线都不能相交。

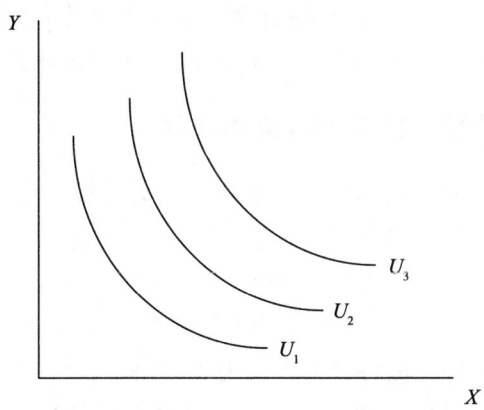

图 2-4 无差异曲线群

边际效用递减规律的存在,决定了无差异曲线总是凸向原点。但在现实经济中,有些特殊的无差异曲线并不一定凸向原点。例如,只能按照固定比例消费的完全互补商品和可以完全替代的商品的无差异曲线就不具有凸性特征。如图 2-5 所示。

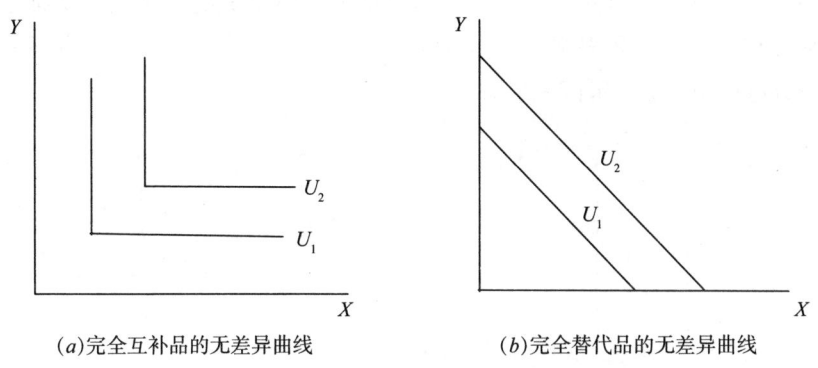

(a)完全互补品的无差异曲线　　　　(b)完全替代品的无差异曲线

图 2-5　完全互补品和完全替代品的无差异曲线

图 2-5（a）显示的是商品 X 和 Y 只能按照固定比例消费的完全互补品的无差异曲线,在坐标上表现为一条直角线;图 2-5（b）显示的是商品 X 和 Y 可以完全替代的无差异曲线,在坐标上表现为一条直线,并且两种商品之间的边际替代率是一个常数。

无差异曲线群描述了一个消费者对商品和服务的不同组合的偏好,亦即一个消费者可能得到的各种效用水平。尽管每个消费者都可能面对一个无差异曲线群，但是，消费者的消费欲望究竟能够在多大程度上得到满足，即实际的效用水平究竟能够有多大，则取决于消费者的购买力，即预算约束。

三、消费者的预算约束和预算约束线

如第一章所述，需求不仅包括消费者的购买欲望，也包括购买力。因此，消费者的欲望究竟能够在多大程度上得到满足，就取决于他在一定时期内的购买力水平或收入水平。我们用预算约束（budget constraint）这个概念来表示在商品价格既定情况下收入水平或购买力对消费者购买欲望或效用水平的约束。

假设在一定时期中，消费者的收入为 I，并假定他将所有的收入都用于购买商品 X 和商品 Y，商品 X 的价格为 P_X，商品 Y 的价格为 P_Y，那么，我们就可以得到一个预算约束方程。如公式（2.6）所示。

$$P_X \cdot X + P_Y \cdot Y = I \qquad (2.6)$$

公式（2.6）的预算约束方程表明，消费者在消费商品 X 和 Y 时究竟能够获得多大程度的满足，取决于商品的价格水平和收入水平。在价格不变的情况下，则完全取决于他的收入水平或者购买力。

在一个横轴表示商品 X 的消费量，纵轴表示商品 Y 的消费量的坐标上，预算约束方程表现为一条斜率为负的直线，它被称为预算约束线，或者简称为预算线（budget line）。如图 2-6 所示。

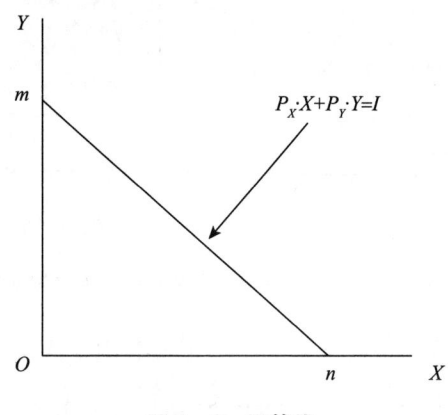

图 2-6 预算线

图 2-6 中的 mn 线即为预算线。如果对公式（2.6）的预算方程进行移项整理，就可以得到公式（2.7）。

$$Y = \frac{I}{P_Y} - \frac{P_X}{P_Y} \cdot X \tag{2.7}$$

在公式（2.7）中，I/P_Y 是预算线的纵截距即 Om，它代表消费者的全部收入可以用来购买商品 Y 的数量，而 $-P_X/P_Y$ 则是预算线的斜率。依此类推，预算线的横截距 On 应等于 I/P_X，即消费者的全部收入可以用来购买商品 X 的数量。

从以上分析不难看出，预算线所表明的是，在消费者收入水平和商品的价格水平既定的情况下，消费者的全部收入所能购买到的两种商品的各种组合。

在图 2-6 中，预算线将消费者的消费空间分为三个部分：预算线本身、预算线内侧的区域和预算线外侧的区域。如果消费者在预算线上的任意一点购买商品 A 和商品 B，都意味着他恰好花完自己的全部收入，此时消费者的收入既没有剩余，也不存在预算赤字。但如果消费者在预算线内侧区域的任意一点购买商品 A 和商品 B，都意味着他的收入没有全部花完。因此，这一区域被称为不完全消费集。显然，消费者不可能在预算线外侧的区域购买商品 A 和商品 B，因为这超出了他的购买能力。因此，预算线外侧的区域就是预算不可能集。在图 2-6 的坐标中，由原点、m 点和 n 点所围成的三角形的面积，被称为消费者的预算空间或者预算集（budget set）。预算空间可以用公式（2.8）来表示。

$$P_X \cdot X + P_Y \cdot Y \leq I \tag{2.8}$$

可见，预算集就是指消费者花费其全部收入或部分收入后所能购买到的商品组合的集合。

在任意一个时点上，每个消费者都有一条确定的预算线。但随着时间的推移，由于消费者收入的变化或者商品价格的变化，都会使预算线的位置或斜率发生变化。通常，预算线的变化存在四种情况。图 2-7 显示了预算线变动的情况。

预算线的第一种变化如图 2-7（a）所示。在图 2-7（a）中，假设最初的预算线为 mn 线。如果两种商品的价格都不变，预算线的斜率就不会发生变化，这时，预算线的位置会随消费者收入的变化而变化：当消费者收入减少时，预算线向左平移，例如移动到 m_1n_1 线，这意味着消费者购买力的下降；反之，如果消费者收入增加，预算线则向右平移，例如移动到 m_2n_2 线，这意味着消费者购买力的增加。

预算线的第二种变化表示在图 2-7（b）的坐标中。在该坐标中，最初的

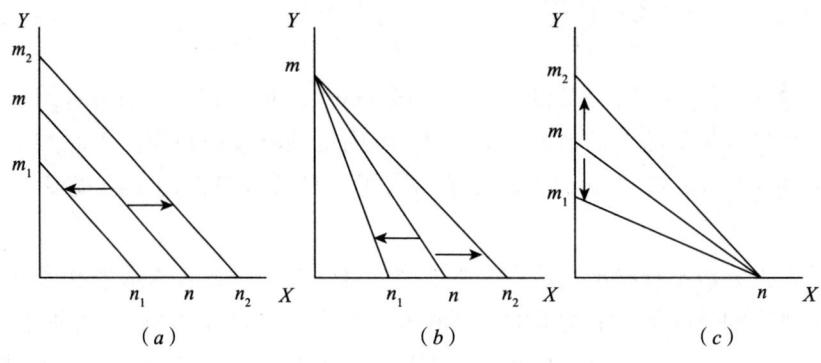

图 2-7 预算线的变化

预算线为 mn 线。假设消费者收入和商品 Y 的价格不变，如果商品 X 的价格上升，预算线的斜率和横截距都会发生变化，这时，预算线就会变得更加陡峭，如 mn_1 线，这意味着消费者的全部收入用于购买商品 X 的数量会减少；反之，如果商品 X 的价格下降，预算线就会变得更平坦，如 mn_2 线，这意味着消费者的全部收入用于购买商品 X 的数量会增加。

预算线的第三种变化如图 2-7（c）所示。它假设消费者的收入和商品 X 的价格不变，如果商品 Y 的价格上升，预算线就会由 mn 线变为较平坦的 m_1n 线，这意味着消费者的全部收入用于购买商品 Y 的数量会减少；反之，如果商品 Y 的价格下降，则 mn 线就会变得更加陡峭，如 m_2n 线，这意味着消费者的全部收入用于购买商品 Y 的数量会增加。

预算线的第四种变化表现为，如果消费者收入与商品 X 和 Y 的价格按同一方向和同一比例发生变动，那么预算线的斜率和位置都不会发生变化。这意味着消费者的购买力不变。

四、消费者均衡

有了表示消费者偏好和效用水平的无差异曲线以及表示消费者购买力的预算线，就可以进一步分析消费者实现效用最大化的条件即消费者均衡的条件了。

消费者在购买或消费商品时，总是希望得到最大程度的满足，即实现效用最大化。为此，他必须把有限的收入分配在对不同商品的购买上。当消费者用有限的收入选择了最偏好的商品组合，即实现了最大效用时，我们就将这种状态称之为消费者均衡。消费者均衡是指实现了最大效用的消费者既不想再增加同时也不想再减少购买或消费任何一种商品的稳定状态。

消费者要实现效用最大化的均衡，必须满足两个条件：一是消费者最优的商品购买组合必须是消费者最偏好的商品组合，即能够给消费者带来最大效用的商品束；二是最优的商品组合必须位于给定的预算线上。

在图2-8的坐标中，我们假设在消费空间上有U_1、U_2、U_3三条无差异曲线，并且$U_1<U_2<U_3$。虽然消费者面对三条无差异曲线，但在某个时点上，他只有一条确定的预算线即mn线。在此情况下，消费者应当购买多少商品X和商品Y才能实现效用最大化的均衡呢？对于这个问题，我们首先用图2-8予以说明。

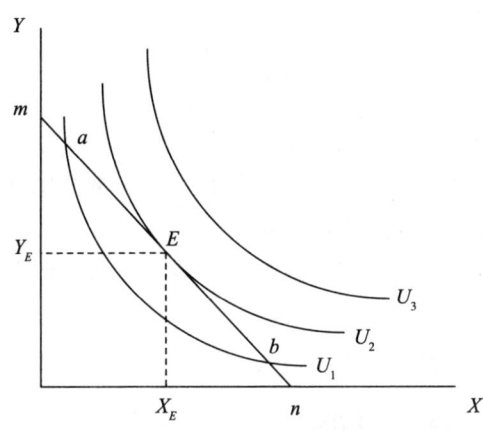

图2-8　消费者均衡

在图2-8中，无差异曲线U_3线代表最高程度的效用水平，但由于它处在预算不可能集中，超出了消费者的购买能力，因此这是无法满足的偏好和消费欲望。无差异曲线U_1线虽然在预算空间中，但它代表最低的效用水平，消费者如果在U_1线上购买商品，无法实现最大程度的满足。显然，消费者要实现效用最大化，就只能在U_2线上选择商品组合，并且只能在预算线和U_2线的切点E点上购买，即只能购买X_E和Y_E的商品组合。因为如果在U_2线上除E点之外的其他任意一点购买，虽然效用水平相同，但都处在预算不可能集中，超出了消费者的购买能力。那么，消费者能否选择在预算线mn线和无差异曲线U_1线相交的a点或b点上选择商品组合呢？毫无疑问，a点和b点也是刚好处在预算线上，因此在a点和b点上购买商品X和Y，并没有超出消费者的预算水平，但消费者花了同样多的钱却无法使其实现效用最大化，因为在a点和b点上，预算线只与效用水平较低的 U_1 线相交,一个理性的消费者是不可能将其全部收入去购买与 a 点或 b 点相对应的商品组合以实现较低的效用水平的。

通过以上的分析,我们可以得出如下结论,在既定收入的约束下,消费者的最优选择即实现效用最大化的均衡点应当在预算线和无差异曲线的切点上。这是用几何形式表达的消费者实现均衡的条件。

预算线和无差异曲线的切点还可以用代数方程来表示。在切点 E,预算线的斜率和无差异曲线的斜率是相等的。已知无差异曲线斜率的绝对值就是商品的边际替代率 MRS,而预算线斜率的绝对值是 P_X/P_Y,因此,在公式(2.6)给出的预算约束方程 $P_X \cdot X + P_Y \cdot Y = I$ 的限制条件下,消费者实现效用最大化的均衡条件可以用公式(2.9)来表示。

$$MRS_{XY} = \frac{P_X}{P_Y} \tag{2.9}$$

公式(2.9)表明,在一定的预算约束条件下,消费者实现效用最大化的条件是两种商品的边际替代率等于这两种商品的价格之比。消费者只有在这一条件下所选择的商品组合才是最优商品组合。

在保持效用水平不变的前提下,由于消费者增加一种商品的消费量所带来的效用的增加量必须等于相应减少的另一种商品的消费量所导致的效用的减少量,即 $|MU_X \cdot \Delta X| = |MU_Y \cdot \Delta Y|$,于是就有公式(2.10)所表达的关系式。

$$MRS_{XY} = -\frac{\Delta Y}{\Delta X} = \frac{MU_X}{MU_Y} \tag{2.10}$$

这实际上是将两种商品的边际替代率解释为它们的边际效用之比。根据这种关系,我们就可以得到用(2.11)或(2.12)式表达的消费者均衡条件。

$$MRS_{XY} = \frac{MU_X}{MU_Y} = \frac{P_X}{P_Y} \tag{2.11}$$

$$\frac{MU_X}{P_X} = \frac{MU_Y}{P_Y} \tag{2.12}$$

公式(2.12)是(2.11)式的变形,它被称为等边际法则或等边际原理(equimarginal principle),也被称为边际效用均等定率(law of equal marginal utility)。式中的 MU_X 是商品 X 的边际效用,P_X 是商品 X 的价格,那么 MU_X/P_X 就是单位货币用于购买商品 X 所得到的边际效用。式中的 MU_Y 是商品 Y 的边际效用,P_Y 是商品 Y 的价格,MU_Y/P_Y 是单位货币用于购买商品 Y 所得到的边际效用。

等边际法则表明,只有当消费者用 1 元钱购买商品 X 所得到的边际效用等于用 1 元钱购买商品 Y 的边际效用时,才能实现消费者均衡。否则,消费者就会调整对商品 X 和商品 Y 的购买量。例如,当 $MU_X/P_X > MU_Y/P_Y$ 时,由于用同样 1 元钱购买商品 X 的边际效用大于购买商品 Y 的边际效用,为实现效用最大化,消费者就会增加对商品 X 的购买,减少对商品 Y 的购买;反之,当 $MU_X/P_X < MU_Y/P_Y$ 时,由于用同样 1 元钱购买商品 X 的边际效用小于购买商品 Y 的边际效用,消费者就会减少对商品 X 的购买,而增加对商品 Y 的购买。在上述两种情况下,消费者都会调整自己的商品组合,直到 $MU_X/P_X = MU_Y/P_Y$ 时为止,才能实现效用最大化。

等边际法则也可以被推广到 n 种商品中。假定消费者用既定收入购买 n 种商品,MU_X,MU_Y,…,MU_n 分别表示 n 种商品的边际效用,P_X,P_Y,…,P_n 分别表示 n 种商品的价格,用 λ 表示货币的边际效用,并且假定货币的边际效用不变,就可以把消费者效用最大化的均衡条件表示为 (2.13) 式。

$$\frac{MU_X}{P_X} = \frac{MU_Y}{P_Y} = \cdots = \frac{MU_n}{P_n} = \lambda \tag{2.13}$$

以上是消费者均衡理论。消费者均衡理论是用来说明需求曲线形状特征的理论基础。在下面的第三节和第四节中,我们将依据这一理论推导两条需求曲线:以价格为自变量的需求曲线和以收入为自变量的需求曲线,后者亦称恩格尔曲线。

第三节　价格变化时的消费者均衡:需求曲线

我们在第二节分析消费者均衡时,曾经假定商品的价格和消费者的收入都不发生变化。但实际上,无论是商品的价格还是消费者的收入都是变化的。如果商品的价格和消费者的收入发生了变化,消费者均衡将会发生什么变化呢?在本节,我们仍然假定消费者的收入不变,只假定商品价格发生了变化。通过分析商品价格的变化,先导出价格－消费曲线,然后再导出需求曲线。

一、价格－消费曲线

如果假定消费者收入不变,商品 X 和 Y 的价格发生了变化,预算线的变化情况在图 2－7 (b) 和 (c) 中已经给予了说明。现在我们要分析的是,当商品 X 和 Y 的价格发生了变化以后,消费者均衡将会发生什么变化。

为了简单起见,我们假定商品 Y 的价格不变,商品 X 的价格发生了变化。

在此情况下，消费者均衡的变化将如图2-9所示。

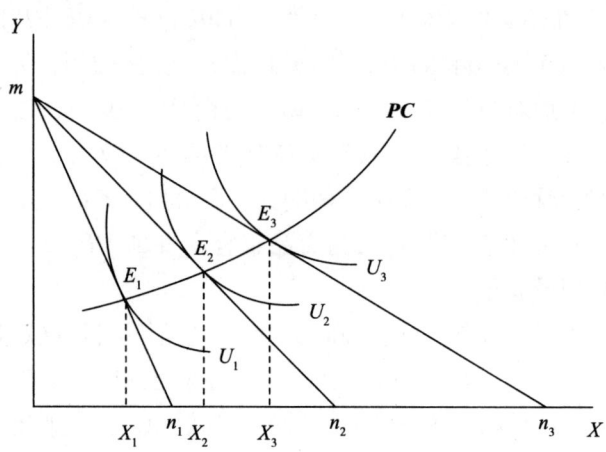

图2-9 价格变化时的消费者均衡：价格-消费曲线

假设商品 X 的最初价格为 P_1，在图2-9中，建立在 P_1 价格基础上的预算线为 mn_1 线，它与 U_1 线相切于 E_1 点，消费者在 E_1 点实现了最大效用的均衡，这时消费者所消费的商品 X 的数量为 X_1。假设消费者偏好、消费者收入和其他商品的价格都不变，这时，如果商品 X 的价格下降，例如下降到 P_2，预算线就会变得更加平坦，假设建立在价格 P_2 基础上的预算线为 mn_2 线，它与 U_2 线相切于 E_2 点。这意味着在其他条件不变的情况下，消费者可以消费更多的商品 X，其数量为 X_2。依此类推，当商品价格进一步下降，例如下降到 P_3 时，预算线在横轴的截距会进一步外移，假设为 mn_3 线，mn_3 线与 U_3 线相切于 E_3 点。消费者在 E_3 点实现了效用最大化的均衡，他消费的商品 X 的数量增加到了 X_3。不难想象，如果商品的价格可以连续地发生变化，就可以在坐标上找到无数个类似于 E_1、E_2 和 E_3 这样的均衡点，把这些均衡点连接起来的曲线就是价格-消费曲线，即坐标中的 PC 线。

通过以上的分析不难看出，价格-消费曲线实际上是在其他条件不变的情况下，由于商品价格的变化，消费者实现效用最大化的均衡点的集合或变动轨迹，也就是消费者在商品价格水平不断变化条件下实现效用最大化的路径。

二、消费者的需求曲线

从价格-消费曲线可以推导出以价格为自变量的需求曲线，即在第一章给出的消费者需求曲线。

从前面的分析不难看出，消费者对商品的消费量或购买量与该商品的价格之间存在着一种负相关的关系，这种负相关的关系就是第一章中提到的需求定律和与之相联系的斜率为负的需求曲线。

建立一个横轴表示消费者对商品 X 的消费量或购买量，纵轴表示商品 X 价格的坐标，即图 2 – 10（b），并且把这个坐标与价格 – 消费曲线的坐标即图 2 – 10（a）联系在一起，就可以很容易地推导出需求曲线。如图 2 – 10 所示。

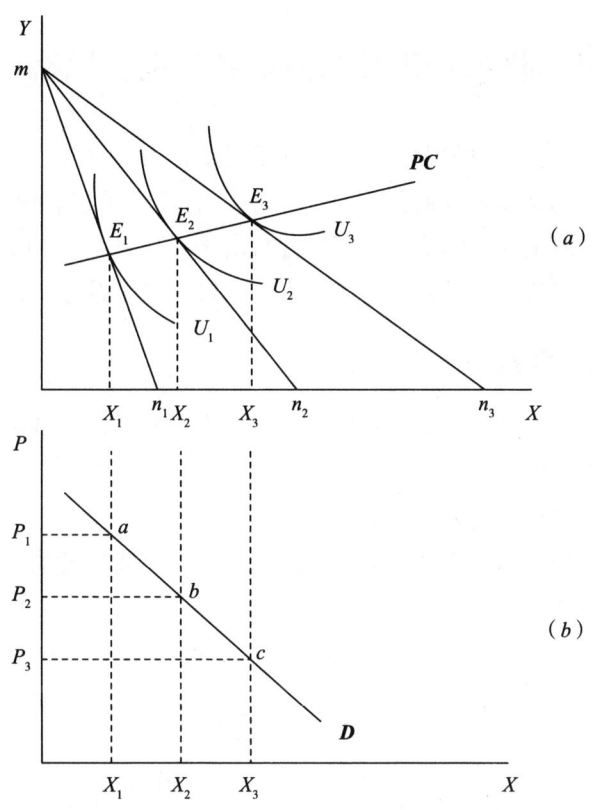

图 2 – 10　用价格 – 消费曲线推导需求曲线

在图 2 – 10（b）中，假设商品 X 的价格由最初的 P_1 下降到 P_2 再下降到 P_3，这时在图 2 – 10（a）中就有三条与之相对应的预算线，即 mn_1、mn_2 和 mn_3 线，它们分别与 U_1、U_2 和 U_3 线相切，并且会得到 E_1、E_2、E_3 三个不同的均衡点。与三个均衡点相对应的商品 X 的消费量在图 2 – 10（a）和图 2 – 10（b）中均分别为 X_1、X_2 和 X_3。这样，在图 2 – 10（b）中，我们就会得到三个不同的价格水平和与之相对应的商品消费量或购买量的组合点，即 P_1 与 X_1 的

组合点 a，P_2 和 X_2 的组合点 b 以及 P_3 和 X_3 的组合点 c。将 a、b、c 三个点连成一条线，就是消费者的需求曲线，即图 2-10(b) 中 D 线。

综上所述，消费者的需求曲线实际上是在其他条件不变时，消费者为实现效用最大化的均衡，在不同的价格水平上应当购买或消费多少商品的各种 $P-Q$ 组合点的集合或变动轨迹。这意味着，在商品价格不断变化的条件下，消费者只要在需求曲线上购买或消费商品，总是能够实现效用最大化的均衡。

第四节　收入变化时的消费者均衡：恩格尔曲线

第三节分析的是在消费者收入不变的情况下，由于商品价格的变化所导致的消费者均衡的变化，并据此推导出了价格-消费曲线和消费者的需求曲线。在本节，我们将假定商品的价格不变，分析由于消费者收入发生了变化所引起的消费者均衡的变化，并据此推导出收入-消费曲线和恩格尔曲线。

一、收入-消费曲线

假定商品的价格不变，消费者的收入在原有基础上增加或减少了，那么它会改变预算线在坐标上的位置。如果收入增加，预算线就会右移，反之，如果消费者收入减少，预算线就会左移，这在图 2-7(a) 中已经给予了说明。现在要说明的是，随着预算线位置的移动，它与无差异曲线的切点即均衡点也必然会发生变化。如图 2-11 所示。

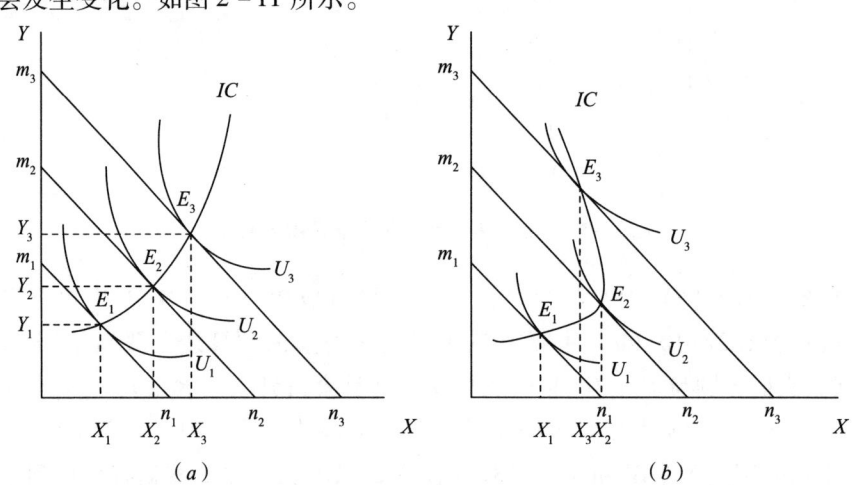

图 2-11　收入变化时的消费者均衡：收入消费曲线

在图 2-11 中，随着消费者收入的增加，预算线从 m_1n_1 线向右平移到 m_2n_2 线，并随着收入水平的进一步提高平移到 m_3n_3 线。并分别与 U_1 线、U_2 线和 U_3 线相切。与此相联系，均衡点从 E_1 点移动到 E_2 点和 E_3 点。如果消费者收入水平的变化是连续的，就可以得到这样无数个均衡点，将这些均衡点连接成一条线，就是收入-消费曲线，即图 2-11 中的 IC 曲线。

在图 2-11 (a) 中，IC 线向右上方倾斜，表明商品 X 和 Y 都是正常品，正常品是消费数量与消费者收入呈同一方向变动的商品。在图 2-11 (a) 中，读者不难看出，随着消费者收入的增加和预算线的右移，商品 X 的消费量从 X_1 增加到 X_2 然后又增加到 X_3，商品 Y 的消费量从 Y_1 增加到 Y_2 然后增加到 Y_3。

在图 2-11 (b) 中，IC 线先是向右上方倾斜，然后逆向弯曲，表明商品 X 是低档品或劣等品，低档品或劣等品（inferior goods）是指在较高的收入水平上，消费数量与消费者收入呈反方向变动的商品。这就是说，当收入水平达到一定高度时，收入的继续增加将会使消费者减少对低档商品的购买和消费。在图 2-11 (b) 中，我们看到，当消费者收入的增加使预算线向右移动到 m_2n_2 线时，消费者对低档品 X 的购买量从 X_1 增加到了 X_2。但是当消费者收入继续增加以至于使预算线继续右移到 m_3n_3 线时，消费者对低档品 X 的购买数量不仅没有增加，反而从 X_2 减少到了 X_3。由此可以看出，一种商品是正常品还是低档品，总是相对于消费者的收入水平而言的。

通过以上的分析不难看出，收入-消费曲线实际上是在其他条件不变时，由于收入的不断变化，消费者实现效用最大化的均衡点的集合或变动轨迹，也就是消费者在收入水平不断变化条件下实现效用最大化的路径。

二、恩格尔曲线和恩格尔系数

由收入-消费曲线可以推导出另一条需求曲线：以收入为自变量的需求曲线，即恩格尔曲线。

对收入-消费曲线的分析表明，随着收入水平的变化，消费者对商品的购买量或消费量会发生相应的变化，但不同商品的消费量与收入水平的变化之间存在着差异。恩格尔曲线所表示的是为实现效用最大化的均衡，消费者在每一收入水平上对某种商品需求量或消费量的变动情况，即不同的收入水平和商品需求量组合点的变动轨迹。图 2-12 所给出的 EC 线就是恩格尔曲线，它是用 19 世纪德国的统计学家恩格尔（E. Engel）的名字来命名的。

在图 2-12 中，坐标的纵轴代表消费者收入，横轴代表消费者对商品 X 的

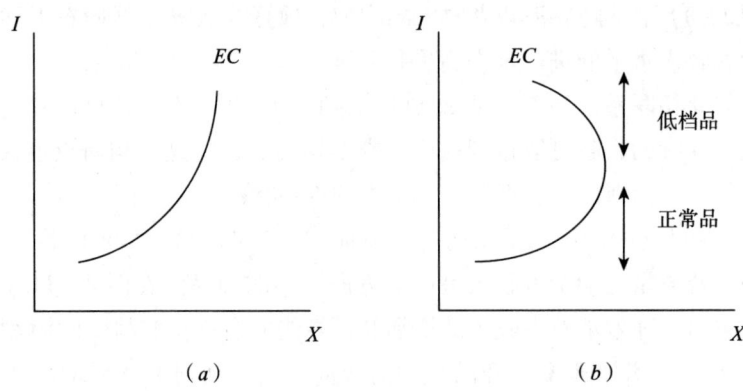

图 2-12 恩格尔曲线

消费量。坐标（a）是与图 2-11（a）相对应的，是从图 2-11（a）中的 IC 线推导出来的，坐标中的 EC 线是正常商品的恩格尔曲线。向右上方倾斜的恩格尔曲线表明，随着收入水平的提高，消费者对正常品的消费量是不断增加的。如果商品 X 是必需品的话，EC 线会变得陡峭一些，如果商品 X 是高档品，EC 线则会变得更平坦一些。因为伴随着收入水平的提高，消费者对必需品的需求量尽管是增加的，但增加的速率会递减；而随着收入水平的提高，消费者对高档品的需求不仅会增加，而且递增的速率会不断提高。

图 2-12（b）是与图 2-11（b）相对应的，它是从图 2-11（b）中的 IC 线推导出来的。在图 2-12（b）中，EC 线一开始向右上方倾斜，斜率为正；当消费者的收入水平达到一定高度时，EC 线开始向后弯曲，斜率为负。这表明，当消费者的收入水平达到一定高度以后，正常品就可能变成低档品或劣等品，人们对低档品的消费量会随着收入水平的提高而减少。注意 EC 线在这里是折弯的，它表明，一般说来，没有哪种商品从一开始就是低档品。

与恩格尔曲线相联系的一个重要概念是恩格尔定律或恩格尔系数。根据统计资料，恩格尔认为，一个家庭的收入水平越低，其用来购买食物的支出在总收入或总支出中所占的比例就越大；相反，收入水平越高，其用来购买食物的支出在总收入或总支出中所占的比例就越小。可以用公式（2.14）来表示恩格尔系数。

$$恩格尔系数 = \frac{食品支出}{可支配收入} \times 100\% \qquad (2.14)$$

在一个国家或地区中，居民的恩格尔系数越高，表明该国家或地区中居民的收入水平越低；反之，恩格尔系数越低，则表明居民的收入水平越高。这意味着，伴随一个国家或地区持续的经济发展和人均收入水平的提高，恩格尔系数是逐步下降的。

第五节 对需求曲线特征的分析：替代效应和收入效应

我们在第三节运用价格-消费曲线推导出了消费者的需求曲线。但是，不同商品的需求曲线具有不同的特征。各种商品需求曲线的主要特征是由替代效应和收入效应决定的。在本节，我们将运用替代效应和收入效应的理论进一步分析和证明正常商品、低档商品和吉芬商品的需求曲线的形状特征。

一、替代效应和收入效应

当某种商品的价格发生变化时，通常会对消费者的行为即消费者对该商品的购买量或消费量产生两个方面的影响：首先是导致商品相对价格的变化，而商品相对价格的变化会导致消费者所购买的商品组合中该种商品购买量的变化，这就是替代效应。例如，当商品 X 的价格上升而其他商品的价格不变时，由于商品 X 变得相对昂贵而其他商品变得相对便宜，消费者就会减少对商品 X 的购买量。所以，替代效应（substitution effect）就可以表述为：在消费者实际收入水平或效用水平不变的情况下，由于某种商品价格发生变化相对于其他商品来说会使其相对价格发生变化，进而对消费者购买或消费者行为所产生的影响。

其次，某种商品价格的变化还会对消费者行为产生另一方面的影响，即导致消费者实际收入水平或购买力的变化，进而导致消费者对该种商品购买量的变化。例如，当咖啡的价格下降时，如果消费者的货币收入不变，这实际上意味着消费者实际收入水平或购买力提高了，这时消费者就可以购买或消费更多的咖啡，这就是收入效应。因此，我们可以把收入效应（income effect）表述为：在消费者货币收入不变的条件下，由于商品价格的变化导致了消费者实际收入或效用水平的变化，进而对消费者购买或消费该种商品的数量即需求量所产生的影响。

需要指出的是，在给替代效应和收入效应下定义时，我们假定，如果消费者的实际收入不变，其效用水平也不变。即是说，实际收入水平的变化被定义为效用水平的变化，两者可以被看作是同义语。此外还需要说明的是，替代效应与收入效应之和，应等于消费者的总效应。因此，总效应就是指一种商品价格的变化通过替代效应和收入效应对该种商品需求量所产生的总的影响，也可以看作是对消费者均衡产生的影响。

二、正常商品的需求曲线

替代效应和收入效应是怎样共同决定了各种商品需求曲线主要特征的呢？我们先分析正常商品。正常商品的需求曲线斜率为负，可以运用替代效应和收入效应的理论通过图 2-13 予以说明。

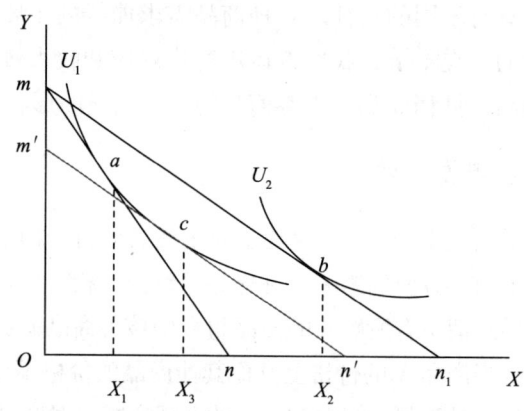

图 2-13 正常商品的替代效应和收入效应

在图 2-13 中，X 和 Y 代表消费者购买或消费的两种商品，其中商品 X 代表正常品。假设在商品 X 的价格变化之前，消费者的预算线为 mn 线，它与无差异曲线 U_1 线相切于 a 点，消费者对正常品 X 的购买量为 X_1。

现在假定，消费者的货币收入不变，但商品 X 的价格下降了，这意味着消费者实际收入的增加。这时，预算线的斜率会发生变化，即从 mn 线移至 mn_1 线。mn_1 线与无差异曲线 U_2 线相切于 b 点，消费者购买的正常品就会由原来的 X_1 增加到现在的 X_2。在这里，商品 X 价格的下降导致了消费者对正常品 X 需求量的增加。

但是，消费者对正常品的需求量从 X_1 增加到 X_2 是商品价格变化所引起的总效应，既包括了替代效应，也包括了收入效应。因为商品 X 价格的变化既会导致其相对价格的变化，同时也会导致消费者实际收入的变化，这两者都会改变消费者对商品 X 的购买量。

那么，在 X_1X_2 的总效应中，替代效应和收入效应各有多大呢？我们在给替代效应下定义时，首先假定消费者的实际收入或效用水平不变。但是，当商品 X 的价格下降以后，消费者的实际收入或购买力实际上增加了。因此，为了分

解出 X_1X_2 中的替代效应，首先应当把消费者实际收入增加的部分剔除出去。但要做到这一点，我们必须借助一条补偿预算线。

补偿预算线是用来表示以假设的货币收入的增加或减少来保持消费者实际收入水平不变的一种分析工具。有了这一分析工具，我们就可以把由于价格下降所引起的消费者实际收入增加的部分剔除出去。在图 2-13 中，剔除消费者实际收入的增加意味着预算线必须平行左移，那么应当移动到什么位置才意味着消费者的实际收入没有增加呢？显然，由于我们将实际收入水平等同于效用水平，因此，预算线只有从 mn_1 线向左平移到 $m'n'$ 线，即移动到与 U_1 线相切的位置，才意味着消费者的实际收入没有增加，而 $m'n'$ 线就是补偿预算线。这时，补偿预算线与 U_1 线相切于 c 点，消费者对商品 X 的购买量为 X_3。

上述分析表明，如果消费者的实际收入不因为价格的下降而增加的话，他对正常品 X 的购买量只会从 X_1 增加到 X_3，而不会增加到 X_2。所以，X_1X_3 应为替代效应。从总效应 X_1X_2 中减去替代效应 X_1X_3 后的 X_3X_2 应为收入效应，它是由于商品价格下降导致消费者实际收入增加而引起的消费者对正常品需求量的增加量。在这里，无论替代效应还是收入效应都是正值，因而总效应也是正值；或者说，由于替代效应和收入效应都与商品价格呈反向变动，因此，总效应与商品价格也必定呈反向变动。正因为如此，当正常品 X 的价格下降时，消费者对它的需求量增加了，所以，正常商品的需求曲线必定是向右下方倾斜的，需求曲线斜率为负。

三、低档品或劣等品的需求曲线

低档品或劣等品的需求曲线有什么特征呢？同正常商品的需求曲线一样，低档商品的需求曲线也是向右下方倾斜的。这同样可以用替代效应和收入效应的理论予以说明。如图 2-14 所示。

在图 2-14 中，X 和 Y 代表消费者购买或消费的两种商品，其中商品 X 代表低档品。假设在低档品 X 的价格变化之前，消费者的预算线为 mn 线，与无差异曲线 U_1 线相切于 a 点，消费者对低档品 X 的购买量为 X_1。商品 X 的价格下降以后，消费者的实际收入会增加，预算线便由 mn 线移至 mn_1 线。mn_1 线与无差异曲线 U_2 线相切于 b 点，消费者购买的正常品就会由原来的 X_1 增加到现在的 X_2。在这里，X_1X_2 是商品 X 价格下降后的总效应。

运用同样的方法，即作一条补偿预算线 $m'n'$ 线，就可以分离出价格下降引起的替代效应和收入效应。在图 2-14 中，补偿预算线与 U_1 线相切于 c 点，与

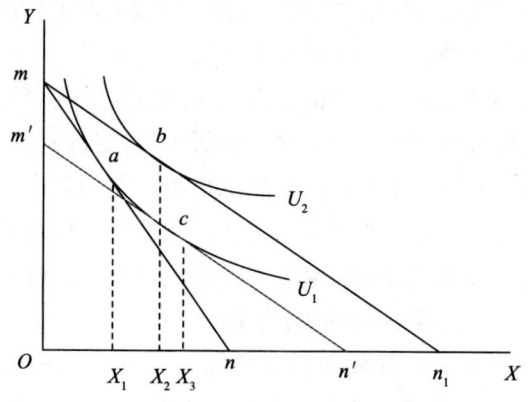

图 2-14 低档品的替代效应和收入效应

该点相对应的低档品的需求量是 X_3。这表明，如果不是因为商品价格下降而导致消费者实际收入增加的话，消费者对商品 X 的需求量本来会增加到 X_3，显然，X_1X_3 是替代效应，它是个正值，或者说，替代效应与商品的价格呈反向变动，即价格下降会导致替代效应增加。但是，由于商品 X 是低档品，消费者对低档品的消费会随着实际收入的增加而减少，因此，低档品的需求量不会从 X_1 增加到 X_3 而只能增加到 X_2。即价格下降的总效应实际上是 X_1X_2。据此可以认为，X_2X_3 是收入效应，它是由于消费者实际收入增加以后所减少的对低档品 X 的需求量。显然，收入效应是个负值，它与商品价格呈正向变动，即价格下降会导致收入效应减少。

综上所述，低档品的替代效应与商品的价格呈反向变动，而收入效应与商品价格呈正向变动，并且一般认为替代效应（绝对值）大于收入效应，因此，总效应与价格依然呈反向关系，即价格的下降会导致消费者对低档品需求量的增加，所以，低档品的需求曲线也是向右下方倾斜的。

四、吉芬商品的需求曲线

与正常品和低档品不同，吉芬商品的需求曲线是属于需求定律例外的向右上方倾斜的斜率为正的曲线。利用图 2-15，我们仍然可以用替代效应和收入效应的理论予以说明。

在图 2-15 中，X 和 Y 仍然代表消费者购买或消费的两种商品，其中商品 X 代表吉芬商品。在商品 X 价格下降以前，消费者的预算线为 mn 线，与无差异曲线 U_1 线相切于 a 点，消费者对吉芬商品 X 的购买量为 X_1。商品 X 的价格

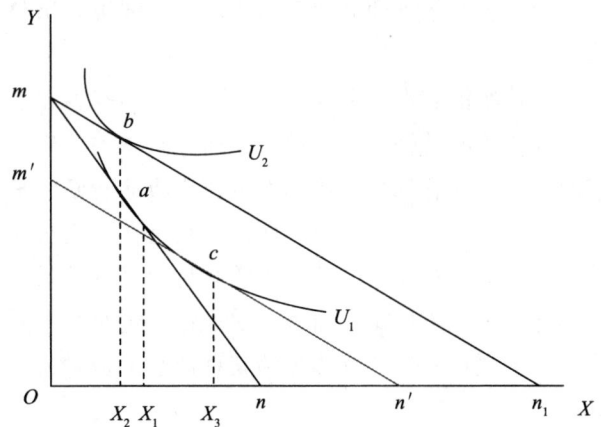

图 2–15　吉芬商品的替代效应和收入效应

下降以后，消费者的实际收入会增加，预算线便由 mn 线移至 mn_1 线。mn_1 线与无差异曲线 U_2 线相切于 b 点，消费者购买的吉芬商品就会由原来的 X_1 减少到现在的 X_2。在这里，X_1X_2 是商品 X 价格下降后的总效应。

通过补偿预算线可以知道，X_1X_3 是替代效应，它仍然是正值，即随着价格的下降消费者对商品 X 的需求量会增加。而 X_2X_3 是收入效应，它是负值，即随着价格的下降消费者对商品 X 的需求量会减少。由于 $X_1X_3 < X_2X_3$，因此，吉芬商品价格下降的总效应 X_1X_2 一定是负值，即人们对吉芬商品的需求量会随着价格的下降而减少。

从以上的分析不难看出，吉芬商品的替代效应与商品的价格呈反向变动，而收入效应与商品价格呈正向变动，并且吉芬商品的替代效应（绝对值）小于收入效应，因此，吉芬商品的需求曲线是向右上方倾斜的，其斜率为正。

斜率为正的需求曲线表明，当吉芬商品的价格下降时，消费者对该种商品的需求量减少；反之，当价格上升时，消费者对它的需求量会上升。正如第一章第二节所指出的那样，吉芬商品一定是低档品，但并不是所有的低档品都是吉芬商品，只有在一定的条件下，某些低档品才会变成吉芬商品，也只有在不同的条件下，吉芬商品的价格才会呈现出上升的趋势或者呈现下降的趋势。

第六节　从个人需求曲线到市场需求曲线

到现在为止，我们分析的需求曲线都是消费者个人对某种商品的需求曲线。那么，怎样从消费者对某种商品的需求或需求曲线推导出整个市场的需求或市场需求曲线呢？

在第一章，我们曾经把需求定义为在一定时期内消费者在各种可能的价格水平上愿意并且能够购买的某种商品的数量。通过本章的分析可以使我们进一步认识到，需求曲线上的任意一个点还都表示在相应的价格水平上可以使消费者实现效用最大化的需求量。就个人需求而言，它是在一定时期内消费者个人在各种可能的价格水平上愿意并且能够购买的某种商品的数量，它建立在个别消费者均衡的基础之上；就市场需求而言，它是在一定时期中所有的消费者在各种可能的价格水平上愿意并且能够购买的某种商品的数量，它建立在所有消费者均衡的基础之上。

在经济生活中，面对各种商品，每个消费者都有一条确定的需求曲线，假设每个消费者的需求曲线都是相同的，同时经济中如果有 100 万个消费者的话，那么，只要把任意一条个人的需求曲线扩张 100 万倍，就会得到市场需求曲线。

然而，由于人们的条件不同，例如收入水平不同、偏好不同或者需求的价格弹性不同，因此，面对同一种商品，不同的消费者的需求曲线就可能存在或大或小的差别。在此情况下，我们只要计算出每一价格水平上所有消费者对某种商品的需求量并把它们加总，就会得到市场需求曲线。利用图 2-16 就可以从个人需求曲线推导出市场需求曲线。

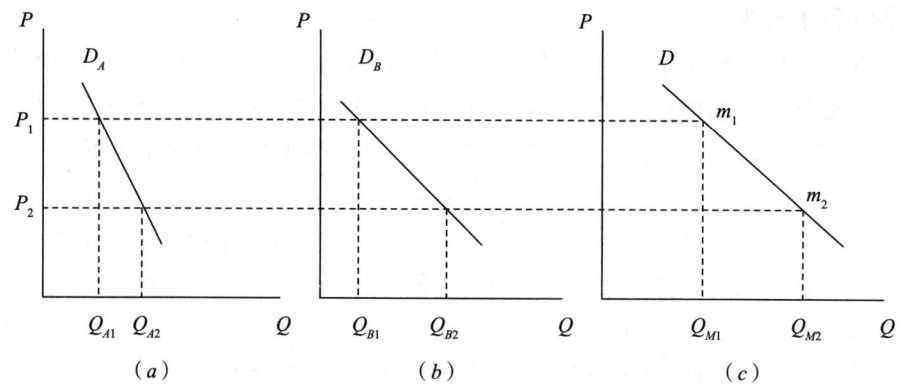

图 2-16 从个人需求曲线推导市场需求曲线

为了简单起见，我们假定只有两个消费者 A 和 B 对某种商品具有需求。在图 2-16 中，坐标（a）和坐标（b）分别代表 A 和 B 两个消费者的个人需求，坐标（c）代表市场需求。当商品的价格为 P_1 时，A 消费者对该种商品的需求量为 Q_{A1}，B 消费者对该种商品的需求量为 Q_{B1}，这时，整个市场的需求量就是 Q_{M1}。在这里，$Q_{M1} = Q_{A1} + Q_{B1}$。在坐标（c）中，我们会得到一个 $P-Q$ 组合点 m_1。当商品的价格下降到 P_2 时，A 消费者对该种商品的需求量增加到 Q_{A2}，B 消费者对该商品的需求量增加到 Q_{B2}，这时，整个市场的需求量就会增加到 Q_{M2}，并且 $Q_{M2} = Q_{A2} + Q_{B2}$。在坐标（c）中，我们又会得到一个 $P-Q$ 组合点 m_2。如果价格可以连续发生变化，我们就可以把点 m_1 和点 m_2 连接起来，这条被连接起来的曲线就是市场需求曲线。在图 2-16 中，D_A 线和 D_B 线分别是消费者 A 和消费者 B 的需求曲线，D 线则是市场需求曲线。

综上所述，市场需求不外是所有个人需求之和，市场需求曲线是所有个人需求曲线的水平加总。据此，我们可以把消费者个人的需求函数与市场需求函数之间的关系表示为（2.15）式。

$$D(P) = \sum_{i=1}^{n} D_i(P) \quad i = 1, 2, \cdots, n \tag{2.15}$$

由于市场需求曲线是单个消费者需求曲线的水平加总，所以，同个人需求曲线一样，市场需求曲线通常也是向右下方倾斜的。

关键名词和术语

效用 边际效用 边际效用递减规律 基数效用 序数效用 消费者剩余 消费者偏好 消费者偏好公理 显示性偏好 无差异曲线 边际替代率 预算约束线 预算空间 不完全消费集 预算不可能集 消费者均衡 等边际法则 价格-消费曲线 收入-消费曲线 恩格尔曲线 恩格尔系数 替代效应 收入效应 补偿预算线 个人需求曲线 市场需求曲线

复习思考题

1. 边际效用为什么是递减的？怎样理解边际效用递减规律？
2. 怎样理解消费者剩余？作图予以说明。
3. 经济学家们对消费者偏好作出了哪些假设？这些假设使无差异曲线具有哪些特点？

4. 如果消费者收入或商品价格发生变化，无差异曲线本身是否会发生变化？解释其原因。
5. 商品的边际替代率为什么是递减的？
6. 消费者均衡的条件是什么？为什么必须具备这样的条件才能实现效用最大化？
7. 作图用价格－消费曲线推导出需求曲线。
8. 作图用收入－消费曲线推导出恩格尔曲线。
9. 正常商品价格的下降为什么会导致对商品需求量的增加？试用收入效应和替代效应予以说明。
10. 怎样从个人需求曲线推导出市场需求曲线？
11. 为什么说需求曲线上的每一点都满足消费者效用最大化条件？
12. 用恩格尔系数解释伴随经济持续发展一个经济体产业结构的变化趋势。

计算证明题

1. 假设消费者只消费 X、Y 两种商品，商品 X 的价格为 $P_X = 4$，商品 Y 的价格为 $P_Y = 2$。已知消费者的效用函数为 $U = X^2 Y$，消费者收入为 $I = 30$，且全部用于购买商品 X 和 Y。求消费者实现效用最大化时对商品 X、Y 的消费量。

2. 假设消费者用全部收入购买商品 X 和 Y，已知消费者的效用函数为 $U = XY + X$，当商品 X 的价格 $P_X = 3$，商品 Y 的价格 $P_Y = 2$ 时，商品 X 的需求收入弹性如何？根据需求的收入弹性，商品 X 属于哪类商品？

3. 假设某产品的反需求函数为 $P = \alpha - \beta Q$，其中 α 和 β 均为正数。如果政府决定征收税率为 t 的销售税，于是产品价格提高为 $P(1+t)$。证明消费者剩余的损失大于政府征税所得到的收益。

第三章
生产理论

在市场经济中,消费者丰富多彩的需求都是由生产者即厂商通过生产活动来满足的。厂商要满足消费者的各种需求,就必须向市场供给各种商品。而厂商要向市场供给商品,就必须投入各种生产要素,从事各类生产活动。厂商从事生产活动的动力来自于对自身利益的追求,即对利润最大化的追求。那么厂商是怎样通过自己的生产活动在满足市场需求的同时,又实现最大利润的呢?

从本章开始,我们将把视线从消费者那里转移到生产者即厂商那里,阐述生产者行为理论。对于生产者或厂商而言,利润是其经济活动所带来的总收益和总成本的差额。收益是厂商出售产品的收入,成本是厂商购买生产要素的支出。但如果没有生产活动,就不会有收益出现,也不会有成本发生。所以对生产者行为的分析应当首先从生产理论入手。

生产理论主要从技术效率的角度,分析作为经济行为主体的厂商在短期和长期中,应当怎样合理地或最优地使用生产要素,才能实现利润最大化的问题,也就是如何实现生产者均衡的问题。

第一节 生产函数

在本节,我们首先从生产函数开始展开对生产理论的分析。在给出生产函数、短期生产函数和长期生产函数的定义后,介绍两种常用的生产函数。

一、生产函数的定义

在微观经济学中,生产函数(*production function*)通常是用来表示在一定时期内,假定在技术不变的条件下,各种生产要素的投入数量与最大产量之间的关系。把生产函数中的产出定义为最大产量这一点是重要的。因为如果企业不能高效率地利用资源，即使用一定数量的要素却无法得到最大产量的话，那么这种企业在激烈的竞争中就可能无法生存下去。因此，在生产理论中，我们所考虑的企业是使用任意一个投入要素组合都能实现最大产出的企业。此外，还需要说明的是，任何一种生产函数都是以既定的生产技术条件为前提的。一旦生产的技术水平发生了变化，原来的生产函数就会被新的生产函数所取代。

在生产函数中，劳动、资本、土地、自然资源等各种投入要素被视为自变量，产出或产量被视为因变量，即把产量看作是投入要素的函数。如果用 Q 表示所能得到的最大产量，那么生产函数就可以一般地表示为（3.1）式。

$$Q = f(L, K, \cdots, n) \tag{3.1}$$

在公式（3.1）中，Q 表示可能得到的最大产量，L、K、$\cdots$、n 代表各种生产要素的投入量。其中 L 表示劳动的投入量，K 表示机器、厂房、设备等资本的投入量。为了简单起见，在微观经济学中，通常假定厂商无论生产何种产品，都只需要劳动和资本两种要素的投入，土地及其他自然资源都可以被看作是特殊形式的资本。这时，生产函数就可以用公式（3.2）来表示。

$$Q = f(L, K) \tag{3.2}$$

在本教材中，我们经常使用齐次生产函数来分析规模报酬的变化。如公式（3.3）所示。

$$\lambda^n Q = f(\lambda L, \lambda K) \quad (\lambda > 0) \tag{3.3}$$

公式（3.3）即为齐次生产函数。当 $n=1$ 时，为线性齐次，即规模报酬不变；如果 $n \neq 1$，则为非线性齐次；如果 $n > 1$，表示规模报酬递增；若 $n < 1$，则为规模报酬递减。

生产函数会随着时间的推移和技术水平的变化而变化，但是在任意一个时点上，每一种产品和服务都有一个确定的生产函数。所以，生产函数概括了某一特定时点上现有的技术特点，也体现了对企业生产的技术约束。在经济生活中，尽管生产函数可能没有被厂商用文字描述出来，但它一定存在于生产者和经营者的脑海中。因此，生产函数是一种客观存在，它对于描述企业的生产方式和生产能力是非常有用的。

二、短期生产函数和长期生产函数

生产函数分为短期生产函数和长期生产函数。在微观经济学的生产理论中，短期和长期不单纯是指时间的长短。短期（short run）被定义为：在企业的所有投入要素中，部分投入要素或至少有一种投入要素不能改变的时期；而长期（long run）的含义是指所有的投入要素都可以改变的时期。在短期中，企业投入的劳动和原材料以及燃料的数量是可以不断变化的，并且通过调整这些要素的数量还可以改变产品的产量。但也有一些生产要素，例如厂房面积和设备的数量则是很难迅速改变的。因此，企业的日常生产经营活动一般总是处在短期状态中。但是在长期中，厂商的投资活动可以改变所有生产要素的投入量，使生产规模发生变化，甚至厂商还可以进入或退出某一个行业的生产，进而改变一个行业的生产规模。

短期和长期的划分是以厂商能否调整全部投入要素的数量为标准的。因此，对于不同行业或者不同产品的生产，短期和长期的时间界定可能会有很大的不同。例如，一家大型化工厂要想通过投资活动改变所有生产要素的投入量，可能需要几年的时间，而一家快餐店要想扩大自己的营业规模，在很短的时间内就可以轻松地完成。一般来说，在任意一个时点上，企业的经营都是短期的，因为总会有一种或几种要素的投入量是不变的。

通过对短期和长期的分析不难知道，所谓短期生产函数，就是指在部分生产要素投入量固定不变，但其他要素的投入量可以改变的条件下，要素投入量与最大产出之间的关系；而长期生产函数则是指在所有的生产要素都能改变条件下，要素的投入量与最大产出之间的关系。由此不难知道，在短期生产函数中，企业投入的生产要素一定有不变要素和可变要素之分，而在长期生产函数中，由于所有的生产要素都是可变的，因此自然没有不变要素和可变要素的区别。在本章的第二节，我们将首先分析短期生产函数，然后在第三节再讨论长期生产函数。

三、里昂惕夫生产函数和柯布－道格拉斯生产函数

微观经济学常常用许多不同形式的生产函数来描述企业的生产。在这里我们介绍两种常用的生产函数：里昂惕夫生产函数和柯布－道格拉斯生产函数。

里昂惕夫生产函数（Leontief function）也被称为固定投入比例的生产函数，是用经济学家里昂惕夫（W. W. Leontief）的名字命名的。企业无论生产什么产品，在投入的各种生产要素中，客观上都存在着一定的量的比例关系，如果在每一产量水平上，生产要素投入的量的比例是固定不变的，这种生产函数就是里昂惕夫生产函数。

假定生产某种产品时只使用劳动和资本两种生产要素，则里昂惕夫生产函

数的一般形式就可以用公式（3.4）表示。

$$Q = Minimum\left(\frac{L}{\mu}, \frac{K}{v}\right) \quad (3.4)$$

在公式（3.4）中，Q 代表产量，L 和 K 分别代表劳动投入量和资本投入量，μ 和 v 分别表示生产一单位产品所需要的固定的劳动投入量和资本投入量，即劳动和资本的生产技术系数（technical coefficient）。在这里，生产技术系数 μ 和 v 是给定的，即生产必须按照劳动和资本的固定比例进行，当一种生产要素的投入量不能变动时，即使另一种生产要素的投入量增加再多，也不会增加产量。例如，在一个运输企业，一辆汽车只能配备一名驾驶员，劳动和资本的比例为1:1，如果这个比例是不能改变的，那么，即使其中的一种投入要素如汽车的数量增加再多，只要驾驶员的数量不增加，产量即运输的货物量就不会增加。需要说明的是，在这种生产函数中，通常总是假定生产要素投入量 L 和 K 都满足最小的要素投入组合的要求，故有（3.5）式。

$$Q = \frac{L}{\mu} = \frac{K}{v} \quad (3.5)$$

根据（3.5）式，可以得到（3.6）式。

$$\frac{K}{L} = \frac{v}{\mu} \quad (3.6)$$

公式（3.6）表明，资本和劳动的投入比例等于两种投入要素的固定的生产技术系数之比。

柯布－道格拉斯生产函数（Cobb－Douglas production function）是用两位经济学家柯布（Chales W. Cobb）和道格拉斯（Paul H. Dougelas）的名字命名的。其函数形式如（3.7）式所示。

$$Q = AL^{\alpha}K^{\beta} \quad (3.7)$$

在（3.7）式中，Q 代表产量，L 和 K 分别代表劳动和资本，A、α 和 β 都是正常数，其中 α 和 β 用以度量产量对于投入要素变动的反应程度，或者说，α 代表劳动所得在总产量中所占的份额，β 代表资本所得在总产量中所占的份额。

经济学家们经常假设柯布－道格拉斯生产函数具有规模报酬不变的性质，这时，公式（3.7）就可以改写为公式（3.8）。

$$Q = AL^{\alpha}K^{1-\alpha} \quad (3.8)$$

例如，在一个柯布－道格拉斯生产函数中，已知参数 $A = 100$，$\alpha = 0.5$，$\beta = 0.5$。即：

$$Q = 100L^{0.5}K^{0.5}$$

在此条件下，如果厂商使用 2 个单位的劳动和 4 个单位的资本进行生产，最大产量就是 283 个单位；如果使用 2 个单位的劳动和 8 个单位的资本进行生产，最大产量就是 400 个单位。

由于柯布－道格拉斯生产函数具有许多经济学上所需要的良好的性质，因此它是经济学中用得最普遍的一种生产函数形式。

第二节　短期生产函数：一种可变生产要素的最优利用

在本节，我们将讨论短期生产函数问题。假定企业生产产品只需要投入劳动和资本两种生产要素，并且在两种投入要素中，劳动是可变投入要素，资本是不变投入要素。这就意味着，在企业的生产过程中，至少有一种投入要素是不变的，显然，这属于短期生产函数的范畴。短期生产函数可以一般地表示为 (3.9) 式。

$$Q = f(L, \overline{K}) \quad (3.9)$$

(3.9) 式的短期生产函数也被称为一种可变生产要素的生产函数。式中 Q 表示产量，L 表示可变生产要素劳动，$\overline{K}$ 表示不变生产要素资本。在这里，短期生产函数被定义为，在资本投入量固定不变的条件下，劳动投入量与最大产量之间的相关关系。

在短期中，如果劳动是可变生产要素，那么劳动投入的变化会导致产量发生怎样的变化呢？为了说明这个问题，我们首先分析劳动投入量的变化与产量变化之间的内在联系，即劳动量与总产量、平均产量和边际产量之间的关系。

一、总产量、平均产量和边际产量

总产量（total product，TP）是指在一定时期内生产要素所能生产的全部产量。在短期内，由于产品的产量是由可变生产要素的变动引起的，所以，总产量可以被视为可变要素的总产量。如果假定劳动是可变要素，那么总产量就表现为劳动的总产量。劳动的总产量 (TP_L) 可以被定义为：作为可变要素的劳动投入与作为不变要素的资本投入相结合所能生产的最大产出。总产量可以用 (3.10) 式来表示。

$$TP_L = f(L, \overline{K}) \quad (3.10)$$

平均产量（average product，AP）是指在其他要素投入不变的条件下，单

位可变投入要素的产量,它等于总产量除以可变要素的投入量。如果假定劳动是可变要素,那么平均产量也就表现为劳动的平均产量(AP_L),它被定义为单位劳动投入所能生产的最大产量。劳动的平均产量可以用公式(3.11)来表示。

$$AP_L = \frac{TP_L}{L} \qquad (3.11)$$

边际产量(marginal product,MP)是指在其他投入要素不变的条件下,可变投入要素的投入量每变动 1 个单位所引起的总产量的变动量。如果假定劳动是可变投入要素,那么边际产量就表现为劳动的边际产量(MP_L),它被定义为每变动一个单位的劳动投入所引起的总产量的变化量。如(3.12)式所示。

$$MP_L = \frac{\Delta TP_L}{\Delta L} \qquad (3.12)$$

如果可变要素的变化可以无限小,或者生产函数连续且可导的情况下,那么边际产量就是劳动的总产量与劳动投入量的一阶导数,如(3.13)式所示。

$$MP_L = \frac{dTP_L}{dL} \qquad (3.13)$$

以上所给出的总产量、平均产量和边际产量的定义公式都是建立在假定劳动是可变要素,资本是不变要素的基础之上的。如果我们作出相反的假定,即假设劳动是不变要素,资本是可变要素的话,读者可以很容易地根据上面的定义公式推导出资本的总产量(3.14)、资本的平均产量(3.15)和资本的边际产量(3.16)的公式。

$$TP_K = f(\bar{L}, K) \qquad (3.14)$$

$$AP_K = \frac{TP_K}{K} \qquad (3.15)$$

$$MP_K = \frac{\Delta TP_K}{\Delta K} = \frac{dTP_K}{dK} \qquad (3.16)$$

以上是有关总产量、平均产量和边际产量的概念。总产量、平均产量和边际产量的变动与可变要素投入量的变动存在着怎样的关系呢?让我们举例予以说明。

假定有一个生产函数,资本的投入量不变,是一个确定的数值,它与可变投入要素劳动相结合生产的产量伴随劳动投入量变化的情况如表 3–1 所示。

表 3-1　总产量、平均产量、边际产量与劳动投入

劳动投入（L）	总产量（TP_L）	平均产量（AP_L）	边际产量（MP_L）
0	0	-	-
1	20	20	20
2	44	22	24
3	72	24	28
4	104	26	32
5	134	26.8	30
6	156	26	22
7	168	24	12
8	176	22	8
9	180	20	4
10	180	18	0
11	176	16	-4

表 3-1 中的数据是随意给出的，尽管实际生产中并不存在一个实际的例子与该表中的数据完全相符，但它却揭示了许多种产品生产的共同特征。利用表 3-1 中的数据，可以绘制出图 3-1 中的总产量曲线、平均产量曲线和边际产量曲线。

图 3-1（a）中的曲线是短期生产函数的总产量曲线（TP_L），图 3-1（b）中的两条曲线分别是短期生产函数的平均产量曲线（AP_L）和边际产量曲线（MP_L）。

我们先分析总产量曲线。结合表 3-1 和图 3-1（a）可以看到，在资本投入量不变的情况下，伴随劳动投入量的增加，总产量一直是增加的，直到增加到 9 个劳动投入时，总产量达到最大值，为 180 个单位，这时，如果再增加 1 个单位的劳动投入，即总的劳动投入量为 10 个单位时，总产量保持不变，仍然为 180 个单位。此后，劳动投入的继续增加不仅不会导致总产量的增加，反而会使总产量减少，于是，总产量曲线开始向右下方倾斜。此外，从表 3-1 和图 3-1（a）还可以看出，虽然劳动投入在 9 个单位之前总产量一直是增加的，但在劳动投入增加的不同阶段总产量递增的速率是不同的。在最初阶段，即劳动投入在 1~4 个单位时，总产量以递增的速率增加，而在后一阶段，即劳动投入在 5~9 个单位时，总产量则以递减的速率增加，这从边际产量的变

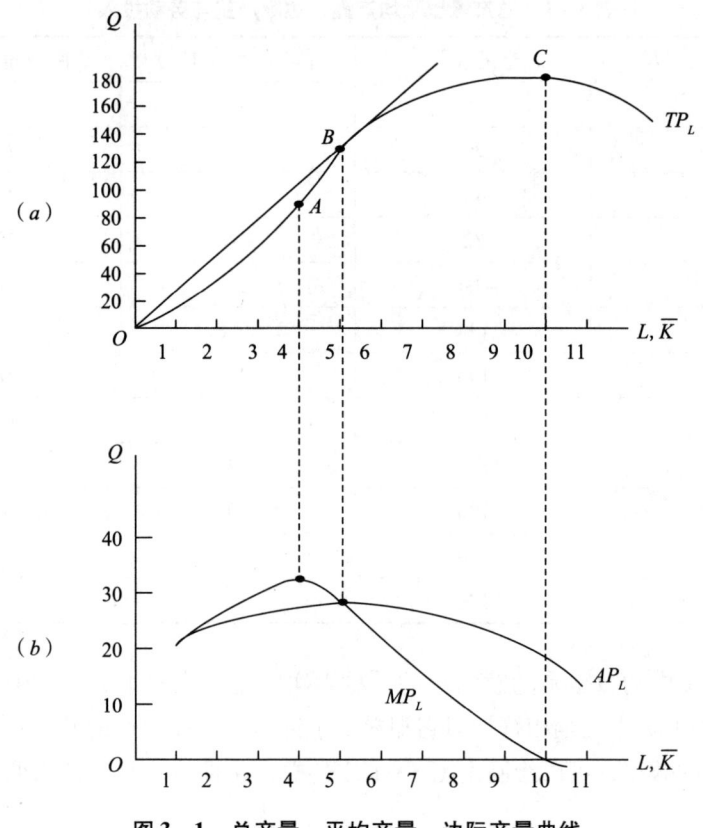

图 3-1 总产量、平均产量、边际产量曲线

化就可以看出这一点。上述情况的存在可以作如下解释：在最初阶段，投入要素之间的比例是低效率的，因为作为可变要素的劳动投入相对于固定不变的资本投入来说太少了。在此情况下，增加劳动投入会使投入要素之间的比例得到改善，从而使产量以递增的速率增加。在总产量增加的后一阶段，随着投入要素之间比例的改变，尽管增加劳动投入仍然能够导致总产量增加，但增加的量却越来越少。当劳动投入增加到 10 个单位以后，由于可变要素劳动相对于固定不变的资本来说投入量过多，使生产效率降低，因此必然导致总产量减少。

再结合表 3-1 观察图 3-1（b）中的平均产量曲线和边际产量曲线。伴随劳动投入的增加，平均产量一开始上升，当劳动投入增加到 5 个单位时，平均产量达到最大值，为 26.8。此后，随着劳动投入的继续增加，平均产量开始下降，呈现出一条倒"U"字形曲线。与平均产量曲线相似，边际产量曲线也是一条先上升然后下降的倒"U"字形曲线。所不同的是，由于边际产量增加和减少的速率都大于平均产量，因此，它先于平均产量曲线达到最大值，即当劳动投入为第 4 个单位时，边际产量就已经达到最大，为 32 个单位。此后，伴随劳动投入的增加，边际产量又以大于平均产量的速率递减。当劳动投入为 10 个单位时，边际产量下降到零，当劳动投入继续增加到 11 个单位时，边际产量是负值，为 -4。

通过以上的分析，我们可以概括出总产量、平均产量和边际产量函数之间存在的如下三个方面的关系：

第一，总产量与边际产量的关系。观察图 3-1，伴随劳动投入的增加，总产量最初以递增的速率增加，当越过拐点 A 后，则以递减的速率增加，而一旦达到 C 点后，再增加劳动投入，总产量将绝对减少。边际产量的变化具有类似的特征：伴随劳动投入的增加，边际产量呈现先上升后下降的趋势，当达到 C 点后，边际产量变为负值。而当边际产量为零时，总产量最大。因此，总产量与边际产量的关系可以概括如下：当 $MP>0$ 时，TP 递增；当 $MP=0$ 时，TP 最大；当 $MP<0$ 时，TP 递减。

第二，总产量与平均产量的关系。根据平均产量的定义公式可以知道，连接总产量曲线 TP_L 上任何一点和坐标原点的连线的斜率，就是相应的平均产量 AP_L 的值，或者说，任意一种要素投入量下的平均产量都可以用与该要素投入量相对应的总产量曲线上的点到原点之间连线的斜率来表示。由于存在这种关系，所以，当其中某一条最陡的连线与总产量曲线相交时，与该交点相对应的平均产量就会达到最大值。在图 3-1（a）中，OB 线就是最陡峭的连线，因此，图（b）中平均产量的最高点对应于图（a）中 OB 连线的 B 点。综上所述，总产量与平均产量的关系可以描述为：TP 曲线上各点与原点连线的斜率越大，AP 值越大；反之则越小。

第三，边际产量与平均产量的关系。边际产量和平均产量都表现为先上升后下降的特征，但边际产量上升和下降的速率都要大于平均产量上升和下降的速率。观察图 3-1（b）可以发现，当边际产量大于平均产量时，平均产量呈上升趋势，当边际产量小于平均产量时，平均产量呈下降趋势，所以，边际产量曲线与平均产量曲线的最高点相交。边际产量与平均产量的关系可以概括为：当 $MP>AP$ 时，AP 递增；当 $MP<AP$ 时，AP 递减；当 $MP=AP$ 时，AP 最大。

二、边际产量递减规律

总产量、平均产量和边际产量的内在联系说明了经济学中的一个重要原理，这个原理被称为边际产量递减规律（law of diminishing marginal productivity），也称边际收益递减规律或边际报酬递减规律（law of diminishing marginal returns）。

对于边际产量递减规律，可以表述如下：在生产的技术水平和其他投入要素的投入量不变的情况下，当生产中可变要素投入的增加达到一定量后，继续增加可变要素的投入会导致该要素的边际产量递减。

边际产量递减的一个重要前提是生产的技术水平不变，这意味着连续增加的可变投入要素的质量和效率也就不发生变化，但是，投入要素的比例是可变的。边际产量递减规律不是理论上论证的结果，而是根据对许多种产品生产过程的实际观察得出的，因而可以将其看作是一个被广泛遵守的经验性规律。或许我们可以用资本－劳动比的变化来解释这一规律的客观性：在可变要素劳动投入的初期阶段，由于资本－劳动比较高，不仅可以使不变要素得到更充分的利用，而且还可能产生专业化分工的优越性，从而使边际产量递增。当劳动投入继续增加到某一点后，由于资本－劳动比下降，导致不变要素已经得到充分利用，或专业化分工的优越性已经发挥到极致，于是劳动的边际产量便开始递减。

在实际经济中，尽管会有例外，但绝大多数产品的生产都证明了这个规律的存在。例如在农业生产中，耕地的数量是固定不变的，在有限的耕地面积上，并不是投入的劳动越多，农产品的产量就越大，因为农产品产量的大小取决于多种因素而不是仅仅取决于劳动。适用于劳动的这一法则也适用于其他可变投入要素。如果假设耕地的面积和劳动投入都是不变的，化学肥料是可变生产要素，那也不意味着在农田中投入的肥料越多，产量就越大。甚至还有可能出现这样的情况，如果在有限的农田中施用了过多的化学肥料，产量不仅不会增加，反而会减少。同样的道理，在工业生产中，厂房的面积、机器设备的数量在短期内是不变的，在此情况下，产量就不会随着工人数量的增加而无限地增大，因为大量冗员的存在会降低工作效率。有时，我们甚至还可以用这个规律来解释一个人口众多，但资本、土地或其他自然资源贫乏的地区或国家为什么会相对贫困，因为在这些地区或国家，资本劳动的比率通常都比较低。

需要说明的是，并不是所有产品生产的边际产量都是一开始递增，之后递减，并在达到一定点之后为负值的。某些产品生产可能从一开始就服从边际产量递减规律，并且边际产量一直为正值。我们可以把这种情况视为边际产量递减规律的另一种作用形式。读者可以想象此种情况下总产量曲线、边际产量曲线和平均产量曲线的几何图形。

三、一种可变投入要素的最优利用和企业生产的三个阶段

在两种投入要素中，如果只有一种投入要素是可以变动的，并且存在着边际产量递减规律，那么厂商应当投入多少可变生产要素，才能使生产要素得到最优利用呢？显然，这是一个追求利润最大化的厂商必须考虑的生产决策问题。

为了说明这个问题，我们可以把图3-1中的总产量曲线、平均产量曲线和边际产量曲线整合在一个坐标上，并且把生产划分为三个阶段。如图3-2所示。

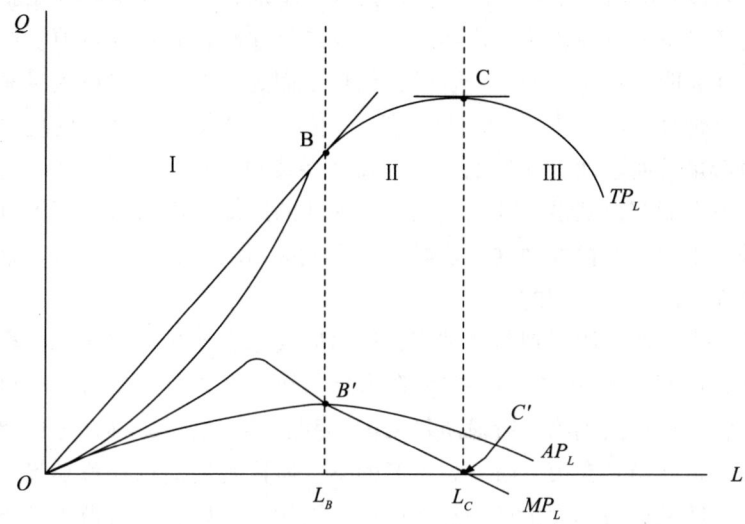

图3-2 生产阶段的划分与单一生产要素的最优利用

图3-2中坐标的横轴表示劳动的投入量。纵轴用来表示产量（Q），包括总产量、平均产量和边际产量。依据短期生产函数中总产量曲线、平均产量曲线和边际产量曲线之间的关系，以 $MP_L = AP_L$ 和 $MP_L = 0$ 为边界，可以将生产划分为三个阶段：生产的第一阶段（Ⅰ）是指劳动投入从坐标原点到 L_B 这一区域，L_B 所对应的是平均产量最高且与边际产量相等的那一点，即 B' 点；生产的第二阶段（Ⅱ）是指从 L_B 个劳动投入到 L_C 个劳动投入这一区域，L_C 所对应的是边际产量等于零且总产量最大之点，即 C 和 C' 点；生产的第三阶段（Ⅲ）是指大于 L_C 个劳动投入即边际产量小于零和总产量开始递减的区域。那么，厂商应当把生产规模扩大到哪个阶段劳动的投入量为最优呢？这可以通过分析生

产三个阶段的特征得出结论。

生产阶段 I 的特征是：伴随劳动投入的增加，总产量一直是增加的；平均产量也一直是增加的，并且在第一阶段的终点达到最大值；边际产量一开始递增，当达到最大值后开始递减，且 $MP_L \geqslant AP_L$。总产量、平均产量和边际产量曲线的上述特征表明，在这个阶段，相对于固定不变的资本投入量来说，劳动的投入量过少，即资本-劳动比过高，这时，厂商只要增加劳动投入，就能够使总产量增加。因此，追求利润最大化的厂商不会将生产停留在这个阶段，他应当继续增加劳动投入，扩大生产规模。换句话说，小于 L_B 的劳动投入不是最优投入量，这意味着资源没有能够得到有效利用。

生产阶段 III 的特征是：伴随着劳动投入的增加，总产量从一开始就是递减的；平均产量也一直在递减；边际产量不仅继续递减，并且为负值。产量曲线的上述特征表明，在生产的这个阶段，相对于固定不变的资本投入量来说，劳动的投入量过多，即资本-劳动比过低，。在这一阶段，厂商一旦减少劳动投入量，总产量反而增加。即是说，大于 L_C 的劳动投入也是不经济的，这同样意味着资源没有能够得到最优利用。因此，理性的厂商不应当将生产推进到这个阶段，假如生产已经扩大到这一阶段，厂商就应当减少劳动投入量，缩小生产规模，这在经济上是有利的。

显然，为了使资源得到最优利用，厂商应当把生产扩大到第二阶段。在生产阶段 II，厂商不仅可以得到在第一阶段增加可变要素投入所带来的好处，又可以避免将生产扩大到第三阶段所带来的不利影响。所以，可变生产要素劳动的最优投入量应当是在第二阶段，生产的第二阶段是厂商选择劳动投入的合理区域，这一区域也被称为生产的经济区域，因为它可以给厂商带来经济上的好处。但是也应看到，在生产阶段 II，从 L_B 个劳动投入到 L_C 个劳动投入毕竟是一个很大的区间，在这个区间内，厂商究竟应当选择多少劳动投入为最优，只有在我们掌握了有关成本和收益方面的知识以及掌握了第六章要素市场的相关理论之后，才能给出这一问题的准确答案。在这里，我们只能一般地说，相对于资本的价格来说，如果劳动价格较低，那么劳动的投入量将接近于 L_C，反之，如果劳动价格较高，则劳动的投入量接近于 L_B。

第三节　长期生产函数：两种可变生产要素条件下生产要素的最优组合

在本节，我们将假定企业生产所需要投入的劳动和资本两种生产要素都是可变的,显然,这属于长期生产函数的范畴。长期生产函数可以一般地表示为(3.17)式。

$$Q = f(L, K) \tag{3.17}$$

式中 Q 表示产量,L 表示劳动,K 表示资本。劳动和资本这两种投入要素都是可变的,即 Q 是劳动和资本的函数。(3.17)式的长期生产函数也被称为两种可变生产要素的生产函数。长期生产函数表示在所有的生产要素都可以改变的条件下,要素投入量与最大产量的关系。在长期中,生产者应当使用多少劳动和使用多少资本,即怎样把劳动和资本最优地组合起来,实现最大产出,这也是追求利润最大化的厂商必须进行的生产决策。为了说明这个问题,需要使用等产量线和等成本线这两个概念。

一、等产量线和边际技术替代率

等产量线(*isoquant curve*)是指在技术水平不变的条件下,生产同一产量的两种生产要素投入量的各种不同组合的变动轨迹。

在长期中,各种投入要素都是可变的,所以,相同的产量可以用不同的要素组合生产出来。为了简单起见,我们假定厂商要生产某种产品,必须投入劳动和资本两种生产要素,并且这两种生产要素可以有 A、B、C、D 四种组合方式,用每种组合方式都可以生产出 100 个单位的产量,如表 3 – 2 所示。

表 3 – 2 生产要素的各种组合

要素组合	劳动投入(L)	资本投入(K)	产量(Q)
A	1	6	100
B	2	3	100
C	3	2	100
D	6	1	100

在表 3 – 2 中,我们看到,厂商如果使用 A 要素组合进行生产,并得到 100 个单位的产量,需要投入 1 个单位的劳动和 6 个单位的资本,我们可以把用这种要素组合进行生产的方式视为资本密集型的生产方式。与此相对应的是,如果厂商使用 D 要素组合进行生产,并得到 100 的产量,则要投入 6 个单位的劳动和 1 个单位的资本,显然,这是一种劳动密集型的生产方式。B 和 C 要素组

合是两种介于资本密集型和劳动密集型生产方式之间的中间形式，但同样可以得到100个单位的产量。显然，不同的组合方式反映着不同的资本－劳动比率。将表3－2中的数据绘制在一个二维空间的平面坐标上，并把A、B、C、D各点连成一线，即可得到一条Q=100的等产量线。如图3－3（a）所示。

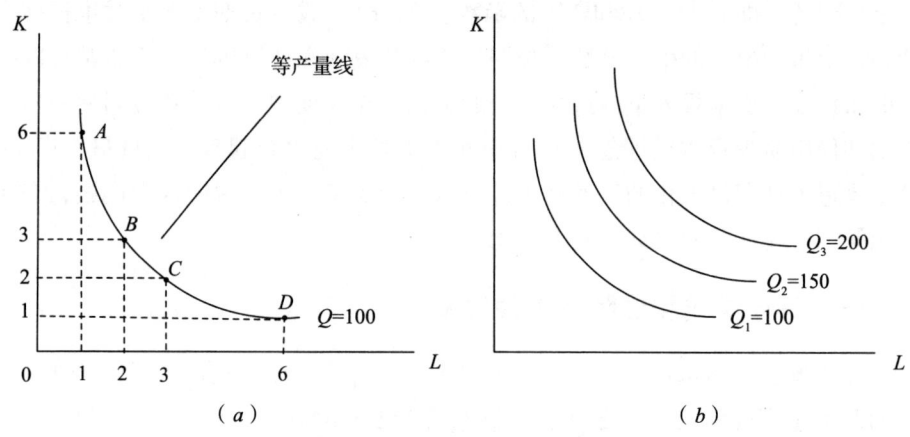

图3－3　等产量线和等产量线群

图3－3中坐标的横轴代表劳动的投入量L，纵轴代表资本的投入量K。图3－3（a）中向右下方倾斜的曲线是根据表3－2绘制的$Q=100$的等产量线。在这条曲线上，标有A、B、C、D四个劳动和资本投入要素的组合点，在点A，厂商投入1个单位的劳动和6个单位的资本，就可以生产出100个单位的产量，而在点B，厂商投入2个单位的劳动和3个单位的资本同样可以生产出100个单位的产量，依此类推。实际上，只要资本和劳动的数量是可以无限细分的，在这条等产量线上就可以有包括A、B、C、D在内的无数个劳动和资本投入要素的组合点，而与任意一个组合点相对应的劳动和资本的组合，都可以生产出单位100的产量。因此，可以把等产量线解释为：在技术不变条件下生产一定产量的劳动与资本两种投入要素组合点的集合。

图3－3（b）中有三条曲线，它们分别代表产量为100、150和200的等产量线。实际上，等产量线可以有无数条，分别代表各种不同的产量，它们共同构成一个等产量线群。在等产量线群中，距离原点越远的等产量线所代表的产量越大，而距离原点越近的等产量线所代表的产量越小。这是等产量曲线的一个重要性质。

观察图3－3不难发现等产量线的特征：等产量线是一条凸向原点的、并且向右下方倾斜即斜率为负的曲线，在同一平面上，可以有无数条等产量线，但任意两条等产量线都不能相交。

显然，等产量线和第二章中的无差异曲线有相似之处，所不同的是，等产量线代表的是厂商通过使用劳动和资本两种生产要素的不同组合进行生产所得到的产量，而无差异曲线代表着消费者通过消费两种不同的商品所得到的效用。

对于大多数生产函数来说，等产量线都是一条向原点凸出的平滑曲线。等产量线的形状意味着生产者在不改变产量的条件下，如果要减少资本的投入就必须同时增加劳动的投入，或者在减少劳动投入的同时必须增加资本投入。同时，将等产量线描绘成类似双曲线的形状也是为了说明劳动和资本之间是可以相互替代但又不能完全替代的。这种类型的等产量线具有柯布－道格拉斯生产函数的性质。[①]

研究投入要素间相互替代关系的一个重要概念是边际技术替代率。边际技术替代率（marginal rate of technical substitution，MRTS）是用来测度维持产量水平不变时，增加一个单位某种投入要素所能减少的另一种投入要素的数量之比。

如果用 ΔL 代表劳动的变动量，ΔK 代表资本的变动量，$MRTS_{LK}$ 代表以劳动代替资本的边际技术替代率，则有（3.18）式：

$$MRTS_{LK} = -\frac{\Delta K}{\Delta L} \qquad (3.18)$$

在维持既定产量不变时，一种生产要素增加，另一种生产要素就要减少，因此，边际技术替代率应该是负值。但为了进行比较，通常在边际技术替代率的公式中加上一个负号，从而使 MRTS 值在一般情况下表现为正值。

在生产函数连续且可导的情况下，边际技术替代率还可以用（3.19）式来表示。

$$MRTS_{LK} = -\frac{dK}{dL} \qquad (3.19)$$

从边际技术替代率的定义公式不难看出，边际技术替代率实际上就是等产量线斜率的绝对值，或者说，等产量曲线上任意一点的斜率都等于两种投入要素的边际技术替代率。这是等产量曲线的另一个重要性质。

利用边际产量的定义，还可以把边际技术替代率表示为劳动的边际产量和

[①] 柯布－道格拉斯生产函数常常假设 $A=1$，$\alpha+\beta=1$，因此就有 $Q=f(L, K) = L^\alpha K^{1-\alpha}$。这样，不同的产量 Q 就有图 3-3（b）给出的类似双曲线的等产量线群。

资本的边际产量之比。即表示为（3.20）式。

$$MRTS_{LK} = \frac{MP_L}{MP_K} \tag{3.20}$$

推导出（3.18）式并不困难。根据（3.12）和（3.16）边际产量的定义公式，可以得出 $\Delta L = \Delta TP_L / MP_L$ 和 $\Delta K = \Delta TP_K / MP_K$ 的关系式，将上述关系式代入（3.18）式并去掉负号，就可以得到（3.20）式。即：

$$MRTS_{LK} = \frac{\Delta K}{\Delta L} = \frac{\Delta TP_K / MP_K}{\Delta TP_L / MP_L}$$

$$MRTS_{LK} = \frac{MP_L}{MP_K}$$

公式（3.20）之所以成立，是因为边际技术替代率就是等产量线斜率的绝对值，对于任意一条给定的等产量线来说，当用劳动投入去替代资本投入时，在维持产量不变的前提下，由增加劳动投入量所带来的总产量的增加量和由减少资本量所带来的总产量的减少量是相等的。

边际技术替代率具有递减的性质。以图3-3（a）为例，根据表3-2给出的数据，在劳动和资本两种投入要素组合沿着既定的等产量线从A点到D点向右下方移动的过程中，要素组合从A到B的边际技术替代率为3，从B到C的边际技术替代率为1，而要素组合从C到D的边际技术替代率则为0.33。边际技术替代率的这种递减性质通常被称为边际技术替代率递减规律。

边际技术替代率递减规律可以用边际产量递减规律来解释。在边际产量递减规律的作用下，随着劳动投入量的增加，它的边际产量会不断递减。这样，每增加一个单位的劳动所能代替的资本的投入量就会越来越少。

图3-3给出的等产量线是建立在假设投入要素可以相互替代但又不能完全替代基础上的。与上述假设不同，等产量线还有另外两种特例：固定技术系数的等产量线和生产要素完全可替代条件下的等产量线。

固定技术系数的等产量线也称单一固定比例投入的等产量线，这是假定投入要素之间完全不能替代，只能按单一固定比例生产某种产品的等产量线。固定比例投入的生产函数就是里昂惕夫生产函数，因此，固定技术系数的等产量线有时也被称为里昂惕夫曲线。

例如，要生产100个单位的某种产品，需要投入3个单位的劳动和2个单位的资本，那么要生产200个单位的产品，就必须投入6个单位的劳动和4个单位的资本，而要生产300个单位的产品，则需要9个单位的劳动和6个单位的资本。即是说，要把产量扩大为原来的两倍，劳动和资本的投入也要分别扩大到原来的两倍，依此类推。图3-4描述了固定技术系数的等产量线。

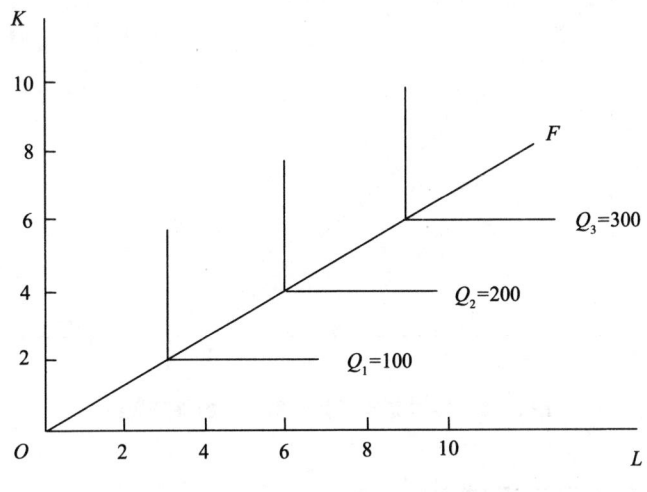

图3-4 固定技术系数的等产量线

图3-4中的等产量线是呈直角形的，在生产过程中能够合理使用的两种生产要素的比例是OF线的斜率。

在固定技术系数的产品生产中，如果一种投入要素的数量是固定的，那么增加另一种投入要素的数量并不能使产量增加，因为两种要素完全不具有可替代性，这意味着可变投入要素的边际产量为零。显然，产量的多少，只能取决于投入量最少的那种生产要素。在现实生活中，我们常把这种现象称为短边法则（shortedge rule），也被形象地称为"木桶效应"和"短板效应"。

生产要素完全可替代条件下的等产量线是指在生产某种产品时，投入要素之间是完全可以相互替代的，在我们的例子中，资本和劳动可以完全相互替代，即增加一个单位的劳动，可以同时减少一个单位的资本，并保持产量不变。图3-5描述了生产要素完全可替代条件下的等产量线。

在投入要素完全可替代的条件下，等产量线是一条直线。在图3-5中，等产量线Q_1、Q_2和Q_3代表不同的产量水平，距离原点越远的等产量线所代表的产量越大。显然，这是具有线性生产函数性质的等产量线。

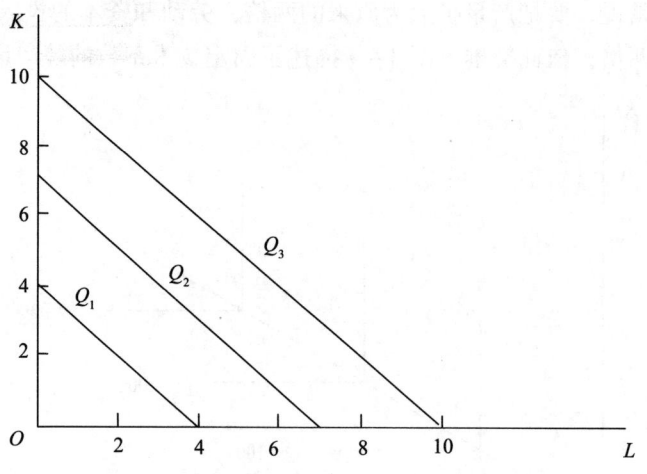

图 3-5　要素完全可替代条件下的等产量线

二、生产的经济区域

在劳动和资本两种投入要素均可改变的条件下，虽然不存在只有一种投入要素可以改变情况下生产三个阶段的划分，但也存在要素投入的合理区域，即生产的经济区域。如图 3-6 所示。

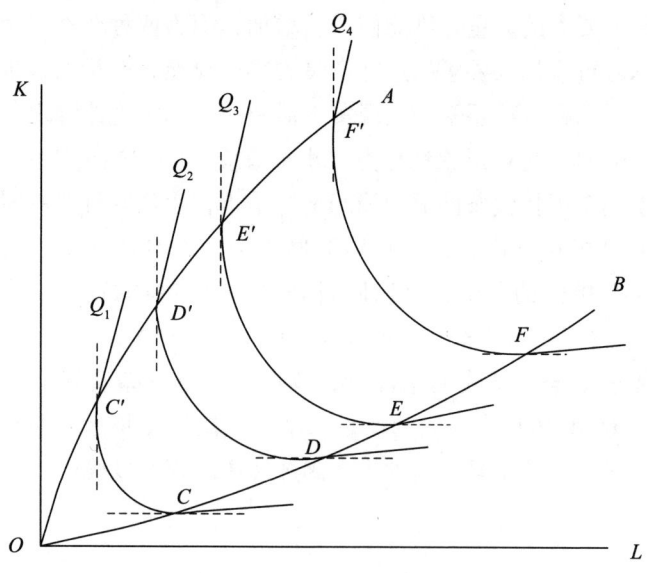

图 3-6　生产的经济区域

在图3-6中，有四条特殊的等产量线，它们既有斜率为负的部分，也有斜率为正的部分，即是说，并非等产量线上的每一点的边际技术替代率都是正值。图中有 OA、OB 两条脊线，它们分别穿过四条等产量线中的 C、D、E、F 点和 C′、D′、E′、F′ 点，这些点都是等产量线斜率为零的点。这样一来，两条脊线就把等产量线斜率为正值的区域和斜率为负值的区域区分开来：两条脊线内侧的区域是等产量线斜率为负的区域，而两条脊线外侧的区域都是等产量线斜率为正的区域。同时，等产量线上 C、D、E、F 点的边际技术替代率均为零，而等产量线上 C′、D′、E′、F′ 点的边际技术替代率均为无穷大。

在图3-6中，OA、OB 两条脊线内侧区域即等产量线斜率为负的区域就是两种投入要素的合理区域，也就是生产的经济区域，而在两条脊线的外部区域，即等产量曲线为正的区域，则为非经济区域。观察图3-6可以发现，在生产的非经济区域，要维持既定的产量水平，资本和劳动之间并不存在替代关系；同时，在生产的非经济区域，无论是投入要素中的劳动还是资本，都已经存在过度投入的情况，以至于劳动和资本的边际产量都可能为负值，显然，没有哪个厂商会把生产扩张到边际产量为负的区域，这会造成资源的浪费。因此，我们可以把 OA 线定义为资本密集的上限或最高界限，把 OB 线定义为劳动密集的上限或最高界限。

尽管脊线内侧区域是生产的经济区域，但这个区域毕竟是一个很大的区间，在这个区间内，生产者究竟选择何种要素投入组合为最优，即在何种条件下实现生产者均衡，还取决于不同投入要素组合的成本。

三、等成本方程和等成本线

如上所述，一个既定水平的产量可以用多种要素组合中的任意一种来生产，厂商究竟选择哪一种要素组合从事生产活动，这取决于不同要素组合的成本。

另一方面，每一个厂商可能会面对无数条等产量线，而位置不同的等产量线又代表着不同的产量水平或生产规模。一个企业的产量水平或生产规模究竟可以有多大，直接取决于要素的投入量。但要素投入量的多少又取决于厂商所能支付的货币量和要素的价格，厂商对生产要素的购买数量与要素价格的乘积，便构成了厂商生产的成本。

设厂商对劳动和资本两种生产要素的购买量分别为 L 和 K，劳动的价格和资本的价格分别为 P_L 和 P_K，成本为 C，这样就可以得到一个用（3.21）式所表示的成本方程。

$$C = P_L \cdot L + P_K \cdot K \tag{3.21}$$

（3.21）式的成本方程表明，生产者究竟能够投入多少劳动和资本，即实现多大的产量或生产规模，取决于要素的价格水平和生产者用于购买要素的货币存量或成本。

在一个横轴表示劳动投入量、纵轴表示资本投入量的坐标上，成本方程表现为一条斜率为负的直线，这条线被称为等成本线。如图3-7所示。

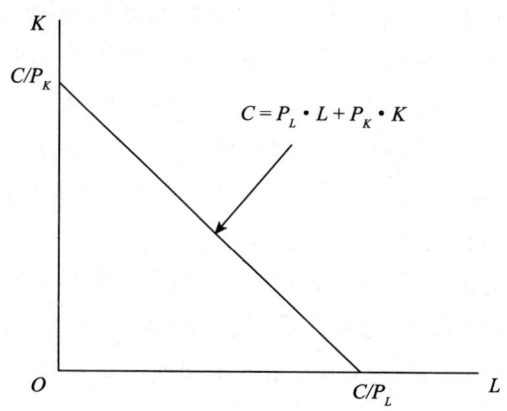

图3-7　等成本线

由图3-7不难看出，等成本线是在既定成本和生产要素价格不变的条件下，生产者所能购买到的各种不同生产要素组合的变动轨迹。由于等成本线与消费理论中的消费者预算线类似，所以等成本线又称企业预算线或企业预算约束线。

如果对公式（3.21）的成本方程进行移项整理，就可以得到公式（3.22）。

$$K = \frac{C}{P_K} - \frac{P_L}{P_K} \cdot L \tag{3.22}$$

在公式（3.22）中，C/P_K是等成本线的纵截距，它代表生产者的货币或成本可以全部用来购买资本K的数量，而$-P_L/P_K$则是等成本线的斜率，斜率的绝对值是两种生产要素的价格之比。不难理解，等成本线与横轴的交点即等成本线的横截距应为C/P_L，它是生产者的货币或成本可以全部用来购买劳动L的数量。

在图3-7中，等成本线将生产者的生产空间分为三个部分：等成本线本身、等成本线内侧的区域和等成本线外侧的区域。我们可以把由原点、C/P_L和

C/P_K 围成的面积称为企业的预算集或预算空间，等成本线以外的区域称为企业的预算不可能集，这也是生产者生产不可能区域。如果生产者在等成本线上的任意一点购买劳动 L 和资本 K，都意味着他购买的劳动和资本的组合恰好等于既定的全部成本。但如果生产者在等成本线内侧区域即预算空间内的任意一点购买劳动 L 和资本 K，则意味着既定的全部成本用于购买劳动和资本后还有剩余。显然，生产者不可能在预算线外侧区域即预算不可能集的任意一点购买劳动和资本，因为这超出了他的预算和成本。

在要素价格不变的条件下，等成本线在坐标上的位置取决于生产者总成本的大小，或者说，取决于生产者拥有多少货币存量。如果生产者拥有更多的货币从而购买更多的投入要素，等成本线便向右上方平行移动；反之则向左下方平行移动。因此，生产者可以有若干条等成本线，距离原点越远的等成本线代表的总成本水平越高。然而，在任何一个时点上，每个生产者都只能有一条确定的等成本线或预算线，这是不说自明的。

如果总成本发生变化，等成本曲线会平行移动，但如果只有一种投入要素的价格发生变化，那么等成本线将围绕其中一个截距转动，即等成本线的斜率会发生变化。关于等成本线斜率变化的情况，与第二章图 2-7 消费者预算线变动的情况是类似的，读者可以很容易地根据消费者预算线变动的情况推导出等成本线变动的规律。

四、生产要素的最优组合

等产量线反映的是要实现某一既定产量时两种生产要素的各种组合，而企业能否实现这一产量，又受到企业所拥有的货币存量即成本的约束。可见，等成本线是厂商进行产量决策的约束条件或限制条件，任何企业在进行生产决策时，都只能在现有的预算约束条件下进行选择。因此，要确定两种生产要素投入量的最优组合，就必须把等产量线和等成本线结合在一起进行分析。

对于一个追求利润最大化的厂商来说，生产要素最优组合的确定包含两层含义：一是实现既定成本条件下的最大产量；二是实现既定产量条件下的最小成本。

我们首先分析厂商如何实现既定成本条件下的最大产量。为了说明这个问题，需要把等产量线和等成本线整合在同一坐标上。如图 3-8 所示。

在图 3-8 中，只有一条等成本线 mn 线，这表明厂商的成本是既定的，即厂商的生产要受成本的约束。在成本约束的条件下，厂商实现最大产量的要素

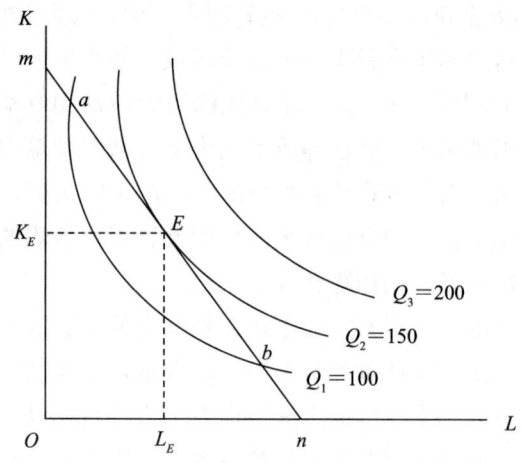

图 3-8 成本约束条件下的最大产量

组合显然只能在等成本线的某一点上。我们看到，图中有三条等产量线，其中 Q_3 的产量水平最高，但由于它既不与等成本线相切，也不与等成本线相交，处在预算空间或等成本线外侧的生产不可能区域中，所以它是生产者不可能实现的产量。再看 Q_1 线，Q_1 线与等成本线有两个交点，即 a 点和 b 点，厂商在这两个点的任意一点选择要素组合进行生产，虽然都没有突破成本的约束，但所能实现的产量 Q_1 在三条等产量线中是最低的，这意味着在既定成本条件下厂商没有能够实现最大产量。很明显，厂商在既定成本即成本约束条件下的最优投入组合只能在等成本线与等产量线 Q_2 的切点即均衡点 E，这是在既定成本条件下厂商可以实现的最大产量，与 E 点相对应的劳动和资本的投入组合为 L_E 和 K_E，这是理性的厂商应当选择的生产要素的最优投入组合。

再来分析厂商在既定产量条件下如何实现最低成本的问题。为了说明这个问题，我们把等产量线和等成本线整合在图 3-9 的坐标上。

图 3-9 中只有一条 $Q=150$ 的等产量线，这表明厂商的产量是既定的，即厂商的生产要受产量的约束。在产量约束的条件下，厂商实现最小成本的要素组合只能在 Q 曲线的某一点上。坐标中有三条等成本线。其中 m_1n_1 线虽然是最低的，代表最小成本，但由于 m_1n_1 线不与等产量线相交或相切，因而用如此低的成本无法实现 $Q=150$ 的产量。等成本线 m_3n_3 线与等产量线有两个交点，即 a 点和 b 点，厂商在这两个点的任意一点选择要素组合进行生产，虽然都能得到 $Q=150$ 的产量，但由于等成本线 m_3n_3 线距离原点最远，代表较高的成本，

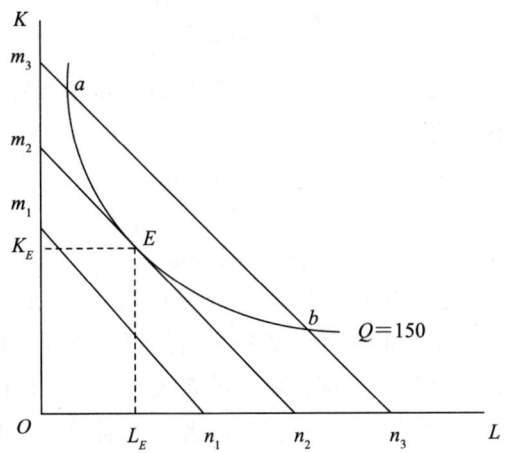

图 3-9　产量约束条件下的最小成本

因此，这意味着在既定产量条件下厂商没有能够实现最小成本。显然，唯有等成本线 m_2n_2 线与等产量线 Q 的切点 E，才是厂商在既定产量条件下实现最小成本的均衡点，也只有与 E 点相对应的要素投入组合 L_E 和 K_E，才是厂商应当选择的最优投入组合。

通过以上的分析可以看到，在两种投入要素都可以改变，即长期生产函数条件下，厂商选择生产要素最优组合的条件：无论是实现成本约束条件下的最大产量，还是实现产量约束条件下的最小成本，其条件都是相同的，即在等成本线与等产量线的切点上选择投入组合。这个条件也被称为生产者均衡条件。生产者均衡条件还可以用公式（3.23）来表示。

$$MRTS_{LK} = \frac{P_L}{P_K} \tag{3.23}$$

如前所述，公式（3.23）中的 $MRTS_{LK}$ 是边际技术替代率，即等产量线斜率的绝对值，P_L/P_K 是等成本线斜率的绝对值，也是劳动价格与资本价格的比率。由于在图 3-8 和图 3-9 中均衡点 E 的等成本线与等产量线的斜率相等，所以就可以用（3.23）式来表示要素最优组合的均衡条件。这个均衡条件表明，只有当边际技术替代率与两种要素的价格比率相等时，生产要素的投入组合才是最优的，厂商才能实现产量最大和成本最小的生产者均衡。

根据（3.20）式，由于可以把边际技术替代率表示为劳动的边际产量和资本的边际产量之比，因此（3.23）式还可以改写为（3.24）式。

$$MRTS_{LK} = \frac{MP_L}{MP_K} = \frac{P_L}{P_K} \tag{3.24}$$

根据（3.24）式，还可以导出用（3.25）式表示生产要素投入组合的最优条件或生产者的均衡条件。

$$\frac{MP_L}{P_L} = \frac{MP_K}{P_K} \tag{3.25}$$

在微观经济学中，（3.25）式被称为最小成本法则（least-cost rule）。最小成本法则表明的是，只有当用1个单位的货币购买劳动所得到的边际产量（MP_L/P_L）等于用1个单位的货币购买资本所得到的边际产量（MP_K/P_K）时，生产要素的组合才是最优的。否则，如果前者大于后者，厂商就会减少对资本的购买，增加对劳动的购买；反之，如果后者大于前者，厂商则会减少对劳动的购买，增加对资本的购买。因此，只有当最后一个货币无论是用来购买劳动还是购买资本所得到的产量都相等时，生产要素的投入组合才是最优的。

从最小成本法则还可以推导出替代法则。替代法则（substitution rule）是指，如果一种要素的价格下降，而其他要素的价格不变，企业就会用廉价的要素替代其他要素，直到企业投入单位货币所实现的各种要素的边际产量都相等。

例如，在（3.23）式中，如果劳动的价格 P_L 下降，则 MP_L/P_L 就会大于 MP_K/P_K，这时，厂商就会使用更多的劳动去替代资本。根据边际产量递减规律，劳动投入的增加会导致劳动的边际产量 MP_L 降低。这种替代过程会不断持续下去，直到劳动的边际产量 MP_L/P_L 与资本的边际产量 MP_K/P_K 相等时为止，这在经济上对厂商是有利的。

第四节 生产扩张的最优路径和规模报酬

在长期中，一个企业的生产规模不可能总是停留在一个水平上。伴随着企业货币存量的增加以及与之相联系的成本的增加，企业的生产规模一般会不断扩大。在本节，我们将分析长期生产函数中的两个问题：一是企业扩大生产规模的最优路径，即生产扩张线；二是投入量的增加与产量增加的关系，即规模报酬。

一、生产扩张线

在其他条件不变的情况下，当产量或成本发生变化时，企业会重新选择投入要素数量的最优组合，才能实现既定成本条件下的最大产量或实现既定产量条件下的最小成本。如果生产的技术水平和生产要素的价格是不变的，那么，企业只有沿着一条特定的路线选择生产要素的投入组合，才能实现长期条件下的生产者均衡。这条特定的路线就是生产扩张线，生产扩张线也简称扩张线或扩展线（expansion path）。图 3 – 10 中的 OC 线即为生产扩张线。

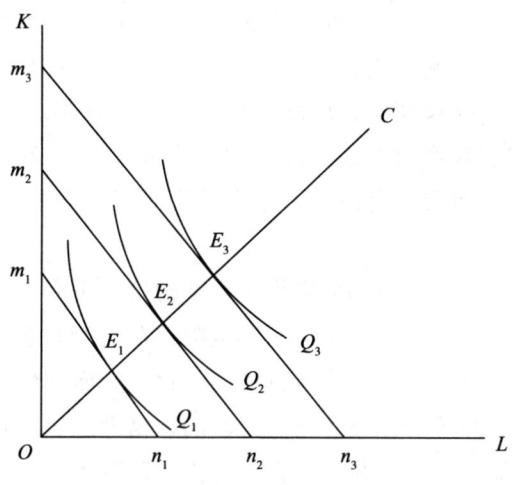

图 3 – 10　生产扩张线

图 3 – 10 中有 Q_1、Q_2、Q_3 三条等产量线和 m_1n_1、m_2n_2、m_3n_3 三条等成本线，它们代表不同的生产规模和成本支出水平。假定生产者最初的生产规模较小，产量水平为 Q_1，相应的，生产者的成本支出也较少，等成本线为 m_1n_1 线。此时，等成本线与等产量线相切于 E_1 点，这是生产者选择最优要素组合的均衡点，读者可以很容易地找到与 E_1 点相对应的劳动投入量和资本投入量。

如果厂商想把生产规模扩大到 Q_2，为此他必须增加成本支出。由于假定生产要素的价格不变，所以，等成本线将会向右上方平行移动。如果等成本线向右上方平移到 m_2n_2 线，并与更高位置的等产量线 Q_2 线相切于 E_2 点，那么 E_2 点就是厂商扩大生产规模以后的新的均衡点，与这一均衡点相对应的劳动和资本的投入量也相应增加了。依此类推，如果厂商继续扩大生产规模，例如将产量推进到 Q_3，那么他应当进一步增加成本支出，使等成本线向右上方平移到 m_3n_3 线并与 Q_3 线相切，形成新的均衡点 E_3，当然，与 E_3 点相联系的要素投入量也会相应发生变化。

这里需要说明的一点是，由于假定两种生产要素的价格不变，总是保持一个固定比例,同时,又由于生产者均衡的条件是两种生产要素的边际技术替代率等于两种要素的价格比例,所以,虽然两种要素的投入量会随着生产规模的扩大而增加,但劳动和资本的边际技术替代率总是相同的。

在图 3-10 中,如果从原点出发,将 E_1、E_2、E_3 均衡点连接起来,就会得到 OC 线,这就是生产扩张线。[①] 可见,生产扩张线实质上是在技术水平不变和要素价格不变的条件下,厂商或生产者扩大其生产规模的最优路径,它是不同产量水平下生产者均衡的集合或不同产量水平下劳动和资本这两种投入要素最优组合的集合。在长期中,厂商要想扩大生产规模,并实现成本约束条件下的最大产量或实现产量约束条件下的最小成本,就必须沿着生产扩张线的轨迹选择要素投入组合,可以说,生产扩张线是企业长期生产必须遵循的路线。

以上对生产者均衡的分析均假定投入要素的价格不变。如果投入要素的价格是变化的,会对生产者均衡产生什么影响呢?在生产要素可以相互替代的情况下,要素价格的变化会引起生产者行为的变化,从而产生替代效应和产量效应。例如,在资本价格不变的情况下,劳动的价格即工资下降了,那么生产者就会使用更多的劳动替代部分机器设备,并保持产量不变,这种效应就是替代效应。此外,投入要素价格的变动还会对生产者行为产生另一方面的影响,例如在资本价格不变而工资下降的情况下,还会降低生产的总成本,进而导致生产者或厂商增加产量,这种效应即为产量效应或产出效应。

二、规模报酬

规模报酬(returns to scale)有时也被称为规模收益,是指当所有的投入要素都按相同的比例变动时,产量与投入要素之间的关系。根据产量变动与要素投入变动之间的关系,可以将规模报酬分为规模报酬不变、规模报酬递增和规模报酬递减三种类型。

当产量增加的比例等于各种生产要素投入量增加的比例时,我们就将这种生产函数的特征称之为规模报酬或规模收益不变(constant returns to scale)。图 3-11 给出了规模报酬不变生产函数的几何形式。

在图 3-11 的坐标中,横轴表示劳动投入量,纵轴表示资本投入量。当劳

[①] 实际上,生产扩张线可以是任意形状的。图 3-7 的生产扩张线之所以是从原点出发的一条射线,是因为这一射线所经过的等产量线上的点的边际技术替代率是一个常数。

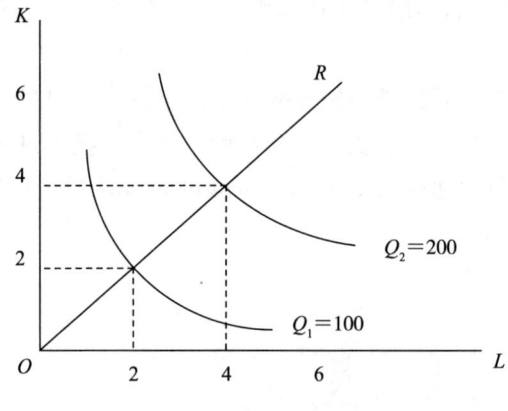

图 3-11　规模报酬不变

动投入量和资本投入量都从 2 增加到 4，即所有的要素投入量都增加 1 倍时，产量 Q 也增加了 1 倍，即从 100 增加到了 200。在这里，产量增加的比例刚好等于要素投入量增加的比例。

在产量变动与要素投入量变动的关系中，当产量增加的比例大于各种生产要素投入量增加的比例时，我们就把这种生产函数的特征称之为规模报酬或规模收益递增（increasing returns to scale）。图 3-12 给出了规模报酬递增生产函数的几何形式。

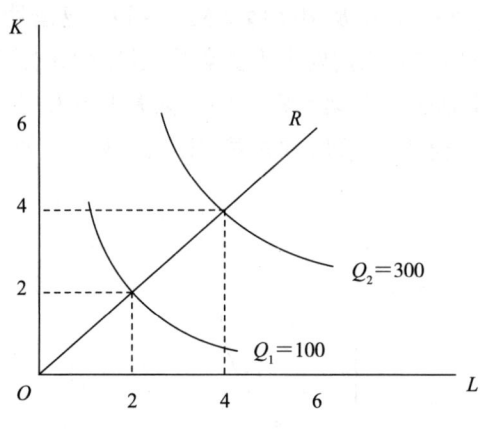

图 3-12　规模报酬递增

图 3-12 表明，劳动和资本的投入量仅增加一个较小的倍数就可以导致产量增加一个较大的倍数。例如，当劳动投入量和资本投入量都从 2 增加到 4，即所有的要素投入量都增加 1 倍时，产量 Q 却增加了 2 倍，即从 100 增加到了

300。可见，在规模报酬递增的生产函数中，产量增加的比例要大于要素投入量增加的比例。

最后，再让我们来看规模报酬递减的生产函数。在产量变动与要素投入量变动的关系中，当产量增加的比例小于各种生产要素投入量增加的比例时，就是规模报酬或规模收益递减（decreasing returns to scale）。图 3-13 给出了规模报酬递减生产函数的几何形式。

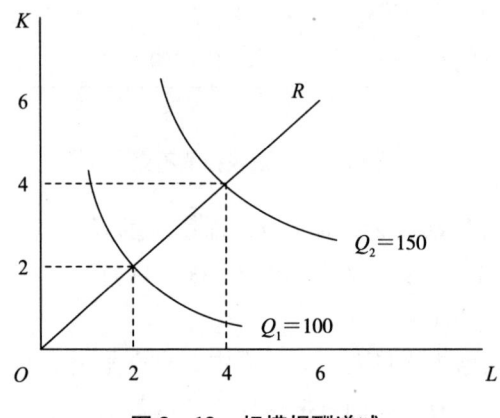

图 3-13　规模报酬递减

在图 3-13 中，当劳动投入和资本投入量都增加了 100% 即从 2 增加到 4 时，产量却只增加了 50%，即从 100 增加到了 150。这表明，在规模报酬递减的生产函数中，产量增加的比例要小于要素投入量增加的比例。

我们还可以用横轴表示劳动和资本的投入量，纵轴表示产量的坐标来表示规模报酬不变、规模报酬递增和规模报酬递减的三种类型。如图 3-14 所示。

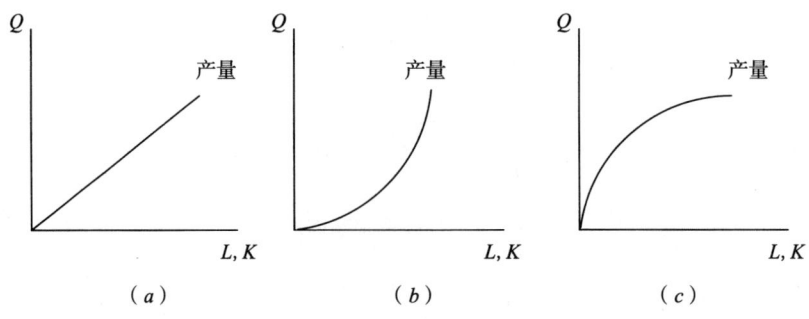

图 3-14　规模报酬的三种类型

在图 3-14 中，（a）坐标表示规模报酬不变，在规模报酬不变的情况下，产量曲线是一条直线；（b）坐标表示规模报酬递增，在规模报酬递增的情况下，产量曲线是一条一开始向右上方倾斜然后又向后弯曲的曲线；（c）坐标表示规模报酬递减，在规模报酬递减的情况下，产量曲线是一条向右上方倾斜并向下弯曲的曲线。

从以上的分析不难得出判定生产函数类型的简单方法。这就是，首先把劳动和资本两种生产要素投入量的值代入生产函数，求出产量；然后使两种生产要素的投入量都加倍，再求出产量。如果这时的产量也加倍,］说明该生产函数在这一产量范围内属于规模报酬不变的类型；如果产量增加超过 1 倍，就属于规模报酬递增的类型；如果产量增加不到 1 倍，则属于规模报酬递减的类型。

我们可以用生产函数来定义规模报酬的三种类型。令生产函数为 $Q=f(L, K)$，如果投入要素劳动和资本都增加 λ 倍，而产量增加 h 倍，则有公式（3.26）。

$$hQ = f(\lambda L, \lambda K) \tag{3.26}$$

重写（3.26）式，则有（3.27）式：

$$hQ = \lambda f(L, K) \tag{3.27}$$

根据（3.27）式，如果 $h=\lambda$，就是规模报酬不变的生产函数，若 $h>\lambda$，则为规模报酬递增的生产函数，反之，如果 $h<\lambda$，就是规模报酬递减的生产函数。

再以本章第一节给出的柯布-道格拉斯生产函数为例，在（3.8）式的柯布-道格拉斯生产函数中，如果两种生产要素的投入量都增加 λ 倍，产量增加 h 倍，则有（3.28）式。

$$hQ = A(\lambda L)^\alpha (\lambda K)^\beta \tag{3.28}$$

重写（3.28）式，则有（3.29）式：

$$hQ = \lambda^{\alpha+\beta}(AL^\alpha K^\beta) \tag{3.29}$$

由于 $Q=AL^\alpha K^\beta$，所以 $h=\lambda^{\alpha+\beta}$。在这里，h 值是等于 λ，还是大于或小于 λ，将取决于指数的算术和 $(\alpha+\beta)$ 是等于 1，还是大于 1 或小于 1。如果 $\alpha+\beta=1$，就是规模报酬不变；如果 $\alpha+\beta>1$，就是规模报酬递增；反之，若 $\alpha+\beta<1$，则为规模报酬递减。

企业在生产过程中，为什么会出现规模报酬递增或规模报酬递减的情况呢？规模报酬递增的情况之所以存在，首先是因为专业化设备的使用。当企业的生产规模较小时，企业也许无法使用效率更高的专业化设备，而只能使用一般的效率较低的通用设备。即便是小企业和大企业都可以使用专业化设备，但设备的单位产量成本在产量较小时会比较高，而在生产规模较大时则会降低。例如，价值几百万元的制造某种产品的专用设备，如果在一个产量较小的小企业中使用，其利用率会比较低，一年中可能只有半年的时间在被使用。在此情况下，这套设备每年的巨额折旧费分摊到较小的产量上，就会使单位产量的成本变得很高；而在大企业中，由于设备的利用率较高，因此，同样多的折旧费分摊到较大的产量上，就会使单位产量的成本变小。其次，劳动的专业化也是导致规模收益递增的重要原因。随着企业产量的增加和生产规模的扩大，劳动分工会变得更加精细，专业化的分工不仅会使大企业使用各个方面的专门人才，而且会提高工作效率。最后是存货的经济性。大企业不会随着生产规模的扩大而同比例地增加原材料和易耗品的储备，当然也不必同比例地增加产品的库存，这样也可以降低单位产量的成本。

规模报酬递减的情况之所以存在，一般认为，如果企业生产规模过大，管理部门要管理大量的雇员和协调众多部门的工作，可能会变得更加困难；同时，对管理者传递和接收信息能力的限制，可能会使其控制、协调日益扩大的生产规模时的有效性下降，这会导致包括管理在内的投入要素按比例地增加时，产品产量增加的比例减小。此外，如果企业的生产规模过大，产品运往世界各地市场的平均费用可能会提高。

在长期中，通常没有哪个企业的生产始终属于规模报酬不变、规模报酬递增或规模报酬递减这三种类型中的某一种。有关这个问题的大多数经验研究表明，企业的一般情况是，当企业从产量较小的生产初期阶段逐步增加产量而扩大生产规模的时候，就会出现规模报酬递增；随着生产规模的不断扩大，当规模报酬递增的因素不再发挥作用时，在随后的一个很大的产量范围内将会保持规模报酬不变；在这以后，如果企业再增加产量，就可能会出现规模报酬递减。

关键名词和术语

生产函数　短期生产函数　长期生产函数　里昂惕夫生产函数　柯布-道格拉斯生产函数　生产技术系数　总产量　平均产量　边际产量　边际收益递减规律　等产量线　边际技术替代率　边际技术替代率递减规律　里昂惕夫曲线　短边法则　等成本线　生产扩张线　最小成本法则　替代法则　规模报酬

复习思考题

1. 短期生产函数和长期生产函数有什么区别?
2. 怎样理解边际产量递减规律?
3. 在只有一种生产要素可变的情况下,要实现生产要素的最优利用,厂商应当如何确定生产的合理投入区?
4. 作图说明在短期中,总产量、平均产量、边际产量的特征和它们之间存在的内在联系。
5. 等产量曲线具有哪些特点?
6. 怎样理解边际技术替代率递减规律?试说明生产函数的边际报酬递减与边际技术替代率递减之间的关系。
7. 解释在长期中企业生产的经济区域和扩大生产规模的最优路径。
8. 怎样理解最小成本法则和替代法则?
9. 作图解释为什么如果总成本发生变化,等成本曲线会平行移动,但如果只有一种投入要素的价格发生变化,等成本线将发生斜率变化。
10. 作图说明在两种投入要素可以相互替代的条件下,其中一种生产要素价格变化所引起的替代效应和收入效应,并说明对生产者均衡的影响。
11. 解释规模报酬递增和规模报酬递减的原因。
12. 什么是生产者均衡?生产者均衡的条件是什么?

计算证明题

1. 已知生产函数为 $Q = f(L, K) = LK - 0.5L^2 - 0.32K^2$。如果 $K = 10$,(1) 写出劳动的平均产量函数和边际产量函数;(2) 计算劳动投入的经济区域。
2. 已知某企业的生产函数为 $Q = 30L^{0.5}K^{0.7}$,投入要素的价格是 $P_L = 30$,$P_K = 20$。(1) 分别求出产量为 200 和 500 时的最优投入要素组合;(2) 求出生产扩张线的方程。
3. 已知生产函数为 $Q = L^{0.5}K^{0.5}$,证明该生产函数具有规模收益不变的特征。

第四章

成本、收益与利润最大化的均衡

对于谋求利润最大化的厂商来说,无论是短期的产量决策,还是长期的投资决策,都离不开成本这一范畴。就短期而言,厂商在进行生产决策时,一定要把收入和成本进行比较;从长期来说,在进行资本投资决策时,也一定会把投资的收益与投资的成本相比较。不仅企业是这样,非营利机构、政府以及消费者个人在进行经济活动决策时也不能不考虑成本。

本章是前一章的继续,也属于生产者行为理论的范畴,因此主要从厂商决策的角度分析成本理论。此外,我们还将对收益的性质进行分析。并在成本分析和收益分析的基础上,进一步分析厂商如何为实现利润最大化而进行产量决策和价格决策的问题。最后,我们还要对企业的性质和企业的经营目标进行讨论。

第一节 成本的性质和成本函数

厂商要向市场提供产品,就必须购入资本、劳动、土地等生产要素,并向要素的所有者支付价格,于是就有了成本这一范畴。成本($cost$, C)就是厂商使用生产要素所付出的代价,即生产要素的价格。根据成本的性质,可以把成本分为会计成本和机会成本,显性成本和隐性成本,私人成本和社会成本。此外,成本还有短期成本和长期成本之分。

一、会计成本和机会成本

会计成本($accounting\ cost$)是指厂商从事生产经营活动实际支出的各种费用。通常,它包括企业实际支出的原材料费用、燃料和动力费用、运输费用,也包括提取的机器、设备、厂房等固定资产的折旧费，还包括支付给银行的贷款利息以及雇用劳动的费用、管理费用，等等。这些费用支出的一个共同特点是，它们都能够在企业的会计账户中反映出来，因此被称为会计成本。显然，会计成本是一种已经发生的历史成本。

机会成本（opportunity cost）是指将某一种资源用于某一特定用途时所放弃的其他用途中所能获得的最大收益。机会成本是与资源稀缺性相联系的概念。由于资源具有稀缺性，所以，当一些资源被用于某种用途时，就意味着必须放弃将这些资源用于其他用途的机会。显然，资源无论是被用于何种用途，都是有代价的，这个代价就是如果这些资源不是被用于当前的用途而是被用于其他用途时可能获得的收益。

例如，当厂商决定用某些资源生产小汽车时，他就必须放弃用这些资源生产大客车或载货汽车而可能得到的收益。假定在这些资源的其他用途中，生产大客车可以获得更大的收益，那么这些资源用于生产大客车而可能获得的收益就是资源被用来生产小汽车的机会成本。因此，可以认为，生产小汽车的机会成本就是用于生产该种产品的资源所能生产的其他产品的价值。如果生产小汽车的机会成本即生产其他产品的价值大于厂商生产小汽车的收益，说明厂商将资源用于生产小汽车的决策是不正确的。显然，在经济活动中，影响厂商决策的成本不是会计成本，而是机会成本。

机会成本的概念可以应用于许多方面的决策。一个家庭培养一名大学生的货币支出可能只有5万元，但如果考虑到上学的机会成本，即如果不上学而是参加工作所获得的收益，总的成本就会很高，这是一个家庭决策不能不考虑的问题。同样，一名大学生毕业以后寻找工作时，也需要考虑工作选择的机会成本，如果机会成本大于他当前所选择的工作，他也许应当考虑放弃目前的选择。此外，政府在进行决策时，也不能不考虑机会成本。例如，当政府打算用一笔巨额资金修建一个水坝时，它不应当仅仅考虑实际的货币支出、有可能带来的对自然环境和生态平衡的破坏，还要考虑如果将这笔资金用于其他方面有可能获得的最大收益是否小于建水坝的损失。只有这样，才能保证决策不失误。

二、显性成本和隐性成本

显性成本（explicit cost）是指厂商在从事生产经营活动时购买和租用生产要素的实际货币支出。隐性成本（implicit cost）是指不以货币形式支付的厂商

投入自己的生产要素进行生产经营活动所承担的机会成本。

厂商在进行生产经营活动时，必须使用劳动、资本、土地等生产要素。如果他使用的是别人的生产要素，就必须向他人支付工资、利息、租金，这些支出都构成企业的成本，并且可以显示在企业的账户上。由于这些成本支出是明显的，因而属于显性成本。但是，如果厂商使用自己的资本、劳动和土地等生产要素从事生产经营活动，虽然一般不需要向自己支付利息、工资和租金，即不形成显性成本，但厂商使用自己的生产要素从事生产经营活动也是有代价的，其代价就是如果这些要素不是被用来从事当前的生产经营活动而是卖给或租用给其他人使用而可能得到的报酬，这些报酬便构成了厂商的隐性成本。

例如，一个厂商为了进行生产和经营活动，从银行获得一笔贷款，雇用了一定数量的工人，还租用了若干公顷的土地，为此，他每月都要向银行支付利息，向工人支付工资，向土地所有者支付租金。这些利息、工资和租金的支出由于是明显的，因此便构成了企业的显性成本。除此之外，该厂商还使用了一笔自有资金和一块自己的土地，并亲自管理这家企业。虽然他不必为自己支付利息、租金和薪水，但他是有损失的，其损失相当于他如果把这些要素借给别人使用和替别人管理企业而可能得到的报酬，这些损失或报酬由于一般不反映在企业的账户上，具有隐蔽性，因此它们构成该企业的隐性成本。可见，隐性成本并不需要厂商以货币形式进行支付，但又是一种必须承担的损失，所以它属于机会成本的范畴。

显性成本与隐性成本之和构成经济成本。通常，微观经济学中所提到的成本都是经济成本。

三、私人成本和社会成本

私人成本（private cost）是指个人或企业从事生产经营活动而必须由厂商自己负担的经济成本。社会成本（social cost）是指必须由整个社会承担的经济成本。

在经济生活中，个人和企业的经济活动不仅会使自己付出经济上的代价，也往往会对社会造成一定的影响，给社会带来一定的损失，这些损失便构成社会成本。

例如，当一家化工厂在生产化工原料时，不仅要支付工资、原材料、燃料、运输等费用以及承担机器、厂房设备等固定资产磨损的代价——这些都构成企业的私人成本，同时也会向企业外部排放污水、废气，从而损害其他人的利益，给他人或社会造成损失，从而形成社会成本。一般而言，作为追求利润最大化的经济人，厂商在决策过程中，会更多地考虑私人成本，而较少地考虑社会成本。

私人成本与社会成本可能是一致的，也可能是不一致的。当私人经济活动不产生任何外部性或外部影响时，两者就具有一致性，否则，私人成本和社会成本就存在不一致性。

此外还需要说明的是，私人成本既包括显性成本，也应当包括隐性成本。在本章的成本理论中，我们使用的是私人成本的概念，第八章再引入社会成本，分析外部性问题。

四、成本函数

在第三章中，我们分析的生产函数是指要素的实物投入与相应的产出之间的关系。在前面分析的基础上，如果我们考虑到要素的价格，把要素的实物投入转换成货币单位，那么要素投入与产出之间的关系就转换成了成本与产出之间的关系，这就是成本函数。因此，成本函数反映的是成本与产量之间的关系，成本函数的基础是生产函数和投入要素的价格。如果理解了生产函数，那么理解成本函数并不困难。实际上，我们可以从生产函数推导出成本函数。

由于生产函数有短期生产函数和长期生产函数之分，因此，成本函数也分为短期成本函数和长期成本函数。短期成本函数是指在企业的各种投入要素中，至少有一种投入要素或部分投入要素的数量不变的情况下成本与产量的关系。如果企业投入的所有生产要素的数量都是可变的，那么在此情况下形成的成本与产量的关系就是长期成本函数。

由于成本函数分为短期成本函数和长期成本函数，因此企业的成本也分为短期成本和长期成本。短期成本就是指发生在短期内的各种费用，而长期成本则是指发生在长期内的各种费用。在短期内，由于在企业的各种投入要素中，总是有一些或至少有一种投入要素的数量是固定不变的，因而投入要素相应地分为不变要素和可变要素。由于不变要素的数量在短期内是不变的，因此与不变要素相联系的成本也就是固定不变的，它不会随产量的变动而变动；由于可变要素的数量在短期内是不断变动的，因此与可变要素相联系的成本总是随要素投入量的变化而变化。正是由于这个原因，所以短期成本就有固定成本和变动成本之分，而长期成本则无固定成本和变动成本之分。

第二节 短期成本函数

短期总成本函数是根据短期生产函数导出的，两者具有对偶性。根据短期生产函数和短期成本函数的特点，在短期内，厂商的成本包括总成本、总固定成本、总变动成本、平均固定成本、平均变动成本、平均成本和边际成本。

一、短期总成本、固定成本和变动成本

在短期中，如果假定在两种投入要素中，资本 K 是不变要素，劳动 L 是可变要素，那么短期生产函数的一般形式就如（4.1）式所示。

$$Q = f(L, \overline{K}) \tag{4.1}$$

如果用 P_L 表示劳动的价格，P_K 表示资本的价格，就可以得到用公式（4.2）表示的短期总成本函数。

$$TC(Q) = P_L \cdot L(Q) + P_K \cdot \overline{K} \tag{4.2}$$

式中，L 是可变要素劳动的投入量，$\overline{K}$ 是不变要素资本的投入量。因此，劳动的价格与劳动投入量的乘积即 $P_L \cdot L(Q)$ 就是总变动成本，而资本的价格与资本投入量的乘积即 $P_K \cdot \overline{K}$ 则是总固定成本，TC 是短期总成本，短期总成本是厂商在短期内为生产一定的产量所支出的所有投入要素的费用，它是总固定成本和总变动成本之和。

固定成本（fixed cost，FC）也称不变成本，是指在短期内不随产量的变动而变动的不变要素的成本。在企业的生产过程中，作为不变生产要素的机器、设备、厂房的折旧费属于固定成本，银行贷款的利息支出、房租支出也属于固定成本，甚至不随产量的变动而变动的部分人员如管理人员的工资支出也属于固定成本的范畴。

变动成本（variable cost，VC）也称可变成本，是指在短期内随产量的变动而相应变动的可变要素的成本。例如，企业的原料、材料、燃料、动力费用以及操作工人的工资支出等都会随着产量的变动而变动，因而一般属于变动成本的范畴。

短期总成本（TC 或 STC）是总固定成本（TFC）与总变动成本（TVC）之和。如公式（4.3）所示。

$$TC = TFC + TVC(Q) \tag{4.3}$$

将总成本、总固定成本和总变动成本用几何方式表示出来，就可以得到总

成本曲线、总固定成本曲线和总变动成本曲线。如图 4-1 所示。

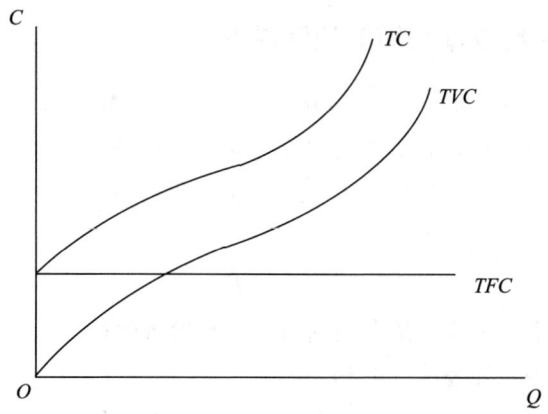

图 4-1　TC 曲线、TFC 曲线和 TVC 曲线

在图 4-1 中，横轴表示产量（Q），纵轴表示成本（C）。在坐标上，总固定成本曲线是一条与横轴相平行的水平线。其含义是：无论产量多大，总固定成本的数值都是不变的，它是一个常数，即使产量为零，总固定成本也是一个确定的数值。道理很简单，在企业产量为零的时候，固定资产的折旧费也要照样提取，银行和房主也不会因为企业的产量为零，就停止收取贷款利息和房租。

总变动成本曲线是一条由原点出发向右上方倾斜的曲线。它的含义是：当产量为零时，总变动成本亦为零。因为在产量为零时，厂商不需要投入任何可变生产要素。伴随产量的增加，总变动成本是不断增加的，因为在短期内，厂商是根据产量的变化不断调整投入要素数量的，故作为可变要素货币形式的变动成本也会随产量的变化而相应发生变化。此外，我们还可以看到，在总变动成本曲线的变化过程中，它先是以递减的速率增加，然后再以递增的速率增加。总变动成本的这种变动特征与短期生产函数中的总产量曲线呈现出对偶性。在那里，随着可变要素劳动投入量的增加，总产量曲线先是以递增的速率增加，然后又以递减的速率增加。导致总变动成本曲线和总产量曲线具有对偶性的原因是相同的，这就是边际收益递减规律的作用。

在图 4-1 坐标的纵轴上，短期总成本曲线从相当于总固定成本高度的点出发，向右上方倾斜，这意味着，当产量为零时，$TC = TFC$。同时，总成本曲线与总变动成本曲线相平行，意味着它的变化特征与总变动成本曲线相同，因为短期总成本曲线是由总固定成本曲线与总变动成本曲线的垂直距离相加而得到的。

二、短期平均成本和短期边际成本

短期平均成本（short-run average cost，SAC 或 AC）是平均每一单位产品所分担的成本。短期平均成本由两部分构成，一部分是平均固定成本（average fixed cost，AFC），另一部分是平均变动成本（average variable cost，AVC）。用公式（4.4）可以表示为：

$$AC = TC/Q = AFC + AVC \quad (4.4)$$

平均固定成本（AFC）是在短期内厂商平均每生产一单位产品所支出的不变生产要素的费用。如公式（4.5）所示。

$$AFC = TFC/Q \quad (4.5)$$

公式（4.6）给出了平均变动成本的定义。平均变动成本（AVC）是在短期内厂商平均每生产一单位产品所支出的可变生产要素的费用。

$$AVC = TVC/Q \quad (4.6)$$

边际成本（marginal cost，MC）是指增加一个单位的产量所引起的总成本的增加量。在成本函数连续、可求导的情况下，边际成本是总成本对总产量的导数。边际成本的公式如（4.7）式所示。

$$MC = \frac{\Delta TC}{\Delta Q} = \frac{dTC}{dQ} = \frac{dTVC}{dQ} \quad (4.7)$$

在一个横轴表示产量（Q），纵轴表示成本（C）的坐标上，平均成本曲线、平均固定成本曲线、平均变动成本曲线和边际成本曲线如图 4-2 所示。

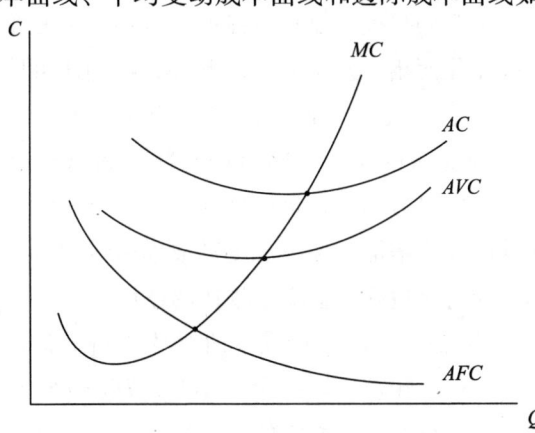

图 4-2　平均成本和边际成本曲线

在图4-2中，平均固定成本曲线（AFC）是一条直角双曲线，它随产量的增加而递减，因而随着产量的增加不断向横轴趋近，但由于平均固定成本永远不会等于零，因而也永远不会与横轴相交。

平均变动成本曲线（AVC）是一条U形曲线，意味着伴随产量的增加，平均变动成本一开始递减，但当产量达到一定规模以后，随着产量的继续增加它又开始递增。平均变动成本曲线的特征反映了它与短期生产函数中的平均产量曲线的对偶性：当平均产量上升时，平均变动成本下降，当平均产量下降时，平均变动成本上升，当平均产量最高时，平均变动成本最低。

平均成本曲线（AC）是通过把平均固定成本曲线和平均变动成本曲线垂直相加得到的。因此它也呈U形，显示出了在产量增加的过程中一开始递减然后又递增的特征。需要注意的是，平均成本曲线和平均变动成本曲线虽然都呈U形，但并不是平行的，而且永远不会相交，这是由平均固定成本曲线的特征决定的。

边际成本曲线（MC）也是一条U形曲线，它一开始向右下方倾斜，当达到最低点后又开始向右上方倾斜。边际成本曲线的这种特征反映了它与短期生产函数中的边际产量曲线具有对偶性：即边际产量上升时，边际成本下降，边际产量下降时，边际成本上升，当边际产量最高时，边际成本最低。

边际成本与平均变动成本、平均成本之间存在着密切的联系。在图4-2中，我们注意到MC曲线同AVC曲线和AC曲线的最低点相交。原因是不说自明的：当边际成本低于平均变动成本和平均成本时，后两种成本随产量的增加而递减；边际成本高于平均成本和平均变动成本时，后两种成本又随产量的增加而递增。因此，当平均成本和平均变动成本达到各自的最小值时都会与边际成本相等，故边际成本曲线总是从平均变动成本曲线和平均成本曲线的最低点处通过。

边际成本与平均变动成本、平均成本之间的这种关系反映了它们与平均产量和边际产量关系的对偶性特征：边际产量在平均产量达到最大值时与平均产量相等，所以边际成本也一定会在平均成本（包括AC和AVC）达到最小值时与之相等；当边际产量达到最大值时，边际成本达到最小值。这是边际收益递减规律作用的结果。

要证明这一点并不困难：已知短期生产函数为 $Q = f(L, \bar{K})$，总成本函数为 $TC = TFC + TVC(Q)$。由于假设在短期投入要素中只有劳动投入是可变的，那么可变成本就是劳动价格 P_L 与劳动投入 L 的乘积，即 $P_L \cdot L(Q)$。于是就有 $TVC(Q) = P_L \cdot L(Q)$。假如劳动价格是既定的，则有 $AVC = TVC/Q = P_L \cdot L/Q = P_L \cdot (1/AP_L)$。这表明，平均成本 AVC 与平均产量 AP_L 的变动是相反的：

AP_L 递增时 AVC 递减，AP_L 递减时 AVC 递增，AP_L 最大时 AVC 最小，两者具有对偶性。与此相联系的是，当边际产量曲线交于平均产量曲线最高点时，边际成本曲线必定交于平均成本曲线的最低点。

用类似的方法也可以证明边际成本与边际产量的对偶性特征。根据前面的假设，总成本可以表示为 $TC = TFC + TVC(Q) = TFC + P_L \cdot L(Q)$。由于增加一个单位的劳动投入并不会增加固定成本，因此，劳动的边际固定成本为零。这样，边际成本就可以表示为 $MC = dTC/dQ = 0 + P_L \cdot (dL/dQ)$，即 $MC = P_L \cdot (1/MP_L)$。这表明，边际成本 MC 与边际产量 MP_L 的变动是相反的：MP_L 递增时 MC 递减，MP_L 递减时 MC 递增，MP_L 最大时 MC 最小，两者具有对偶性。与此相联系，当边际产量曲线处于上升阶段时，边际成本曲线处于下降阶段；当边际产量曲线处于下降阶段时，边际成本曲线处于上升阶段，因此，边际成本曲线的最低点一定对应于边际产量曲线的最高点。

第三节 长期成本函数

在长期中，厂商可以根据产量增减的需要调整其全部生产要素的投入量，甚至可以进入或退出一个行业。厂商对全部生产要素投入量的调整也就是对其生产规模的调整。从长期看，厂商总是可以在每一产量水平上选择最优生产规模进行生产。因此，在长期中，厂商的所有成本都是可变的，不存在固定成本和变动成本之分。厂商的长期成本可以分为长期总成本（LTC）、长期平均成本（LAC）和长期边际成本（LMC）。

一、长期总成本

长期总成本（LTC）是指厂商在长期中，在每一个产量水平上通过调整生产规模所能达到的最低总成本，它是产量（Q）的函数。长期总成本函数可以一般地表示为（4.8）式。

$$LTC = f(Q) \tag{4.8}$$

长期总成本由众多的短期总成本（STC 或 TC）所构成。长期总成本曲线是无数条短期总成本曲线的包络线。长期总成本曲线与短期总成本曲线的关系描绘在了图 4-3 的平面坐标上。

在图 4-3 中，横坐标表示产量（Q），纵坐标表示成本（C）。在坐标上，有 STC_1、STC_2 和 STC_3 三条短期总成本曲线，它们都不是从原点出发，表示在

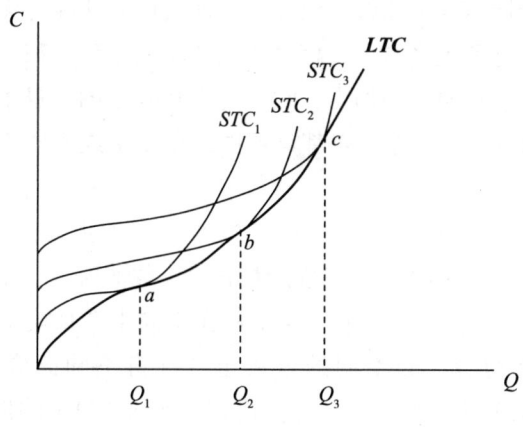

图 4-3 长期总成本曲线

短期中,总是存在着一定数量的固定成本。在这里,每一条短期总成本曲线都代表着不同的生产规模,纵截距越高的短期总成本曲线由于建立在数值更大的固定成本的基础之上,因而代表着更大的生产规模。因此在图 4-3 的纵轴上,$STC_1 < STC_2 < STC_3$。

长期总成本曲线(LTC)从原点出发向右上方倾斜。它意味着,当产量为零时,长期总成本亦为零。以后,随着产量的增加,长期总成本先是以递减的速率增加,然后再以递增的速率增加,它与短期总成本曲线具有相似的特征。

从理论上说,如果假定生产规模是可以无限细分的,那么厂商就应当有无数条短期总成本曲线。在此情况下,厂商在任意一个产量水平上都可以找到一个最优生产规模,从而把总成本降到相对最低的水平。例如,在图 4-3 中,如果厂商的产量水平是 Q_1,在理论上,它既可以选择 STC_1 的生产规模,也可以选择 STC_2 和 STC_3 的生产规模,但如果选择不同的生产规模,就会有不同的短期总成本。不难看出,与 Q_1 的产量相对应,如果用 STC_2 和 STC_3 的生产规模生产 Q_1 的产量,短期总成本都比用 STC_1 生产规模生产出来的总成本高,而只有使用 STC_1 的生产规模生产 Q_1 的产量,才是最优的生产规模。同样,如果厂商的产量为 Q_2,他也可以使用三种生产规模进行生产,但如果使用 STC_1 或 STC_3 的生产规模生产 Q_2 的产量,短期总成本都比用 STC_2 的生产规模进行生产的总成本高。依此类推,当企业的产量为 Q_3 时,厂商使用 STC_3 的生产规模进行生产显然是最优的。

在图 4-3 中,点 a、b、c 是在产量分别为 Q_1、Q_2 和 Q_3 时的最低总成本。假如生产是连续的,那么就可以从原点出发,把 a、b、c 三个点连接起来,所得到的曲线就是长期总成本曲线,因此,长期总成本曲线是无数条短期总成本曲线的包络线。在这条包络线上,随着产量的不断变化,都存在着一个长期总成本曲线与短期总成本曲线的切点,它们分别代表不同产量水平下的最低总成本。可见,LTC 曲线上的任意一点都是不同产量水平或不同生产规模的最小总成本。

长期总成本曲线还可以从上一章给出的生产扩张线推导出来。图 4-4 (a) 是和第三章中图 3-10 相同的生产扩张线。如前所述,生产扩张线上的每一个点,例如 E_1、E_2 和 E_3 点,都代表企业在不同生产规模下的劳动和资本两种投入要素的最优组合,而不同的要素组合又有不同的成本,即等成本线 m_1n_1、m_2n_2 和 m_3n_3 所给定的成本,它们代表着不同产量下的最低成本。将生产扩张线上不同产量的最低成本(E_1、E_2、E_3)描绘在一个横轴表示产量、纵轴表示成本的平面坐标上,如图 4-4 (b),就可以得到一条长期总成本曲线。即图 4-4 (b) 中的 LTC 曲线。

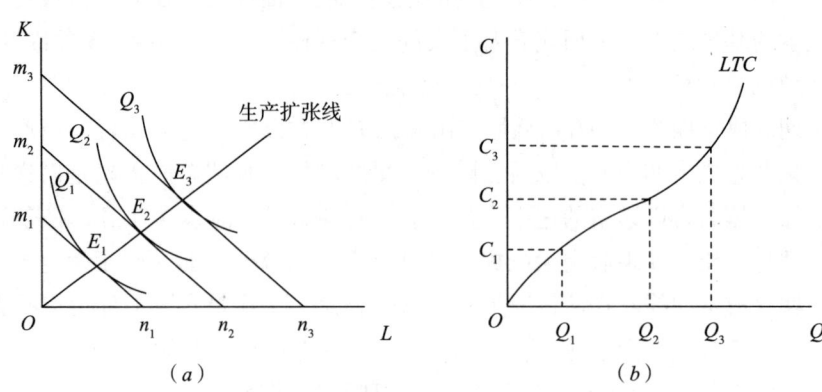

图 4-4 用生产扩张线推导 LTC 线

在图 4-4 (b) 中,坐标横轴上的 Q_1、Q_2 和 Q_3 所代表的产量与图 4-4 (a) 中的 Q_1、Q_2 和 Q_3 三条等产量线所代表的产量是相同的,并且一一对应。而图 4-4 (b) 纵轴上的成本 C_1、C_2 和 C_3 也分别与图 4-4 (a) 中的三条等成本线所给定的成本相同并一一对应。从上面的推导可以看出,LTC 曲线上的任意一点都是不同产量水平的最小总成本。

二、长期平均成本

长期平均成本(LAC)是厂商在长期中按产量平均计算的总成本,是长期总成本与产量之商。长期平均成本函数可以用公式（4.9）来表示。

$$LAC(Q) = LTC(Q)/Q \qquad (4.9)$$

无论是短期平均成本（SAC 或 AC），还是长期平均成本，其高低不仅取决于产量的大小，也取决于厂商的生产规模。如果厂商用较小的生产规模生产较大的产量或者用较大的生产规模生产较小的产量，都会产生较高的平均成本。利用图 4-5，我们来说明平均成本与生产规模的关系以及厂商对最优生产规模的选择。

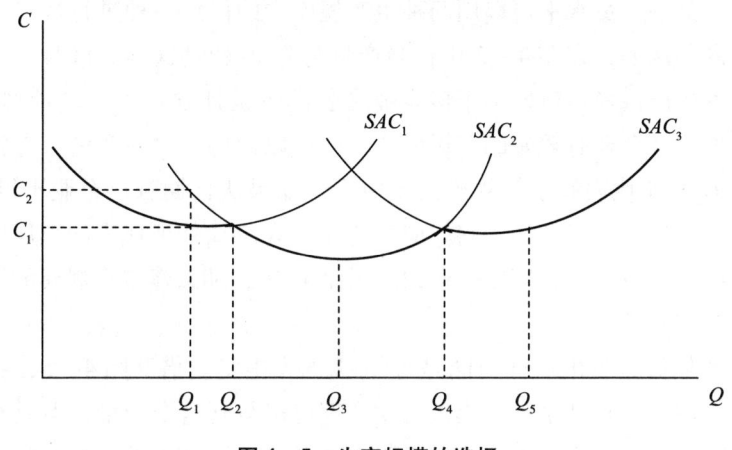

图 4-5 生产规模的选择

在图 4-5 中，横轴和纵轴分别代表产量和成本。图中有 SAC_1、SAC_2 和 SAC_3 三条短期平均成本曲线，它们是在三种不同的生产规模下得到的，因而这三条短期平均成本曲线也就代表着三种不同的生产规模。其中，SAC_1 所代表的生产规模最小，SAC_3 所代表的生产规模最大，SAC_2 所代表的是介于两者之间的中等生产规模。

在许多企业中，生产规模的扩大只能按离散的方式而不是按连续的方式进行。例如，一家大的发电机厂在制造发电机时，通常是按照 750 兆瓦的倍数来制造的，这就意味着发电厂只能按照 750 兆瓦的倍数来扩大生产规模。假设一家发电厂只能选择建造 750 兆瓦、1500 兆瓦和 2250 兆瓦的小、中、大三种生产规模的发电厂，那么不同的生产规模就会产生不同的平均成本。假设图 4-5 中的 SAC_1 线代表 750 兆瓦小规模生产的短期平均成本，SAC_2 线代表 1500 兆瓦中等规模生产的短期平均成本，SAC_3 线代表 2250 兆瓦大规模生产的短期平均成本。

现在我们假定，当这家发电厂面对的是每年 Q_1 的发电量即每年只能销售 Q_1 的产量时，根据图 4-5，它既可以建造 SAC_1 线所代表的小规模的发电厂，也可以建造 SAC_2 线所代表的中等规模的发电厂。虽然这两种规模的发电厂每年都可以生产出 Q_1 的产量，但平均成本却有很大的不同：利用小规模发电厂发电的平均成本是 C_1，而利用中等规模发电厂发电的成本是 C_2，从坐标的纵轴不难看出，后者的平均成本要高于前者。在此情况下，厂商选择 SAC_1 线所代表的小规模的发电厂在经济上是合适的。

有时，某一产量水平可以用两种生产规模中的任意一种进行生产，并且平均成本相同。例如，在图 4-5 中，当产量为 Q_2 时就是这样。这时，厂商究竟选择哪一种生产规模，就取决于该企业在长期中是计划扩张还是计划收缩了。如果从长期看，企业有较好的市场前景，即可以销售更大的产量，它就应当选择建造 SAC_2 线所代表的中等规模的发电厂，如果从长期看，企业不得不在 Q_2 产量的基础上进行收缩的话，它就应当选择建造 SAC_1 线所代表的小规模的发电厂了。实际上，只要在长期中企业的产量小于 Q_2，那么建造小规模的发电厂在经济上总是有利的。

现在我们假定发电厂面对的是每年 Q_3 的发电量。借助图 4-5，我们可以看到用大、中、小三种生产规模进行生产都可以得到这个产量，但只有选择建造 SAC_2 线所代表的中等规模的发电厂进行生产，平均成本才是最低的。而产量一旦达 Q_4，厂商无论使用 SAC_2 线还是 SAC_3 线所代表的生产规模，平均成本都是相同的。因此，只要产量在 $Q_2 \sim Q_4$ 之间，厂商选择中等规模的发电厂在经济上都是有利的。依此类推，当产量为 Q_5 时，厂商尽管用中等规模的发电厂也能得到这一产量，但平均成本要高于用 SAC_3 线所代表的大规模发电厂发电的平均成本。实际上，只要产量大于 Q_4，厂商就应当选择建造 SAC_3 线所代表的大规模的发电厂，这在经济上是有利的。根据上面的分析不难看出，沿着图 4-5 中所有三条短期成本曲线，企业总是可以找到长期内生产不同产量时的最低平均成本的。

把图 4-5 中在不同产量下代表最优生产规模的 SAC 曲线连接在一起，就可以得到一条不很平滑的 U 字形曲线（图中用较粗曲线连接起来的部分），这条曲线就是厂商以离散方式扩大生产规模时的长期平均成本曲线。

以上的分析是假定企业按离散的方式扩大其生产规模的情况。如果在理论上假定企业的生产规模是可以无限细分的，即可以按照连续的方式扩大其生产规模，那么企业就会有无数条 SAC 线，这样我们就可以得到一条平滑的 U 形曲

线 *LAC* 线,这条曲线就是厂商以连续方式扩大生产规模时的长期平均成本曲线。显然,长期平均成本曲线是无数条短期平均成本曲线的包络线,如图 4-6 所示。据此,我们可以给出长期平均成本的确切定义:它是企业在长期内每一产量水平上可以实现的最小平均成本。

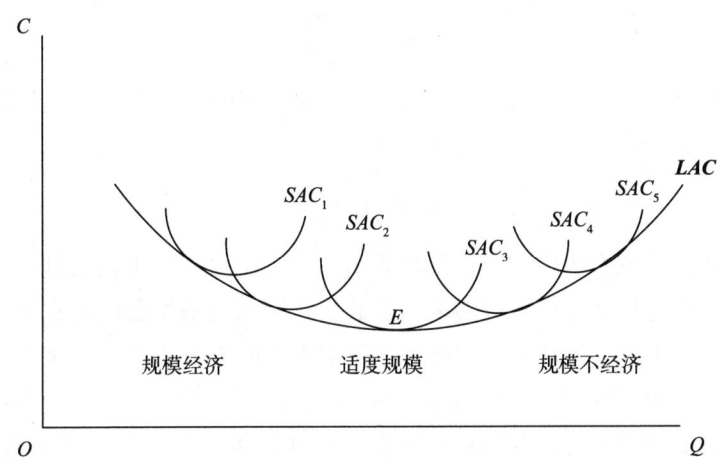

图 4-6 长期平均成本曲线

为简单起见,图 4-6 中给出了 5 条短期成本曲线。实际上,*LAC* 线是无穷多条 *SAC* 线的包络线。其中,短期平均成本曲线 SAC_3 线所代表的生产规模是最优的,厂商采用这一生产规模进行生产可以达到长期平均成本的最低点 *E* 点。

注意在图 4-6 中,当生产规模较小时,短期平均成本曲线的位置较高。伴随着生产规模的不断扩大,短期平均成本曲线的位置不断下移,这反映了厂商在扩大生产规模的过程中出现了规模收益递增的情况,通常,我们把这种情况称为规模经济。当企业的生产达到一定的规模时,短期平均成本曲线最低,这就是企业的最优生产规模或适度规模。图 4-6 中的 SAC_3 线所代表的生产规模就是最优生产规模。当企业实现了最优生产规模后,如果继续扩张的话,短期平均成本曲线的位置又会上移,这反映了在扩大生产规模的过程中出现了规模收益递减的情况,通常,我们把这种情况称为规模不经济。从图中可以看出,当企业的生产规模小于 SAC_3 线所代表的生产规模时,企业的生产一直处于规模经济阶段;当实现了最优生产规模后,如果继续扩张,就会处于规模不经济阶段。

三、长期边际成本

长期边际成本（LMC）是厂商在长期中增加一单位产量所引起的最低成本的增量。如公式（4.10）所示。

$$LMC = \frac{\Delta LTC}{\Delta Q} \qquad (4.10)$$

在成本函数连续、可求导的情况下，长期边际成本是长期总成本（LTC）对总产量（Q）的导数。如公式（4.11）所示。

$$LMC = \frac{dLTC}{dQ} \qquad (4.11)$$

从长期边际成本的定义公式不难看出，每一产量水平上的长期边际成本都是与之相对应的长期总成本的斜率。因此，长期边际成本曲线可以从长期总成本曲线推导出来。其方法是，把每一产量水平上的 LTC 曲线的斜率都描绘在一个横轴表示产量、纵轴表示成本的平面坐标上，便可以得到长期边际成本曲线。可见，如果给定长期总成本函数，就可以很容易地得到长期边际成本函数。

长期边际成本曲线还可以从短期平均成本曲线推导出来。如图 4-7 所示。

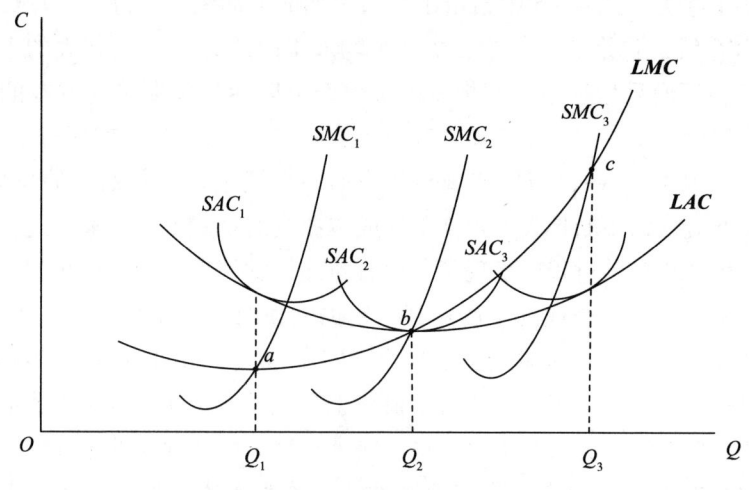

图 4-7 长期边际成本曲线

在图 4-7 中，有三条短期平均成本曲线（SAC），它们分别代表不同产量下的最低成本；还有三条短期边际成本曲线（SMC），它们分别从三条平均成本曲线的最低点穿过。在 Q_1 的产量水平上，最低平均成本由 SAC_1 代表，相应的边际成本由 a 点给出。aQ_1 既是最优短期边际成本，又是长期边际成本，于是就有 $LMC = SAC_1 = aQ_1$。依此类推，在 Q_2 的产量水平上，则有 $LMC = SAC_2 = bQ_2$，而在 Q_3 的产量水平上，则有 $LMC = SAC_3 = cQ_3$。假如产量可以无限细分，我们就会找到无数个 a、b、c 点，把这些点连成一条线，就可以得到一条长期边际成本曲线，即 LMC 线。

长期边际成本曲线和短期边际成本曲线一样，也是一条近似于 U 形的曲线。并且，和短期边际成本曲线与短期平均成本曲线的关系一样，LMC 曲线也是与 LAC 曲线的最低点相交，在交点处（b），LMC 与 LAC 的最小值相等。如图 4－7 所示。

由图 4－7 可以看出，长期边际成本曲线与长期平均成本曲线之间存在着密切的联系：当 LMC 曲线位于 LAC 曲线的下方时，LAC 曲线向右下方倾斜，或者说，当 $LMC < LAC$ 时，LAC 呈递减趋势；当 LMC 曲线位于 LAC 曲线的上方即 $LMC > LAC$ 时，LAC 曲线向右上方倾斜，即 LAC 呈递增趋势；依此类推，当长期平均成本曲线达到最低点处时，两条线相交于 b 点，此时，$LMC = LAC$，即长期边际成本等于长期平均成本。

第四节 收益的性质

在对企业的成本进行分析之后，我们要转入对企业收益的分析。在微观经济学中，收益（revenue，R）是指厂商出售产品所得到的全部收入，既包括了成本，也包含了利润。在微观经济学中，经常使用的收益概念有总收益、平均收益和边际收益。

一、总收益、平均收益和边际收益

总收益（total revenue，TR）是厂商出售产品所得到的全部收入，是产品价格 P 与产品产量 Q 的乘积。如公式（4.12）所示。

$$TR = P \cdot Q \tag{4.12}$$

平均收益（average revenue，AR）是厂商出售每单位产品所得到的收入，即单位商品的平均价格。用公式可以表示为（4.13）：

$$AR = \frac{TR}{Q} = \frac{P \cdot Q}{Q} = P \tag{4.13}$$

边际收益（marginal revenue，MR）是厂商增加一单位商品的销售所引起的总收益的增加值，即最后增加的每一个产品的价格。可以用公式（4.14）来表示。

$$MR = \frac{\Delta TR}{\Delta Q} \qquad (4.14)$$

在收益函数连续且可以求导的情况下，边际收益是总收益对产量的导数。如（4.15）式所示。

$$MR = \frac{dTR}{dQ} \qquad (4.15)$$

以上是关于总收益、平均收益和边际收益的含义。根据收益函数，可以得到总收益曲线、平均收益曲线和边际收益曲线。

二、不同需求条件下的收益曲线

收益曲线的形状是由需求函数或需求曲线的形状决定的。在需求函数中，我们可以假定商品的价格是不变的，也可以假定价格是可变的。

如果假定价格是一个常数，那么在一个横轴表示产量或销售量 Q，纵轴表示价格 P 和收益 R 的坐标上，总收益曲线就是一条从原点出发的射线，而平均收益曲线和边际收益曲线都是一条水平线。如图 4-8 所示。

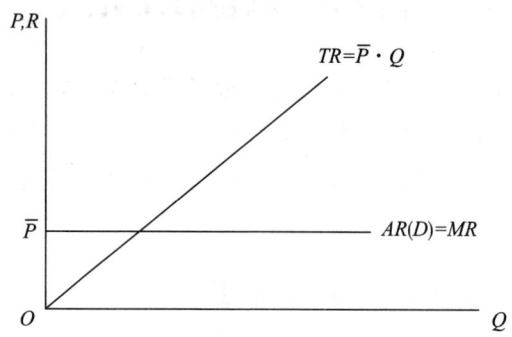

图 4-8 价格为常数时的收益曲线

图 4-8 表明，如果商品的价格为 $\bar{P}$ 并且保持不变，那么，总收益曲线 TR 就是一条从原点出发向右上方倾斜的直线，其斜率不变。它表明，当销售量 Q 为零时，厂商的总收益也是零，而伴随产量的增加，总收益以不变的速率递增。

在价格为常数的情况下，需求曲线 D 是一条由给定价格水平 $\bar{P}$ 出发的平行于横轴的水平线，平均收益曲线 AR 和边际收益曲线 MR 也是一条水平线，并且与需求曲线完全重合在一起。同时，在厂商的每一销量水平上的平均收益、边际收益和价格都是完全相等的，即 $AR = MR = \bar{P}$。

在价格不为常数的情况下，根据第一章给出的线性需求函数 $Q = \alpha - \beta P$，解出价格 P，就可以得到反需求函数。公式（4.16）给出了反需求函数。

$$P = \frac{\alpha}{\beta} - \frac{Q}{\beta} \qquad (4.16)$$

根据反需求函数，价格会随着产品销量的增加而下降，因此，线性需求曲线（D）就是向右下方倾斜的直线，其斜率为负。这时，总收益曲线、平均收益曲线和边际收益曲线的形状就如图 4-9 所示。

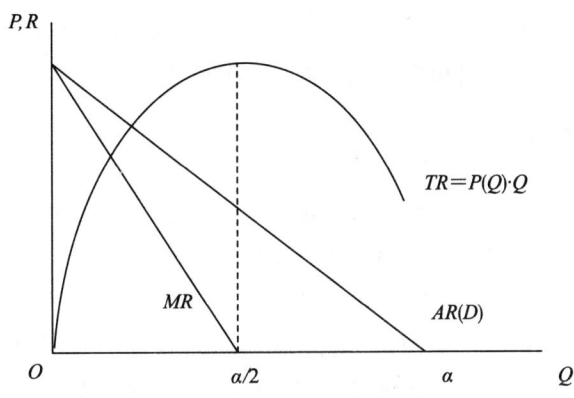

图 4-9 价格变动时的收益曲线

在图 4-9 中，总收益曲线 TR 是一条从原点出发一开始递增然后递减的倒 U 形曲线。并且，当边际收益等于零时，总收益达到最大值。其理由是明显的：根据定义，MR 实际上是 TR 的斜率。所以，当 $MR > 0$ 时，TR 曲线斜率为正，而当 $MR < 0$ 时，TR 曲线斜率为负，故当 $MR = 0$ 时，TR 达到最大值。

由于厂商的平均收益总是等于单位商品的平均价格，即 $AR = P$，所以在图 4-9 中，平均收益曲线 AR 和需求曲线 D 重合在一起，是同一条向右下方倾斜的曲线。但是边际收益曲线 MR 不会与平均收益曲线 AR 相重合。根据上一章给出的平均产量和边际产量的关系可以推知，厂商的边际收益和平均收益一开始是相等的（在图 4-9 中表现为 MR 曲线和 AR 曲线的纵截距相等），此后它总是小于平均收益。所以，MR 曲线位于 AR 曲线的左下方，也是向右下方倾斜的，并且具有两倍的斜率。这就意味着，如果 AR 曲线和 D 曲线与横轴相交于点 α 时，那么 MR 曲线则与横轴相交于点 $\alpha/2$，即边际收益曲线的横截距是 AR

曲线和 D 曲线横截距的一半。显然，这是由线性需求曲线的性质决定的。

读者可以利用我们给出的（4.16）式的反需求函数，在方程两边同乘以 Q，求出总收益函数，再根据总收益函数导出边际收益函数，就可以知道，需求曲线和平均收益曲线的纵截距都等于 α/β，边际收益曲线的斜率是 $-2/\beta$，而平均收益曲线的斜率则是 $-1/\beta$。

第五节 利润和利润最大化的均衡

在成本分析和收益分析的基础上，我们可以进一步分析厂商如何进行生产决策，以谋求最大利润的问题了。为了说明这个问题，需要首先给出会计利润、正常利润、经济利润和边际利润的含义和性质。

一、利润的性质

在微观经济学中，利润被定义为企业家（投资者）承担风险的报酬。[①] 它与企业会计账户中的利润具有不同的含义。企业账户中的利润被称为会计利润，而微观经济学中的利润通常是指经济利润。

会计利润（accounting profit，π_a）是企业的收益与实际货币支出的差额，即企业收益与显性成本或会计成本（C_e）的差额。用公式（4.17）表示即为：

$$\pi_a = TR - C_e \tag{4.17}$$

正常利润（normal profit，π_n）是能够使一个企业继续留在原有行业中从事生产经营活动必须得到的最低收入，即企业必须支付给企业家（投资者）因投资所承担风险的报酬，因此，正常利润也被称为企业家成本，有时也被称为名义利润。之所以将支付给企业家的报酬也称之为成本，是因为正常利润是企业必须支付给企业家（投资者）的报酬，就像企业把支付给工人的劳动报酬（工资）视为劳动成本、把支付给货币所有者的报酬（利息）视为资本的成本一样。显然，正常利润或企业家成本也属于隐性成本的范畴。

经济利润（economic profit，π）是企业总收益减去经济成本的余额。在本章第一节中，我们曾定义经济成本是显性成本（C_e）与隐性成本（C_i）之和，所以经济利润的定义可以用公式（4.18）来表示。

---

① 在现代企业中，只有投资者或股东才承担投资风险，而职业经理人并不承担投资风险，他们是股东或投资者的代理人。因此，在一般意义上，企业家是指投资者或股东。

$$\pi = TR - (C_e + C_i) \tag{4.18}$$

从会计利润和经济利润的定义公式不难看出，经济利润与会计利润的差别就在于是否考虑隐性成本。如果从会计利润中减去隐性成本，就是经济利润。因此，经济利润也称超额利润（excess profit），它被视为企业的纯利润（pure profit）。

如前所述，隐性成本是厂商使用自己的生产要素所必须承担的机会成本。而企业自有的生产要素可能包括多方面的内容，因而隐性成本也是多方面的，如资金的隐性成本、劳动的隐性成本等。为使问题简单起见，如果假定隐性成本中只包含企业家成本，那么，只要从会计利润中减去企业家成本，或者从会计利润中减去正常利润，所得到的就是经济利润了。一般情况下，微观经济学中所涉及的利润都是上述含义的经济利润。

边际利润（marginal profit，$M\pi$）是企业增加一个单位的产量 Q 所引起的总利润 π 的增加量。如公式（4.19）所示。

$$M\pi = \frac{\Delta \pi}{\Delta Q} \tag{4.19}$$

在利润函数连续、可求导的情况下，边际利润是总利润对总产量的导数。如公式（4.20）所示。

$$M\pi = \frac{d\pi}{dQ} \tag{4.20}$$

根据我们前面给出的边际收益和边际成本的概念，还可以把边际利润表示为边际收益减去边际成本的余额，如公式（4.21）所示。

$$M\pi = MR - MC \tag{4.21}$$

会计师计算会计利润是为了报告企业的损益情况，经济学家计算经济利润的目的是为了进行决策，即根据经济利润的多少来判断未来某个方案或资源的某种用途是否可取，也就是说，经济利润是决策的基础。厂商利用经济利润进行生产决策的准则是：如果 $\pi > 0$，说明厂商的收益不仅补偿了显性成本的损失，而且补偿了全部隐性成本的损失，使企业家获得了正常利润，同时还获得了一部分超额利润。这表明，资源被用于该种用途在经济上是合理的，因而决策是正确的。反之，如果 $\pi < 0$，则意味着厂商的收益不仅无法补偿隐性成本的损失，甚至可能无法补偿显性成本的损失，这意味着资源被用于该用途是无效率的，因而决策是不正确的。当然，如果 $\pi = 0$，则说明企业的收益刚好能够补偿经济成本的损失，企业只能得到正常利润。

如果从行业的角度来看，当某个行业中的 $\pi>0$ 时，就会有许多新厂商进入该领域，如果该行业的 $\pi<0$，就会有厂商从该行业退出。通常，当行业中的 $\pi=0$ 时，该行业处于稳定的均衡状态。

二、利润最大化均衡的条件

在经济活动中，厂商要实现最大利润，必须进行正确的产量决策和价格决策。为此，必须了解实现利润最大化均衡的条件。

厂商要实现利润最大化的均衡，必须按照公式（4.22）给出的边际收益等于边际成本的条件进行产量决策和价格决策。即是说，边际收益等于边际成本是厂商实现利润最大化的基本原则和均衡条件，厂商只有按照这一原则进行产量决策和价格决策，才有可能得到最大利润。①

$$MR = MC \tag{4.22}$$

为什么利润最大化均衡的条件或实现利润最大化的原则是边际收益等于边际成本呢？

根据边际收益、边际成本和边际利润的定义，如果 $MR>MC$，意味着增加一个单位的产量所带来的总收益的增加量大于为生产该产品所付出的总成本的增加量，边际利润为正值，这时，厂商继续增加产量还可以使总利润增加；相反，如果 $MR<MC$，则意味着增加一个单位的产量所带来的总收益的增加量小于为生产该产品所付出的总成本的增加量，边际利润为负值，这时，厂商减少产量反而能够使总利润增加；依此类推，只有当 $MR=MC$，即 $M\pi=0$ 时，厂商才能实现最大利润。因此，厂商只有遵循 $MR=MC$ 的原则进行生产，才能实现最大利润。

读者也可以用数学方法对利润最大化的均衡条件作如下证明：已知总收益和总成本都是产量的函数，即 $TR=f(Q)$，$TC=f(Q)$，因此利润也是产量的函数，即 $\pi=f(Q)$。根据收益、成本和利润的关系，故有（4.23）式所表示的利润函数。

$$\pi(Q) = TR(Q) - TC(Q) \tag{4.23}$$

满足（4.23）式利润最大化的一阶条件是函数两边对 Q 求导，并令其等于0，于是有下式：

---

① 严格地说，边际收益等于边际成本是厂商实现最大利润的必要条件，要实现最大利润，还必须具备充分条件，即二阶条件。利润最大化的充分条件是 $d^2\pi(Q)/dQ^2 = MR'(Q) - MC'(Q) < 0$。

$$d\pi/dQ = dTR/dQ - dTC/dQ = MR - MC = 0$$

根据上式，故有（4.22）式所表示的利润最大化的均衡条件，即 $MR = MC$。

需要说明的是，$MR = MC$ 不仅是厂商实现利润最大化的均衡条件，而且也是厂商实现最小亏损的均衡条件。即是说，在盈利的情况下，厂商按照 $MR = MC$ 的原则进行产量和价格决策，就可以获得相对最大利润；在亏损的条件下，厂商按照 $MR = MC$ 的原则进行产量和价格决策，则可以实现相对最小亏损。

三、停止营业原则

根据利润最大化的条件，如果边际收益小于边际成本，表明企业是亏损的。亏损分为短期亏损和长期亏损。如果企业处于长期亏损状态，即调整所有的要素投入以后企业仍然亏损，那么企业停止营业或生产在经济上就是有利的，因为停止生产意味着资源需要进行重新配置，使资源流向效率更高的行业或企业，显然这有利于资源的最优利用。

但如果亏损是短期的，即厂商在只能调整部分要素投入的情况下出现亏损，那么并不意味着企业一定要停止生产。因为厂商在长期中即经过全部要素投入的调整后还有盈利的可能。

对于一个短期亏损的企业来说，应当在什么条件下继续营业，在什么条件下停止营业在经济上更有利呢？

如果企业在短期内的销售收入即总收益大于总变动成本，或者平均收益大于平均变动成本的话，由于企业的收益不仅弥补了全部变动成本的支出，同时还抵消了一部分固定成本的支出，因此，继续营业要比停止营业造成的亏损更小。相反，如果企业在短期内的销售收入即总收益小于总变动成本，或者平均收益小于平均变动成本的话，由于企业的收益连变动成本的支出都无法得到全部的补偿，因而也就不会对固定成本作出任何贡献，这时，停止营业就要比继续营业造成的亏损更小。综上所述，企业短期内的停业原则可以用（4.24）式来表示。

$$TR < TVC, \text{ 或 } AR(P) < AVC \qquad (4.24)$$

我们可以很容易地从（4.24）式推导出企业继续营业的原则，而无论这个企业在短期内是亏损企业，还是盈利企业。（4.25）式给出了企业短期内继续营业的原则。

$$TR \geq TVC, \text{ 或 } AR(P) \geq AVC \qquad (4.25)$$

例如，一家企业每年的固定成本支出 $TFC=1200$ 万元，如果继续营业，总变动成本 $TVC=800$ 万元，总收益 $TR=1000$ 万元，这时，它每年的亏损就是 1000 万元（1000－1200－800）。但是如果它停止营业，虽然总变动成本为零，但其总收益亦为零，这时企业的亏损就是 1200 万元，即等于固定成本支出。显然，当 $TR>TVC$ 时，企业继续营业在经济上是有利的。相反，如果 $TR<TVC$，例如企业继续营业时全年的收益只有 600 万元，那么企业停止营业在经济上就是有利的了。因为停止营业的亏损额只有 1200 万元，即固定成本的支出，而继续营业的亏损额则为 1400 万元（1200＋800－600）。

可见，如果从纯经济的角度来说，一个短期亏损的企业，只要继续营业所得到的收入可以补偿全部变动成本的支出，并且还有可能对固定成本作出部分贡献时，就应当继续营业；反之，只要继续营业所得到的收入不能补偿全部变动成本时，就应该停止营业。

第六节　企业和企业的经营目标

第三章和第四章，我们阐述了生产者理论或厂商理论，包括生产理论和成本理论。在本章的最后一节，我们将分析企业的性质和企业的经营目标。

一、企业的性质

任何一个社会的经济活动都要解决为谁生产、生产什么和生产多少以及怎样生产的问题。其中也包含由谁来生产的问题。在现代社会中，生产活动大都是由企业来组织的。在我们的分析中，企业有时被称为厂商，有时又被称为生产者。在微观经济学中，企业无论被冠以什么名称，或以什么组织形式存在，都是指能够作出统一生产决策的单个经济单位。在市场经济中，企业是重要的市场主体。

现代社会为什么要采取企业这种生产的组织形式呢？显然，人们能够找出许多理由来回答这一问题。但如果从企业性质的角度看，如下三个方面的理由是最基本的。

首先，现代社会的生产是建立在分工协作基础上的专业化的生产。专业化的生产不仅需要专业化的机器、设备和生产线，而且需要专业化的劳动分工。同时，专业化的生产也需要有专门的人员对生产过程进行有效的管理。只有这样，才能形成高的生产效率。显然，企业是能够较好地满足专业化生产要求的生产组织形式。

其次，由企业组织生产的另一重要理由是规模生产的经济性。如前所述，只有较大的生产规模才能产生规模经济。经济学家们的研究表明，在目前的技术水平下，一个汽车制造企业要想实现有效的生产，年产汽车的数量至少需要30万辆。显然，只有在企业这种组织形式下才能做到这一点。同时，大规模的生产也需要筹集巨额资本，而企业这种生产组织形式的存在也为巨额资本的筹集提供了可能。

最后，采用企业这种生产组织形式，可以节约大量的交易费用，提高资源的使用效率。在社会生产活动中，无论采取什么样的生产组织形式，生产者都要与要素的所有者打交道，同时还要把自己的产品推向市场。假如不存在企业这种生产组织形式，所有的经济活动全部由单个生产者来完成，必然会产生巨大的交易费用。相反，在存在企业制度的条件下，这些大量的外部交易活动就可以被企业"内化"，从而节约大量的交易费用，降低市场运行成本。

产权理论的创始人之一科斯（Ronald H. Coase）认为，建立企业有利可图的主要原因，是因为利用价格机制有一定的成本，包括市场上发生的每一笔交易的谈判和签约的费用。当企业存在时，契约虽然没有消失，但却大大减少了，因为某一生产要素（或它的所有者）不必与企业内部的每一个同他合作的生产要素签订一系列的契约，一系列的契约已被一个契约所代替。即是说，企业的出现将原先许多属于市场的交易活动"内化"在企业这一组织内部。科斯由此得出的结论是：市场的运行是有成本的，但通过形成一种组织，并允许某个权威（一个"企业家"）来支配资源，就能节约某些市场运行成本，因此，交易费用的节省是企业产生、存在以及替代市场机制的唯一动力。

二、企业的经营目标

根据经济学研究的前提假设，企业是理性的经济人，它们都把利润最大化作为目标，并知道如何实现利润最大化。

但是一些经济学家对此提出了质疑。1978年诺贝尔奖获得者赫伯特·西蒙（Herbert Simon）等人认为企业的经营目标是取得"满意"的利润而不是最大利润。因为追求最大利润在计算上过于复杂和缺乏资料，所以一家企业追求的实际上是满意的利润。经济学家威廉·巴莫（William Baumol）认为，企业的经营目标是在最小利润下追求销售量或销售收入的最大化。因为管理者的个人收入和社会地位主要取决于销售收入，而高的销售收入只能以利润损失为代价，同时，经理必须保持一定的最小利润以免遭股东的反对。罗宾·迈瑞斯（Robin Marris）则认为，企业的经营目标是谋求增长的最大化。因为经理们通常把增长作为自己的追逐目标来满足其权力、统治和威望的本能。威廉姆森（J. H. Wiliamson）认为企业的经营目标是在最小利润下谋求经理阶层的效用函数最大化。经理阶层的效用函数由许多因素决定，包括收入、权力、名望、工作的安全性、在职消费等。也就是说，经理们选择能保证股东默认的最低限度的利润，以便自己能调动公司的资源服务于自己的利益，实现更高的薪水和津贴。经理阶层在追求个人效用最大化的同时，会使企业的目标偏离利润最大化。

的确，在一个由所有者自己管理的小企业中，企业经济活动的全部决策都可能是围绕利润最大化作出的。然而在大企业中，由于经理并不是企业的所有者或者只是众多所有者中的一员，就容易使所有者（委托人）和经理（代理人）之间产生信息不对称，并且导致企业的所有者不能在一个正常的基础上控制经理的行为，这就有可能使企业的经理考虑其他的目标，从而在某种程度上偏离利润最大化的目标。这就是所谓的委托–代理问题。

但是，在激烈的市场竞争中，利润始终是企业生存和发展的基础。同时，在大企业中，也存在着委托人控制代理人的有效机制。因此，不追求利润最大化的企业不太可能在长期竞争中幸存，不追求利润最大化的经理也不太可能长期占据管理者的位置。因此，微观经济学运用利润最大化的假说是合理的。

为了更好地说明这一假设的合理性，有必要区分短期利润最大化目标和长期利润最大化目标。企业的某些行为，例如追求较高的产量、销售收入和市场份额，如果从短期看，是有可能偏离利润最大化目标的，但从长期看，这种行为可能更有利于企业实现长期的利润最大化目标。

关键名词和术语

会计成本　经济成本　显性成本　隐性成本　私人成本　社会成本　固定成本　变动成本　总成本　平均成本　边际成本　总收益　平均收益　边际收益　反需求函数　会计利润　正常利润　企业家成本　经济利润　边际利润

复习思考题

1. 会计成本和机会成本有什么区别？怎样利用机会成本进行决策？
2. 怎样理解经济成本？经济成本与会计成本有什么区别？
3. 为什么会有私人成本和社会成本的区别？
4. 解释各种短期成本函数曲线的经济含义和相互关系。
5. 长期总成本函数、长期平均成本函数和长期边际成本函数是怎样推导出来的？长期平均成本曲线与短期成本曲线都呈 U 形的原因是否相同？
6. 为什么说平均成本是企业在长期内每一产量水平上可以实现的最小平均成本。
7. 为什么在不同的需求条件下收益曲线的形状是不同的？
8. 企业决策的准则为什么是经济利润而不是会计利润？
9. 为什么说边际收益等于边际成本是厂商实现利润最大化的均衡条件？
10. 厂商在什么条件下应当停止经营？
11. 作图说明总变动成本、平均变动成本、边际成本分别与短期生产函数中总产量、平均产量、边际产量的关系，并予以证明。
12. 分析长期总成本曲线与生产扩张线的关系，解释为什么长期总成本曲线上的任意一点都是不同产量水平的最小成本。

计算证明题

1. 已知厂商的总成本函数为 $TC = 1000 + 10Q - 0.9Q^2 + 0.04Q^3$，试求平均变动成本 AVC 最低时的产量。
2. 假设某企业的成本函数是 $C = Q^2 + 100$。（1）如果产品的市场价格 $P = 40$，厂商实现最大利润的产量应为多少？（2）当产品的市场价格为多少时，企业不亏损？
3. 已知厂商的生产函数为 $Q = 24L^{\frac{1}{2}}K^{\frac{2}{3}}$，劳动的价格 $P_L = 1$，资本的价格 $P_K = 2$。（1）求劳动 L 与资本 K 的最优组合；（2）如果 $K = 27$，求厂商的短期成本函数和长期成本函数。

第五章
市场理论

市场包括需求和供给两个方面。在第二章，我们首先对决定市场需求的消费者行为理论进行了分析，第三章和第四章又对决定市场供给的生产者行为理论进行了研究。在本章，我们将分析消费者和生产者在产品市场上的交换行为，即市场的整体行为，重点分析厂商在不同的市场结构中如何进行产量决策和价格决策才能实现利润最大化的问题。

根据产品市场上厂商的数量、厂商进入市场的难易程度、厂商对市场价格的控制程度以及产品的差异性等因素，微观经济学把市场区分为完全竞争的市场、完全垄断的市场、垄断竞争市场和寡头垄断市场四种不同类型的市场结构，在不同类型的市场结构中，厂商实现利润最大化的产量决策和价格决策也是有所不同的。

第一节 完全竞争的市场

完全竞争市场是一种理想化的市场结构。如果某种产品市场具有完全竞争的特征，那么厂商应当怎样进行产量决策才能实现利润最大化的均衡，以及在利润最大化均衡的条件下如何导出市场供给曲线，是本节所要研究的主要内容。

一、完全竞争市场的特征

完全竞争（perfect competition）也称纯粹竞争（pure competition）。完全竞争的市场需要同时具备如下几个条件：

第一，在同一种产品的市场上，存在着大量的卖者和买者，其中每一个卖者和买者提供的或购买的产品数量相对于整个市场的规模来说都是微不足道的。

第二，正是由于卖者和买者的市场份额都很小，所以产品的价格只能由市场需求和市场供给决定，没有哪一个卖者或买者能够对产品的价格施加大的影响，他们都只能被动地接受市场给定的价格。即是说，厂商是价格的接受者（price takers）。

第三，厂商进入和退出市场是完全自由的，不存在任何障碍。这意味着资源在行业之间的转移也是自由的。厂商总是能够及时地向利润高的行业转移，并及时退出亏损的行业。

第四，产品是同质的，即不存在任何差异，包括产品质量、性能、品牌、外观、包装甚至推销条件和服务条件等方面的差别。这意味着不同厂商生产的产品对于消费者来说是可以完全替代的。

第五，生产者和消费者都具有完全的或充分的市场信息。这意味着市场上不存在不确定性，每一个卖者或买者都可以根据自己所掌握的充分信息，确定最优的生产数量或最优的购买数量，以获得最大的经济利益。

严格地说，只有同时具备上述五个条件，才能形成完全竞争的市场。显然，在现实经济中，我们很难找到完全符合上述特征的市场。但近似完全竞争的市场是存在的。例如在农产品市场上，小麦的种植者不计其数，每个生产者所占的市场份额都是非常微小的；因此，没有哪个小麦的生产者可以通过增加或减少它的产量影响小麦的市场价格；并且，小麦的种植者可以自由地退出这一市场，去生产和销售其他农产品，而其他生产者也可以自由地进入这一领域，加入到小麦种植者的行列；同时，只要是同一品种和等级的小麦，通常都不存在产品的差异性。当然，无论是小麦的生产者还是买者，他们的市场信息也许是不很充分的。所以，我们可以把小麦、玉米等农产品市场视为近似的完全竞争的市场。

虽然完全竞争的市场结构在经济中很少存在，但它却是我们分析其他一切市场结构的基础。同时，在经济学中，完全竞争的市场被认为是经济效率最高的市场。因此，我们的分析首先从完全竞争的市场开始。

二、完全竞争市场的短期均衡

在完全竞争的市场上，产品的价格是由市场力量即由市场需求和市场供给决定的均衡价格，处在这种市场上的厂商只能是产品价格的接受者。由于价格是市场给定的,因此,单个厂商的需求曲线就是一条与坐标横轴平行的直线。如图5-1所示。

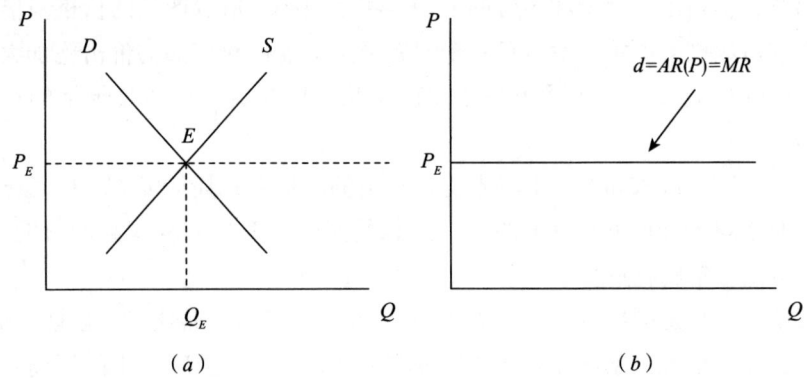

图 5-1 完全竞争市场的价格和厂商的需求曲线

图 5-1 (a) 描述的是一个完全竞争市场短期均衡的情况,假定这个市场是小麦市场。坐标的横轴表示小麦的产量,纵轴表示小麦的价格。图中的 D 线是小麦的市场需求曲线,S 线是小麦的市场供给曲线。由市场需求和供给所决定的小麦的均衡价格是 P_E,均衡产量是 Q_E。

图 5-1 (b) 描述的是单个小麦生产者的需求曲线,坐标的纵轴也表示小麦的价格,横轴也表示小麦的产量,但这里的产量单位要小于坐标 (a) 中的产量单位。由于厂商只能接受由市场力量决定的均衡价格 P_E,因此,小麦的生产者所面对的需求曲线不是一条随价格变动而向右下方倾斜的曲线,而是一条平行于横轴的水平线,即 d 线。水平的需求曲线意味着,市场对单个厂商生产的产品的需求弹性是无穷大的,即厂商无论生产多少公斤小麦,只要接受 P_E 的价格,都能够销售出去。当然,如果他试图按高于 P_E 的价格来销售自己的产品,就不会卖出一公斤小麦。因为产品是没有差异的,并且买者具有充分的市场信息。既然按照 P_E 的价格可以销售自己的全部产品,那么小麦的生产者也没有必要按低于均衡价格的价格出售自己的产品。此外,水平的需求曲线还意味着,单个厂商生产的产品数量无论是增加还是减少,都不会对产品的市场价格产生影响。

我们在第四章分析收益的性质时曾经指出,在价格为常数的情况下,厂商的平均收益、边际收益与产品的价格是相等的,即 $AR = MR = P$。因此,在完全竞争的市场中,厂商的平均收益曲线和边际收益曲线也是一条水平线,并且与需求曲线完全重合在一起。

在完全竞争的市场结构中,虽然所有厂商都面临同一产品价格,并且他们的平均收益和边际收益都相同,但由于每个厂商生产的条件并不相同,因此,生产同一产品的厂商之间就可能存在较大的成本差异。即是说,他们的平均成本和边际成本是不同的。尽管如此,但在边际收益递减规律的作用下,所有厂商面对的都是U形的平均成本曲线和边际成本曲线。在此情况下,厂商就只能通过调整自己的产量来实现利润最大化的均衡。因此,在完全竞争的市场结构中,追求利润最大化的厂商虽然不存在价格决策的问题,但一定存在着产量决策的问题。

面对完全竞争的市场,在短期内,厂商应当怎样进行产量决策才能实现利润最大化的均衡呢?根据我们上一章对利润最大化均衡条件的分析,厂商要想实现最大利润,只能按照边际收益等于边际成本的原则进行产量决策。图5-2对此给予了说明。

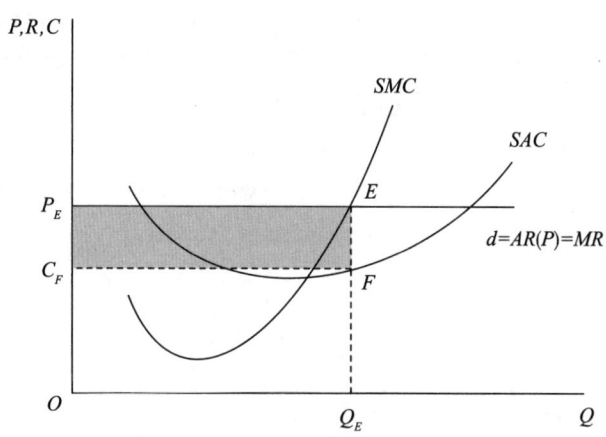

图5-2 完全竞争厂商的短期均衡(盈利企业)

图5-2描述了一个盈利企业的短期均衡情况。坐标的横轴表示产量,纵轴表示价格、收益和成本。坐标中的水平线是厂商的需求曲线,也是平均收益曲线和边际收益曲线,SAC曲线代表短期平均成本曲线,SMC曲线代表短期边际成本曲线,SAC曲线和SMC曲线均呈U字形,并且两条线相交于SAC线的最低点。

在图5-2中,MR曲线和SMC曲线相交于E点,根据$MR = MC$的利润最大化原则,厂商的产量只有达到与均衡点E相对应的Q_E时,才能实现利润最大化。这时厂商的总收益是 $P_E \cdot Q_E$,总成本是 $C_F \cdot Q_E$。最大利润额 $\pi = P_E \cdot Q_E - C_F \cdot Q_E$。即图中由点 E、P_E、C_F、F 围起来的矩形阴影面积,这是既定价格和既定成本条件下的最大利润,除此以外的任何一个产量所实现的利润面积都不会比这个面积更大。因为如果产量小于 Q_E,边际收益就会大于边际成本,这时,增加产量还可以使总利润增加;相反,如果产量大于 Q_E,边际收益就会小于边际成本,这时,减少产量反而可以使总利润增加。因此,只有当产量为 Q_E 时,厂商所获得的总利润最大。

从以上的分析不难看出,在完全竞争的市场结构中,厂商短期内实现利润最大化的均衡条件是边际收益等于短期边际成本,由于 $MR = AR = P$,因此,在完全竞争的市场条件下,厂商短期内实现利润最大化的均衡条件也可以用价格等于短期边际成本来表示。如公式(5.1)所示。

$$MR = SMC, \text{ 或 } P = SMC \tag{5.1}$$

实现最大利润的均衡条件也是厂商实现最小亏损的条件。假如一个企业处于短期亏损的状态,并且继续营业要比停止营业在经济上更为有利,他就必须寻找到一个实现最小亏损的产量,这个实现最小亏损的产量也应当符合公式(5.1)给出的条件。图 5-3 描述了亏损企业的短期均衡。

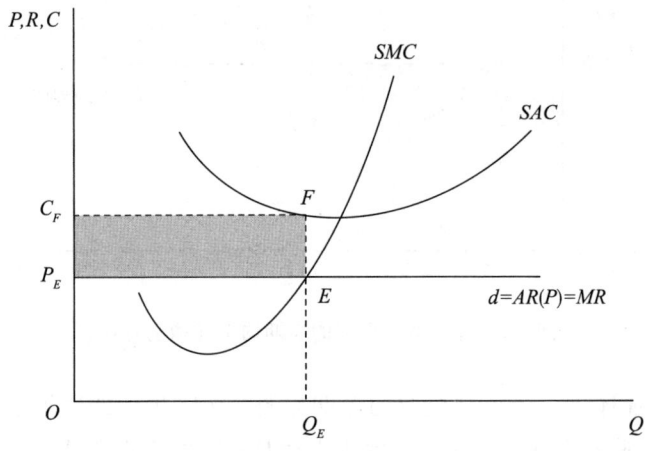

图 5-3 完全竞争厂商的短期均衡(亏损企业)

在完全竞争的市场结构中,企业之所以亏损,不是由于价格的原因,因为每个厂商都是同一价格的接受者。厂商之所以亏损,是因为产品的平均成本高于产品的价格或平均收益。在图 5-3 中,SAC 曲线的位置高于 AR 曲线,平均收益为 OP_E,平均成本为 OC_F,并且 $OP_E < OC_F$,因此企业必然处于亏损状态。

但厂商只有在 $MR = SMC$ 或 $P = SMC$ 的条件下生产 Q_E 的产量,才能实现最小亏损。在图 5–3 中,产量为 Q_E 时的最小亏损面积是由点 C_F、P_E、E、F 围起来的矩形阴影面积,任何小于或大于 Q_E 的产量都会造成更大面积的亏损。

实现利润最大化或亏损最小化的条件,实际上就是完全竞争的市场结构中厂商的供给原则。因此,我们完全可以利用这个条件推导出厂商和市场的供给曲线。

三、厂商的短期供给曲线和行业的短期供给曲线

从对完全竞争市场厂商的短期均衡分析中,可以推导出厂商的短期供给曲线,厂商的短期供给曲线恰好就是其边际成本曲线。为什么会有这一结论呢?

在完全竞争的市场条件下,厂商必须接受由市场力量决定的均衡价格。但这并不意味着价格是不变的,它会随着市场力量的变化而变化。随着市场价格的变动,厂商实现最大利润或最小亏损的均衡点也是不断变化的,而均衡点恰恰是沿着边际成本曲线移动的。我们可以通过图 5–4 来说明这一点。

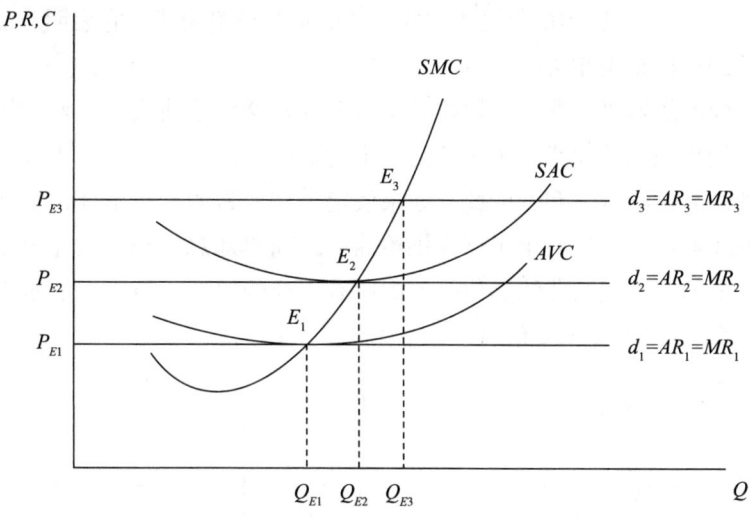

图 5–4 完全竞争厂商的短期供给曲线

在图 5–4 中,假定厂商的短期边际成本 SMC、短期平均成本 SAC 和平均变动成本 AVC 都保持不变。当市场价格为 P_{E3} 时,根据 $P = SMC$ 的原则,利润最大化的均衡点在 E_3 点,这时厂商向市场提供的产量是 Q_{E3}。由于价格高于平均成本,因此厂商可以获得经济利润。当市场价格下降到 P_{E2} 时,利润最大化的均衡点会沿着 SMC 曲线由原来的 E_3 点移动到 E_2 点,厂商向市场提供的产量

从原来的 Q_{E3} 减少到 Q_{E2}。由于这时的 $P = SAC$，因此厂商只能得到正常利润而不能得到经济利润。依此类推，当价格下降到 P_{E1} 时，均衡点沿着 SMC 曲线由 E_2 点移动到 E_1 点。由于价格低于平均成本，因此厂商处于亏损状态，E_1 点是最小亏损点。由于 E_1 点的价格或平均收益等于平均变动成本，根据我们在上一章给出的企业继续营业原则即 $AR(P) \geq AVC$，企业虽然亏损，但仍然可以继续营业，并且向市场提供 Q_{E1} 的产量。不难理解，当价格下降到 P_{E1} 以下时，根据上一章给出的企业停业原则 $AR(P) < AVC$，企业就不会向市场提供任何数量的产品。实际上，我们可以假定在 P_{E1} 和 P_{E3} 之间有无数个价格，从而就可以得到无数条水平的 d 曲线或 MR 曲线，但无论 d 曲线或 MR 曲线在什么位置，均衡点都一定在 SMC 曲线上。

由以上的分析不难得出这样的结论：如果厂商以利润最大化为原则进行生产，伴随着市场价格的变动，他会沿着 SMC 曲线向市场供给产品，但由于厂商只有 $AR(P) \geq AVC$ 时才向市场供给商品，所以只有高于 AVC 曲线最低点以上的向右上方倾斜的 SMC 曲线才构成厂商的短期供给曲线。它表明产品的供给量与产品的价格是正相关的。

从厂商的短期供给曲线可以推导出行业的短期供给曲线，行业的短期供给曲线即市场短期供给曲线。由于任何一个行业的产品供给量都等于该行业中所有厂商的产品供给量之和，因此，如果假定生产要素的价格不变，那么短期行业供给曲线就可以通过对单个厂商供给曲线的简单加总得到。在完全竞争的行业中，行业的短期供给曲线是由行业内所有厂商的短期供给曲线的水平加总构成的。图 5-5 对此作出了解释。

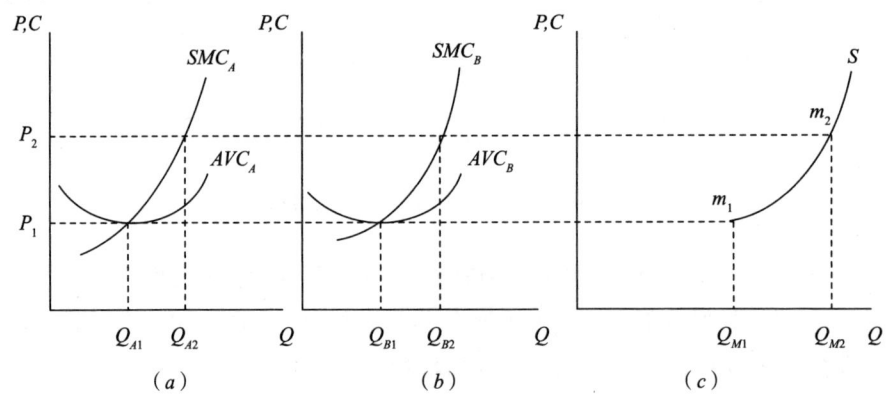

图 5-5 完全竞争行业的短期供给曲线

为简单起见，假定某行业中只有两个厂商 A 和 B 在生产同一种产品。在图 5-5 中，坐标（a）和坐标（b）中的 SMC_A 曲线和 SMC_B 曲线分别代表 A 和 B 两个厂商的边际成本曲线，AVC_A 曲线和 AVC_B 曲线分别代表 A 和 B 两个厂商的平均变动成本曲线。显然，高于 AVC 曲线最低点以上部分的 SMC 曲线是厂商的短期供给曲线。坐标（c）代表整个行业即产品市场的情况。

当商品的价格为 P_1 时，A 厂商对该种商品的供给量为 Q_{A1}，B 厂商的供给量为 Q_{B1}，这时，整个市场的供给量就是 Q_{M1}。在这里，$Q_{M1} = Q_{A1} + Q_{B1}$。在坐标（c）中，我们会得到一个 $P-Q$ 组合点 m_1。当商品的价格上升到 P_2 时，A 厂商的供给量增加到 Q_{A2}，B 厂商的供给量增加到 Q_{B2}，这时，整个行业的供给量就会增加到 Q_{M2}，并且 $Q_{M2} = Q_{A2} + Q_{B2}$。在（c）图中，又会得到一个 $P-Q$ 组合点 m_2。如果价格可以连续地发生变化，就可以把点 m_1 和 m_2 连接起来，这条被连接起来的向右上方倾斜的曲线就是行业供给曲线或市场供给曲线。

在第一章，我们曾经把供给定义为在一个特定的时间内，在各种可能的价格水平上厂商愿意并且能够出售的商品数量。通过本章的分析可以使我们进一步认识到，供给曲线上的任意一个点，都表示在相应的价格水平上可以使厂商实现利润最大化的供给量。就厂商的供给曲线而言，它是生产者个人在各种可能的价格水平上提供给市场的商品数量，是建立在个别生产者利润最大化均衡的基础之上的；就市场供给曲线而言，它是生产同一产品的所有厂商在各种可能的价格水平上提供给市场的商品数量，是建立在所有生产者都已经实现了利润最大化均衡的基础之上的。

四、完全竞争市场的长期均衡

在长期中，厂商可以调整所有的投入要素，也可以自由地进入和退出某个行业。这会引起两个方面的变化：一是厂商可以调整自己的生产规模，实现企业的长期均衡；二是在一个行业中，企业的数量会发生变化，并通过行业内企业数量的调整实现整个行业的长期均衡。

我们首先分析长期中完全竞争厂商对生产规模的调整。在长期中，厂商均衡的条件是边际收益等于长期边际成本，即 $MR = LMC$。厂商只有根据 $MR = LMC$ 的原则组织生产，生产规模才是最优的。而只有当企业实现了最优生产规模以后，厂商才能处于长期均衡的状态。可以利用图 5-6 说明这一调整过程。

在图 5-6 中，横轴表示产量，纵轴表示价格、收益和成本。假设市场均衡价格为 P_E，厂商最初的生产规模所产生的短期平均成本曲线为 SAC_1 线，短

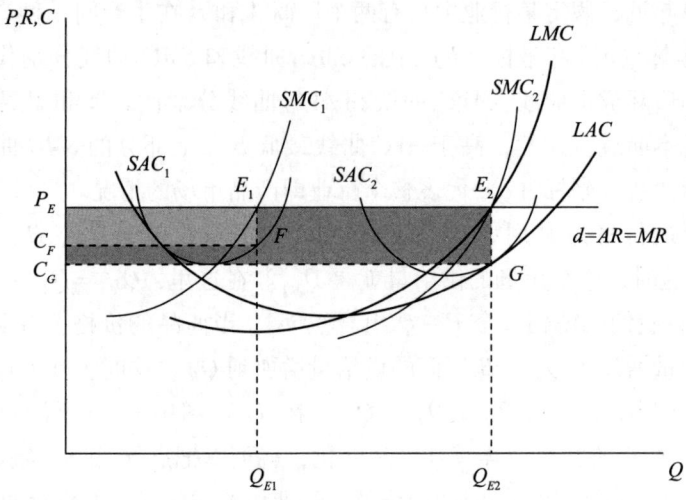

图 5-6　企业生产规模的调整和完全竞争市场的长期均衡

期边际成本曲线为 SMC_1 线。在短期内，由于企业无法调整不变要素的投入量，因此只能在既定的 SAC_1 所代表的生产规模下生产。根据 $MR = SMC$ 的利润最大化原则，企业将在均衡点 E_1 点组织生产，最优产量为 Q_{E1}。在 Q_{E1} 的产量水平上，经济利润是图中由点 E_1、P_E、C_F、F 围起来的那一块较小的阴影面积。

在长期中，厂商为获得更多的经济利润，可以调整全部生产要素的投入量，使其生产规模达到最优。由于长期均衡的条件是 $MR = LMC$，因此厂商会在长期均衡点 E_2 点组织生产，为此，他必须把生产规模调整到由 SAC_2 和 SMC_2 所代表的生产规模，这时的产量为 Q_{E2}。在 Q_{E2} 的产量水平上，厂商可以获得更多的经济利润，利润面积是图中由点 E_2、P_E、C_G、G 围起来的矩形阴影面积。

以上是对长期中企业生产规模调整的分析。下面我们再分析长期中完全竞争行业内企业数量的调整。

在长期中，厂商可以自由地进入或退出某一个完全竞争的行业。当某个行业中存在经济利润或超额利润时，就会有新厂商进入该市场。由于新厂商的加入，会导致产品供给的增加，在需求不变的情况下，商品的价格就会下降，并且会一直下降到该行业不存在经济利润时为止。相反，如果在某个行业中存在着亏损，亏损的厂商从该行业中退出，这时产品的市场供给就会减少。如果需求不变，商品的价格则会上升，并且会一直上升到该行业不存在经济利润时为止。最终，只有当该行业中的厂商既不存在盈利，也无亏损，即经济利润等于零时，行业内企业数量的调整才会停止，于是该行业便处于长期均衡的状态。

我们可以利用图 5-7 说明这一调整过程。

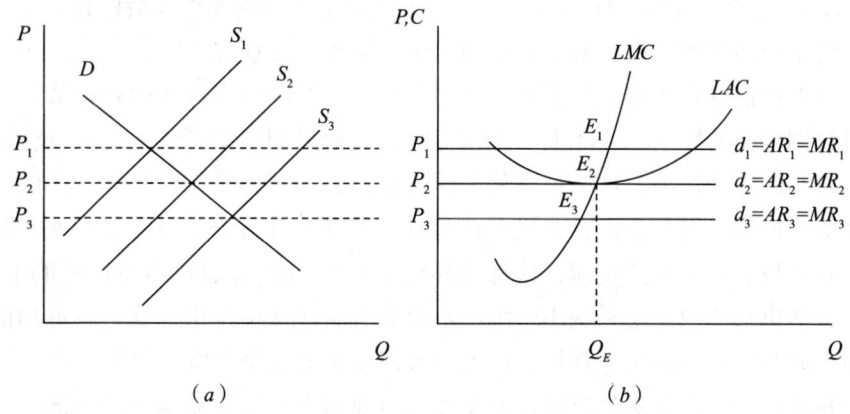

图 5-7 行业内企业数量的调整和完全竞争市场的长期均衡

图 5-7（a）是完全竞争行业的供求状况。坐标中的 D 线是整个行业或市场的需求曲线。坐标中的 S 线是整个行业或市场的供给曲线。图 5-7（b）是处在该行业中的厂商。坐标中的 d 线是厂商的需求曲线，同时也是平均收益和边际收益曲线。LAC 线是长期平均成本曲线，LMC 线是长期边际成本曲线。值得注意的是，在长期中，由于没有固定成本和变动成本之分，因此只要 d 线低于 LAC 线的最低点，即平均收益低于长期平均成本，厂商就应当停止营业。

在（a）图中，假定该行业的市场需求 D 不变。如果最初的市场供给为 S_1，均衡价格即为 P_1。这时图 5-7（b）中厂商的需求曲线、边际收益曲线和平均收益曲线重合在一起为 d_1。由于 d_1 线高于 LAC 线的最低点，因此厂商按 $MR=LMC$ 的原则在 E_1 点进行生产，会获得经济利润。只要完全竞争行业中厂商能够获得经济利润，新厂商就会进入该行业。随着新厂商的进入，（a）图中的市场供给便从 S_1 增加到 S_2，均衡价格下降到 P_2。在此情况下，（b）图中厂商的需求曲线会下降到 d_2 线。这时厂商在均衡点 E_2 进行生产，经济利润为零。当经济利润为零时，就不会再有新厂商进入该行业，于是，行业处于均衡状态。

从相反的角度来看，在一个完全竞争的行业中，如果进入的企业数量过多，相反的机制就会发生作用。例如在（a）图中，如果最初的市场供给曲线是 S_3 线，均衡价格为 P_3，那么（b）图中厂商的需求曲线或平均收益曲线就是 d_3 线。由于 d_3 线位于 LAC 线的下方，厂商即使 $MR=LMC$ 的原则在 E_3 点进行生产，经济利润仍然小于零，于是企业处于亏损状态。这时，就会有亏损企业从中退出,并导致市场供给减少,并且直到供给减少到 S_2,从而使均衡价格上升到 P_2,厂商的需求曲线移动到 d_2 时,行业内企业数量的调整才会停止。于是该行业处于长期均衡状态。整个行业的均衡产量水平为 Q_E。

以上我们分别研究了长期中厂商对生产规模的调整和行业内企业数量的调整对长期均衡的影响。实际上,在行业内企业数量调整的同时,厂商也会同时调整自己的生产规模,这两种调整是同时进行并共同影响完全竞争市场的长期均衡的。例如,当行业内存在经济利润时,不仅会有新企业进入该行业,就是原有企业也会扩大生产规模,这都会导致市场供给的增加和均衡价格的下降。相反,如果行业内经济利润小于零,不仅会有企业从中退出,就是不退出的企业也可能收缩自己的生产规模,从而导致市场供给减少和均衡价格上升。

现在我们将企业对生产规模的调整与行业内企业数量的调整结合起来,把所得出的结论用图 5-8 表示出来,说明完全竞争市场实现长期的均衡的条件。

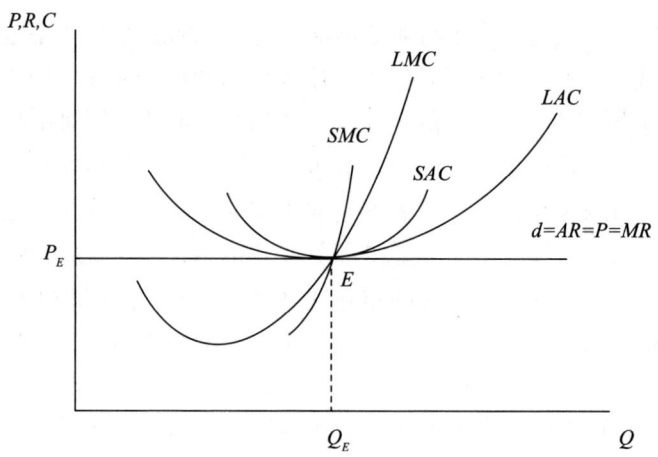

图 5-8　完全竞争市场的长期均衡

从图 5-8 中可以看到,在一个完全竞争的市场中,如果从长期来看,厂商实现利润最大化的均衡点在需求曲线与长期成本曲线最低点相切的切点 E,这一切点满足公式(5.2)给出的条件:

$$MR = AR = P = LMC = SMC = LAC = SAC \tag{5.2}$$

显然,当完全竞争的市场实现长期均衡时,由于 $AR = LAC$,因此经济利润等于零。这意味着,处于完全竞争市场结构中的厂商只能得到正常利润。如果所有的厂商都只能获得正常利润而不能得到经济利润,说明完全竞争的市场是效率最高的市场。

五、行业的长期供给曲线

行业的长期供给曲线也就是市场长期供给曲线。在分析短期供给时,是通过对单个厂商短期供给曲线的简单加总推导出行业的短期供给曲线的。但是我们却不能用同样的方法推导出行业的长期供给曲线。因为在长期中,企业会随着市场价格的变动不断进入或退出市场,在此情况下,我们无法知道应当把哪些企业的供给加总起来。

长期供给曲线的形状决定于行业产量的变动对投入要素价格的影响程度。在长期的调整过程中,行业产量的增加或减少通常会影响到厂商对生产要素的需求,从而引起要素价格的变化,而要素价格的变化又会导致生产成本的变化。根据行业产量的变化对要素价格的影响,可以将完全竞争的行业分为三种类型:成本不变行业、成本递增行业和成本递减行业。不同类型行业的长期供给曲线具有不同的特征。

(一)成本不变行业的长期供给曲线

成本不变行业的特征是:随着行业的扩张和收缩,不会引起生产要素价格的变化,从而对厂商的生产成本不发生影响。在成本不变的情况下,行业的长期供给曲线是一条水平线。水平的供给曲线可以利用图5-9从完全竞争市场的厂商均衡和行业均衡为出发点推导出来。

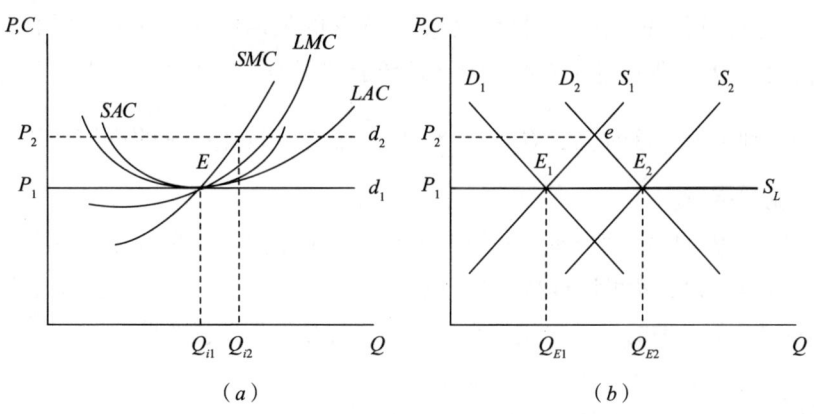

图5-9 成本不变行业的长期供给曲线

图5-9(a)给出了处于完全竞争行业中厂商的需求曲线和成本曲线,图5-9(b)描述的是完全竞争行业的需求和供给状况。

在(b)图中,假定最初的市场需求为D_1线,短期供给为S_1线,整个行业

在 E_1 点实现均衡,均衡价格为 P_1。在均衡价格为 P_1 的条件下,(a) 图中厂商所面临的需求曲线为 d_1 线,同时它也是厂商的平均收益曲线和边际收益曲线。于是,厂商在 d_1 线与 LAC 线和 SAC 线的最低点相切的 E 点实现了长期均衡,这时厂商的经济利润等于零。由此可见,(b) 图中的 E_1 点是行业的一个长期均衡点。在长期均衡的条件下,厂商的均衡产量为 Q_{i1},行业的均衡产量为 Q_{E1},如果该行业中有 n 个企业,那么则有 $Q_{E1} = \sum_{i=1}^{n} Q_{i1}$。

为了得到长期供给曲线的其他点,假定由于某种原因,产品的市场需求增加了。市场需求的增加会导致需求曲线右移。假定 (b) 图中的市场需求曲线向右平移至 D_2 线,并与 S_1 线相交于 e 点,这时的市场均衡价格便从原先的 P_1 上升到了 P_2。在 P_2 的价格水平上,(a) 图中厂商的需求曲线向上平移到 d_2 线。由于 d_2 线高于 AC 线的最低点,于是厂商重新获得了经济利润。厂商在短期内的产量也会由原来的 Q_{i1} 增加到 Q_{i2}。

行业中一旦存在经济利润,就会有新厂商进入该行业,行业的短期供给就会增加。假设 (b) 图中短期供给曲线向右平移至 S_2 线,并与 D_2 线相交于 E_2 点,这时,行业的均衡点就会从 e 点移动到 E_2 点。当行业在 E_2 点实现均衡后,均衡价格又会下降到 P_1 的水平,于是 (a) 图中厂商的需求曲线又会向下移动到原来的 d_1 线,并重新在 E 点实现长期均衡,经济利润又会下降到零的状态。因此,E_2 点是行业的又一个长期均衡点。在新的长期均衡条件下,厂商的均衡产量仍然为 Q_{i1},但行业的产量则从 Q_{E1} 增加到了 Q_{E2},如果行业中企业的数量从 n 增加到了 m,这时就有 $Q_{E2} = \sum_{i=1}^{m} Q_{i1}$。显然,行业产量的增加是新厂商进入该行业的结果。

可以设想市场对该行业产品的需求连续发生变动,整个行业也将进行连续调整,这样,我们就可以连接 (b) 图中的 E_1 点和 E_2 点,得到一条水平的供给曲线 S_L,这条水平的供给曲线就是成本不变行业的长期供给曲线。

(二) 成本递增行业的长期供给曲线

成本递增行业的特征是:随着行业的扩张,部分或全部投入要素的价格会由于厂商对要素需求的增加而提高,从而导致厂商生产成本的提高。在成本提高的情况下,行业的长期供给曲线是一条向右上方倾斜的曲线。成本递增行业的长期供给曲线可以利用图 5 - 10 推导出来。

图 5 - 10 (a) 给出了厂商的需求曲线和成本曲线,为简单起见,略去了

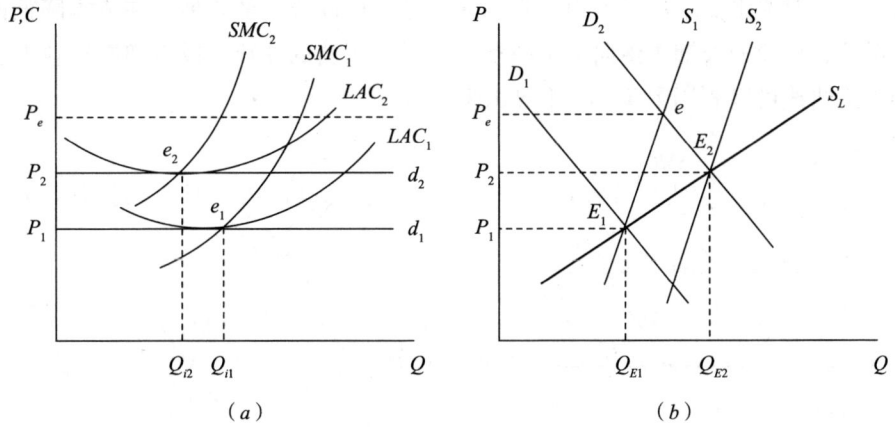

图 5–10　成本递增行业的长期供给曲线

短期平均成本曲线。图（b）描述的是完全竞争行业的供求状况。我们假定，行业的最初均衡点在（b）图中的 D_1 线和 S_1 线相交的 E_1 点，最初的市场均衡价格是 P_1，厂商最初的均衡点在（a）图中 LAC_1 线与 d_1 线相切的 e_1 点。

假定由于某种原因，市场对该行业的产品需求增加了，于是（b）图中的市场需求曲线从 D_1 线移动到 D_2 线，并与 S_1 线相交于 e 点，均衡价格上升到 P_e。从（a）图可以看出，在 P_e 的价格水平上，该行业的厂商会获得经济利润。

经济利润的存在会吸引大量的新厂商进入该行业，导致行业扩张，产品的供给增加，于是市场供给曲线右移。同时，由于行业的扩张引起了生产要素价格的上升，要素价格的上升又会导致厂商生产成本的提高，从而使厂商的成本曲线上移。显然，成本的提高会减少厂商的经济利润，这必然会引起厂商对生产规模的调整和行业供给的调整。那么这种调整过程到何时才能结束，重新实现长期均衡呢？从图形看，只有当（b）图中的市场供给曲线由最初的 S_1 线右移到 S_2 线并与 D_2 线相交于 E_2 点，从而形成最终的均衡价格 P_2；同时（a）图中的长期平均成本曲线和边际成本曲线由原来的 LAC_1 线和 SMC_1 线分别向上移动到 LAC_2 线和 SMC_2 线，并且与新的需求曲线 d_2 线相切或者相交于 e_2 点时，才能实现厂商的长期均衡和行业的长期均衡。此时，行业中的经济利润就会重新消失。

显然，（b）图中的点 E_1 和 E_2 是成本递增行业的长期均衡点。连接这两个点，就可以得到一条向右上方倾斜的曲线 S_L 线，这条曲线就是成本递增行业的长期供给曲线。

（三）成本递减行业的长期供给曲线

成本递减行业的特征是：随着行业的扩张，部分或全部投入要素的价格会由于厂商对要素需求的增加而下降，从而导致厂商成本的降低。在成本降低的情况下，行业的长期供给曲线是一条向右下方倾斜的曲线。成本递减行业的长期供给曲线可以利用图 5 – 11 推导出来。

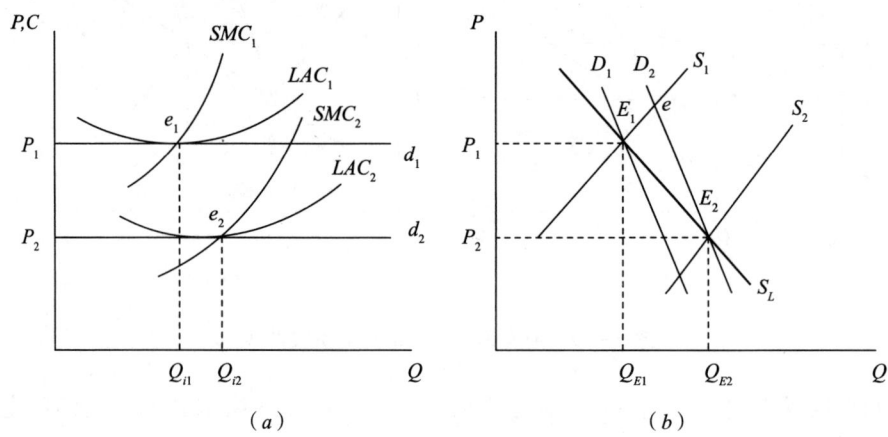

图 5 – 11　成本递减行业的长期供给曲线

与分析成本递增行业的长期供给曲线相似，在图 5 – 11 中，假定行业最初在 S_1 线和 D_1 线相交的 E_1 点实现均衡，均衡价格为 P_1，与此相联系，厂商在 LAC_1 线与 d_1 线相切的 e_1 点实现长期均衡，经济利润为零。

假定由于市场需求增加到 D_2 线，并与市场供给 S_1 线相交于 e 点，这时，由于价格上升，厂商获得经济利润。经济利润的存在将吸引大量的新厂商进入该行业，导致行业扩张，致使市场供给曲线右移。同时，由于行业的扩张引起了生产要素价格下降，并因此导致厂商的成本下降，从而使厂商的成本曲线下移。最终，行业将在 S_2 线与 D_2 线相交的 E_2 点处实现均衡，厂商则在 LAC_2 线与 d_2 线相切的 e_2 点实现长期均衡。

连接（b）图中的点 E_1 和点 E_2，就可以得到一条向右下方倾斜的供给曲线 S_L 线，这就是成本递减行业的长期供给曲线。

六、完全竞争市场的效率

以上是对完全竞争市场的分析。在微观经济学中，完全竞争的市场结构被认为是一种能够使市场机制充分发挥作用的效率最高的市场组织形式。因为在完全竞争的市场实现长期均衡时，长期平均成本是最低的，由于长期均衡价格等于长期平均成本，经济利润等于零，因而产品价格也是最低的。同时，在长期均衡的条件下，均衡产量是最大的，它被推进到了长期成本的最低点，从而使资源得到了充分的利用，并且这个产量也是能够使市场出清的产量。此外，在完全竞争的市场实现长期均衡时，不仅厂商实现了利润最大化的均衡，而且消费者也实现了效用最大化的均衡，因为每个消费者都是以最低的价格来购买商品的，所获得的消费者剩余是最多的。基于以上原因，微观经济学把完全竞争的市场视为一种效率最高的、理想的市场结构。

第二节 完全垄断的市场

如果说完全竞争的市场是市场结构的一个极端，那么完全垄断的市场则是市场结构的另一个极端。假如市场具有完全垄断的特征，那么垄断厂商不仅存在产量决策的问题，也存在价格决策的问题。垄断厂商应当怎样进行产量决策和价格决策才能实现利润最大化的均衡，或者说，垄断厂商在什么条件下才能实现最大利润的均衡，是本节主要讨论的内容。

一、完全垄断市场的特征

完全垄断（perfect monopoly）的市场通常称为垄断（monopoly）市场。产品市场要能够成为完全垄断的市场，需要具备如下条件：

第一，一种产品通常只有一家企业在进行生产和销售，并且该产品不存在相近的替代品。这意味着垄断厂商既不存在来自生产同一种产品的企业竞争，也不用担心来自生产替代品企业的竞争。

第二，垄断企业是产品价格的制定者，它可以按照利润最大化的原则制定产品的价格和确定产品的产量。

第三，任何新厂商要进入这个行业都是困难的，因为存在着进入障碍（barriers to entry）。这种进入障碍可能是源于技术方面的原因，也可能源于自然垄断，或者是因为存在着准入制度的约束和法律约束，也可能是由于其他别的什么原因。

垄断市场形成的原因主要有如下几个：

第一，厂商控制了生产某种产品的关键原料或资源的供给。如果某个厂商控制了生产某种产品的关键原料或资源的供给，就可能形成完全垄断的市场。

第二，市场准入制度或市场特许权制度的存在。有时，政府出于政治安全、经济安全或其他方面的考虑，通常会对某些行业实行市场准入制度。如果政府只准许一家企业生产和销售该种产品,完全垄断的市场就会形成。

第三,专利权制度。在实行专利权制度的条件下,如果某家厂商拥有了制造某种产品基本工艺的专利权,该种产品的市场就会形成垄断的市场。

第四,自然垄断。在某些可能始终存在规模报酬递增的行业中,生产规模的扩大会导致平均成本的降低,如果只有一家厂商生产该种产品就可以满足整个市场的需求,那么它的平均成本就是最低的。在此情况下,其他厂商就难以进入这个领域,从而形成自然垄断(natural monopoly)。自然垄断也是形成垄断市场的重要原因之一。

在微观经济学中,垄断的市场结构被认为是效率最低的市场组织形式。因此,在经济生活中,特别是在市场经济发达的国家,垄断的市场结构是极少存在的。

二、完全垄断市场的短期均衡

一个完全垄断的厂商,为了实现最大利润,是否可以随心所欲地制定产品的价格和产量呢?回答是否定的。因为即使是完全垄断的厂商,也会面对潜在竞争的威胁;同时会受到法律的约束和政府的干预;更重要的是,垄断厂商在制定产品的价格和确定产品的产量时,还必须考虑需求和成本的不确定性。为了说明这个问题,我们首先分析垄断厂商的需求曲线。

由于一个行业中只有一家企业生产和销售同一种产品,因此,企业的需求曲线(d)就是整个行业的需求曲线(D),因此,垄断厂商的需求曲线一定是向右下方倾斜的直线或曲线。上一章我们在分析平均收益和边际收益的关系时已经知道,如果需求曲线是向右下方倾斜的直线,那么平均收益曲线与它重合在一起,但边际收益曲线不与之重合,而是位于它的左下方,同时具有两倍的斜率。此外,在垄断的条件下,由于随着产量的增加产品价格会下降,因此总收益曲线是一条倒 U 字形曲线。如图 5 – 12 所示。

在图 5 – 12 中,坐标的横轴表示产量,纵轴表示价格和收益。由于需求曲线、平均收益曲线和边际收益曲线都是向右下方倾斜的,总收益曲线是倒 U 字形的,因此决定了垄断厂商不可能随心所欲地制定产品的价格和产量。因为过高的价格会导致销售量的减少,并可能导致总收益的减少;相反,过低的价格虽然能够增加销售量,但由于销售量的增加所引起的总收益的增加很可能无法抵偿因价格下降所造成的损失。

在短期中,垄断厂商无法改变不变要素的投入量,只能在现有生产规模下通过调整产量和价格实现最大利润的均衡。而垄断厂商要获得最大利润,也应

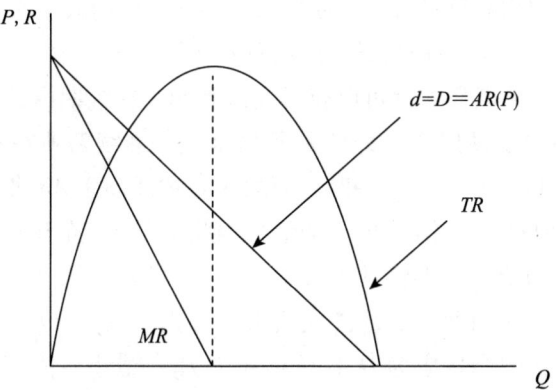

图 5–12　完全垄断厂商的需求曲线和收益曲线

当按照边际收益等于边际成本的原则进行产量决策和价格决策。我们可以利用图 5–13 来分析垄断厂商的短期均衡。

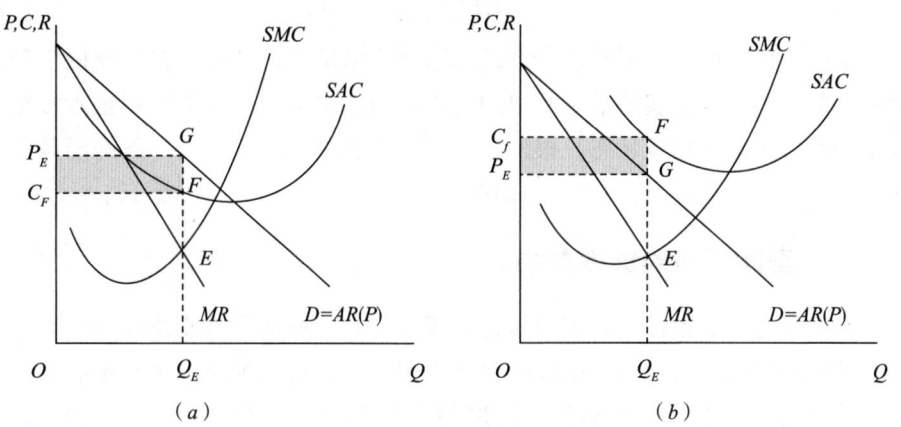

图 5–13　垄断厂商的短期均衡

图 5–13 中坐标的横轴表示产量，纵轴表示价格、成本和收益。其中（a）图是盈利企业的短期均衡，（b）图是亏损企业的短期均衡。在两幅图中，短期平均成本 SAC 曲线和短期边际成本 SMC 曲线代表厂商既定的生产规模，需求曲线 D 和边际收益曲线 MR 代表厂商的收益状况。

在图 5–13（a）中，如果厂商按照 $MR = SMC$ 的原则在均衡点 E 组织生产，利润最大化的产量应为 Q_E，价格应为 P_E。这时，厂商的平均收益为 OP_E，平均成本为 OC_F，垄断厂商所获得的最大利润是由点 P_E、C_F、F、G 围起来的矩形阴影面积。根据利润最大化的原则可以推知，任何大于或小于 Q_E 的产量和任何高于或低于 P_E 的价格都会导致厂商总利润减少。

并不是所有的垄断厂商都可以获得经济利润。在短期内，只要垄断厂商的平均收益大于平均变动成本，即使是亏损企业，继续营业在经济上也是有利的。在图 5-13 (b) 中，由于垄断厂商的 SAC 曲线高于 AR 曲线，平均收益为 OP_E，平均成本为 OC_F，并且 $OP_E < OC_F$，因此，在既定的生产规模下，厂商无论怎样调整产量和价格，都将处于亏损状态。但是，厂商只有按照 MR = SMC 的原则在均衡点 E 进行生产，才能实现最小亏损。从图 (b) 可以看到，垄断厂商实现最小亏损的产量应为 Q_E，价格应为 P_E。最小亏损额是由点 C_F、P_E、G、F 围起来的矩形阴影面积。任何偏离 Q_E 的产量或偏离 P_E 的价格都会导致厂商出现更大面积的亏损。

综上所述，在完全垄断的市场结构中，垄断厂商实现短期均衡的条件是边际收益等于短期边际成本。即公式（5.3）给出的均衡条件。

$$MR = SMC \tag{5.3}$$

垄断厂商按照上述原则进行产量决策和价格决策，就可以在短期内实现最大利润的均衡，或者实现最小亏损的均衡，当然也可能处于不盈利也不亏损即经济利润等于零的均衡状态。根据图 5-13 读者可以想象，当厂商的经济利润等于零时，D 曲线应与 SAC 曲线相切。

三、垄断厂商的供给曲线

在完全竞争的条件下，我们通过对所有厂商的短期供给曲线的加总得到了行业的供给曲线，行业供给曲线的存在表明，对于每一种产出水平都有某一既定的价格与之相对应，就是说，价格和产量之间存在着一一对应的关系。但是，在垄断的市场结构中，却不存在这种具有规律性的供给曲线。

为什么会有这种情况存在？因为在垄断的条件下，厂商可以凭借垄断的力量控制产品市场，并且对市场进行分割。因此，在不同的市场上就可能有不同形状的需求曲线。由于价格的高低依赖于需求曲线的形状，因此，垄断厂商面对不同形状的需求曲线，即使在同一产量水平上，所对应的价格也是不同的，或者在同一价格水平上，所对应的产量是不同的。由于不存在价格和产量之间的一一对应关系，因此也就不存在某种具有规律性的供给曲线，

实际上，只有在完全竞争的市场结构中，才存在具有规律性的供给曲线。因为在完全竞争的市场中，没有哪个厂商可以控制产品的价格，他们面对的产

品价格是由市场力量决定的，因而是唯一的。据此，我们可以得出一个结论：只要市场是不完全竞争的市场，或者说厂商只要能够在一定程度上控制产品的价格，那么该种市场结构都不存在具有规律性的供给曲线，包括厂商和行业的短期供给曲线，也包括厂商和行业的长期供给曲线。这个结论同样适用于第三节和第四节将要分析的垄断竞争市场和寡头垄断市场。

四、完全垄断市场的长期均衡

与完全竞争的市场不同，在完全垄断的市场上，由于一个行业中只存在一家厂商，因此，即使垄断厂商获得了丰厚的经济利润，也不会由于新厂商的进入使利润消失。在长期，垄断厂商之所以要调整全部生产要素的投入量，扩张或收缩生产规模，目的是实现最大利润的均衡。

一般来说，垄断厂商通常在下述两种情况下进行调整：第一种情况是企业在短期内出现了亏损。在亏损的状况下，通过长期调整，选择最优生产规模，就可以摆脱亏损的状态，获得经济利润。当然，如果在长期中不存在可以使垄断厂商获得经济利润或至少使亏损减少为零的最优生产规模，他就会退出市场。第二种情况是垄断厂商在短期内利用既定的生产规模已经获得了经济利润，但通过对生产规模的调整，还可以获得更大的利润。由于第二种情况在垄断的条件下更具代表性和典型性，并且与第一种情况的分析是相似的，所以我们仅以第二种情况为例，利用图5-14来分析垄断厂商的长期均衡。

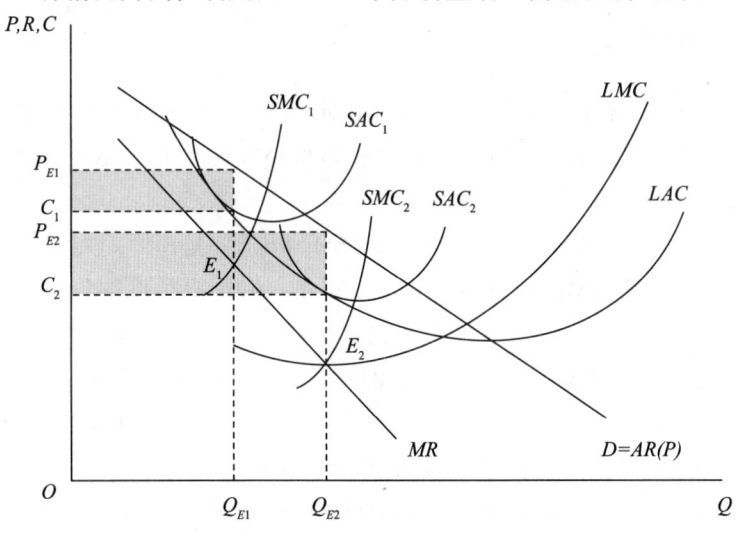

图5-14 完全垄断市场的长期均衡

在图 5-14 中，D 曲线是垄断厂商面临的市场需求曲线，也是厂商的平均收益曲线，MR 曲线是垄断厂商的边际收益曲线，LAC 曲线和 LMC 曲线分别表示垄断厂商的长期平均成本曲线和长期边际成本曲线。

假定厂商最初在 SAC_1 和 SMC_1 所代表的生产规模上按照 $MR = SMC$ 的原则在均衡点 E_1 进行生产，均衡价格即为 P_{E1}，平均成本为 C_1，均衡产量为 Q_{E1}，他所得到的最大利润面积就是图中靠上方较小的矩形阴影面积，利润总额为 $\pi_1 = (OP_{E1} - OC_1) \times OQ_{E1}$。

如果垄断厂商在长期中把生产扩大到由 SAC_2 和 SMC_2 所代表的规模，并按照 $MR = LMC$ 的原则在均衡点 E_2 点进行生产，产品的均衡价格就会从原先的 P_{E1} 下降到现在的 P_{E2}，成本也会从 C_1 下降到 C_2，均衡产量则从 Q_{E1} 增加到 Q_{E2}，厂商所获得的经济利润就会增加。从图 5-14 不难看出，经过长期调整后的利润面积是图中靠下方较大的矩形阴影面积，利润总额为 $\pi_2 = (OP_{E2} - OC_2) \times OQ_{E2}$，在这里，$\pi_2 > \pi_1$。

垄断厂商在达到长期均衡时，长期边际成本等于边际收益，并且与短期边际成本相等；同时，长期成本曲线与短期成本曲线相切。因此，垄断厂商长期均衡的条件可以用公式（5.4）来表示。

$$MR = LMC = SMC \tag{5.4}$$

由于在完全垄断的市场结构中，垄断厂商的供给量就是行业的供给量，因此，上述条件既是垄断厂商长期均衡的条件，也是行业长期均衡的条件。

五、价格歧视

垄断厂商为获得最大利润，并不一定对某种产品只使用一种价格。如果垄断厂商对同一种商品收取不同的价格，就是价格歧视。价格歧视分为一级价格歧视、二级价格歧视和三级价格歧视。

一级价格歧视（first - degree price discrimination）是指厂商对出售的每一单位产品都索取最高价格的一种定价方式。这是一种最高程度的价格歧视，也称完全价格歧视。但要实行一级价格歧视，厂商必须了解每个消费者的支付意愿，并根据每个消费者的支付意愿索取不同的价格。在这种情况下，消费者剩余就会全部转化为厂商的利润。由于一级价格歧视不仅要求厂商能够有效地控制和分割市场，而且要求厂商必须能够准确地估计出每一个消费者的支付意愿，因此这种定价方式在实践中是不常见的。但也决不是不可能实施的。

例如，美国政府在出售国库券时就有类似的情况。在出售国库券时，政府有时会要求每一个可能的买者进行投标，由拍卖的主持人决定最低标价。凡是超过最低标价的投标都会被接受，投标人则有义务按投标中的报价购买国库券。在此情况下，政府就有可能向每个买者索取他愿意支付的最高价格。与此相类似，有时律师、医生也会使用一级价格歧视的方法向不同的客户索取他们各自愿意支付的价格。

二级价格歧视（*second – degree price discrimination*）是厂商根据消费者不同的消费量或"区段"规定不同的价格的一种定价方式。在采取这种定价方式时，对同一区段的产品采取相同的价格，就可以把部分消费者剩余转化为厂商的经济利润。实行二级价格歧视不仅要求厂商能够有效地控制和分割市场，而且在大多数情况下，这种定价方法只有在产品的消费量可测度的情况下才能够被使用。

二级价格歧视通常在电力、自来水、煤气等公用事业部门被普遍采用。例如，当消费者每月使用100度电时，厂商可能会按每度电1.0元的价格收取费用，当消费者每月使用200度电时，第二个100度电只收取每度0.8元的价格，当消费者每月使用300度电时，第三个100度电只收取每度0.5元的价格，依此类推。这样，厂商就可以比使用单一价格时获得更大的利润。当然，在产品供给有限的情况下，二级价格歧视有时也可以采取另一种相反的方式，即对于更大的消费量收取更高的价格。这样也可以把部分消费者剩余转化为利润。

三级价格歧视（*third – degree price discrimination*）是指厂商对同一种产品在不同的市场上或对不同的消费群体收取不同价格的定价方式。这是一种最普遍的价格歧视。通常，厂商会根据市场所在的地区、消费者的收入水平、消费时间，甚至消费者的年龄或性别特征等因素对市场进行有效的分割。在分割市场的基础上，对需求弹性大的市场实行低价策略，而对需求弹性小的市场实行高价策略。

例如，完全相同的产品在国内市场和国际市场的价格可能存在很大差异；儿童和学生在购买车票和飞机票时，厂商向他们索要的价格通常要低于成人购买车票和机票的价格；舞会的门票价格有时会因为性别的不同而有所不同，通常，女性会得到更多的价格优惠。显然，通过三级价格歧视，厂商也能获得更多的收益。实行三级价格歧视的条件是厂商必须能够有效地控制和分割市场，同时在不同的市场上产品需求具有不同的价格弹性。

六、完全垄断市场的效率

以上是对完全垄断市场的分析。在微观经济学中,完全垄断的市场结构被认为是一种效率最低的市场组织形式。这首先是因为在垄断的条件下,厂商凭借垄断这种特权就可以轻松地获得经济利润,这必然使企业丧失竞争的动力,从而不利于技术进步,不利于产品成本的降低。其次,经济利润的存在也是对消费者剩余的一种剥夺,这会导致分配不公。再次,由于垄断厂商没有在长期平均成本的最低点处实现长期均衡,因此,不仅价格高于边际成本和长期平均成本,高于完全竞争市场的价格水平,而且产量低于完全竞争市场的产量水平,因而存在着过剩的生产能力(excess capacity),这意味着垄断的市场结构具有较低的资源配置效率和较低的生产能力利用程度。关于垄断市场的缺陷,我们将在第八章中进行更详细的分析。

第三节 垄断竞争的市场

完全竞争市场和完全垄断市场是理论分析中的两种极端的市场组织结构,在现实经济中,这两种市场结构都很少存在。大量的市场都属于不完全竞争的市场。其中,垄断性竞争的市场结构就是不完全竞争的一种重要的市场组织形式。

一、垄断竞争市场的特征

垄断竞争(monopolistic competition)市场在总体上属于竞争性的市场,它既有完全竞争市场的主要特征,但又具有垄断市场的某些特点。具体来说,垄断竞争的市场具有如下几个条件:

第一,在同一种产品的市场上,存在着大量的卖者和买者,其中每一个卖者和买者提供的或购买的产品数量相对于整个市场的规模来说都很小。

第二,由于生产规模较小,因此厂商进入和退出市场都是比较容易的,并且是自由的,不存在任何进入障碍。这意味着资源在行业之间的转移也是自由的。

第三,产品是有差异的,即非同质的。产品差别不仅是指同一种产品在质量、性能、外观、商标、品牌、销售和服务条件、广告等方面的差别,甚至包括以消费者个人偏好为基础的主观上的差异。不过,尽管存在这种差别,但产品是相似的替代产品,它们之间具有很高的替代性。

第四,由于产品之间存在着差异,因此,厂商可以在一定程度上控制自己的产品价格，但由于产品是相似的替代品，因此，厂商对产品价格的控制力量是很弱的，可以说，他们不过是市场价格的影响者（price influencer）。

从垄断竞争市场的特征来看，它在总体上属于竞争性的市场，也就是竞争占主导地位的市场。这种市场之所以具有垄断市场的某些特点，主要源于产品的差异性。为什么产品一旦具有差异性，竞争性的市场就会具有垄断的某些特点呢？这是因为，产品的差异性可以改变产品的需求弹性。只要存在产品差异，厂商面临的需求曲线就不再是水平线，而是一条向右下方倾斜的曲线。而且产品的差异性越大，产品之间的可替代性就越小，因而需求的价格弹性就越小，这意味着需求曲线会变得更加陡峭。在需求曲线变得陡峭的情况下，厂商就可以在一定程度上控制产品的价格。由此可见，只要创造出产品差异，厂商就可以具有一定的垄断力。

在经济生活中，垄断竞争的市场是一种常见的不完全竞争的市场结构，它广泛地存在于服务业、商业零售业、服装业、食品业、餐饮业等行业中。根据垄断竞争市场的特点，经济学家们提出了产品集团这一概念。因为在完全竞争和完全垄断的市场中，行业的定义是很明确的。在完全竞争的市场中，行业是指生产同一种无差别的产品的厂商的总和，而在垄断的市场上，一个垄断厂商就代表一个行业。但是在垄断竞争的市场结构中，由于产品差异性的存在使得严格意义上的行业不复存在。为此，曾经创立了垄断竞争模型的美国经济学家爱德华·张伯伦（E. H. Chamberlin）将生产类似产品的厂商加以归类并称之为产品集团或产品群（product group）以替代产业的概念。虽然使用产品集团的概念可能更科学一些，但为了简单起见，在以后的分析中，我们仍然沿用行业这一概念。

此外，在垄断竞争的产品集团中，由于各个厂商的产品是有差别的，他们相互之间的成本曲线和需求曲线也未必相同，然而我们不可能构造整个产品集团的需求曲线和供给曲线。为了简单起见，经济学家们总是假定产品集团内的所有厂商都具有相同的成本曲线和需求曲线，从而把问题变得简单化，同时也不影响结论的实质。

二、垄断竞争市场的短期均衡

在垄断竞争的市场上，产品的价格主要是由市场力量决定的，但由于产品差别的存在可以使厂商在一定程度上控制产品的价格和产量，因此垄断竞争厂商的需求曲线既不同于完全竞争厂商的水平需求曲线，也不同于完全垄断厂商的需求曲线。从理论上说，垄断竞争厂商所面临的应当是一条向右下方倾斜但又比垄断厂商的需求曲线平坦得多的需求曲线。同时，在边际收益递减规律的作用下，所有厂商面对的都是 U 形的平均成本曲线和边际成本曲线。

面对垄断竞争的市场，在短期内，厂商应当怎样进行价格决策和产量决策才能实现利润最大化的均衡呢？要想实现最大利润，垄断竞争的厂商也只能按照边际收益等于边际成本的原则进行价格决策和产量决策。图 5-15 描述了垄断竞争厂商的短期均衡。

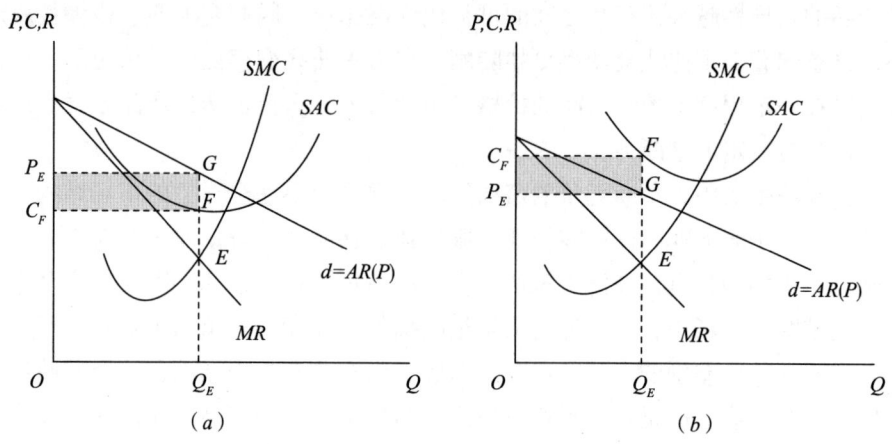

图 5-15 垄断竞争厂商的短期均衡

垄断竞争厂商的短期均衡与完全垄断厂商的短期均衡相似。在图 5-15 中，坐标的横轴表示产量，纵轴表示价格、成本和收益。其中 (a) 图是盈利企业的短期均衡，(b) 图是亏损企业的短期均衡。在图 5-15 中，短期平均成本 SAC 曲线和短期边际成本 SMC 曲线代表厂商既定的生产规模，需求曲线 d 和边际收益曲线 MR 代表厂商的收益状况。垄断竞争厂商按照 $MR = SMC$ 的原则在均衡点 E 组织生产，利润最大化的产量为 Q_E，价格为 P_E。在 (a) 图中，垄断竞争厂商的总收益是 $OP_E \times OQ_E$，总成本是 $OC_F \times OQ_E$，利润总额为 $\pi = (OP_E - OC_F) \times OQ_E$，所获得的最大利润是由点 P_E、C_F、F、G 围起来的矩形阴影面积。在 (b) 图中，垄断竞争厂商的平均收益是 OP_E，平均成本是 OC_F，且 $OC_F > OP_E$，因此必然处于亏损状态，其最小亏损额是由点 C_F、P_E、G、F 围起来的矩形阴影面积。可见，在垄断竞争的市场结构中，厂商实现短期均衡的条件是边际收益等于短期边际成本。即公式 (5.5) 给出的均衡条件。

$$MR = SMC \qquad (5.5)$$

垄断竞争厂商按照上述原则进行产量决策和价格决策，就可以在短期内实现最大利润或最小亏损的均衡，也可能处于不盈利也不亏损即经济利润等于零的均衡状态。

三、垄断竞争市场的长期均衡

在长期中，垄断竞争的厂商可以调整所有的投入要素，也可以自由地进入和退出某个行业或产品集团。如果在某个垄断竞争的行业中存在着经济利润，不仅原有的厂商会扩大生产规模，新厂商也会加入到这个市场参与竞争。相反，如果该行业存在亏损，不仅企业要进行生产规模的调整，而且还会有亏损企业从中退出。这种调整会改变整个市场的供求形势和均衡价格，只有当该行业的经济利润等于零时，这种调整才会结束，从而实现长期稳定的均衡状态。下面我们利用图 5-16 来说明垄断竞争厂商的长期均衡。

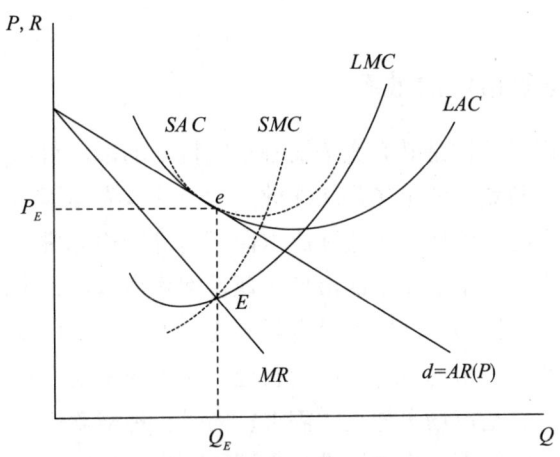

图 5-16　垄断竞争厂商的长期均衡

在图 5-16 中的坐标中，垄断竞争市场的长期调整主要表现为平均收益曲线和边际收益曲线的上下移动。当平均收益 AR 曲线位于长期平均成本 LAC 曲线的上方时，厂商就可以获得经济利润；相反，当 AR 曲线位于 LAC 曲线的下方时，厂商处于亏损状态。上述两种情况中无论是哪一种情况出现，都将导致新厂商进入或退出这个行业，同时原有厂商也会调整生产规模，从而改变行业的供给水平和价格水平。最终，只有当平均收益 AR 曲线与长期平均成本 LAC 曲线和短期平均成本 SAC 曲线相切于 e 点，同时，边际收益 MR 曲线与长期边际成本 LMC 曲线和短期边际成本 SMC 曲线相交于 E 点时，垄断竞争的市场才能实现长期均衡,此时的经济利润等于零。由此可以知道,在垄断竞争的市场中要实现长期均衡,不仅要求边际收益等于边际成本,而且要求平均收益或价格等于平均成本。垄断竞争厂商长期均衡的条件可以用公式5.6和5.7来表示。

$$MR = LMC = SMC \tag{5.6}$$

$$AR = LAC = SAC \tag{5.7}$$

比较完全竞争厂商和垄断竞争厂商的长期均衡条件,就可以看出它们之间的区别。这种区别主要表现为边际收益和平均收益是否相等以及平均收益是否与最低长期平均成本相等。之所以存在这种区别,是因为与完全竞争的市场不同,在垄断竞争的市场条件下,厂商的需求曲线不是水平线,而是一条向右下方倾斜的曲线。在这种情况下,边际收益不可能等于平均收益,同时,需求曲线和平均收益曲线也不可能与长期平均成本曲线的最低点相切。因此,在垄断竞争的市场中,边际收益小于平均收益,同时,平均收益也不会与最低长期平均成本相等。

四、垄断竞争市场的效率

垄断竞争的市场结构是既有竞争又有垄断特征的市场组织形式。与完全竞争的市场相比,垄断竞争的市场是缺乏效率的。这首先是因为,当垄断竞争的市场实现长期均衡时,价格高于边际成本而不是等于边际成本,表明资源的配置效率较低;其次,当垄断竞争的市场实现长期均衡以后,未能把产量推进到平均成本的最低点,说明生产能力没有得到充分的利用。但是,与完全竞争的市场相比,垄断竞争的市场也有自己的长处。这主要表现在:由于产品具有差异性,可以更好地满足市场多样化的需求;同时,价格竞争和非价格竞争的存在有利于促进长期的技术进步和增进社会福利。

与完全垄断的市场结构相比,垄断竞争的市场则具有更高的效率。因为在垄断竞争的市场中存在着激烈的竞争,每个厂商的需求曲线的价格弹性都比较大,因此垄断竞争市场的产量水平要高于垄断市场产品的产量水平,同时产品的价格要低于垄断市场产品的价格水平。这意味着垄断竞争的市场结构具有更高的资源配置效率和较高的生产能力利用程度。

第四节 寡头垄断的市场

寡头垄断的市场是不完全竞争市场的另一种市场结构。在西方一些市场经济发达的国家，它普遍地存在于钢铁、制铝、制铜、汽车制造、石油、化工、电气设备制造、电力、计算机、烟草等行业。寡头垄断市场是现代市场经济中一种最重要的市场结构。

一、寡头垄断市场的特征

寡头垄断（oligopoly）市场也称寡头市场。它是一种在某一行业中只存在少数几个厂商控制同一种产品的生产和销售的市场结构。一种市场要形成寡头垄断的市场，需要具备如下几个条件：

第一，在同一种产品的市场上，可能存在着无数的买者，但只存在着数量很少的厂商或卖者，他们生产一个行业的全部或大部分产量，每个厂商都占有较大的市场份额。如果生产同一种产品的市场上只有两个厂商时，这种市场称为双头垄断（duopoly），如果存在两个以上的厂商，则称为多头垄断。

第二，由于每个厂商都占有较大的市场份额，因此，厂商的行为是相互制约、相互影响的。

第三，由于每个厂商都占有较大的市场份额，因此，他们都具有影响市场价格的能力；但是，由于寡头垄断厂商之间是相互制约、相互影响的，所以，厂商又不是价格的制定者，而是价格的博弈者（price player）或寻求者（price searcher）。

第四，产品可能是同质的，也可能存在差别。如果产品没有差别，通常称为纯寡头（pure oligopoly），例如钢铁、制铝、制铜、化纤、水泥等行业的寡头；如果产品存在差别，则称为差别寡头（differentiated oligopoly），例如汽车、电气设备、计算机等行业的寡头。

第五，新厂商要想进入寡头垄断的市场是非常困难的，在这里同样存在着进入障碍。形成进入障碍的原因可能很多，但规模的经济性可能是最重要的进入障碍。

寡头垄断市场具有其他市场结构所没有的一个重要特征，就是厂商之间的相互制约和相互影响，这一特征决定了厂商行为的不确定性。在完全竞争、完全垄断和垄断竞争的市场上，每个厂商都可以独立地作出自己的决策，而无需考虑其他厂商会作出什么反应。而在寡头垄断的市场上，由于厂商数量很少，每个厂商在市场中都占有举足轻重的地位，因此，任何一个厂商如果改变产品的价格和产量，都会对其他厂商产品的价格和销售量产生重要的影响，从而会引起其他厂商的强烈反应。正因为如此，所以在寡头垄断的市场上，每个厂商在进行价格决策和产量决策时,不仅要考虑自己本身的成本与收益情况,而且要考虑到这一决策对市场的影响,以及其他厂商可能作出的反对策。

厂商行为的不确定性决定了市场竞争的不确定性。在这种市场结构中,厂商之间竞争的不确定性表现在:寡头垄断厂商之间可能会通过价格战和非价格战展开激烈的竞争;也可能相互勾结或串谋(collusion),甚至采取合作的方式共同牟取经济利益。

由于寡头垄断厂商的行为和市场竞争具有不确定性,因此,要想建立一个理想的模型来解释所有寡头垄断厂商行为的各个方面,并得到寡头垄断市场中厂商的均衡价格和均衡产量的确定解,是不大可能的。在微观经济学中,有许多解释寡头垄断厂商行为的模型,不同模型的建立依赖于对寡头垄断厂商之间相互制约和相互影响的不同假定。在本节中,我们将介绍几种常见的模型,分析不同假设条件下的寡头垄断厂商是如何进行价格决策和产量决策以实现最大利润均衡的。

二、古诺模型

古诺模型(Cournot model)是由一位法国的经济学家奥古斯汀·古诺(Augustin Gournot)在1838年创立的一种寡头垄断模型。

古诺模型假设,(1)市场是双头垄断的市场,即行业中只有 A、B 两个厂商,他们生产的是同质产品;(2)两个厂商不能相互勾结,他们之间的竞争表现为产量竞争而不是价格竞争,产品价格依赖于他们所生产的产品总量;(3)他们共同面临的市场需求曲线是线性的,并且都为两个厂商所熟悉;(4)假设产品的边际成本和平均成本相同并且是个常数,或者假定产品的成本为零;(5)在行为假设方面,假设两个厂商都追求最大利润,他们都把对方的产出水平视为既定的,并以此来确定自己的利润最大化产量,即每个厂商都是消极地以自己的产量去适应对方既定的产量。

在上述假设条件下,设 A、B 两个寡头垄断厂商面临的市场反需求函数为(5.8)式:

$$P = 1800 - Q = 1800 - (Q_A + Q_B) \tag{5.8}$$

式中 P 是产品的价格,Q 是市场的总需求量,Q_A 和 Q_B 分别代表市场对 A 厂商和 B 厂商产品的需求量,并且 $Q = Q_A + Q_B$。根据上面给出的条件,并假定成本等于零,则厂商 A 的利润函数(π_A)应为:

$$\pi_A = TR_A - TC_A = P \cdot Q_A - 0$$

$$= [1800 - (Q_A + Q_B)] \cdot Q_A$$
$$= 1800Q_A - Q_A^2 - Q_A \cdot Q_B$$

厂商 B 的利润函数（π_B）应为：
$$\pi_B = TR_B - TC_B = P \cdot Q_B - 0$$
$$= [1800 - (Q_A + Q_B)] \cdot Q_B$$
$$= 1800Q_B - Q_B^2 - Q_A \cdot Q_B$$

A 厂商利润最大化的一阶条件是边际利润（$M\pi = d\pi/dQ$）等于零，因此有（5.9）式：

$$\frac{d\pi_A}{dQ_A} = 1800 - 2Q_A - Q_B = 0$$
$$Q_A = 900 - Q_B/2 \tag{5.9}$$

B 厂商利润最大化的一阶条件与 A 厂商相同，因此有（5.10）式：

$$\frac{d\pi_B}{dQ_B} = 1800 - 2Q_B - Q_A = 0$$
$$Q_B = 900 - Q_A/2 \tag{5.10}$$

公式（5.9）和（5.10）分别为厂商 A 和厂商 B 的反应函数（*reaction function*）。反应函数所要说明的是，每个厂商都是根据他们对竞争对手产量的预期来确定自己的产量的，即每个厂商的产量都是其竞争对手产量的函数。例如，当 A 厂商预期 B 厂商的产量为 400，那么根据（5.9）式，A 厂商利润最大化的产量就是 700（900 - 400/2）；同样，如果 B 厂商预期 A 厂商的产量为 400，根据（5.10）式，B 厂商利润最大化的产量也是 700（900 - 400/2）。在某一时点上，如果 A 厂商生产 700 个单位的产量，B 厂商的反应函数就决定了他应当生产 550（900 - 700/2）的产量。如果 B 厂商生产 550 个单位的产量，就使得 A 厂商生产 700 的产量不再是最优，因此 A 厂商又会根据自己的反应函数调整自己的产量。当 A 厂商的产量改变以后，厂商 B 又会作出相应的调整。依此类推，只要一个厂商的产量不同于另一个厂商在选择最优产量过程中所用的产量，这种调整就会继续下去。

当每个厂商对另一个厂商产量的预期变得正确时，市场就会达到均衡。这意味着 A 厂商和 B 厂商实现利润最大化的均衡产量必须同时满足两个反应函数。在数学上，我们通过联立 A、B 两个厂商的反应函数，就可以求出厂商的均衡产量。即 $Q_A = 600$，$Q_B = 600$。这就是说，当两个厂商的产量各为 600 时，市场达到均衡状态。

进一步的计算表明，每个寡头垄断厂商的均衡产量都是整个市场需求量的三分之一，即：

$$Q_A = Q_B = 1800 \times 1/3 = 600$$

而行业的均衡产量则是整个市场需求量的三分之二，即：

$$Q = Q_A + Q_B = 1800 \times 2/3 = 1200$$

将 $Q_A = Q_B = 600$ 代入市场反需求函数（5.8），就可以得到寡头垄断市场的均衡价格 600。即：

$$P = 1800 - 1200 = 600$$

在实现市场均衡的条件下，根据前面给出的利润函数，A 厂商和 B 厂商的最大利润是相同的，均为 360000。即：

$$\pi_A = \pi_B = 1800 \times 600 - 600^2 - 600 \times 600 = 360000$$

上面对寡头垄断市场进行均衡分析的古诺模型也可以用图 5 – 17 中厂商的反应函数曲线来说明。

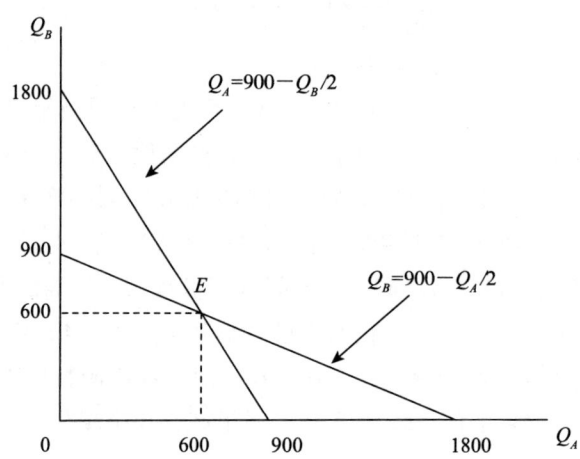

图 5 – 17　寡头垄断厂商的反应函数和古诺均衡

图 5 – 17 的横坐标表示 A 厂商的产量，纵坐标表示 B 厂商的产量，坐标中的两条向右下方倾斜的曲线分别是厂商 A 和 B 的反应函数曲线。两条反应函数曲线相交的点即 E 点就是古诺模型的均衡解。与均衡点 E 相对应，厂商 A 和厂商 B 的产量各为 600。

双头垄断市场结构的古诺模型还可以用来分析多于两家企业的寡头垄断行业。我们无需展开它的数学分析过程就可以推知，当市场上存在 n 个寡头垄断厂商时，每个寡头垄断厂商的均衡产量 Q_i 应如（5.11）式所示，整个行业的均

衡产量 Q_m 应为（5.12）式所示。

$$Q_i = Q \cdot \frac{1}{n+1} \quad (5.11)$$

$$Q_m = Q \cdot \frac{n}{n+1} \quad (5.12)$$

式中，$n \geqslant 1$，Q 是市场的总需求量，亦即完全竞争市场条件下的产量。从（5.12）式不难看出，随着 n 变大，$n/(n+1)$ 的值就越接近于1。这里的意思是，随着企业数量的增多，寡头垄断行业的总产量会越来越接近于完全竞争市场的产量。当然，如果更多的企业进入市场以致产量增加，根据反需求函数（5.8），产品价格就会下降。

三、斯威齐模型

斯威齐模型（$Sweezy\ model$）是由美国经济学家保罗·斯威齐（P. M. Sweezy）在1939年创立的一种寡头垄断模型。经济学家们早就注意到，有些产品的价格在很长一段时期内都保持不变。例如，钢轨的价格在1901年被确定为每吨28美元以后，十余年内一直没有发生变化，1922～1933年，价格一直保持在每吨43美元。硫磺的价格在1926～1938年间，一直在每吨18美元徘徊。这意味着在寡头垄断的市场上，产品价格存在着刚性（$price\ rigidity$）。斯威齐认为，价格存在刚性的原因是寡头垄断厂商的需求曲线是折弯的。因此，斯威齐模型也被称为折弯的需求曲线（$kinked\ demand\ curve$）模型。

斯威齐模型的假设条件是：（1）在寡头垄断的市场上，存在着一个均衡价格；（2）当某个厂商率先提高价格时，其他厂商不会随之提高价格，但当某一厂商率先降价时，其他厂商则会相应降价；（3）每个厂商都追求最大利润。

关键是第二点假设，这个假设是有道理的。因为在寡头垄断的市场结构中，如果某个厂商率先提高价格，而其他厂商不相应提价的话，不提价厂商的市场份额就会增加，而提价厂商的销售量则会锐减，这说明提价厂商的需求曲线是富有弹性的。相反，当某个厂商率先降价时，其他厂商为了避免自己的市场份额减少，也会相应降价。在此情况下，率先降价厂商的销售量也不会增加很多，因而需求曲线是缺乏弹性的。由此可见，第二点假设意味着，如果以最初的市场价格为界，需求曲线是折弯的，两段需求曲线具有不同的价格弹性。我们利用图5-18来说明折弯的需求曲线的形成过程。

图5-18坐标的横轴表示产量，纵轴表示价格。假定最初的均衡点是 E

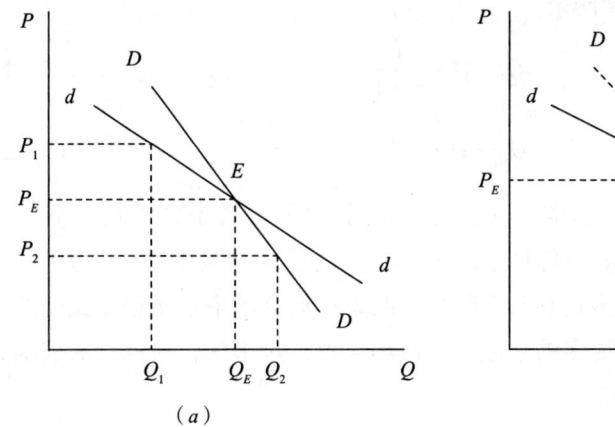

图 5-18　寡头垄断厂商折弯的需求曲线

点，均衡价格为 P_E，均衡产量是 QE。先观察图 5-18（a）。图中有两条需求曲线：dd 线代表某寡头垄断厂商变动价格而其他厂商保持价格不变时该厂商的需求变化情况，DD 线代表某寡头垄断厂商变动价格时行业内所有厂商都以相同方式改变价格时该厂商的需求变化情况。

假设某厂商首先把价格从 P_E 提高到 P_1。如果这时其他厂商不相应提价，那么 dd 曲线就会起作用，该厂商的销售量就会从 Q_E 锐减到 Q_1，而其他厂商的市场份额则会增加。当然，如果其他厂商也相应提高价格，则 DD 线起作用，与 P_1 价格相对应的向 DD 线索取的销售量一定大于 Q_1，该厂商的市场份额就不会因为提价而损失那么多。但是后一种情况通常是不会发生的，所以斯威齐模型假定这种情况是不存在的。这说明，当厂商提高价格时，实际起作用的需求曲线是 dd 曲线上的 dE 段，而不是 DD 曲线上的 DE 段。注意 dE 线是富有价格弹性的需求曲线。

现在我们假设这个寡头垄断厂商不是率先提价而是率先降价，例如把价格从最初的 P_E 降低到 P_2。这时该厂商面临的需求曲线就是 DD 线而不是 dd 线，因为其他厂商为避免销售量的损失也会相应降价。在此情况下，率先降价厂商的销售量最多只能从 Q_E 增加到 Q_2。我们可以想象一下，假设其他厂商不降价的话，dd 线就会起作用，与价格 P_2 相对应的向 dd 线索取的销售量就会大幅度增加，率先降价的厂商就会赢得较大的市场份额。但由于这种情况不大可能发生，所以，当厂商降低价格时，实际起作用的需求曲线是 DD 曲线上的 ED 段，而不是 dd 线曲线上的 Ed 段。注意 ED 线是缺乏弹性的需求曲线。

如果我们把价格变动时实际起作用的需求曲线的 dE 段和 ED 段用实线绘制在图 5-18（b）中，就会得到一条折弯的需求曲线，即图中的实线 dED 曲线。

如前所述，需求曲线只要是向右下方倾斜的，边际收益曲线就一定位于它的左下方并具有两倍的斜率。据此我们可以在图 5-19（a）中得到两条边际收益曲线，即与 DD 线相对应的 MR_D 线和与 dd 线相对应的 MR_d 线。由于只有 dED 曲线是寡头垄断厂商实际面对的需求曲线，因此，以 EQ_E 垂线为界，厂商的边际收益曲线一定是与需求曲线 dE 段相联系的 MR_d 线的上半段和与需求曲线 ED 段相联系的 MR_D 线的下半段。显然，这是一条不连续的或断开的边际收益曲线。图 5-19（b）显示了折弯的需求曲线和与之相联系的断开的边际收益曲线，其断开的部分为垂直的 FG 线，可以将 FG 线视为连接 MR_d 线和 MR_D 线的边际收益曲线。

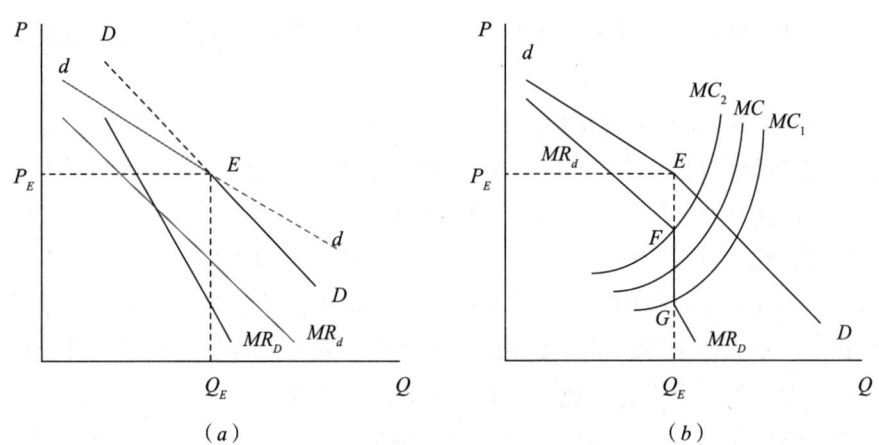

图 5-19　折弯的需求曲线和断开的边际收益曲线及寡头厂商的均衡

注意图 5-19（b）中利润最大化的均衡点发生在需求曲线的弯折处即 E 点，因为在这个点上，边际成本 MC 曲线刚好与 MR 曲线相交。此时的均衡价格是 P_E，均衡产量是 Q_E。

利用（b）图中折弯的需求曲线和断开的边际收益曲线可以解释寡头垄断市场为什么存在价格刚性的现象：由于需求曲线是折弯的，并且 dE 曲线富有价格弹性，而 ED 曲线缺乏价格弹性，因此，任何一个厂商都不会从提价和降价的行为中得到好处；同时，由于边际收益曲线是断开的，所以，无论厂商的边际成本怎样变动，例如从 MC 线下移到 MC_1 线或上移到 MC_2 线，但只要它不越出断开的缺口即 FG 线的范围，P_E 的价格和 Q_E 的产量仍然是符合 $MR=MC$ 原则的。不妨想象一下，如果 MC 线移动到 F 点的上方或移动到 G 点的下方，均衡价格和均衡产量都将发生改变。

斯威齐模型有助于人们理解寡头垄断市场上存在的价格刚性，但它未能说明最初的均衡价格和均衡产量是怎样决定的，这是斯威齐模型的一个缺陷。此外，经济学家乔治·斯蒂格勒（George Stigler）通过对 7 家寡头垄断企业定价的经验研究表明，在这些行业中，竞争者无论是提高价格，还是降低价格，其他企业都是一样跟进的。①

四、卡特尔模型

在寡头垄断的市场中，企业之间的激烈竞争往往会导致价格下降和利润减少。为了避免价格竞争，寡头垄断的市场存在着厂商相互勾结或串谋的倾向，以试图按照垄断的或接近于垄断的价格水平定价。其中一个重要的方法就是建立卡特尔。

卡特尔（Cartel）通常是指同一行业中的寡头垄断厂商通过签署正式协定，共同确定产品的价格和产量，以获得超额利润的经济组织。卡特尔在反垄断法比较严厉的国家是不允许存在的，例如在美国。但在欧洲，卡特尔是合法的。卡特尔也存在于世界范围内，例如石油输出国组织（OPEC）就是一个国际性的卡特尔。在一个行业中建立卡特尔是需要一定条件的，包括产品的需求缺乏价格弹性，从而使卡特尔具有潜在的垄断能力；或者卡特尔控制了大部分的产品供给，要么就是非卡特尔成员厂商的供给缺乏弹性。

建立卡特尔的目的是在卡特尔内部实现最大利润。我们可以利用图 5-20 来说明卡特尔是怎样进行价格决策和产量决策，以获取最大利润的。

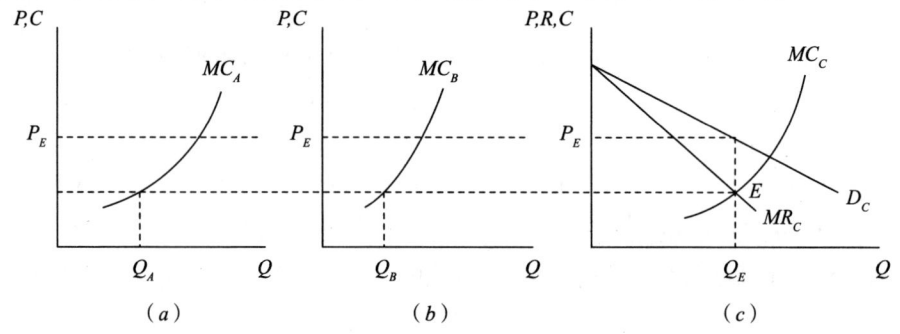

图 5-20 卡特尔的价格决策和产量决策

① G. J. Stigler, The Organization of Industry (Burr Ridge, IL: Richard D. Irwin, 1968).

为简单起见，假定某卡特尔组织中只有 A 和 B 两个厂商。图 5-20 中的坐标 (a) 和 (b) 分别表示这两个厂商的生产成本情况。图中的 MC_A 和 MC_B 分别表示这两个厂商的边际成本曲线。坐标 (c) 中给出了整个卡特尔组织所面对的市场需求曲线 (D_C)、边际收益曲线 (MR_C) 和边际成本曲线 (MC_C)。卡特尔的边际成本曲线是通过把 A 和 B 两个厂商的边际成本相加而得到的，即 $MC_C = MC_A + MC_B$。

为实现利润最大化的均衡，卡特尔必须按照 $MR = MC$ 的原则确定价格和产量，即在 (c) 图中的 E 点实现均衡，此时的均衡价格是 P_E，均衡产量是 Q_E。为了维持 P_E 的均衡价格和 Q_E 的均衡产量，卡特尔面临两项重大任务：一是统一销售价格，二是在卡特尔成员厂商之间分配产量。为了避免价格竞争，凡参加卡特尔的成员厂商都要按照 P_E 的统一价格销售自己的产品。但要维持 P_E 的价格，卡特尔必须有效地控制产量。从 (c) 图中可以看到，能够使价格维持在 P_E 的产量水平是 Q_E，任何大于或小于 Q_E 的产量水平都会改变价格。为了把产量控制在 Q_E 的水平，卡特尔是按照所有成员厂商的边际成本都相等的原则来分配产量的，也就是使每家成员厂商的配额确定在所有厂商的边际成本都相同的水平上。在图 5-20 中，成员厂商的产量可以这样确定：从 (c) 图中 $MR_C = MC_C$ 相交的 E 点向左画出一条水平线，分别与 (a) 图和 (b) 图中的 MC_A 和 MC_B 线相交，根据两个成员厂商的边际成本水平，厂商 A 的最优产量是 Q_A，厂商 B 的最优产量是 Q_B，并且 $Q_E = Q_A + Q_B$。如果卡特尔成员厂商的边际成本发生了变动，产量也必须进行重新分配。例如厂商 A 如果在现有的生产水平上边际成本超过了厂商 B，就应当把厂商 A 的部分产量转移给厂商 B，直到边际成本都相等。

卡特尔这种垄断组织具有不稳定性和不确定性。因为卡特尔的任何一个成员厂商只要不遵守协议，搞价格欺骗或产量欺骗，就可以从中得到好处，这很可能会导致卡特尔的最终解体。同时，卡特尔不一定能够联合本行业中所有的厂商，在此情况下，他们在确定产品的价格时，就不能不考虑非成员厂商的反应。另外，在实际操作中，卡特尔成员厂商之间产量的理想分配也很难实现，因为每家厂商的配额要通过谈判来确定。在此情况下，拥有谈判优势的厂商就可能获得比最优产量更大的市场份额。经验研究表明，卡特尔成员的市场份额的分配通常是以他们在历史上的销售额、生产能力和利润率水平为基础的，有时卡特尔也按照区域位置划分市场，赋予每个成员在某一地区经营的排他性特许权。

五、寡头垄断市场的效率

以上是对寡头垄断市场厂商均衡的分析。与完全竞争和垄断竞争的市场结构相比,寡头垄断的市场具有较高的垄断程度,在实现均衡时,和垄断的市场一样,价格都高于长期平均成本,并可以长期获得经济利润,这导致了它的产量小于完全竞争厂商和垄断竞争厂商的产量。因此,与上述市场结构相比,寡头垄断的市场是一种缺乏效率的市场结构。

但与完全垄断的市场相比,寡头垄断的市场结构又具有较高的效率。因为在寡头垄断的市场中毕竟存在着竞争,厂商需求曲线的价格弹性大于垄断厂商需求的价格弹性,因此产品的价格要低于垄断市场的价格水平,产量水平则高于垄断市场的产量水平。这意味着寡头垄断的市场结构具有比垄断市场更高的资源配置效率和更高的生产能力利用程度。

第五节　博弈论

在前面分析的四种市场结构中,除了寡头垄断市场外,厂商的决策,包括产量决策、价格决策、利润决策等,都是一种与其他厂商无关的独立选择。但是在寡头垄断的市场结构中,由于厂商的行为是相互制约、相互影响的,因此,每一个厂商都要推测其他厂商对自己所要采取的某一行动的反应,然后才能采取有利于自己的行动。于是,现代微观经济学开始用博弈论的方法来研究相互制约和相互影响的厂商的决策行为。

博弈理论是 20 世纪 50 年代由数学家约翰·冯·诺伊曼（John Von Neumann）和经济学家奥斯卡·摩根斯坦（Oskar Morgenstern）首先提出来的,是研究行为者之间策略相互依存和相互作用的决策理论,被用来对个人和组织的目标互相冲突的场合进行评价。目前,博弈论已经发展为一门内容广泛和复杂的学科。博弈论可以分为合作博弈理论和非合作博弈理论。合作博弈（cooperative games）与非合作博弈（non-cooperative games）的主要区别就在于博弈的当事人之间能否达成一个有约束力的协议。如果能够达成这样的协议,就是合作博弈,否则就是非合作博弈。在本节,我们主要介绍与寡头垄断市场密切相关的非合作博弈的一些基本理论。

一、囚徒的困境和纳什均衡

在寡头垄断的市场上,当厂商可以通过卡特尔等方式公开地相互勾结时,就属于合作博弈，当厂商受反垄断法约束或由于其他原因而不能合作时，非合作博弈就会出现。在有些情况下，非合作博弈可能会导致既不是参与者也非社会所要得到的结果。

博弈论中一个最有名的例子是囚徒的困境（prisoner' dilemma）。[①] 这个虚构的故事讲的是两个共同犯罪的嫌疑人被警方抓到以后，由于没有足够的证据证明他们有罪，因而对这两个犯罪嫌疑人犯罪事实的认定以及相应的量刑在很大程度上要取决于他们自己对罪行的供认。于是两名嫌疑犯被警察分别带进两个不同的房间进行审问，这意味着他们不能相互勾结或串谋。但他们每个人都被告知，如果他们坦白自己的罪行，每人将被判处 6 年徒刑，如果其中一个人招供而另一个人不招供，招供的犯人将被从轻判处 1 年徒刑，也许还能够得到缓刑，*不招供的犯人将被判处 15 年徒刑。同时，两个犯罪嫌疑人都知道，如果他们都不供认警方所不知道的犯罪事实，根据现有的证据，每人可能最多面临两年的监禁。在上述条件下，两个犯罪嫌疑人都必须在招供和不招供这两种行为中作出一个策略选择，而不同的策略选择会有不同的结果。表 5-1 的得益矩阵或支付矩阵（payoff matrix）归纳了两名囚徒在选择不同的策略时可能导致的各种结果。

表 5-1 矩阵中的数据代表囚犯坐牢的年数，显然，坐牢的年数越多，囚犯所得到的收益就越小或损失就越大。因此，在这里，两个囚犯的收益都用负数来表示。四个方格中每组数据中前面的数据都是囚犯甲的收益，后面的数据都是囚犯乙的收益。同时，表 5-1 中还显示了两名囚徒都面临着两种可供选择的策略：招供或者不招供。并且显示了不同的决策所导致的四种不同的结果。

表 5-1　　　　　　　　　　囚徒的困境

		囚徒乙	
		不招供	招　供
囚徒甲	不招供	-2,　　-2	-15,　　-1
	招　供	-1,　　-15	-6,　　-6

[①] 此例在 Luce and Raiffa, Games and Decisions, Section 5.4 中有更为详细的阐述。

从表 5-1 中可以看出，如果两个人都选择不招供，每人最多只坐牢两年，损失是最小的。但在两名囚徒不能串谋的条件下，谁都不知道对方会作出什么选择。假如每个囚犯都以追求可预期的自身利益（或安全水平）最大化为目标，那么，选择不招供的策略显然是一种不理性的行为，理性的选择即最优策略应当是招供。因为招供意味着最多只坐 6 年牢房，也许还有只坐一年牢房甚至缓刑的可能；但如果选择不招供的策略，而他的同伙选择招供策略的话，他就有可能在牢房里呆上 15 年。假如每个囚徒都作出招供的选择，最终的结果就是每人被判刑 6 年。从非合作博弈的角度来看，每人都招供并且都被判刑 6 年，虽然两败俱伤，但应是两个囚徒此次博弈的均衡解。

上例中的均衡解是以两个囚犯不能相互勾结或串谋为前提的。假如两个囚犯能够相互勾结或串谋，并且能达成一个有约束力的都不招供的协议，他们所得到的结果要优于不合作条件下的均衡解。

从囚徒困境的例子可以看出，为获得自身的最大收益，无论是甲还是乙，都应当选择优势策略或占优策略（*dominant strategy*）。优势策略或占优策略是指：无论其他博弈者采取什么策略，该博弈者的策略总是最好的。在上面的例子中，选择招供就是占优策略。假如博弈的参与者都选择占优策略，所导致的结果就是占优策略均衡或占优均衡（*dominant equilibrium*）。在上例中，导致两败俱伤结局的策略组合就是占优策略均衡。在博弈过程中，只要每一个参与者都具有占优策略，就一定存在占优策略均衡。

但是，在有的博弈中并不存在占优策略。甲的最优策略会随乙的策略的变化而变化，而乙的最优策略也会随甲的策略的变化而变化。在这种不存在占优策略进行博弈的情况下，仍然可以达到均衡。为了描述存在占优策略和不存在占优策略情况下所达到的一般均衡，人们使用了纳什均衡这一概念。纳什均衡（*Nash equilibrium*）有时也被称为非合作博弈均衡，是以诺贝尔经济学奖获得者、数学家约翰·纳什（*John F. Nash*）命名的。我们可以把纳什均衡定义为这样一组策略：在该策略组合下，所有博弈方单方面改变选择都不能使其收益增加。根据定义，占优策略均衡一定是纳什均衡，而纳什均衡不一定就是占优策略均衡，它还包括不存在占优策略情况下所达到的均衡。

二、寡头垄断厂商的两难选择

寡头垄断厂商在进行价格、产量及其他策略选择时，与囚徒的两难选择有惊人的相似之处。如果他们能够通过建立卡特尔或实行价格领导制等方式公开的或非公开的相互勾结的话,他们的收益将是最大的;但如果他们不能有效地进行合作,所得到的结果就类似于不能相互勾结的两个囚徒的解,从而导致两败俱伤。我们以寡头垄断厂商之间的价格竞争为例。表 5-2 给出了甲乙两个厂商进行价格博弈的情况。

表 5-2　　　　　　　　　寡头垄断厂商的困境

		厂商乙	
		不降价	降价
厂商甲	不降价	8, 8	5, 10
	降价	10, 5	6, 6

表 5-2 把两个囚徒换成了两个生产彩电的厂商。矩阵中四个方格中的数值代表厂商的收益,每组数据中前面的数据都是厂商甲的收益,后面的数据是厂商乙的收益。与表 5-1 相反,这里的数值越大,厂商的收益越大,反之,数值越小,收益越小。

假设彩电行业中只有甲乙两个厂商。在表 5-2 的得益矩阵中,这两个厂商都面临着不降低价格和降低价格销售其彩电的两种策略选择。假如他们能够有效合作,达成一个有约束力的不降低价格销售彩电的协议,他们每年各自的收益都是 8 亿元,这是一个使双方都能获得最大收益的结果。但如果囿于法律的约束或其他原因而不能有效地合作,价格战就可能出现。在价格竞争中,如果厂商都选择降低价格的策略来销售自己的彩电,结果是每个厂商每年都只能得到 6 亿元的收益。但如果其中只有一个厂商选择降价策略而另一个厂商选择不降价的策略,由于降价的厂商夺走了大部分的市场份额,每年可以得到 10 亿元的收益,而不降价的厂商每年只有 5 亿元的收益。在非合作博弈的情况下,如果寡头垄断厂商都以追求可预期的自身收益最大化为目标,那么选择降价既是甲厂商的占优策略,也是乙厂商的占优策略。最终的结果是不言而喻的:占优策略的均衡解是甲乙两个厂商每年各自获得 6 亿元的收益。

在寡头垄断的市场存在非合作博弈的情况下,竞争不仅表现为价格竞争,也可能表现为非价格竞争,例如在创造产品差异、开发新产品、广告费支出以及产量方面的竞争。可见,寡头垄断厂商进行博弈的范围是非常广泛的。

三、重复博弈

在上面的例子中，无论是囚徒之间的博弈还是寡头垄断厂商之间的博弈，都属于一次性博弈。在一次性博弈的假定下，博弈各方合理选择的结果是纳什均衡。如果博弈可以重复多次，结果就会有所不同。因为如果一方欺骗了另一方，他可能会受到另一方的报复和惩罚，博弈的结果就可能不是一次性博弈的纳什均衡。

重复博弈（repeated games）是指同样结构的博弈可以重复许多次。重复博弈也有两种情况：重复次数有限的博弈和重复次数无限的博弈。

如果博弈的重复次数是有限的，偏离纳什均衡的可能性就会相对小一些。同时，参与者一旦知道了博弈的次数，就很可能在最后一次博弈中采取欺骗或不合作的手段，因为竞争对手失去了报复自己的机会。在此情况下，所有的参与者都可能采取占优策略，从而形成占优策略均衡。

但是如果博弈的次数是无限的，偏离纳什均衡的可能性就会更大一些。同时，在重复次数无限的博弈中，报复的机会总是有的。在此情况下，囚犯或寡头垄断厂商之间不断的相互报复会导致严重的后果。鉴于重复博弈后果的严重性，博弈的所有参与者都有维持相互合作的积极性。这有可能使囚徒和寡头垄断厂商走出两难选择的困境，从而形成博弈中的合作性均衡。

总之，重复博弈与一次性博弈的后果是不同的，重复次数有限的博弈和重复次数无限的博弈所导致的结果也是不同的。

关键名词和术语

| 自然垄断 | 价格歧视 | 产品集团 | 价格竞争 | 非价格竞争 | 古诺模型 | 反应函数 | 斯威齐模型 | 卡特尔模型 | 优势策略 | 占优策略均衡 | 纳什均衡 |

复习思考题

1. 简述不同类型的市场结构的特征。
2. 简述完全竞争厂商短期均衡和长期均衡的条件。
3. 在完全竞争的市场结构中，厂商和行业的供给曲线是怎样推导出来的？
4. 作图说明垄断厂商的短期均衡和长期均衡。

5. 在垄断市场条件下，为什么不存在规律性的供给曲线？
6. 厂商实行价格歧视的基本条件是什么？
7. 为什么产品一旦具有差异性，竞争性的市场就会具有垄断的特征？
8. 简述古诺模型的主要内容和结论。
9. 为什么只要需求曲线是弯曲的，边际收益曲线是断开的，寡头垄断厂商就会采取稳定价格的策略，使价格具有刚性？
10. 卡特尔是怎样确定产品的价格和在成员厂商之间分配产量的？为什么卡特尔组织的产量和价格具有不稳定性？
11. 比较不同市场结构的效率。
12. 为什么说市场经济必须是竞争性经济？

计算证明题

1. 一个完全竞争的市场中，已知厂商的短期成本函数为 $STC = Q^3 - 6Q^2 + 30Q + 40$，如果产品价格为 66 元，求厂商利润最大时的产量和利润总额。如果价格下降到 30 元，厂商的最小亏损额是多少元？
2. 已知垄断厂商面临的需求曲线是 $Q = 50 - 3P$。如果厂商的边际成本等于 4，试求厂商实现利润最大化的产量。
3. 在一个垄断竞争的行业中，某厂商面临的反需求函数为 $P = 309.75 - Q$，长期总成本函数为 $LTC = 400Q - 20Q^2 + Q^3$。求该厂商的长期均衡价格和产量。在上述条件下，该厂商能够获得多少经济利润？
4. 在一个寡头垄断的市场上，假设两个厂商的行为遵循古诺模型，他们的成本函数分别为 $TC_1 = 0.1Q_1^2 + 20Q_1 + 100000$ 和 $TC_2 = 0.4Q_2^2 + 32Q_2 + 20000$。如果他们生产的是同质产品，面临的市场需求函数为 $Q = 4000 - 10P$。根据古诺模型，试求：(1) 厂商 1 和厂商 2 的反应函数；(2) 均衡价格以及两个厂商的均衡产量；(3) 厂商 1 和厂商 2 的经济利润。

第六章
生产要素市场和收入分配理论

上一章分析了产品市场的结构,并讨论了面对不同的市场结构厂商如何进行价格决策和产量决策才能实现利润最大化的问题。本章我们将分析生产要素市场的情况。观察第一章的图1-1,生产要素市场联接消费者和厂商两个市场主体。厂商是生产要素的需求者,消费者是生产要素的供给者。在要素市场上,要素的价格是由需求和供给两种力量决定的。因此,在本章我们一方面要讨论厂商对要素的需求由什么决定,另一方面也要讨论要素的供给由什么决定,并在此基础上分析要素的需求和供给怎样决定要素的价格。在现实经济中,生产要素价格的决定过程也就是要素的所有者取得收入的过程,所以,生产要素价格的决定理论也被称为收入理论。

与产品市场的结构类型一样,生产要素市场也分为完全竞争市场、完全垄断市场、垄断竞争市场和寡头垄断市场。为简单起见,我们把要素市场分为完全竞争市场和不完全竞争市场两种情况进行讨论。

第一节 完全竞争市场条件下的生产要素需求

这里所说的完全竞争市场,是指厂商不仅在要素市场上是完全竞争者,并且在产品市场上也是完全竞争者。

在产品市场上,厂商是产品的供给者,在生产要素市场上,厂商是要素的需求者。厂商无论以什么角色出现,都是为了追求最大利润。追求利润最大化的厂商是怎样使用生产要素的呢?为了说明这个问题,我们先要分析要素需求的性质,并给出边际收益产品这一重要概念。然后再分析追求最大利润的厂商使用生产要素的原则。

一、生产要素需求的性质和边际收益产品

厂商对生产要素的需求是指厂商在一定时期中，在各种可能的价格水平上愿意并且能够购买的生产要素的数量。与消费者对产品的需求一样，它也包含时间、购买欲望和购买力三个要素。但是，厂商对生产要素的需求与消费者对产品的需求相比也有很大的不同，这主要表现在两个方面：首先，生产要素需求是引致需求（derived demand），即从消费者对产品的需求中派生出来的间接需求，因此也称为派生需求或衍生需求。道理很简单：假如没有消费者对汽车的需求，就不会有厂商对生产汽车的机器、设备、原材料和技术工人的需求，并且，消费者对汽车的需求量决定了厂商对生产要素的需求量。其次，生产要素的需求具有相互依赖的性质，因而是一种联合需求。因为任何一种产品的生产都需要多种生产要素，并且只有当这些要素有机地结合起来后，才能进行生产活动。从这个意义上说，任何一种产品都是各种要素相互作用的结果。要素需求的这个特点，决定了收入分配问题的复杂性。

决定厂商对生产要素需求量大小的因素有很多，例如消费者对产品的需求和产品的价格、生产的技术水平、生产要素的需求弹性和替代性、生产要素的价格、生产要素的边际生产力，等等。在其他条件不变的情况下，决定要素需求量的最重要的因素有两个：一是要素的价格，二是要素的边际生产力。要素的边际生产力有两种表现方式：实物表现方式和价值表现方式。作为实物表现方式，是指在其他投入不变时，厂商增加一单位的某种要素投入所导致的产品的增加量，即边际产品；作为价值表现方式，是指在其他投入不变时，厂商增加一单位的某种要素投入所导致的收益（R）的增加量。通常，我们把以价值表现方式存在的边际生产力称为边际收益产品（marginal revenue product，MRP），它是某种投入要素的边际收益（MR）与边际产品或边际产量（MP）的乘积。公式（6.1）给出的是任意一种投入品 I 的边际收益产品（MRP_I）的定义公式。

$$MRP_I = \Delta R/\Delta I = MR \times MP_I \qquad (6.1)$$

要证明公式（6.1）并不困难。实际上，我们在讨论边际收益产品这一概念时，是把 MRP 看作是收益函数对投入要素的导数，它所反映的是增加一单位要素投入所增加的收益。已知厂商的收益 R 是产量 Q 的函数，即 $R = R(Q)$，而产量又是要素投入量 I 的函数，即 $Q = Q(I)$，因此，可以把收益看作是要素的复合函数，即 $R = R[Q(I)]$。根据复合函数求导法则就有（6.2）式：

$$\frac{dR}{dI} = \frac{dR}{dQ} \cdot \frac{dQ}{dI} \qquad (6.2)$$

显然，（6.2）式左边的 dR/dI 即为边际收益产品，等式右边的第一项 dR/dQ 为边际收益（MR），第二项 dQ/dI 则为边际产品（MP）。

根据定义，劳动的边际收益产品（MRP_L）和资本的边际收益产品（MRP_K）可以分别用公式（6.3）式和（6.4）式来表示，式中的 MP_L 和 MP_K 分别表示劳动的边际产品和资本的边际产品。其他投入要素的边际收益产品可以类推。

$$MRP_L = MR \times MP_L \qquad (6.3)$$
$$MRP_K = MR \times MP_K \qquad (6.4)$$

与完全竞争的产品市场类似，在完全竞争的要素市场上，产品的价格与要素的边际收益是相等的，即 $P = MR$，并且是一个既定常数。因此，我们可以用价格乘以边际产品来表示完全竞争条件下的边际收益产品，如（6.5）式。不过，用（6.5）式表示的边际收益产品通常也被称为边际产品价值（*value of marginal product*, *VMP*）。边际产品价值是完全竞争市场中边际收益产品的特殊表现形式。

$$VMP_I = \Delta R/\Delta I = P \times MP_I \qquad (6.5)$$

公式（6.6）和（6.7）分别给出了计算劳动的边际产品价值（VMP_L）和资本的边际产品价值（VMP_K）的公式。计算其他投入品的边际产品价值的公式可以类推。

$$VMP_L = P \times MP_L \qquad (6.6)$$
$$VMP_K = P \times MP_K \qquad (6.7)$$

从以上的分析我们看到，边际收益产品和边际产品价值所反映的都是要素投入与产品收益之间的关系，即增加一个单位某种要素的投入所增加的产品的价值。但它不同于边际产品或边际产量，边际产品反映的是要素投入与产量之间的关系；它也不同于边际收益，边际收益反映的是产量与产品收益之间的关系。

二、厂商对生产要素需求或使用生产要素的原则

追求利润最大化的厂商是怎样使用生产要素的呢？为了说明这个问题，我们首先假定厂商在生产过程中只使用一种生产要素：劳动或资本。首先假设厂商只使用单一要素劳动进行生产。在此情况下，为实现最大利润，厂商对要素的需求量即要素的投入量必须达到这样一点：在这一点上，要素投入的边际产

品价值必须等于要素投入的边际成本。要素投入的边际成本是指增加一单位要素的投入所引起的成本的增加量。在厂商只使用单一要素劳动进行生产的情况下，投入要素的边际成本就是劳动的价格或工资（W）。公式（6.8a）给出了完全竞争条件下能够使厂商实现最大利润的劳动要素投入的均衡条件或原则，即劳动的边际产品价值必须等于劳动的价格工资。

$$VMP_L = W \qquad (6.8a)$$

假如厂商使用的单一要素不是劳动而是资本，按照要素投入的边际产品价值必须等于要素投入边际成本的原则，在完全竞争条件下能够使厂商实现最大利润的资本要素投入的均衡条件或原则就应当是资本的边际产品价值等于资本的价格利率（i）。如公式（6.8b）所示。

$$VMP_K = i \qquad (6.8b)$$

只有当公式（6.8a）或（6.8b）给出的条件得到满足时，在完全竞争条件下，使用单一要素进行生产的厂商才能实现最大利润，此时的单一要素使用量是最优数量。因为如果不满足这个条件，例如当 $VMP_L > W$ 或 $VMP_K > i$ 时，继续增加劳动或资本的使用量所得到的收益会大于厂商所支出的成本，说明总利润还可以继续增加，因此厂商应当继续增加要素的使用量；反之，当 $VMP_L < W$ 或 $VMP_K < i$ 时，增加劳动或资本的使用量所得到的收益已经小于厂商所支出的成本，在此情况下，减少劳动或资本的投入量反而会增加总利润。因此，只有当 $VMP_L = W$ 或 $VMP_K = i$ 时，厂商才能够实现最大利润。

要推导出公式（6.8）并不困难。由于假定厂商只使用单一生产要素劳动进行生产，因此，生产成本中的变动成本 VC 就是工资 W 与劳动投入量 L 的乘积，即 WL，固定成本为 FC。此时利润（π）就是总收益（$TR = PQ$）与总成本（$TC = VC + FC$）的差额，于是有如下利润函数：

$$\begin{aligned}\pi(Q) &= TR(Q) - TC(Q) = PQ(Q) - VC(Q) - FC \\ &= PQ(Q) - WL(Q) - FC\end{aligned}$$

由于 Q 是 L 和 K 的函数，如果假定 K 不变，根据利润最大化的一阶条件，在函数两边对 L 求导，并令其等于0。则有：

$$\frac{d\pi}{dL} = P\frac{dQ}{dL} - W = 0$$

式中 dQ/dL 为劳动的边际产量 MP_L，于是有下式：

$$P \cdot MP_L = W$$

根据公式（6.6）给出的劳动的边际产品价值的定义，即 $VMP_L = P \times MP_L$，就可以得到（6.8a）式给出的追求最大利润厂商在完全竞争条件下使用单一要素劳动的均衡条件。即 $VMP_L = W$。对厂商使用单一要素资本的均衡条件即公式（6.8b）的推导可以依此类推。

图6-1是用几何方式给出的完全竞争条件下追求利润最大化的厂商使用单一生产要素的原则或均衡条件。

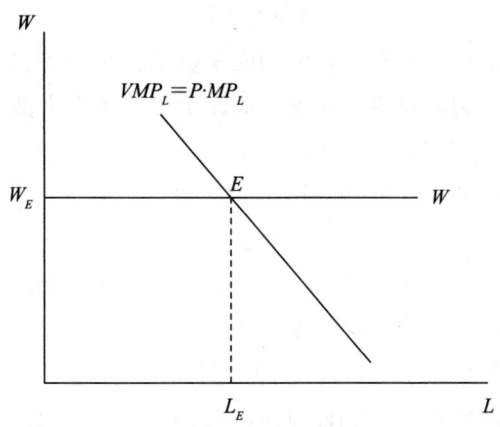

图6-1 完全竞争厂商使用要素的原则

在图6-1中，坐标的横轴表示厂商对劳动的需求量或使用量，纵轴表示厂商使用劳动的边际成本即工资。坐标中的水平线代表劳动的价格，在完全竞争的市场中，由于要素的供给者（消费者）和要素的需求者（厂商）的数量都很多，没有哪一个要素的供给者和需求者可以影响要素的价格即工资 W，要素价格只能由市场需求和供给决定，因此，要素投入的边际成本曲线就是一条平行于横轴的水平线，这意味着无论厂商如何变动要素的投入量，都不会对要素的价格产生影响。在图中，边际产品价值是一条向右下方倾斜的斜率为负的曲线。原因是显而易见的：边际产品价值是产品价格与要素边际产品的乘积，由于在边际收益递减规律的作用下边际产品曲线是向右下方倾斜的，因此，在产品价格不变的情况下，边际产品价值曲线也一定是向右下方倾斜的。进一步的分析表明，当产品价格等于1时，边际产品曲线和边际产品价值曲线是重合在一起的。

在图6-1中，边际产品价值曲线和投入要素的边际成本曲线相交于 E 点，在 E 点，由于 $VMP = W$，因此 E 点就是能够使厂商得到最大利润的要素投入均衡点，与该点相联系的要素的最优使用量是 L_E。

以上的分析是假设厂商只使用一种生产要素进行生产。现在我们假定厂商需要使用劳动和资本两种生产要素进行生产,并且劳动和资本可以相互替代,即存在替代法则。这时,厂商究竟使用什么样的劳动-资本组合进行生产才能实现利润最大化,在很大程度上取决于生产要素价格的高低:如果资本的价格不变,劳动的价格上升了,厂商就会增加劳动的使用量而减少资本的使用量,劳动投入量的增加会导致劳动的边际产品递减,而资本投入量的减少则会导致资本的边际产品递增。反之,如果劳动的价格不变,资本的价格提高了,则会出现与上面相反的情况。在厂商使用两种要素进行生产并存在替代原则的条件下,厂商究竟使用多少劳动和使用多少资本才能实现利润最大化呢?第三章曾经给出的最小成本法则即(3.25)式在这里是同样适用的。公式(6.9)是厂商使用两种或更多生产要素时的最小成本法则,式中的 W 表示劳动的价格即工资,i 表示资本的价格即利率,MP_L 是劳动的边际产量,MP_K 是资本的边际产量,在这里可以理解为在假设租用实物资本的情形下单位租金的边际产量。

$$\frac{MP_L}{W} = \frac{MP_K}{i} \tag{6.9}$$

根据最小成本法则,只有当每一单位货币的投入所得到的边际产品都相等时,成本将达到最小,在其他条件不变时,厂商的利润最大。这一原理不仅适用完全竞争的市场,对不完全竞争的市场也同样是适用的。

三、完全竞争市场要素的需求曲线

根据追求利润最大化的厂商对要素需求的原则或均衡条件,可以导出厂商对要素的需求曲线。在生产要素市场上,完全竞争厂商的要素需求曲线在一个横轴表示要素需求量、纵轴表示要素价格的坐标上,是一条向右下方倾斜的直线或曲线。

我们首先假定厂商只使用一种生产要素进行生产。以厂商对劳动的需求为例,我们可以利用图6-2推导厂商使用单一要素的需求曲线。

在图6-2中,横轴表示厂商对劳动的需求量,纵轴表示劳动的价格即工资。我们假定最初的工资水平是W_1,厂商按照(6.8)式给出的条件将在VMP线和W_1线相交的E_1点购买L_1的劳动量。E_1点表明,当要素价格为W_1时,厂商对要素的需求量为L_1。由于需求曲线表明的是需求量与价格的函数关系,因此,VMP曲线上的E_1点也就是要素需求曲线上的某个点。假设由于要素市场供求关系的变化使劳动价格上升到W_2,这时,厂商就会在VMP线与W_2线相交

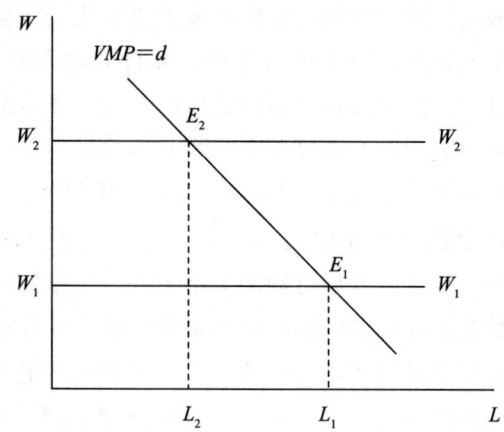

图 6－2　完全竞争市场单一要素的需求曲线

的 E_2 点购买 L_2 的劳动量。显然，VMP 曲线上的 E_2 点也是要素需求曲线上的某个点。假设要素的价格可以连续变化，我们就可以在 VMP 曲线上找到无数个需求曲线的点，连接这些点，就会得到要素的需求曲线 d 线。很明显，在厂商只使用一种生产要素的情况下，要素需求曲线与边际产品价值曲线是完全重合在一起的。①

虽然要素的需求曲线与边际产品价值曲线重合在一起，但两者表示的含义是不同的。首先，与边际产品价值曲线相联系的 L 是厂商对要素的使用量，而与需求曲线相联系的 L 是厂商实现利润最大化的最优劳动使用量；其次，边际产品价值曲线反映的边际产品价值与要素投入量的函数关系，而需求曲线体现的是要素使用量与要素价格之间的函数关系。向右下方倾斜的要素需求曲线表明，要素的价格越高，追求利润最大化的厂商对要素的需求量就越少；反之，要素的价格越低，厂商对要素的需求量就越多。毕竟，要素的需求曲线是假定在其他条件不变的情况下要素的需求量与要素价格之间的关系。

那么，厂商对要素的需求即需求曲线的移动是由什么决定的呢？从厂商使用要素的均衡条件可以看出，在其他条件不变的情况下，厂商对要素的需求决定于产品价格（P）和要素的边际生产率即要素的边际产量（MP）。产品价格越高，厂商对要素的需求越大，于是要素需求曲线右移；反之，产品价格越

---

①　要素需求曲线与边际产品价值曲线相重合的条件是边际产量和产品价格不受要素价格的影响。这一条件只有在单一要素投入和完全竞争的假设下才能得到满足。

低，厂商对要素的需求越小，于是要素需求曲线左移。如果产品价格是既定的，厂商对要素的需求就决定于要素的边际生产率：边际生产率越高，厂商对要素的需求越大，于是需求曲线右移；反之，边际生产率越低，厂商对要素的需求越小，于是需求曲线就会左移。事实上，除了要素本身的价格，一切能够影响厂商对要素使用量的因素都是影响要素需求的因素。

以上是对单个厂商要素需求曲线的分析。一般来说，通过对单个厂商要素需求曲线的水平加总就可以得到要素的市场需求曲线。但是，对单个厂商要素需求曲线的加总不是简单地加总。因为我们在推导单个厂商的需求曲线时，是在假定其他条件，包括其他厂商对要素的使用量不变的条件下推导出来的。如果行业的调整造成所有使用同一种要素的厂商同时增加或减少该种要素的使用量，就会引起要素价格的变化，而要素价格的变化又会改变产品价格，从而改变厂商的 VMP，并最终导致要素需求曲线的变化。在此情况下，要导出要素的市场需求曲线就会困难得多。但无论单个厂商对要素的需求如何变化，所导出的要素市场需求曲线通常都是向右下方倾斜的。

厂商对生产要素的需求是从消费者对产品的需求中派生出来的引致需求。因此，对要素需求的分析离不开产品市场的情况，这正是我们引进边际产品价值这一概念的原因，也是要素市场需求曲线不能由单个厂商要素需求曲线简单加总的原因之一。

第二节　不完全竞争市场条件下的生产要素需求

不完全竞争的市场有多种类型，为简单起见，我们主要讨论两种情况下厂商对生产要素的需求。一是产品市场不是完全竞争而生产要素市场是完全竞争情况下的要素需求，即卖方垄断而买方完全竞争情况下厂商对要素的需求；二是产品市场是完全竞争而要素市场不是完全竞争情况下的要素需求，即买方垄断而卖方完全竞争情况下厂商对要素的需求。

一、卖方垄断而买方完全竞争情况下厂商对要素的需求

假设厂商面对的产品市场是一个不完全竞争（包括垄断、垄断竞争、寡头垄断）的市场，但他在生产要素市场上却是一个完全竞争者，那么这时的厂商就是一个卖方垄断而买方完全竞争的生产者。在此情况下，厂商会按照什么原则购买生产要素或者在什么条件下使用生产要素才能实现最大利润呢？

如果厂商面对的产品市场是不完全竞争的市场,那么产品的需求曲线就不是一条水平线,而是一条向右下方倾斜的曲线。向右下方倾斜的需求曲线意味着产品的价格不再是一个常数,而是随着产量或销售量的增加而下降,并且边际收益也不再等于产品的价格。在此情况下,厂商使用要素的边际收益产品即 MRP 就不再表现为边际产品价值 VMP,或者说,两者不再是相等的。另一方面,由于在要素市场上,厂商是完全竞争者,因此,厂商使用要素的边际成本仍然等于要素的价格。

在卖方垄断但买方完全竞争的市场条件下,由于厂商使用要素的边际收益产品 MRP 不再表现为边际产品价值 VMP,因此,完全竞争厂商使用单一生产要素的原则 VMP = W 就不再成立。此时,厂商在使用单一要素例如劳动进行生产时,能够使厂商实现最大利润的要素投入均衡条件或对生产要素需求的原则应是边际收益产品等于劳动的价格即工资。如公式(6.10)所示。

$$MRP_L = W \tag{6.10}$$

公式(6.10)是卖方垄断而买方完全竞争的厂商实现利润最大化的要素投入的均衡条件。只有当这一条件得到满足时,处在这种不完全竞争市场条件下的厂商才能实现利润最大化,此时的劳动使用量才是最优数量。

对(6.10)式推导与对(6.8a)式的推导近似。所不同的是这里的产品价格不是常数。已知利润函数为:

$$\pi = TR - TC = PQ - VC - FC = PQ - WL - FC$$

由于假定厂商面对的是卖方垄断而买方完全竞争的市场,因此产品市场中产品价格 P 随产量 Q 变化,而 Q 又会随要素 L 的投入量变化,显然,这是一个复合函数。在假定 K 不变的情况下,利润最大化的一阶条件是函数两边对 L 求导,并令其等于零,于是就有:

$$\frac{d\pi}{dL} = \frac{dTR[Q(L)]}{dL} - W$$

$$\frac{d\pi}{dL} = \frac{dTR}{dQ} \cdot \frac{dQ}{dL} - W = 0$$

式中 dTR/dQ 为边际收益 MR,dQ/dL 为劳动的边际产量 MP_L,因此有下式:

$$MR \cdot MP_L = W$$

根据公式(6.3)给出的劳动的边际收益产品的定义,即 $MRP_L = MR \times MP$,则有(6.10)式给出的卖方垄断而买方完全竞争情况下厂商使用单一要素的均衡条件，即 $MRP_L = W$。

与边际产品价值 VMP 一样，MRP 曲线也是向右下方倾斜的。虽然如此，但倾斜的原因并不完全相同。如前所述，VMP 向右下方倾斜是因为边际产品是递减的，而 MRP 曲线之所以向右下方倾斜，除了边际产品递减的作用外，还与产品的边际收益递减有关。因此，一般来说，MRP 曲线要比 VMP 曲线更陡峭一些。

进一步的分析表明，根据厂商使用要素的原则，利用第一节推导完全竞争厂商需求曲线的方法，可以得到卖方垄断但买方完全竞争条件下厂商的需求曲线，它也是一条向右下方倾斜的曲线。在厂商只使用单一要素进行生产的情况下，厂商的需求曲线与 MRP 曲线完全重合在一起。图 6-3 给出的就是 MRP 曲线和厂商对要素劳动的需求曲线。

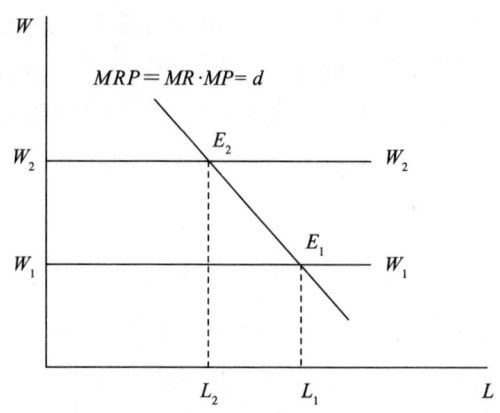

图 6-3　卖方垄断买方完全竞争下要素的需求曲线

图 6-3 中，向右下方倾斜的 MRP 线是边际收益产品曲线。假定最初的工资水平是 W_1，厂商按照 (6.10) 式给出的条件将在 MRP 线和 W_1 线相交的 E_1 点购买 L_1 的劳动量；当劳动的价格上升到 W_2 时，厂商就会在 MRP 线与 W_2 线相交的 E_2 点购买 L_2 的劳动量。显然，E_1 点和 E_2 点既是 MRP 曲线上的点，也是要素需求曲线上的点，因为它们表明的是要素的使用量与要素价格之间的对应关系。连接这两个点，就得到了要素的需求曲线 d 线。可见，在卖方垄断而买方完全竞争的情况下，要素需求曲线与边际收益产品曲线是完全重合在一起的。

二、买方垄断而卖方完全竞争情况下厂商对要素的需求

与前一种市场状况不同，我们这里所要讨论的是这样一种市场状况：在要素市场上，作为生产要素的买方，厂商是一个垄断者；而在产品市场上，作为

产品的卖方，厂商是完全竞争者。从厂商的角度划分，不完全竞争的要素市场包括完全垄断、垄断竞争和寡头垄断三种情况。为简单起见，我们假定要素市场是完全垄断的市场，即假定要素市场上只存在一个生产要素的买者。

如果厂商在产品市场上是一个完全竞争者，那么他必须接受由市场力量决定的产品价格。这时，产品价格就是一个常数，并且产品的边际收益与产品的价格相等，即 $MR = P$。在此情况下，厂商的边际收益产品必然等于边际产品价值，即 $MRP = VMP = PMP$。但是，由于厂商在要素市场上不是完全竞争者，因此，生产要素的价格就不再是一个常数，使用要素的边际成本也就不等于要素的价格。面对这样的市场状况，厂商应当按照什么原则购买或使用生产要素，才能获得最大利润呢？

为了说明这个问题，我们需要进一步明确本章第一节就已经提到的要素投入的边际成本这一概念。要素投入的边际成本通常被称为边际投入成本（marginal cost of input，MCI），它是指增加一单位要素的投入所引起的成本的增加量，如果取极限值，那么 MCI 就是成本对要素投入的导数。如公式（6.11）所示。

$$MCI = \frac{\Delta C}{\Delta I} = \frac{dC}{dI} \qquad (6.11)$$

式中的 ΔC 表示成本的增加量，ΔI 表示某种要素投入的增加量。实际上，边际投入成本也可以表示为边际成本 MC 和边际产品 MP 的乘积。要证明这一点并不困难，根据边际投入成本的定义，可以由（6.12）式推导出上述结论。

$$MCI = \frac{dC}{dI} = \frac{dC}{dQ} \cdot \frac{dQ}{dI} \qquad (6.12)$$

在（6.12）式中，dC/dQ 是产品的边际成本即 MC，dQ/dI 是要素的边际产品即 MP。因此，正如（6.13）式所表示的那样，边际投入成本表现为产品的边际成本与要素的边际产品的乘积。

$$MCI = MC \times MP \qquad (6.13)$$

在完全竞争的要素市场中，边际投入成本等于投入要素的价格，但在垄断的要素市场上，两者是不相等的。因此，（6.10）式给出的卖方垄断而买方完全竞争的利润最大化条件 $MRP = W$ 就不再适用。在买方垄断而卖方完全竞争的情况下，厂商在使用单一要素进行生产时，能够使厂商实现最大利润的要素投入均衡条件或厂商对生产要素需求的原则应是边际产品价值等于边际投入成本。

$$VMP = MCI \qquad (6.14)$$

公式（6.14）表明，在买方垄断而卖方完全竞争的情况下，只有当边际产品价值等于边际投入成本时,厂商才能实现利润最大化,要素使用量才是最优数量。

已知利润函数为:

$$\pi = TR - TC = PQ - VC - FC = PQ - WL - FC$$

由于市场结构是买方垄断而卖方完全竞争,表明要素市场中要素的价格随要素需求量变化。如果令要素投入的成本为 CI(I),其中 I 代表要素 L 或 K 的投入数量。如果假定 K 的投入量不变,根据利润最大化的一阶条件,在利润函数两边对 L 求导并令其等于零,则有:

$$\frac{d\pi}{dL} = P \cdot \frac{dQ}{dL} - \frac{dCI}{dL} = P \cdot MP - MCI = 0$$

由于产品市场是完全竞争的,即产品价格水平是给定的,因此有 $VMP = P \times MP$,在此情况下,买方垄断而卖方完全竞争的厂商使用单一要素的均衡条件即为 $VMP = MCI$。

为了用几何图形表示(6.14)式给出的均衡条件,需要给出边际投入成本曲线和厂商面临的要素供给曲线。在一个横轴表示单一要素例如劳动的投入量,纵轴表示该要素的价格即工资的坐标上,边际投入成本曲线和厂商面临的要素供给曲线都是向右上方倾斜的。如图 6-4 所示。

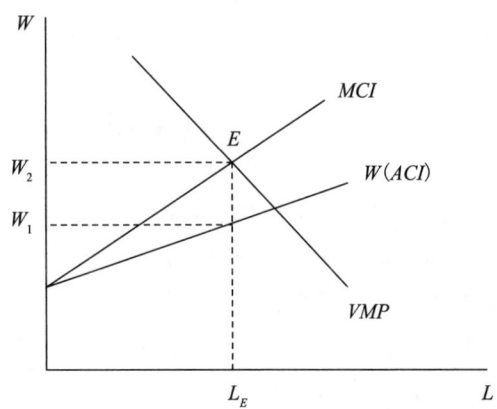

图 6-4 买方垄断卖方完全竞争下要素市场的均衡

在图 6-4 中,W 曲线是要素的供给曲线,它也是要素平均成本($ACI = TC/I$)曲线,MCI 曲线是边际投入成本曲线。在买方垄断的要素市场上,厂商面临的要素供给曲线就是市场的要素供给曲线,而市场要素的供给曲线一般是向右上方倾斜的,它表示要素的价格越高,要素的供给量越大;同时它也表明,厂商对要素的需求量越大,就必须向要素的所有者支付更高的价格。这意

味着 MCI 曲线不仅是向右上方倾斜的,而且位于 W 曲线的上方。表 6-1 随意给出的几组数据有助于读者理解 MCI 曲线和供给曲线的关系。

表 6-1 要素投入与成本的关系

要素供给量 L	要素价格 W	总成本	要素平均成本 ACI	MCI
1	4	4	4	4
2	5	10	5	6
3	6	18	6	8
4	7	28	7	10

在表 6-1 中,假设不存在固定成本,要素价格会随要素使用量的增加而提高。从表中给出的数据可以看出,要素供给曲线实际上就是要素的平均成本曲线。由于边际投入成本 MCI 递增的速率大于要素平均成本 ACI 递增的速率,因此,MCI 曲线一定位于 ACI 曲线或 W 曲线的上方,[①] 但两者的截距相同。

在图 6-4 中,VMP 曲线与 MCI 曲线相交于 E 点,这意味着厂商必须在与 E 点相对应的地方购买 L_E 的劳动量才能实现最大利润。此时,要素的价格应为 W_1 而不是 W_2,因为要素的价格只能决定于要素的供给曲线和厂商对要素的需求量 L_E。需要说明的是,VMP 曲线并不是要素的需求曲线。在买方垄断而卖方完全竞争的情况下,并不存在一条确定的要素需求曲线。

第三节 生产要素的供给

厂商对生产要素的需求只是表示市场力量的一个方面即买方力量。在要素市场上,还存在着另一种力量,即卖方力量,这种力量在市场上表现为生产要素的供给。要素市场的价格是由要素的需求和供给共同决定的。在对要素需求进行分析之后,本节我们将转入对生产要素市场供给的分析。生产要素的供给主要包括劳动的供给、土地的供给和资本的供给。

一、生产要素的供给和生产要素价格的决定

生产要素的供给是指在一定时期中,在各种可能的价格水平上,要素的所

---

① 还可以用下式证明 ACI 曲线位于 W 曲线的上方:$MCI = \dfrac{dCI}{dL} = \dfrac{d(FC+WL)}{dL} = W + L\dfrac{dW}{dL} = W(1 + \dfrac{1}{E_I})$。

有者愿意并且能够提供给市场的要素数量。要素供给包含供给欲望、供给能力和时间三个要素。在市场经济中，大多数生产要素，包括劳动、土地和资本都是归私人所有的，因此，一般来说，在要素市场上，要素的所有者或供给者是消费者。

我们在第二章分析消费者行为时曾经指出，消费者在产品市场上购买产品所遵循的行为准则是追求最大效用或最大程度的满足。同样，在要素市场上，消费者作为要素的供给者，他向市场提供各种生产要素所遵循的行为准则也是追求最大效用或最大程度的满足。在要素市场上，消费者对最大效用的追求是怎样实现的呢？在实际经济中，消费者向要素市场供给各种要素所得到的效用是通过收入表现出来的。这里说的收入包括劳动的收入工资、出租土地的收入租金和贷出资本的收入利息等。因此，要素供给是通过收入与消费者的效用联系在一起的。一般而言，消费者所得到的收入越多，所实现的效用越大。

由于消费者供给各种生产要素的行为准则是追求最大效用，因此，一般而言，在长期中，多数生产要素的供给量与价格都是正相关的，即是说，要素的供给曲线都是向右上方倾斜的。这意味着要素的价格越高，要素的所有者提供的要素数量就越多；反之，要素的价格越低，要素所有者提供的要素数量就越少。因为这可以给要素所有者或消费者带来更多的收入从而实现更大的效用。

如果生产要素的供给曲线是向右上方倾斜的，要素的需求曲线是向右下方倾斜的，那么消费者所得到的收入和与之相联系的要素的均衡价格，就决定于要素供给曲线和要素需求曲线相交的均衡点。利用图6-5可以说明要素均衡价格的决定。

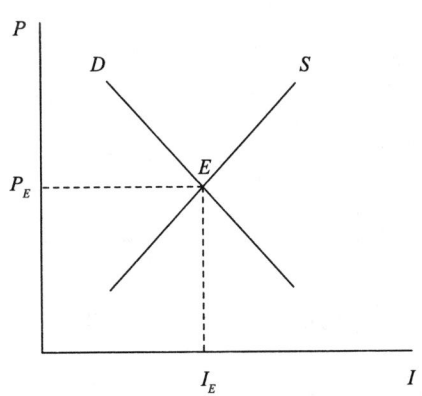

图6-5　生产要素市场的均衡

在图 6-5 中，坐标的横轴表示任意一种要素 I 的投入量，纵轴表示该种要素的价格 P。要素的需求曲线 D 和要素的供给曲线 S 相交于 E 点，此时要素的均衡价格为 P_E，要素的均衡使用量为 I_E。

虽然在长期中，多数要素的供给曲线都是向右上方倾斜的，但是在短期内，要素的供给曲线既可能是向右上方倾斜的，也可能是垂直的，甚至可能是斜率为负的。此外，土地的供给曲线一般认为是完全无弹性的垂线。由于在短期中生产要素的供给具有上述特点，因此，下面我们将分别讨论劳动、土地和资本等生产要素的供给和价格的决定。

二、劳动的供给和工资的决定

在劳动市场上，劳动要素的所有者即消费者实际上是通过两种方式实现其最大效用或得到最大程度的满足的。一种方式是向市场提供劳动，通过获得工资收入来间接地得到满足；另一种方式是通过追求闲暇来得到直接的满足。因此，对于任何一个消费者来说，为实现最大效用或得到最大程度的满足，他必须在劳动或劳动收入与闲暇之间作出选择，因为劳动和闲暇都要占用有限的时间，并且都存在机会成本，所以两者具有不可避免的替代性。

劳动和闲暇之间不可避免的替代关系决定了劳动供给曲线的形状。就单个要素的所有者而言，劳动的供给曲线是向后弯曲的。如图 6-6 所示。

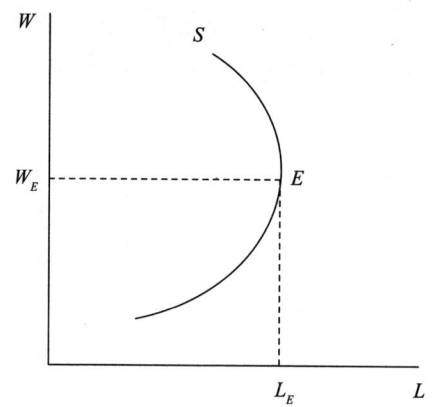

图 6-6　劳动的供给曲线

图 6-6 的横坐标表示劳动的供给量，它可以用劳动时间如小时来衡量；纵坐标是每小时的劳动价格，即工资率。在图中，劳动的供给曲线一开始是向右上方倾斜的，但是，当工资率达到一定的高度后，供给曲线开始向后弯曲。

怎样解释劳动供给曲线向后弯曲的这一特征呢？

我们先看向右上方倾斜的那段供给曲线。供给曲线向右上方倾斜，并且曲线的斜率随着工资率的提高而增加，这反映了消费者的这样一种行为：当工资率低于W_E的时候，金钱的诱惑会促使人们工作更长的时间，即提供更多的劳动，因为这样可以获得更多的收入，购买更多的消费品和服务，从而得到更大程度的满足。于是，伴随工资率的提高，个人的劳动时间就会延长，劳动的供给量就会增加。但与此同时，消费者的闲暇时间在减少，消费者闲暇时间的减少意味着劳动的机会成本在升高。同时，随着工资率的提高，高收入的诱惑虽然能够继续使人们工作更长的时间，但消费者消费更多产品和服务的愿望可能会逐渐减小，换言之，收入的边际效用会随着工资率的提高而下降，即收入的边际效用递减。总之，在工资率低于W_E时，会促使追求最大效用的消费者以劳动代替闲暇。这被称为工资的替代效应（substitution effect of wages）。

然而，当工资率达到一个较高的水平，例如达到图6-6中的W_E的水平时，收入特别高的消费者已经有了大量的产品和服务供其享用，这时再增加一单位的消费品和服务的边际效用就会变得很小。在此情况下，如果他们能够获得比W_E更高的工资率，追求最大效用的消费者就会在继续保持高收入的情况下减少自己的工作时间，增加闲暇时间。因为在消费者看来，此时增加一单位的闲暇时间给他带来的效用即闲暇的边际效用要大于增加一单位收入所带来的边际效用，因此，追求效用最大化的消费者会以闲暇替代劳动。劳动时间的减少意味着劳动供给量的减少，于是，供给曲线开始向后弯曲。这种与增加工资率相反的劳动供给反应，被称为工资（增加）的收入效应（income effect of wages）。

综上所述，当工资的替代效应占支配地位时，劳动的供给曲线是向右上方倾斜的；而当工资的收入效应大于工资的替代效应时，消费者就会在更高的工资率水平上供给较少的劳动。因此单个要素的所有者或消费者的劳动供给曲线是向后弯曲的。

劳动的市场供给代表了所有单个消费者劳动供给的加总。虽然一些高收入的劳动者的劳动供给曲线是向后弯曲的，但在劳动市场上，多数劳动者可能不得不接受较低的工资率水平。在此情况下，就整体劳动市场而言，劳动的供给曲线很可能不是向后弯曲的，而是向右上方倾斜的。

在一个竞争性的劳动市场上，工资或工资率作为劳动的价格是由劳动的需求和供给共同决定的。由劳动的需求和供给所决定的工资就是均衡工资。利用

图6-7可以说明均衡工资的决定。

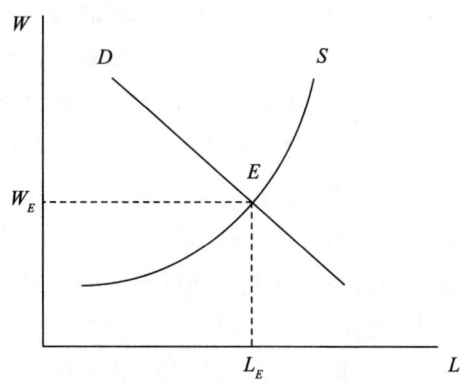

图6-7 劳动市场的均衡和均衡工资的决定

在图6-7中,向右下方倾斜的D线是劳动需求曲线,向右上方倾斜的S线是劳动供给曲线,两条线相交于E点,表明劳动市场在E点实现了均衡。此时的劳动供给等于劳动需求,均衡工资是W_E,均衡劳动数量是L_E。任何高于或低于W_E的工资水平,都会导致劳动市场的不均衡:要么出现劳动短缺,要么出现劳动过剩。当劳动市场出现不均衡时,工资水平就会上下波动,直到实际的工资水平趋近均衡工资水平为止。

决定工资水平的劳动供给和劳动需求也是不断变化的。劳动供给的变动是由许多经济因素和非经济因素共同决定的。例如人们对工资和收入以及闲暇的偏好、个人或一个经济体的收入和财富、人们对收入和消费的预期、消费品的价格以及政府的税收政策等,都决定劳动的供给。当这些因素发生变化时,劳动的供给就会发生变化,劳动供给曲线的位置就会发生移动。与劳动供给的决定因素不同,劳动的需求决定于劳动的边际生产力,即决定于厂商增加一单位的劳动投入所导致的产品的增加量或收益的增加量。关于这一点,我们已经在第一节和第二节中进行了分析。无论是劳动供给发生变化,还是劳动需求发生变化,都会改变均衡工资水平和均衡劳动数量。

需要说明的是,当劳动市场实现均衡时,并不意味着每个人都能就业。对工资要求高于W_E的人就不能就业。同样,拒绝支付W_E工资水平的厂商也无法雇用到劳动者。此外,如果政府实行最低工资标准,或者工会作为劳动的供给方能够在一定程度上垄断劳动力的供给,或者厂商作为劳动的需求方也具有一定垄断势力的话,那么实际的工资水平就可能偏离均衡的工资水平。

三、土地的供给和租金的决定

在土地市场上，如果土地的所有者也是消费者，那么消费者向市场提供土地所遵循的原则也是追求效用最大化或最大程度的满足。

在经济学中，土地可以泛指生产中厂商使用的所有自然资源，包括能源、矿藏等。包括土地在内的自然资源都是自然界赋予人类的、无法被人们再生产出来的要素。

在经济学中，土地有时被看作是一种特殊形式的资本。但与其他形式的资本相比，土地这种资本具有特殊性：它是任何厂商从事任何生产活动都不可或缺的，因而是无法替代的；并且土地的地理位置是固定的、无法移动的；更重要的是，土地的供给是有限的，因而对价格是完全缺乏弹性的。因此，在一个横轴为土地数量 Q，纵轴为使用土地的价格即租金 R 的坐标上，我们就会得到一条与横轴垂直的供给曲线。如图 6-8 所示。

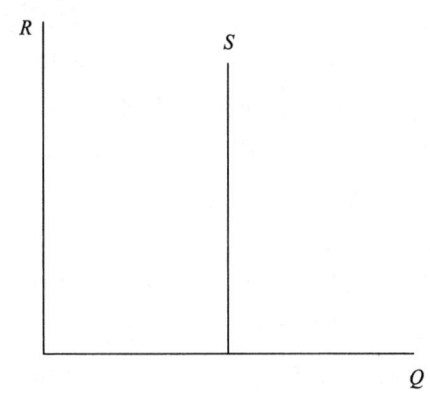

图 6-8　土地的供给曲线

图 6-8 中的 S 线就是土地的供给曲线。垂直的供给曲线表明，无论土地的租金发生怎样的变化，土地的供给数量都是不变的。

厂商使用任何生产要素都是要支付价格的，土地也是一样。在一定时期内为使用土地而支付的价格称为土地租金，简称地租。地租是怎样决定的呢？与其他生产要素的价格决定规律一样，地租决定于土地这种生产要素的供给和需求。图 6-9 给出了地租决定于土地供给和需求的情况。

在图 6-9 中，土地的供给（S）曲线是一条垂线，由于土地的边际生产力是递减的，所以，土地的需求（D）曲线是一条向右下方倾斜的曲线，两条线

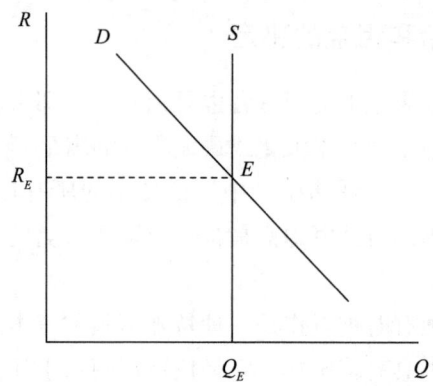

图6-9 土地市场的均衡与地租的决定

相交于 E 点,与 E 点相对应的 R_E 就是土地市场均衡时的均衡地租。或者说,只有当地租为均衡地租时,土地市场才能实现均衡。从图6-9不难看出,如果实际地租高于均衡地租,厂商对土地的需要量就会小于土地的供给量,这时,土地的所有者就不得不把价格降下来;同样的道理,地租也不会长期地停留在均衡地租水平之下,因为较低的地租水平将会导致厂商对土地需求量的增加,使土地的需求量大于土地的供给量,在此情况下,土地所有者就会提高土地的使用价格,直到地租水平趋近 R_E 时为止。

均衡地租也是不断变化的。由于土地供给是不变的,因此,均衡地租的变动主要取决于厂商对土地需求的变动。不难想象,如果厂商对土地的需求增加,即 D 线向右上方移动,那么均衡地租水平就会上升;反之,如果厂商对土地的需求减少,即 D 线向左下方移动,则会导致均衡地租水平的下降。

在经济学中,租或租金(rent)这一概念不仅被用于土地,有时也用于任何一种供给固定的生产要素。如果要素的供给在长期中是不可改变的,或者说要素的供给量在长期中不随价格的变化而变化,那么厂商为使用这些固定要素所支付的价格——从另一个角度说就是要素所有者所获得的收益,就可以称为租金,例如前面所说的地租就是这样。但是,如果某些生产要素的供给在短期内是不可改变的或者不随价格的变化而变化,而在长期中是可以改变的(例如企业中的机器、设备和厂房),那么对这些供给量暂时不变的固定要素的支付,或者说供给量暂时不变的那些固定要素的收益,就是准租金(quasi - rent)。借助于图6-10,可以更准确地理解准租金的概念。

在图6-10中,横坐标表示产量,纵坐标表示产品价格和成本。曲线 AVC、

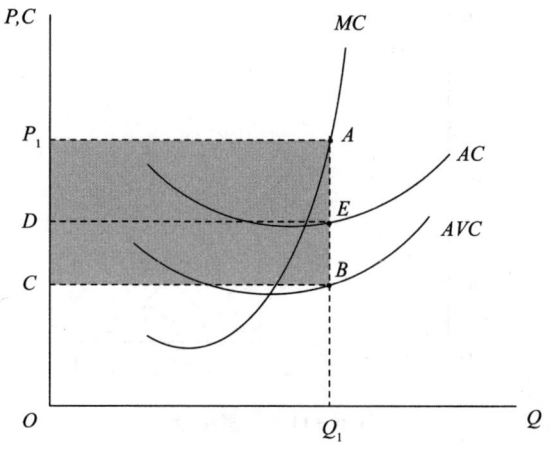

图 6-10 准租金

AC 和 MC 分别表示产品的平均变动成本、平均成本和边际成本。当产品的价格为 P_1 时，厂商的总收益为矩形面积 OP_1AQ_1，总成本为矩形面积 $ODEQ_1$，总变动成本为矩形面积 $OCBQ_1$。总变动成本代表厂商为生产 Q_1 的产量所必需的对变动要素的支付，即变动要素的收益。总收益减去总变动成本则是固定要素的收益，即准租金。图中矩形阴影面积 CP_1AB 就是准租金的面积。可见，准租金是总收益与总变动成本之差。图中矩形面积 DP_1AE 是总收益减去总成本的差额，即经济利润。经济利润不一定是正值，它也可能是负值。当市场价格较低，总收益小于总成本时，经济利润就是负值。但准租金却一定是正值，因为一旦市场价格低于平均变动成本，即不存在准租金时，企业就会停产。

租金的概念在现代社会已经被经济学家们进一步地推广，于是就有了经济租金的概念。在现代经济学中，凡是超出生产要素竞争性收入的那部分超额收入都被称为经济租金（economic rent）。这里说的竞争性收入是指在竞争性的市场上能够吸引生产要素的所有者提供其生产要素的最低收入。例如，某一具有天赋的管理者在担任某家公司的经理时的年薪收入是 100 万美元，但如果他不担任经理的职务而是从事其他工作，并且这种工作只要支付 20 万美元的年薪就可吸引他提供自己的劳动，那么他担任经理职务的经济租金就是 80 万美元（100－20）。因此，经济租金也可定义为要素所有者取得的收入超过其机会成本的剩余。不过，这种剩余不是消费者所得到的消费者剩余，而是生产者得到的生产者剩余（producer surplus）。图 6-11 给出了经济租金或生产者剩余的几何解释。

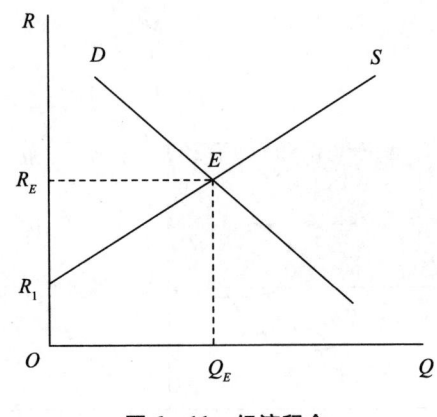

图 6-11 经济租金

在图 6-11 中，要素的全部收入是由 OR_EEQ_E 围起来的矩形面积。但要素所有者提供 Q_E 的要素数量所愿意接受的最低要素收入却是由点 OR_1EQ_E 围起来的面积。要素全部收入与要素最低收入之差即为经济租金或生产者剩余，图中由点 R_1R_EE 围起来的即价格以下供给曲线以上的三角形面积就是经济租金，它也被称为生产者剩余。生产者剩余（producer surplus）也可以定义为生产要素和产品的最低供给价格与市场价格之间存在差异而给生产者或卖者带来的额外收益，即生产要素所有者和产品提供者在市场交易中实际获得的收益与其愿意接受的最小收益之间的差额。

显然，如果其他条件不变，经济租金的大小就取决于供给曲线的形状。供给曲线越是陡峭，经济租金就越大。当供给曲线为垂线时，全部要素收入均为经济租金，这时的租金也被称为纯经济租金（pure economic rent）。例如地租就是一种纯经济租金。不难理解，如果供给曲线是水平线的话，经济租金就会消失。

在现代经济学中，租金的概念还被用于讨论人为地寻求某种垄断特权的行为。寻租（rent seeking）就是指个人或团体所从事的占有或者获取具有固定供给量的生产要素的要求权的努力。例如，出租车公司通过种种活动使政府限制发放出租车营业执照的数量以维持较高的出租车服务价格，就是一种寻租活动；汽车生产厂商通过种种活动试图让政府运用关税壁垒或非关税壁垒等手段把国外同行们生产的汽车拒之于本国市场之外的行为，也属于寻租活动。寻租会导致资源的浪费。关于这个问题，我们在第八章还将作进一步的讨论。

四、资本的供给和利率的决定

在传统上，经济学把生产要素分为劳动、土地和资本三种。其中劳动和土地被称为初始要素或初级要素，因为他们的供给数量都是由市场以外的因素决定的。与初始要素不同，资本是可以通过人们的经济活动创造出来的要素。资本也称资本品（capital goods），表现为厂商所使用的建筑物、机器设备以及投入和产出存货三种类型，它们都是有形资产。这些有形资产与金融资产不同，后者不过是一种纸制凭证，准确地说，是债权人对债务人的货币要求权。

与劳动和土地一样，资本的所有者也是消费者。但消费者在大多数情况下都不直接向厂商出租资本品，而是在资本市场上通过把自己收入的一部分以某种方式借给厂商而转化为企业的资本品。例如消费者以银行储蓄的方式把钱借给银行，然后再由银行以贷款的方式把钱借给企业，或者消费者直接购买公司债券和公司股票。如果我们把消费者的上述行为统称为储蓄，那么储蓄就是资本供给增加的源泉。厂商获得这些货币后，就可以用来购买各种资本品。

消费者将自己收入的一部分借给厂商使用而不是用于自己的消费，其目的也是获得最大效用或得到最大程度的满足，而这种满足是通过获取利息的方式实现的。那么，消费者在什么情况下才愿意向资本市场供给更多的资本呢？显然，消费者供给资本的数量与资本的价格即利率的高低直接相关。当利率水平较低时，人们更倾向于将自己的收入用于当前的消费。但是，伴随着利率水平的提高，人们就会把更多的钱用于储蓄，即增加资本的供给量，因为这样做可以提高消费者未来的消费水平，从而实现长期的效用最大化。可见，在一定的利率水平上，资本的供给量与利率水平是正相关的。然而，当利率水平达到一定的高度之后，资本供给的数量不仅不会增加，反而会减少。因为一旦资本供给的回报率达到一定的高度时，消费者就会增加当前的消费，以得到更大程度的满足。根据前面利率、消费、储蓄的关系，我们就可以得到一条与劳动供给曲线相类似的向后弯曲的资本供给曲线。如图6-12（a）所示。

图6-12（a）中的S曲线就是资本的供给曲线。由于资本市场上有无数的资本供给者，并且每个资本供给者的收入水平各不相同，因此资本的市场供给曲线也许不是向后弯曲的，但一定是向右上方倾斜的。图6-12（b）给出了资本的市场供给曲线S线和资本的需求曲线D线。由于要素的边际生产力是递减的，因此资本的需求曲线也是向右下方倾斜的。在（b）图中，S线和D线相交于E点，此时资本市场处于均衡状态。与E点相对应的利率i_E是均衡利率，

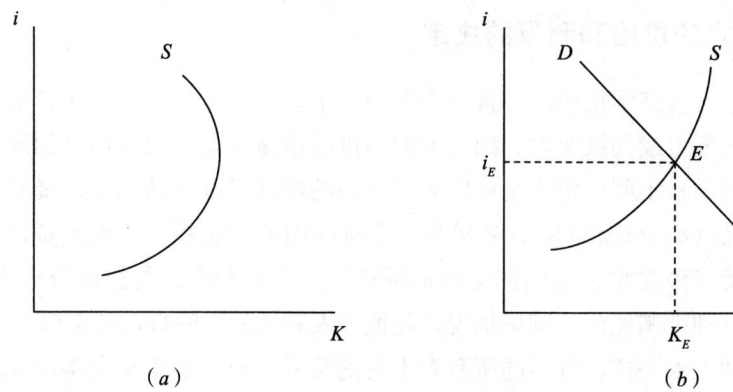

图 6-12 资本的供给曲线和均衡利率的决定

K_E 是均衡的资本供给量。不难想象，市场利率水平无论是高于均衡利率还是低于均衡利率，都会导致资本市场的供求失衡，而这种失衡的供求关系最终会迫使利率水平趋近于均衡利率。

利率取决于资本的供给和需求，反过来说，资本的供给量和需求量也取决于利率水平。资本供给量与利率水平的关系已如前述。厂商对资本需求量的大小和利率的关系也是不说自明的：当利率水平较高时，厂商对资本的需求量较少，反之，利率水平较低时，厂商对资本的需求量则较多。但追求利润最大化的厂商究竟使用多少资本为最优，不仅取决于利率，还要考虑其投资收益。

厂商的投资收益与货币的时间价值存在密切的联系。货币是具有时间价值的。货币的时间价值（the time value of money）意味着未来的货币总是没有现在同等数量的货币更值钱。因此，厂商在进行投资决策时，总是要把一项投资活动的未来收益折算成货币的现在价值，即折成现值（present value，PV），然后把现值与他的投资额进行比较。只有当一项投资在未来各年的收益折成现值之和大于该项投资的投资额时，厂商才有可能进行投资。公式（6.15）给出了如何将未来投资收益折算成现值的计算公式。

$$PV = V/(1+r)^t \tag{6.15}$$

公式（6.15）中的 V 代表未来某年的一笔货币收益，t 代表年限，r 代表用于折现的折现率或贴现率。折现率可以是市场利率，也可以是某种债券的利率，也可以是其他形式的资本收益率，如股息率等。选择什么折现率进行折现，完全依投资风险的大小而定。

根据（6.15）式，如果 $V=1$，$r=10\%$，$t=1$，就可以知道现值 $PV=$

0.909。这意味着，距现在以后一年（$t=1$）的 1 元钱（$V=1$）只相当于现在的 0.909 元（$1/[1+10\%]$）；而距现在 2 年（$t=2$）后的 1 元钱只相当于现在的 0.826 元（$1/[1+10\%]^2$）。

一般来说，厂商进行一项投资后，并不是在今后某一年仅取得一次性收益，而是在今后若干年的每一年都可以获得一笔收益，并且各年的收益可能相等，也可能不相等。因此，为把未来各年的收益都折成现值，就可以使用（6.16）式给出的计算公式。

$$PV = \frac{V_1}{1+r} + \frac{V_2}{(1+r)^2} + \cdots + \frac{V_n}{(1+r)^n} \qquad (6.16)$$

在公式（6.16）中，$V_n/(1+r)^n$ 表示第 n 年的收益的折现值，r 表示折现率。按照前例，如果一项投资活动在今后的两年每年都可以得到 1 元钱的收益，那么两年的总收益折成现值之和就是 1.735 元（0.909+0.826）。

现值与投资额之差通常被称为净现值（net present value）。在追求最大利润的情况下，厂商的投资活动主要依据净现值的大小进行决策。净现值越大，厂商的收益就越大，在其他条件不变的情况下，厂商对资本的需求量也就越大。

第四节　收入分配理论

本章第一节到第三节，我们分析了要素市场的需求、供给和要素价格的决定。在现实经济中，生产要素价格的决定过程也就是要素的所有者取得收入的过程，所以，生产要素价格的决定理论也被称为收入分配理论。这一理论包括以边际生产力理论为基础的分配理论和以均衡价格为基础的分配理论。在本节，我们将主要介绍前者；同时，还要讨论如何衡量收入分配的公平程度及其变动趋势的问题。

一、边际生产力理论与欧拉定理

分配理论的核心是边际生产力理论（theory of marginal productive）。边际生产力理论是 19 世纪末美国经济学家克拉克（John Bates Clark）首先提出并用于收入分配分析的。这一理论认为，在完全竞争的条件下，每一参与生产活动的要素都将按照边际收益产品获得自己的报酬。

在第三节中，我们分析了劳动、资本、土地三大生产要素及其报酬形式，即工资、利息和租金。它们分别归劳动者、资本所有者和土地（包括其他自然资源）所有者所有。[①] 这样，每一参与生产活动的要素都得到了各自的报酬。但是，要素的所有者获得各自的报酬，是以经济中存在厂商对要素的需求为前提的。

假如把土地归入到资本范畴，即将其视为一种特殊形式的资本，那么，在完全竞争的市场上，追求最大利润的厂商对要素需求将满足公式（6.8）给出的均衡条件。根据公式（6.6）和（6.7），我们还可以把这一均衡条件表述为（6.17）式。

$$W = P \cdot MP_L \quad i = P \cdot MP_K \tag{6.17}$$

通过前面的分析，我们已经知道如何给每一种生产要素定价，因此可以很容易地得到各种要素在经济体总收入中所占的份额。为简单起见，我们仍然假定经济中只有劳动 L 和资本 K 两种投入要素，并且只生产一种产品。于是就有（6.18）式给出的生产函数。

$$Q = f(L, K) \tag{6.18}$$

厂商生产出的产品以价格 P 出售，所获得的收入即为 PQ；劳动者所获得的收入是工资与劳动投入量的乘积即 WL；资本所有者所获得的收入是利率与资本投入量的乘积即 iK。根据公式（6.18）给出的生产函数，劳动在总收入中所占的份额是 WL/PQ，资本在总收入中所占的份额是 iK/PQ。利用边际生产力理论，我们可以把劳动的份额和资本的份额进一步表述为公式（6.19a）和（6.19b）。

$$\frac{WL}{PQ} = \frac{P \cdot MP_L \cdot L}{PQ} = \frac{MP_L \cdot L}{Q} \tag{6.19a}$$

$$\frac{iK}{PQ} = \frac{P \cdot MP_K \cdot K}{PQ} = \frac{MP_K \cdot K}{Q} \tag{6.19b}$$

如果边际生产力理论成立，那么投入要素的总收入就应当等于全部产品的价值。这一结论可以用公式（6.20）表示。

$$WL + iK = PQ$$

或

$$\frac{MP_L \cdot L}{Q} + \frac{MP_K \cdot K}{Q} = 1 \tag{6.20}$$

公式（6.20）意味着，按照边际生产力理论，如果劳动和资本获得各自的收入，那么所有生产要素实际所获得的报酬总量正好等于社会所生产的总收

[①] 经济学家阿尔弗雷德·马歇尔（Alfred Marshall）认为，生产中还有第四种要素，即企业家才能。企业家才能在于组织其他各种要素进行生产，因此企业家才能作为一种生产要素，其价格应当是正常利润。由于正常利润包含在成本之中，因而可以将其视为一种特殊形式的工资。

入。这一结论能够成立的前提是：市场是完全竞争的，同时生产函数 $f(L, K)$ 具有规模报酬不变的性质。对此我们可以做如下证明：

规模报酬不变意味着 $f(\lambda L, \lambda K) = \lambda f(L, K)$，即投入要素增加 λ 倍，产量也增加 λ 倍。将上式对 λ 求导，则有（6.21）式。

$$f_1 L + f_2 K = f(L, K)$$

或

$$MP_L \cdot L + MP_K \cdot K = f(L, K) = Q \tag{6.21}$$

在（6.21）式两边同乘以价格 P，则有公式（6.22）：

$$P \cdot MP_L \cdot L + P \cdot MP_K \cdot K = PQ \tag{6.22}$$

根据公式（6.22）和（6.17）$P \cdot MP_L = W$，$P \cdot MP_K = i$，于是就有公式（6.20）给出的结论。

综述所述，在完全竞争条件下，如果生产函数具有规模报酬不变的性质，那么经济中的总收入刚好被各要素分净。这就是产品分配净尽定理。由于这一结论的证明源自数学家欧拉，因此又被称为欧拉定理（Euler theorem）。对于这一定理，我们可以将其表述为：在完全竞争和生产函数具有规模报酬不变性质的条件下，所有生产要素实际所取得的报酬总量正好等于社会所生产的总产品或经济中的总收入。

二、洛伦茨曲线

在一个经济体中，对于收入分配平等的程度，经济学通常用洛伦茨曲线和基尼系数来衡量。

洛伦茨曲线（Lorenz curve）是用来衡量社会收入分配或财产分配平均程度的曲线。它是由奥地利统计学家洛伦茨（Max Otto Lorenz）提出来的，并因此而得名。为了说明洛伦茨曲线的含义，可以把一个经济体中的人口分为五个等级，并假设每个等级的群体各占人口总数的20%，而各个群体的收入在国民收入中所占份额的大小不同。如表6-2所示。

表6-2 不同群体的收入占国民收入的比例

等级	占总人口的比例%	累计%	占国民收入的比例%	累计%
1	20	20	6	6
2	20	40	12	18
3	20	60	17	35
4	20	80	24	59
5	20	100	41	100

将表6-2中的数据反映在一个横轴表示人口累计的百分比，纵轴表示收入累计的百分比的坐标上，就会得到图6-13。

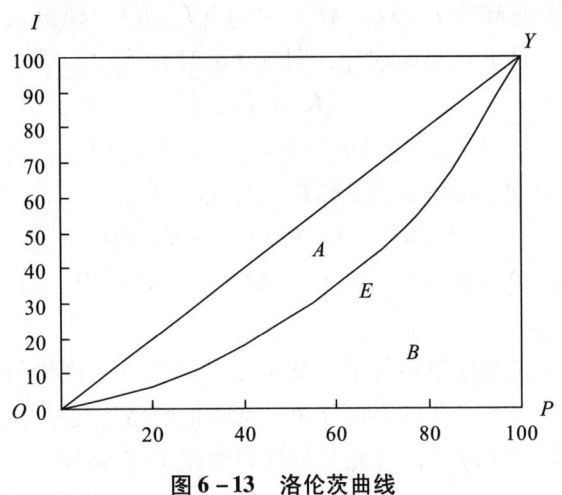

图6-13　洛伦茨曲线

在图6-13中，横轴OP代表按收入从低到高排序后的人口百分比，纵轴OI代表收入的百分比。图中的OY线为45度线。根据45度线的性质，OY线上的任意一点都表示人口的百分比与其收入占总收入的比例完全相等。例如，20%的人口将得到20%的收入，而40%的人口将得到40%的收入，等等，收入分配是绝对平等的。因此，OY线被称为绝对平等线。在图中，OPY折线则表示不到1%的人口占有了100%的收入，而其他人的收入则为零，因而表明收入绝对不平等。故OPY折线被称为绝对不平等线。

实际上，收入分配绝对平等和绝对不平等的情况在任何社会中都是不存在的。在图6-13中，根据表6-2所作的反映实际收入分配状况的OEY曲线就是洛伦茨曲线，它介于绝对平等线和绝对不平等线之间，洛伦茨曲线上的每一点都表示占一定比例的人口所得到的收入在总收入中所占的比例（起点O和终点Y除外）。显然，洛伦茨曲线反映了收入分配在不同等级人群中的平等程度。如果洛伦茨曲线越是与OY线接近，说明收入分配越是平等；反之，洛伦茨曲线越是与OPY折线接近，亦即曲线的弧度越大，则收入分配就越是不平等。如果把收入改换为财产，那么洛伦茨曲线所反映的就是财产分配的不平等程度。

在图6-13中，用A表示的洛伦茨曲线与45°线之间的面积被称为不平等面积，OPY折线与45°线之间的面积$A+B$被称为完全不平等面积。不平等面积与完全不平等面积之比即为基尼系数。

三、基尼系数

基尼系数是根据洛伦茨曲线计算出的反映收入分配平等程度的指标。它是由意大利经济学家基尼（Corrado Gini）首先提出来的，并因此而得名。基尼系数也被称为洛伦茨系数。

如果将图 6-13 中的洛伦茨曲线与绝对平等曲线之间的面积用 A 来表示，把洛伦茨曲线与绝对不平等折线之间的面积用 B 来表示，则计算基尼系数（G）的公式就可以用（6.23）式来所示。

$$G = \frac{A}{A+B} \tag{6.23}$$

根据（6.23）式，当 $A=0$ 时，基尼系数等于零，这意味着收入分配是绝对平等的；当 $B=0$ 时，基尼系数等于1，这表明收入分配是绝对不平等的。在现实经济中，由于绝对平等和绝对不平等的情况不可能存在，因此，实际的基尼系数总是大于零而小于1。基尼系数越小，说明收入分配越是平等；反之，基尼系数越大，则说明收入分配越是不平等。

洛伦茨曲线和基尼系数是一种很有用的分析工具。运用洛伦茨曲线与基尼系数，可以对社会收入分配和财产分配的实际情况及发展变化进行分析比较，也可以对一项政策的收入分配效应和财产分配效应进行分析。同时，我们还可以用这一工具进行相关的国际比较分析和地区比较分析，用它来比较不同国家或地区收入分配的不平等程度。根据国际上通用的标准，基尼系数如果低于0.2，则说明收入分配绝对平等，如果在 0.2~0.3 之间，则表示收入分配比较平等，若在 0.3~0.4 之间，则表示收入分配基本合理，如果在 0.4~0.5 之间，则表明收入分配的差距较大，而如果基尼系数在 0.5 以上，则表示收入差距过于悬殊。其中，0.4 的基尼系数是国际警戒线。我国早在 2000 年就冲破了基尼系数 0.4 的国际警戒线，目前已达到甚至超过了 0.45。这个指标不仅超过了美国、加拿大和所有欧洲国家，哪怕是在亚洲也仅次于马来西亚和菲律宾。

四、库兹涅茨的倒"U"字形假说

美国经济学家西蒙·史密斯·库兹涅茨（Simon Smith Kuznets）在 1954 年的一次经济学演说中，提出了著名的库兹涅茨倒"U"字形假说。这个假说描述了经济增长改变社会经济结构，进而影响收入分配的不平等程度，从而开创了对收入分配的长期演变趋势进行研究的先河。倒"U"字形假说的内容是：

不平等的长期波动构成长期收入分配的特性。在前工业文明向工业文明极为快速转变的经济增长早期，不平等的程度会不断扩大；经过一个时期后会变得稳定；到了增长的后期，不平等的程度将会缩小。

在一个平面坐标上，如果用横轴表示一个经济体的经济增长指标（通常用人均产出 y 来表示），用纵轴表示收入分配不平等程度的指标（通常用基尼系数 G 来表示），则经济增长和收入分配不平等程度的变动轨迹就会构成一条倒"U"字形曲线，即库兹涅茨曲线（*Kuznets curve*）。如图 6—14 所示。

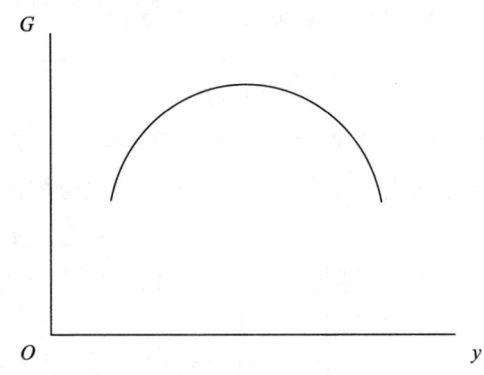

图 6–14　库兹涅茨曲线

从发达国家的发展历史来看，许多国家的经济增长与收入分配不平等程度的关系，都曾经呈现出倒"U"字形的运行轨迹。我国目前正处在经济迅速发展的时期，因此，基尼系数较高，或许有其存在的必然性。但是如果对此不加以控制，势必将影响我国未来长期的经济增长。

关键名词和术语

引致需求　边际生产力　边际收益产品　边际产品价值　边际投入成本　工资的替代效应　工资的收入效应　租金　准租金　经济租金　生产者剩余　寻租　货币的时间价值　现值　净现值　欧拉定理　洛伦茨曲线　基尼系数　库兹涅茨曲线

复习思考题

1. 完全竞争条件下使厂商实现最大利润的要素投入均衡条件是什么？证明你的结论。
2. 完全竞争厂商对生产要素的需求曲线是怎样得到的？它为什么向右下方倾斜？
3. 在卖方垄断而买方完全竞争的市场条件下，追求利润最大化的厂商使用生产要素的原则是什么？
4. 在买方垄断而卖方完全竞争的市场条件下，追求利润最大化的厂商使用生产要素的原则是什么？
5. 简述劳动供给曲线的特征和均衡工资的决定。
6. 简述劳动供给中工资变化的替代效应和收入效应。
7. 简述土地供给曲线的特征和地租的决定。
8. 简述生产者剩余和消费者剩余的区别。
9. 简述资本供给曲线的特征和均衡利率的决定。
10. 简述要素价格与收入分配的关系。你怎样看待产品分配净尽定理？
11. 怎样用洛伦茨曲线、基尼系数和库兹涅茨曲线说明一国收入分配不平等的现状和原因？
12. 怎样看待库兹涅茨曲线所揭示的收入分配不平等的变动趋势？为什么说基尼系数过高会影响长期经济增长？

计算证明题

1. 某企业生产的汽车配件的市场价格是 300 元，月产量为 6000。如果汽车配件的平均变动成本是 150 元，每月的固定成本支出为 30000 元，该企业每月的准租金和经济利润各为多少？
2. 在一个买方垄断而卖方完全竞争的市场上，假设厂商只使用单一要素劳动 (L) 生产产品 (Y)，产品的价格为 1 美元。生产函数为 $Y = 12L - 6L^2 + 0.2L^3$，劳动供给函数为 $W = 6 + 2L$，成本函数为 $C = 12L + 6L^2$。计算厂商利润最大化时的 L 和 W。

第七章 一般均衡与经济效率

从第二章开始,我们详细考察了作为市场主体的消费者行为和生产者行为,分析了包括产品市场和要素市场在内的单个市场的均衡。实际上,任何一个经济主体和任何一种商品市场以及要素市场都不是孤立地存在和运行的。每个经济主体和所有的市场之间都存在着必然的联系。在本章,我们将考察各个经济主体和各个市场之间的相互关系。在承认经济主体决策行为相互影响的前提下,分析所有商品价格和要素价格之间是如何相互影响并最终同时实现均衡的。这也就是一般均衡的问题。在一般均衡分析的基础上,我们还要进一步讨论如果经济体系实现了一般均衡是否具有经济效率的问题,即有关福利经济学的问题。

第一节 一般均衡和帕累托最优

资源具有稀缺性是一个普遍的法则。由于资源具有稀缺性,因此,在任何一个经济体中都存在着如何对资源进行有效配置的问题。在一个经济体中,如果一般均衡是存在的,那么资源配置就是有效率的。在微观经济学中,资源的配置效率通常用帕累托标准来衡量。如果帕累托标准能够得到实现,那么在一个经济体系中就实现了资源的最优配置。为了说明这个问题,我们首先给出一般均衡的概念。

一、局部均衡和一般均衡

到目前为止,我们在分析消费者均衡、生产者均衡、产品市场均衡和要素市场均衡时,所采用的都是局部均衡的分析方法。局部均衡(partial *equilibrium*）分析方法的特点是：在假设其他条件不变的情况下，孤立地考察单个消费者和单个生产者如何达到均衡状态，以及孤立地考察某一种商品市场或某一种要素市场如何达到均衡状态。

但是，在现实经济中，包括消费者和生产者在内的经济主体的决策行为是相互影响的。同时，不仅各种商品的价格和供求是相互作用、相互影响的，而且各种生产要素的价格和供求也是相互作用、相互影响的；此外，商品市场或产品市场与要素市场之间也存在着必然的联系。由于经济系统中存在着这种错综复杂的联系，因此，我们将把局部均衡分析进一步扩展到一般均衡分析。

一般均衡（*general equilibrium*）分析的特点是，它从相互联系的角度来考察各个消费者、各个生产者以及各种产品、各种生产要素都同时达到均衡的状态。可以将一般均衡定义为满足如下几个条件的一种经济状态：第一，每一个消费者都遵循效用最大化的原则，根据给定的商品价格和要素价格所决定的预算约束在产品市场上选择商品组合，在要素市场上提供生产要素，从而形成一定数量的商品需求和一定数量的要素供给；第二，每一个厂商都遵循利润最大化的原则，在现有的技术水平条件下根据给定的商品价格和要素价格，向商品市场供给商品并从要素市场购买生产要素，从而形成一定数量的商品供给和一定数量的要素需求；第三，在给定的价格水平下，所有的商品市场和要素市场的需求量与供给量都相等，实现市场均衡。根据上述定义，由于所有的消费者和厂商所面临的商品价格和要素价格都是给定的，因此，一般均衡一定是完全竞争的一般均衡。或者说，只有在完全竞争的条件下，才能实现上述意义上的一般均衡。在微观经济学中，对市场经济体系进行一般均衡分析，其目的是试图解决在一般均衡的状态下，一个经济体应当如何进行生产、生产什么和为谁生产的问题。显然，这属于规范经济学的分析方法。

在市场经济体系中，是否存在一般均衡状态呢？1874年，法国经济学家里昂·瓦尔拉斯（Leon Walras）第一个提出，在各种产品和要素市场上，消费者和生产者的最大化行为，在某些条件下能够导致需求和供给之间的数量均衡。并最先建立了一个抽象的数学模型，试图用数学分析的方法证明一般均衡的存在性，他的研究结果在很长时期内都为人们所接受。但后来的经济学家们发现，他对一般均衡存在性的数学证明是错误的。于是，经济学家使用了更复杂、高深的数学工具，在一系列严格的假设条件下，得出了一般均衡体系确实存在着一个均衡解，而且这种均衡可以处于稳定状态，并同时满足经济效率要求的结论。显然，如果市场经济体系能够实现一般均衡，那么资源配置就是有效率的。

二、帕累托最优与经济效率

如果说一般均衡理论描述了资源配置的理论状态，那么帕累托最优这一概念则为我们提供了衡量资源配置是否有效率的尺度。

我们知道，资源具有稀缺性是一个普遍的法则。由于资源具有稀缺性，因此，在任何一个经济体中都存在着如何对资源进行有效配置的问题。经济学中所说的经济效率（economic efficiency）通常是指资源配置效率（allocation efficiency），有时也称帕累托效率（Pareto efficiency）。资源配置效率是指如何把经济中的各种资源在不同的市场经济主体、不同的行业之间进行最优配置而达到的效率。

帕累托最优（Pareto optimum）或者帕累托最优配置是判断经济效率的标准。在一个经济体中，是否存在高的经济效率或资源的配置是否处于最优状态，通常用帕累托标准来衡量。在19世纪末20世纪初，意大利经济学家韦弗雷多·帕累托（Vilfredo Pareto）在其《经济学原理》一书中，最先考察了资源的最优配置和产品的最优分配问题，并提出了实现最优配置的条件和判断标准，从此以后，经济学家们就以他的名字来命名这一标准，这就是帕累托标准（Pareto criterion）。现在，帕累托标准已经成为经济学家们评价社会经济资源配置效率是否有效的重要标准。

所谓帕累托标准，是指这样一种状态：在一个经济体中，资源的任何一种重新配置，已经不可能在其他人的效用水平不下降或福利不减少的情况下使任何一个人的效用水平或福利水平提高的状态。如果帕累托标准能够得到实现，一个经济体即实现了资源的最优配置，这时的资源配置状态就是帕累托最优状态。与此不同的是，如果对于一个既定的资源配置进行改变，其结果会使至少一个人的效用水平提高或福利增加，并且没有使任何一个人的效用水平降低或福利减少，这种改变被称为帕累托改进（Pareto improvement）。非帕累托最优状态存在着帕累托改进的机会，而帕累托最优是帕累托改进已经穷尽的状态。

帕累托最优配置或最优状态是经济效率的代名词。在一个经济体中，如果能够满足帕累托标准或实现帕累托最优状态，这个经济体就具有高的经济效率；反之，如果不能满足帕累托标准或者不能实现帕累托最优状态，这个经济体就一定是缺乏经济效率或低效率的。

第二节　实现帕累托最优的条件

帕累托标准或帕累托最优状态的实现是需要具备一系列必要条件的。这些必要条件主要包括帕累托最优的交换条件、帕累托最优的生产条件，以及帕累托最优的生产和交换的条件。只有具备了上述三个必要条件，一个经济体才能实现帕累托最优配置或最优状态。

一、帕累托最优的交换条件

帕累托最优的交换条件也称交换的帕累托最优条件。在一个经济体的社会生产状况既定和收入分配既定的条件下，通过消费者之间的交换使得交易者得到最大效用的均衡称为交易的一般均衡；而能够使交易双方通过商品交换得到最大效用的条件就是帕累托最优的交换条件。那么，要达到交易的一般均衡，实现帕累托最优所必须满足的条件是什么呢？

为使问题简单起见，我们假定一个纯交换的经济，在一个经济体中只有两个消费者 A 和 B，只存在两种产品 X 和 Y，并以两个消费者 A 和 B 进行两种商品 X 和 Y 的交易为例来说明实现帕累托最优的交换条件。为了说明这个问题，需要借助一个埃奇沃思盒状图作为我们的分析工具。埃奇沃思盒状图是由英国经济学家埃奇沃思（Francis Ysidro Edgeworth）创立的，并因此而得名。图 7-1 所给出的就是两个消费者 A 和 B 交换两种商品 X 和 Y 的埃奇沃思盒状图。

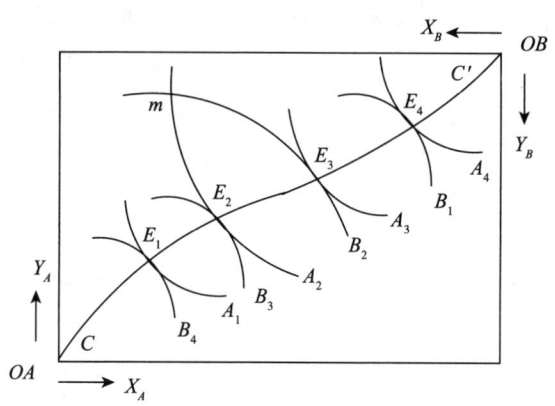

图 7-1　交换的帕累托最优

图 7-1 的埃奇沃思盒状图实际上是把消费者 A 和消费者 B 两个无差异曲

线图整合在一起的结果。读者可以回忆一下第二章中给出的无差异曲线图，无论是消费者 A 还是消费者 B，我们都可以构造出一个无差异曲线群。如果把消费者 B 的无差异曲线图按顺时针方向旋转 180 度，并且使它的横轴和纵轴分别与消费者 A 的无差异曲线图的纵轴和横轴衔接在一起，就可以得到图 7-1 给出的埃奇沃思盒状图。

在埃奇沃思盒状图中，盒子的长度也就是坐标横轴的长度，表示的是一个经济体中所拥有并且是既定的商品 X 的数量，盒子的高度也就是坐标纵轴的高度，表示的是一个经济体中所拥有的并且是既定的商品 Y 的数量。我们假定将所有既定的产品 X 和 Y 通过交易都分配给两个消费者 A 和 B。OA 是消费者 A 的原点，OB 是消费者 B 的原点。从原点 OA 水平向右表示消费者 A 消费的商品 X 的数量 X_A，从原点 OA 垂直向上表示消费者 A 消费的商品 Y 的数量 Y_A。依此类推，从原点 OB 水平向左表示消费者 B 消费的商品 X 的数量 X_B，从原点 OB 垂直向下表示消费者 B 消费的商品 Y 的数量 Y_B。

我们在第二章中曾经指出，每个消费者都有无数条无差异曲线，这些无差异曲线构成一个无差异曲线群。在这里，消费者 A 和消费者 B 也不例外。由于消费者 A 和 B 都有一个无差异曲线群，因此，对应消费者 A 的任意一条无差异曲线，必定会有一条消费者 B 的无差异曲线与之相切。图 7-1 中我们分别给出了消费者 A 的四条无差异曲线，即 A_1、A_2、A_3、A_4，它们分别代表消费者 A 的不同效用水平，同时给出了消费者 B 的四条无差异曲线，即 B_1、B_2、B_3、B_4，它们分别代表消费者 B 的不同效用水平。与我们在第二章中所阐述的无差异曲线的特点没有任何区别，无差异曲线距离原点越远，表明消费者所得到的效用水平越高。因此就有 $A_1<A_2<A_3<A_4$ 以及 $B_1<B_2<B_3<B_4$。在图 7-1 中，假定消费者 A 和消费者 B 的四条无差异曲线分别相切于 E_1、E_2、E_3 和 E_4 点。

现在我们假定，两个消费者最初所拥有的商品 X 和 Y 的状况在无差异曲线 A_2 线和 B_2 线相交的 m 点。如果在 m 点交易即配置商品，能否实现交换的一般均衡，即满足帕累托最优的交换条件呢？显然是不可能的。这就是说，m 点不是交易的均衡点。因为如果在 m 点进行交易，那么就仍然存在着这样的机会，即在不减少其中一个消费者效用水平的基础上使另一个消费者的效用水平提高，即存在帕累托改进的可能。例如，从 m 点沿着无差异曲线 A_2 线在 E_2 点进行交易，虽然消费者 A 的效用水平没有提高，仍然是 A_2 线所代表的效用水平，但消费者 B 的效用水平却从原先 B_2 线所代表的效用水平提高到了现在 B_3 线所代表的效用水平。同样的道理，如果从 m 点沿着无差异曲线 B_2 线在 E_3 点进行交易，虽然消费者 B 的效用水平没有提高，仍然是 B_2 线所代表的效用水平，但消费者 A 的效用水平却从原先 A_2 线所代表的效用水平提高到了现在的 A_3 线所代表的效用水平。这意味着，在 m 点上，帕累托最优状态没有实现，还存在帕累托改进的可能，类似的情况还可以出现在许多点上。实际上，商品分配或交易只要不是在无差异曲线的切点上进行，就总是存在着帕累托改进的可能。这就是说，只有当两个消费者的交易在任意两条无差异曲线的切点，例如在 E_1、E_2、E_3、E_4 点上时，才能实现交易的均衡，因为只有在这些均衡点上，才能实现帕累托最优。连接这些均衡点，就会得到一条平滑的 CC' 曲线，这条曲线被称为交换的契约曲线或交换的效率曲线。契约曲线上的任意一点都意味着帕累托最优状态的实现。或者说，契约曲线是交换的帕累托最优点的集合。

通过以上的分析，我们不难得出帕累托最优的交换条件或交换的帕累托最优条件。这个条件可以表述为：任意两种商品（如 X 和 Y）的边际替代率（MRS_{XY}）对于每一个参加交易的人（例如 A 和 B）来说都相等。这个条件也可以用公式（7.1）来表示。

$$MRS_{XY}^A = MRS_{XY}^B \tag{7.1}$$

在（7.1）式中，等式左边的 MRS_{XY}^A 是消费者 A 用商品 X 代替 Y 的边际替代率，等式右边的 MRS_{XY}^B 是消费者 B 用商品 X 代替 Y 的边际替代率。显然，契约曲线上的任意一点，都符合公式（7.1）所给出的条件，或者说，契约曲线上的任意一点都代表着消费者的边际技术替代率相等。这个条件也被称为交换的一般均衡条件。当这一均衡条件实现以后，任何试图使某些人状况变好或福利增加的商品交易或分配变化都会导致其他人的状况变坏或福利减少。

从帕累托最优的交换条件还可以引申出一个重要的概念，即效用可能性曲线。效用可能性曲线是从交换的契约曲线导出的。

图 7-2（a）是图 7-1 给出的交换的帕累托最优盒状图，图中的 CC' 曲线是交换的契约曲线；图 7-2（b）横轴代表消费者 A 的效用水平，纵轴代表消费者 B 的效用水平。

首先，观察图（a）中的契约曲线，契约曲线上的 E_1 点代表的是消费者 A 和 B 实现了帕累托最优的一组效用组合，此时消费者 A 消费的商品 X 和 Y 相对较少，因而效用水平较低，为 A_1，消费者 B 消费的商品 X 和 Y 相对较多，因而效用水平较高，为 B_4。我们将这一组效用水平标示在图（b）中，就有 C_1 点，显然，C_1 点代表消费者 A 具有较低的效用水平，消费者 B 则具有较高的效用水

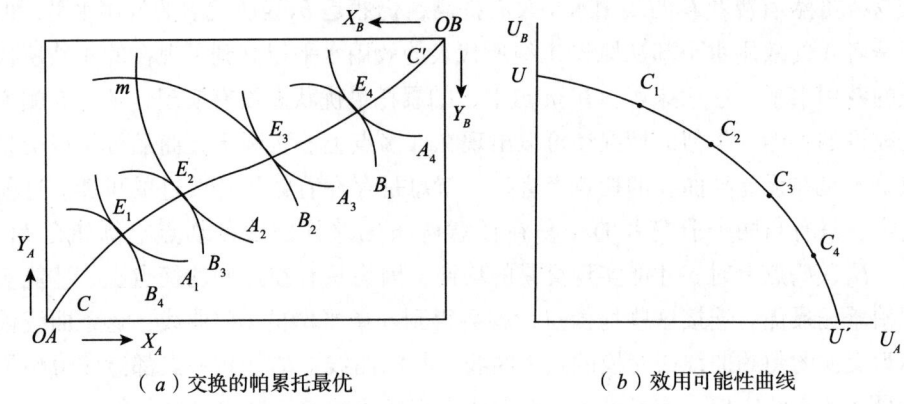

（a）交换的帕累托最优　　　　　　　　（b）效用可能性曲线

图 7-2　效用可能性曲线的推导

平。再看图（a）中契约曲线的 E_2 点，在该点，消费者 A 消费的商品 X 和 Y 比之前增加了，因而效用水平上升到了 A_2，但消费者 B 消费的商品 X 和 Y 比之前减少了，因而效用水平下降到了 B_3，我们将这一组的效用水平标示在图（b）中，就可以得到 C_2 点。依此类推，图（b）中的 C_3 点和 C_4 点分别对应图（a）中的 E_3 点和 E_4 点。将图（b）中的 C_1、C_2、C_3 和 C_4 点连接在一起的 UU' 曲线就是效用可能性曲线。效用可能性曲线是在其他条件不变的情况下消费者可能实现的最大效用，因此亦称效用可能性边界。

从上述推导不难看出，伴随消费者 A 的效用水平不断增加，消费者 B 的效用水平在不断降低。如果我们从相反的角度即从 E_4 点进行推导，毫无疑问会得出相反的结论，即伴随消费者 B 效用水平的不断增加，消费者 A 的效用水平会不断降低。无论消费者 A 和消费者 B 的效用水平怎样改变，可以确定的是，其中一个消费者效用水平的增加一定是建立在另一个消费者效用水平减少的基础上的。尽管如此，但无论如何，由于它们都在契约曲线上，因而都符合帕累托最优。从这里可以看出，帕累托最优虽然具有高的经济效率，但却不能兼顾社会公平。这种状况也反映在效用可能性曲线上。在效用可能性曲线上取任意一点，都代表帕累托最优，但在不同的点，消费者 A 和 B 的效用水平是不同的。

据此可以认为，在效用可能性曲线上选取了某一点，就等于选择了某一种收入分配状况，而这种收入分配状况虽然符合帕累托最优，但不一定能够体现社会公平，有时甚至可能会导致收入分配的极不公平。这表明，帕累托最优尽管代表高的经济效率，但没有顾及社会成员之间收入分配是否公平的问题。

二、帕累托最优的生产条件

帕累托最优的生产条件也称生产的帕累托最优条件。它所要描述的是在生产要素数量既定的情况下,如何将有限的生产要素在生产者之间进行最优配置,使产品产量达到最大的状况,即实现生产的一般均衡。

假设经济中只有资本(K)和劳动(L)两种生产要素,并且这些生产要素的数量是既定的;同时,假定经济中只存在两个生产者 A 和 B,他们分别生产两种产品 X 和 Y。在此情况下,如何将既定数量的生产要素分配给生产者 A 和 B 以生产出最大产量,即实现帕累托最优或生产的一般均衡呢?我们可以利用一个生产的埃奇沃思盒状图来分析帕累托最优的生产条件。如图 7-3 所示。

图 7-3 中的生产的埃奇沃思盒状图实际上是把生产者 A 和生产者 B 两个等产量曲线图整合在一起的结果。读者可以回忆一下第三章中给出的等产量曲线图,无论是生产者 A 还是生产者 B,我们都可以构造出一个等产量曲线群。如果把消费者 B 的等产量曲线图按顺时针方向旋转 180 度,并且使它的横轴和纵轴分别与生产者 A 的等产量曲线图的纵轴和横轴衔接在一起,就可以得到图 7-3 给出的埃奇沃思盒状图。

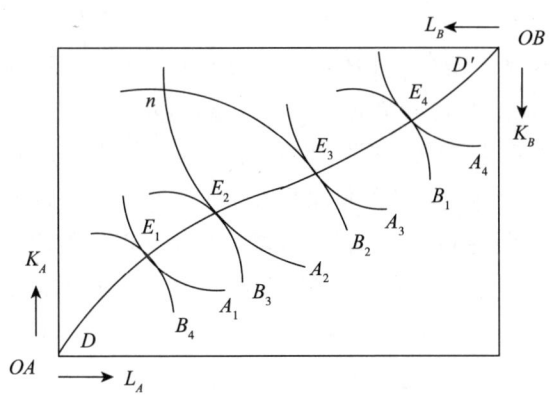

图 7-3 生产的帕累托最优

在生产的埃奇沃思盒状图中,盒子的长度即坐标横轴的长度表示一个经济体中所拥有的既定的劳动数量 L,盒子的高度即坐标纵轴表示一个经济体中所拥有的既定的资本数量 K。我们假定将所有既定的生产资源 L 和 K 都分配给两个生产者 A 和 B。OA 是生产者 A 的原点,OB 是生产者 B 的原点。从原点 OA 水平向右表示生产者 A 得到的劳动的数量即 L_A,从原点 OA 垂直向上表示生产

者 A 所得到的资本的数量 K_A。与此相似，从原点 OB 水平向左表示生产者 B 所得到的劳动数量 L_B，从原点 OB 垂直向下表示生产者 B 所得到的资本数量 K_B。

在第三章中，我们曾经假定每个生产者都有无数条等产量线，并且距离原点越远的等产量线所代表的产量水平越大。这个原理在这里也是适用的。因此，在生产的埃奇沃思盒状图中，由于在生产要素 K 和 L 组合的空间中存在着生产者 A 和 B 的无数条等产量线，因此对应生产者 A 的任意一条等产量线，总会有一条生产者 B 的等产量线与之相切。图中我们分别给出了 A_1、A_2、A_3、A_4 即生产者 A 的四条等产量线，同时给出了 B_1、B_2、B_3、B_4 即生产者 B 的四条等产量线，它们代表不同的产量水平，并分别相切于 E_1、E_2、E_3、E_4 点。由于距离原点越远的等产量线所代表的产量水平越大，因此就有 $A_1<A_2<A_3<A_4$ 以及 $B_1<B_2<B_3<B_4$。

如果假定最初的资源配置状态在等产量线 A_2 和等产量线 B_2 相交的 n 点，即将所有的生产要素 K 和 L 在 n 点分配给生产者 A 和 B，那么是否可以实现生产的一般均衡，即实现要素资源的最优配置呢？答案是否定的。这是因为，如果在 n 点配置资源的话，那么经济体系仍然存在着帕累托改进的可能。例如，如果从 n 点沿着等产量线 A_2 线在 E_2 点配置生产要素的话，尽管生产者 A 的产量水平没有提高，仍然是 A_2 所代表的产量水平，但生产者 B 的产量水平却从原先 B_2 线所代表的产量水平提高到了 B_3 线所代表的产量水平。同样，如果从 n 点沿着等产量线 B_2 在 E_3 点配置资源的话，尽管生产者 B 的产量水平不能提高，仍然是 B_2 线所代表的产量水平，但生产者 A 的产量水平却从原先 A_2 线所代表的产量水平提高到了 A_3 线所代表的产量水平。可见，只有在两条等产量线相切的 E_2 点和 E_3 点分配劳动资源和资本资源，才能实现生产的一般均衡，即实现生产的帕累托最优状态。实际上，在埃奇沃思盒状图中，存在着类似于点 E_1、E_2、E_3 和 E_4 等无数个等产量线的切点，将这些点连接在一起，就会得到一条平滑的 DD' 曲线，这就是生产的契约曲线或生产的效率曲线。

显然，生产的契约曲线上的任意一点都表示两种生产要素在两个生产者之间的分配是最优的，因而代表着帕累托最优的实现，它是生产的帕累托最优点的集合。同时，生产的契约曲线也代表着帕累托最优状态下的产出水平，即是说，在这些均衡的产出水平上，已经不存在帕累托改进的余地。

通过以上的分析，我们不难得出帕累托最优的生产条件，即在既定的技术水平下，任意两种生产要素（如 L 和 K）的边际技术替代率（$MRTS_{LK}$）对于每一个使用这两种要素的厂商（例如 A 和 B）来说都相等。帕累托最优的生产条件或生产的一般均衡条件可以用公式（7.2）来表示。

$$MRTS_{LK}^A = MRTS_{LK}^B \tag{7.2}$$

在（7.2）式中，等式左边的 $MRTS_{LK}^A$ 是生产者 A 用要素 L 代替 K 的边际技术替代率，等式右边的 $MRTS_{LK}^B$ 是生产者 B 用要素 L 代替 K 的边际技术替代率。公式（7.2）所给出的条件就是帕累托最优的生产条件或生产的一般均衡条件。显然，契约曲线上的任意一点，都符合公式（7.2）所给出的条件，或者说，契约曲线上的任意一点都代表着生产者的边际技术替代率相等。如果生产要素在生产者之间的配置符合这个条件，那么在此基础上任何试图使某些生产者状况变好即产量增加都会导致其他生产者状况变坏即产量减少。

从帕累托最优的生产条件还可以引申出一个重要的概念，即生产可能性曲线。生产可能性曲线是从生产的契约曲线导出的。如上所述，生产的契约曲线上的任意一点都表示两种投入要素在两个生产者之间的分配是帕累托最优的。同时，生产的契约曲线的任意一点还都代表着两种产品的最大产量组合，因而这两种产品的产量组合都是帕累托最优意义上的最优组合。原因是不说自明的，因为生产的契约曲线上的每一点都同时处在两条等产量线的切点上。沿着生产的契约曲线，社会要想增加任意一种产品的产量，就不得不减少另一种产品的产量。

现在让我们观察图 7-4。图（a）是生产的埃奇沃思盒状图，图（b）是生产可能性曲线图，坐标的横轴表示产品 X 的产量水平，纵轴表示产品 Y 的产量水平。

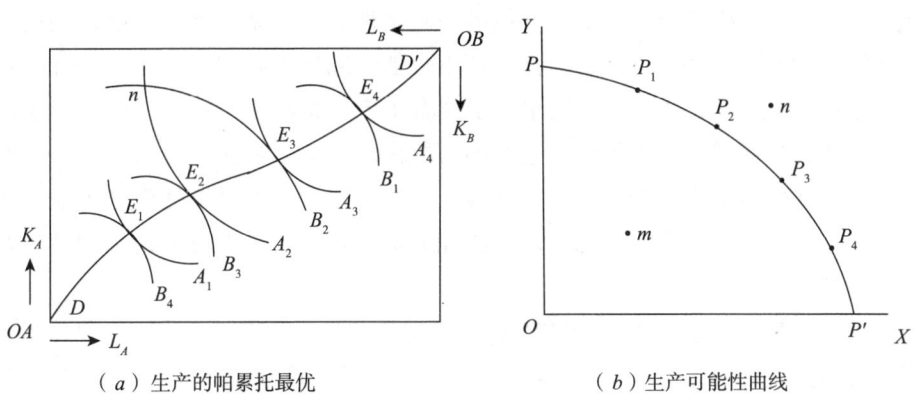

（a）生产的帕累托最优　　　　　（b）生产可能性曲线

图 7-4　生产可能性曲线的推导

在图 7-4（a）中，DD' 线是生产的契约曲线，契约曲线上的任意一点都是帕累托最优的。首先观察 E_1 点。在该点，由于生产者 A 投入的劳动和资本的数量相对较少，因而生产的 X 的产量水平相对较低，为 A_1，而生产者 B 投入的劳动和资本数量较多，因而生产的 Y 的产量水平相对较大，为 B_4。将 E_1 点的产量组合标示在图（b）中，就可以得到产品 X 和 Y 的最大产量组合点 P_1 点。显然，P_1 点代表较高的产量 Y 和较低的产量 A。再观察 E_2 点，在该点，生产者 A 增加了劳动和资本的投入，X 的产量上升到了 A_2。由于要素数量是既定的，生产者 B 不得不减少劳动和资本的投入，因而产品 Y 的产量下降到了 B_3。将 E_2 点的产量组合标示在图（b）中，就可以得到产品 X 和 Y 的最大产量组合点 P_2 点。依此类推，图（b）中的 P_3 点和 P_4 点分别对应于图（a）中的 E_3 点和 E_4 点。将 P_1、P_2、P_3 和 P_4 点连接在一起的 PP' 曲线就是生产可能性曲线。

在图 7-4（b）中的生产可能性曲线上，点 P_1、P_2、P_3 和 P_4 是与图（a）中的契约曲线上的点 E_1、E_2、E_3 和 E_4 一一对应的。沿着生产可能性曲线从 P_1 点向 P_4 点移动，我们会看到，随着产品 X 数量的增加，产品 Y 的数量会不断减少。这与沿着生产的契约曲线从 E_1 点向 E_4 点移动的含义没有什么区别。由此可见，由于契约曲线上的任意一点都是生产的帕累托最优点，因此，生产可能性曲线上的任意一点必然是一个经济体在既定的资源供给和既定的技术水平上可能达到的最大产出点，经济只要运行在生产可能性曲线上，资源配置就是最优的或是有效率的，帕累托最优状态就会实现。但是，如果经济运行在生产可能性曲线内侧空间中的任意一点，例如 m 点，说明资源没有得到充分利用，此时的生产就是无效率的。因此，生产可能性曲线内侧的区域也被称为无效率区域。当然，由于生产可能性曲线外侧的空间是现有资源条件下不可能达到的生产水平，因此，经济不可能运行在生产不可能空间中的任何一点上。例如，在 n 点所要达到的产量水平，已经超出了现有生产要素的供给能力。因此，生产可能性曲线外侧的区域也被称为生产不可能区域，正是从这个意义上说，生产可能性曲线也被称为生产可能性边界线。综上所述，我们可以把生产可能性曲线定义为一个经济体在既定的资源供给和既定的技术水平上可能达到的最大产出点的集合。

此外，生产可能性曲线也被称为产品转换曲线。因为该曲线所表明的是，在资源数量既定和技术水平不变的条件下，要增加一种产品的生产，就必须减少另一种产品的生产。从一种产品生产转换为另一种产品生产的难易程度通常用边际转换率来表示。边际转换率（marginal rate of transformation，MRT）实际上是生产可能性曲线斜率的绝对值。公式（7.3）给出了边际转换率的定义。

$$MRT_{XY} = -\frac{\Delta Y}{\Delta X} = -\frac{dY}{dX} \qquad (7.3)$$

公式（7.3）中的 MRT_{XY} 就是产品 X 和 Y 的边际转换率。它是在资源数量既定和技术水平不变的条件下，社会为了多生产一单位的产品 X 而不得不减少产品 Y 的比率。所以，边际转换率反映了产品转换的机会成本。由于生产可能性曲线具有凹向原点的特征，因此边际转换率必然是递增的。①

需要说明的是，以上对生产可能性曲线的分析都是建立在要素数量和技术水平不变基础上的。如果一个经济体生产要素的投入数量和技术水平发生了变化，生产可能性曲线的位置就会发生变化。例如，如果经济中资本积累水平提高了，或者劳动人口增加了，或者是出现了技术进步，生产可能性曲线就会外移；反之亦然。

三、帕累托最优的生产与交换条件

帕累托最优的交换与生产条件也称交换与生产的帕累托最优条件。如前所述，帕累托最优的交换条件旨在说明，如果供给是既定的，消费者在什么条件下可以得到最大效用或最大福利，即在什么条件下消费是最有效率的；帕累托最优的生产条件则说明了如果技术水平不变，并且资源是既定的，那么生产者在什么条件下可以实现社会的最大产量，即在什么条件下生产是最有效率的。而帕累托最优的交换与生产条件所要说明的是，在资源既定的情况下，商品在消费者之间的最优配置以及生产要素在生产者之间的最优配置，必须同时达到或实现这样的状态：即在一个经济体系中，所有生产者在帕累托最优条件下生产的商品，恰好可以满足所有消费者在帕累托最优条件下对商品的需求，使所有商品的供给与商品的需求正好相等。简单地说，帕累托最优的交换与生产条件所要说明的问题是，如果经济资源和技术水平是既定的，那么整个经济体系在什么条件下是最有效率的。利用图 7-5 可以说明帕累托最优的交换与生产条件。

图 7-5 中的 PP' 曲线是生产可能性曲线。由于生产可能性曲线是从生产的契约曲线转换而来的，因此，线上的每一点都表示既定资源和既定技术条件下可能达到的最大产出点，即生产的帕累托最优点。但是，生产达到了均衡并不意味着交换也实现了均衡，要实现整个经济体系的帕累托最优状态，必须同时

---

① 进一步的分析表明，生产可能性曲线上任意一点的边际转换率都等于投入要素的边际成本之比。

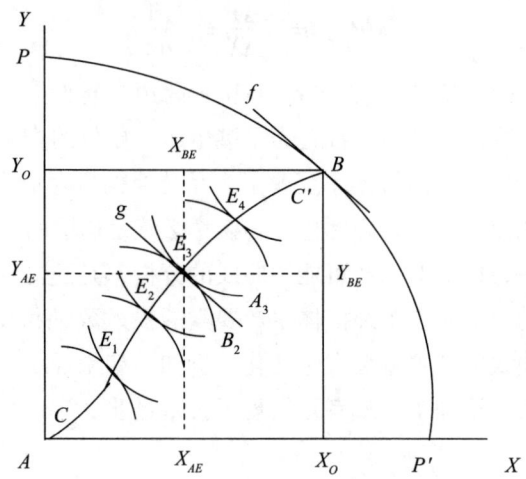

图 7-5 生产与交换的帕累托最优

实现生产和交换的一般均衡。

为了说明如何才能使生产和交换同时实现均衡,我们首先从生产可能性曲线即 PP' 线上选取任意一点。在生产可能性曲线上选取任意一点,就等于给定了一个生产的帕累托最优点。如果我们在生产可能性曲线上给定 B 点,那么与 B 点相对应的产品 X 的产出水平即为 X_O,产品 Y 的产出水平则为 Y_O。我们可以将 AX_OBY_O 构造成一个交换的埃奇沃思盒状图,并将 A 点视为消费者 A 的无差异曲线坐标的原点,将 B 点视为消费者 B 的无差异曲线坐标的原点。这样,我们就可以在埃奇沃思盒状图中得到一条交换的契约曲线,即 CC' 线。

在 CC' 线上,虽然任意一点都满足交换的一般均衡条件,但并非每一个点都同时满足生产的一般均衡条件;同样,在 PP' 线上,虽然任意一点都满足生产的一般均衡条件,但并非每一个点都同时满足交换的一般均衡条件。因此,要实现生产和交换的一般均衡,就必须使任意两种商品在生产中的边际转换率等于这两种商品在被消费过程中的边际替代率。这就是生产与交换的帕累托最优条件。如果这个条件得不到满足,就不可能同时达到生产与交换的一般均衡。生产与交换的帕累托最优条件可以用公式 (7.4) 来表示。

$$MRT_{XY} = MRS_{XY}^A = MRS_{XY}^B \tag{7.4}$$

要证明公式 (7.4) 给出的条件并不困难。在图 7-4 给出的交换的埃奇沃思盒状图中,如果我们在交易的契约曲线 CC' 线上找到一个点,该点的边际替代率恰好与生产可能性曲线 PP' 线上的 B 点的边际转换率相同,那就意味着既实现了交换的一般均衡，又实现了生产的一般均衡。为了找到一个与 B 点的边际转换率相等的点，我们首先在 PP' 线上给出一条切线 f 线，并且令 f 线与 PP' 曲线相切于 B 点。同时，在交易的埃奇沃思盒状图中，再给出一条与 f 线相平行的切线 g 线，并且这条 g 线与两条无差异曲线相切于某一点。由于 g 线与 f 线是平行的，具有相同的斜率，因此，在埃奇沃思盒状图中得到的切点的边际替代率与 PP' 线上 B 点的边际转换率一定是相等的。在图中，E_3 点就是 g 线与两条无差异曲线 A_3 和 B_2 相切的切点。在 E_3 点，不仅有 $MRS_{XY}^A = MRS_{XY}^B$，并且有 $MRT_{XY} = MRS_{XY}$，即边际转换率等于边际替代率。这就是说，E_3 点满足了公式（7.4）给出的实现帕累托最优的交换与生产的一般均衡条件。

从图 7-4 中给出的虚线不难看出，在 E_3 点，消费者 A 消费的商品 X 的数量为 X_{AE}，消费的商品 Y 的数量为 Y_{AE}，所实现的效用水平是 A_3；而消费者 B 消费的商品 X 的数量为 X_{BE}，消费的商品 Y 的数量为 Y_{BE}，所得到的效用水平为 B_2。由于在资源既定和技术水平不变的条件下，整个经济体生产出来的全部产量为 X_O 和 Y_O，因此，将现有产品产量在 E_3 点分配给消费者 A 和 B，就可以实现帕累托最优的交换与生产的一般均衡。

以上我们对帕累托最优的交换条件、生产条件以及交换与生产条件的推导，始终是假定在只有两个消费者、两个生产者、两种产品和两种生产要素的情况下推导出来的。但我们所得出的结论显然也适用于多个消费者、多个生产者、多种产品和多种生产要素存在的情况。

以上，我们分析了交换、生产以及生产与交换的一般均衡。交换的一般均衡所要说明的是商品如何在消费者之间进行有效配置，生产的一般均衡所要说明的是要素如何在生产者之间进行有效配置，而生产与交换的一般均衡所要说明的是经济资源如何在整个社会进行有效配置。在一个经济体中，要实现一般均衡，对资源进行有效配置，必须以完全竞争为条件。

四、完全竞争与帕累托最优状态

在一个经济体中，什么样的市场条件能够实现交换的一般均衡、生产的一般均衡以及交换与生产的一般均衡，从而在整个经济系统中实现帕累托最优状态呢？微观经济学认为，完全竞争经济的一般均衡，一定能够实现帕累托最优。或者说，任何竞争性均衡都是帕累托最优配置。通常，这被称为福利经济学第一定理。为什么完全竞争经济的一般均衡一定能够实现帕累托最优配置呢？

首先,从帕累托最优的交换条件来看,实现帕累托最优的交换条件是任意两种商品的边际替代率对所有消费者来说都相等。在第二章中我们曾经指出,在一定的预算约束条件下,消费者实现效用最大化的条件是两种商品的边际替代率等于两种商品的价格比率,即 $MRS_{XY} = P_X/P_Y$。(公式2.9)。显然,在完全竞争的条件下,这一价格比率是统一的,作为价格接受者的消费者能够面对相同的价格,并进而使所有的消费者面对相同的商品的边际替代率。而只有两种商品的边际替代率对所有的消费者都是相同的,才会有(7.1)式给出的帕累托最优的交换条件。

其次,从帕累托最优的生产条件来看,实现帕累托最优的生产条件是任意两种投入要素的边际技术替代率对所有生产者来说都相等。第三章我们曾经指出,生产者的均衡条件是生产要素劳动 L 和资本 K 的边际技术替代率等于两种要素的价格比率,即 $MRTS_{LK} = P_L/P_K$(公式3.23)。显然,在完全竞争的条件下,生产要素的价格,进一步说就是要素价格的比率对任何一个生产者都是相同的,从而生产者的边际技术替代率才是相同的。而只要两种要素的边际技术替代率对所有的生产者是相同的,就能满足(7.2)式给出的帕累托最优的生产条件。

最后,从帕累托最优的交换和生产条件来看,实现交换与生产的帕累托最优条件是对于任意两种产品来说,其边际转换率等于边际替代率。即 $MRT_{XY} = MRS_{XY}$。要说明为什么只有在完全竞争的条件下才能实现交换与生产的一般均衡稍微有点麻烦。首先,X 和 Y 两种产品的边际转换率实际上就是这两种产品的边际成本的比率。因为边际转换率是指增加一单位产品 X 的生产必须放弃的产品 Y 的数量,因此,多生产一单位的产品 X 所增加的成本也就是产品 X 的边际成本 MC_X,同时也可以把它看作是产品 Y 的边际成本 MC_Y(机会成本);另一方面,多生产一单位的产品 Y 所增加的成本即 Y 的边际成本 MC_Y 也可以看作是产品 X 的边际成本 MC_X(机会成本)。在此情况下,根据(7.3)给出的公式,为了得到多生产一单位产品 X 必须放弃多少产品 Y 的比值,就可以用产品 Y 的边际成本除以产品 X 的边际成本,当然也可以用产品 X 的边际成本除以产品 Y 的边际成本。所以就有 $MRT_{XY} = -\Delta Y/\Delta X = MC_X/MC_Y$。同时,我们在第五章分析完全竞争的市场结构时,曾经得到过完全竞争厂商的均衡条件是价格等于边际成本即 $P = MC$ 的结论,因此,X 和 Y 两种产品的边际成本的比率实际上就是两种产品价格的比率,即 $MC_X/MC_Y = P_X/P_Y$。此外,正如我们在上面所指出的那样,由于 X 和 Y 两种商品的边际替代率在完全竞争的条件下也等于两种商品的价格比率，即 $MRS_{XY} = P_X/P_Y$。因此，在完全竞争的条件下，必有任意两种产品 X 和 Y 的边际转换率等于这两种产品的边际替代率即 $MRT_{XY} = MRS_{XY}$ 这一交换与生产的均衡条件。

综上所述，在完全竞争的市场条件下，市场机制能够自动调节资源的配置，使经济达到帕累托最优状态，即实现帕累托最优的三个条件。换句话说，完全竞争经济能够满足实现帕累托最优的三个条件。

第三节 社会福利问题：经济效率与公平

从理论上说，完全竞争的一般均衡可以实现帕累托最优，而帕累托最优的实现意味着经济体系具有高的经济效率。但是高的经济效率并不意味着也可以同时实现社会公平。这就是说，实现帕累托最优的三个条件并不是对资源最优配置的完整描述，因为它没有考虑到在消费者或社会成员之间收入分配是否公平的问题。在本节，我们将在效用可能性曲线的基础上，讨论经济效率与公平的问题。

一、社会福利问题

从效用可能性曲线不难看出，经济中可能存在多个帕累托最优配置，无论选择哪一种帕累托最优配置，都会涉及利益或效用在社会成员之间的分配问题，并且，一部分人利益或效用的增加必然导致另一部分人利益或效用的减少。因此，要想从多个帕累托最优配置中选择出某一个配置，必然涉及人们的价值判断。这属于福利经济学的范畴。

不同的人或不同的政策制定者有不同的价值判断标准。在现实经济中，如果不愿意使用帕累托最优标准配置资源，那就只能使用其他价值判断标准了，当然，这会降低效率。概括这种价值判断的一种方法就是使用社会福利函数。社会福利函数把社会福利看作是所有个人福利的总和，因此，社会福利是所有个人福利总和的函数。如果假设经济体中有 n 个人，U_i 代表个人 i 的效用，则社会福利函数（W）的一般形式可以表示为（7.5）式。

$$W = W(U_1, U_2, \cdots, U_n) \tag{7.5}$$

社会福利函数是个人效用函数的增函数，即满足 $dW/dUi > 0$，（$i = 1, 2, \cdots, Un$）。

经济学的一项重要任务是研究如何增进社会福利，而社会福利的增进体现在消费者效用的提高上。因此，社会福利函数也就是社会效用函数。在经济体中，如果每一个社会成员的效用水平都提高了，就可以认为社会福利增进了。那么在经济体中，能否实现社会福利最大化呢？

社会福利最大化是以社会福利函数的存在为前提的，然而，到目前为止，我们无法找到一种被经济学家们公认的社会福利函数。比较著名的社会福利函数有功利主义社会福利函数、罗尔斯社会福利函数和平均主义社会福利函数。[1]

功利主义社会福利函数是 18 世纪末 19 世纪初的功利主义哲学家杰里米·边沁（Jeremy Bentham）及其继承者约翰·斯图亚特·穆勒（John Stuart Mill）等人提出的。他们认为，社会福利函数应当是所有社会成员的效用之和，并且应当赋予每个成员相同的权重。因此，功利主义社会福利函数可以表示为（7.6）式。

$$W = U_1 + U_2 + \cdots + U_n \tag{7.6}$$

罗尔斯社会福利函数是哈佛大学哲学家约翰·罗尔斯（John Bordley Rawls）于 1971 年提出的。他认为，社会应当使福利状况最差也就是效用水平最低的社会成员的福利水平最大化。在该种社会福利函数中，所有权重都应当被赋予效用水平最低者的效用之上。罗尔斯社会福利函数可以用（7.7）式来表示。

$$W = min\ (U_1,\ U_2,\ \cdots,\ U_n) \tag{7.7}$$

此外，还有平均主义的社会福利函数，平均主义者们认为，只有将所有的社会产品在所有社会成员（n）之间平均分配，才最有利于社会的利益。平均主义社会福利函数可以表示为（7.8）式。

$$W = W\ (U_1\ (\overline{X}),\ U_2\ (\overline{X}),\ \cdots,\ U_n\ (\overline{X})) \tag{7.8}$$

式中（$\overline{X}$）是每个社会成员获得的商品集，$\overline{X} = (X_1/n,\ X_2/n,\ X_n/n)$。

为什么会有诸多不同的甚至观点完全相反的社会福利函数呢？原因就在于，经济学家们具有不同的价值观。社会福利函数是福利经济学研究的一个重要内容，它旨在说明一个经济社会所要追求的目标应该是什么？在确定经济社会目标时是应该考虑全体社会成员的利益或效用呢，还是应该考虑哪个阶层的利益或效用？当经济社会中发生利益或效用的矛盾和冲突时，应该如何改进以缓和这些矛盾和冲突？显然，社会福利函数中必然存在价值判断问题，这属于

---

[1] 此外，较知名的还有新古典效用主义的社会福利函数、精英者的社会福利函数、纳什的社会福利函数、阿特金森的社会福利函数、伯格森－萨缪尔森的社会福利函数等。

规范性理论的范畴。① 既然对社会福利函数的研究存在价值判断的问题，因此，经济学家们对社会福利函数存在巨大分歧就是不可避免的。

既然建立一个公认的社会福利函数都不可能，那么要想实现社会福利最大化当然也是不可能的。阿罗不可能定理已经证明了这一点。

社会福利函数或社会效用函数是建立在个人偏好基础上的，但却又不具备个人偏好的良好性状。在第二章第二节中，我们曾经给出了消费者偏好的四个假设，即假设消费者个人偏好具有完备性、传递性、无限性和反身性特征。正是基于这四个假设，消费者偏好才具有良好的性状，从而才可以对消费者个人偏好进行排序，并通过这种排序选择出最优商品组合。然而，建立在个人偏好基础上的社会福利函数并不具备个人偏好的良好性状。阿罗不可能定理（Arrow impossibility theorem）认为，② 众多的社会成员具有不同的个人偏好，在此情况下，只要具有超出三种以上的选择，就不存在一种可靠的机制将性状良好的个人偏好转换为符合民主制度要求的社会偏好，即不可能从个人偏好顺序推导出群体偏好顺序。阿罗不可能定理告诉我们，在个人偏好存在巨大差异的情况下，要想建立一种与每个社会成员的偏好都一致的社会福利函数是不可能的。

二、经济效率与公平

从以上的分析不难看出，一个经济体在选择自己的经济社会目标时，必然会涉及是应当选择高的经济效率还是应当选择追求社会公平的问题。什么是经济效率？正如本章第一节所指出的，帕累托最优是经济效率的代名词。如果在经济体系内实现了帕累托最优，该经济体系就具有高的经济效率，否则，经济效率就是低的。因此，说到底，经济效率问题实质上是如何构建一个竞争性的市场机制，以实现资源在整个经济体系内实现最优配置的问题。如果把经济效率与收入分配联系在一起，那么强调经济效率，实际上就是要让市场机制充分发挥作用，让市场的供求关系决定要素的价格和产品的价格，从而决定每个社会成员的收入水平和消费水平。

但是，追求高的经济效率有时会损害社会成员之间的公平。什么是公平？与对经济效率的理解具有普遍的一致性不同，经济学家们对公平或平等有着不

---

① 关于规范性理论和实证性理论的区别，见本教材导论。
② 斯坦福大学教授肯尼斯·约瑟夫·阿罗（Kenneth J. Arrow）在1951年出版的博士论文《论社会选择与个人价值》中论证了这个原理。

同的解释。正如我们在社会福利函数中所阐述的那样。尽管经济学家们对公平具有许多不同的看法,但如果我们把公平理解为某一收入或财产在社会成员之间分配的平等程度时,那么第六章给出的分析工具即洛伦茨曲线和基尼系数就可以作为判断一个经济体的收入分配是否公平的尺度。根据这一尺度,假如基尼系数过高,就不能认为分配是公平的。

怎样在实现帕累托最优的同时实现社会公平?福利经济学第二定理对此做出了回答。该定理的定义是:在一定条件下,每一帕累托最优配置均能达到竞争均衡。经济学家们对这一定义的解读是,收入分配和经济效率问题可以分开来考虑。任何帕累托最优配置或高的经济效率都可以得到竞争性市场机制的支持,但在收入分配方面,市场机制是中性的,依靠市场机制的作用无法解决社会公平问题,公平收入分配只能通过调整个人初始禀赋状况来实现。如果通过改变个人初始禀赋状况并充分发挥市场机制的作用,社会就可以得到任意一种帕累托最优配置。即是说,公平和效率是可以兼顾的。然而,通过什么机制和途径调整个人初始禀赋状况而又不损失效率,福利经济学并没有给出确切的答案。

通常,在一个经济体内,社会首先要追求的是经济效率,因为这是经济发展的必要条件,但同时也要兼顾社会公平。因为效率与公平具有一致性,毕竟,在帕累托最优的效用可能性曲线上,可以有多个选择。但是,如果抛开帕累托最优或经济效率而过多地追求社会公平或平等,必定会降低经济效率,而长期降低经济效率的结果一定会使更多的人陷入贫困或者共同贫困。

效率优先,兼顾公平,这应该是一个经济体的明智选择。为此,就要充分发挥市场机制的作用,同时也要发挥政府的作用。因为竞争性的市场机制可以提高经济效率,而政府可以通过税收和转移支付等形式的收入再分配来实现社会公平。

关键名词和术语

一般均衡　帕累托最优　帕累托标准　帕累托改进　交换的契约曲线　生产的契约曲线　生产可能性曲线　边际转换率　效用可能性曲线　经济效率　阿罗不可能定理　社会福利函数　福利经济学第一定理　福利经济学第二定理

复习思考题

1. 局部均衡与一般均衡有什么区别？满足一般均衡的条件是什么？
2. 在一个经济体中，实现帕累托最优状态的必要条件是什么？
3. 帕累托最优的交换条件是什么？为什么必须具备这一条件才能实现交换的一般均衡？
4. 帕累托最优的生产条件是什么？为什么必须具备这一条件才能实现生产的一般均衡？
5. 帕累托最优的交换与生产条件是什么？为什么必须具备这一条件才能实现交换与生产的一般均衡？
6. 为什么说效用可能性曲线和生产可能性曲线上的任意一点都是帕累托最优的？
7. 为什么说完全竞争经济的一般均衡，一定能够使经济系统处于帕累托最优状态？
8. 怎样理解经济效率？如何促进经济的有效运行？
9. 怎样理解公平？如何促进社会公平的实现？
10. 怎样理解效率优先，兼顾公平？
11. 简述福利经济学第一定理和第二定理。
12. 根据效率与公平的关系，阐述我国经济体制改革的基本取向。

计算证明题

1. 在一个只有两种产品 X 和 Y 的纯交换经济中，两个交易者 A 和 B 拥有柯布－道格拉斯形式的效用函数。A 的效用函数为 $U_A = G_A H_A$，B 的效用函数为 $U_B = G_B (H_B)^2$。求他们的契约曲线。
2. 已知商品 X 的生产函数为 $X = 5L^{0.4}K^{0.6}$，商品 Y 的生产函数为 $Y = 4L^{0.5}K^{0.5}$，如果经济体中的生产要素中 $L = 1000$，$K = 2000$，并且仅用来生产商品 X 和 Y。求生产的契约曲线。

第八章 市场失灵与政府的作用

微观经济学理论研究的核心内容是分析市场机制如何有效地配置资源。前面几章的分析表明,市场机制不仅可以有效地调节产品的需求和供给,有效地调节生产要素的需求和供给;同时,如果存在一个完全竞争的市场,市场机制还能够有效地配置资源,实现经济系统的一般均衡和资源配置的帕累托最优状态。

然而,在现实经济中,市场机制的作用并不总是有效的。假如市场机制不能有效地配置资源,实现资源配置的高效率,客观上就需要借助于非市场的力量对市场经济的运行进行干预。这种非市场的力量来自于政府的作用。

本章是微观经济学的最后一章。在前面几章的基础上,本章将重点分析导致市场机制失灵的原因及其对资源配置效率的影响,分析政府在解决市场失灵问题方面可能发挥的作用。

第一节 市场机制的作用和市场失灵

只有在完全竞争的市场中和一系列假定的条件下,市场机制的作用才能使经济体系达到一般均衡,资源配置的帕累托最优状态才能实现。在现实经济中,这些条件通常是不完全具备的。假如市场机制的作用不能有效地实现经济系统的一般均衡和资源的最优配置,或者更具体地说,达到帕累托最优状态,我们就称之为市场失灵。

一、市场机制及市场机制充分发挥作用的条件

在第一章开始时我们曾经引用过亚当·斯密在《国富论》中的一段话:在

市场经济中，每一个人所追求的仅仅是自己的安全和私利。但是，在他这样做的时候，有一只看不见的手在引导他去帮助实现另外一种目标，尽管该目标并不是他的本意。追逐个人利益的结果，是他经常地增进社会的利益，其效果要比他真的想要增进社会的利益时更好。斯密在这里所说的"看不见的手"就是市场机制。市场机制（market mechanism）是指市场竞争、市场供求和市场价格之间相互影响、相互作用的机制。因此，价格机制、供求机制、竞争机制就构成了市场机制的主要要素，其中价格机制是市场机制的核心。

在市场机制的作用下，每一个消费者和生产者都是根据产品市场和要素市场上发出的价格信号来调整自己的行为决策的。作为"看不见的手"，市场机制通过影响市场经济主体的行为决策，不仅可以改变要素资源在生产者之间以及行业之间的分配比例，而且可以调节要素所有者之间的收入分配和消费者的效用水平，从而在客观上起着优化资源配置的作用。

然而，市场机制要能充分地发挥其作用，是需要具备一定条件的。这些条件主要包括：第一，作为市场主体或微观经济行为主体的消费者和生产者必须是具有理性的经济人。因为市场机制的运行动力来自市场经济主体对自身利益的追求。因此，只有在每一个市场经济主体都有其独立的经济利益并能够为实现其最大利益而采取理性的行为时，市场机制才能发挥其作用。第二，只有在竞争性的市场条件下，市场机制才能充分发挥其作用。这包括，没有哪一个市场主体可以垄断产品和要素的需求和供给；没有来自于外部性的影响；没有来自于非市场力量对市场机制作用的破坏；也包括市场经济主体必须具有充分的市场信息。

二、市场机制的局限性和市场失灵

很显然，市场机制充分发挥其作用所要求的条件，在现实经济中是难以完全具备或同时具备的。在此情况下，市场机制的作用就会受到限制。当市场机制的作用受到限制时，经济体系就无法达到一般均衡，资源配置的帕累托最优状态也就无法实现。于是就会出现市场失灵。市场失灵（market failure）也称市场障碍、市场失败或市场失效，这个概念最早是由美国经济学家弗朗西斯·M·巴托于1958年在《市场失灵的剖析》一文中提出来的。市场失灵意味着市场力量没有将我们的经济体系引向生产可能性曲线的最佳点。

市场失灵的存在表明市场机制的作用是有局限性的，而市场机制的这种局限性根源于市场本身固有的缺陷。市场的缺陷主要表现在两个方面：一是市场的不完全性，二是市场功能的局限性。

就市场的不完全性而言，可以说现实经济中没有哪一个国家的市场是完全竞争的市场，同时，竞争性的市场体系也不可能囊括人类所有的经济活动。在此情况下，如果由于各种原因在市场上形成了或大或小的垄断势力，或者存在着对消费者和生产者的外部影响，或者经济中存在着非私人物品即公共物品的生产，或者由于信息不充分以及消费者和生产者之间存在着非对称信息的话，市场失灵就会出现。实际上，在一个经济体的经济发展水平较低，市场不发达的情况下，市场机制的作用也会受到一定的限制。

就市场功能的局限性而言，市场配置资源的结果可能在道义上和政治上都是无法令人接受的。例如我们在上一章中讨论的市场经济中客观存在的收入分配不公。同时，由于价格作为一种短期信号，还可能使经济主体的行为短期化。此外，由于市场机制的调节具有自发性和滞后性的特点，还有可能导致整个经济体系出现周期性的经济波动。

在现实经济中，"市场万能"的理论早已被多次出现的经济萧条所粉碎，市场失灵的现实被人们所公认，市场失灵已经成为市场自身无法克服的固有属性。市场的不完全性和局限性以及由此而产生的市场失灵的存在，使人们试图仅仅依靠市场解决一切问题的想法不可能成为现实。因此，这就为政府对市场的干预打开了空间。

如果仅仅从市场的不完全性角度来看，导致市场失灵的原因主要是在经济中存在着外部性、公共物品、信息不完全和垄断。

第二节 外部性

在市场经济的运行过程中，市场主体或微观经济行为主体之间只要存在外部性或外部影响，通过市场机制配置资源的效率就会降低，帕累托最优就无法实现。

一、外部性及其特征

在市场经济中，当某一市场主体的一项经济活动给其他市场主体带来好的或坏的影响，而又不能使该市场主体得到相应的补偿或给予其他市场主体相应的赔偿的时候，就会产生"外部性"或"外部影响"（externality）。外部性也称溢出效应，其实质是未能通过市场交易或货币反映出来的一个经济主体的行为对其他经济主体的福利产生的影响。外部性通常有两种情况，即正外部性和负外部性。

正外部性（positive externality）也称外部经济（external economy）。当某一市场行为主体的经济活动使其他市场主体或社会成员受益，而该市场主体却不能因此而得到补偿，那么这种行为所导致的外部影响就是"正外部性"或"外部经济"。正外部性或外部经济的特征是，市场行为主体所获得的私人收益小于社会收益，或市场行为主体所支出的私人成本高于社会成本。负外部性（negative externality）也称外部不经济（external diseconomy）。当某一市场行为主体的经济活动使其他市场主体或社会成员的利益受损，而又并不为此给予相应的赔偿，那么这种活动所导致的外部影响就是"负外部性"或"外部不经济"。负外部性或外部不经济的特征是，市场行为主体所获得的私人收益高于社会收益，或市场行为主体所支出的私人成本低于社会成本。

外部性包括生产的外部性、消费的外部性和公共部门的外部性。生产的外部性发生在生产者之间。当一个生产者的行为或经济活动对其他市场主体和社会成员产生了有利的影响，而他自己却不能从中得到补偿时，便产生了生产的外部经济；反之，当生产者采取的行动对其他市场主体和社会成员产生了不利的影响，而他又没有对此付出任何代价或补偿，就会产生生产的外部不经济。以外部经济为例，某个厂商支付了巨额费用对自己的雇员进行了长期的技术培训后，掌握了技术的雇员却"跳槽"到其他企业，但却又不付给曾经培训过自己的公司任何费用或只付给较低的费用，那么，支付了巨额培训费用的公司就会蒙受经济损失，但公司培训雇员的行为却给其他厂商和社会带来了好处。这表明，为培训雇员支付了巨额费用的公司所获得的私人收益一定会小于公司外部的社会收益，而由公司承担的私人成本则高于公司外部的社会成本。这就是正的外部影响。一个相反的例子是，某家企业在生产过程中，由于排放了大量的烟尘和污水，从而造成严重的环境污染而又不为此付出任何代价或只付出很小的代价时，企业所获得的私人收益就会高于社会收益，而企业的私人成本则会低于社会成本。显然，该企业的行为所产生的影响属于外部不经济或负的外部影响。

消费的外部性发生在消费者之间。当一个消费者的行为对其他社会成员产生了有利的影响，而自己却不能从中得到补偿时，便产生了消费的外部经济或消费的正外部性；反之，当消费者采取的行动对其他社会成员产生了不利的影响，而他又未对此付出任何代价或赔偿时，就产生了消费的外部不经济或消费的负外部性。例如，某个居民耗费大笔资金修建了一个美丽的私家花园，虽然他的邻居也会因此受益，并美化了自然环境，但他的邻居或其他社会成员却又不会为此支付任何费用。显然，居民修建花园的行为所产生的影响属于消费的外部经济或消费的正外部性。与此相反的例子是，如果一些消费者在公共场合吸烟并因此污染了空气，使周围人的身体受到了损害，但吸烟者却又并不为此支付任何费用时，消费的外部不经济或消费的负外部性就会产生。

外部性还有可能发生在公共部门之间。当某一公共部门的行为对其他公共部门产生有利的或不利的影响，而该公共部门的行为又不能因此而得到补偿或对其他公共部门的损失进行赔偿时，公共部门之间的外部性就会发生。例如，位于黄河上游的城市或地方政府所选择的污水处理方式会对下游的城市或地方政府处理污水的成本产生不同的影响。如果上游城市或地方政府对污水不加任何处理就将其排放到河流中，那么就会增加下游城市和地方政府处理污水的成本。显然，这是发生在公共部门之间的负的外部影响或外部不经济。

需要说明的是，在理解外部性的含义时，要注意区分真正意义上的外部性和货币的外部性。真正意义上的外部性是指在市场制度之外发生的而不是通过价格传导所产生的外部影响；而货币的外部性是指通过价格机制传导所产生的影响，因此也称价格影响。例如，当一部分人由偏好喝茶转向喝咖啡时，茶叶的价格会下降，茶叶的生产经营者的利益会受损，但其他喝茶的消费者将受益；相反，由于咖啡的价格会上升，咖啡的生产经营者会因此而受益，但原先一直喝咖啡的人的利益将受损。但所有这些效应都是通过市场价格机制来传导的，因此属于货币的外部性，而不是我们在这里所要讨论的外部性。真正意义上的外部性是独立于市场制度之外的。虽然外部性的影响者和被影响者会由于外部性的产生而使他们的效用函数或生产函数发生一些变化，但是这些变化不仅很难通过市场价格制度反映出来，而且所涉及的行为人双方之间也不会就此产生市场交换关系。由于外部性不是通过市场机制的作用传导的，因此市场机制也就很难对此作出反应。

二、外部性与资源配置效率

在一个经济体中，只要存在外部性，市场机制配置资源的效率就会降低，帕累托最优状态也就无法实现。这是因为，正外部性或外部经济的存在，会导致私人收益小于市场主体外部的社会收益，而私人成本却高于市场主体外部的社会成本，显然，这意味着生产者或消费者对社会福利所做出的贡献没有得到应有的补偿。在此情况下，无论是生产者还是消费者，他们都不大可能参与或不积极参与能够产生外部经济的活动，资源在这些具有正外部性特征的领域就会配置过少，其结果必然会导致市场主体的经济活动水平低于社会所需要的最优水平。与之相反的是，当负外部性或外部不经济存在时，由于市场主体所获得的私人收益高于社会收益，而私人成本却低于社会成本，这必然会促使生产者和消费者在具有负外部性特征的经济活动上配置更多的资源，于是，污染严重的化工厂、造纸厂、发电厂就可能被过多地建立起来，从而使市场主体的经济活动水平高于社会所需要的水平，并给其他经济主体乃至整个社会造成福利损失。

在存在外部性的情况下，资源配置失当的原因，是市场制度不能向生产者和消费者提供正确的价格信号。例如，当外部经济存在时，市场价格不再表现为能够衡量全部社会收益的指标；当外部不经济存在时，市场价格也没有完全反映生产和消费的社会成本。

需要说明的是，外部性所造成的社会福利损失或导致的社会成本的大小通常不是指市场主体的行为对自然界的影响，而是指对社会的影响。例如，一家原本位于荒漠中的化工厂尽管存在着污染，但通常只会形成较小的社会成本。但是，当许多居民都搬到电厂附近居住时，负外部性就产生了。并且在工厂周围居住的人越多，所造成的社会福利损失或社会成本就越大。照此推理，一个建立在沙漠中每年排放 100 万吨污水的化工厂所造成的社会成本可能要比一个建立在城市中每年排放 10 万吨污水的化工厂所造成的社会成本要小。

外部性是一种客观存在。对于客观存在的外部性，市场制度本身能否予以解决呢？对此，新制度经济学派的经济学家们试图用明晰产权的方法来解决外部性所带来的问题。

三、明晰产权与科斯定理

产权理论认为，在多数情况下，外部性之所以存在并导致市场失灵，通常是与产权界定不清晰联系在一起的。产权理论的创始人之一科斯（Ronald H. Coase）认为，产权（*property rights*）不是指所有权，只有当至少两个经济行为主体或所有权主体发生交易时，才会出现产权问题。因此，产权不同于所有权但又与所有权相关。产权涉及的是两种所有权之间的关系，即平等的所有权主体之间的权责利关系。美国产权经济学家登姆塞茨（H. Demsetz）认为，产权是界定人们如何受益及如何受损，因而一方必须向另一方提供补偿以改变人们所采取的行动的权利。因此，产权是指自己或他人受益或受损的权利，是界定各交易主体之间权责利的一种社会工具。美国产权经济学家阿尔钦（Armen A. Alchian）则认为，产权是一个社会所强制实施的选择一种经济品的使用的权利。

根据产权理论，如果产权是不明晰的，外部性就会发生。相反，如果产权即受益权或受损权以及一方给予另一方的补偿权是明晰的，外部性就可能不会发生。因此，明晰产权应是消除外部性的最重要手段。

明晰产权可以被看作是更加一般化的科斯定理，甚至利用税收和补贴等手段消除外部性也可以被看作是对科斯定理的具体运用。一般认为，科斯定理（Coase theorem）是指：如果交易成本为零或很低，只要产权界定是明晰的，则无论在开始时将产权赋予谁或怎样配置，所有外部性问题都可以通过当事人在市场中进行谈判来解决，其最终结果都是有效率的或者说是帕累托最优的。这里所说的交易成本（transaction costs）也称交易费用，是指为实现市场交易而支付的各种费用，包括搜寻、谈判、签订和为履行合同等行为所做的努力以及花费的时间和精力等。

科斯认为，人们不能或不愿意通过市场交易来解决问题的原因无非有两点：一是产权没有明确界定；二是交易费用过高。如果这两个问题解决了，就完全可以通过市场交易解决外部性问题。例如，某个化工厂向河流中排放废水，污染了附近的农田，使农民的利益受到了损害。在这时，如果产权是明晰的，即化工厂无权污染附近的农田，那么农民就可以要求化工厂赔偿其损失。如果化工厂觉得这笔赔偿费用太高，就可能自行建造治理污水的设施，以使排放的废水达到规定的标准，从而使农民的利益不受损害。在另一种情况下，如果产权是明晰的，即化工厂有权向河流中排放未经处理的废水，农民就可以向化工厂交费来请求化工厂处理废水。总之，无论产权归谁所有，只要能够清晰界定，都可以通过交易行为来解决外部性问题。

上述例子是以交易费用为零或交易费用很小为前提的。如果交易费用很高，例如河流流域很大，沿岸有许多企业都向河流中排放污水，同时又有成千上万的居民在沿岸居住，他们不仅要用河水灌溉农田，而且还把河水作为饮用水。在此情况下，就很难清晰地界定产权。而且更重要的是，这种解决外部性的交易不再是通过一对一的谈判来达成，而是需要把所有的排污者与利益受损者召集起来进行集体谈判。可以想象，在这种情况下，交易费用可能非常之高，以至于谈判双方很难达成协议，从而无法通过交易行为来消除外部性。

按照科斯定理，如果产权是明晰的，只要通过市场交易，而无需政府的直接干预，就可以解决外部性问题，前提是交易费用等于零或者很小。显然，科斯定理的实质是试图将政府的作用设定在一个最小的范围内，即政府的作用仅仅是明晰产权，然后在产权明晰的基础上由市场机制进行调节，实现资源的有效配置。

用明晰产权的方法消除外部性，实际上是试图用市场来解决外部性的方法。而这种方法可能不具有普遍性，因为并非所有的产权都可以被清晰地界定，同时，许多经济活动的交易费用可能很大。因此，在消除外部性方面，政府的作用是不可或缺的。

四、政府对外部性的控制

由于外部性的存在会导致私人成本与社会成本、私人收益与社会收益的不一致，因此，从理论上说，政府在解决外部性的问题时要遵循下述原则：首先，外部成本应减少到这样一点，即进一步减少外部性的边际成本应恰好等于社会从减少外部性所得到的边际收益；其次，产生外部收益的活动应当扩大到这样一点，即整个社会从这种活动中得到的边际收益应当正好等于为得到这一收益的边际成本。一般来说，政府对外部性的控制主要有以下方法：

第一，对产生外部不经济的活动实行禁止的办法。这种方法在多数情况下都不是最优的选择，并且通常是不实际的。例如，禁止汽车上路会导致人们出行的不便；禁止企业排放污水可能会影响就业，严格的零污染排放还可能导致资源的浪费。因此，对某些经济活动采取禁止的方法虽然简单，但不是最优选择，最优选择不是完全消除负外部性，而是把它控制在一定的范围内。

第二，对产生负外部性的经济活动进行管制。通过政府管制，可以把市场主体的活动控制在一定的范围之内。例如，政府可以通过颁布汽车尾气的排放标准，对汽车的生产厂商进行管制，从而控制汽车对环境的污染。政府也可以对那些向工业区附近迁移的居民进行限制，以避免外部性的扩大。在许多国家和地区，政府禁止消费者在某些公共场合吸烟以及禁止其他可能会产生负外部性的行为，实际上是对消费的负外部性的一种管制。

第三，通过合并相关企业，使外部性"内部化"。例如，A企业是输出负外部性的企业，而B企业则是其受害者；或者A企业是输出正外部性的企业，而B企业是免费受益者。如果A企业和B企业都是国有企业，在上述两种情况下，政府如果把A、B两个企业合并，负外部性或正外部性就可能因此而消失。

因为合并后的企业为了自己的利益将把生产确定在其边际成本等于边际收益的水平上。由于此时不存在外部性影响,资源配置的效率就会提高。

第四,征税和补贴。政府可以通过对具有负外部性影响的市场主体进行征税的办法来消除负外部性。例如,对污染严重的化工厂征收环境污染税。为消除外部性,征收的税额应等于政府治理污染的费用。这样做的结果,可以使企业的私人成本趋向社会成本。当然,这样做也可能导致产品价格的提高。但产品价格的提高通常会导致市场对企业产品需求的减少和企业生产规模的收缩,并最终引导资源转移到其他用途上或效率更高的企业中去,使资源得到更为有效的利用。这就是英国经济学家庇古(Arthur Pigou)提出的"污染者付费原则"。这一原则目前也是国际社会倡导实行的原则。此外,为了不减少具有正外部性影响的企业的产出,或鼓励具有正外部性影响的消费者行为,政府可以向这些厂商和消费者提供某种形式的补贴或减税的优惠,使其私人收益等于社会收益,这样,就会提高资源的配置效率。

第五,实行可转让的污染排放证制度。实际上,这是一种出售污染权的方法。近年来,一些国家的政府尝试通过签发或拍卖可转让的排放许可证,来控制企业的负外部性影响。根据这种制度,政府给予企业在一段时间内的污染排放不超过一定数量的权利。许可证允许企业排放一定量的污染,但排放的污染总量应大致等于经济上有效的数量。这些许可证可以在一个有组织的市场中进行自由交易。这样做的好处是,首先,这是一种市场导向的方法,可以迫使厂商在决策时考虑污染的成本;其次,政府可以控制总体的污染水平,并降低总的社会成本。因为厂商如果发现减少污染排放会使他支出更大的成本时,这些厂商就会购买许可证。而那些自己治理污染但可能支出更小成本的厂商则会出售自己的许可证。这样做的结果,不仅可以将总的污染排放量控制在一定范围内,而且还会降低社会成本,使资源得到更有效的配置。当然,实施这种制度是有条件的,即污染的排放量必须是可测定的。

第三节　公共物品

到目前为止,我们所讨论的产品都是私人物品。在本节,我们将讨论公共物品的供给和由此导致的市场失灵问题。实际上,公共物品对经济活动的影响是正外部性的极端形式。公共物品的存在也是导致市场失灵,使资源不能得到有效配置的重要原因之一。

一、公共物品及其特征

产品可以分为私人物品和公共物品。私人物品（*private goods*）是指那些具有竞争性和排他性特点的，能够通过市场交易实现资源优化配置的产品。公共物品（*public goods*）则是指具有非竞争性和非排他性特点的，不能通过市场机制实现有效配置的产品。

这里所说的竞争性或抗争性（*rival*），是指如果要增加一个消费者对某种产品的消费，就必须增加产品的产量，从而增加产品成本的情况；同时，私人物品的竞争性还意味着，由于资源和商品的效用是有限的，因此，额外增加一个人对某种产品的消费，一定会影响到其他人消费该产品的效用水平。所谓排他性（*exclusive*），是指只要一个人消费了某一产品，另一个人就不能同时消费这种产品的情况。两个人不能同时穿一件衣服，同时开一辆汽车，就是指产品的排他性。对于具有排他性特点的私人物品，可以采取收费的方式对消费者的消费进行调节，这意味着，只有对产品支付了价格的人才能消费该产品，而其他未支付价格的人则不能消费。

在现实生活中，许多产品并不具备竞争性和排他性的特点。如果某种物品不具有竞争性和排他性，或者说，如果某种物品具有非竞争性和非排他性的特点，该种物品即为公共物品。

公共物品的非竞争性是指，在任意一个给定的产出水平上，如果增加一个人消费该产品，并不需要增加该产品的产量，因而不会引起该产品成本的增加，即消费者人数增加所引起的产品的边际成本等于零的情况。同时，公共物品的非竞争性还意味着，将一种非竞争性的公共物品提供给额外一个消费者享用，但又不会降低其他人对这种公共物品的消费水平。例如广播、电视等服务就具有这一特点。因为额外增加一个消费者收听广播或收看电视并不需要额外增加广播和电视的播出成本，同时也不会影响其他人收听广播或收看电视。

公共物品的非排他性是指，只要经济体中存在着公共物品，就无法排斥任何人消费这种物品，即无法阻止任何人不支付价格也能消费该种物品。换句话说，在具有非排他性的公共物品面前，任何人都可以免费"搭便车"，并且每个理性的消费者都会利用这一点。最典型的例子是国家提供的国防和公安服务。一个国家的国防力量和公安系统一经建立，就无法排斥该国的任何一个国民免费享受国家提供的国防服务和公安服务。

一种产品或服务，如果在同一时间内既具有严格的非竞争性，又具有严格的非排他性，即为纯公共物品。例如国防和公海上的航标灯就是纯公共物品（pure public goods）。如果某种产品只具备其中的某一特点，或只具备部分非竞争性和非排他性的特点，就是一般意义上的公共物品或准公共物品（quasi-public goods）。例如，高速公路就是只具有非竞争性，而不具有非排他性的物品。因为在交通的非高峰期，增加一辆汽车通过高速公路所引起的边际成本近似于零，但如果在高速公路的入口处设立收费站，就可以阻止不付费的汽车驶入。在公海上捕鱼是一个相反的例子，它只具有非排他性，但却不具有非竞争性。因为只要公海是各国公民所共有的，就不能排斥任何一个捕鱼者在海上捕鱼，但捕鱼者的不断增加肯定会减少海中鱼类的数量，从而增加捕鱼者的捕捞成本或降低他们的收益。

公共物品之所以具有非竞争性和非排他性的特点，主要源于公共物品本身所具有的共同消费或公共消费的特征以及公共产品效用的不可分性。例如国防、公安、广播、电视、道路、桥梁、防洪设施等都具有共同消费或公共消费的特征，其提供的效用不大可能被分割为更细小的部分，而只能作为一个整体被人们共同消费。因此，公共物品和私人物品的区分主要是出于技术方面的考虑，其核心问题就在于我们是否具有将不付费者排除在公共消费之外的技术能力。如果没有这种技术能力，那么产品通常就表现为公共物品；或者，虽然具备将不付费者排除在公共消费之外的技术能力，但由于排他的成本过于高昂，那么，把产品和服务作为公共物品由人们共同消费或公共消费，就只能是唯一的选择。

需要说明的一点是，并非所有由公共支出所提供的物品都是公共物品。某些由公共支出生产的产品或提供的服务，例如邮政，并不具有非竞争性和非排他性的特点，因而不属于公共物品。但在许多国家，邮政的费用或至少部分费用是由公共支出来维持的。此外，还需要说明的一点是，并不是所有的公共物品都一定要由公共开支来进行生产，事实上，许多公共物品是由一些社会团体来提供的。

二、公共物品与资源配置效率

市场机制是一种建立在包括所有的生产者和消费者在内的市场行为主体都追求自身经济利益的基础之上的，以等价交换为基本原则的利益调节机制。因此，它只有在具有竞争性和排他性的私人物品方面起完全的调节作用。对于公共物品来说，由于它失去了竞争性和排他性，增加消费并不会导致成本的增加和其他人消费水平的降低，并且我们无法把不付费的市场行为主体排除在公共消费之外或排他性的成本过高，那么在公共物品面前，市场行为主体所支付的价格就往往是不完全的，甚至根本无需付费。在此情况下，市场机制对公共物品的调节作用就是有限的，甚至是无效的。

由于市场机制对公共物品生产的调节作用具有局限性，因此，如果单纯依靠市场机制来调节公共物品的生产或供给，其产出可能为零。至少，市场所提供的公共物品将无法满足社会的需求，即市场机制分配给公共物品生产的资源将是不足的，资源因此而不能得到有效配置，帕累托最优状态也就无法实现。显然，在公共物品面前，市场机制是失灵的。由于公共物品的有效供给无法通过市场机制来调节，因此，在公共物品的生产领域，必须发挥政府的作用，才能提高资源的配置效率。

三、公共物品与公共选择

在市场经济国家，大多数公共物品都是由政府或政府通过组建国有企业来生产或向市场提供的。例如国防和公安系统、公路和桥梁、防洪设施、公园绿地、向居民提供义务教育的学校以及其他公益事业等。但是政府应提供多少公共物品才能较好地满足社会需要，使资源得到有效利用，经济学家们建议采用非市场化的决策方式。当然，这涉及公共选择理论。按照这种理论，所有的参与者都应当依据集体选择的规则来确定集体行动的方案。

在许多国家，集体选择的规则是通过公民投票或议会投票来实现的。通过公民投票或议会投票，如果能够对某种公共物品的供给形成完全一致的意见，即能够按照一致同意的规则达成公共物品的生产协议，就能够充分地保证每一个参与者的利益，避免"搭便车"行为的发生，在此情况下，公共物品的供给就是有效率的。问题就在于，在任何一种公共物品生产的决策上，要想达到完全一致同意通常是不大可能的。即使这种可能性是存在的，也会由于达成协议的成本太大而根本无法操作。与一致同意的规则相比，多数票同意的规则往往具有较低的成本，且更容易达成协议。然而，在多数票同意的规则下，中间投票人的偏好总能决定公民投票的结果，但这种结果并不一定能够保证经济的高效率。

政府在公共物品供给中的作用主要表现在两个方面，或者说存在着两种模式。一是政府直接生产和经营公共物品；二是政府对公共物品的生产进行参与和调节。

就第一种模式而言，在公共物品的生产或供给方面，西方许多国家的中央政府和地方政府都发挥着积极的作用。例如，造币厂和中央银行是由中央政府直接管理的企业和机构。国防和公安系统的建设也是由中央政府直接负责的。而防洪设施、道路、桥梁、煤气管道、供电、供水、下水管道等基础设施的建设以及消防、医院、学校、公园、图书馆、博物馆等公益事业，要么由中央政府经营，要么由地方政府经营，或者兼而有之。在有些国家，军工企业也采取了国有化的形式。

就第二种模式而言，政府对公共物品的生产进行调节或参与，主要有以下几种方式：

一是签订合同。政府与私人公司签订生产和经营公共物品的合同，是发达国家普遍使用的一种参与方式。适用于这种参与方式的公共物品，主要是具有自然垄断特征的产品，大部分为基础设施，还包括一些公共服务行业。近些年，许多国家还允许私人企业以"建设—经营—转让"（BOT）的方式参与公共基础设施的建设。在这种方式下，政府允许私人企业投资建设基础设施，并给予私人企业若干年的特许经营权，在企业收回投资并获得利润后，再由政府接收这项公共基础设施。

二是授予私人企业经营权。政府采取授予私人企业经营权的方式对公共物品的生产和供给进行调节或参与，在西方发达国家也很普遍。许多公用事业领域和公共项目都是以这种方式委托私人企业经营的。如自来水公司、电话、供电、电视台、广播电台等。

三是给予经济资助。欧美国家对民营公共物品的经济资助的途径和方法非常之多，如财政补贴、减免税收、优惠贷款、无偿赠款等。实行财政补贴的主要是科学技术的研究和开发、住宅建设、教育、卫生、保健、图书馆、博物馆等公共领域。

四是政府参股。政府参股的主要方式有四种：收益分享债券、收购股权、国有企业经营权转让、公共参与基金。政府参股的方法主要应用于桥梁、水坝、发电站、高速公路、铁路、电讯系统、港口、飞机场等基础设施的建设领域。其中比较引人注目并且效果较好的参股领域之一是高科技产品的研究和开发。

五是社会服务。西方国家在许多公共领域一直允许社会各种团体和个人持合法执照经营。只要遵守宪法和有关法律，个人、团体、慈善机构、基金会等营利性机构和非营利性机构均可参与公共物品的经营。

第四节　信息不完全的市场

通过市场机制配置资源，使经济体系实现一般均衡和帕累托最优，是以完全竞争的市场为前提的，而完全竞争的市场又是以市场主体具有完全的或充分的市场信息为条件的。然而，在现实经济中，作为市场主体，无论是生产者，还是消费者，都可能不具有完全的或充分的市场信息，或者说，在市场主体之间存在着信息不对称（asymmetric information）。

信息不完全或不充分既包括绝对意义上的不完全或不充分，也包括相对意义上的不完全或不充分。前者是指由于受认识能力的局限使人们无法获得完全的信息，人们不可能知道在任何时候、任何地方发生和将要发生的任何情况；后者则是指市场本身不能够生产出足够的信息并有效地配置它们，主要是指信息供求双方所掌握的信息具有不对称性。无论是何种性质的信息不完全或不充分，都会对市场机制配置资源的有效性产生负面影响，使资源不能实现最优配置。信息不对称所导致的效率损失通常表现在逆向选择、道德风险以及委托－代理问题等三个方面。

一、逆向选择

在市场上，供求双方即卖方和买方的信息通常具有不对称性。由于卖者和买者信息不对称而导致的劣质品充斥市场而优质品退出市场的现象，在经济学中被称为逆向选择。逆向选择（adverse selection）原是保险业中承保人的常用语，意指投保人的选择恰与承保人的期望相反的情况。例如，在人寿保险市场上，承保人与投保人掌握的信息是不对称的。作为买者，每一个投保人最了解自己的健康状况，而作为卖者的保险公司只知道他们的平均健康状况，并根据这种平均健康状况或平均患病率收取保费。在这种情况下，只有那些身体不太健康的人才去购买保险，而身体健康的人会认为保费太高而不去购买保险。保险公司为了减少支出，增加收入，必然会提高保费；保费的提高又会赶走一些较健康的人，不太健康的人仍会继续购买保险，而这些不很健康的人恰恰又是保险公司最不想要的顾客。这就是保险市场上的逆向选择。

逆向选择也会出现在产品市场上。在产品市场上，如果存在买卖双方信息不对称，就会导致出现劣质品驱逐优质品的现象。美国经济学家阿克洛夫（George A. Akerlof）的旧车市场模型对此进行了详细的分析。在一个旧车市场上，如果质量较好的汽车和质量较差的汽车各占50%，但只有卖者知道哪些车的质量是较好的，哪些车的质量是较差的，而买者并不知道这一点，他们只知道购买到质量较好和质量较差的旧车的概率各为50%。因此，买者肯定不愿意出高价去购买旧车。在卖者方面，愿意按照较低价格出售汽车的，肯定是那些拥有质量较差的汽车的车主。在此情况下，质量较好的汽车如果不按较低的价格出售，就可能一辆也卖不出去。这样一来，在旧车市场上，质量较好的汽车就会退出市场，只有质量较差的汽车才会充斥市场。于是，旧车市场也就成了次品市场或"柠檬"（lemon）市场。

旧车市场出现次车将好车逐出市场的原因是买卖双方信息不对称造成的。类似的情况在其他产品市场也同样存在。例如，如果消费者知道在 DVD 光盘市场上，既有正版光盘，也有盗版光盘，但由于信息不对称，消费者并不知道哪些是正版光盘，哪些是盗版光盘，在此情况下，理性的选择是购买价格更便宜的光盘，因为即使他们购买价格更高的光盘，也无法保证他们所购买的就一定是正版光盘。长此以往，盗版光盘必然会充斥市场，而价格较高的正版光盘则会被逐出市场。

显然，信息不完全或不对称会导致逆向选择，而逆向选择意味着价格信号无法起到正确的传递作用，这一定会降低市场机制配置资源的效率，使资源出现错误的配置，同时也会造成消费者和生产者的福利损失。这说明，只要存在逆向选择，就会出现市场失灵，使帕累托最优无法实现。

二、道德风险

道德风险（moral hazard）也称败德行为，在经济学中，道德风险泛指在协议达成后，由于信息不对称，协议的一方通过改变自己的行为来损害对方利益的情况。在市场交易中，一方的隐蔽行为会影响到另一方的利益，而另一方却不能完全监督或控制其隐蔽行为，或者监督与控制的成本很大时，道德风险就会发生。

道德风险或败德行为广泛地存在于保险业中。当保险的购买者在购买保险公司的保险后，不采取预防行动，甚至采取更为冒险的行动，使发生风险的概率增大从而给保险公司带来经营风险的行为，就是败德行为或道德风险。例如，汽车的所有者在没有购买汽车保险之前，他会小心翼翼地驾驶汽车，并采取各种措施防止车辆被盗。但当他购买汽车保险后，他就可能不再这样做，甚至采取冒险的行为以获得保险公司的赔偿。显然，败德行为的出现，会给保险公司带来损失。不仅汽车保险市场存在道德风险，其他财产保险也存在同样的问题。因此，假如没有有效的措施对付败德行为，就不会有哪家私人保险公司愿意开办汽车或其他财产的保险业务。

败德行为的后果不仅会导致产品或服务的供给无效率，还会导致市场主体对产品和服务的过度需求。以医疗保险为例，就消费者个人对于医疗服务的需求而言，每个人都不会无节制地增加对医疗服务的需求，就是说，人们对医疗服务的需求是符合资源配置效率要求的。但是，在信息不对称的情况下，如果医疗保险机构向每一个参加医疗保险的人都收取同样多的保费，而不考虑每个投保人就医次数的多少和花费的医疗费用的高低的话，那么，人们就会无节制地增加对医疗服务的需求，致使人们对医疗服务的需求超过医疗服务的供给，并导致资源的浪费。

道德风险产生的原因是信息不对称。因为在信息不对称的情况下，达成协议的一方无法有效地监督和控制另一方是否遵守协议，或者监督与控制另一方行为的成本很大。其结果，交易的双方都会调整其交易行为，从而破坏市场机制对资源的有效配置，使市场配置资源的效率降低。

三、委托－代理问题

如果信息不对称发生在企业中的委托人（企业资产的所有者如股东）和代理人（企业的经营者如董事会和经理）之间，还会产生委托－代理问题。

所谓委托－代理（principal－agent）问题，是指在信息不对称的情况下，委托人不能有效地控制代理人的行为，使其按照有利于自己的意愿行事的情况。产生委托代理问题的条件是：第一，委托人利益的实现取决于代理人工作的努力程度；第二，委托人所要实现的目标不同于代理人所追求的目标；第三，委托人掌握的信息少于代理人掌握的信息，即存在信息不对称。

在现代企业制度中，企业的所有者并不直接从事生产和经营活动，他们只是充当委托人的角色，把自己的资产委托给自己的代理人即企业的雇员（包括经理和工人）去从事各种经济活动。这就意味着，企业所有者追求的利润最大化目标要依靠他们的代理人去实现。通常，委托人并不掌握企业生产经营的充分信息，而代理人作为企业的实际经营者总是比委托人更了解企业的生产经营状况。在这种信息不对称的条件下，如果不存在委托人对代理人的有效控制机制，代理人就不会按照委托人的意愿去行事，而是在经济活动中更多地追求有利于自己利益的目标。显然，这会导致企业追求利润最大化的目标出现异化。

这就是所谓的"内部人控制"问题。为什么在委托人对代理人不存在有效控制机制的条件下会出现企业经营目标的异化？道理很简单：在一般情况下，实现最大利润只对资产的所有者即委托人更为有利，因为这意味着委托人会得到滚滚的红利；但对资产的经营者即代理人通常是不利的，因为利润最大化目标的实现，对于代理人意味着更大的付出，他们必须加倍努力地工作，甚至工人在周末都无法与家人团聚，女经理还要冒丈夫出走的风险。

微观经济学在讨论一般均衡和资源的最优配置时，都是以微观经济行为主体即市场主体都追求自身利益的最大化为假定前提的。即是说，只有在消费者追求效用最大化，生产者追求利润最大化的基础上，才能实现经济系统的一般均衡和资源的最优配置。如果微观经济行为主体不采取最优化的行动，例如企业并不以追求最大利润为经营目标，这不仅会造成企业的利润损失，而且会导致资源配置效率的降低。因此，一旦在所有者和经营者之间存在信息不对称，委托－代理问题就会产生，而只要存在委托－代理问题，市场机制就会失灵，资源配置的帕累托最优状态就无法实现。

四、解决非对称市场信息的方法：制度设计和政府的作用

信息不对称性会降低资源的配置效率，而市场机制又很难有效地解决这一问题，在此情况下，一方面需要发挥政府的作用，同时也要进行某些制度设计，才能把信息不对称所造成的效率损失降低到最小。

（一）逆向选择问题的解决方法

对于信息不对称所导致的逆向选择问题，可以采取多种方法予以解决。

首先，政府可以通过市场管制的方法，把信息不对称控制在最小限度。例如，可以由政府规范企业进入市场的条件，将臭名厂商或劣质品生产厂商排除在市场大门之外；由专业部门确定产品的质量标准；经常检查企业发布的广告信息和上市公司发布的财务信息的真实性；对生产假冒伪劣产品的企业依法进行严厉的打击；采用各种方式增加市场的透明度；等等。

其次，通过建立契约机制或抵押机制的方法解决逆向选择问题。该机制的建立旨在使产品的卖者、贷款人和保险人相信，欺骗的成本对于卖者、贷款人和保险人来说会更高。例如，产品保证书就是一种契约，如果产品的质量与保证书的承诺不符，厂商就应当给买者多倍的赔款或承担其他相应责任；银行不应当给借款人发放购房的全部贷款，这样，在借款人不能如期还贷时，房屋就是抵押品；消费者在借款购买汽车时，银行应让他先购买一份保险，保险的额

度应当大于贷款的额度。

实际上，品牌声誉也是一种抵押品。对厂商来说，品牌是一种无形资本。如果厂商提供的产品质量和服务低于其品牌声誉，企业会蒙受损失。从这个意义上说，品牌实际上是一种抵押品。因此，应当构建一个将品牌作为抵押品的机制。这需要借助于舆论的作用，可以由政府有关部门通过媒体随时发布厂商欺骗消费者的相关信息。

再次，建立产品质量保证制度也是消除逆向选择的有效方法。例如，许多国家实行的汽车等产品的"召回制度"，我国耐用消费品市场上的"三包"制度，都可以在很大程度上解决产品的逆向选择问题。

最后，建立保证金和有关部门先行赔付的制度，也是解决逆向选择问题的有效方法之一。例如，许多商场都有出租柜台，为了避免商户欺骗消费者，商场可以从商户那里收取一定费用作为抵押，当消费者受到欺骗时，可以由商场先行赔付。

（二）道德风险问题的解决方法

通常，对于经济活动中出现的道德风险问题，主要依靠制度设计来解决。可行的方法是进行一些有针对性的制度设计和安排。由于不同行业的道德风险具有不同的表现形式，因而不同行业的制度设计也是不同的，通常的做法有：

在保险市场上，保险公司可以通过制度设计来解决道德风险问题。例如，建立投保人自我约束的制度。在这种投保人自我约束的制度中，保险公司并不对投保人实行全额财产保险，而是规定某些最低数量的免赔额，一旦投保人遭受财产损失，投保人自己也将负担一部分损失。

在医疗保险市场上，通过制度设计，让个人承担一定比例的费用支出也是解决道德风险问题的一种有效方法。根据这种制度，当购买医疗保险的人患病后，保险公司只支付患者就医的一部分费用，保险购买人自己也要支付一定比例的费用，就可以避免医疗保险的购买者对医疗服务的过度需求。否则，个人的败德行为将会使任何一种医疗保险制度都难以维系。

对于其他领域的败德行为，进行事前的合同约束和事后的清算制度以及抵押保证制度等，也是可行的。例如，市场主体之间在经济活动发生前，通过签订具有法律效力的合同，并在合同中详细规定双方在执行合同期间出现各种可能情况下的利益安排，就可以在一定程度上减少败德行为的发生。而对于经理人的败德行为，可以通过滞后支付股票期权的方法对之进行约束。在信贷市场上，实行抵押贷款的方式，可以使那些具有败德行为的借款人无利可图。为了防范代理人的道德风险,要求他们预付一笔保证金作为抵押品,也是一种常用的方法。

(三)委托-代理问题的解决方法

由委托-代理问题而产生的效率损失是难以通过政府干预来解决的。因为在企业的所有者无法观察和监督其代理人行为的情况下,政府也难以做到这一点。那么应当如何解决委托-代理问题呢?一般来说,企业外部的竞争,例如企业间的收购和兼并、经理市场的建立、企业内部约束机制的建立,股东通过股东大会"用手投票"或在股票市场上抛出股票即"用脚投票"的行为都会对企业的经营者造成一种压力,迫使经营者为企业盈利而努力工作,但这毕竟只是一种外在压力。

为使代理人所追求的目标在最大程度上与委托人所追求的利润最大化目标相一致,设计合理的企业经营者激励制度可能会取得更好的效果。

目前,为解决企业中委托人和经理阶层之间的委托-代理问题,在许多企业中都普遍实行了经理年薪制度、奖金制度、利润分享制度等。在这种制度下,企业获得的利润越多,经理所得到的年薪、奖金或分享的利润就越多。这样,就可以把经理阶层的利益与企业的经营状况联系在一起,从而对企业的经理阶层产生一种激励,使他们能够自觉地把追求最大利润作为企业的经营目标。

为解决委托人和工人之间存在的委托-代理问题,实行一种被称为效率工资的制度也是可行的。这种工资制度是由伊伦(L. Yellen)于1984年最早提出的。其基本思想是,在信息不对称的情况下,当劳动者的努力程度不可直接观察时,雇佣者给工人支付高于完全竞争市场的工资率的效率工资(*efficiency wage*),就能够激励工人更努力地工作。因为,高于市场工资率的效率工资,会增大工人被解雇的机会成本,在此情况下,工人会珍惜自己的工作岗位而努力工作。

第五节 垄断

在一个完全竞争的市场上,市场机制能够实现资源的最优配置。但是,如果市场是完全垄断的市场,资源的配置效率就会降低,从而导致市场失灵。在此情况下,就需要发挥政府的作用。

在第五章,我们已经分析了垄断市场的特征和垄断形成的原因,并且对垄断的弊端有了初步的分析。在本节，我们主要分析垄断的弊端，分析垄断所造成的效率损失，然后分析政府反垄断的公共政策。

一、垄断的弊端和效率损失

经济学家们认定，如果市场是垄断的市场，就一定会降低资源的配置效率，导致资源的浪费和社会福利损失。为了说明这个问题，我们先观察图8-1。

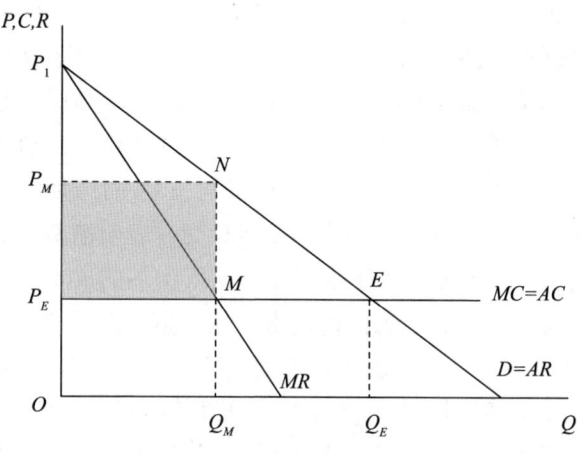

图8-1 垄断的效率损失

在图8-1中，坐标的横轴表示产品的产量，纵轴表示产品的价格、成本和收益。坐标中的 $D=AR$ 线是产品的需求曲线和平均收益曲线，MR 线是边际收益曲线，$MC=AC$ 线是产品的边际成本曲线和平均成本曲线，为简单起见，我们假定边际成本等于平均成本，并假定它们都不随产量的变化而变化，因而它是一条水平线。对边际成本和平均成本作这样的假定，并不影响我们所要得出的结论。

为了说明垄断的弊端及其对经济效率的影响，我们可以把垄断的市场与完全竞争的市场作一比较。假如市场是完全竞争的市场，根据完全竞争市场的均衡条件 $P=MC=AC$，市场一定会在图8-1中的 E 点实现均衡，这时的均衡产量是 Q_E，产品的价格是 P_E，总成本和总收益相等，都是由 OP_EEQ_E 围起来的矩形面积，经济利润等于零，而由 P_EP_1E 围起来的三角形面积是消费者剩余。但是，如果市场是完全垄断的市场，情况就会有很大的不同。根据垄断市场均衡的条件 $MR=MC$，市场一定会在图中的 M 点实现均衡，这时的均衡产量是 Q_M，产品的价格是 P_M，总收益是由 OP_MNQ_M 围起来的矩形面积，总成本是由 OP_E

MQ_M 围起来的矩形面积，总收益减去总成本的差额是垄断厂商所获得的经济利润，即 $P_E P_M NM$ 围起来的矩形阴影面积，这时的消费者剩余只有 $P_M P_1 N$ 围起来的三角形面积。

通过以上的比较，我们可以将垄断的弊端和垄断所造成的效率损失归纳为如下几点：

第一，在垄断的条件下，利润最大化的均衡产量低于完全竞争条件下的均衡产量（$QM < QE$），但产品的均衡价格却高于完全竞争条件下均衡价格（$P_M > P_E$），并且高于边际成本（$P_M > MC$）。价格高于边际成本表明消费者愿意为增加额外一单位产品消费的支付超过了生产这一产品所引起的成本的增加量。因此，还存在有帕累托改进的余地。在垄断的条件下，消费者按照垄断价格 P_M 购买了 Q_M 的产量，而帕累托最优状态是在 Q_E 的产量水平上达到的。在 Q_E 的产出水平上，需求曲线与边际成本曲线相交，表明消费者为增加一单位产品的消费愿意支付的价格刚好等于生产该产品所增加的成本，此时不再存在任何帕累托改进的可能。因此，Q_E 的产量水平是帕累托最优意义上的产出。这就是说，在垄断的条件下，存在着生产不足，市场机制未能实现资源的有效配置。实际上，只要市场不是完全竞争的，只要厂商面临的需求曲线不是一条水平线，而是向右下方倾斜，则厂商的利润最大化原则就是边际收益等于边际成本，而不是价格等于边际成本。当价格大于边际成本时，就一定会出现低效率的资源配置状态。

第二，在垄断的条件下，即使从长期来看，经济利润也总是大于零，但这是以消费者剩余的减少为代价的。从图 8-1 可以看出，在垄断的条件下，消费者剩余明显小于完全竞争条件下的消费者剩余，即由 $P_M P_1 N$ 围成的面积小于由 $P_E P_1 E$ 围起来的面积；并且，垄断厂商的经济利润即 $P_E P_M NM$ 围起来的矩形阴影面积也来源于完全竞争条件下的消费者剩余即 $P_E P_1 E$，或者说，垄断厂商所获得的经济利润本来就是完全竞争条件下消费者剩余的一部分。显然，这是对消费者剩余的一种剥夺。西方经济学家把这种情况称之为剥削和分配不公。

第三，垄断还会导致技术性低效率，并导致社会净损失的出现。在垄断条件下，垄断厂商凭借其垄断势力就可以通过制定高价格和控制产量而轻易获得远高于正常利润的经济利润，因而也就不存在市场竞争的压力。由于没有市场竞争的外在压力，垄断厂商的经济效率就会远远低于竞争性市场的经济效率。这意味着，在垄断的条件下，实际的边际成本曲线和平均成本曲线一定会高于图中的水平线，因而实际的经济利润一定会小于 $P_E P_M NM$ 围起来的阴影面积，经济学家们把这种情况称之为技术性低效率（technical inefficiency）所造成的社会净损失。社会净损失的存在意味着经济效率的降低。

第四，垄断还会导致分配性低效率，并导致社会的无谓损失。通过观察图 8-1 就会发现，由 MNE 围起来的三角形面积，在完全竞争的条件下是消费者剩余的一部分，而在垄断的条件下，它既不是消费者剩余，也不构成厂商的经济利润。这就是说，无论是垄断厂商还是消费者，谁都没有得到这一部分。经济学家们把这种损失称之为分配性低效率（allocation inefficiency）所引起的无谓损失。无谓损失的存在也意味着经济效率的降低。

最后，垄断还会导致寻租行为的产生。垄断不仅是一种特权，也是一种无形资产，仅凭这种特权或无形资产，就可以给垄断厂商带来丰厚的经济利润。因此，任何一个垄断厂商都会为获得或维持其垄断地位而付出一定的代价。例如，垄断厂商可以向政府官员或议员行贿，让他们制定有利于自己获得垄断地位或保持垄断地位的政策。这种为获得和保持垄断地位的非生产性寻利活动被称为寻租（rent seeking）。显然，寻租行为的存在意味着企业成本的增加或经济利润的减少，从而导致经济效率的降低。

综上所述，垄断的存在会导致效率损失，使资源无法得到最优配置，这意味着在垄断的条件下，市场机制实现资源最优配置的作用受到了一定的限制，即导致了市场失灵。

二、政府对垄断的公共管制

由于垄断会导致资源配置缺乏效率，因此也就产生了对垄断进行公共管制的必要性。对垄断进行公共管制的方式是多种多样的。

第一，对垄断企业的产品价格进行管制。一般情况下，与竞争性的厂商相比，垄断厂商总是通过限制产量来提高价格并获取垄断利润，因此，为提高资源的配置效率，必须对垄断厂商进行价格管制。对垄断厂商进行价格管制，从理论上说，就是强迫垄断厂商按照产品的边际成本定价，在实践中，一般表现为垄断厂商只能在成本和正常利润的基础上制定产品的价格，从而使垄断厂商无法获得垄断的经济利润。这样做的结果，可以在很大程度上减少由于技术性低效率所造成的社会净损失，提高资源的配置效率。在许多国家，对垄断企业的产品价格实行管制的做法，普遍地存在于自然垄断的行业中。但是，在核定厂商的成本和正常的利润水平时，往往存在着技术上的困难。

第二，对自然垄断企业进行利润管制。从理论上说，对垄断厂商的利润进行管制，就是检查厂商每年的盈亏报表，以确认其只获得了正常（平均）利润。如果其利润太高，就可以迫使厂商降低价格，如果利润太低，则允许厂商提高价格。但在实践中，这种管制方法会导致厂商隐瞒真实成本，同时，利润管制还可能促使厂商以高于市场价格的价格购买其未受管制的子公司的产品，这样做既提高了垄断企业的成本基数，又转移了利润。这是美国电话电报公司（AT&T）常用的策略。

第三，对自然垄断企业实行产量管制。为实现利润最大化，垄断企业的产量总是小于竞争性市场的产量。在此情况下，如果政府迫使企业增加产量，不仅可以使消费者获得更多的产品和服务，而且支付了更低的价格，从而使消费者受益。但使用管制产量的方法也存在一些问题，因为垄断厂商会通过降低产品质量和服务质量的方法来降低成本，从而获得更大的利润。

第四，有效地控制市场结构，避免垄断的市场结构产生，是一种重要的管制措施。这意味着，当某种产品市场形成了垄断或已经具有垄断的趋势时，对垄断企业进行分拆就是一种很好的选择。因为把一个垄断企业分拆为若干相互独立的企业，就可以打破垄断，形成竞争性的市场。例如，1911年，新泽西标准石油公司非法垄断精炼油市场的违法行为最终导致了该企业被分拆为30个独立的公司，美国今天多数大的石油公司都是当时标准石油公司被分拆的结果。在美国的历史上，许多有名的大公司都曾经有过被分拆的经历。

第五，在市场经济条件下，制定反垄断法或反托拉斯法，就可以对垄断的市场结构和厂商的垄断行为进行法律约束，从而更好地规范市场秩序和市场环境，进而提高资源的配置效率。在市场经济国家，美国的反垄断法是最严格的限制垄断厂商行为的法律。从1890年到1950年，美国国会通过了一系列法案，包括谢尔曼法（1890）、克莱顿法（1914）、联邦贸易委员会法（1914）、罗宾逊-帕特曼法（1936）、惠特-李法（1938）、塞勒-凯弗韦尔法（1950）。这些法案统称为反托拉斯法。美国的反托拉斯法规定，任何限制州际或国际贸易的活动或商业活动的协议或共谋、垄断或企图垄断市场、任何以托拉斯或其他形式进行的兼并和共谋、导致削弱竞争或造成垄断的不正当行为、损害消费者利益的不公平交易等行为，都是违法的。

最后，对自然垄断企业实行国有化也是一种反垄断的选择。许多国家的政府都曾经接管过某些垄断行业的所有权，或将该行业国有化。例如，英国和法国就曾经对各自国家的电力公司、电话公司以及像煤气公司、自来水公司这样的公用事业部门实行国有化。但是，这种做法也存在一些弊端，如降低效率。

因为政府通常不是一个很有效率的生产者，被国有化的企业常常缺乏降低成本和谋求最大利润的内在动力。

第六节 政府的经济作用与政府失灵

一、政府的经济作用

市场失灵的存在，一方面说明市场机制对资源配置的调节作用并不是万能的，也是不充分的；另一方面也表明，市场经济的运行和经济效率的提高，既需要市场机制这只"看不见的手"发挥其决定性的调节作用，又需要政府这只"看得见的手"对市场进行必要的干预。从微观经济的角度讲，政府干预经济的必要性从根本上说就是源于市场失灵的存在。

为避免市场机制和政府干预这两种力量作用于同一经济过程而可能出现的矛盾和冲突，必须对两者作用的范围和程度进行合理的界定。由于市场机制的作用是一种自发、自动和自然的过程，而政府对市场的干预是一种自觉、主动和人为的经济行为，因此，界定两者的作用范围和程度，实际上就是界定政府的经济作用，而不是限制市场机制的作用。

如何合理地界定政府的作用，决定于政府对经济运行进行干预的根本目的。政府干预微观经济运行的根本目的是，一方面要保证市场机制能够正常运行，发挥其对资源配置的决定作用；另一方面又能消除市场失灵所产生的消极后果，实现资源的最优配置。从这一根本目的出发，一般而言，界定市场机制和政府经济作用的原则是：在市场机制能够充分发挥作用的领域，就应当让市场机制发挥调节经济运行的决定作用；在市场机制不能发挥作用或不能充分发挥作用的地方，才需要发挥政府干预经济的作用。因为在微观经济领域，政府毕竟不是一个市场主体。从这个意义上说，"大市场"和"小政府"应是成熟市场经济条件下的一种合理的选择。

上述对政府经济作用的界定只是理论上的一般界定。至于在实践中如何界定市场和政府的作用，不同的国家由于国情不同，因此也会有不同的选择模式。

二、政府失灵

在存在市场失灵的情况下，何种程度的政府干预才合乎我们的需要？如果政府对经济的干预没有使我们更接近经济目标,就是政府失灵(government failure)。政府失灵通常表现在以下几个方面:首先,如果政府对经济的干预未能有效地减少市场失灵所带来的效率损失,政府失灵就是存在的;其次,如果政府对经济的干预未能实现更公平的收入分配,甚至使收入分配恶化,政府失灵也是存在的;最后,如果政府干预经济的成本高于克服市场失灵和市场功能缺陷所带来的收益,政府失灵也是存在的。

出现政府失灵的原因是复杂的。首先,它和政府部门的低效率或"浪费"有关。政府"浪费"是指公共部门没有能够运用其控制的资源生产出本应生产的产品产量或劳务量,这种低效率意味着一个经济体的生产状况处于生产可能性曲线的内侧而不是该曲线上。其次,即使政府部门的效率是高的,不存在浪费资源的情况,仍然有可能存在政府失灵。因为政府作用的发挥,存在着机会成本的问题。这就是说,在评价政府的经济作用时,我们不仅要考虑政府做了些什么,还要考虑我们失去了什么。很明显,由于资源具有稀缺性,如果政府雇用的工作人员越多,意味着企业部门雇用的工人越少;政府部门消费了更多的产品,消费者就不得不减少自己的消费,如此等等。如果政府发挥经济作用的机会成本很大,就仍有可能导致政府失灵。

除了我们上面所提到的政府失灵的各种表现和原因之外,还有一种不容忽视的政府失灵,这就是政府部门的"不作为"和"乱作为"。所谓"不作为",是指应该政府做的事情政府部门不去做或做得不好;所谓"乱作为"则是指本不该政府做的事情政府部门却越俎代庖。通常,这种政府失灵的存在,常常是制度原因造成的。例如,在一个具有庞大官僚体制的国家中,或者实行计划经济体制的国家在迈向市场化改革的进程中,这种政府失灵就可能出现。

关键名词和术语

市场失灵　外部性　外部经济　外部不经济　货币的外部性　产权　交易成本　科斯定理　私人物品　公共物品　逆向选择　道德风险　委托－代理问题　技术性低效率　分配性低效率　寻租　政府失灵

复习思考题

1. 外部性是怎样产生的？它对资源的配置效率会产生什么影响？
2. 明晰产权在解决外部性问题时所起的作用是什么？
3. 在解决外部性问题时政府可以发挥哪些作用？
4. 公共物品具有哪些特征？为什么在公共物品的生产领域市场机制是失灵的？
5. 在公共物品的生产和供给方面，政府的作用主要有哪些？
6. 为什么只要存在信息不对称，就会出现市场失灵？
7. 怎样解决由于信息不对称所导致的市场失灵问题？
8. 垄断是怎样导致效率损失的？
9. 简述政府对垄断的公共管制措施。
10. 怎样正确理解市场机制的作用和政府失灵？
11. 说明市场失灵存在的原因，分析市场失灵为什么会导致资源配置低效率？
12. 怎样看待市场经济条件下政府在微观经济领域中的经济作用？

计算证明题

1. 假定 A、B 两厂商之间存在外部性，A 厂商给 B 厂商造成外部不经济。A 厂商生产 X 产品，B 厂商生产 Y 产品，其成本函数分别为 $C_A = 2X^2$ 和 $C_B = Y^2 + 2XY$，B 厂商的成本受 A 厂商的产量 X 的影响。X 和 Y 的市场价格分别为 80 和 60。试计算：

   （1）假定厂商不对外部性问题进行交涉，两厂商的产量各为多少？

   （2）假定两厂商对外部性问题进行交涉，并且交易成本为零，两厂商的产量又各为多少？

   （3）在（2）的场合，对 A 厂商的外部不经济有法规和无法规时，两厂商如何分配利润？

   （4）假定政府为抑制外部不经济，对 A 厂商生产的每单位 X 征收数额 T 的税收，两厂商若追求各自利润最大化，政府税额应为多少？

   （5）假定政府向 A 厂商生产的每单位 X 征收数额 T 的税收，而向 B 厂商生产的每单位 Y 发放 T 单位的补贴。假设两厂商可以无交易成本地进行交涉，那么政府的税收、补贴政策会带来什么样的影响？

2. 假设一家垄断化工厂的成本函数为：$C(Q) = Q^2 + 60Q + 100$，该企业的需求曲线为 $P = 200 - Q$。化工厂每生产出 1 单位的化工原料将产生 0.1 单位的污染物 Z，令 $Z = 0.1Q$。清理污染的成本（TC）函数为：$TC = 100 + 400Z$，其中 Z 为污染物数量。

(1) 如果企业可以自由排放污染物，其产品价格和产出水平为多少？

(2) 假定生产者必须支付污染成本，其产品价格和产出水平为多少？

(3) 上述计划能否消除污染？请分别算出（1）（2）两种情形下的污染物数量。

(4) 假定政府希望通过征税来减少企业的污染排放并希望企业减少的污染物排放量与（2）中相同，应该怎样设计税收？

下 篇

宏观经济学

第九章
宏观经济运行与国民收入核算

从本章开始，我们阐述宏观经济学的基本原理。本章首先通过对宏观经济循环流程的分析，说明一个国家或者地区，也就是一个经济社会或者一个经济体的宏观经济是怎样运行的，然后在此基础上说明实现宏观经济均衡的条件。最后两节将告诉我们一个经济社会或经济体的国民收入或产出水平是用哪些指标衡量的以及国民收入的核算方法。

第一节 宏观经济运行与宏观经济均衡

一、宏观经济循环流程与宏观经济均衡的条件

在一个经济社会中，宏观经济究竟是怎样运行的呢？要实现宏观经济的正常运行需要具备什么条件？为了说明这个问题，让我们首先观察一个宏观经济循环流程图。见图 9-1。

需要说明的是，图 9-1 的宏观经济循环流程图只描述了一个经济社会或经济体中经济运行的主流，为简单起见，大量的、非主流的经济活动，例如政府部门对企业的转移支付、政府部门与外国部门的经济联系等均被略去。在宏观经济循环流程图中，连接各经济主体和市场的箭头均代表货币的流向和流量，产品和生产要素都是逆箭头方向运动的。

先注意图 9-1 中的家庭部门和企业部门。为简单起见，我们首先假定在一个经济体中只存在家庭部门和企业部门。家庭部门代表一个经济社会中所有的家庭或消费者，即所有消费者的集合；企业部门代表一个经济社会中所有的企业或厂商，即所有厂商的集合。在宏观经济运行过程中，家庭部门的基本功

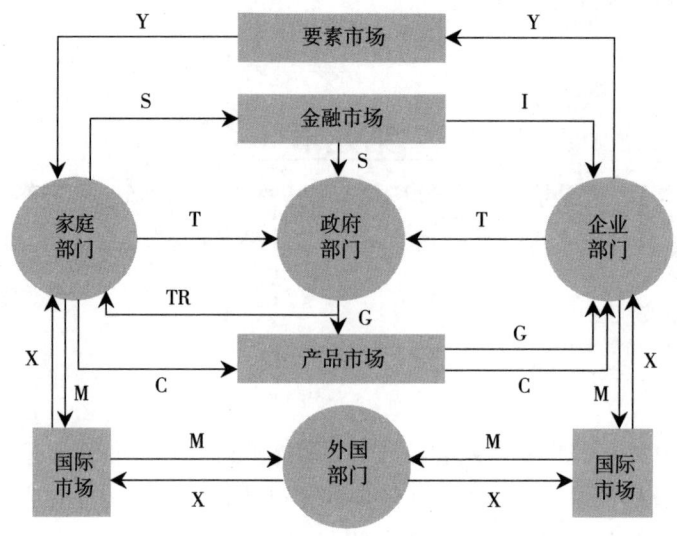

图 9-1 宏观经济循环流程图

能有两个,一是从企业部门购买消费品,形成产品市场的需求;二是向企业部门提供资本、劳动、土地等生产要素,从而形成要素市场的供给。企业部门的基本功能也有两个,一是从家庭部门购买生产要素,从而形成要素市场的需求;二是将消费品卖给家庭部门,形成产品市场的供给。

在只有两个部门的简单经济中,家庭部门与企业部门的联系主要表现在以下两个方面:第一,家庭部门要从产品的供给者即企业部门购买面包、汽车、住房等各种消费品和服务,形成消费需求或消费支出,简称消费(C),这种联系是以产品市场为媒介进行的。通过这种联系,货币沿着箭头方向通过产品市场从家庭部门流向企业部门,而消费品则逆箭头方向通过产品市场流向家庭部门。第二,企业部门要满足消费者的各种需求,就必须进行生产。为此,企业部门必须通过生产要素市场从要素的供给者即家庭部门购买资本、劳动、土地等各种生产要素,并付给要素的所有者利息、工资和租金等报酬,这些要素的报酬便构成国民收入(Y)。于是,货币沿箭头方向通过要素市场流向家庭部门,而生产要素则逆箭头方向流向企业部门。在一个经济体中,家庭部门所获得的国民收入并不全部用于消费,除一部分用于消费外,还有一部分用于储蓄(S)。储蓄并不仅仅是居民存在银行里的钱,它被定义为国民收入中当前未被用于消费的部分。因此国民收入不是用于消费,就是用于储蓄,国民收入应恒等于消费与储蓄之和,即 $Y \equiv C + S$。在一个经济体中,通过货币市场或金融市场，储蓄可以转化为投资（I）。企业部门的投资也称为私人投资，是指企业部门用于购买机器、厂房、设备、存货等资本资产的支出。于是，我们看到，在两个部门的简单经济中，从支出的角度看，家庭部门从企业部门获得的国民收入一部分用于消费，另一部分则转化为投资，即 $Y \equiv C + I$。

通过上述分析，我们立即就可以得出一个结论：在一个只有两部门的简单经济体中，宏观经济要能正常运行，即实现宏观经济均衡，消费与投资之和必须等于消费与储蓄之和。可以用公式（9.1）表示这一均衡条件。

$$C + I = Y = C + S \tag{9.1}$$

方程左边是两个部门经济中的总支出，即消费支出和投资支出，也是两个部门经济中的总需求，即消费需求和投资需求。方程右边为总收入，即各种生产要素收入的总和，它被分解为消费和储蓄两个部分。由于总收入是家庭部门向企业部门供给的各种生产要素的报酬或生产要素创造的价值，因此也可以将其视为总供给。这就是说，要实现宏观经济的均衡，总支出①必须等于总收入，或者总需求必须等于总供给。严格意义上的总需求等于总供给将在第十四章进行分析。

如果方程（9.1）两边同时减去消费 C，宏观经济均衡的条件还可以表示为投资等于储蓄。即：

$$I = Y - C = S$$
$$I = S \tag{9.2}$$

公式（9.2）被称为投资－储蓄恒等式。这种恒等关系是两部门经济中的总支出或总需求（$C + I$）与总收入或总供给（$C + S$）的恒等关系。

在宏观经济运行过程中，储蓄转化为投资意味着向企业部门注入更多的货币，企业部门因此就可以扩大其生产规模。企业部门生产规模的扩大，意味着要向家庭部门购买更多的生产要素，并支付更多的利息、工资和租金，这时，国民收入就会增加，宏观经济活动水平就会提高。如果把宏观经济视为一桶水，那么增加投资无异于是向"桶"中注水，因此投资是具有注入效应的变量。与此相反，储蓄意味着家庭所获得的要素收入即国民收入中的一部分没有被用于消费，如果家庭部门减少消费品的购买，企业部门就只能缩减其生产规

---

① 在一些教材中常使用计划总支出和实际总支出的概念来表述宏观经济的均衡，实际上，只要把企业存货视为厂商自己购买的商品即自我投资，计划总支出与实际总支出是相等的。因此，为简单起见，本书仅使用了计划总支出与实际总支出相等的"总支出"这一概念。

模，并将减少对家庭部门生产要素的购买，这时，国民收入就会减少，宏观经济活动水平就会降低。显然，储蓄的增加只能使宏观经济这桶水漏出，因此，储蓄是具有漏出效应的变量。这里所说的注入效应，就是指向经济循环过程中增加货币投入，从而导致国民收入增加的效应；所谓漏出效应，则是指从经济循环过程中减少货币投入，从而导致国民收入减少的效应。可见，凡是具有注入效应的变量，它们的增加对经济都会起到扩张作用，而凡是具有漏出效应的变量，它们的增加对经济只能起到收缩的作用。

在一个经济社会或经济体中，政府也是一个宏观经济运行的主体。政府部门加入经济运行后，会使经济运行过程中加入两个经济变量：税收和政府支出。税收是指政府向家庭部门和企业部门征税所获得的税收收入；政府支出是指政府对商品和服务的购买以及政府向家庭部门的转移支付。在图9-1中，政府部门向家庭部门和企业部门征税（T），货币就从家庭部门和企业部门沿箭头方向流入政府部门，这会降低家庭部门的消费水平和企业部门的生产水平，进而降低宏观经济的活动水平。而政府支出的增加，包括政府购买 G 以及政府给家庭部门的转移支付 TR，又使货币从政府部门流向企业部门和家庭部门，这会提高企业部门的生产水平和家庭部门的消费水平，从而提高宏观经济活动水平。因此，政府支出是具有注入效应的变量，税收是具有漏出效应的变量。

需要说明的是，在政府支出中，由于转移支付实际上已经包含在家庭部门的消费中，因此，一般情况下，为避免重复计算，我们在分析宏观经济的均衡时，只使用政府购买这一概念，或者说，只在政府购买的意义上使用政府支出这一概念，在此情况下，政府购买总额与政府支出总额是相等的。[①] 这样，在家庭部门、企业部门和政府部门构成的三部门经济中，宏观经济均衡的条件是消费、投资与政府购买之和必须等于消费、储蓄与税收之和。如公式（9.3）所示：

$$C + I + G = Y = C + S + T \qquad (9.3)$$

方程左边是三个部门经济中的总支出或总需求，其中政府购买 G 也可以视为政府需求；方程右边为总收入或总供给，在三部门经济中，总收入除了用于消费和储蓄，还要纳税，税收可以被视为政府部门的收入。显然，在三部门的经济中，宏观经济均衡的条件仍然是总支出等于总收入，或者总需求等于总

---

① 在需要单独分析政府转移支付的场合，我们将政府转移支付从消费中分离出来，此时的政府支出被视为政府购买和政府转移支付的总和。

供给。

如果将（9.3）式两边去掉 C，并移项整理，则有（9.4）式。

$$I = S + (T - G) \tag{9.4}$$

公式左边为投资，右边仍然为储蓄，其中 S 为家庭部门的储蓄，也称为私人储蓄，$(T-G)$ 是政府税收收入减去政府支出的余额，即政府预算盈余，因此称为政府储蓄或公共储蓄。私人储蓄与政府储蓄之和可以称为国民储蓄。因此，在三部门的经济中，宏观经济均衡的条件仍然可以表示为投资等于储蓄。（9.4）式可以被视为三部门经济中的投资－储蓄恒等式。

如果一个经济社会中只存在三个经济部门，我们就将其称之为封闭经济。然而这只是一种假设。在现代社会，任何国家的经济都不可能在封闭的状态下运行，或多或少都会与外国发生某种经济联系，其中最主要的经济联系是进出口贸易。如果把所有的外国也视为一个经济部门，即外国部门，那么在宏观经济运行过程中又会增加两个变量：产品的出口（X）和进口（M）。在图 9－1 中，出口使货币沿箭头方向从外国部门通过国际市场流入到企业部门，产品则逆箭头方向从企业部门流向外国部门；而进口则相反。显然，企业部门增加出口会使其生产规模扩大，并因此增加对生产要素的购买，从而导致国民收入的增加和经济活动水平的提高；而企业部门增加进口只能导致相反的结果。因此，出口是具有注入效应的变量，进口则是具有漏出效应的变量。需要说明的是，在开放经济中，家庭部门和外国部门之间也存在类似于企业部门和外国部门之间的进口和出口的关系。例如，A 国的公民到 B 国旅游，货币会从 A 国流向 B 国，这相当于 A 国企业部门从 B 国进口产品的效应，或相当于 B 国企业部门出口产品的效应；反之亦然。因此，在图 9－1 中，家庭部门通过国际市场与外国部门的这种联系，我们也用 X 和 M 来表示。在四部门的开放经济中，宏观经济均衡的条件可以用（9.5）式表示。

$$C + I + G + X = Y = C + S + T + M \tag{9.5}$$

方程左边是四部门经济中的总支出或总需求，其中 X 可以视为来自外国部门对本国产品的需求。方程右边为四部门经济中的总收入或总供给，在这里，总收入不仅要用于消费、储蓄和纳税，还要从外国部门购买产品，因此 M 可以被视为外国部门的收入。在四个部门的经济中，宏观经济的均衡条件依然可以用总支出等于总收入或总需求等于总供给来表示。

如果在（9.5）式两边去掉 C，并移项整理，在四部门经济中，宏观经济均衡的条件仍然可以用投资等于储蓄来表述。如（9.6）式所示。

$$I = S + (T - G) + (M - X) \qquad (9.6)$$

(9.6) 式左边为投资，右边仍然为储蓄，其中 $(M - X)$ 是外国部门所获得的收入与支出的差额，即外国部门所获得的净收入，因此可以称之为外国部门的储蓄。(9.6) 式是四部门经济中的投资－储蓄恒等式。

综上所述，一个经济体要实现宏观经济的均衡，总支出必须等于总收入，或者总需求必须等于总供给，也可以说，投资必须等于储蓄。如果实际投资不等于储蓄，宏观经济运行就会呈现非均衡的状态。例如，当投资大于储蓄时，意味着经济中存在着过度需求，即总需求大于总供给，这必然导致资源短缺，并引发通货膨胀；反之，当投资小于储蓄时，则意味着经济中存在着需求不足，即总需求小于总供给，这又会导致失业并引发通货紧缩。因此，只有在投资等于储蓄或总需求等于总供给时，宏观经济才能实现均衡。需要说明的是，这里所说的投资等于储蓄，是从投资、储蓄和国民收入的定义所得到的恒等关系。在现实生活中，两者并不一定总是相等。

如果把转移支付（TR）从家庭部门的消费中分离出来，那么国民收入加上转移支付再减去税收，即 $Y + TR - T$，就是可支配收入（YD），根据可支配收入公式 $YD = Y + TR - T$，移项后可得 $Y = YD - TR + T$。由于 $YD \equiv C + S$，因此就有 $Y = C + S - TR + T$。若再引进净出口（NX），即出口减去进口的差额（$X - M$），则宏观经济均衡的条件即总支出与总收入的恒等关系还可以表示为 (9.7) 式。

$$C + I + G + NX = Y = C + S - TR + T \qquad (9.7)$$

公式 (9.7) 中的税收减去转移支付（$T - TR$）也被称作净税收。因此，也可以认为国民收入现在被分解为消费、储蓄和净税收三个部分。

通过以上的分析，我们还可以得到一个重要的关系式 (9.8)：

$$总产出 = 总收入 = 总支出 \qquad (9.8)$$

这个关系式描述了无论是以最终商品和服务的生产、经济活动所产生的收入，还是对商品和服务的最终支出来衡量，所得到的总体经济活动的价值均相等。

二、储蓄、投资、政府预算与对外贸易

在一个经济社会或经济体中，如果实际投资不等于实际储蓄，要使宏观经济正常运行，就必须对之进行调整。假设在某一时期中，私人储蓄 S 是一个固定不变的量，如果投资不等于储蓄，就可以通过调整投资、政府预算和进出口

等变量来实现宏观经济的均衡。为了说明这一点，我们对（9.6）式进行移项整理，就可以得到（9.9）式。

$$S = I + (G - T) + (X - M) \quad (9.9)$$

公式（9.9）告诉我们，一个经济体的私人储蓄可以有三种用途：用于新的资本投资、为政府弥补预算赤字提供资金，例如购买国债，还可以借给外国部门，例如给外国提供贷款。

根据（9.9）式，可以用表9-1假设的数据来说明经济变量之间的这种互补关系，进而说明宏观经济的均衡。

表9-1　　　　　私人储蓄、投资、政府预算和对外贸易　　　　　单位：亿元

私人储蓄（S）	投资（I）	预算赤字（$G-T$）	贸易差额（$X-M$）
10000	10000	0	0
10000	8000	2000	0
10000	9000	0	1000
10000	9500	1500	-1000

表9-1共有四行数据，代表了四种不同的经济形势。从第一行可以看出，如果私人储蓄为10000亿元，并全部借给企业部门即投资也为10000亿元，政府预算和对外贸易都必须保持平衡，宏观经济运行才能实现均衡。第二行表明，如果私人储蓄仍为10000亿元，但投资只有8000亿元，这时，可以把私人储蓄借给政府部门，通过增加政府预算支出2000亿元来实现宏观经济的均衡。在图9-1中，政府部门与金融市场之间的储蓄（S）所指的就是这种情况。当然还可以从另外的角度来考虑第二行出现的问题，即如果私人储蓄为10000亿元，在政府预算已经出现2000亿元赤字的情况下，企业部门就不得不减少2000亿元的投资，即总投资为8000亿元时，宏观经济才能实现均衡。在第三行，私人储蓄为10000亿元，但投资只有9000亿元，假如政府不增加预算支出，保持预算平衡，则可以通过出口信贷的方式把私人储蓄1000亿元借给外国部门，用来弥补他们从我们这里进口商品所形成的贸易逆差（从我们的角度看是贸易顺差），从而实现宏观经济的均衡。最后一行告诉我们，如果私人储蓄还是10000亿元，但投资为9500亿元，政府赤字为1500亿元，为满足国内的强劲需求，实现宏观经济的均衡，就必须增加进口，以致出现了1000亿元的贸易逆差，这相当于从外国部门借款1000亿元，但这是实现宏观经济均衡

必不可少的。

由此可见，私人储蓄可以有三种用途：一是将储蓄借给企业部门，例如企业通过发行公司债券的方式筹集资金，以增加企业部门的投资；二是将储蓄借给政府部门，即政府向私人举债，用于增加政府支出；三是将储蓄借给外国部门，例如以出口信贷的方式增加外国部门对企业部门的需求。

第二节　经济活动水平的衡量

一、衡量经济活动水平的指标

在经济学中，国民收入通常是一个宽泛的概念，泛指一个经济社会或一个经济体在一定时期内的总产出水平或总产量，它代表着经济活动水平的高低。在现实生活中，衡量一个经济体国民收入水平的主要经济指标是国内生产总值。因此，在本书中，如果没有特别的说明，国民收入或总收入、总产出或总产量、国内生产总值都是等同的。

国内生产总值（Gross Domestic Product，GDP）是一个国家或一个地区所有常住单位在一定时期内运用生产要素所生产的全部最终产品（包括商品和服务）的市场价值。这个定义包含这样几层意思：

第一，GDP是市场价值。这有两层意思：一是GDP把一个经济社会的所有最终产品都要表现为一定数量的货币。为了做到这一点，就要把各种最终产品的市场价格乘以它们各自的产量，才能得到最终产品的市场价值。第二层意思是说，GDP是一种市场活动导致的价值。因此，那些只是为满足生产者自身需要而生产的非商品性产品，以及一些没有通过市场交易而直接进入消费过程的商品，通常不计入国内生产总值。

第二，GDP所要衡量的是最终产品的价值，不含中间产品的价值。最终产品（final goods）是指在一定时期内生产和销售的并且在同期内不再加工、可供最终消费和投资的商品和服务。中间产品是指在本期内还要进入其他生产过程以生产其他产品的商品和服务。计算最终产品的价值是为了避免重复计算。

第三，GDP计算的是现期生产而非现期销售的最终产品的价值。因此，它不包括上期生产出来但在本期销售的产品的价值。根据这个原则，假如名画"清明上河图"在2020年卖了1亿元，这1亿元的市场价值是不能计入2020年的GDP的。依此类推，二手车、二手房的市场价值也不能包含在本期的

GDP 中。

第四，GDP 是一个流量而不是一个存量，流量是一定时期内发生的量，存量是在一定时点上存在的量。因此，GDP 应是在一定时期内（例如一年或一个季度）生产出来的最终产品的价值。

第五，GDP 是在一个国家或一个地区内生产出来的最终产品的价值。这就是说，GDP 是一个地域概念而非国民概念。它只包括某一个地理范围之内生产出来的最终产品的价值。

与国内生产总值相联系的另一个衡量总产出的概念是国民生产总值。国民生产总值（Gross National Product，GNP）是一个国家或一个地区的常住居民在一定时期所拥有的生产要素所生产的全部最终产品（包括商品和服务）的市场价值。

国内生产总值与国民生产总值的区别首先表现在，国内生产总值是一个地域概念，地理位置或国界对计算 GDP 很重要。而国民生产总值是一个国民概念，所有权或国家对计算 GNP 至关重要。例如，一个在美国工作的中国公民所获得的收入应计入中国的 GNP，但不计入中国的 GDP，而是计入美国的 GDP；同样，一个在中国投资的美国企业家所获得的利润构成美国 GNP 的一部分，但不构成美国的 GDP，而是中国 GDP 的一部分。其次，国内生产总值与国民生产总值的区别还表现为，GDP 是一个生产性概念，而 GNP 是一个收入性概念。正是由于这个原因，联合国在 1993 年修订的国民核算体系（SNA）中，已将国民生产总值改称为国民总收入（Gross National Income，GNI）。但在习惯上，人们还常常使用国民生产总值这一概念。

国内生产总值与国民生产总值（国民总收入）的区别可以用如下公式来表示：

GNP = GDP + 来自国外的要素收入 − 外国从本国获得的要素收入，或
    = GDP + 常住居民在国外获得的要素收入 − 非常住居民从本国获得的要素收入

从以上分析不难看出，如果一国的 GNP 超过 GDP，说明该国公民从外国获得的利息、工资、利润、租金等收入多于外国公民从该国获得的要素收入；反之，如果 GDP 超过 GNP，则表明该国公民从外国获得的要素收入少于外国公民从该国获得的要素收入。假设一个国家是完全封闭的，那么 GDP 与 GNP 或 GNI 应当是相等的。

由于相对于 GNP 来说，GDP 是一个更能准确衡量国内就业潜力的指标，

同时也因为本国公民在国外获得的要素收入难以准确地衡量，因此，目前大多数国家都使用 GDP 这一指标来衡量其产出水平。

与 GDP 和 GNP 相联系的概念还有国内生产净值、国民生产净值、国民收入、个人收入和个人可支配收入。

国内生产净值（Net Domestic Product，NDP）是一个国家或一个地区所有常住单位在一定时期内运用生产要素净生产的全部最终产品（包括物品和服务）的市场价值。从国内生产总值中扣除资本折旧后的余额，即为国内生产净值。

国民生产净值（Net National Product，NNP）是一个国家或一个地区的常住居民在一定时期所拥有的生产要素净生产的全部最终产品（包括物品和服务）的市场价值，从国民生产总值中扣除资本折旧后的余额，即为国民生产净值。

非宽泛意义上的国民收入（National Income，NI）是指按生产要素报酬计算的收入，通常被分为五个部分，即雇员收入、公司利润、财产所有者收入、个人租金收入和净利息。

国民收入（NI）与国内生产净值（NDP）的关系是，国民收入是从国内生产净值中扣除间接税、企业转移支付和政府补助金后的余额。在以后的章节中，除非我们特指 NI 意义上的国民收入，否则，在谈到国民收入时，都是指总产出意义上的即宽泛意义上的国民收入。

个人收入也称私人收入（Personal Income，PI）是从国民收入（NI）中减去人们在现期生产中创造出来但又没有被人们得到的收入，再加上人们得到的但又不是在现期生产中创造出来的那些收入。具体说，从国民收入中减去公司利润、净利息、社会保障支出，再加上政府对个人的转移支付、个人利息收入、个人股息收入、企业转移支付，就可以得到个人收入。在开放经济中，还应加上来自国外的要素收入。

个人可支配收入也称私人可支配收入（Personal Disposable Income，PDI）是归个人实际支配的用于消费和储蓄的收入。一般情况下，从个人收入中减去个人税收（如个人所得税、个人财产税、遗产税、赠与税等）和非税支付（如罚金、馈赠等），就是个人可支配收入。

二、名义国内生产总值和实际国内生产总值

名义国内生产总值简称名义 GDP，是指按当年价格计算的最终产品的价

值。由于相同产品的价格在不同的年份会有所不同，因此，如果用名义 GDP 衡量产出水平就无法对 GDP 进行历史比较。为了使一个国家或地区不同年份的 GDP 具有可比性，就需要将名义国内生产总值转换为实际国内生产总值。实际国内生产总值简称实际 GDP，是指按基期最终产品的不变价格计算出来的国内生产总值。如果用 Q_i 表示第 i 种最终产品的数量，P_i 和 $\overline{P}_i$ 分别表示第 i 种最终产品的现期价格和基期价格，则名义 GDP 和实际 GDP 可以分别定义为 (9.10) 式和 (9.11) 式：

$$名义 GDP = \sum_{i=1}^{n} P_i Q_i \qquad (9.10)$$

$$实际 GDP = \sum_{i=1}^{n} \overline{P}_i Q_i \qquad (9.11)$$

名义 GDP 与实际 GDP 的差异主要体现在最终产品的现期价格水平与基期价格水平的变动上。有三种常用的价格指数可以被用来衡量最终产品价格水平的变动情况，这就是 GDP 平减指数、消费者价格指数和生产者价格指数。

名义 GDP 与实际 GDP 的比值被称为 GDP 平减指数或 GDP 缩减指数（GDP deflator index），也称 GDP 隐含价格平减指数（implicit price deflator index for GDP），它是指在给定的一年中，名义 GDP 与该年实际 GDP 的比率，或者说，是依据当前价格计算的 GDP 与过去某一基年价格计算的 GDP 的比率，通常用百分数表示。如 (9.12) 式所示。

$$GDP\ 平减指数 = \frac{名义\ GDP\ 或依据当前价格计算的\ GDP}{实际\ GDP\ 或按某一基期价格计算的\ GDP} \times 100\%$$

$$(9.12)$$

显然，GDP 平减指数是衡量价格水平变动的一个重要经济指标。根据 GDP 平减指数的含义，我们还可以把实际 GDP 定义为 (9.13) 式：

$$实际\ GDP = \frac{名义\ GDP}{GDP\ 平减指数} \qquad (9.13)$$

常用的价格指数除 GDP 平减指数外，还有消费者价格指数（CPI）和生产者价格指数（PPI）。

消费者价格指数（Consumer Price Index，CPI）也称消费价格指数、零售物价指数或生活费用指数，它所表示的是不同时期为购买一篮子（market basket）样本商品所支付的成本的价格指数。一篮子商品通常包括食品、衣服、燃油、交通运输、学费及其他日常生活所必需的商品和服务①。在建立价格指数时，通常按照每种商品在经济生活中的重要程度来确定商品价格的权数。因此，CPI 反映了价格水平变动对居民生活费用的实际影响。

生产者价格指数（Producer Price Index，PPI）也称生产价格指数，它衡量的不是消费者实际支付的价格，而是在生产过程的各个阶段生产者索取的价格。即是说，PPI 所反映的是生产领域一组产品价格变化的情形。计算 PPI 的固定权数是每种商品的净销售额。由于 PPI 主要用于测度商品流通初期阶段的价格水平及其变化情况，因此，一般情况下，PPI 的变动通常预示着 CPI 的变化趋势。一些经济学家人为，原材料的 PPI 变动是未来通货膨胀最敏感的早期预警信号之一。

既然我们可以利用 GDP 平减指数、消费价格指数和生产价格指数衡量价格水平的变动情况，因此也就可以运用上述三种价格指数从不同的角度衡量一个经济体在一定时期的通货膨胀水平。在宏观经济学中，通货膨胀被定义为一定时期中价格水平持续上涨的经济现象。

由于 CPI 能够直接反映物价水平的变动对居民生活的影响，因此人们更关心 CPI 的变动。许多国家和地区也大都通过定期公布 CPI 的变动情况来说明通货膨胀的情况。但是，由于用来计算 CPI 的一篮子商品的范围和权数的确定具有人为的因素，如果统计部门不能随着时间的推移和根据社会经济结构的变化对一篮子商品的范围和权数进行相应的调整，CPI 就不能及时反映居民实际生活费用水平和消费模式的变化，用 CPI 来衡量的通货膨胀率也就有失真实。

PPI 虽然能够先于 CPI 表明价格水平变动的趋势，但由于在 PPI 权数的选取上还没有像决定 CPI 权数的市场商品和服务那样明确的基础，并且 PPI 的变动对居民的生活不会产生直接的影响，所以人们对定期公布的 PPI 数值的兴趣并不很大。

与 CPI 和 PPI 不同，GDP 平减指数作为名义 GDP 和实际 GDP 的比率，不是通过对国内生产总值的各个组成部分的价格指数进行加权平均得到的；同时，它所涉及的价格水平是经济中所有商品和服务的价格水平而非部分商品和服务的价格水平。所以，它是一个具有广泛基础的物价指数，可以较准确地用

---

① 中国居民消费价格调查对象即一篮子商品和服务包括食品、烟酒及用品、衣着、家庭设备用品及维修服务、医疗保健和个人用品、交通和通讯、娱乐教育文化用品及服务、居住等 8 个大类的商品（服务）。

来反映通货膨胀的程度即通货膨胀率。用 GDP 平减指数计算通货膨胀率的方法是：用 t 年的 GDP 平减指数减去 $t-1$ 年的 GDP 平减指数之差再除以 $t-1$ 年的 GDP 平减指数，即为 t 年的通货膨胀率（π_t）。如公式（9.14）所示。

$$\pi_t = \frac{GDP\ \text{平减指数}_t - GDP\ \text{平减指数}_{t-1}}{GDP\ \text{平减指数}_{t-1}} \quad (9.14)$$

例如，如果某一经济体 2016 年的名义 GDP 为 10 万亿元，实际 GDP 也是 10 万亿元，则 2016 年的 GDP 平减指数即为 1.0 或习惯上称为 100。假如 2017 年的名义 GDP 为 12.1 万亿元，实际 GDP 为 11 万亿元，则 GDP 平减指数为 1.1，或习惯上称为 110。由于 2017 年的 GDP 平减指数从 2016 年的 100 上升到了 110，因此，我们可以说，物价水平上升了 10%，即通货膨胀率为 10% [（1.1-1.0）/1.0 或（110-100）/100]。

由上述分析可以看出，名义 GDP 和实际 GDP 的差别所反映的实际上是报告期的价格水平与基期价格水平的差异程度，即通货膨胀的程度。

三、潜在产出和产出缺口

潜在产出（potential output）也称潜在 GDP 或潜在国民收入，它是由一个经济体的生产能力或生产潜力决定的。潜在产出被定义为一个经济体的生产要素或经济资源被充分利用条件下所实现的总产出或国民收入，有时也被定义为一个经济体所能生产的最大产出。潜在产出也被定义为不存在产出缺口条件下所实现的产出水平。在实践中，由于机器、设备、劳动、土地等全部生产要素是否已经被充分利用实际上难以测算，而只有生产要素中的劳动力被利用的状况相对来说较容易计算，因此，潜在产出也被定义为充分就业条件下所实现的总产出或国民收入。实际上，当劳动资源被充分利用即实现充分就业以后，也标志着其他生产要素已经被充分利用，但如果在经济中存在着严重的劳动失业，那一定意味着其他生产要素也存在着大量的闲置。所以，经济学中的充分就业一词在很多场合都是生产要素或资源被充分利用的代名词。

需要说明的是，劳动的充分就业并不意味着所有的劳动人口都有工作可做。实际上，由于劳动市场信息不充分等摩擦因素以及产业结构变化过程中企业所需要的技术工人在失业大军中难以寻觅等结构性因素的存在，任何一个经济体的任何时候都难以实现百分之百的就业。现代经济学认为，在一个经济体中存在着三种失业：摩擦失业、结构性失业和周期性失业。摩擦失业（friction-

al unemployment）是指在经济运行过程中由于存在难以避免的摩擦因素，例如由于劳动市场信息不对称或信息不充分所造成的失业；结构性失业（*structural unemployment*）是指由于经济中结构性因素的变化，例如产业结构变化或升级所造成的失业，其特点是在经济中既有失业人口，又有职位空缺；周期性失业（*cyclical unemployment*）是指由于经济衰退和萧条所导致的失业，即实际产出低于潜在产出时出现的失业[①]。根据上述定义，充分就业是指在经济中仅存在摩擦失业和结构性失业或仅存在自然失业时的就业状况。自然失业是指充分就业状态下存在的失业。在宏观经济学中，自然失业率（*natural rate of unemployment*）的定义并不唯一，在本教材中，我们将其定义为充分就业状态下的失业率[②]。即把自然失业率等同于摩擦失业率与结构性失业率之和。在现实生活中，劳动的充分就业是指每个希望工作的人在合理时间内都找到了工作。

主流经济学曾经把失业分为摩擦失业、结构性失业、季节性失业和周期性失业。更早的凯恩斯经济学曾把失业分为自愿失业和非自愿失业。在那里，充分就业是指仅存自愿失业或仅存摩擦失业、结构性失业和季节性失业的就业状况。

在经济运行过程中，实际产出和潜在产出会经常出现不一致，这种不一致被称作产出缺口或 *GDP* 缺口。产出缺口可以用绝对值来表示，也可以用相对值来表示。如果用绝对值表示，可见（9.15）式。

$$产出缺口 = Y - Y_C \qquad (9.15)$$

式中 Y 是实际国民收入或实际总产出，Y_C 是潜在国民收入或潜在产出。

如果用相对值来表示 *GDP* 缺口，则有（9.16）式：

$$产出缺口 = \frac{Y - Y_C}{Y_C} \qquad (9.16)$$

根据（9.15）和（9.16）两个公式，如果实际产出高于潜在产出，即产出缺口为正值，我们将其称之为产出正缺口或 *GDP* 正缺口；反之，如果实际产出小于潜在产出，即产出缺口为负值，则被称为产出负缺口或 *GDP* 负缺口。

[①] 目前，部分教科书把结构性失业归入到摩擦失业中，认为经济中只存在摩擦失业和周期性失业。因此，也可以把包括结构性失业的摩擦失业视为广义的摩擦失业。

[②] 自然失业率是货币学派提出的概念。一些经济学家将其定义为充分就业状态下的失业率，有时也被定义为与生产可能性边界相一致的失业率；还有一些经济学家将其定义为非通胀加速型失业率（*non-accelerating inflation rate of unemployment*，NAIRU）。

例如，如果某年的实际 GDP 为 12 万亿元，而当年的潜在 GDP 为 10 万亿元，这时即存在一个产出正缺口。产出缺口为 2 万亿元（12 - 10），或者为 20%［(12 - 10) /10］。同样，如果当年的潜在产出不变，但实际产出却只有 8 万亿元，这时的产出缺口即为负缺口，产出缺口为 -2 万亿元（8 - 10）或 -20%［(8 - 10) /10］。

如果经济中存在着产出正缺口，说明经济增长过快，资源已经被过度利用，在此情况下，通常会出现资源短缺和通货膨胀。这就是人们常说的经济"热"或"过热"。相反，如果经济中存在着产出负缺口，则表明资源没有被充分利用，即存在着失业或资源闲置，有时还可能出现通货紧缩。这也就是人们常说的经济"冷"或"过冷"。在短期中，实际产出和潜在产出经常不一致，宏观经济学将其称之为经济波动。经济波动具有周期性，这就是经济周期，也叫商业循环。

第三节　国民收入的核算方法

一、核算 GDP 的方法

根据第一节给出的总支出和总收入的恒等式可以知道，核算国民收入或 GDP 的最基本方法有支出法、收入法。此外，由于 GDP 计算的是最终产品的价值，根据最终产品的特征，还可以用生产法核算 GDP。

用支出法核算国内生产总值，就是通过核算一定时期内整个社会购买最终产品的总支出即整个社会对最终产品的总需求来计量 GDP。一个经济体在一定时期内购买最终产品的总支出或总需求，是指消费支出或消费需求（C）、投资支出或投资需求（I）、政府购买或政府需求（G）和净出口（NX）。用支出法核算 GDP 的公式可以用（9.17）式来表示。

$$GDP = C + I + G + NX \qquad (9.17)$$

公式（9.17）中的净出口 NX 可以视为外国部门对本国产品的净需求，也就是外国部门购买本国产品的净支出。

表 9 - 2 是美国 2012 年按支出法计算的 GDP。

表 9-2 美国 2012 年 GDP 与需求的构成部分

项目	金额（10亿美元）	百分比（%）
个人消费支出	11120	70.9
私人国内总投资	2060	13.1
政府采购商品和服务	3064	19.5
商品与服务的净出口	-567	-3.6
国内生产总值	15676	100.0

资料来源：U S Department of commerce

用收入法核算国内生产总值，就是通过计算一定时期内的生产要素收入亦即企业生产成本来核算 GDP。在经济生活中，要素收入或企业生产成本具体包括：（1）工资、利息、租金等生产要素的报酬；（2）非公司企业主收入，如农民、律师、医生的收入等；（3）公司税前利润，包括公司所得税、社会保险税、股东红利和公司未分配利润等；（4）企业间接税和转移支付；（5）资本折旧。因此，如果用收入法计算国内生产总值，其计算公式如（9.18）式所示。

$$GDP = 工资 + 利息 + 租金 + 利润 + 企业间接税 + 企业转移支付 + 资本折旧$$
(9.18)

生产法也称增值法。用生产法核算国内生产总值，是从生产的角度衡量所有常住单位在核算期内新创造的价值，是国民经济各行业增加值的总和。这种计算方法反映了国内生产总值的来源。用增加值计算 GDP，是为了避免重复计算。所谓增加值，是指国民经济各行业的产出减去中间消耗的余额。如果从一个企业的角度来看，增加值是指这样一种差额：企业的销售额减去该企业从其他企业购进的原材料和服务的支付额之间的差额。用生产法计算国内生产总值的一般公式如（9.19）式所示。

$$GDP = \sum 各产业部门的总产出 - \sum 各产业部门的中间消耗 \quad (9.19)$$

我国目前主要使用生产法和收入法计算国内生产总值。表 9-3 是中国 2016 年的国内生产总值及三次产业构成。

表 9-3 中国 2016 年 GDP 及三次产业构成（按当年价格计算）

项目	金额（亿元）	百分比（%）
第一产业增加值	63672.8	8.6
第二产业增加值	296547.7	39.9
第三产业增加值	383365.0	51.5
国内生产总值	743585.5	100.0

资料来源：中华人民共和国国家统计局网站。

从理论上说，用支出法、收入法和生产法计算出来的 GDP 在数值上应当是完全相等的，这意味着对一个经济体而言，支出、收入以及国民经济各产业的增加值是恒等的。

能够说明支出与收入恒等的一个简单原因是，GDP 核算的是最终产品的市场价值，无论购买最终产品的是家庭、企业还是政府，每一件最终产品的交易都必定会涉及买者和卖者两方，而买者的支出与卖者的收入总是相等的。显然，市场交易对一个经济体的支出和收入做出了同等的贡献。因此，用支出法和收入法计算出来的 GDP 应当是完全相同的。另外，无论是支出法还是收入法，计算的都是最终产品的价值，由于最终产品的价值就是各产业部门的增加值，并且增加值都表现为各种收入，因此，用生产法计算出来的 GDP 也应当与用支出法和收入法计算出来的 GDP 相等。

虽然从理论上说用支出法、收入法和生产法计算出来的 GDP 在数值上是完全相等的，但是在国民收入的实际核算过程中，由于技术等方面的原因，用不同的方法计算出来的 GDP 常常会出现偏差，因此，对于用不同方法计算出来的 GDP，还必须进行统计误差方面的调整。

二、以 GDP 为核心核算国民收入的缺陷

目前世界各国虽然都广泛地以 GDP 为核心指标核算国民收入，但这种国民收入的核算体系是有缺陷的。

第一，以 GDP 为核心的国民收入核算体系并不能真实地反映一个经济体的总产出。这首先是因为，国内生产总值是根据商品和劳务的市场价值计算的，因此，那些只是为满足生产者自身需要而生产的非商品性产品，以及一些没有通过市场交易而直接进入消费过程的商品，就不能计算到 GDP 中。但实际上，它们也是一个国家或地区的总产出。[1] 例如，我国农村村民自产自用的产品、城乡居民家庭的家务劳动所创造的价值就不能计算到 GDP 中去。从这个意义上说，即使是实际总产出相同的两个国家，由于市场化程度的不同，也会有不同的国内生产总值。其次，地下经济活动如为逃避税收而隐瞒其收入的经济活动、被各国法律禁止的具有走私性质的经济活动所生产出来的产品，是不可能

---

[1] 从宽泛的意义上说，总产出是指一定时期内经济体生产出的商品和劳务的总和，既包括有偿劳动的产出，也包括无偿劳动的产出。但如果把总产出定义为有偿劳动的产出，总产出与 GDP 就是一致的。本书以下各章均在后一种意义上使用总产出或产出这一概念。

计算到 GDP 中去的，尽管这些活动所生产出来的产品也是一国总产出的组成部分。

第二，以 GDP 为核心的国民收入核算体系不能真实地反映国民的福利水平。一个国家或地区的 GDP 水平越高，所消耗的资源就越多，所造成的污染就可能越严重。同时，过高的经济增长速度不得不迫使人们更紧张的工作，还可能牺牲人们的闲暇时间，甚至会导致更多的生产事故。因此，GDP 的增长速度与国民所获得的福利水平并不一定成比例。

虽然 GDP 并不是衡量一个经济社会福利大小的完美指标，对美好生活做出贡献的某些东西也没有包含在 GDP 中，但是高的 GDP 却有助于我们过上好的生活。美国经济学家曼昆在《经济学原理》中写道：GDP 没有衡量我们孩子的健康，但 GDP 高的国家负担得起孩子更好的医疗保健。GDP 没有衡量孩子们的教育质量，但 GDP 高的国家负担得起更好的教育制度。GDP 没有衡量我们的诗歌之美，但 GDP 高的国家可以教育更多公民阅读和欣赏诗歌。GDP 没有考虑到我们的知识、廉正、勇气、智慧或对国家的热爱，但当人民不用过多关心是否负担得起生活的物质必需品时，这一切美好的气质也容易养成。简言之，GDP 没有直接衡量这些使生活有意义的东西，但它确实衡量了我们获得能使我们过上这份有意义生活的投入能力。曼昆最后告诉人们："就大多数情况——但不是所有情况——而言，GDP 是衡量福利的一个好指标。重要的是要记住，GDP 包括了什么，而遗漏了什么。"①

关键名词和术语

消费　储蓄　投资　政府支出　净出口　政府储蓄　国民储蓄　外国储蓄　投资－储蓄恒等式　国民收入　国内生产总值（GDP）　国民生产总值（GNP）　国民总收入（GNI）　可支配收入　最终产品　中间产品　名义 GDP　实际 GDP　GDP 平减指数　消费者价格指数　生产者价格指数　通货膨胀　潜在产出　产出缺口　充分就业　摩擦失业　结构性失业　周期性失业　自然失业率

---

① 《经济学原理》下册，第 114 页。生活·读书·新知三联书店、北京大学出版社 1999 年出版。

复习思考题

1. 为什么说投资等于储蓄是宏观经济均衡的条件?
2. 在短期中,为什么增加消费、投资、政府支出和出口可以增加国民收入,而增加储蓄、税收和进口会减少国民收入?
3. 怎样理解私人储蓄、投资、政府预算和对外贸易之间的关系?
4. 怎样理解名义 GDP 和实际 GDP 的区别?
5. 简述使用 GDP 平减指数、CPI 和 PPI 在衡量价格水平变动时的区别。
6. 怎样用潜在产出和产出缺口来说明经济波动?
7. 解释失业的几种类型。
8. 怎样用支出法、收入法和生产法核算国内生产总值?
9. 为什么说用生产法、支出法和收入法计算的 GDP 是恒等的?
10. 以 GDP 为核心核算一个国家的国民收入存在哪些缺陷?

计算证明题

1. 设一国某一年的 GDP 为 10000 亿美元,个人可支配收入为 8200 亿美元,政府预算赤字为 400 亿美元,消费为 7600 亿美元,外贸逆差为 200 亿美元。在经济均衡的条件下,该经济体的储蓄、投资和政府支出分别为多少亿美元?
2. 假设在一个经济体中,国内私人部门投资为 400 亿元,政府购买的商品和服务为 300 亿元,国民总收入(GNI)为 2000 亿元,税收为 600 亿元,政府向私人部门的转移支付为 250 亿元,政府向国内家庭部门支付的利息为 150 亿元,来自国外的要素收入为 70 亿元,付给国外的要素支出为 90 亿元。计算该经济体的国内生产总值(GDP)、私人可支配收入、消费、私人储蓄、政府储蓄和国民储蓄。

第十章
总需求分析：均衡国民收入的决定

从宏观经济循环流程图可以看出，宏观经济运行涉及四个市场，即产品市场、货币市场、要素市场和国际市场。与此相联系，宏观经济的均衡也必然包括产品市场的均衡、货币市场的均衡、要素市场的均衡和国际收支的均衡。本章主要分析封闭条件下即只有家庭部门、企业部门和政府部门条件下产品市场的均衡，并假定价格水平、利率水平、投资水平均为既定条件下均衡国民收入的决定，即简单国民收入的决定。

现代宏观经济理论认为，在短期和长期，国民收入或总产出的决定具有不同的规定性。在短期，生产能力以及由生产能力决定的潜在产出是既定的，实际产出取决于总需求对现有生产能力的利用程度。这就意味着，在短期中，一个经济体的国民收入或总产出决定于总需求或总支出。在长期中，一个经济体的产出水平即潜在产出决定于总供给方面的因素，即决定于该经济体的生产能力，这属于经济增长理论研究的范畴。本书从第十章到第十二章，阐述国民收入决定于总需求的基本原理，第十三章阐述总需求管理政策。从第十四章开始将引入总供给，讨论总需求-总供给模型，分析总需求与总供给的相互作用对总产出和价格水平的影响，其中第十六章主要分析潜在产出的长期增长。

第一节 均衡产出、消费函数和储蓄函数

在短期中，国民收入或总产出决定于总需求或总支出，这是宏观经济学的一个基本原理。总需求决定国民收入的基本前提是：经济中不存在供给约束，即短期经济增长不受总供给或生产能力的制约，这一前提条件一般可以表示为

$Y < Y_C$。[①] 此外,需要说明的是,我们所要分析的国民收入的决定,是指均衡国民收入即均衡产出的决定。在没有引入总供给之前,均衡国民收入或均衡产出被定义为与总需求相等的总产出。

一、总需求与均衡产出

在短期中,国民收入决定于总需求,也就是决定于消费需求、投资需求、政府需求和净出口,净出口可以视为来自国外的净需求。均衡产出的决定可以用公式(10.1)来表示。

$$Y = AD = C + I + G + NX \tag{10.1}$$

公式(10.1)表明,当国民收入 Y 等于总需求 AD 时,经济处于均衡状态,这时的国民收入为均衡国民收入。在构成总需求的四个变量中,消费需求 C、投资需求 I 和净出口 NX 是经济模型或经济体系中与其他经济变量相互联系、相互作用的变量,称为内生变量(endogenous variable);政府购买或政府需求 G 是由经济系统或经济模型外部的因素决定的变量,称为外生变量(exogenous variable),作为外生变量的政府需求决定于政府的经济政策。在现实经济生活中,由于政府需求不是用于消费就是用于投资,因此,现实生活中的总需求通常被概括为消费需求、投资需求和净出口,并将这三种需求称为短期内拉动一个经济体经济增长的"三驾马车"。

均衡产出也被定义为一个经济体的总收入恰好与总支出相等时的总产出。均衡产出及其决定可以用图10-1来表示。

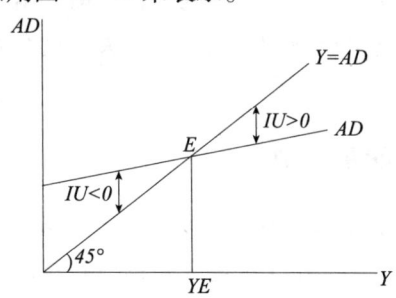

图10-1 均衡产出

[①] 古典经济学认为国民收入决定于总供给。短期内国民收入决定于总需求是现代主流经济学的基本原理,其前提条件是 $Y < Y_C$,这是建立在凯恩斯有效需求不足理论基础之上的。关于有效需求不足的理论将在第十一章第四节中阐述。

图 10-1 也被称为凯恩斯交叉图。图中坐标的横轴代表总产出或国民收入，纵轴代表总需求或总支出。从原点出发的 45°线上的任意一点都代表国民收入等于总需求，由于存在自发需求，坐标中的总需求曲线即 AD 线比 45°线更平坦。根据定义，只有 AD 线与 45°线相交的 E 点所决定的国民收入 Y_E 才是均衡产出。在一个经济体中，只有均衡产出才具有稳定性和收敛性，这是存货变动机制即国民收入变动机制或产出变动机制作用的结果。

产出变动机制不同于价格变动机制，它不是通过价格的变动而是通过厂商存货的变动来调整产出水平的。① 从图 10-1 可以看出，如果实际国民收入大于均衡国民收入，即实际国民收入位于 Y_E 的右侧，这时在经济中一定存在着需求不足或供给过剩，这意味着厂商的实际存货水平会大于正常存货水平，即非正常存货大于零（$IU>0$），说明厂商的产品出现了积压。在此情况下，厂商就会减少产量，总产出就会相应减少，并最终趋近于 Y_E。相反，如果实际国民收入小于均衡国民收入，即实际国民收入位于 Y_E 的左侧，这时在经济中一定存在着过度需求或供给不足，厂商的实际存货水平会小于正常存货水平，即非正常存货小于零（$IU<0$），这意味着厂商的产品供不应求。在此情况下，厂商就会增加产量，从而导致总产出增加，并最终使产出水平趋近于均衡产出 Y_E。可见，在一个经济体中，只要实际产出偏离均衡产出，存货变动机制的作用会使实际产出向均衡产出收敛，并最终稳定在均衡产出水平上。由此可见，只有非正常存货等于零（$IU=0$）时，宏观经济才能实现均衡。同时，也只有均衡产出才是具有稳定性的产出。但需要说明的是，均衡产出不一定是充分就业的产出水平，它也可能是非充分就业的产出水平。关于这个问题，将在第十一章第四节展开分析。

二、消费函数和储蓄函数

如前所述，均衡产出或均衡国民收入决定于总需求。在一个只有家庭部门和企业部门的两部门经济中，由于总需求包括消费需求和投资需求，因此，均衡产出也就决定于消费需求和投资需求。那么消费需求和投资需求又是由什么决定的呢？在本章，我们首先分析消费需求的决定。

---

① 主流经济学假定在短期内价格水平具有刚性或粘性，因此在短期内价格机制的作用不明显，而存货变动机制则起着更重要的作用。或者说，在短期内，存货变动机制的作用总是先于价格变动机制的作用。

在一个经济体中，消费需求决定于许多因素，例如收入、财富、利率、消费信贷的可得性以及对未来的预期，等等。在影响消费需求的诸多因素中，收入水平始终是影响消费需求的最重要因素。因此，为简单起见，教科书中通常把消费看作是收入的函数，可以一般地表示为 $C=f(Y)$。如果假定消费与收入之间存在线性关系，就可以得到消费函数，用（10.2）式表示。

$$C = C_0 + cY \tag{10.2}$$

在公式（10.2）中，C_0 是一个大于零的常数（$C_0>0$），是不依赖于收入的消费，也可以认为是收入为零时的消费，称为自发消费或自主消费（autonomous consumption），它由收入之外的其他因素决定。c 是每增加或减少一个单位的收入所引致的消费的变动量，它被称为边际消费倾向（marginal propensity to consume，MPC）。边际消费倾向是一个大于零小于1的常数，即 $0<c<1$。边际消费倾向的定义可以用公式（10.3）来表示。

$$MPC = c = \frac{\Delta C}{\Delta Y} \tag{10.3}$$

假设收入增量和消费增量可以极小时，边际消费倾向还可以用消费对收入的一阶导数来表示，如（10.4）式所示。

$$MPC = \frac{dC}{dY} \tag{10.4}$$

边际消费倾向与平均消费倾向不同，平均消费倾向（APC）是消费与国民收入的比率。如（10.5）式所示。

$$APC = \frac{C}{Y} \tag{10.5}$$

例如，在一个经济体中，自发消费为5000亿元，边际消费倾向为0.8，根据（10.2）式，可以得到：

$$C = 5000 + 0.8Y$$

根据上式，当国民收入为100000亿元时，消费需求即为85000亿元，平均消费倾向为0.85（85000/100000），比边际消费倾向高出0.05。

如果用几何图形表示消费函数，在一个横轴代表收入，纵轴代表消费的坐标中，可以得到一条斜率为正的消费曲线或消费需求曲线。如图10-2所示。

从图10-2可以看出，消费随收入的增加而增加，随收入的减少而减少；自发消费 C_0 是消费曲线在纵轴的截距，自发消费增加可以使消费曲线向上平移，反之则向下平移；MPC 是消费曲线的斜率，当边际消费倾向提高时，消费曲线的斜率会变大，即变得更加陡峭；反之，当边际消费倾向降低时，消费曲

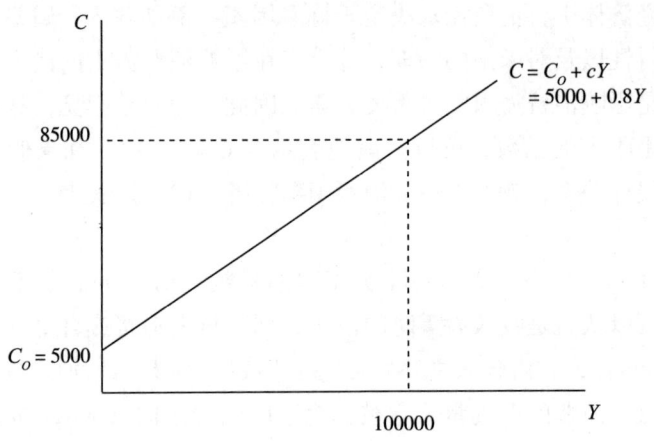

图 10-2　消费函数和消费曲线

线的斜率会变小,即变得更加平坦。

与消费函数相联系的概念是储蓄函数。储蓄是家庭部门收入中未被用于消费的部分。因此 $Y \equiv C + S$。由于消费是收入的函数,因而储蓄也必然是收入的函数,可以一般地表示为 $S = f(Y)$。如果将消费函数代入 $Y = C + S$,经移项整理,就可以得到用(10.6)式表示的储蓄函数。

$$S = Y - C = Y - (C_O + cY)$$
$$S = -C_O + (1-c)Y \tag{10.6}$$

在公式(10.6)中,C_O 为自发消费,它是一个正值。在其前面加上负号的含义是:当收入为零时,消费者不得不动用过去的储蓄用于当前的消费,故当前的储蓄为负值。式中(1-c)为每增加或减少一个单位的收入所引致的储蓄的变动量,所以被称为边际储蓄倾向(marginal propensity to save,MPS),它是一个大于零小于1的常数,即 $0 < MPS < 1$。边际储蓄倾向的定义可以用公式(10.7)式表示。

$$MPS = (1-c) = \frac{\Delta S}{\Delta Y} \tag{10.7}$$

当收入增量和储蓄增量极小时,边际储蓄倾向也可以表示为储蓄对收入的一阶导数。如(10.8)式所示。

$$MPS = \frac{dS}{dY} \tag{10.8}$$

与边际储蓄倾向相联系的概念是平均储蓄倾向(APS),它是储蓄与收入的比率,见(10.9)式。

$$APS = \frac{S}{Y} \qquad (10.9)$$

例如,根据(10.6)式和前面给出的数据,我们可以得到如下储蓄函数:

$$S = -5000 + (1 - 0.8) Y$$

当国民收入 Y 为 100000 亿元时,储蓄应为 15000 亿元。在边际消费倾向为 0.8 的情况下,边际储蓄倾向为 0.2 (1 - 0.8),而平均储蓄倾向则为 0.15 (15000/100000)。

在一个横轴为收入、纵轴为储蓄的坐标中,可以得到一条向右上方倾斜的储蓄曲线。如图 10 - 3 所示。

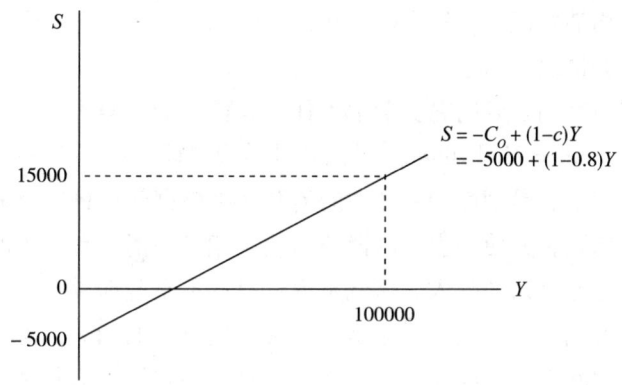

图 10 - 3　储蓄函数和储蓄曲线

实际上,由于国民收入 Y 恒等于消费 C 和储蓄 S 之和,因此消费函数和储蓄函数互为补数,两者之和总是等于收入。与此相联系,边际消费倾向与边际储蓄倾向之和一定恒等于 1,平均消费倾向和平均储蓄倾向之和也恒等于 1。即 $MPC + MPS \equiv 1$,$APC + APS \equiv 1$。

在两部门经济中,不仅存在消费需求,也存在投资需求。与消费一样,投资也是一个内生变量,有自己的函数形式,即投资函数。但是在本节中,由于不涉及货币市场以及与货币市场相关的利率这一变量,因此本章中假定投资是一个常数或外生变量。在第十一章分析货币市场时,我们再将投资作为一个内生变量,分析投资与利率的关系,并引进投资函数。

三、关于消费函数中收入的性质

消费函数表明,在一个经济体中,消费是收入的函数。那么这里的收入是什么性质的收入呢？经济学家们对此有不同的理解。

英国经济学家约翰·梅纳德·凯恩斯（John Maynard Keynes）认为，消费是现期的、实际的、绝对收入的稳定函数。这种理论被称为绝对收入假说（absolute income hypothesis）。凯恩斯的研究方法始于这样的观察：无论是先验的从我们关于人性的知识看，还是从具体的经验事实看，我们都可以深信这样一个基本的心理法则，一般来说，当人们的收入增加时，他们的消费也会增加，但增加的量不会像收入增加的那样大。① 在这里，凯恩斯不仅把消费看作是现期收入的函数，同时认为边际消费倾向是递减的，并且边际消费倾向递减是一个不可改变的心理规律。然而，美国经济学家库茨涅兹的实证研究表明，在长期中，平均消费倾向是稳定的，在某些时期甚至还略有上升。边际消费倾向也具有类似的情况。

为了说明边际消费倾向在长期中为什么是稳定的，美国经济学家弗朗哥·莫迪利安尼（Franco Modigliani）提出了生命周期假说（life cycle hypothesis）。这种理论假定消费者是理性的，理性的消费者将根据效用最大化的原则安排他一生的消费和储蓄，并使一生中的消费与收入相等。消费者一生的收入不仅包括劳动收入，也包括财产收入。这就是说，消费不是现期收入的函数，而是消费者一生收入的函数。把消费看作是消费者一生收入的函数，虽然可以说明平均消费倾向和边际消费倾向在长期中为什么具有稳定性，但其实践意义令人怀疑，因为没有人能够知道自己的生命周期有多长，也不会知道自己在一生中有多少收入。在此情况下，消费者就不能按效用最大化的原则规划其消费和储蓄行为。

货币主义学派的代表，美国经济学家米尔顿·弗里德曼（Milton Friedman）修正了生命周期理论，提出了持久收入假说（permanent income hypothesis）。与生命周期理论相同，持久收入理论也认为，消费者是按照效用最大化的原则来安排其一生的收入的，但消费是持久收入的稳定函数，与暂时的、经常变动的收入没有稳定的函数关系。只有当短期内的暂时收入影响到持久收入时，才会影响消费。弗里德曼认为，所谓持久收入，就是指消费者可以预期的长期收入，通常是可以保持在三年以上的有规律的收入，并且持久收入大致可以根据消费者所观察到的若干年收入数值的加权平均数测算出来。根据持久收入理论，消费应比收入更平稳，因为出于暂时性收入的支出会分散于许多年中。

---

① 约翰·梅纳德·凯恩斯：《就业、利息和货币通论》，第35页。商务印书馆2002年重译本。

生命周期假说强调的是消费者面对一生的收入变动，应当如何维持稳定的生活水平以实现效用最大化；持久收入假说集中关注如何预测消费者一生可望获得的持久收入并实现效用最大化。这两种理论都否定消费与现期收入存在稳定的函数关系，同时都证明了边际消费倾向在长期中具有稳定性。目前，这两种理论已经基本上融合在一起，被经济学家们统称为生命周期－持久收入理论，简称为 $LC-PIH$。

反对生命周期－持久收入理论的经济学家们认为，即使人们能够测算出自己一生的持久收入，但在他们处于收入低峰期时，要想在其一生收入的基础上进行消费，很可能会受到流动性约束，从而也就无法实现效用最大化的消费。此外，消费者很可能是缺乏远见的，他们只顾眼前，而不会理性地根据他们一生中可获得的收入或持久收入来安排自己当前的消费。

实际上，从微观的角度来看，每个消费者都可能有自己的与众不同的消费习惯，因此，从个体的角度来看，人们怎样支配自己的收入用于当前的消费是千差万别的。但是如果从宏观总体的角度来看，一个经济体的总的消费水平通常总是与某一时期的收入存在着较高的相关性。

第二节 简单国民收入的决定

在假设只有产品市场和价格水平、利率水平以及投资水平均为既定的条件下，总需求决定国民收入的理论被称为简单国民收入决定理论。在本节，我们将分析在短期中均衡国民收入是怎样决定于总需求的。

一、两部门经济中国民收入的决定

如前所述，在两部门的经济中，国民收入决定于消费需求和投资需求。这可以用两部门经济中的均衡条件来表示，见（10.10）式。

$$Y = AD = C + I \qquad (10.10)$$

已知消费函数为 $C = C_0 + cY$，将消费函数代入（10.10）式，并进行移项整理，就可以得到（10.11）式。

$$Y = C + I = C_0 + cY + I$$

重写上式得
$$Y = \frac{C_0 + I}{1 - c} \qquad (10.11)$$

（10.11）式即为两部门经济中的均衡产出公式或均衡产出的表达式。式中

的 Y 为均衡国民收入或均衡产出。Y 之所以是均衡产出，不仅因为它是 (10.10) 式均衡条件的解，而且因为 (10.11) 式也符合投资等于储蓄这一产品市场的均衡条件。如果将储蓄函数 $S = -C_0 + (1-c)Y$ 代入投资储蓄恒等式 $I = S$，就可以很容易地得到 (10.11) 式。

均衡产出公式表明，均衡国民收入 Y 与自发消费和投资需求成正比，与边际储蓄倾向成反比，与边际消费倾向成正比。

例如，在一个经济体中，自发消费为 5000 亿元，投资为 2000 亿元，边际消费倾向为 0.8，则均衡产出即为：

$$Y = \frac{5000 + 2000}{1 - 0.8} = 35000（亿元）$$

如果边际消费倾向不变，自发消费或投资增加 2000 亿元，即自发消费和投资之和为 9000 (5000 + 2000 + 2000) 亿元，均衡产出就会增加到 45000 [9000/ (1 - 0.8)] 亿元；如果自发消费和投资不变，仍为 7000 (5000 + 2000) 亿元，边际消费倾向提高到 0.9，国民收入就会增加到 70000 [7000/ (1 - 0.9)] 亿元。

均衡产出的决定也可以用几何方式来表示。图 10-4 是使用消费曲线和投资曲线分析均衡国民收入决定的坐标。

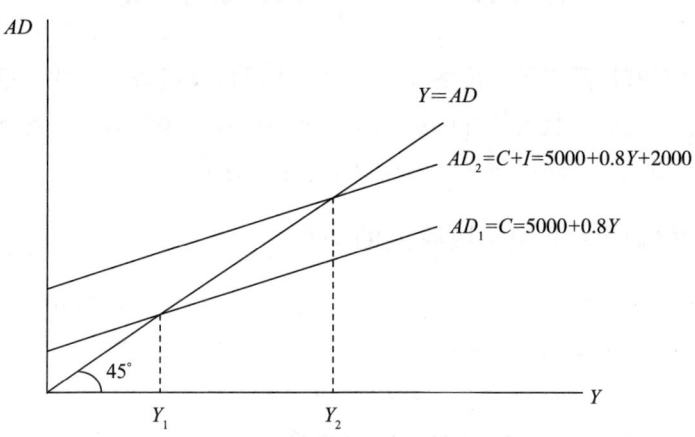

图 10-4　均衡产出决定于消费和投资

在图 10-4 中，总需求曲线 AD_1 线只包括消费需求，它与 45°线相交的交点所决定的均衡产出为 Y_1。总需求曲线 AD_2 线包括消费需求和投资需求，它与 45°线相交的交点所决定的均衡产出为 Y_2。根据 (10.11) 式，如果自发消费为

5000亿元，投资为2000亿元，均衡产出Y_1应为25000亿元[5000/（1-0.8）]，Y_2为35000亿元[（5000+2000）/（1-0.8）]。

产品市场的均衡条件是总产出等于总需求，即$Y=AD$，或者也可以表述为投资等于储蓄，即$I=S$。因此，也可以用储蓄曲线和投资曲线来说明均衡产出的决定。如图10-5所示。

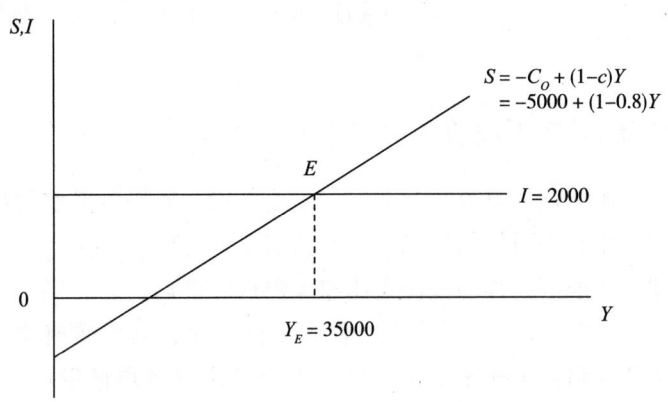

图10-5　均衡产出决定于储蓄和投资

在图10-5中，坐标横轴表示国民收入，纵轴表示储蓄和投资。假设投资是一个常数，与收入水平无关，因此是一条水平线。由于产品市场均衡的条件是$I=S$，因此，水平的投资曲线与斜率为正的储蓄曲线相交的E点即为产品市场的均衡点，与之相对应的Y_E即为均衡产出。当投资为2000亿元时，在产品市场均衡的条件下，储蓄也应为2000亿元。将$S=2000$代入储蓄函数$S=-5000+（1-0.8）Y$，就可以求出均衡产出为35000亿元。

图10-4和图10-5的分析均假定边际消费倾向不变。如果边际消费倾向发生了变化，则会改变消费曲线和储蓄曲线的斜率。例如，当边际消费倾向从0.8提高到0.9以后，消费曲线的斜率会变大，即变得更加陡峭，而储蓄曲线的斜率则会变小，即变得更为平坦。可以想象，伴随消费曲线和储蓄曲线斜率的变化，均衡产出会变得更大。

从上述分析可以看出，均衡产出的多少，既取决于自发消费和投资需求的大小，也取决于边际消费倾向或边际储蓄倾向的高低。因此，当一个经济体的实际产出不能实现充分就业时，要增加国民收入，即实现较高的经济增长速度，不仅可以刺激消费和投资的增加，也可以通过提高家庭部门的边际消费倾向或降低边际储蓄倾向来实现这一目标。反之，当经济出现过热，通货膨胀严重时，则可以通过抑制消费和投资，以及降低边际消费倾向或提高边际储蓄倾向的方法抑制过快的经济增长速度。影响家庭部门消费水平、储蓄水平及其消费倾向、储蓄倾向的因素有很多，例如收入水平、利率水平、物价水平、社会分配的公平程度、社会保障水平、各国的文化传统以及消费信贷的条件和普遍程度，等等。读者完全可以根据自己的判断，得出上述各种因素会对消费和储蓄产生何种影响的正确结论。至于影响投资水平的因素，我们将在第十一章中给出。

二、政府部门在国民收入决定中的作用

以上的分析始终假设只有家庭部门和企业部门。如果考虑政府部门在宏观经济运行中的作用，将对均衡国民收入的决定产生何种影响呢？

如前所述，政府部门作为经济主体加入宏观经济运行后，经济中会增加政府购买（G）和税收（T）两个影响经济运行的变量，其中政府购买是构成总需求的一个重要分量。由于本章是从总需求的角度分析均衡国民收入的决定，所以我们将重点分析政府购买与国民收入决定的关系。

增加政府购买可以增加总需求或总支出，而总需求的增加又可以导致国民收入的增加。政府购买的这种作用可以用公式表示为：

$$Y = AD = C + I + G$$

把消费函数代入上式，则有：

$$Y = AD = C_O + cY + I + G$$

对上式进行移项整理，可以得到加入政府部门后三部门经济的均衡产出公式，即（10.12）式。

$$Y = \frac{C_O + I + G}{1 - c} \tag{10.12}$$

由三部门经济的均衡产出公式可以看出，如果其他条件不变，增加政府购买会增加国民收入，反之则会减少国民收入。政府购买的作用可以用一个横轴代表国民收入，纵轴代表总需求的坐标来表示。如图 10-6 所示。

图 10-6 表明，引入政府购买，会使总需求曲线从 AD_2 线向上平移到了 AD_3 线，均衡国民收入相应地从 Y_2 增加到了 Y_3。

在三部门经济中，均衡国民收入的决定还可以用产品市场的均衡条件投资等于储蓄予以说明。

已知在三部门经济中，均衡条件为总需求等于总供给（C、S、T）或总支

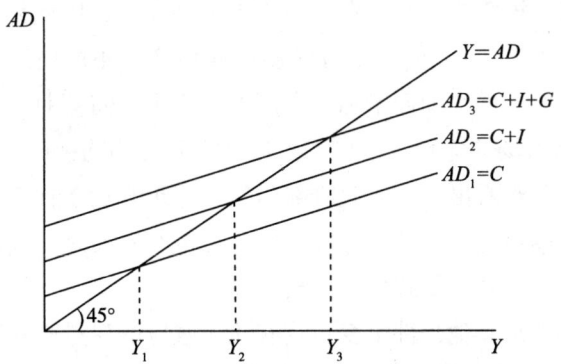

图 10-6 均衡产出决定于消费、投资和政府购买

出等于总收入。即：

$$C + I + G = C + S + T$$

在等式两边去掉 C 并移项整理，均衡条件即投资等于储蓄就可以表示为 (10.13) 式。即

$$I = S + (T - G) \qquad (10.13)$$

在 (10.13) 式中，等式左边是私人部门投资，等式右边的 S 是私人储蓄，$T - G$ 是政府储蓄，两者之和为国民储蓄。

在三部门经济中，用 (10.13) 式所给出的均衡条件解释均衡产出的决定可以用图 10-7 来表示。

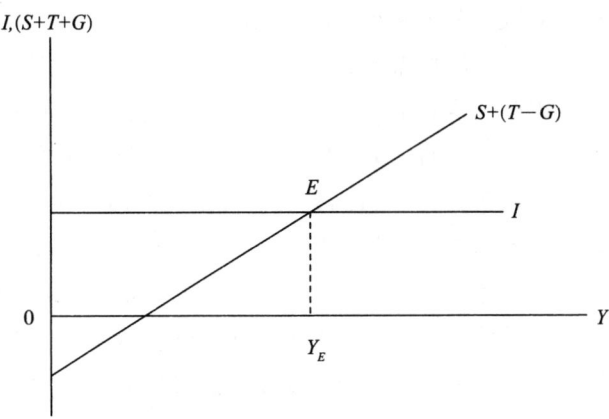

图 10-7 用投资等于储蓄的恒等式说明均衡国民收入的决定

在图 10-7 中，坐标横轴表示国民收入，纵轴表示投资（I）和国民储蓄

($S+T-G$)。假设投资是一个常数，与收入水平无关，因此是一条水平线，即 I 线。国民储蓄曲线是一条向右上方倾斜的倾斜率为正的曲线，这是因为私人储蓄会伴随国民收入的增加而增加。在图 10-7 中，储蓄曲线与投资曲线相交的 E 点即为产品市场的均衡点，与之相对应的 Y_E 即为均衡产出。

从图 10-7 不难看出，加入政府部门后，如果其他条件不变，政府储蓄增加会使国民储蓄曲线上移，从而导致均衡产出减少；反之，政府储蓄减少会使国民储蓄曲线下移，从而导致均衡产出增加。

综上所述，如果其他条件不变，具有注入效应的变量政府购买的增加会导致国民收入增加，而具有漏出效应的变量税收的增加则会减少国民收入；反之，政府购买的减少会导致国民收入的减少，而税收的减少则会增加国民收入。因此，当一个经济体的实际产出不能实现充分就业时，要增加国民收入，刺激经济增长，就可以通过增加政府购买的方法或减少税收的方法来增加产出和就业；反之，当经济出现过热，通货膨胀严重时，则可以通过减少政府购买和增加税收的方法抑制过快的经济增长速度，进而抑制通货膨胀。

第三节 乘数效应

以上分析的是总需求如何决定均衡国民收入，但并没有涉及其量的规定性，即总需求的各个分量每变动一个单位，均衡国民收入或均衡产出将会变动多少的问题。这一问题只能用乘数原理加以说明。

在一定时期中，一单位总需求的变动通常会导致数倍均衡产出的变动，这个倍数就是乘数。因此，乘数是指经济中作为自变量的总需求中的任何一种需求发生变动时，作为因变量的均衡产出最终变动的倍数，即总需求的变动对均衡产出的影响程度。由于总需求包括消费、投资、政府支出和净出口，因此，乘数也就包括自发消费乘数、投资乘数、政府支出乘数（含政府购买乘数和政府转移支付乘数）以及净出口乘数。[①] 如果考虑到税收的变动对国民收入的影响，乘数还包括税收乘数和平衡预算乘数。在经济生活中，由于自发消费具有相对稳定性，因此经济学更关心比较容易变动的投资乘数、政府支出乘数、税

---

① 在第九章分析宏观经济的均衡时，为避免重复计算，我们只在政府购买的意义上使用政府支出这一概念。实际上，政府支出不仅包括政府购买，也包括政府转移支付，在本章分析政府支出乘数时，假定不存在重复计算，我们将区分政府购买和政府支出的概念。

收乘数和净出口乘数。由于本章分析的是三部门经济即封闭经济，因此，我们将在第十二章讨论净出口乘数或开放经济乘数。

一、投资乘数

投资乘数是指变动一个单位的投资所导致的均衡国民收入或均衡产出变动的倍数。为什么一个单位投资的变动会导致数倍均衡产出的变动呢？这与边际消费倾向的高低有关。

在一个经济体中，当私人部门增加100亿元投资用于购买机器设备时，由于这些机器设备是最终产品，因此这100亿元便构成机器设备生产部门的国民收入，这是国民收入的第一轮增加。假定边际消费倾向为0.8不变，机器设备生产部门就会用80亿元（100×0.8）购买消费品，例如购买汽车，于是汽车生产部门又增加了80亿元的国民收入。这时，整个经济体的国民收入总额是180亿元（100+80），这是国民收入的第二轮增加。在第三轮，汽车生产部门又会将其收入80亿元中的64亿元（100×0.8^2）用于购买消费品，例如购买住房，从而这64亿元又以工资、利息、利润、租金等形式流入到住房建筑部门的生产要素所有者手中，构成住房建筑部门的国民收入。这时，整个经济社会的国民收入总额会增加到244亿元（100+80+64）。依此类推，这个过程会不断地持续下去。最终，国民收入将会增加到500亿元。

投资乘数的动态作用过程可以用代数方法描述为：

$$100 + 100 \times 0.8 + 100 \times 0.8^2 + \cdots$$
$$= 100 \times (1 + 0.8 + 0.8^2 + \cdots)$$
$$= \frac{1}{1-0.8} \times 100$$
$$= 500 \text{（亿元）}$$

上述分析表明，当边际消费倾向 $c=0.8$ 时，如果投资增加100亿元，即 $\Delta I = 100$，国民收入最终将增加500亿元，即 $\Delta Y = 500$。国民收入的变动量与投资变动量的比率即为投资乘数（m_i）。这样，投资增量、投资乘数和国民收入增量的关系可以用公式（10.14）来表示。

$$\Delta Y = m_i \times \Delta I \tag{10.14}$$

根据定义，投资乘数可以用（10.15）式表示。

$$m_i = \frac{dY}{dJ} = \frac{1}{1-c} = \frac{1}{1-MPC} = \frac{1}{MPS} \tag{10.15}$$

（10.15）式是假定只有家庭部门和企业部门两部门经济中的一般意义上的乘数，习惯上将其称之为投资乘数。

投资乘数的高低取决于边际消费倾向或边际储蓄倾向的高低，在其他条件不变时，边际消费倾向越低，或边际储蓄倾向越高，乘数就越小；相反，边际消费倾向越高，或边际储蓄倾向越低，乘数就越大。

投资乘数的作用可以用图 10-8 的坐标来说明。坐标的横轴表示国民收入，纵轴表示总需求。

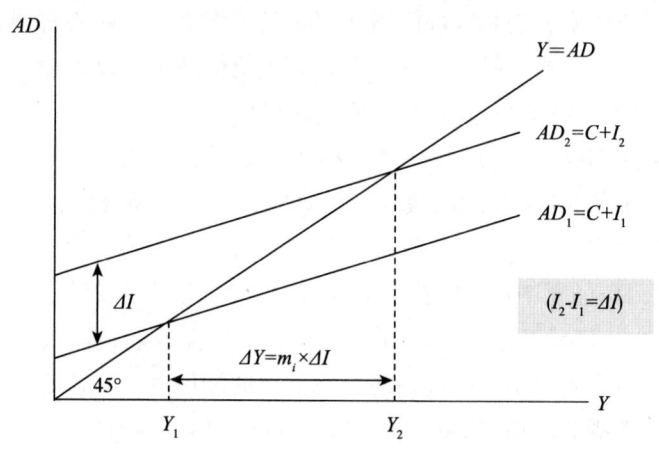

图 10-8　投资乘数的作用

图 10-8 表明，如果投资变动 ΔI（I_2-I_1），国民收入就将变动 ΔY（Y_2-Y_1），并且 $\Delta Y = m_i \times \Delta I$。例如，当投资从 I_1 增加到 I_2 时，总需求相应地从 AD_1 增加到 AD_2，表现为总需求曲线向上平移，这时国民收入便从 Y_1 增加到 Y_2。从图 10-8 不难看出，国民收入增加的幅度要远大于投资增加的幅度，这就是乘数的作用。

利用图 10-8 还可以观察边际消费倾向变化对乘数和国民收入的影响。如果边际消费倾向提高了，乘数会变大，此时的 AD 线就会有更大的斜率，即变得更加陡峭，均衡国民收入就会有更大幅度的增加；反之，如果边际消费倾向下降，则乘数会变小，AD 曲线斜率也会变小，即变得更加平坦，此时，国民收入增加的幅度会相应变小。

实际上，在两部门经济中，不仅投资的增加具有乘数效应，自发消费的增加同样具有乘数效应，即一单位自发消费的增加同样会导致多倍产出的增加。根据前面对乘数的推导可以知道，消费乘数也是边际储蓄倾向的倒数，与投资乘数相同。

二、政府购买乘数

在三部门经济中，政府部门的作用主要是通过增加或减少政府支出和增加或减少税收来影响经济运行。政府支出包括政府购买（G）和政府转移支付（TR）。政府购买是指政府部门向私人部门包括企业部门和家庭部门购买商品、服务和生产要素。政府转移支付是政府将征收上来的税以各种方式如农业补贴、社会福利保险、贫困救济等再转移给企业部门和家庭部门等方面的支出。同投资和自发消费具有乘数效应一样，政府购买和转移支付也具有乘数效应。

已知在三部门经济中，国民收入决定于 C、I 和 G，即 $Y = C + I + G$。现在需要引进政府支出中的转移支付 TR。引进政府的作用后，它对家庭部门的消费会产生什么影响呢？

首先看税收。税收包括自发税收（T_a）和引致税收（T_n），即 $T = T_a + T_n$。自发税收是与国民收入变动无关的税收，引致税收是随国民收入变动而变动的税收。只有从收入中减去税收才是家庭部门可以用于消费的实际收入；其次，如果再考虑到转移支付，那么转移支付的增加一定意味着家庭部门可以用于消费的实际收入增加。在考虑税收和转移支付对收入和消费的影响作用后，我们就可以使用可支配收入的概念。根据前面的分析，可支配收入是国民收入减去税收再加上转移支付的余额，即 $Y - T + TR$。引进可支配收入的概念后，消费函数就可以改写为（10.16）式：

$$C = C_O + c(Y - T + TR) \qquad (10.16)$$

这时如果将（10.16）式代入三部门均衡条件的公式，就可以得到（10.17）式：

$$Y = C_O + c(Y - T + TR) + I + G \qquad (10.17)$$

对（10.17）式移项整理后，可得到一个与（10.12）式不同的考虑税收和转移支付后的三部门经济的均衡产出公式。见（10.18）式。

$$Y = \frac{C_O + cTR + I + G - cT}{1 - c} \qquad (10.18)$$

根据均衡产出公式（10.18），可以导出政府购买乘数、税收乘数和政府转移支付乘数，政府购买乘数（m_g）是指变动一个单位的政府购买所导致的均衡产出变动的倍数。如公式（10.19）所示。

$$m_g = \frac{\Delta Y}{\Delta G} = \frac{1}{1 - c} \qquad (10.19)$$

政府购买的变化对国民收入的影响机理与投资对国民收入影响的机理相同。政府购买乘数的数学推导可以简述如下：

假定税收只有自发税收 T_a。根据（10.18）式，如果其他条件不变，只有政府购买发生变动，例如从 G_1 变动到 G_2，则均衡产出相应地从 Y_1 变动到 Y_2，于是可得到下面两个公式：

$$Y_1 = \frac{C_O + cTR + I + G_1 - cT_a}{1-c}$$

$$Y_2 = \frac{C_O + cTR + I + G_2 - cT_a}{1-c}$$

用 Y_2 减 Y_1，就可以得到政府购买乘数。见（10.20）式。

$$Y_2 - Y_1 = \Delta Y = \frac{G_2 - G_1}{1-c} = \frac{\Delta G}{1-c}$$

$$\frac{\Delta Y}{\Delta G} = m_g = \frac{1}{1-c} \tag{10.20}$$

公式（10.20）是仅考虑自发税收条件下的政府购买乘数。在此条件下，政府购买乘数与投资乘数相同。例如，在其他条件不变的情况下，如果边际消费倾向为0.8，政府购买乘数即为5倍［1/（1-0.8）］，这时，如果政府增加100亿元的购买支出，国民收入就会增加500亿元（100×5），反之，如果政府减少100亿元支出，国民收入也会相应减少500亿元。上例表明，在政府购买乘数的作用下，一单位的政府购买支出通常会导致5倍国民收入的变动。

通过上述分析，可以得到国民收入变动量与政府购买和政府购买乘数的关系式，即政府购买的变动与国民收入变动之间的关系式。见（10.21）式。

$$\Delta Y = m_g \cdot \Delta G \tag{10.21}$$

三、自发税收乘数

自发税收乘数（m_{ta}）是指变动一个单位的税收所导致的均衡产出变动的倍数。假定税收为自发税收，税收乘数就可以用公式（10.22）来表示。

$$m_{ta} = \frac{\Delta Y}{\Delta T_a} = \frac{-c}{1-c} \tag{10.22}$$

自发税收乘数的推导与政府购买乘数的推导近似。假定其他条件不变，只有自发税收发生变动，例如从 T_{a1} 变动到 T_{a2}，国民收入相应地从 Y_1 变动到 Y_2，根据（10.18）式，可以得到下面两个公式：

$$Y_1 = \frac{C_O + cTR + I + G - cT_{a1}}{1-c}$$

$$Y_2 = \frac{C_O + cTR + I + G - cT_{a2}}{1-c}$$

用 Y_2 减 Y_1，就可以得到自发税收乘数，如（10.23）式所示。

$$Y_2 - Y_1 = \Delta Y = \frac{-cT_{a2} + cT_{a1}}{1-c} = \frac{-c\Delta T_a}{1-c}$$

$$\frac{\Delta Y}{\Delta T_a} = m_{ta} = \frac{-c}{1-c} \tag{10.23}$$

自发税收乘数是负值，这意味着如果政府增加一个单位的税收，国民收入就会减少若干单位；反之，如果政府减少一个单位的税收，国民收入将会增加若干倍。例如，如果边际消费倾向为 0.8，税收乘数即为 -4 倍 [-0.8/（1 - 0.8）]。这时，在其他条件不变的情况下，如果政府增加 100 亿元税收，国民收入将减少 400 亿元；反之，如果政府减少 100 亿元税收，国民收入将增加 400 亿元。国民收入与税收之所以负相关，是因为税收是一个漏出变量。

通过上述分析，可以知道自发税收的变动对国民收入的影响程度，如（10.24）式所示。

$$\Delta Y = m_{ta} \cdot \Delta T_a \tag{10.24}$$

四、政府转移支付乘数

根据均衡产出公式（10.18），可以导出政府转移支付乘数。政府转移支付乘数（m_{tr}）是指变动一个单位的政府转移支付所导致的均衡产出变动的倍数。用公式表示可见（10.25）式：

$$m_{tr} = \frac{\Delta Y}{\Delta TR} = \frac{c}{1-c} \tag{10.25}$$

在假定只有自发税收的条件下，政府转移支付乘数的数学推导可以简述如下：

根据（10.18）式，如果其他条件不变，只有政府转移支付发生变动，例如从 TR_1 变动到 TR_2，则国民收入相应地从 Y_1 变动到 Y_2，于是可得到下面两个公式：

$$Y_1 = \frac{C_O + cTR_1 + I + G - cT_a}{1-c}$$

$$Y_2 = \frac{C_O + cTR_2 + I + G - cT_a}{1-c}$$

用 Y_2 减 Y_1，就可以得到只有自发税收条件下的政府转移支付乘数，如（10.26）式：

$$Y_2 - Y_1 = \Delta Y = \frac{cTR_2 - cTR_1}{1-c} = \frac{c\Delta TR}{1-c}$$

$$\frac{\Delta Y}{\Delta TR} = m_{tr} = \frac{c}{1-c} \tag{10.26}$$

根据公式（10.26），当边际消费倾向等于0.8时，如果其他条件不变，则政府转移支付乘数即为4倍。这时如果政府增加100亿元的转移支付，国民收入就会增加400亿元；反之，如果政府减少100亿元的转移支付，国民收入也会相应减少400亿元。

根据上述分析，可以知道政府转移支付的变动对国民收入的影响程度。如（10.27）式所示：

$$\Delta Y = m_{tr} \cdot \Delta TR \tag{10.27}$$

通过上述分析可以知道，政府转移支付乘数与税收乘数都是边际消费倾向与边际储蓄倾向的比率，所不同的是，政府转移支付乘数是正值，而税收乘数是负值。这是因为，政府转移支付作为政府支出的组成部分，是具有注入效应的变量，而税收是具有漏出效应的变量。

五、平衡预算乘数

平衡预算乘数是指政府在实行平衡预算时，即政府购买和税收以相同的数量增加或减少时所导致的均衡产出变动的倍数。假设不存在引致税收，政府购买与政府税收变动的数量相同，即 $\Delta G = \Delta T$，则平衡预算乘数（m_b）就可以用公式表示为（10.28）式：

$$m_b = \frac{\Delta Y}{\Delta G} + \frac{\Delta Y}{\Delta T} = 1 \tag{10.28}$$

设国民收入的变动为 ΔY，并假定它是政府购买和税收变动双重影响的结果，则有（10.29）式：

$$\Delta Y = m_g \Delta G + m_t \Delta T$$
$$= \frac{1}{1-c} \Delta G + \frac{-c}{1-c} \Delta T \tag{10.29}$$

由于在平衡预算的条件下 $\Delta G = \Delta T$，所以就有下述关系式：

$$\Delta Y = \frac{1}{1-c} \Delta G + \frac{-c}{1-c} \Delta G = \frac{1-c}{1-c} \Delta G = \Delta G$$

或

$$\Delta Y = \frac{1}{1-c}\Delta T + \frac{-c}{1-c}\Delta T = \frac{1-c}{1-c}\Delta T = \Delta T$$

由上述关系式可以得到不存在引致税收条件下的平衡预算乘数。见（10.30）式：

$$m_b = \frac{\Delta Y}{\Delta G} + \frac{\Delta Y}{\Delta T_a} = \frac{1-c}{1-c} = 1 \qquad (10.30)$$

例如，如果政府增加100亿元的政府购买的同时又增加100亿元的税收，国民收入最终只能增加100亿元（100×1），因为平衡预算乘数等于1。

平衡预算乘数等于1，意味着政府如果实行平衡预算，就不可能试图通过增加政府购买的办法使国民收入实现多倍的增长，因此也就不可能刺激经济增长和增加就业。如果政府试图通过增加政府购买的方法刺激经济增长和增加就业，就必须实行赤字预算，而不能实行平衡预算。当然，过多的财政赤字有可能导致通货膨胀，甚至引发政府债务危机。

六、加入引致税收后的乘数

在上面分析政府购买乘数、税收乘数、政府转移支付乘数和平衡预算乘数时，始终假定只有自发税收，自发税收是一种定量税，即税收不随收入的变动而变动。实际上，在多数情况下，税收都是随收入的变动而相应变动的。随国民收入变动而变动的税收即为引致税收（T_n），税收变动与收入变动的比率称为边际税率。因此，引致税收对国民收入的作用实际上是税率变动对国民收入的作用。

引进税率后，前面给出的政府购买乘数、税收乘数、政府转移支付乘数和平衡预算乘数还会有一些变化。

为了说明这一变化，设引致税收 T_n 是收入 Y 与边际税率 t 的乘积，即 $T_n = tY$，如果不考虑自发税收，前面给出的可支配收入 $Y - T + TR$ 就可以改写为 $Y - tY + TR$ 或 $(1-t)Y + TR$。这时（10.16）式的消费函数就可以改写为（10.31）式。

$$C = C_O + cTR + c(1-t)Y \qquad (10.31)$$

根据（10.31）式给出的消费函数，在不考虑自发税收的情况下，就可以把（10.18）式所给出的均衡产出公式相应地调整为（10.32）式：

$$Y = \frac{C_O + cTR + G + I}{1 - c(1-t)} \qquad (10.32)$$

根据（10.32）式所给出的均衡产出公式，可以推导出税收随收入变化条件下即引进引致税收或边际税率后的投资乘数和政府购买乘数（10.33）、税收乘数（10.34）和政府转移支付乘数（10.35）：

$$m_g = \frac{1}{1-c(1-t)} \tag{10.33}$$

$$m_t = \frac{-c}{1-c(1-t)} \tag{10.34}$$

$$m_{tr} = \frac{c}{1-c(1-t)} \tag{10.35}$$

比较一下（10.20）式、（10.23）式和（10.26）式所给出的政府购买乘数、税收乘数和政府转移支付乘数就会发现，引进税率变量后的乘数值要小于前者。原因就在于，当税收随收入的变动而变动时，由于收入中的一定比例要转化为税收，因而可支配收入会相对减少，这会使消费曲线的斜率变小，即 $c(1-t)<c$，这意味着每增加一个单位的收入所导致的消费需求会相对减少，即 $c(1-t)Y<cY$。在其他条件不变时，消费曲线斜率变小会导致总需求曲线斜率相应变小。在此情况下，增加一个单位的任何一种需求，例如投资需求、政府需求等，都会导致国民收入以较少的倍数增长，从而使乘数值变小。参看图 10-6 和图 10-8，并设想总需求曲线如果变得更平坦一些，就可以得出上述结论。

进一步的分析表明，在考虑边际税率的作用后，平衡预算乘数并不等于 1，而是小于 1。即 $0<m_b<1$。如公式（10.36）所示。

$$m_b = \frac{\Delta Y}{\Delta G} + \frac{\Delta Y}{\Delta T_n} = \frac{1-c}{1-c(1-t)} < 1 \tag{10.36}$$

平衡预算乘数小于 1，意味着政府更不可能通过实行平衡预算的方法刺激经济增长和就业的增加。

七、乘数发挥作用的条件

乘数原理告诉我们，如果自发需求增加一个单位，会导致均衡产出水平的多倍增长，从而使经济得到迅速扩张；反之，减少一个单位的自发需求，会导致多倍均衡产出的减少，从而使经济迅速收缩。

但是，乘数的这种作用是有条件的。在不考虑货币市场的条件下，就封闭经济而言，乘数扩张经济作用的条件是经济中必须存在产出负缺口（$Y<Y_c$），即经济中必须存在闲置的资源。如果经济中的资源已经被充分利用即已经实现了充分就业，或者实际产出已经大于潜在产出，增加总需求只能导致价格水平

上升，而不会导致均衡产出增加或只能使均衡产出增加很少，更不会使产出多倍增长。这时，乘数扩张经济的作用就将被阻断。

如果再考虑到经济是开放的而不是封闭的，那么增加的支出不能用于从外国部门购买产品，也是乘数发挥扩张经济作用的前提条件。因为根据乘数作用的原理，如果增加的需求支出用于从国外进口产品而不是购买本国产品的话，本国的均衡产出水平是不会成倍增加的。如果再考虑货币市场上的情况，利率的变动、货币供应量的变动，都会对乘数扩张经济的作用构成一定的限制。

第四节　加速原理及其发挥作用的条件

投资乘数所要说明的是投资的变动会引起多少产出的变动。经济学家们认为，仅用乘数原理还不足以说明投资和产出之间的变动关系，因为不仅投资的变化会对产出发生作用，反过来产出的变动也会对投资产生影响。解释国民收入或产出变化如何引起投资变化的原理被称为加速数原理或加速原理（acceleration principle）。

一、加速原理

如果用 Y 表示国民收入或总产出，用 K 表示资本存量，v 表示资本产出比，即一定时期每生产一单位产出所要求的资本存量，则有（10.37）式。

$$v = \frac{K}{Y} \tag{10.37}$$

需要说明的是，由于 K 是存量，Y 是流量，因此一般情况下 $v > 1$；同时还要假定 v 是常数。

如果引入时期概念，设第 t 期所使用的资本存量为 K_t，第 t 期的产出为 Y_t，那么第 t 期的资本存量就可以表示为（10.38）式。

$$K_t = vY_t \tag{10.38}$$

由于第 t 期的资本存量等于第 $t-1$ 期的资本存量与第 t 期的净投资量 I_t 之和，即：

$$K_t = K_{t-1} + I_t$$

故第 t 期的净投资量可以表示为（10.39）式：

$$I_t = K_t - K_{t-1} \tag{10.39}$$

将（10.38）式代入（10.39）式，并且令 $\Delta Y_t = Y_t - Y_{t-1}$，则可以得到

(10.40）式。

$$I_t = v(\Delta Y_t) \quad (10.40)$$

公式（10.40）表明了第 t 期的净投资量取决于第 t 期国民收入的增量。我们还可以把净投资的增加额 ΔI_t 表示为第 t 期的投资量与第 $t-1$ 期的投资量之差，如（10.41）式所示：

$$\Delta I_t = I_t - I_{t-1} \quad (10.41)$$

根据公式（10.40）和（10.41），则有 $I_{t-1} = v(\Delta Y_{t-1})$，于是可以得到（10.42）式所表示的加速数公式：

$$\Delta I_t = v(\Delta Y_t - \Delta Y_{t-1})$$

或

$$\Delta I_t = v\Delta^2 Y_t \quad (10.42)$$

根据公式（10.42）可以得出（10.43）式：

$$v = \frac{\Delta I_t}{\Delta Y_t - \Delta Y_{t-1}} \quad (10.43)$$

公式（10.42）表明，净投资不是国民收入绝对量的函数，而是国民收入增量的函数，就是说，净投资增长额取决于国民收入的"加速度"。公式（10.43）中的 v 即为"加速数"。加速数实际上是一定技术水平条件下的资本产出比，它所表明的是净投资的变化与引起这一变化的国民收入或产出变化的比率，也就是国民收入的变动所引致的净投资变动的倍数。

加速原理或投资的加速数理论揭示的是收入变动会怎样影响投资的变动。两者的内在联系表现在：在一个经济体中，收入的增加一定会引起消费需求的增加，而消费品要靠资本品生产出来，因而消费需求的增加一定会引起资本品需求的增加，从而最终引起投资的增加。在现代化生产的条件下，增加一个单位的国民收入通常需要多倍投资的增加。正是由于这个原因，收入的微小变动通常会引起投资或资本品生产的剧烈变动。

二、加速原理发挥作用的条件

加速原理所揭示的加速作用是双向的：如果国民收入增加一个单位，会导致净投资多倍的增加；反之，如果国民收入减少一个单位，则会导致多倍净投资的减少。

但是，加速数的这种作用是有条件的，或者说是以一定的假设为前提的。加速原理发挥作用的第一个假设是，假定经济中不存在过剩的生产能力。道理很简单，因为只要经济体中存在过剩的生产能力，当国民收入增加时，只需要使用过剩的生产能力就可以进行生产，而不必增加净投资。加速原理发挥作用的第二个假定是技术水平不变。很显然，如果技术水平发生了变化，资本－产出比就会发生变化，在资本－产出比发生变化的条件下，加速数就不一定存在。第三个假定是，一个经济体能够在一个期间内生产出净投资所需要的机器、设备等资本品。因为只有具备这样的生产能力，在该经济体中才能产生实际的投资行为。

美国经济学家汉森和萨缪尔森曾经建立一个乘数－加速数模型，并试图用这一模型说明经济周期性波动的原因。实际上，这一模型可以被视为引入时间因素的国民收入决定模型，也就是国民收入决定理论动态化的模型。

关键名词和术语

内生变量　外生变量　消费函数　储蓄函数　边际消费倾向　平均消费倾向　边际储蓄倾向　平均储蓄倾向　绝对收入假说　生命周期假说　持久收入假说　均衡产出　存货变动机制　投资乘数　政府购买乘数　自发税收　引致税收　边际税率　税收乘数　政府转移支付乘数　平衡预算乘数　资本产出比　加速数

复习思考题

1. 怎样理解消费函数中收入的性质？
2. 用存货变动机制说明，在一个经济体中，实际产出为什么总是趋向于均衡产出？
3. 怎样理解在短期内均衡国民收入决定于总需求的基本原理？作图予以说明。
4. 消费曲线在坐标上位置的移动由什么决定？
5. 怎样用投资等于储蓄的恒等式说明均衡国民收入的决定？
6. 作为一个经济部门，政府在宏观经济运行中的作用是什么？
7. 增加同等数量的政府购买和转移支付对均衡产出的影响程度是相同的吗？为什么？

8. 怎样理解乘数的作用？乘数扩张经济作用的条件是什么？
9. 在政府实行平衡预算的条件下，增加政府支出为什么难以迅速扩张经济和实现充分就业？赤字预算有可能导致的不良后果是什么？
10. 在考虑引致税收的条件下，乘数的作用为什么会变小？
11. 怎样理解加速数理论？加速数发挥作用的条件是什么？

计算证明题

1. 已知消费函数为 $C = 1000 + 0.6Y$，投资为自发投资，即 $I = 600$，均衡产出 Y 为多少？如果充分就业的产出水平为 $Y = 10000$，为使经济达到充分就业的均衡状态，投资应为多少？（单位为亿美元）
2. 假设某一经济体的消费函数为 $C = 1000 + 0.8Y$，投资 $I = 500$，政府购买支出 $G = 2000$，政府转移支付 $TR = 625$，税率 $t = 0.25$。求均衡收入、投资乘数、政府购买乘数、转移支付乘数、税收乘数和平衡预算乘数。设该经济体实现充分就业的国民收入为 12000，如果政府分别采用增加政府购买或增加转移支付或者实行平衡预算的方式实现充分就业，各需支出多少？（单位为亿美元）

第十一章
产品市场和货币市场的均衡

均衡国民收入的决定不仅取决于消费需求的变化,也取决于投资需求的变化。此外,宏观经济的均衡不仅包括产品市场的均衡,也包括货币市场的均衡。在本章,为了说明投资的变化与均衡产出的关系,我们将取消利率和投资不变的假设;同时还将引入货币市场,分析产品市场的均衡和货币市场的均衡,然后在此基础上分析产品市场和货币市场的共同均衡,以及产品市场和货币市场共同均衡条件下均衡国民收入和均衡利率的决定。

为了分析产品市场的均衡,在本章第一节,我们将首先引入利率这一变量并导出投资函数,然后在引入投资函数的基础上分析国民收入的决定和产品市场的均衡。第二节将引入货币市场,分析货币市场的均衡和利率的决定。第三节将在前两节分析的基础上,进一步分析产品市场和货币市场的共同均衡,导出 $IS-LM$ 模型。本章的最后一节讨论两个市场共同均衡条件下的充分就业和失业问题,并概述凯恩斯有效需求理论的基本框架。

第一节 产品市场的均衡和 IS 曲线

在第十章分析国民收入的决定时,我们曾把投资需求视为外生变量,实际上,与消费需求一样,投资需求也是一个内生变量。因此,在本节中,首先要分析的是在经济体系内部,作为内生变量的投资需求由什么决定,并导出投资函数。

一、投资函数

在一个经济社会中,影响投资的因素有很多,例如利率水平、收入水平、投资的成本、厂商对未来的预期,等等。在影响投资需求的诸多因素中,利率

(i) 是最重要的因素之一，而收入水平、投资的成本和厂商对未来的预期又具有相对的稳定性，因此经济学通常把投资视为利率的函数。可以一般地表示为 $I = f(i)$。

为了说明投资需求与利率的关系，假设企业有 A、B、C、D、E 五个投资项目可供选择，五个投资项目的收益率分别为 30%、25%、20%、15% 和 10%，投资额分别为 300、200、200、200 和 200。如表 11-1 所示。

表 11-1

投资项目	项目投资额	资本收益率	项目总投资
A	300	30%	300
B	200	25%	500
C	200	20%	700
D	200	15%	900
E	200	10%	1100

将表 11-1 中每个投资项目的收益率和投资额用一个纵轴表示资本收益率（R）和利率（i），横轴表示投资（I）数值大小的坐标上，并且假定资本成本与利率相等，那么投资与利率的关系则可以用图 11-1 表示。

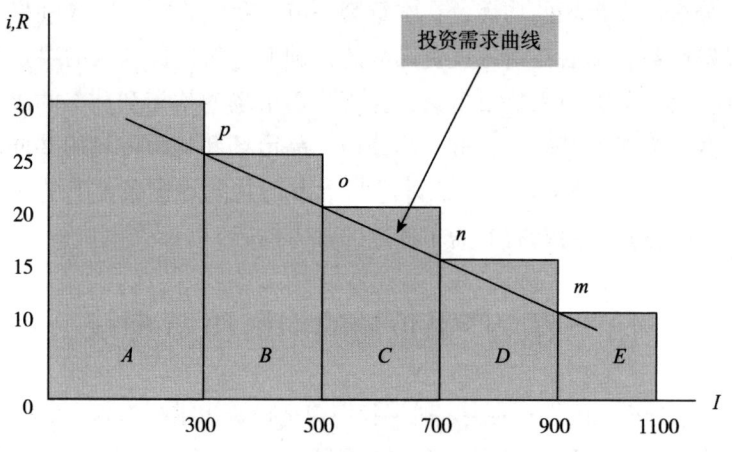

图 11-1 投资与利率的关系

在图 11-1 中，如果假设利率即资本成本为 10%，这时，由于 E 项目的盈利率与资本成本相同，因而企业只有投资 A、B、C、D 四个项目才能盈利，并获得最大收益，这时的投资总额为 900（300+200+200+200），于是，在坐标中就可以得到投资与利率组合点 m。如果假设利率即资本成本上升至 15%，企

业只有投资 A、B、C 三个项目才能获得最大收益，这时的投资总额为 700（300 + 200 + 200），于是，在坐标中就可以得到投资与利率组合点 n。若利率升至 20%，那么企业只有投资 A、B 两个项目才能获得最大收益，这时的投资总额为 500（300 + 200），在坐标中可以得到投资与利率组合点 o。当然，如果利率上升至 25%，企业就只能投资 A 项目才能盈利了，总投资额为 300，这时，投资和利率组合点则移至 p 点。将坐标中的 m、n、o、p 点连接起来，就会得到一条斜率为负的投资需求曲线。① 这条斜率为负的投资需求曲线表明，投资需求与利率水平或资本成本是负相关的。这里所说的资本成本，是指企业通过贷款、发行债券和股票等方式进行融资所支出的费用（如利息、股息等）与融资额的比率，也是厂商进行新投资必须赚取的最低收益率。为简单起见，我们假定资本成本与利率是相等的。

上述分析表明，当厂商预期资本收益率高于利率（资本成本）时，就会增加投资；反之，当厂商预期资本收益率低于利率（资本成本）时，则会减少投资。只有当两者相等时，投资才会稳定在某一水平上。经济学将其称之为投资法则或投资决策法则（investment decision rule）。

尽管上面的例子描述的是单个企业的投资需求曲线，但我们可以把所有单个企业的投资需求简单加总，就可以得到向右下方倾斜的企业部门或整个社会的投资需求曲线。下面所要分析的就是整个社会的投资需求。

如果我们把非利率因素对投资的影响或者与利率变动无关的投资视为常数，并假定投资与利率之间存在线性关系，就可以得到用（11.1）式所表示的投资函数。

$$I = I_0 - bi \tag{11.1}$$

在（11.1）式中，I_0 是与利率无关的、决定于其他因素的投资需求，即利率为零时的投资需求，因此被称为自发投资或自主性投资，并且是大于零的常数；b 是利率每变动一个百分点所引起的投资变动的数量，称为投资对利率的敏感系数或投资的利率弹性。

例如，在一定时期内，一个经济体的自发投资需求为 2000 亿元，投资的利率弹性为 6000 亿元，根据投资函数，则有：

---

① 假定厂商的总投入可以用总资本 K 来表示，总收益 R 就是 K 的函数。假定收益函数满足 $R_K > 0$；$R_{KK} < 0$，即 R 对 K 的一阶导大于零，二阶导小于零，则利润最大化的一阶条件就是资本的边际收益等于资本的边际成本。投资曲线描述了利润最大化条件下投资需求的变动。

$$I = 2000 - 6000i$$

当利率为5%时,整个社会的投资需求为1700亿元（2000 - 6000×5%）；当利率上升到10%时,整个社会的投资需求会下降到1400亿元（2000 - 6000×10%）。

根据投资函数的性质,在一个横轴代表投资、纵轴代表利率的坐标中,可以得到一条斜率为负的投资曲线。如图11 - 2所示。

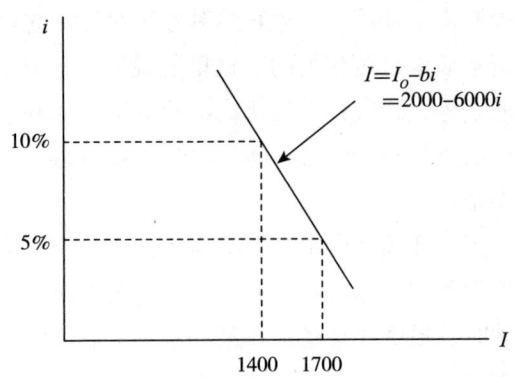

图11 - 2　投资函数和投资需求曲线

在图11 - 2中,斜率为负的投资曲线表明,利率水平越低,投资需求越大;反之,利率水平越高,投资需求越小。投资与利率之间为什么会存在负相关的关系呢？这是因为,如果厂商的投资资金来源于金融机构的贷款,在利率水平较高时,厂商的投资成本会相应提高,如果其他条件不变,利润水平就会降低,这会降低厂商投资的积极性,从而使投资需求减少;反之,在利率水平较低时,由于投资成本的降低和厂商利润的相应增加,自然会刺激投资需求的增加。即使厂商的投资资金不是来源于金融机构的贷款,而是来源于厂商的自有资本,在利率水平较高时,厂商也会由于投资的机会成本较高而减少投资,使整个社会的投资需求减少;反之,在利率水平较低时,由于使用自有资本投资的机会成本较低,厂商也会增加投资,使整个社会的投资需求增加。

既然投资需求是利率的函数,那么,利率的高低必然会通过投资需求影响总需求,进而影响国民收入。如果其他条件不变,利率水平越低,投资需求越大,总需求就越大。由于在短期内国民收入决定于总需求,因此,总需求的增加必然导致国民收入增加;反之,利率水平越高,由于投资需求越小,因而总需求和国民收入也就越少。因此,利率也是影响国民收入和经济运行的一个重要经济变量。当经济中出现有效需求不足，经济不景气，失业增多时，货币当局就可以通过降低利率以刺激投资需求的方法来增加总需求，进而刺激经济增长，增加国民收入，实现充分就业；反之，当经济中出现过度需求，从而出现通货膨胀和经济过热时，则可以用提高利率的方法抑制投资需求和总需求，进而抑制经济的过快增长，降低通货膨胀率。

二、产品市场的均衡和 IS 曲线

引进利率和投资函数后，就可以进一步分析产品市场的均衡和均衡产出的决定了。产品市场的均衡是指在产品市场上总需求与总收入或总供给相等时的稳定状态。由于总需求等于总收入或总供给也可以用投资（I）等于储蓄（S）来表示，因此，宏观经济学常用 $I=S$ 来表示产品市场的均衡。

引进投资函数后，分析均衡国民收入或均衡产出的决定就要考虑利率的作用。为简单起见，假定一个经济体中只有家庭和企业两个部门，引进投资函数后，第十章给出的两部门均衡产出公式（10.11）就要做出相应的调整。

在两部门经济中，已知收入恒等式为 $Y=C+I$，将两部门经济中的消费函数 $C=C_0+cY$ 和投资函数 $I=I_0-bi$ 代入收入恒等式，就可以得到一个与第十章（10.11）式稍有不同的两部门均衡产出公式，见（11.2）式。顺便指出，可以将收入恒等式、消费函数和投资函数的三个方程视为一般意义上的 IS 曲线方程或产品市场均衡模型，因为表示产品市场均衡的 IS 曲线方程就是由上述三个方程导出的。

$$Y=\frac{C_0+I_0-bi}{1-c} \tag{11.2}$$

为简单起见，设（11.2）式中的自发需求等于 A，即 $C_0+I_0=A$，则有（11.3）式。

$$Y=\frac{1}{1-c}\cdot(A-bi) \tag{11.3}$$

在（11.3）式中，Y 是产品市场均衡条件下的均衡产出，$1/(1-c)$ 就是两部门经济中一般意义上的乘数。为简单起见，若用 m 表示乘数，则有（11.4）式。

$$Y=m\cdot(A-bi) \tag{11.4}$$

用公式（11.3）或（11.4）表示的均衡产出公式就是以国民收入 Y 表示的 IS 曲线方程。在公式（11.4）中，如果其他条件不变，均衡产出 Y 与自发需求

A 和乘数 m 正相关，与利率 i 负相关。IS 曲线方程是在满足总支出等于总收入条件下得到的，因而代表着产品市场的均衡。

如果对（11.3）式稍加整理就可以得到用利率表示的另一个 IS 曲线方程，如公式（11.5）所示。

$$i = \frac{A}{b} - \frac{1-c}{b} \cdot Y \qquad (11.5)$$

（11.4）式和（11.5）式是分别用国民收入 Y 和利率 i 表示的 IS 曲线的两个方程。它们之所以被称为 IS 曲线方程，是因为（11.2）式也可以用产品市场的均衡条件 $I = S$ 导出。读者可以很容易地将投资函数 $I = I_0 - bi$ 和储蓄函数 $S = -C_0 + (1-c)Y$ 代入 $I = S$，得出（11.2）式。

根据 IS 曲线方程，在一个横轴代表国民收入、纵轴代表利率的坐标中，IS 曲线是一条向右下方倾斜的斜率为负的曲线。如图 11-3 所示。

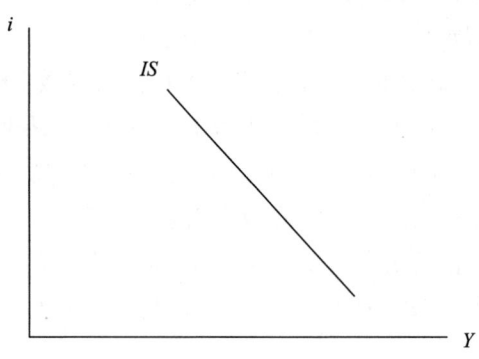

图 11-3　IS 曲线

根据公式（11.5）表示的 IS 曲线方程可以知道，式中的 A/b 决定 IS 曲线在纵轴的截距，在 b 值不变时，IS 曲线的位置就取决于自发需求 A 的大小：当 A 增加时，IS 曲线向右上方移动；反之，当 A 减少时，IS 曲线向左下方移动。不过由于（11.4）式和（11.5）式的 IS 曲线方程是在假定只有家庭部门和企业部门两部门条件下导出的，没有考虑政府部门的作用。如果考虑政府部门的作用，在三部门经济中，自发需求 A 还应当包括政府支出，即 $A = C_0 + I_0 + G$。这意味着，在三部门经济中，当政府支出增加时，IS 曲线将向右上方移动，反之，当政府支出减少时，IS 曲线将向左下方移动。理解自发需求 A 的变动与 IS 曲线位移的关系，对于后面理解财政政策的效应具有重要意义。

此外，在两部门经济中，（11.5）式中的 $(1-c)/b$ 是 IS 曲线的斜率。如果是三部门经济，由于存在税收和政府支出，消费是可支配收入 $(1-t)Y+TR$ 的函数，因而无论是 (11.4) 式中的乘数，还是 (11.5) 式中的 IS 曲线的斜率，就都应当考虑税率 t 的作用。注意这时的政府购买乘数应为 $1/[1-c(1-t)]$，IS 曲线的斜率也应相应地调整为 $[1-c(1-t)]/b$。在此情况下，边际消费倾向 c 越高或税率 t 越低，即乘数越大，IS 曲线斜率的绝对值就越小，即 IS 曲线就越平坦；反之，边际消费倾向 c 越低或税率 t 越高，即乘数越小，IS 曲线斜率的绝对值就越大，即 IS 曲线就越陡峭。在影响 IS 曲线斜率的参数中，b 值越大，IS 曲线斜率的绝对值就越小，即 IS 曲线越平坦，反之，b 值越小，IS 曲线斜率的绝对值就越大，即 IS 曲线越陡峭。理解税率 t 对 IS 曲线斜率的影响，对于后面理解财政政策的效应同样具有重要意义。自发需求 A 和税率 t 对财政政策效应的影响将在第十三章中进行分析。

IS 曲线是产品市场均衡条件下国民收入 Y 和利率 i 所有组合点的集合，即产品市场均衡条件下 Y 和 i 的变动轨迹。IS 曲线上的任意一点都代表产品市场均衡条件下的利率与均衡产出的组合。换言之，只要经济运行在 IS 曲线上，产品市场就总是均衡的。这一结论可以通过对 IS 曲线的几何推导得到更直观的说明。图 11-4 的坐标描述了 IS 曲线的几何推导过程。

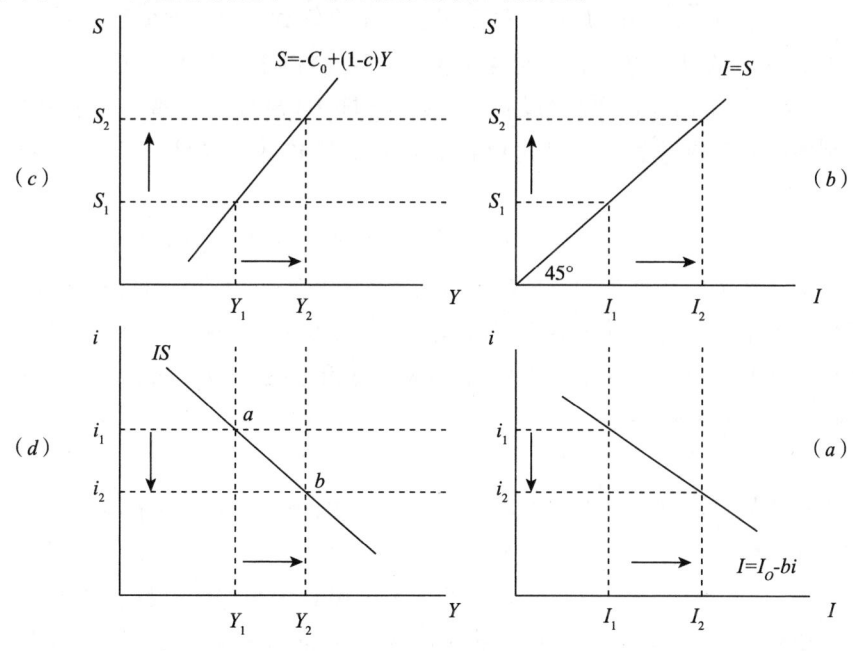

图 11-4　IS 曲线的推导 (1)

在图 11-4 中，坐标（a）中向右下方倾斜的曲线是投资曲线；坐标（b）中的直线是一条 45°线，根据 45°线的性质，线上的任意一点都表示投资等于储蓄，即表示产品市场的均衡；坐标（c）中向右上方倾斜的斜率为正的曲线是储蓄曲线；横轴表示国民收入、纵轴表示利率的坐标（d）是用来表示 IS 曲线的坐标。

首先，设坐标（a）纵轴上的利率最初为 i_1，将 i_1 代入投资函数，或者根据投资曲线，坐标横轴上的投资需求应为 I_1。在坐标（b）中，通过 45°线的转换，与横轴 I_1 的投资相对应的是纵轴上的储蓄 S_1，表示当产品市场均衡即 $I=S$ 时，I_1 的投资必须有 S_1 的储蓄作支撑。在坐标（c）中，当纵轴的储蓄为 S_1 时，根据储蓄曲线或把 S_1 代入储蓄函数，横轴上的均衡产出应为 Y_1。最后，在坐标（d）中，我们会看到，与坐标 a 相对应的利率为 i_1 时，均衡产出为 Y_1，利率和产出的组合点在 a 点。

现在，假定坐标（a）上的利率从最初的 i_1 下降到 i_2，这时的投资需求会相应地从 I_1 增加到 I_2；在坐标（b）中，当投资为 I_2 时，产品市场的均衡要求储蓄必须相应地从 S_1 增加到 S_2；在坐标（c）中，当储蓄从 S_1 增加到 S_2 时，根据储蓄函数或储蓄曲线，均衡产出应从 Y_1 增加到 Y_2。最后，我们看到，在坐标（d）中，当与坐标 a 相对应的利率从最初的 i_1 下降到 i_2 后，均衡产出便从 Y_1 增加到 Y_2，这时的利率和产出的组合点在 b 点。从以上的分析不难看出，坐标（d）中的 a 点和 b 点是产品市场均衡条件下即 $I=S$ 时的利率-产出组合点，假定利率的变动是连续的，就可以将 a 点和 b 点连成一条线，这条线就是 IS 曲线。

还可以用另一种方式推导出 IS 曲线。这需要建立四部门条件下的总需求方程。已知在四部门条件下的总需求方程为 $AD=C+I+G+NX$。将消费函数、投资函数代入上述方程，并假定净出口 NX 与政府购买 G 一样都是外生变量或自发需求，同时为简单起见，令所有的自发需求包括 C_0、I_0、G、NX 之和等于 A，则总需求方程就可以用公式（11.6）来表示。

$$AD = A + c(1-t)Y - bi \tag{11.6}$$

现在我们可以利用利率、总需求、总产出之间的内在联系推导出 IS 曲线。这需要建立两个坐标。如图 11-5 所示。

图 11-5 中的上坐标是第十章中的均衡国民收入决定的坐标，横轴表示国民收入或总产出 Y，纵轴表示总需求 AD，总需求曲线与 45°线交点所对应的总产出为均衡产出。下坐标是用来表示 IS 曲线的坐标，横轴代表总产出，纵轴代

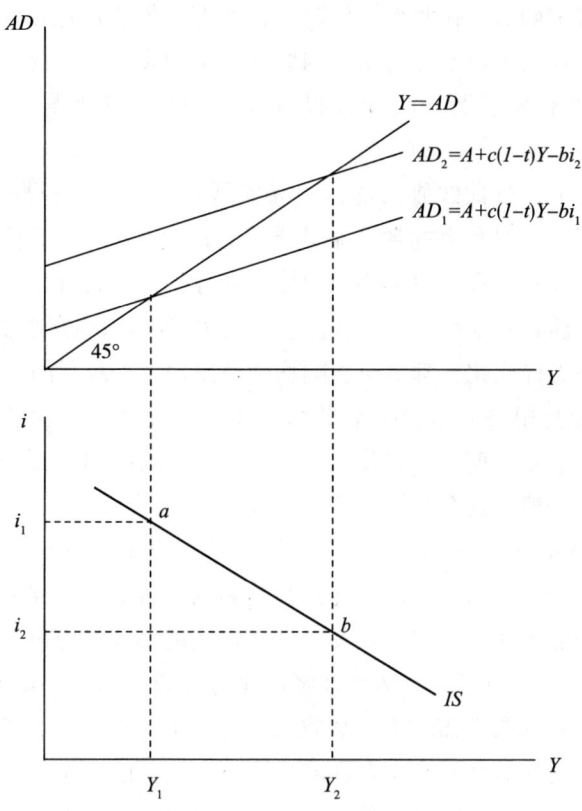

图 11-5 IS 曲线的推导（2）

表利率。我们首先假定，在下坐标中，最初的利率水平为 i_1，在此基础上，上坐标中最初的总需求则为 AD_1 线，如果总需求为 AD_1，这时 AD_1 线与 45°线交点决定的均衡产出即为 Y_1，于是在下坐标中，我们会得到一个均衡产出 Y_1 与利率 i_1 的组合点 a。现在我们假定，利率水平从 i_1 下降到 i_2，这会导致投资需求增加，如果其他条件不变，总需求会相应增加。设总需求从 AD_1 线向上平移到 AD_2 线，这时 AD_2 线与 45°线交点所决定的均衡产出就会从 Y_1 增加到 Y_2。于是在下坐标中，我们又会得到另一个均衡产出 Y_2 和利率 i_2 的组合点 b。如果利率的变动是连续的，我们就可以把下坐标中的两个组合点 a 和 b 连成一条线，这条线就是 IS 曲线。

在一般情况下，IS 曲线都是一条向右下方倾斜的斜率为负的曲线。IS 曲线向右下方倾斜表明，均衡国民收入或均衡产出与利率负相关，即当利率较低时，均衡产出较大；反之，当利率较高时，均衡产出较小。理解这一点并不困难，根据投资需求函数，在利率较低时，企业部门投资增加，这会导致总需求增加，由于国民收入决定于总需求，因此，伴随利率水平下降，均衡国民收入增加；反之，利率水平上升会导致投资需求减少，从而导致均衡国民收入减少。

在极端情况下，IS 曲线则可能是一条垂线或水平线。根据 IS 曲线方程作进一步推导，当投资对利率的弹性系数等于零时（$b=0$），IS 曲线是一条垂直于坐标横轴的垂线；当投资对利率的弹性系数等于无穷大时（$b=\infty$），IS 曲线则是一条与坐标横轴相平行的水平线。垂直的 IS 线表示均衡产出与利率水平无关，即无论利率怎样变化，都不会影响均衡产出水平；水平的 IS 曲线则表示均衡产出与利率高度相关，即利率水平稍有变动，投资需求就会出现大幅度变动。以后的分析表明，前一种情况通常出现在经济衰退和萧条的投资呆滞期，而后一种情况则一般出现在经济复苏和繁荣期。

从 IS 曲线的推导过程不难看出，只要经济在 IS 曲线上运行，说明投资恰好等于储蓄，即 $I=S$，这时产品市场总是均衡的。自然，当经济偏离 IS 曲线运行时，则表明产品市场处于失衡状态。产品市场的非均衡有两种状态：当经济运行在 IS 曲线的左下方时，意味着在经济中存在着投资大于储蓄的失衡状态，即 $I>S$，同时也意味着总需求大于总收入或总供给；反之，当经济运行在 IS 曲线的右上方时，意味着在经济中存在着投资小于储蓄的失衡状态，即 $I<S$，同时也意味着总需求小于总收入或总供给。读者根据图 11-4 对 IS 曲线的推导可以很容易得出上述结论。

以上，我们分析了产品市场的均衡。在宏观经济中，仅有产品市场均衡的模型被称为简单凯恩斯模型。简单凯恩斯模型仅能说明国民收入或总产出的决定，但不能说明利率的变动。要说明利率的变动，还必须引入货币市场。

第二节 货币市场的均衡和 LM 曲线

在一个只有三部门的封闭经济中，宏观经济正常运行不仅要以产品市场的均衡为条件，也要以货币市场的均衡为前提。货币市场均衡的条件是货币需求等于货币供给。因此，在本节，我们首先给出货币需求函数和货币供给函数，然后再分析货币市场的均衡。

一、货币需求和货币需求函数

货币的定义是根据它的功能做出的。在经济生活中，货币主要有四种功能，即货币作为交易媒介的功能、作为财富储藏手段的功能、作为核算单位的功能和作为延期支付手段的功能。在货币的这四种功能中，最主要的功能是作为交易媒介的功能，其他功能都可以被看作是这一功能的延伸。在经济学中，货币被定义为在银行体系之外流通的通货或现金（包括纸币和硬币）以及可交易性存款（支票账户存款），通常用 M1 表示，即狭义货币，其中，通货即现金是指未被银行持有的纸币和硬币，用 M0 表示；可交易性存款是指存入银行和其他金融机构的能够随时提取或开出支票用来购买商品和服务的银行存款，因此也被称为支票存款。①

通货和活期存款具有三个共同的特点：第一，它们都是被普遍接受的交易工具，因此货币也被称为交易货币（transaction money）；第二，它们的收益率或利息率都很低或者等于零；第三，它们都有很强的流动性。

除交易货币外，还有一个被称作广义货币（broad money）或资产货币（asset money）的货币。广义货币通常用 M2 来表示。在 M2 中，除了包括 M1 外，还包括准货币（near money），包括银行储蓄账户上的存款、由证券交易经纪人经营的货币市场共同基金账户存款、由商业银行经营的货币市场存款账户中的存款等。准货币的特点是，它们不能在所有的购买行为中充当交易媒介，但却可以在短期内不受损失地转换成现金，同时，与交易货币相比，它们都有一定的或较高的收益率，并且流动性较弱。宏观经济学中所提到的货币需求一般是指对 M1 的需求，不包括准货币的内容。

货币需求有时也被称为流动偏好，是指人们出于某些动机所愿意持有的货币数量。既然货币没有收益或收益率很低，为什么人们还会存在对货币的需求即存在对货币的偏好呢？这是因为，在经济生活中，人们存在着持有货币的三种动机，即交易动机、谨慎动机和投机动机，与此相联系，也就存在着三种货币需求，即对货币的交易性需求、预防性需求和投机性需求。

货币的交易性需求是指个人和企业出于交易动机即为应付日常的交易活动所持有的货币数量。在经济生活中，人们每隔一段时间才有可能获得收入，但

---

① 我国当前对货币层次的划分是：M0 = 流通中的现金，M1 = M0 + 非金融性公司活期存款，M2 = M1 + 非金融性公司定期存款 + 居民储蓄存款 + 其他存款。

交易支出每天都有可能发生。由于人们的交易支出和收入的获得在时间上存在着不一致，从而也就产生了对货币的交易性需求。不同的消费者，不同的家庭对货币的交易性需求的数量是有差异的，这种差异主要取决于人们收入水平的高低。一般情况下，收入水平越高的人，对货币的交易性需求就越大；反之，收入水平越低，对货币的交易性需求就越小。因此，可以把货币的交易性需求看作是收入的增函数。

货币的预防性需求也被称为谨慎性需求，是指人们出于谨慎动机即为预防经济生活中有可能出现的意外所持有的货币数量。在经济生活中，虽然人们为预防意外所持有的货币数量与人们对意外事件的看法和预期有关，但从全社会来看，货币的预防性需求仍然是收入的增函数，即收入水平越高，货币的预防性需求就越大；反之，收入水平越低，货币的预防性需求就会越小。

货币的投机性需求是指人们出于投机动机，准备在有利的时机买卖有价证券以获得更高收益所持有的货币数量。货币的投机性需求是利率的减函数。一般而言，当利率水平较低时，货币的投机性需求较大；反之，利率水平较高时，货币的投机性需求较小。

为什么货币的投机性需求是利率的减函数，也就是与利率负相关呢？这是因为，在一般情况下，有价证券的价格与利率成反比，即利率较低时，有价证券的价格较高；反之，利率较高时，有价证券的价格较低。在利率较低特别是低到正常水平以下时，有价证券的价格就会较高，甚至高到正常水平以上。这时，人们会做出这样的预期：在不久的将来，利率会回升，有价证券的价格会下跌，如果那时再出售手中的有价证券就会遭受经济损失。为避免这种损失，在证券价格较高即利率较低时就应当出售有价证券，将其转换为投机性货币，以便在将来有价证券价格下跌时再买进。而在没有买进有价证券之前，人们手中用于投机的货币数量就会增多。因此，在利率较低时，货币的投机性需求就较大。反之，在利率较高时，有价证券的价格会较低。这时，人们会做出这样的预期：在不久的将来，利率会下跌，有价证券的价格会上升，如果那时再买进有价证券就不能获得收益甚至会遭受经济损失。为在证券市场上获得收益，在证券价格较低即利率较高时就应当买进有价证券，即将投机性货币转换为有价证券，以便在将来有价证券价格上升时再卖出以获得收益。显然，在利率较高时，货币的投机性需求就较小，即人们手中持有的用于投机的货币数量相对较少。由此可见，所谓投机性货币需求，实际上就是人们想利用利率水平和有价证券价格水平的变化进行投机而牟取收益所持有的货币数量。

我们还可以作出这样的解释：当利率水平较低时，人们持有货币的机会成本较小，因而对货币的投机性需求较大；反之，当利率水平较高时，由于人们持有货币的机会成本较高，因而会减少对货币的投机性需求。①

在经济学中，货币的交易性需求与预防性需求之和用 L_1 来表示，由于它们都是收入 Y 的函数，因此记做 $L_1(Y)$；货币的投机性需求用 L_2 来表示，由于它是利率的函数，故记做 $L_2(i)$。如果用 L 代表货币需求，则有 (11.7) 式：

$$L = L_1(Y) + L_2(i) \tag{11.7}$$

根据货币需求与利率、收入的关系，可以得出货币需求函数，如 (11.8) 式所示。

$$L = kY - hi \tag{11.8}$$

在公式 (11.8) 中，k 是大于零的系数，即 L 对 Y 的敏感系数，也可以称之为货币需求的收入弹性，表示国民收入每变动一个单位所导致的货币需求的变动量；h 则是小于零的系数，即 L 对 i 的敏感系数，也可以称之为货币需求的利率弹性，表示利率每变动一个百分点所导致的货币需求的变动量。根据公式 (11.7) 和 (11.8) 可知，交易性和预防性货币需求 L_1 与收入 Y 正相关，投机性货币需求 L_2 与利率 i 负相关。

如果用坐标的横轴代表货币需求，纵轴代表利率，就可以得到一条斜率为负的货币需求曲线。如图 11-6 所示。

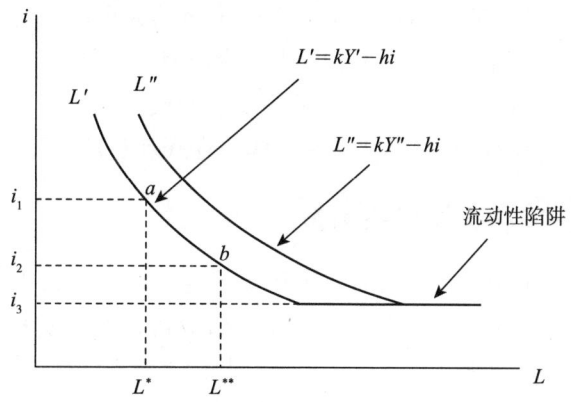

图 11-6 货币需求曲线和流动性陷阱

---

① 经济学对货币的投机性需求与利率负相关的解释并不唯一。

图 11-6 给出了两条货币需求曲线：L' 线和 L'' 线。在坐标中，货币需求曲线右移，意味着货币需求增加；反之，货币需求曲线左移，则代表着货币需求减少。

从图 11-6 我们可以得到货币需求函数的两个性质：第一，如果总产出或国民收入 Y 不变，利率 i 的变动会导致货币需求量的变化，即货币需求量会沿着既定的货币需求曲线移动。观察图 11-6，当纵轴上的利率从 i_1 下降到 i_2 时，L' 线上与 i_1 相对应的 a 点会沿着曲线向右下方移动到与 i_2 相对应的 b 点，与此相对应，横轴上的货币需求量便从 L^* 增加到 L^{**}；反之，当利率从 i_2 上升到 i_1 时，货币需求量从 L^{**} 减少到 L^*。第二，如果利率 i 不变，总产出或国民收入 Y 增加会导致货币需求增加，即货币需求曲线向右平移。观察图 11-6，当国民收入为 Y' 时，货币需求曲线为 L' 线，当国民收入从 Y' 增加到 Y'' 时，货币需求曲线从 L' 线向右移动到 L'' 线，即货币需求增加；反之，当国民收入减少时，货币需求相应减少，即货币需求曲线从 L'' 线左移到 L' 线。显然，即使利率不变，货币需求曲线的移动也会改变经济体中的货币需求。

注意图 11-6 中，当利率下降到 i_3 时，货币需求曲线变成水平线，这意味着在利率水平极低时，货币需求会趋向无穷大。这被称为流动性陷阱或流动偏好陷阱，也称凯恩斯陷阱。之所以会出现流动性陷阱，不仅是因为在利率水平极低时人们持有货币的机会成本也很低，更是因为当利率水平极低时，人们会认为利率水平不会再下降，从而有价证券的价格不大可能再升高而只会跌落。在此情况下，人们为避免经济损失，会大量卖出有价证券而持有货币，从而使货币需求趋向无穷大，这时，货币需求曲线就变成一条平行于横轴的水平线，出现流动性陷阱。图 11-6 中水平的货币需求曲线就是流动性陷阱。

二、货币供给和货币供给函数

货币供给是一个国家在某一时点上所保持的通货（流通中的纸币和硬币）以及货币当局不能直接控制的个人和厂商在商业银行的可交易性存款。因此，货币供给是一个存量概念。货币供给有狭义和广义之分。狭义的货币供给是指通货和可交易性存款，即 M1；广义货币供给 M2 除包含 M1 外，还包括非交易性的储蓄存款和定期存款。经济学中所使用的货币供给通常是指 M1。在本书中，我们用 M 表示货币供给，C_u 表示通货，即纸币和硬币，用 D 表示可交易性存款，则货币供给是通货与可交易性存款之和。见（11.9）式：

$$M = C_u + D \tag{11.9}$$

货币供给有名义货币供给（M）和实际货币供给（M/P）之分，两者的区别主要在于是否进行了价格指数（P）的调整。如果对货币供给进行了价格指数的调整，即为实际货币供给，否则即为名义货币供给。如果假设价格水平不变，名义货币供给就等于实际货币供给。在本章中，我们假定价格水平始终不变，故有 $M=M/P$。

在一个经济体中，名义货币供给决定于货币当局或中央银行的货币政策，与经济体系内的利率和其他经济变量无关，因此是一个外生变量。在一个纵轴表示利率、横轴表示货币存量的坐标中，货币供给曲线是一条垂直于横轴的直线。如图11-7所示。

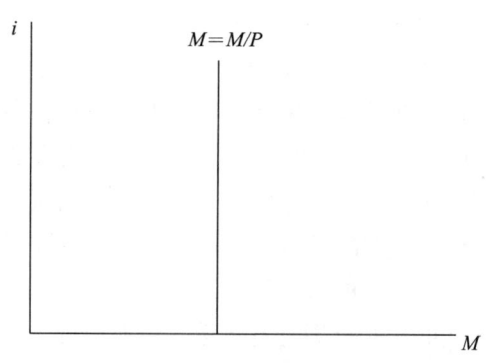

图11-7 货币供给曲线

在图11-7中，如果货币当局增加了货币供给量，会使垂直的货币供给曲线向右平移；反之，如果货币当局减少了货币供给量，则会使货币供给曲线向左平移。

货币供给量的多少主要取决于两个因素，一是基础货币，二是货币乘数。基础货币（base currency）亦称高能货币（high-powered money）或强力货币，是中央银行所发行的现金或通货与商业银行的存款准备金之和。存款准备金（deposit reserve）是金融机构为保证客户提取存款和资金清算需要而准备的从其所有存款中抽取的资金。存款准备金包括法定存款准备金和超额存款准备金。法定存款准备金是指法律规定金融机构必须存入中央银行的准备金。超额存款准备金是金融机构存放在中央银行、超出法定存款准备金的部分，主要用于支付清算、头寸调拨或作为资产运用的备用资金。从数量上看，基础货币由银行体系的法定存款准备金、超额存款准备金、库存现金以及银行体系之外的社会公众的手持现金等四部分构成。

货币乘数（money multiplier）是指增加或减少一个单位的基础货币所导致的货币供给量增加或减少的倍数。货币供给量（M）与基础货币（M_b）、货币乘数（m_m）的关系可以表示为（11.10）式：

$$M = m_m \cdot M_b \qquad (11.10)$$

货币供给量的公式（11.10）可以被视为货币供给函数。从货币供给函数可以看出，货币供给量的多少不仅取决于基础货币量，也与货币乘数相关。货币乘数是存款准备金率的倒数，在宏观经济学中，通常表示为法定存款准备金率的倒数。存款准备金率是商业银行的存款准备金占其存款总额的比率。法定存款准备金率是金融机构按规定向中央银行缴纳的存款准备金占其存款总额的比率。若用 r_d 表示法定存款准备金率，货币乘数就可以用（11.11）式表示为：

$$m_m = 1/r_d \qquad (11.11)$$

例如，假定法定存款准备金率为10%，商业银行不存在高于这一准备金率的超额存款准备金，同时假定银行客户将其一切货币收入都存入银行的活期存款账户。在此情况下，如果第一商业银行获得了100万元的初始存款，这100万元就是以活期存款形式存在的货币供给量。第一商业银行将10万元（100×10%）作为准备金，并把其余的90万元贷放给 A 企业，A 企业用这笔贷款购买 B 企业的产品，B 企业再将这90万元存入第二商业银行。这时第二商业银行的账户上就有了90万元的活期存款，于是银行体系中的活期存款从100万元增加到了190万元（100+90）。为了获得盈利，第二商业银行会将90万元活期存款中的9万元（90×10%）作为准备金，其余81万元贷给 C 企业，C 企业用这笔贷款向 D 企业购买产品，D 企业再将这81万元存入第三商业银行，这时第三商业银行的账户上就增加了81万元的活期存款，于是活期存款总额便增加到了271万元（100+90+81）。依此类推，如果第三商业银行再将81万元中的8.1万元（81×10%）作为存款准备金，并将其余的72.9万元给另外的企业发放贷款，而这些企业又将其存入第四商业银行，那么第四商业银行的账户上又会增加72.9万元的活期存款。这时商业银行系统中的活期存款总额就会增加到343.9万元（100+90+81+72.9）。这个过程会不断地持续下去，最终，各商业银行的活期存款总额将会增加到1000万元。即：

$$100 + 90 + 81 + 72.9 + \cdots$$
$$= 100 \ (1 + 0.9 + 0.9^2 + 0.9^3 + \cdots + 0.9^{n-1})$$
$$= 100/ \ (1 - 0.9) \ = 1000 \ （万元）$$

在这里，最初的100万元初始存款或基础货币在法定存款准备金率为10%

的条件下创造出了 1000 万元的派生存款，因此货币乘数应等于 10。即：

$$m_m = 1/r_d = 1/0.1 = 10$$

在法定存款准备金率为 10% 的情况下，一个单位的基础货币可以创造出 10 倍的存款，或者说货币乘数为 10，这显然是有条件的。货币乘数作为法定存款准备金率的倒数的条件是：第一，商业银行不存在超额准备金，即所有商业银行的准备金率不能超过上例中 10% 的法定存款准备金率；第二，银行客户如上例中的所有企业应当将其一切货币收入都存入银行，而不能滞留于银行体系之外。如果不具备这两个条件，货币乘数就不是法定存款准备金率的倒数。

在经济中，既然存在着货币乘数的作用，因此一个经济体中的货币供给量的多少，就不仅仅取决于最初中央银行投放了多少货币，还取决于派生存款或派生货币，即取决于货币乘数的作用。如前所述，货币乘数作用的大小与法定存款准备金率有关。如果其他条件不变，法定存款准备金率越高，货币乘数就越小，从而商业银行创造出的派生货币即货币供给量就越少；反之，法定存款准备金率越低，货币乘数就越大，从而商业银行创造出的派生货币就越多，货币供给量就越多。因此，货币当局不仅可以通过控制货币发行调整货币供应量，也可以通过调整法定存款准备金率控制货币供应量。

货币当局或中央银行除了通过调整法定存款准备金率控制货币供应量外，还可以通过调整再贴现率和开展公开市场业务调整货币供应量。这一问题将在第十三章中进行阐述。

三、货币市场的均衡和均衡利率的决定

在得到货币需求函数和货币供给函数以后，就可以进一步分析货币市场的均衡和均衡利率的决定了。

在经济学中，利率被视为货币的价格或借入货币的价格。利率有名义利率和实际利率之分。名义利率是未根据通货膨胀的影响矫正过的利率，有时也称市场利率和货币利率，它所衡量的是每一元借出货币在单位时间内所获得的货币收益。由于货币收益的多少与商品和服务的价格水平有关，因此，在存在通货膨胀的情况下，名义利率不能确切地反映人们借出货币的实际收益，于是就有了实际利率的概念。实际利率是在名义利率的基础上根据通货膨胀的影响矫正过的利率，通常把它定义为名义利率减去通货膨胀率。如 (11.12) 式所示。

$$实际利率 = 名义利率 - 通货膨胀率 \qquad (11.12)$$

例如，某年的名义利率为 5%，通货膨胀率为 3%，实际利率即为 2%

(5%-3%)。如果通货膨胀率高于名义利率，实际利率即为负值。这时，人们如果把钱借出去或者存入银行，他所得到的实际上是负收益。

在引入通货膨胀分析之前，除非特别指出，我们始终假定名义利率和实际利率是相等的。

在货币市场均衡条件下所得到的利率被称为均衡利率。货币市场均衡的条件是货币需求等于货币供给，即 $L=M$。这可以用图 11-8 来表示。

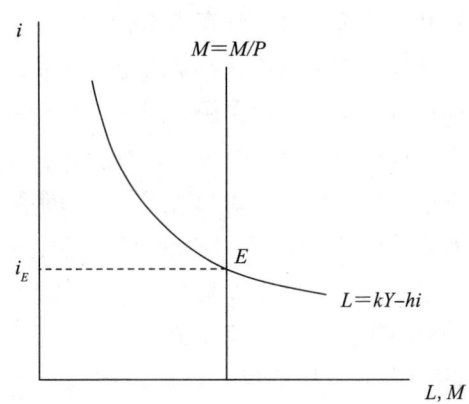

图 11-8 货币市场的均衡和均衡利率的决定

在图 11-8 中，横轴表示货币的需求量和供给量，纵轴表示利率。图中的货币需求曲线和货币供给曲线相交于 E 点，在 E 点上，货币需求与货币供给相等。因此，由 E 点所决定的利率 i_E 即为均衡利率。在货币市场上，只有均衡利率才是可以长期维持下去的具有稳定性的利率。因为如果市场利率水平高于均衡利率 i_E，货币供给量就会大于货币需求量，这时，货币供大于求的压力会迫使利率水平下降；反之，如果市场利率水平低于均衡利率 i_E，货币需求量会大于货币供给量，货币供不应求的压力又会使利率水平上升。最终，货币市场的供求机制会迫使市场利率趋向均衡利率，并最终稳定在均衡利率水平 i_E 上。在均衡利率水平上，$L=M$，货币市场实现了均衡。由此可见，均衡利率就是货币需求与货币供给相等的利率，只有在均衡利率水平上，货币市场才能实现均衡。

均衡利率既然决定于货币需求和货币供给，因此它也会随着货币需求和货币供给的变化而变化。如图 11-9 所示。

在图 11-9 (a) 中，如果货币供给为 M 不变，货币需求从 L 增加到 L'，均衡利率就会从 i_E 上升到 i_E'；反之，当货币需求从 L' 减少到 L 时，均衡利率就

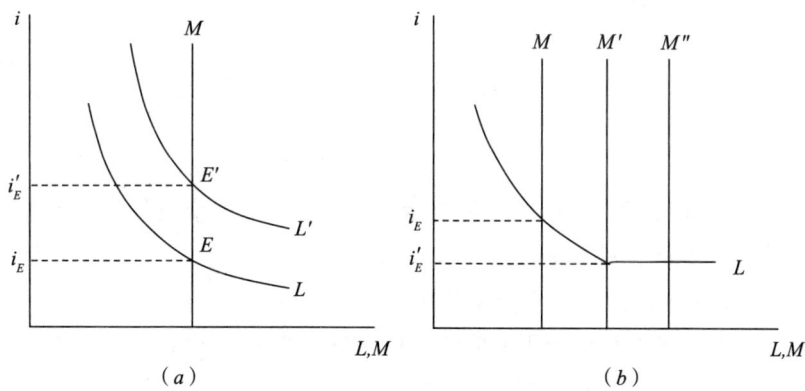

图 11-9 均衡利率的变动和流动性陷阱

会从 i'_E 下降到 i_E。在图 11-9（b）中，假定货币需求 L 不变，货币供给从 M 增加到 M'，均衡利率便会从 i_E 下降到 i'_E；反之，如果货币供给从 M' 减少到 M，均衡利率就会从 i'_E 上升到 i_E。但是，如果利率已经下降到 i'_E 的极低水平，这时无论再怎样增加货币供给，例如货币供给增加到 M''，利率都不会再下降，仍然为 i'_E。这是因为，货币需求曲线已经变成水平线，经济中已经存在流动性陷阱或凯恩斯陷阱。英国经济学家凯恩斯认为，这种情况通常会在经济严重萧条时出现。同时，流动性陷阱的出现，意味着货币当局试图通过增加货币供给来降低利率以刺激投资增长的货币政策并不能导致投资需求的增加，自然也不能导致国民收入和就业的增加，即货币政策无效。

四、货币市场的均衡和 LM 曲线

根据 11.7 式给出的货币需求函数可以知道，货币需求既取决于利率 i，也取决于国民收入 Y。如果货币供给是既定的，在货币市场均衡的条件下，国民收入与利率会是一种什么关系呢？

已知货币市场均衡的条件是货币需求等于货币供给，即 $L=M/P$，如果将货币需求函数 $L=kY-hi$ 代入 $L=M/P$，就会得到公式（11.13）。顺便指出，可以将表示货币市场均衡条件和货币需求函数的两个方程视为一般意义上的 LM 曲线方程或货币市场均衡模型。

$$kY - hi = \frac{M}{P} \tag{11.13}$$

对（11.13）式进行移项整理，可以得到用（11.14）式和（11.15）式表

示的 LM 曲线的方程。

$$Y = \frac{1}{k} \cdot \frac{M}{P} + \frac{hi}{k} \quad (11.14)$$

$$i = \frac{1}{h}\left(kY - \frac{M}{P}\right) \quad (11.15)$$

公式（11.14）和（11.15）所表示的是货币市场均衡条件下国民收入与利率的关系式，即分别用国民收入 Y 和利率 i 表示的 LM 曲线的两个方程。上述关系式或 LM 曲线方程在一个横轴为国民收入、纵轴为利率的坐标上，表现为一条向右上方倾斜的斜率为正的曲线，由于这条曲线是建立在 $L = M/P$ 基础上的，所以被称为 LM 曲线，见图 11-10。

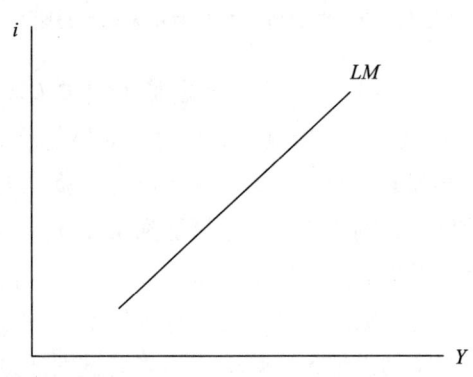

图 11-10　LM 曲线

根据（11.15）式可以知道，式中的 k/h 是 LM 曲线的斜率，其中 k 与 LM 曲线的斜率正相关，h 与 LM 曲线的斜率负相关。k 值越大，LM 曲线的斜率越大，即 LM 曲线越陡峭，k 值越小，LM 曲线的斜率越小，即 LM 曲线越平坦；与之相反的是，h 值越大，LM 曲线的斜率越小，即 LM 曲线越平坦，而 h 值越小，LM 曲线的斜率越大，即 LM 曲线越陡峭。LM 曲线在坐标中的位置则决定于货币供给 M/P。在价格水平 P 不变时，LM 曲线的位置就取决于名义货币供给量 M 的大小：如果 M 增加，LM 曲线右移；反之，若 M 减少，LM 曲线左移。理解名义货币供给 M 的变动与 LM 曲线位移的关系，对于理解货币政策效应具有重要意义。这将在第十三章中进行分析。

LM 曲线所表示的是在货币市场均衡条件下国民收入和利率组合点的集合，即货币市场均衡条件下 Y 和 i 的变动轨迹。因此，LM 曲线上的任意一点都表示满足货币市场均衡条件下的均衡国民收入 Y 和均衡利率 i 的关系。这就意味着，

只要经济运行在 LM 曲线上,货币市场总是均衡的。这一结论可以通过对 LM 曲线的几何推导得到更直观的说明。图 11-11 描述了 LM 曲线的推导过程。

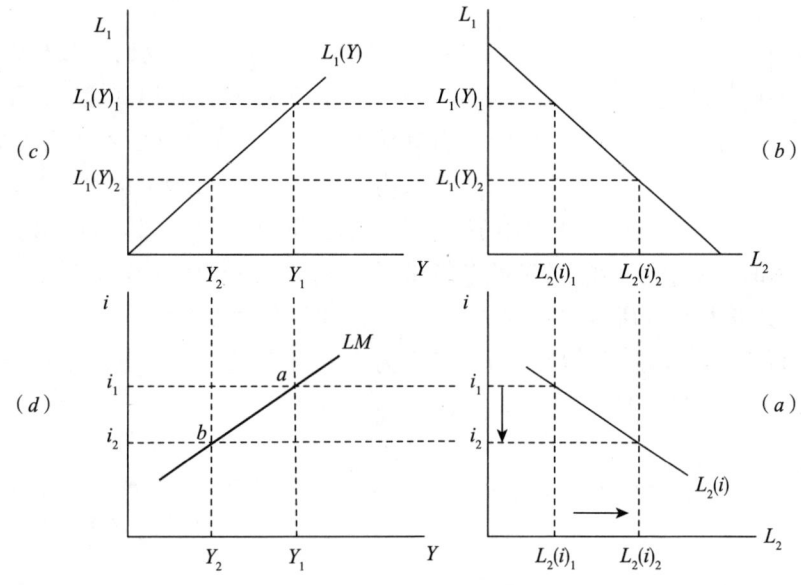

图 11-11 LM 曲线的推导(1)

在图 11-11 中,坐标 (a) 中向右下方倾斜的曲线是货币的投机性需求即 $L_2(i)$ 曲线,由于货币的投机性需求是利率的减函数,因此在横轴为货币的投机性需求 L_2、纵轴为利率 i 的坐标中,它是一条负斜率的曲线。坐标 (b) 中的 45°线与横轴和纵轴都呈 45°夹角,表示当货币供给为一定量时,为保证货币市场均衡的货币需求总量 L,包括用于交易和预防的货币需求 L_1 以及用于投机的货币需求 L_2 必须与货币供给相等,简言之,它代表货币市场的均衡。自然,它也表示在货币市场均衡条件下一定量的货币供给应当如何在 L_1 和 L_2 之间进行分配以满足不同的货币需求。坐标 (c) 中向右上方倾斜的曲线是货币的交易和预防性需求即 $L_1(Y)$ 曲线,由于货币的交易和预防性需求是收入 Y 的函数,所以在横轴为 Y、纵轴为 L_1 的坐标上,它是一条正斜率曲线。坐标 (d) 是用来表示 LM 曲线的坐标,横轴表示国民收入,纵轴表示利率。

在坐标 (a) 中,假定最初的利率为 i_1,这时投机性的货币需求为 $L_2(i)_1$。利用坐标 (b) 中的 45°线不难看出,要使货币市场实现均衡,余下的货币供给必须等于交易和预防性的货币需求 $L_1(Y)_1$。再观察坐标 (c) 中的交易和预防性货币需求曲线即 $L_1(Y)$ 曲线可以知道,当交易和预防性货币需求为

$L_1(Y)_1$ 时，与之相对应的国民收入为 Y_1，坐标（c）和（d）中的横轴都显示了这一点。这样，在坐标（d）中，我们就得到了一个利率为 i_1，收入为 Y_1 的组合点 a。

现在我们假定，在坐标（a）中，利率从 i_1 下降到 i_2，这时的投机性货币需求就会增加到 $L_2(i)_2$，通过坐标（b）中的 45°线转换可以知道，余下的货币供给必须等于交易和预防性的货币需求 $L_1(Y)_2$，货币市场才能实现均衡。通过坐标（c）中的 $L_1(Y)$ 曲线不难看出，与 $L_1(Y)_2$ 相对应的国民收入应为 Y_2。这样，在坐标（d）中，我们又得到一个利率为 i_2，收入为 Y_2 的组合点 b。假设利率的变动是连续的，就可以将坐标（d）中的利率－收入组合点（a）和（b）连接起来，所得到的向右上方倾斜的曲线就是 LM 曲线。

我们还可以直接用货币市场上货币需求和货币供给均衡点的变化来导出 LM 曲线，见图 11－12。

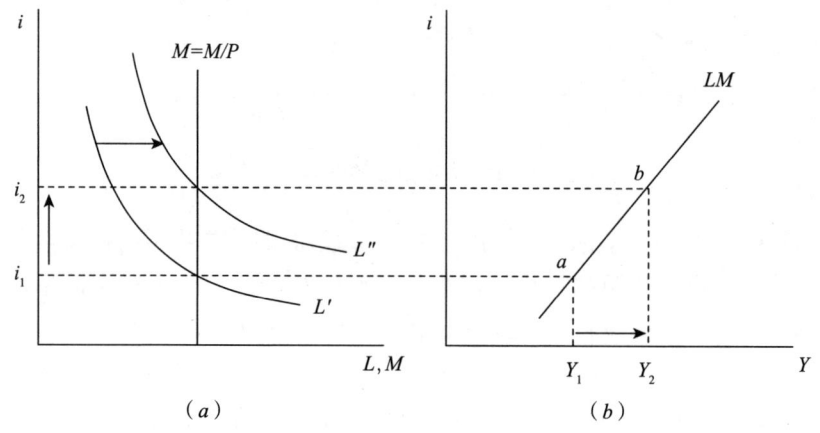

图 11－12　LM 曲线的推导（2）

图 11－12 中的（a）坐标描述了货币市场均衡的情况，（b）坐标所要表示的是 LM 曲线的坐标，坐标的横轴表示国民收入，纵轴表示利率。

首先设（b）坐标横轴上的国民收入为 Y_1，根据（11.8）式给出的货币需求函数，当 $Y=Y_1$ 时，假设（a）坐标中的货币需求曲线为 L' 线，L' 线与货币供给曲线 M 线交点所决定的均衡利率为 i_1，这时的货币市场是均衡的。在（b）坐标中，我们会得到一个货币市场均衡条件下的国民收入和利率的组合点 a 点。

现在假定，在（b）坐标中的国民收入从 Y_1 增加到了 Y_2，根据货币需求函数，(a) 坐标中的货币需求曲线相应地从 L' 线上移到 L'' 线，这时，货币市场均衡条件下的均衡利率会从 i_1 上升到 i_2。于是，在 (b) 坐标中，我们就又会得到一个货币市场均衡条件下的国民收入和利率的组合点 b 点。将坐标 (b) 上的 a 点和 b 点连结起来的曲线就是 LM 曲线。

在一般情况下，只要货币需求函数的两个性质成立，LM 曲线都是向右上方倾斜的。向右上方倾斜的 LM 曲线表明，均衡国民收入与均衡利率存在着正相关的关系：当国民收入增加时，利率水平上升；反之，当国民收入减少时，利率水平下降。理解这一点并不困难：根据货币需求函数可知，当国民收入增加时，货币需求相应增加，在货币供给不变的情况下，均衡利率就会上升；反之，当国民收入减少时，伴随货币需求的相应减少，均衡利率就会下降。

在极端情况下，LM 曲线也可能是一条垂线或水平线。根据货币需求函数，如果货币需求对利率的敏感系数为零（$h=0$），也就是投机性货币需求为零时，LM 曲线就是一条垂直于横轴的垂线；而当货币需求对利率的敏感系数等于无穷大（$h=\infty$），即出现流动性陷阱时，LM 曲线就是一条平行于横轴的水平线。

将水平的、向右上方倾斜的和垂直的 LM 曲线在同一个坐标上连接在一起，就会出现三个区域：凯恩斯区域、中间区域和古典区域。由于凯恩斯认为利率水平极低时会出现流动性陷阱，因此水平的 LM 曲线区域被称为凯恩斯区域；古典经济学认为不存在投机性的货币需求或货币需求对利率变动极不敏感，故垂直的 LM 曲线区域被称为古典区域；介于两者之间的向右上方倾斜的 LM 曲线区域被称为中间区域。绝大多数情况下，LM 曲线都处在中间区域。如图 11-13 所示。

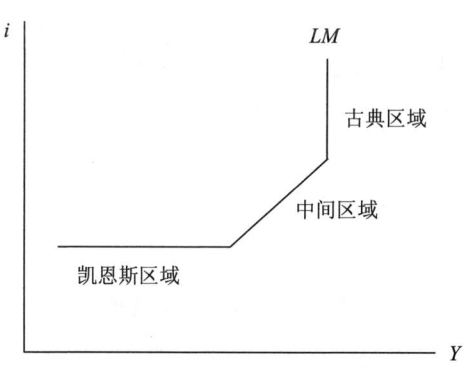

图 11-13　LM 曲线的不同区域

从以上的分析不难看出，LM 曲线是货币市场均衡条件下国民收入和利率各个组合点的集合。如果经济在 LM 曲线上运行,说明货币市场是均衡的,即 $L=M/P$,否则,当经济偏离 LM 曲线运行时,则表明货币市场处于失衡状态。货币市场的非均衡有两种状态:当经济运行在 LM 曲线的左上方时,意味着在经济中存在着过度的货币供给,即 $L<M/P$;反之,当经济运行在 LM 曲线的右下方时,则意味着在经济中存在着过度的货币需求,即 $L>M/P$。根据图 11 - 12 对 LM 曲线的推导,读者很容易得出上述结论。

第三节 产品市场和货币市场的共同均衡:IS - LM 模型

在一个三部门的封闭经济中,要实现宏观经济均衡,必须既有产品市场的均衡,又有货币市场的均衡。无论是均衡利率,还是均衡国民收入,都必须建立在产品市场和货币市场共同均衡的基础之上。

一、产品市场和货币市场共同均衡时国民收入和利率的决定

已知产品市场的均衡条件是投资等于储蓄,可以用 IS 曲线来表示,货币市场的均衡条件是货币需求等于货币供给,可以用 LM 曲线来表示,如果将 IS 曲线和 LM 曲线整合在一个坐标上,就可以得到两个市场同时均衡条件下的均衡国民收入和均衡利率的几何解。如图 11 - 14 所示。

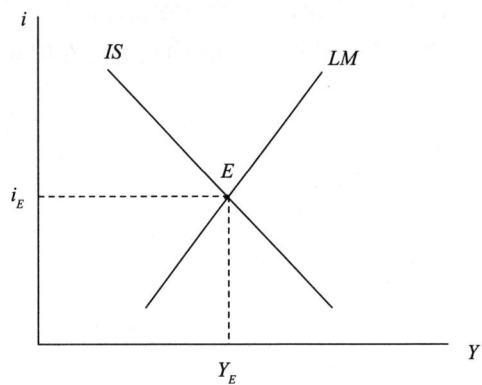

图 11 - 14 IS - LM 模型

在图 11 - 14 中,IS 曲线和 LM 曲线相交于 E 点,与 E 点相对应的 Y_E 和 i_E 就是产品市场和货币市场同时均衡条件下的均衡产出和均衡利率。因为 E 点既满足了产品市场的均衡条件 $I=S$,又满足了货币市场的均衡条件 $L=M$。因此,

只要经济在 E 点上运行，产品市场和货币市场就同时处于均衡状态。图 11-14 表示产品市场和货币市场共同均衡的模型被称为 $IS-LM$ 模型，由于这个模型最初是由英国经济学家约翰·希克斯（John R. Hicks）和美国经济学家阿尔文·汉森（Alvin Hansen）创立的，因此也称希克斯-汉森模型。又由于 $IS-LM$ 模型是在简单凯恩斯模型的基础上引入货币市场均衡即 LM 模型得到的，因此又被称为扩大的凯恩斯模型。

$IS-LM$ 模型也可以用代数方程来表示。根据产品市场和货币市场一般均衡或共同均衡的定义，$IS-LM$ 模型的数学形式是 $I=S$ 和 $L=M/P$。因此，我们可以将（11.4）式给出的 IS 曲线方程 $Y=m\cdot(A-bi)$ 和（11.15）式给出的 LM 曲线方程 $i=\dfrac{1}{h}\left(kY-\dfrac{M}{P}\right)$ 联立，就可以得到产品市场和货币市场共同均衡模型。在表示 $IS-LM$ 模型的方程组中，如果将 LM 曲线方程带入 IS 曲线方程，并且令 $\gamma=\dfrac{m}{1+mbk/h}$，[①] 就可以得到两个市场共同均衡条件下的均衡产出 Y 和均衡利率 i。如（11.16）和（11.17）式所示。

$$Y=\gamma A+\gamma\,\frac{b}{h}\cdot\frac{M}{p} \tag{11.16}$$

$$i=\frac{k}{h}\cdot\gamma A-\frac{1}{h+mbk}\cdot\frac{M}{P} \tag{11.17}$$

综上所述，产品市场和货币市场共同均衡的几何含义是：经济刚好运行在 IS 曲线和 LM 曲线的交点上；其代数含义是，经济同时满足产品市场均衡方程和货币市场均衡方程。

二、均衡国民收入和均衡利率的变动

产品市场和货币市场共同均衡条件下的国民收入和利率是随着均衡点的移动而变动的，而均衡点的移动主要决定于 IS 曲线和 LM 曲线在坐标中位置的移动。图 11-15 的 $IS-LM$ 模型描述了均衡国民收入和均衡利率变动的情况。

在图 11-15（a）中，最初的 IS 曲线为 IS_1 线，IS_1 线与 LM 曲线相交的均衡点在 E_1 点，这时的均衡产出为 Y_1，均衡利率为 i_1。假设 LM 曲线的位置不变，IS_1 线向右平移到 IS_2 线，这时的均衡点从 E_1 点移动到 E_2 点，相应地，均衡国民收入便从 Y_1 增加到 Y_2，均衡利率从 i_1 上升到 i_2。相反，在 LM 曲线位置不

[①] 进一步的分析表明，γ 实际上是财政政策乘数。财政政策乘数将在第十三章进行分析。

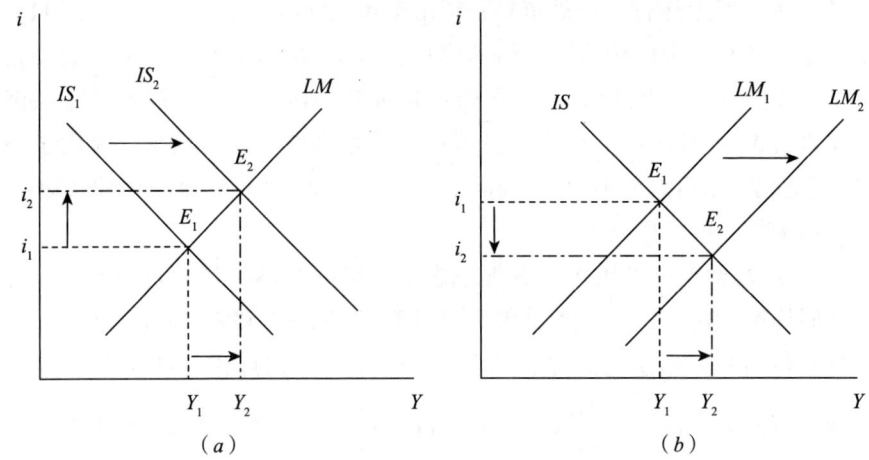

图 11–15　均衡国民收入和均衡利率的变动

变的条件下,如果 IS 曲线逆箭头方向左移,这时均衡国民收入就会减少,均衡利率就会下降。

在图 11–15(b) 中,最初的 LM 曲线为 LM_1 线,LM_1 线与 IS 曲线相交的均衡点在 E_1 点,这时的均衡产出为 Y_1,均衡利率为 i_1。如果 IS 曲线的位置不变,LM_1 线向右平移到了 LM_2 线,这时的均衡点就会从 E_1 点移动到 E_2 点,均衡国民收入便从 Y_1 增加到 Y_2,均衡利率则从 i_1 下降到 i_2。反之,如果 IS 曲线的位置不变,LM 曲线按箭头相反的方向左移,就会出现均衡国民收入减少,而利率上升的情况。

IS 曲线和 LM 曲线为什么会左右移动呢?从前面对 IS 曲线方程和 LM 曲线方程的推导可以看出,IS 曲线位置的移动主要取决于自发需求 A 的变动。LM 曲线位置的移动则主要取决于实际货币供给(M/P)的变动,在价格水平不变时,则主要取决于名义货币供给量 M 的变动。因此,我们可以得出一个重要结论:在其他条件不变的情况下,如果自发需求 A(包括自发消费需求、自发投资需求,也包括政府购买)增加,IS 曲线就会右移,这时均衡产出增加,均衡利率上升;反之,如果自发需求减少,IS 曲线就会左移,这时的均衡产出就会减少,均衡利率会下降。同样,如果其他条件不变,当货币供给增加时,例如货币当局增加了货币供给量,LM 曲线就会右移,这时均衡产出增加,均衡利率下降;反之,如果货币供给减少,LM 曲线就会左移,这时,均衡产出就会减少,均衡利率则会上升。请读者记住 IS 曲线和 LM 曲线位移的原因,在第十三章分析财政政策和货币政策的效应时,我们将使用这个结论。

三、产品市场和货币市场的失衡及其调整

综上所述,一个经济体只有当同时满足投资等于储蓄($I=S$)和货币需求等于货币供给($L=M/P$),即经济运行在 IS 曲线和 LM 曲线相交的 E 点时,产品市场和货币市场才能实现共同均衡。如果经济不在均衡点 E 点运行,例如在除 E 点以外的 IS 曲线上的某一点上运行,这时的产品市场虽然是均衡的,但货币市场一定是失衡的;同样,如果经济在均衡点 E 点之外的 LM 曲线上的某一点上运行,这时的货币市场虽然是均衡的,但产品市场一定是失衡的。当然,如果经济既没有运行在 IS 曲线上,也没有运行在 LM 曲线上,说明两个市场都是失衡的。产品市场和货币市场同时失衡的情况有四种。如图 11-16 所示:

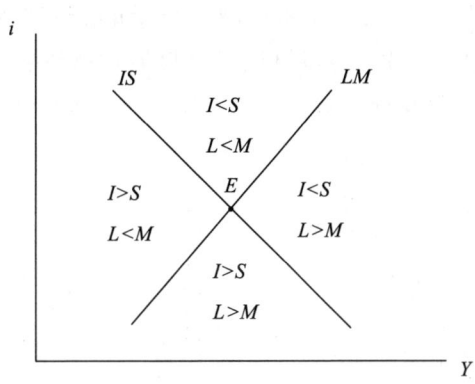

图 11-16 产品市场和货币市场的共同失衡

图 11-16 显示出两个市场同时失衡时存在四个区域:第一个区域是位于均衡点 E 上方 IS 曲线和 LM 曲线之间的区域。由于该区域位于 IS 曲线右侧,故有 $I<S$,又由于该区域位于 LM 曲线左侧,因而有 $L<M$。第二个区域是位于均衡点 E 左侧 IS 曲线和 LM 曲线之间的区域。由于该区域既位于 IS 曲线左侧,也位于 LM 曲线左侧,故 $I>S$ 和 $L<M$。第三个区域是位于均衡点 E 下方 IS 曲线和 LM 曲线之间的区域。由于该区域位于 IS 曲线左侧,故有 $I>S$,又由于该区域位于 LM 曲线右侧,因而有 $L>M$。第四个区域是位于均衡点 E 右侧 IS 曲线和 LM 曲线之间的区域。由于该区域既位于 IS 曲线右侧,也位于 LM 曲线右侧,故有 $I<S$ 和 $L>M$。

如果在宏观经济运行过程中出现了产品市场和货币市场失衡,市场机制是怎样对之进行调整的呢?为简单起见,首先分析产品市场的调整过程。如果在

一个经济体中,货币市场是均衡的,仅出现了产品市场失衡,例如经济运行在图 11-17（a）E 点左下方 LM 曲线的 a 点上,这意味着投资大于储蓄（$I > S$）,此时的实际利率 i_a 低于均衡利率 i_E,实际产出水平 Y_a 小于均衡产出水平 Y_E。投资大于储蓄意味着总需求大于总收入或总供给,在此情况下,市场机制中的产出变动机制会发生作用:企业部门增加产量以满足总需求,于是总收入即国民收入增加,直至趋近于均衡国民收入 Y_E;伴随国民收入增加,利率会上升,直至趋近于均衡利率 i_E,最终经济会从最初的 a 点沿着 LM 曲线趋近于 E 点,两个市场实现了共同均衡。反之,如果经济运行在 E 点右上方 LM 曲线的 b 点上,这意味着投资小于储蓄（$I < S$）,也就是总需求小于总收入或总供给,此时,实际产出 Y_b 大于均衡产出 Y_E,实际利率 i_b 高于均衡利率 i_E。在此情况下,产出变动机制的作用会使企业部门减少产量并导致利率水平下降,直到实际产出 Y_b 减少到均衡产出 Y_E,实际利率 i_b 下降到均衡利率 i_E,即经济从最初的 b 点沿着 LM 曲线移动到均衡点 E 点,这一调整过程才会结束。

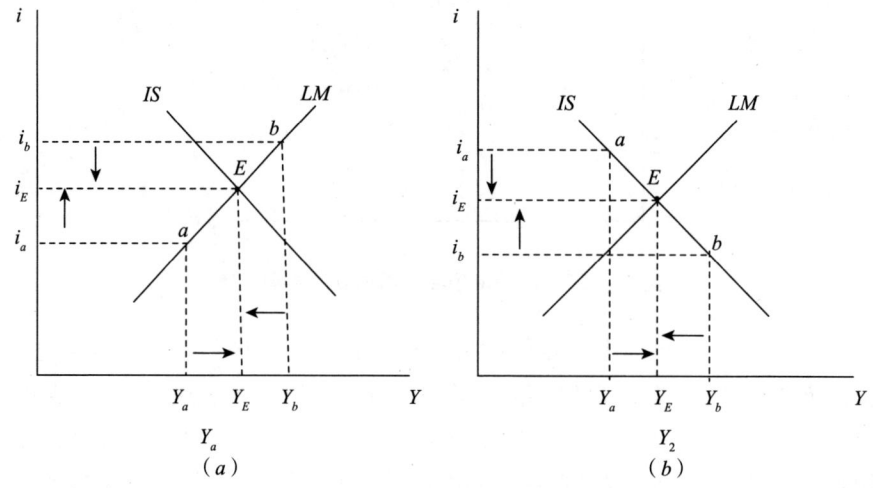

图 11-17　产品市场和货币市场的失衡及调整

图 11-17（b）描述了产品市场均衡但货币市场失衡的调整过程。在一个经济体中,如果产品市场是均衡的,仅出现了货币市场失衡,例如经济运行在 E 点左上方 IS 曲线的 a 点上,这意味着 $L < M$,即存在过度货币供给,此时的实际利率水平 i_a 高于均衡利率 i_E,实际产出水平 Y_a 小于均衡产出水平 Y_E,在此情况下,利率机制会发生作用:实际利率水平下降,并向均衡利率趋近;伴随利率水平下降,投资会增加,并导致国民收入增加,直至趋近于均衡国民收

入,最终经济将会从最初的 a 点沿着 IS 曲线移动到均衡点 E 点,两个市场实现了共同均衡。反之,如果经济运行在 E 点右下方 IS 曲线的 b 点上,这意味着 $L>M$,即存在过度货币需求,此时的实际利率水平 i_b 低于均衡利率 i_E,实际产出水平 Y_b 大于均衡产出水平 Y_E,经济中存在过度货币需求会迫使实际利率水平上升并导致投资减少和国民收入减少,直到实际利率趋近于均衡利率,实际产出趋近于均衡产出,即经济从最初的 b 点沿着 IS 曲线移动到均衡点 E 点,两个市场同时实现均衡,这一调整过程才会结束。

假如经济体中出现两个市场同时失衡,即图 11-16 中描述的四种情况的某一种,两个市场力量的共同作用最终会使经济从非均衡状态调整到均衡状态。根据前述分析,读者可以尝试作此推导。

上述分析表明,无论经济体中出现产品市场失衡还是货币市场失衡,市场机制都会对之进行调整,使失衡状态的经济趋向于均衡状态。尽管市场机制可以实现经济从非均衡到均衡的调整,但两个市场的共同均衡并不意味着经济体同时实现了充分就业的均衡。这一问题将在下一节展开分析。

第四节 充分就业的均衡与非充分就业的均衡

一、产品市场和货币市场的均衡与就业

在三部门的封闭经济中,产品市场和货币市场实现了共同均衡,并不意味着也同时实现了充分就业。实际上,在两个市场共同均衡的条件下,经济体可能实现了充分就业,也可能没有实现充分就业。图 11-18 展示了经济体实现了充分就业均衡的情况。

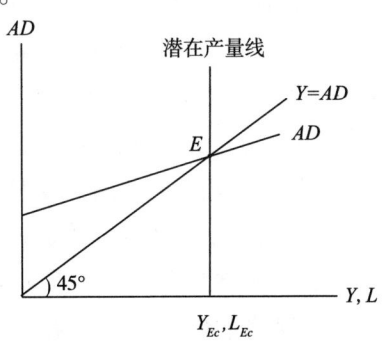

图 11-18 充分就业的均衡

图 11-18 中坐标的横轴表示总产出或国民收入 Y 和就业 L，并假定就业与国民收入成正比；纵轴代表总需求 AD。图中的 45°线表示线上的任意一点的国民收入都与总需求相等，根据定义，与总需求相等的国民收入即为均衡国民收入。图中向右上方倾斜的较平坦的曲线是总需求曲线即 AD 线，垂直于横轴的垂线是潜在产量线。第十四章引进总供给后我们会知道，它还是长期总供给曲线。潜在产量线与坐标横轴相交的总产出 Y_{Ec} 和就业 L_{Ec} 就是经济体实现了充分就业的潜在产出和就业量。显然，Y_{Ec} 和 L_{Ec} 也是总需求与总收入相等的均衡产出和均衡就业量，因为它对应于三条线相交叉的均衡点 E 点。

图 11-19 展示了非充分就业均衡的两种状态：小于充分就业的均衡和大于充分就业的均衡。

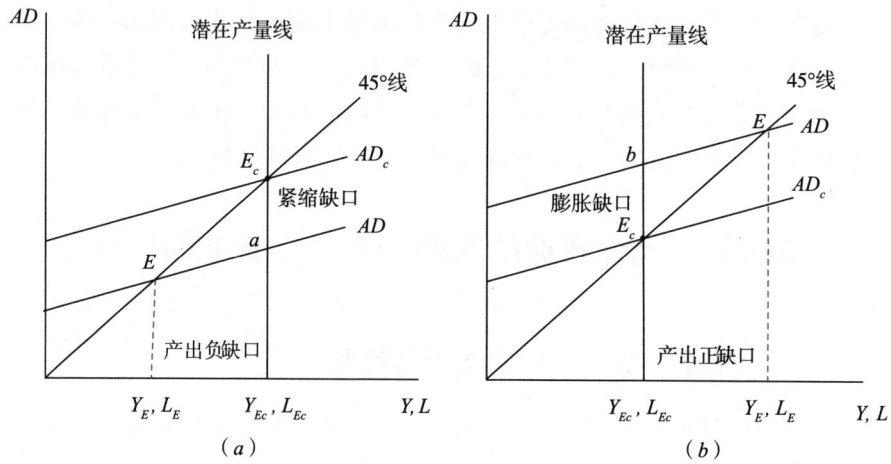

图 11-19 非充分就业的均衡

图 11-19（a）展示的是经济体小于充分就业的均衡状态。在图中，充分就业的总需求是 AD_c 曲线，它与潜在产量线和 45°线相交叉的均衡点是 E_c 点，与 E_c 点相对应的充分就业的均衡国民收入和就业水平是 Y_{Ec} 和 L_{Ec}。但是，经济体中实际的总需求为 AD，它小于充分就业的总需求 AD_c，AD 线与 45°线相交于 E 点，根据均衡产出的定义，与 E 点相对应的国民收入 Y_E 和就业量 L_E 也是均衡产出和均衡就业量。即是说，经济体虽然实现了均衡，但这是小于充分就业的均衡。之所以会出现这种情况，显然是总需求不足或紧缩（$AD < AD_c$）造成的。需求不足会导致经济中出现两个缺口：紧缩缺口（E_c 和 a 之间的垂直距离）和产出负缺口（Y_E 和 Y_{Ec} 之间的水平距离）。

图 11-19（b）展示的是大于充分就业的均衡状态。与图（a）相似，充分就业的总需求是 AD_c 曲线，它与潜在产量线和 45°线相交于 E_c 点，与之相对应的充分就业的均衡国民收入和均衡就业水平是 Y_{Ec} 和 L_{Ec}。而实际的总需求为 AD，它大于充分就业的总需求 AD_c，由于 AD 线也与 45°线相交，因此根据均衡产出的定义，与 E 点相对应的国民收入 Y_E 和就业量 L_E 也是均衡产出和均衡就业量。这意味着经济体虽然实现了均衡，但却是大于充分就业的均衡。出现这种情况的原因是总需求膨胀（$AD > AD_c$）。实际总需求大于充分就业的总需求也会导致经济中出现两个缺口：膨胀缺口（E_c 和 b 之间的垂直距离）和产出正缺口（Y_E 和 Y_{Ec} 之间的水平距离）。

以上的分析表明，尽管市场机制能够实现产品市场和货币市场的均衡，但却不能保证实现充分就业。这就为政府部门运用经济政策干预宏观经济运行埋下了伏笔。

二、凯恩斯的有效需求理论

作为宏观经济学的创始人，英国经济学家约翰·梅纳德·凯恩斯（John Maynard Keynes）在《就业、利息和货币通论》一书中创立了以有效需求理论为核心的宏观经济理论，为现代宏观经济学奠定了理论基础。第十章中的国民收入决定理论以及本章中的产品市场均衡理论和货币市场均衡理论基本上就是西方经济学家对凯恩斯经济理论的解释和发展。

凯恩斯经济理论的核心是有效需求不足的理论。所谓有效需求，就是指与总供给相等的总需求。凯恩斯认为，在经济社会中，有效需求并不能保证实现充分就业，恰恰相反，由有效需求决定的就业量一般总是小于能够实现充分就业的就业量，这就是有效需求不足，因此，有效需求不足乃是导致失业的直接原因。如图 11-20 所示。

在图 11-20 中，[①] 横轴表示就业量（N）和国民收入（Y），纵轴表示总需求（AD）和总供给（AS），即凯恩斯所说的总需求价格和总供给价格。坐标中的 AS 线是总供给曲线，AD_1 线是实际的总需求曲线，AD_1 线与 AS 线相交的 E_1 点的总需求即为有效需求。由有效需求所决定的国民收入为 Y_1，就业量为 N_1，但 Y_1 和 N_1 是小于充分就业的国民收入和就业量。假设社会要实现充分就业的

[①] 图 11-20 可参见约翰·梅纳德·凯恩斯《就业、利息和货币通论》第 30 页注释，商务印书馆 2002 年重译本。

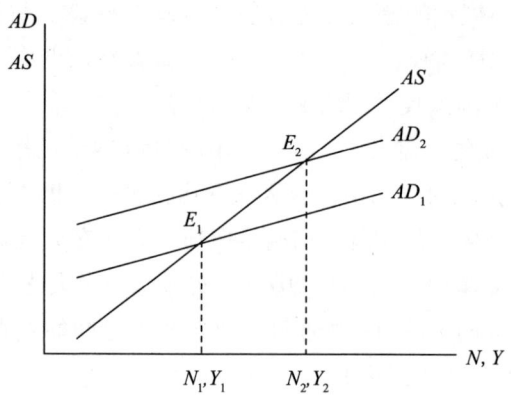

图 11-20 有效需求和有效需求不足

国民收入为 Y_2，就业量为 N_2，这就要求总需求曲线必须上移至 AD_2 线，有效需求应从 E_1 增加到 E_2。凯恩斯认为，在现实经济中，由于实际的有效需求总是小于能够实现充分就业的有效需求（$E_1 < E_2$），因而实际产出总是小于能够实现充分就业的产出（$Y_1 < Y_2$），实际就业量也总是小于充分就业的就业量（$N_1 < N_2$），所以，失业是由有效需求不足引起的。

为什么会出现有效需求不足呢？凯恩斯认为，这是由边际消费倾向递减规律、资本边际效率递减规律和流动偏好等三个心理法则决定的。

凯恩斯认为，边际消费倾向递减是引起消费需求不足的原因。由于偏好储蓄是人的天性，因此在长期中，随着人们收入的增加，边际储蓄倾向和平均储蓄倾向都会递增，由于收入恒等于消费加储蓄，所以边际消费倾向和平均消费倾向会出现递减的趋势。在边际消费倾向递减的情况下，就会出现消费需求不足。

凯恩斯把资本边际效率递减看作是导致投资需求不足的重要原因之一。资本边际效率是一种贴现率，该贴现率可以使一项资本资产在未来各年实现的收益折成现值之和，恰好等于该项资本资产的供给价格。设某项资本资产的供给价格为 K，资本边际效率为 r，使用该项资本资产第一年可以实现的收益为 R_1，第二年的收益为 R_2，第 n 年的收益为 R_n，根据资本边际效率的定义，就可以得到（11.18）式。

$$K = \frac{R_1}{1+r} + \frac{R_2}{(1+r)^2} + \cdots + \frac{R_n}{(1+r)^n} \tag{11.18}$$

（11.18）式表明，资本资产的供给价格 K 等于未来一系列预期年收益按资本边际效率折成的现值之和。而资本边际效率则代表一项资本资产的未来收益与其供给价格之间的这样一种关系：若未来收益不变，而资本资产的供给价格上升，资本边际效率就会下降；若资本资产的供给价格不变，而未来的预期收益下降，则资本边际效率也会随之下降。凯恩斯认为，在现实生活中，随着投资的增加，一方面会导致该项资本资产的供给价格上升，另一方面也会导致该项资本资产的预期收益下降。在上述情况下，资本边际效率必然呈下降趋势，这是一条不可改变的心理法则。显然，资本边际效率的下降，意味着厂商预期收益率的下降。

如果仅有资本边际效率递减或预期收益率的下降，尚不至于导致投资需求不足。但是，如果在预期收益率下降的同时，利率下降到一定程度而不再下降，投资需求就会减少。凯恩斯认为，利率决定于货币供给和货币需求，货币需求取决于流动偏好的三个动机，即前面提到的交易动机、谨慎动机和投机动机，这三个动机是不易改变的心理因素。当利率下降到极低时，由于会出现流动性陷阱，因此利率就不会再继续下降。当利率下降到一定水平不再下降，而资本边际效率或预期收益率下降到利率水平附近或低于利率水平时，就没有哪个厂商愿意继续投资，这时，投资需求就会减少。

综上所述，消费需求会伴随着边际消费倾向递减而出现不足，投资需求又会由于资本边际效率递减和流动性陷阱的存在而减少，由于消费需求和投资需求是总需求的两个重要分量，因此，这必然会导致总需求的减少和有效需求不足，从而导致失业。凯恩斯认为，有效需求不足是一种正常状态，如果仅靠市场机制的调节是不够的。由此，他得出的政策结论是：政府应当用财政政策和货币政策干预宏观经济运行，增加有效需求，以实现充分就业。

凯恩斯对有效需求不足原因的分析是建立在所谓人的心理法则的基础上的，并且，他所得出的结论又缺乏实证分析的支持，因而自然引起了后来许多经济学家的批评或者对他的理论进行修正。

关键名词和术语

投资函数　资本成本　投资（决策）法则　IS 曲线　货币需求　流动偏好
货币需求函数　流动性陷阱　交易货币　资产货币　基础货币　货币乘数
货币供给　货币供给函数　法定存款准备金率　均衡利率　名义利率　实际利率　LM 曲线　LM 曲线的凯恩斯区域　LM 曲线的古典区域　LM 曲线的中间区域　IS-LM 模型　紧缩缺口　膨胀缺口　有效需求　资本边际效率

复习思考题

1. 产品市场均衡的条件是什么？IS 曲线是怎样推导出来的？
2. 怎样理解投资与利率的关系？
3. 货币乘数作用的机理和条件是什么？
4. 货币市场均衡的条件是什么？LM 曲线是怎样推导出来的？
5. 实现产品市场和货币市场共同均衡的条件是什么？解出 IS – LM 模型的方程。
6. 为什么说经济只要运行在 IS 曲线和 LM 曲线的交点上，就可以实现产品市场和货币市场的共同均衡？
7. 均衡产出和均衡利率的变动取决于哪些因素？
8. 如果经济中出现产品市场失衡和货币市场失衡，市场机制是怎样使产品市场和货币市场从非均衡走向均衡的？
9. 用 IS 曲线和 LM 曲线解释均衡国民收入与均衡利率的关系。
10. 作图给出产品市场和货币市场同时失衡的四个区域，假设经济处于某一个区域中，市场机制将会作出怎样的调整？
11. 简述紧缩缺口和膨胀缺口形成的原因及其与产出缺口的关系。
12. 凯恩斯是如何解释有效需求不足的？由此引申出的政策结论是什么？

计算证明题

1. 在一个只有家庭部门和企业部门的两部门经济中，已知消费函数 $C = 200 + 0.5Y$，投资函数 $I = 800 - 5000i$，货币需求函数 $L = 0.2Y - 4000i$，货币供给 $M = 150$。写出 IS 曲线方程和 LM 曲线方程，并求解均衡国民收入和均衡利率。（单位为 10 亿美元，利率为%）

2. 在一个只有家庭部门和企业部门的两部门经济中，假设消费函数 $C = 100 + 0.8Y$，投资函数 $I = 150 - 600i$，货币供给 $M = 150$，货币需求函数 $L = 0.2Y - 400i$。求 IS 曲线、LM 曲线以及产品市场和货币市场同时均衡条件下的国民收入和利率。

   如果扩展为三部门的经济，政府购买 $G = 100$，税收 $T = 0.25Y$，货币需求为 $L = 0.2Y - 200i$，实际货币供给为 150，求 IS 曲线、LM 曲线以及均衡利率和均衡国民收入。（单位为 10 亿美元，利率为%）

第十二章
开放条件下的宏观经济运行

在前面两章分析国民收入的决定和宏观经济的均衡时,始终假定一个国家的经济是只有家庭部门、企业部门和政府部门的封闭经济,并运用 $IS-LM$ 模型解释了三部门封闭经济中均衡产出和均衡利率的决定。

实际上,在现代社会,任何一个国家的经济都不可能是封闭的,国与国之间必定存在着某种程度的经济联系。因此,现实中的经济必定是开放的经济。在一个开放的经济中,宏观经济的均衡不仅包括产品市场和货币市场的均衡,还包括外部经济的均衡,即国际收支的平衡。同时,在开放的经济中,均衡产出不仅决定于消费、投资和政府购买,也决定于净出口。

本章将在前两章分析的基础上,引入外国部门,分析四部门即开放经济条件下的宏观经济运行。第一节首先给出与开放宏观经济运行相关的知识,后面三节分析外国部门对宏观经济运行的影响,分析开放经济中均衡国民收入和均衡利率的决定以及实现宏观经济内部均衡和外部均衡的条件。

第一节 国际收支平衡表与汇率

国际收支是指在一定时期内一个国家的家庭、企业、非营利团体、政府与其他国家的家庭、企业、非营利团体、政府之间所发生的全部经济交易的货币价值。简言之,就是指一个国家在一定时期内与其他国家经济往来的全部货币收支状况。在现代社会,国际间的经济交易有两个主要途径:一是贸易,二是金融。通过这两个途径所实现的国际经济交易一般都反映在国际收支平衡表中。

一、国际收支平衡表

根据国际货币基金组织的规定，国际收支平衡表（balance of international payments）包括经常项目、资本项目、官方储备项目以及误差与遗漏四个部分。

经常项目也称经常账户，包括货物贸易（商品贸易）和服务贸易（劳务），主要记录当期商品和服务在外国的销售收入以及从外国购买商品和服务的支出。经常项目中的转移支付是指没有预期收益的单边资源转移，包括政府的国际援助计划和私人之间的国际捐赠、汇款。在经常项目中，货物贸易和服务贸易统称为对外贸易，货物和服务的输出（出口）和输入（进口）之差即为净出口，它构成本国总需求的一个分量，即前面各章中提到的 NX。

资本项目也称资本账户或资本和金融账户，主要记录资本在国家之间的流动即国际资本流动。国际资本流动在一年以上的，称为长期资本流动，在一年以下的，称为短期资本流动。国际资本流动可分为资本流入和资本流出两个方面。资本流入是指资本从国外流向国内，如外国企业在本国投资建厂、本国企业和政府在外国发行股票和债券等。资本流出是指资本从国内流向国外，如本国企业和政府在国外投资建厂、购买外国发行的股票和债券等。国际资本流动与国家间一般资金流动的区别就在于，国际资本流动是可逆转的双向性资本转移，如投资的流出会引起投资的本金和收益如利润、股息的流回；借贷资本的流出将引起贷款本金和利息的返回，等等。与国际资本流动不同，一般资金的国际流动是不可逆转的单边资金转移，通常反映在国际收支平衡表的经常项目而不是资本项目中。由于资本账户反映的是资产所有权的转移，和当期的生产无关，因此，资本项目与本国的总需求没有直接的联系，故不进入国民收入的核算。即是说，资本项目只影响国际收支平衡，不影响国民收入。

官方储备项目又称国际储备或官方清算余额，目前被广泛接受的定义是1965年"十国集团报告"中对官方储备的解释，即"各国货币当局占有的那些在国际收支出现差额时可以直接地或通过同其他资产有保障的兑换性来支持该国汇率的所有资产"。这里所提到的资产就是官方储备资产。官方储备资产由一国的货币当局所持有，一般包括黄金储备、外汇储备、在国际货币基金组织的储备头寸和特别提款权。官方储备项目属于调整项目或平衡项目，主要是用来说明为使国际收支平衡表保持平衡，国际收支的盈余和赤字是如何进行调整的。当国际收支出现盈余时，官方储备资产增加；反之，如果国际收支出现赤字，就必须动用官方储备资产予以弥补，于是官方储备资产减少。这就是说，当一国的国际收支出现盈余和赤字时，都必须通过增加或减少官方储备资产来实现平衡。

国际收支平衡表的最后一项是误差与遗漏，也属于平衡项目。该项目是为了解决由于统计资料方面的误差与遗漏所产生的不平衡而设置的科目，主要是从技术的角度使国际收支平衡表达到形式上的平衡，因而不具有经济上的意义。

各国的国际收支平衡表所列的项目繁简不一，但基本项目是相同的。表12–1是一般意义上的国际收支平衡表。

表12–1　国际收支平衡表　　　　　　　　单位：

项　目	借　方	贷　方
经常账户（经常项目）		
1. 货物		
输出（FOB）		
输入（FOB）		
贸易差额		
2. 服务		
输出		
输入		
货物与服务贸易差额		
3. 转移支付		
本国向外国的转移		
外国向本国的转移		
经常账户余额		
资本账户（资本和金融项目）		
4. 直接投资		
流入		
流出		
5. 证券投资		
资产		
负债		
6. 短期资本		
流出		
流入		
资本账户余额		
官方储备（储备资产、官方清算余额）		
7. 黄金		
输出		
输入		
8. 外汇		
减少		
增加		
9. 对外国央行的负债		
增加		
减少		
误差与遗漏		

从国际收支平衡表可以看出,在开放经济中,一国与外国的经济往来主要包括两个方面的内容:一是货物贸易、服务贸易和单边转移支付;二是购买实物资产和金融资产而发生的资本流入与流出。前者反映在经常项目的账户上,后者反映在资本项目的账户上。

在国际收支平衡表的四个账户中,如果不考虑技术上使国际收支在形式上保持平衡的误差与遗漏账户,经常项目、资本项目和作为平衡项目的官方储备项目的关系可以表述如下:

第一,如果经常项目出现赤字,可以由资本项目中的盈余来弥补,反之,如果资本项目出现赤字,也可以由经常项目的盈余来弥补。故国际收支平衡的条件可以表述为(12.1)式:

$$经常项目 + 资本项目 = 0 \qquad (12.1)$$

第二,如果经常项目和资本项目相加后出现赤字,这时就必须动用官方储备资产来弥补;反之,如果经常项目和资本项目相加后出现盈余,官方储备资产就会增加。故有如下关系:

经常项目赤字 + 资本项目赤字 = 官方储备资产减少

经常项目盈余 + 资本项目盈余 = 官方储备资产增加

从上述分析不难看出,国际收支无论是出现赤字还是出现盈余,都必须用官方储备账户来调整。大多数国家的货币当局都拥有一定数量的官方储备资产。官方储备资产的作用主要表现在如下四个方面:第一,弥补一国的国际收支赤字,实现国际收支平衡。这是官方储备的主要作用。第二,抵消由于国际收支变化所形成的对国内经济的冲击。当一国由于偶发因素或季节性因素而出现暂时性的国际收支困难时,政府就可以动用官方储备资产弥补赤字,而无须采取压缩进口等紧缩经济的措施,从而使国内经济免受外部的影响。在一国国际收支呈现长期恶化的情况下,尽管用官方储备资产弥补赤字不能从根本上解决问题,但却能够为该国的经济调整赢得时间,从而减少因采取紧急措施而付出的代价。第三,干预外汇市场,稳定本国货币汇率。当一国外汇市场上本国货币的汇率波动剧烈时,货币当局就可以通过抛售外汇或收购外汇来平抑汇率。第四,官方储备资产的多少也是一国金融实力的标志,并可以作为向外国借款的信用保证。

虽然官方储备资产具有上述积极作用,但也并不意味着越多越好。因为过多的官方储备资产会形成国内通货膨胀的压力。因此,官方储备资产客观上存在一个合理的度。按照美国国际金融专家特里芬(R. Triffin)的比例分析法所得出的经验结论，一国的储备量应当与该国贸易进口额保持一定的比例关系，即储备进口比率。这个比率一般以40%作为标准，若低于30%的比率就应当进行调整，20%的比率是最低限度标准。但特里芬也指出，由于各国的条件不同，因此各国合适的储备进口比率并非是绝对一致的。一般而言，工业国和重要贸易国的储备进口比率应当高于其他国家，通常应在30%以上，而实行严格外贸和外汇管制的国家的储备进口比率可以低一些，可维持在25%左右，即一国的储备量应以满足三个月的进口为宜。20世纪60年代以来，特里芬提出的适度储备的比率被国际社会普遍接受，世界银行《1985年世界发展报告》在分析发展中国家的储备管理时指出，"足以抵付三个月进口额的储备水平有时被认为是发展中国家的理想定额"。尽管如此，特里芬的适度储备进口比率的缺陷是显而易见的，因为官方储备的主要作用在于弥补一国的国际收支赤字，而不仅仅是为一国的进口交易提供资金保证。需要说明的是，一国官方储备资产的多少，不仅与一国的国际收支状况相关，也与一国所采取的汇率制度相联系，这在下面的分析中将会得到进一步的说明。

二、汇率和汇率制度

（一）名义汇率和实际汇率

汇率也称外汇汇率（*foreign exchange rate*），是一国的货币单位所表示的另一国货币单位的价格。简言之，就是两种货币的相对价格或两种货币相兑换的比率。

汇率有直接标价法和间接标价法两种。直接标价法是指用一单位的外币作为基准，折算为一定数额的本国货币来表示汇率的一种标价方法。直接标价法的特点是：外币数额不变，折合成本币的数量随外币币值和本币币值的变化而变化。用这种标价法，如果汇率上升则表示本币贬值，外币升值；汇率下降则表示本币升值，外币贬值。间接标价法是指以一单位本国的货币作为基准，折算为一定数额的外国货币来表示汇率的一种标价方法。与直接标价法相反，间接标价法的特点是：本币数额不变，折合成外币的数量随本币币值和外币币值的变化而变化。用这种标价法，如果汇率上升则表示本币升值，外币贬值；汇率下降则表示本币贬值，外币升值。目前，包括我国在内的大多数国家都使用直接标价法，美、英等少数国家使用间接标价法。在本章中，为叙述上的方便，我们使用间接标价法来表述汇率上升和下降的经济含义。

汇率有名义汇率和实际汇率之分。名义汇率是人们可以用一国货币兑换另一国货币的比率,是没有考虑两国价格因素的汇率,实际汇率是用同一种货币来度量的国内价格水平与国外价格水平的比率。

用 P 和 P_f 分别代表国内的价格水平和国外的价格水平,如果名义汇率(e)是以间接标价法标出的,则实际汇率(R)的定义如(12.2)式所示:

$$R = \frac{e \cdot P}{P_f} \quad (12.2)$$

如果名义汇率是以直接标价法给出的,则实际汇率的定义可以用(12.3)式表示:

$$R = \frac{e \cdot P_f}{P} \quad (12.3)$$

在宏观经济学中,如果没有特别的提示,汇率一般都是指实际汇率。

(二)汇率与购买力平价

实际汇率水平是由什么决定的呢?为了说明实际汇率的变动趋势,瑞典经济学家卡塞尔阐述了汇率与购买力平价的关系。[①] 卡塞尔认为,人们之所以需要外国货币,是因为这种货币在该国对商品和服务具有购买力,同样,外国人需要本国货币,也是因为本国的货币对本国的商品和服务具有购买力。因此,两国货币的汇率应由两种货币在这两个国家的购买力之比决定。由于货币购买力实际上是一般物价水平的倒数,所以,汇率应由两国物价水平之比决定。这里所说的由两种货币在两个国家的购买力之比或由两国物价水平之比所决定的汇率,就是购买力平价(purchasing power parities, PPP)。购买力平价被认为是决定长期汇率水平的基础。

购买力平价包括绝对购买力平价和相对购买力平价。绝对购买力平价(absolute purchasing power parity)是指在某一时点上,两国货币的汇率决定于两国货币购买力的比率。如果用一般物价指数的倒数表示两国各自的货币购买力,则两国之间货币的汇率就决定于两国一般物价水平的比率。如(12.4)式所示:

$$e_a = \frac{P_A}{P_B} \quad (12.4)$$

式中,e_a 为绝对购买力平价的汇率,P_A 为 A 国的物价水平指数,P_B 为 B 国

[①] 一般认为,购买力平价是由卡塞尔提出的。但实际上,这一概念最初是由英国经济学家桑顿在 1802 年提出,其后由瑞典经济学家古斯塔夫·卡塞尔(G·Cassel,1866~1945)加以发展和充实,并在其 1922 年出版的《1914 年以后的货币与外汇》一书中作了详细论述。

的物价水平指数。相对购买力平价（relative purchasing power parity）是指在一定时期内，反映两国物价指数相对变化即反映两国货币购买力相对变化的比率。相对购买力平价可以用（12.5）式表示。

$$e_{r1} = e_{r0}\frac{P_{A1}/P_{B1}}{P_{A0}/P_{B0}} = e_{r0}\frac{P_{A1}/P_{A0}}{P_{B1}/P_{B0}} \qquad (12.5)$$

式中，e_{r1} 为某一时期的表示相对购买力平价的汇率，e_{r0} 是基期表示相对购买力平价的汇率，P_{A0}、P_{B0} 和 P_{A1}、P_{B1} 分别表示 A 国和 B 国在基期和某一时期的物价指数。显然，相对购买力平价考虑了 A 国和 B 国通货膨胀的因素，当两国都存在通货膨胀时，名义汇率等于过去的汇率乘以两国通货膨胀率的比率。

购买力平价可以根据经济学的一个著名假说"单一价格定律"（law of one price）推导出来。根据单一价格定律，同一种物品在不同的国家都应当按同一价格出售，或者说，一个单位的货币在每个国家都应当具有相同的购买力。如果不是这样，就会使人们在不同的市场上利用价格差套利。例如，在国际市场上，如果 1 美元在美国可以比在其他国家购买到更多的咖啡，这时人们就可以通过在美国购买咖啡拿到其他国家去销售而获得利润。而咖啡从美国大量出口到其他国家，会导致美国市场上咖啡价格上升和其他国家市场咖啡价格下降。最终，在所有国家，1 美元都只能购买到相同数量的咖啡，这就是所谓的单一价格定律。

单一价格定律的理论运用于国际市场就是购买力平价理论。实际上，购买力平价理论的名称就已经恰当地表达了它的内涵。因为平价就意味着平等，购买力平价的意思就是 1 美元或它所兑换到的其他任何一种货币在所有的国家都应当具有同等的购买力，这显然是与单一价格定律所表述的内容相一致的。

购买力平价是决定长期实际汇率水平的基础。在实践中，虽然货币的购买力很难准确地加以衡量，但由于货币购买力与价格水平呈反向关系，因此，实际汇率就决定于两个国家的价格水平，并随着这两个国家中任何一个国家的价格水平的变动而变动。例如，1 公斤牛肉在美国卖 3 美元，在荷兰卖 2 欧元，美元与欧元的汇率应当是 3/2 = 1.5。根据购买力平价理论，无论是哪个国家的价格水平上升，都意味着该国的货币贬值，反之则升值。

但是也应看到，市场力量对汇率与购买力平价偏离的纠正有时并不是强有力的，并且作用的时间较长。这是因为：第一，在经济生活中，许多商品是"非贸易商品"，它可能不像前面提到的咖啡那样易于在国家之间转移，甚至根本无法移动。例如非洲国家的土地可能比欧洲国家的土地便宜得多，但我们却无法将非洲的土地搬运到欧洲去卖。许多服务也属于"非贸易商品"。例如，在 A 国理发虽然比在 B 国理发便宜，但却不存在国际套利的机会。第二，人们的偏好不同，尽管丰田汽车和凯迪拉克属于贸易商品，但一些消费者喜欢丰田汽车，而另一些消费者更喜欢凯迪拉克的品牌，因此两种不同品牌的汽车尽管存在价格差别，并且是可以在国家之间移动的，但这却没有给套利者留下获利的机会。最后，商品在国家间的流动会遇到许多障碍，包括运输成本等方面的自然障碍和关税壁垒、非关税壁垒等方面的人为障碍。由于上述原因，市场力量对汇率与购买力平价偏离的纠正通常是缓慢的。因此，购买力平价理论只能说明长期实际汇率的变动趋势，难以说明汇率的短期波动。

(三) 汇率与利率

在影响汇率的诸多因素中，利率起着重要的作用。如前所述，汇率是两种货币的相对价格或两种货币相兑换的比率。人们用一种货币兑换另一种货币，不仅仅是为了用于购买另一国的商品和服务，除此之外，还有另一种动机，这就是投机。一般情况下，如果一国的实际利率高于其他国家，在国际间不存在资本流动障碍的情况下，外国资本就会大量流入到该国，以谋求较高的收益。大量外国资本的流入会改变外汇市场的供求关系，并最终迫使本币升值，汇率上升。相反，如果一国利率低于其他国家，本国的资本会流向国外以谋求高收益，导致资本大量流出，资本的大量流出最终会迫使本币贬值，汇率下跌。因此，利率在短期内影响着一国的汇率水平，实际汇率和实际利率是正相关的关系。

需要说明的是，汇率与利率正相关的关系是建立在人们预期外国的汇率不变的基础之上的。如果人们预期 A 国的汇率不久将会下跌，即货币贬值，即使目前 A 国的利率再高，外国资本也可能不会流入到该国，因为如果人们预期 A 国的汇率不久将会下跌，那么投资者在未来汇率下跌时会蒙受损失。在此情况下，汇率与利率就可能不是正相关的关系。

(四) 汇率制度

一国汇率的变动也同该国所采用的汇率制度相联系。目前，世界各国的汇率制度主要有两种：固定汇率制度和浮动汇率制度。固定汇率制度是指货币的汇率基本固定，只限于在一定幅度内波动，并且由货币当局确定的汇率制度。在固定汇率制度下，汇率的变动主要取决于货币当局的汇率政策。浮动汇率制度是指汇率直接由市场供求关系决定的汇率制度，包括自由浮动汇率制度和管制浮动汇率制度两种。自由浮动汇率制度又称清洁浮动（clean floating）汇率制度，是指货币当局不规定本币与外币的官方汇率，汇率完全由市场供求关系自发决定的汇率制度。管制浮动汇率制度又称有管理的浮动汇率制度或肮脏浮动（dirty floating）汇率制度，是指货币当局主要通过买进或者卖出外汇来影响外汇的供求关系，从而有限度地影响汇率水平的汇率制度。可见，在浮动汇率制度下，汇率的变动主要取决于外汇的供求关系。

西方各国20世纪70年代前大都实行固定汇率制度，即实行以美元为中心的国际金融体系（布雷顿森林体系）下的固定汇率制度。20世纪70年代以后，由于以美元为中心的布雷顿森林体系崩溃，西方各国均采用了浮动汇率制度。我国目前实行的是有管理的浮动汇率制度。

在固定汇率制度下，汇率是由货币当局制定的。货币当局制定的固定汇率如果高于均衡汇率，这时的汇率便相当于产品的支持价格。为了维持这个高于外汇出清价格的支持价格，货币当局必须握有一定数量的外汇储备，以便随时抛售外汇，维持固定汇率。但是，当外汇储备枯竭以后，货币当局就只能宣布本币贬值。在实行固定汇率的制度下，这被称为法定贬值或降值（devaluation）。而不能简单地将其称之为贬值（depreciation），贬值是浮动汇率制度下的用语。固定汇率有时也低于均衡汇率，这类似于产品的限制价格。在此情况下，为了维持固定汇率，货币当局就必须吸收过度的外汇供给，增加外汇储备。当外汇储备过多，从而形成通货膨胀压力时，货币当局就只能宣布本币升值。在实行固定汇率制度的条件下，这被称为法定升值或增值（revaluation），而不能简单地称之为升值（appreciation），升值也是浮动汇率制度下的用语。显然，在固定汇率制度下，国际收支平衡主要是依靠增加或减少外汇储备来维系的。因此，官方储备交易就是经常的，储备资产不能为零。

在浮动汇率制度下，外汇的需求和供给通过汇率的变动来达到平衡。特别是在自由浮动汇率的制度下，不存在货币当局对外汇市场的干预，汇率完全由市场供求关系决定，此时的汇率即为均衡汇率或出清汇率。在均衡汇率的条件下，外汇市场可以出清。此时，国际收支既不会出现赤字，也不会出现盈余，其余额为零。因此，均衡汇率也被定义为能够使国际收支实现均衡的汇率。在此情况下，官方就不必持有外汇储备以干预外汇市场，就是说，官方外汇储备交易为零。在管制浮动汇率制度下，汇率基本由市场决定，但货币当局在一定限度内靠买卖外汇来干预汇率，以平衡国际收支。具体说，当一国货币面临贬值压力或贬值较快时，货币当局就可以通过在外汇市场上抛售外汇从而减少官方储备资产来稳定本国货币的汇率；反之，如果本币面临升值压力，货币当局则可以通过收购外汇，从而增加官方储备资产来稳定本国货币的汇率。当然，官方储备的这种作用的发挥要以充分发达的外汇市场和本国货币的自由兑换为先决条件。显然，在管制浮动汇率制度下，官方储备交易不能为零。

三、汇率变动对国际收支的影响

汇率对国际收支的影响表现在两个方面，一是对经常项目的影响，二是对资本项目的影响。

如果略去经常项目中所占比例较小的单边转移支付，汇率对经常项目的影响表现在：如果汇率下跌，即本币贬值，那么本国产品在世界市场上的价格就会下降，而外国产品在本国市场的价格则会上升。显然，这将有利于增加本国产品的出口，而不利于增加外国产品的进口。在此情况下，对外贸易就可能出现顺差，经常项目就可能出现盈余，至少出口的增加会减少外贸逆差和经常项目的赤字。反之，如果汇率上升，即本币升值，对外贸易就可能出现逆差，经常项目就可能出现赤字，至少这会减少外贸顺差和经常项目盈余。

应当指出，汇率的变动对经常项目的影响存在一个时滞。因为在汇率变动后的一段时间内，外贸公司都是按照以前签订的合同执行进出口产品价格的，故其对经常项目的影响要过一段时间后才能显现出来。宏观经济学通常用 J 曲线效应来表示两者的关系。

J 曲线效应（J - curve effect）是指，当一国货币贬值时，最初的结果是不仅不能导致出口贸易额的增加，相反，还会导致对外贸易状况的进一步恶化，从而使对外贸易出现逆差，并有可能使经常项目出现赤字。只有经过一段时间以后，贸易收支状况的恶化才会得到控制并开始好转，并最终使一国的贸易收支状况得到根本的改善。货币贬值对进出口贸易额的影响如图 12 - 1 所示。

在图 12 - 1 中，横轴表示时间，纵轴表示外贸差额。假定一国在时间 t_1 开始贬值本国货币，由于进出口商品的数量和价格早在 t_1 之前就已经签订合同，因此，从 t_1 到 t_2 这段时间该国的对外贸易还要执行本币贬值前签订的协议，因此进出口商品的数量和价格不会因为货币贬值而发生改变。这时，以外币表示的贸易差额就取决于进出口合同所使用的计价货币。如果出口合同以本币定值，进口合同以外币定值，则本币贬值亦即外币升值必然会导致本国贸易收支状况的恶化，使对外贸易出现逆差。

越过时间 t_2 以后，假设旧的进出口合同基本执行完毕，在签订新的合同时进出口商品的价格已经改变，并且出口商品的数量也会由于本币贬值后在国际

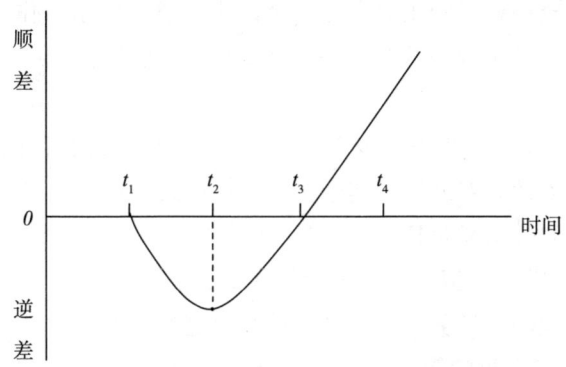

图 12-1　J 曲线效应

市场上变得更便宜而增加,而进口商品的数量则有可能因为其价格变得更昂贵而减少,这时,对外贸易收支的状况就会逐渐改善。越过时间 t_3 后,通过本币贬值改善对外贸易状况和改善经常项目的效应就会出现,经常项目就可能出现顺差。

与经常项目不同,一般而言,汇率的变动对资本项目中的长期资本流动不会产生实质性的影响或者说影响不大。因为长期资本流入一个国家或从一个国家流出,主要取决于在该国的投资风险和盈利水平,而不是主要取决于汇率。然而,汇率的变动对短期资本的流动会产生重要的影响,因为短期资本的流动性较强。如果预期某一国家的汇率下跌,即预期该国的货币贬值,由于会导致金融资产的相对价值下降,资本的持有者为避免损失,就会在外汇市场上把该国的货币兑换成坚挺的外币,从而出现资本抽逃的现象,大量的短期资本就会外流;反之,如果预期该国的汇率上升,即货币升值,短期资本就会大量流入到该国。可见,汇率的变动会通过短期资本的流动影响资本项目的平衡,进而影响一国的国际收支平衡。

第二节　引入对外贸易后的宏观经济运行

在一个开放的经济中,宏观经济运行首先要受对外贸易的影响。在本节中,我们将引入对外贸易,分析开放经济条件下的宏观经济均衡和均衡国民收入的决定。

一、影响进出口贸易的因素和净出口函数

以前的分析,我们始终假定出口与进口的差额即净出口为外生变量,实际

上，与消费和投资一样，净出口也是一个内生变量。净出口作为内生变量，是由什么决定的呢？为了说明这个问题，需要在分析影响进出口因素的基础上引入净出口函数。

在经常项目中，如果略去单边转移支付，经常项目就只有货物贸易和服务贸易两项内容。因此，对外贸易的平衡也就可以视为经常项目的平衡。

我们知道，对外贸易包括出口（X）和进口（M），两者的余额就是净出口（NX）。净出口如果是正值，则称外贸顺差；净出口如果是负值，则称为外贸逆差。那么，一国净出口额的大小是由什么决定的呢？

1. 影响进出口贸易的因素

我们首先分析影响进口贸易的因素。影响一国进口贸易的因素主要有两个：一是国民收入，二是实际汇率。

进口（M）与国民收入（Y）是一种正相关的关系，两者的关系可以用（12.6）式来表示。

$$M = M_0 + m'Y \tag{12.6}$$

在上式中，M_0 为自发进口或自主进口，表示与国民收入无关或国民收入为零时的进口额，m' 代表边际进口倾向（marginal propensity to import），即国民收入每增加一个单位所引起的进口的增加量，即 $\Delta M/\Delta Y$。

例如，某国一年的自发进口为 2000 亿美元，边际进口倾向为 0.3，那么，当国民收入为 10000 亿美元时，进口额即为 5000 亿美元（2000 + 0.3 × 10000），如果自发进口和边际进口倾向不变，当国民收入增加到 15000 亿美元时，进口额则增加到 6500 亿美元（2000 + 0.3 × 15000）。

进口与国民收入之所以表现为正相关的关系，是因为当经济增长速度加快，国民收入增加时，需要有更多的资源支撑较高的经济增长速度，这时就需要从国外进口较多的消费品和投资品，以满足国内不断增加的消费需求、投资需求和政府支出。换言之，当国民收入增加时，在拉动产出增长的消费、投资和政府购买的增量中，会有越来越多的外国产品，这必然导致进口的增加。反之，如果经济增长速度减缓，国民收入减少或增加较慢，对国外产品的需求就会减少，因而进口会相应减少。因此，进口是国民收入的增函数。

一般而言，进口与实际汇率 R 亦为正相关的关系，两者的函数关系可以一般地表示为：

$$M = F(R)$$

进口与实际汇率之所以是正相关的关系，是因为如果实际汇率上升，即本币升值,那么外国商品在本国市场上的价格会下降,即变得更便宜,这显然有利于进口的增加;反之,如果实际汇率下跌,即本币贬值,那么外国商品在本国市场上将变得相对昂贵,因而进口就会减少,因此进口也是实际汇率的增函数。

再看影响出口贸易的因素。影响一国出口贸易的因素也有两个,一是外国部门的国民收入,二是实际汇率。

一般而言,出口(X)是外国部门国民收入(Y_f)的增函数,即X与Y_f是正相关的关系,这种函数关系可以一般地表示为:

$$X = F(Y_f)$$

出口与外国部门国民收入之所以表现为正相关的关系,原因就在于,当外国例如B国的经济增长速度加快,产出水平增加时,需要从本国即A国进口更多的商品,以支撑B国的较高经济增长速度,这时,A国的出口就会增加;反之,如果B国的经济不景气,产出减少或增长缓慢,就会相应减少从A国的进口,从而使A国的出口减少。因此,A国即本国的出口(X)与B国即外国的国民收入(Y_f)表现为正相关的关系。

出口与实际汇率(R)表现为负相关的关系,即出口是实际汇率的减函数。如果实际汇率下跌,即本币贬值,出口将会增加,反之,如果实际汇率上升,即本币升值,则出口将会减少。两者的函数关系可以一般地表示为:

$$X = F(R)$$

出口与汇率之所以表现为负相关的关系,是因为,当实际汇率下跌即本币贬值后,本国商品在世界市场上会变得相对便宜,因而会有利于出口的增加;反之,当实际汇率上升即本币升值后,本国商品在世界市场上会变得相对昂贵,因而出口就会减少。

本币贬值可以增加出口,自然可以增加本国的产出和就业,但本币贬值不利于进口,自然会减少外国部门的产出和就业。这是一个重要结论,这一结论很可能会被一些政策制定者所利用。第十三章我们将对此展开分析。

通过以上对影响进口和出口因素的分析,可以把影响净出口(NX)的因素概括为本国的国民收入(Y)、外国的国民收入(Y_f)和实际汇率(R)。故有(12.7)式所表示的关系式:

$$NX(Y, Y_f, R) = X(Y_f, R) - M(Y, R) \tag{12.7}$$

根据(12.7)式所给出的关系式,可以导出净出口函数。

2. 净出口函数

根据(12.7)式,我们可以得出如下三个结论,第一,本国国民收入Y的

增加会导致进口 M 的增加,如果其他条件不变,净出口就会减少;反之,如果国民收入减少,净出口则会增加。第二,外国国民收入(Y_f)的增加会导致本国出口(X)的增加,在其他条件不变的情况下,净出口就会增加;反之,如果外国国民收入减少,净出口则会减少;第三,汇率(R)的上升即本币升值会导致出口(X)减少,在其他条件不变的情况下,净出口就会减少;反之,如果汇率下跌即本币贬值,则会导致净出口增加。

既然 Y 的增加会导致 M 的增加,并且每增加一个单位的 Y 就会增加 m' 个 M。那么,如果 X 不变,在 Y 增加时,NX 就一定会减少,并且每增加一个 Y,NX 就会减少 m',故有用(12.8)式表示的净出口函数:

$$NX = X_0 - m'Y \qquad (12.8)$$

(12.8)式是忽略了汇率作用的净出口函数。式中 X_0 为自发净出口或自主性净出口,即与国民收入无关或国民收入为零时的净出口,主要决定于外国部门的收入。m' 是前面提到的边际进口倾向。在一个横轴表示国民收入、纵轴表示净出口的坐标上,可以得到一条向右下方倾斜的斜率为负的净出口曲线。如图 12-2 所示。

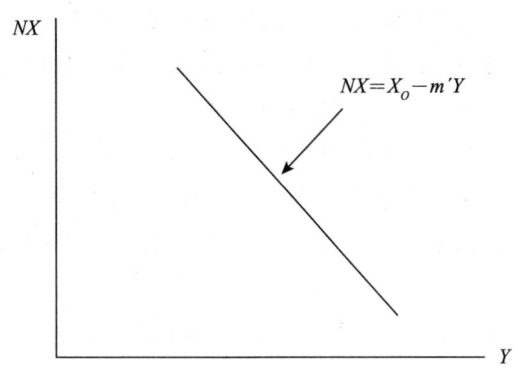

图 12-2 净出口曲线

图 12-2 中的净出口曲线描述了净出口和产出之间的负相关关系。如果在(12.8)式的基础上,再考虑实际汇率的作用,并假定净出口对实际汇率存在一个敏感系数(n),就可以得到用(12.9)式表示的净出口函数:[①]

$$NX = X_0 - m'Y - nR \qquad (12.9)$$

---

① 注意本教材净出口函数中的 n 为负值,是因为我们定义汇率上升意味着本币升值,汇率下降意味着本币贬值,即汇率采用的是间接标价法。

在 (12.9) 式中，n 是 NX 对 R 的敏感系数，也可以称之为净出口对汇率的弹性系数，它表示汇率每变动一个百分点，净出口将会变动的数量。显然，净出口函数揭示了净出口与国民收入、实际汇率的内在联系。例如，假设净出口函数为：

$$NX = 5000 - 0.1Y - 1000R$$

如果 $Y=40000$ 亿元，$R=1.0$，则 $NX=0$，这意味着对外贸易实现了平衡。

如果 R 不变，Y 增加了 1000 亿元，即 $Y=41000$ 亿元，这时进口会增加，而净出口则会减少 100 亿元，即 $NX=-100$ 亿元（$5000-0.1\times 41000-1000\times 1.0$）。

如果 Y 不变，仍为 40000 亿元，实际汇率 R 上升至 1.3，会使净出口下降 300 亿元，即 $NX=-300$ 亿元（$5000-0.1\times 40000-1000\times 1.3$）。

由此可以看出，在其他条件不变时，如果 Y 增加，会导致 NX 减少；反之则会导致 NX 增加。如果 R 上升，则会导致 NX 减少；反之，则会导致 NX 增加。

如前所述，实际汇率上升即本币升值会导致出口减少和进口增加，从而必然导致净出口减少，如果其他条件不变，净出口减少则意味着国内需求减少。显然，本币升值挤出了国内需求，这种情况通常被称为国际挤出效应。

如果把净出口函数与以前的消费函数相比较就会发现：净出口和消费都取决于国民收入。所不同的是，如果国民收入增加一个单位，消费将增加 c 元（边际消费倾向），而净出口却下降 m' 元（边际进口倾向）。显然，这意味着国内消费的增加会减少出口或必须增加进口。

综上所述，净出口与消费、投资一样，也是一个内生变量。作为内生变量，它既决定于国民收入 Y，也决定于实际汇率 R。

二、开放经济中均衡产出的决定和开放经济乘数

将对外贸易引入宏观经济运行后，国民收入不仅决定于消费需求 C、投资需求 I 和政府购买 G，而且取决于净出口 NX。这时，四部门经济即开放经济的收入恒等式即为 $Y=C+I+G+NX$。由于 NX 是内生变量，有自己的函数形式，因此，我们可以将净出口函数引进开放经济中的收入恒等式。在收入恒等式中引入净出口函数后，会改变我们在第十章中得到的均衡产出公式和乘数公式。

为简单起见，我们首先假定投资和政府购买一样，也为外生变量或自发需

求。已知开放经济中的收入恒等式为 $Y = C + I + G + NX$。把消费函数 $C = C_O + cY$ 和未考虑汇率作用的净出口函数 $NX = X_O - m'Y$ 代入收入恒等式，就可以得到开放经济中的均衡产出公式。见（12.10）式：

$$Y = \frac{C_O + I + G + X_O}{1 - c + m'} \tag{12.10}$$

为简单起见，设（12.10）式中所有的自发需求均等于 A，即 $C_O + I + G + X_O = A$，就可以得到一个更为简单的开放经济的均衡产出公式。如（12.11）式所示：

$$Y = \frac{1}{1 - c + m'} \cdot A \tag{12.11}$$

在（12.11）式中，$1/(1 - c + m')$ 即为开放经济乘数，开放经济乘数所表示的意思是，在开放经济条件下，自发需求 A 每增加一个单位，国民收入 Y 的增加量将是增加的自发需求 A 的 $1/(1 - c + m')$ 倍。

我们在推导开放经济条件中的均衡产出公式时，曾略去了汇率的作用，并假定投资是外生变量，实际上，投资也是内生变量。如果将消费函数 $C = C_O + cY$、投资函数 $I = I_O - bi$ 和包括汇率作用在内的净出口函数 $NX = X_O - m'Y - nR$ 同时代入开放经济中的收入恒等式 $Y = C + I + G + NX$，就可以得到一个完整的开放经济的均衡产出公式。如（12.12）式所示：

$$Y = \frac{C_O + I_O + X_O}{1 - c + m'} - \frac{bi + nR}{1 - c + m'} + \frac{G}{1 - c + m'} \tag{12.12}$$

公式（12.12）既是开放经济的均衡产出公式，也是开放经济的 IS 曲线方程，它由收入恒等式、消费函数、投资函数和净出口函数四个方程推导得出。与三部门封闭经济的 IS 曲线方程相比较，尽管 IS 曲线依然向右下方倾斜，斜率为负，但由于加入了边际进口倾向，意味着本国收入中的一部分要用于购买外国商品，因此 IS 曲线要比封闭经济中的 IS 曲线更陡峭。

公式（12.12）向我们展示了开放经济条件下一个经济体的均衡国民收入是如何决定的。从（12.12）式不难看出，开放经济条件下的均衡国民收入既决定于自发需求和政府支出，也取决于开放经济乘数的大小，同时，也与利率、汇率等变量相关。

第三节 资本流动与国际收支平衡

在一个开放的经济中，宏观经济的均衡不仅受对外贸易的影响，同时也受国际资本流动的影响。需要说明的是，在资本项目中，资本在国家间的流动不影响国民收入的决定，但却影响国际收支平衡。

一、国际资本流动和利率水平：净资本流出函数

在开放经济中，不仅经常项目会影响国际收支平衡，而且资本项目也会影响国际收支平衡。如前所述，国际资本流动包括资本流入和资本流出。资本流入是指资本从国外流向国内，资本流出是指资本从国内流向国外。我们把资本流出与资本流入的差额定义为净资本流出（F），如果净资本流出 F 为负值，就是净资本流入。净资本流出的公式可用（12.13）式表示。

$$F = 资本流出 - 资本流入 \qquad (12.13)$$

影响净资本流出或净资本流入的因素固然很多，但其中一个重要的因素是利率。如前所述，如果一国利率高于外国利率，资本就会从外国流入到国内，反之，如果一国利率低于外国利率，资本则从国内流向国外。因此，净资本流出是外国利率 i_f 和本国利率 i 之差即相对利率的函数。假定净资本流出对相对利率存在一个敏感系数或弹性系数 δ，则有（12.14）式所表示的净资本流出函数：

$$F = \delta (i_f - i) \qquad (12.14)$$

在（12.14）式中，δ 反映了资本流出对相对利率的敏感性，它是一个大于零的常数。δ 值的大小，实际上反映了资本在国家间流动的难易程度。δ 值越大，表示国内外极小的利率差都会引起大量的资本流动；反之，δ 值越小，则表示即使国内外有较大的利率差，也不会导致大量的资本流动。因此，δ 值的大小，可能与多种因素相关，例如各国对资本流动的限制程度、金融市场的成熟程度等。

根据净资本流出函数，如果外国的利率水平不变，国内利率水平越高，流出的资本就会越少；如果国内利率高于外国利率，即 $i > i_f$，净资本流出即为负值，这时就会存在净资本流入。反之，如果国内利率水平不变，外国利率水平越高，流出的资本就越多；如果外国利率高于国内利率，即 $i_f > i$，净资本流出即为正值，这时不存在净资本流入。可见，净资本流出是国内利率的减函数，两者之间存在着负相关的关系。

在一个平面坐标上，如果用横轴表示净资本流出，用纵轴表示国内利率，则净资本流出函数就表现为一条向右下方倾斜的斜率为负的曲线，即净资本流出曲线。如图 12 - 3 所示。

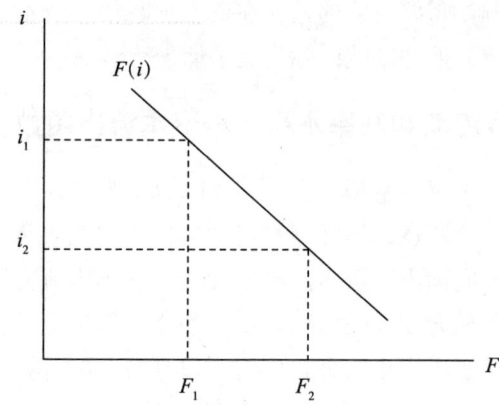

图 12－3　净资本流出曲线

从图 12－3 可以看出，当国内利率较高，例如为 i_1 时，净资本流出较少，为 F_1；当利率下降到 i_2 时，净资本流出将会增加到 F_2。可见，净资本流出与利率是负相关的关系。

二、国际收支平衡函数

就国际收支本身来说，它的平衡包括经常项目的平衡和资本项目的平衡，但两个账户各自实现平衡的概率并不大，通常只是一种偶然的现象，更多的情况是一国的国际收支平衡总是建立在经常项目和资本项目两者综合平衡的基础之上。

如果略去经常项目中的转移支付，那么对外贸易的平衡即代表经常项目的平衡。若将净出口与净资本流出的差额定义为国际收支差额，并用 BP 来表示，则有（12.15）式。

$$BP = NX - F \qquad (12.15)$$

经济学上所说的国际收支平衡，也称外部平衡，是指国际收支差额为零，即 $BP = 0$ 时的状态，当 $BP = 0$ 时，净出口等于净资本流出，故有（12.16）式所表示的关系式。

$$NX = F \qquad (12.16)$$

由于 NX 是 Y、Y_f 和 R 的函数，F 是 i_f 和 i 的函数，故国际收支平衡函数可一般地表示为（12.17）式：

$$NX\ (Y,\ Y_f,\ R)\ = F\ (i_f,\ i) \qquad (12.17)$$

在（12.17）式中代入净出口函数和净资本流出函数，就会得到

(12.18) 式：

$$X_O - m'Y - nR = \delta(i_f - i) \tag{12.18}$$

对（12.18）式进行移项整理，就可以得到（12.19）式：

$$i = \frac{m'}{\delta} \cdot Y + \left(i_f + \frac{n}{\delta} \cdot R - \frac{X_O}{\delta}\right) \tag{12.19}$$

（12.19）式就是国际收支平衡函数，也是下面即将推导出的 BP 曲线的方程。国际收支平衡函数表明，如果一个国家出现了外贸逆差或经常项目赤字，那就意味着该国用在国外的支出（进口）比它在国外得到的收入（出口）要多，在此情况下，这一赤字就要通过资本项目中的净资本流入包括从国外借款来弥补，这意味着资本项目必须有盈余。如果资本项目中的盈余恰好能够弥补经常项目中的赤字，这时的国际收支就可以实现平衡。但是，如果资本项目不存在盈余或盈余小于经常项目中的赤字，或者资本项目也出现了赤字，那么这就意味着国际收支一定会出现赤字，国际收支出现了不平衡。同样的道理，如果资本项目出现了赤字，而经常项目出现了盈余，并且经常项目的盈余恰好能够补偿资本项目的赤字，国际收支也能实现平衡。但是如果经常项目出现的盈余不能补偿资本项目出现的赤字，国际收支同样不能实现平衡。相反，如果经常项目和资本项目都出现了盈余或者其中一个项目出现的盈余大于另一个项目出现的赤字，那么国际收支就会出现盈余。总之，经常项目余额与资本项目余额相加之和如果为正值，国际收支就会出现盈余，反之，如果是负值，国际收支就会出现赤字。

三、国际收支平衡与 BP 曲线

如果资本不能在国家间自由流动，国内利率与国外利率就可能出现不一致。在一个横轴表示国民收入、纵轴表示利率的坐标上，公式（12.19）给出的国际收支平衡函数即 BP 曲线方程就表现为一条向右上方倾斜的斜率为正的曲线，宏观经济学将其称之为国际收支平衡曲线，简称 BP 曲线。斜率为正的 BP 曲线表明，利率与国民收入正相关，即利率会伴随国民收入的增加而上升，随国民收入的减少而下降。进一步说就是伴随经济增长加速，利率会呈现上升趋势，反之，伴随经济增长减速，利率则呈现下降趋势。如图 12-4 所示。

BP 曲线也可以用几何方式推导出来。图 12-5 利用四个坐标描述了 BP 曲线的推导过程。其中，坐标（a）用来表示净资本流出曲线，坐标（b）的横轴表示净资本流出，纵轴表示净出口，坐标中的 45°线上的任意一点都表示

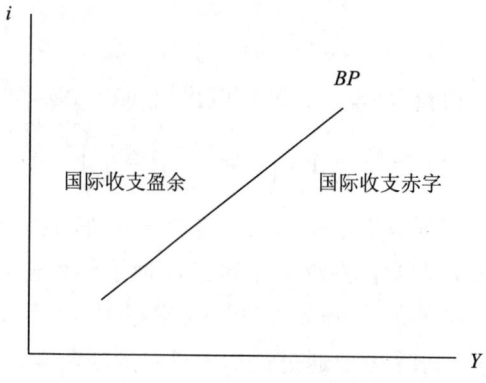

图 12-4　国际收支平衡曲线

$NX=F$，即国际收支平衡；坐标（c）中斜率为负的曲线是净出口曲线；（d）坐标是用来表示 BP 曲线的坐标，横轴为国民收入，纵轴为利率。

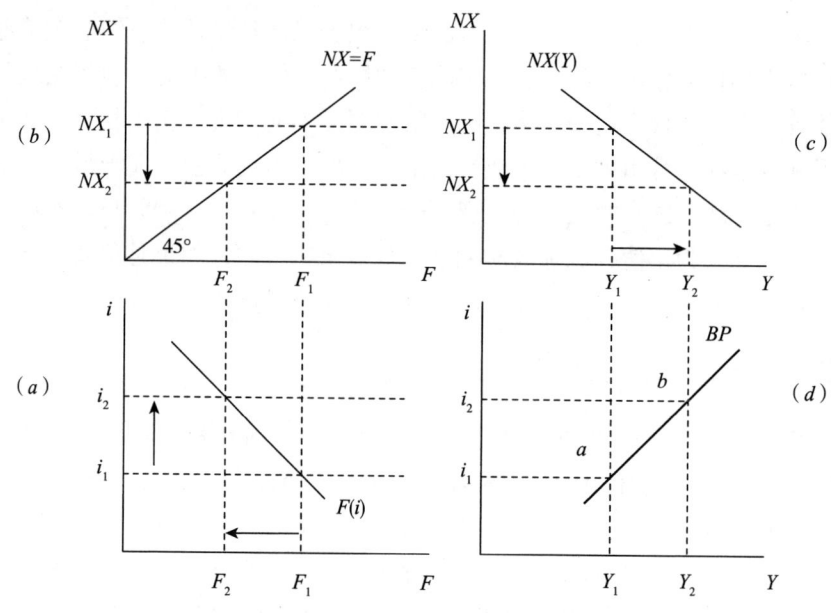

图 12-5　BP 曲线的推导

首先让我们从坐标（a）开始。假设最初的利率水平为 i_1，根据（12.14）式给出的净资本流出函数或坐标（a）中给出的净资本流出曲线，这时的净资本流出为 F_1。再看坐标（b），如果横轴上的净资本流出为 F_1，在国际收支平衡的条件下，即满足 $NX=F$ 的条件下，净出口应为 NX_1。在坐标（c）中，如果纵轴上的净出口为 NX_1，根据（12.8）式给出的净出口函数或坐标（c）中的净出口曲线，国民收入应为 Y_1。注意 Y_1 的国民收入是在满足了国际收支平衡条件的基础上得到的。最后在坐标（d）上，我们可以得到一个国际收支平衡条件下的利率 i_1 和产出 Y_1 组合点 a 点。

现在让我们假定在坐标（a）上，利率水平从 i_1 上升到 i_2，根据净资本流出函数或净资本流出曲线，净资本流出会相应地从 F_1 减少到 F_2。在坐标（b）上，如果净资本流出为 F_2，在国际收支平衡的条件下，净出口应当从 NX_1 减少到 NX_2。在坐标（c）中，根据净出口函数或净出口曲线，NX_2 的净出口必定有 Y_2 的均衡产出。于是在坐标（d）中，我们又可以得到一个国际收支平衡条件下的利率 i_2 和产出 Y_2 组合点 b 点。假设利率的变动是连续的，就可以连接坐标（d）中的 a 点和 b 点，即可得到一条向右上方倾斜的曲线，这条线就是 BP 曲线。

从国际收支平衡函数或 BP 曲线方程不难看出，BP 曲线在坐标上的位置主要取决于净出口和汇率。净出口减少会使 BP 曲线向左上方移动，净出口增加则会使 BP 曲线向右下方移动；依此推之，当汇率上升即本币升值时，由于净出口减少，BP 曲线将会向左上方移动，反之，当汇率下降即本币贬值时，由于净出口增加，BP 曲线将会向右下方移动。

此外，从国际收支平衡函数或 BP 曲线方程还可以看出，BP 曲线的斜率取决于 m'/δ，它与边际进口倾向 m' 正相关，与资本流出对相对利率的敏感系数 δ 负相关。边际进口倾向 m' 越高，BP 曲线的斜率越大，即 BP 曲线越陡峭；反之，边际进口倾向 m' 越低，BP 曲线的斜率越小，即 BP 曲线越平坦。与之不同的是，δ 值越大，BP 曲线斜率越小，即 BP 曲线越平坦；反之，δ 值越小，BP 曲线斜率越大，即 BP 曲线越陡峭。

需要说明的是，BP 曲线斜率为正，是以资本不能在国家间完全自由流动为前提的。如果资本在国家之间可以充分自由流动，BP 曲线就是一条与坐标横轴相平行的水平线。如图 12-6 所示。

为什么资本在国家之间可以充分自由流动的条件下 BP 曲线是一条水平线呢？其原因就在于，如果资本可以自由流动，并且假定不存在流动成本和其他障碍，资本在国家间的流入和流出必然会导致国内利率 i 和国外利率 i_f 趋同，即 $i = i_f$。只要国内利率和国外利率趋同，在不考虑对外贸易的情况下，BP 曲线就一定是水平的。水平的 BP 曲线表明，只要 $i = i_f$，那么在各种产出水平上，都可以实现国际收支平衡，即 $NX = F$ 或 $BP = 0$。如果不是这样，例如当国内利

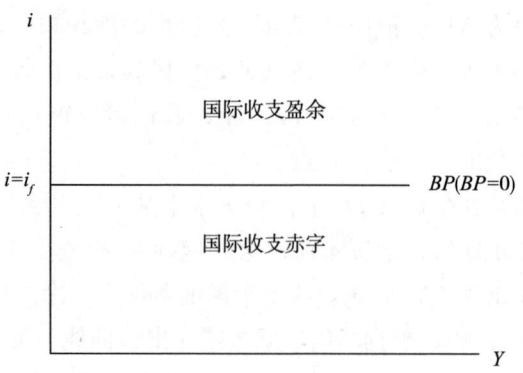

图 12-6 资本自由流动条件下的 BP 曲线

率高于国外利率时，资本会无限地流入本国，资本账户和国际收支就会出现大量盈余（$BP>0$）；反之，当国内利率低于国外利率时，资本会无限外流，就会出现大量赤字（$BP<0$）。因此，只有当国内外利率相同时，国际收支才能实现平衡（$BP=0$）。因此在资本完全流动情况下，BP 线是一条水平线。

其次，BP 曲线斜率为正，还意味着资本在国家间不是完全不流动的。如果资本在国家间完全不流动，BP 曲线将不受引起资本净流出因素的影响，即 $F=0$。这时的国际收支平衡则完全取决于对外贸易即净出口的情况。在此情况下，国际收支平衡的条件是 $NX=0$，BP 曲线就是一条与净出口为零时的产量水平相对应的垂线。见图 12-7。

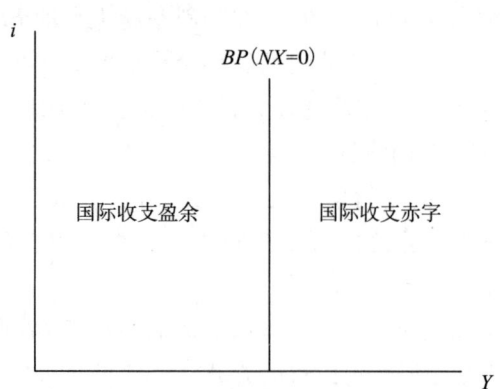

图 12-7 资本完全不流动条件下的 BP 曲线

实际上，在现实生活中，资本在国家之间不可能是完全自由流动或完全不流动的，而是介于两者之间，因此 BP 曲线既不可能是水平线，也不可能是垂线，而是一条向右上方倾斜的正斜率曲线。这种假设具有合理性。因为即使资本可以在不同国家之间完全自由流动，但"风险中性"的假设还是事实上构成了资本在国家间流动的障碍。风险中性是指投资者对待风险持中性态度。这就意味着，国家间尽管存在投资收益的差别，但基于风险中性的假设，投资者也不会把所有的资本投向收益较高的同一个国家。此外，资本在国家之间完全不流动的情况也只是一种假设，因为在现代社会，没有哪个国家可以完全封闭自己。

从以上对 BP 曲线的推导不难看出，BP 曲线是国际收支平衡条件下各种利率和产出组合点的集合或变动的轨迹。因此，一个国家的经济只要运行在 BP 曲线上，国际收支就总是平衡的，即 $NX = F$。否则，如果经济运行在 BP 曲线的左上方，国际收支就会出现盈余；反之，如果经济运行在 BP 曲线的右下方，国际收支就会出现赤字。读者根据图 12-5 对 BP 线的推导过程很容易得出这一结论。

第四节 宏观经济的内外部均衡和失衡

第十一章曾得出这样一个结论，即在一个假设的封闭经济中，要实现宏观经济的均衡，就必须实现产品市场和货币市场的共同均衡。通过本章前几节的分析，我们不难得出这样的结论：在一个开放的经济中，要想实现宏观经济的均衡，不仅需要实现产品市场和货币市场的共同均衡，同时还要实现国际收支的平衡。前者通常被称作经济的内部均衡，后者则被称为经济的外部均衡。

一、经济的内外部均衡和 IS-LM-BP 模型

宏观经济的内部均衡即产品市场和货币市场的一般均衡可以用 IS-LM 模型来表示，而经济既实现内部均衡，同时又实现外部均衡则可以用 IS-LM-BP 模型来表示。IS-LM-BP 模型的代数含义是：经济同时满足产品市场均衡方程、货币市场均衡方程和国际收支平衡方程；其几何含义是：经济刚好运行在 IS 曲线、LM 曲线和 BP 曲线的交点上。因此，IS-LM-BP 模型首先可以联立本章给出的开放经济的 IS 曲线方程（12.12）、第十一章给出的 LM 曲线方程（11.15）[①]以及本章给出的 BP 曲线方程（12.19）来表示。将 IS 曲线方程、LM 曲线方程

[①] 在开放经济条件下，由于货币需求不受汇率的影响，因此开放经济中的 LM 曲线与封闭经济中的 LM 曲线相同。

以及 BP 曲线方程联立求解，就可以得到内外部同时均衡条件下的均衡产出和均衡利率。其次，经济内外部均衡的模型也可以用 IS 曲线、LM 曲线和 BP 曲线来表示。图 12-8 是用几何图形表示的 IS-LM-BP 模型。IS-LM-BP 模型也被称为开放经济的均衡模型。

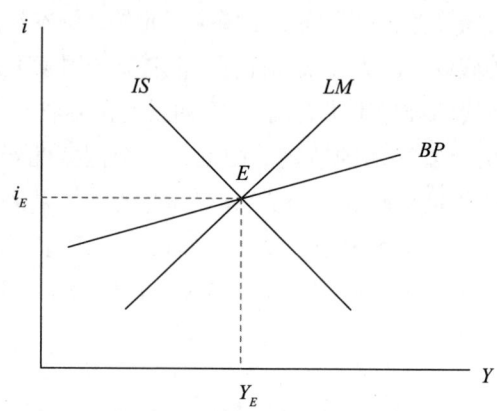

图 12-8　IS-LM-BP 模型

在图 12-8 的坐标中，横轴表示国民收入，纵轴表示利率。坐标中的 IS 曲线所给出的是产品市场上投资与储蓄相等时的利率和产出水平组合，LM 曲线给出的是货币市场上货币需求与货币供给相等时的利率和产出组合，而 BP 曲线则给出了国际收支平衡条件下的利率和产出组合。因此，在图 12-8 中，IS 曲线、LM 曲线和 BP 曲线三条线相交的 E 点，既表明了产品市场和货币市场处于均衡状态，同时也表明了外部市场也处于均衡状态，即实现了国际收支的平衡。与 E 点相对应的利率 i_E 和国民收入 Y_E 就是内外部同时均衡条件下的均衡利率和均衡产出。可见，如果一国的经济在 E 点运行，说明该国经济的内外部都是均衡的。如果经济运行偏离了 E 点，说明该国的经济最多只实现了某一个市场的均衡，或者任何一个市场的均衡都未实现。

图 12-8 中的 IS-LM-BP 模型是由诺贝尔经济学奖获得者、哥伦比亚大学教授罗伯特·蒙代尔（Robert Mundell）和国际货币基金组织已故研究员马库斯·弗莱明（Marcus Fleming）在 20 世纪 60 年代建立的，故也称蒙代尔-弗莱明模型。该模型和上一章给出的 IS-LM 模型是分析财政政策和货币政策效应的理论基础。

二、经济的内部失衡和外部失衡

尽管经济运行在 IS 曲线、LM 曲线和 BP 曲线相交的 E 点表明了一个经济体实现了内外部共同均衡，但并不意味着实现了充分就业的均衡，它可能是小于充分就业的均衡，也可能是大于充分就业的均衡，当然也可能是刚好实现了充分就业的均衡，如同我们在第十一章第四节所分析的那样。在下面的分析中，如果我们假定均衡点 E 所对应的产出水平刚好实现了充分就业，那么，一个经济体内外部失衡的四种状态就可以用图 12-9 来表示。

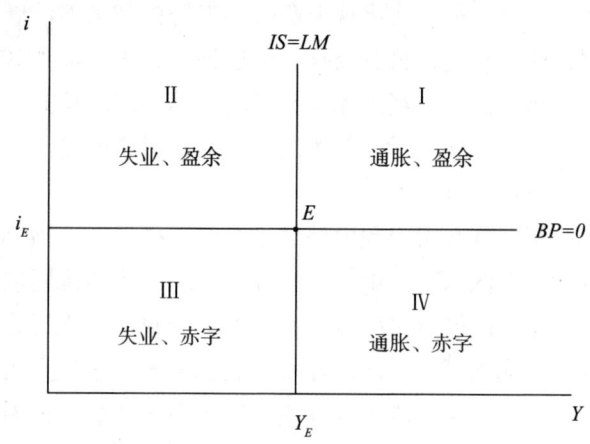

图 12-9 宏观经济的内部失衡和外部失衡

在图 12-9 的坐标中，BP 曲线代表国际收支平衡即外部均衡，为简单起见，我们使用了水平的 BP 曲线。垂直于坐标横轴的垂线代表各种利率水平下 IS 曲线和 LM 曲线交点的集合，因此垂线上的任意一点都表示产品市场和货币市场同时处于均衡状态。这样，坐标中的 E 点就是同时达到内部均衡和外部均衡的唯一的均衡点。如果再假定与垂线相对应的均衡产出 Y_E 是刚好能够实现充分就业的产出，即潜在产出，那么当经济运行在垂线的左侧时，说明经济中存在着由于有效需求不足所引致的产出负缺口和失业；相反，如果经济运行在垂线的右侧，则表明经济中存在着由于需求膨胀而引致的产出正缺口和通货膨胀。

从图 12-9 可以看出，如果经济不在垂线和 BP 线相交的 E 点运行，宏观经济内外部同时失衡会出现四种情况。第一种情况是，如果经济运行在坐标中的第一象限（Ⅰ），这时的经济失衡就表现为既存在着通货膨胀或过度就业，同时又存在着国际收支盈余的失衡；第二种情况，如果经济运行在第二象限

（Ⅱ），经济中的失衡则表现为既存在着失业，同时又存在着国际收支盈余的失衡；第三种情况表明，假如经济运行在第三象限（Ⅲ），经济中不仅存在着失业，而且存在着国际收支赤字；最后，第四种情况告诉我们，如果经济运行在第四象限（Ⅳ），一方面会出现通货膨胀或过度就业，另一方面又存在着国际收支赤字。无论经济中出现四种情况中的哪一种情况，都意味着宏观经济失衡，并且是内部失衡和外部失衡交织在一起。经济中除了存在上述四种内外部共同失衡的情况外，还可能出现内部均衡但外部失衡的情况，或存在内部失衡但外部均衡的情况。

在开放经济中，当宏观经济出现失衡时，市场机制虽然能够对经济失衡起一定的纠正作用，即经济进行自我调整，但这种调整可能需要较长的时间；另外，正如前面所指出的那样，经济体实现了内外部共同均衡并不意味着同时实现了充分就业的均衡。因此，无论上述四种失衡状况中的哪一种出现，都需要政府运用宏观经济政策进行干预。

然而，政府在用经济政策干预内外部失衡时，很可能会面临两难选择或导致政策冲突。例如，在图12-9中，当经济中出现失业和国际收支盈余并存的情况下，增加政府支出能够解决失业问题，但会导致利率上升，而利率上升又会导致大量外国资本流入国内，使国际收支更加失衡。这就是说，增加政府支出在解决内部失衡的同时又加剧了外部失衡。类似地，如果面对失业和国际收支赤字并存的内外部同时失衡的情况，货币当局增加货币供给能够解决失业问题，但会降低利率，利率下降会导致资本流出，从而加剧外部失衡。类似的情况还有多种。在下一章，我们将讨论政府和货币当局如何运用财政政策和货币政策干预宏观经济运行的问题。

关键名词和术语

经常项目　资本项目　官方储备项目　官方储备资产　国际收支盈余　国际收支赤字　国际收支平衡　名义汇率　实际汇率　均衡汇率　法定贬值　法定升值　货币贬值　货币升值　购买力平价　绝对购买力平价　相对购买力平价　单一价格定律　固定汇率制度　浮动汇率制度　清洁浮动汇率制度　肮脏浮动汇率制度　J曲线效应　边际进口倾向　净出口函数　国际挤出效应　开放经济乘数　净资本流出函数　国际收支平衡函数　BP曲线　蒙代尔-弗莱明模型　风险中性

复习思考题

1. 在国际收支平衡表中，经常项目、资本项目和官方储备项目是什么关系？
2. 官方储备资产的作用是什么？确定适度官方储备资产要考虑哪些因素？
3. 影响实际汇率的因素有哪些？
4. 怎样认识购买力平价？为什么购买力平价只决定汇率的长期变动趋势？
5. 汇率的变动对国际收支以及对一国的经济会产生什么影响？
6. 净出口函数是怎样推导出来的？分析影响净出口的因素。
7. 在开放经济中，均衡产出是怎样决定的？为什么开放经济乘数小于封闭经济乘数？
8. 为什么只要经济运行在 BP 曲线上，国际收支总是平衡的？
9. 在开放经济中，为什么会出现国际挤出效应？
10. 简述一国经济内外部同时均衡的条件。如果经济运行偏离内外部均衡的均衡点，宏观经济的失衡会出现哪些状况？为什么？
11. 分析一个经济体出现内部失衡和外部失衡的表现及其原因。
12. 实行固定汇率制度和对资本流动进行严格管制，会对一个经济体的汇率和经济均衡产生什么影响？

计算证明题

1. 假设投资和储蓄由下列等式给出：$I = 50 - 100i$，$S = 400i$。如果经济是封闭的，利率、储蓄、投资和经常项目的均衡水平是多少？如果经济是开放的，国际利率为 12%，那么利率、储蓄、投资和经常项目的均衡水平又是多少？（单位：10 亿美元）
2. 推导 BP 曲线和 BP 曲线方程，并说明其经济含义。

第十三章
财政政策与货币政策

在市场经济条件下,市场力量并不能总是自动实现充分就业的均衡,在经济运行过程中,经济自身中存在的某种力量会使经济运行周期性地出现需求不足并导致失业,也会周期性地出现过度需求并引发通货膨胀。虽然经济中存在着能够使经济实现自动稳定的力量和机制,但是,这些内在稳定因素的作用是有限的,并且对经济的调整过程也具有滞后性。在此情况下,就需要政府对宏观经济运行进行适度干预。在市场经济条件下,政府主要运用宏观经济政策,包括财政政策和货币政策干预宏观经济运行。由于财政政策和货币政策都是通过影响总需求来影响宏观经济运行的,因此,财政政策和货币政策也统称为需求管理政策。

第一节 宏观经济政策的目标、工具和类型

宏观经济政策的目标主要有四个,即经济持续均衡增长目标、充分就业目标、稳定价格水平目标和平衡国际收支目标。这些目标的实现,通常要借用一定的政策工具。

一、宏观经济政策的目标

(一) 保持经济持续、均衡增长目标

保持经济持续、均衡增长目标简称经济增长目标。它包括两层含义,一是保持经济持续稳定增长,二是保持经济均衡增长。经济持续、稳定增长并不意味着一国经济要永远保持一个不变的或越来越高的增长速度。实际上,经济增长具有阶段性。处在不同经济发展阶段的国家,由于经济、技术、制度等方面

的差别,增长速度可能存在较大的差异,例如经济发达国家和发展中国家之间就是如此。经济增长不仅具有阶段性,而且还具有周期波动的特点。因此,保持经济持续增长,实际上是指保持一个与不同发展阶段相适应的、含常规波动的、可持续的、稳定的经济增长速度。保持经济均衡增长的含义是指,在保持经济持续稳定增长的同时,实现宏观经济的均衡。宏观经济的均衡是实现经济持续稳定增长的前提。

(二) 实现充分就业目标

正如第九章所指出的那样,"充分就业"这一概念通常在两种意义上被使用。广义的充分就业是指包括劳动资源在内的一切资源都已经被充分利用的状态;狭义的充分就业特指劳动就业。由于劳动资源之外的其他资源是否已经被充分利用难以衡量,故通常用充分就业来表示经济资源被充分利用的状况。作为宏观经济政策目标的充分就业是特指劳动就业。就劳动就业而言,充分就业并不意味着在经济生活中不存在任何失业,而是指实现包含摩擦性失业在内的即只存在自然失业率情况下的就业水平。

(三) 稳定价格水平目标

稳定价格水平是指一个经济社会总体物价水平的稳定。物价水平或价格水平是指一个经济社会中商品和服务的价格经过加权后的平均价格。在实践中,通常借助于价格指数即商品和服务价格的加权平均值来衡量。需要注意的是,价格指数不是各种商品和服务价格的算术平均数,而是每种商品和服务价格的加权平均数。每种商品和服务价格的权数反映了该种商品在经济中的重要程度。价格指数包括第九章中提到的消费价格指数（CPI）、生产价格指数（PPI）和国内生产总值平减指数三种。稳定价格水平作为一个政策目标,不是指每种商品的价格固定不变,也不是指价格水平绝对不变,而是指价格水平的相对稳定。稳定价格水平是为了控制通货膨胀和通货紧缩对经济运行形成的冲击。

(四) 平衡国际收支目标

严格意义上的平衡国际收支,是指通过一定的政策措施,使一国的国际收支既不出现赤字,又不出现盈余。但在现实生活中,由于大多数国家都实行管制汇率制度和固定汇率制度,因而适度的官方储备资产是必要的。因此,这里所说的平衡国际收支,应是指存在适度官方储备资产前提下的国际收支平衡。

随着世界经济一体化程度的不断提高,国际收支状况对开放程度较高的国家至关重要。一般来说,国际收支状况不仅反映了一国的对外经济交往情况,还反映出该国经济的稳定程度。当一国国际收支处于失衡状态时,必然对其国内经济形成冲击,影响国内经济的增长、就业状况和价格水平,同时也会给其他国家的经济造成一定程度的冲击。

从根本上说,宏观经济政策的四个目标是一致的。这种一致性不难理解,因为离开其中任何一个目标,都不能实现宏观经济均衡和充分就业。从这个意义上说,经济政策的目标之间具有互补性。但是另一方面,经济政策目标之间也存在着某种矛盾或者说存在着相互替代的关系。

宏观经济政策目标的互补关系是指,政府对某一目标的追求或某一目标的实现,同时也能够促进其他目标的实现。例如,保持经济持续、均衡增长的目标与实现充分就业目标之间,就存在着这种互补关系。这种互补关系表现在:从长期看,一国经济越是能够持续、均衡地增长,就业率就越高,失业率就越低;相反,如果一国的经济不能实现持续、均衡的增长,失业就会增加。从短期的经济波动来看也是这样,当一国经济处在复苏和繁荣的景气上升时期,随着经济增长率的提高和经济总量的增加,就业机会随之增加;相反,当一国经济处在衰退和萧条的景气下降时期,随着经济规模的收缩,就业机会就会减少,失业率就会上升。

宏观经济政策目标之间不仅存在着互补关系,也存在着替代关系。这种替代关系表现在,政府要实现某一目标,就无法同时实现另一目标,甚至要以牺牲另一目标为代价。例如,经济增长、充分就业与稳定价格水平目标之间在短期内就存在着这种矛盾和冲突。这主要表现在:如果政府把经济增长和充分就业作为经济政策的主要目标,就必须实行扩张性的经济政策,以刺激总需求。显然,这会导致货币供应量的增加,并因此而引致物价水平或价格水平的上升,甚至引发通货膨胀。相反,如果政府把稳定价格水平作为宏观调控的主要目标,那么为了抑制通货膨胀,就必须抽紧银根,实行紧缩性的经济政策以抑制总需求,这又会导致经济增长速度放缓甚至下滑,并导致失业率上升。

在开放经济中,经济增长、充分就业、稳定价格水平等目标与平衡国际收支目标之间,也存在着一致性和相互矛盾的一面。

两者的一致性主要表现在,如果国际收支不平衡,例如盈余过多,意味着外汇收入必然过多,为收购这些外汇,就必然要增加国内货币供应量,从而可能导致物价水平上升,出现通货膨胀;而如果国际收支赤字过大,则又可能形成国内货币紧缩的形势,影响经济增长并导致失业增加。显然,在上述两种情况下,平衡国际收支就有利于其他政策目标的实现。

两者之间的矛盾主要表现在，为了保持经济增长和实现充分就业的政策目标，价格水平会有所上升，甚至出现通货膨胀，这有可能降低本国产品在国际市场上的竞争力，从而不利于国际收支平衡；相反，为了实现国际收支平衡的目标，例如为了消除或减少国际收支赤字，采取贬值本国货币的方法以刺激出口，则又会影响国内价格水平的稳定。由于宏观经济政策目标之间存在着一定的矛盾和冲突，因此，在某些时期，政府就难以同时实现所有的目标。于是也就产生了政策目标的选择问题。

政府在选择政策目标时，首先要考虑本国经济运行周期的阶段特征和社会所面临的紧迫任务。例如，当经济运行处于过热状态并导致严重的通货膨胀时，政府应当把稳定价格水平目标作为宏观经济政策的主要目标，实行从紧的经济政策；而当经济运行处在萧条阶段或过冷状态，出现经济停滞或滑坡，失业率较高时，则应把经济增长目标和充分就业目标作为宏观经济政策的主要目标，实行扩张性的经济政策。

二、财政政策与货币政策的工具和基本类型

（一）财政政策的工具和政策的基本类型

财政政策是指政府通过变动政府支出和税收来影响总需求，进而影响经济增长、就业和价格水平的政策。财政政策的主要工具有两个，一是政府支出，二是税收。政府支出又可以分为政府购买和转移支付。①

财政政策可以分为扩张性财政政策、紧缩性财政政策和中性财政政策三种类型。

扩张性财政政策也称松的财政政策，是指政府运用增加政府支出或减少税收的方法，为达到刺激经济增长，增加国民收入，实现充分就业的目标而实行的扩张经济的政策。因此，扩张性财政政策通常在经济体出现产出负缺口，即经济出现"冷"或"过冷"的时候被采用。

紧缩性财政政策也称紧的财政政策，是指政府运用紧缩政府支出或增加税收的方法，为达到抑制经济过快增长和通货膨胀，稳定价格水平的目标而实行的紧缩经济的政策。因此，紧缩性财政政策通常在经济体出现产出正缺口，即经济出现"热"或"过热"的时候被采用。

---

① 尽管不能排除把转移支付作为财政政策的一个手段来使用，但政府在使用财政政策扩张或收缩经济时，主要还是借助于政府购买的手段。此外，转移支付中的补贴也可以被视为负税收。

中性财政政策是与扩张性财政政策和紧缩性财政政策相对而言的不松也不紧的经济政策,是国家财政分配活动对总需求的影响保持中性,既不产生扩张也不产生紧缩后果的政策。中性财政政策通常在经济体实现了充分就业,即实际产出接近潜在产出时被采用。

扩张性财政政策一般通过增加政府支出或者减少税收来实现。政府支出是总需求的一部分,因此,在其他条件不变的情况下,增加政府支出会使总需求增加。减少税收通常会刺激消费需求、投资需求和净出口,因此也会导致总需求的增加。在乘数的作用下,总需求的增加会导致国民收入的多倍增长,从而实现经济增长和充分就业的政策目标。需要说明的是,扩张性财政政策需要以举借国债为前提。因为在平衡预算的条件下,政府支出的增加必须以税收同等数量的增加为前提,在平衡预算乘数等于1甚至小于1的情况下,增加政府支出是难以扩张经济的。

与扩张性财政政策相反,紧缩性财政政策一般是通过减少政府支出或者增加税收来实现的。在其他条件不变的情况下,减少政府支出和增加税收都会使总需求减少,在乘数的作用下,总需求的减少会导致国民收入多倍的减少,从而最终实现抑制过快的经济增长和抑制通货膨胀的政策目标。

中性财政政策是政府部门不刻意使用政府支出和税收等手段干预经济的政策,因此,在实践中可以理解为保持财政收支平衡的政策。按照这一类型的政策要求,政府部门不宜有大量的预算结余,也不能实行赤字预算。

在宏观经济运行过程中,会周期性地出现失业和通货膨胀,为了稳定经济增长,实现充分就业和保持价格水平的稳定,政府应审时度势,积极主动地运用财政政策调节宏观经济运行,这就是所谓斟酌使用的财政政策或相机抉择的财政政策。

(二) 货币政策的工具和政策的基本类型

货币政策是指货币当局或中央银行通过控制货币供给,并通过变动货币供给来影响利率,进而影响投资需求和总需求,并进一步影响经济增长、就业和价格水平的政策。

货币政策可以分为扩张性货币政策、紧缩性货币政策和中性货币政策三种类型。

扩张性货币政策也称松的货币政策,是指政府通过增加货币供给,降低利率,进而刺激私人投资和总需求增加的方法,为达到刺激经济增长,增加国民收入,实现充分就业的目的而实行的扩张经济的政策。因此,与扩张性财政政策一样,扩张性货币政策通常也是在经济体出现产出负缺口,有效需求不足和失业增加的时候被采用。

紧缩性货币政策也称紧的货币政策,是指政府通过减少货币供给,提高利率,进而减少私人投资,抑制总需求的方法,为达到抑制经济的过快增长和通货膨胀,稳定价格水平的目的而实行的紧缩经济的政策。因此,同紧缩性财政政策一样,紧缩性货币政策通常也是在经济体出现产出正缺口,存在过度需求和通货膨胀严重的时候被采用。

中性货币政策是与扩张性货币政策和紧缩性货币政策相对而言的不松也不紧的政策,是货币当局或中央银行不刻意使用货币供给、利率等手段影响经济运行,从而保证市场机制可以不受干扰地在资源配置过程中发挥调节作用的政策。通常在经济体实现了充分就业,即实际产出接近潜在产出时被采用。

货币政策工具主要有三个:一是法定存款准备金率,二是再贴现率,三是公开市场业务。上述三个货币政策工具属于一般性政策工具,通常被称为货币当局或中央银行干预经济的"三大法宝"。

法定存款准备金率也称法定存款准备率,是金融机构按规定向中央银行缴纳的存款准备金占其存款总额的比率。法定存款准备金率政策就是货币当局或中央银行通过调整法定存款准备金率控制商业银行的信用创造能力,进而影响货币供给量和利率的货币政策。在其他条件不变的情况下,降低法定存款准备金率会产生两种效应,一是商业银行存入中央银行的法定存款准备金会减少,从而商业银行用于发放贷款的货币数量相应增多;二是货币乘数会变大。因此,降低法定存款准备率通常会增加货币供给量,在货币需求不变时还会导致利率的降低。显然,这会刺激总需求的增加,进而导致国民收入和就业量的增加。反之,如果货币当局或中央银行提高法定存款准备金率,就会减少货币供给量,还会导致利率的上升,这会导致总需求的减少,并使国民收入和就业量相应减少。因此,如果政府实行扩张性货币政策,就应降低法定存款准备率,反之,若要实行紧缩性货币政策,则应提高法定存款准备率。

再贴现率是中央银行向商业银行和其他金融机构放款的利率。再贴现率政策就是货币当局或者中央银行通过变动再贴现率来控制商业银行和其他金融机构的存款准备金和发放贷款的能力,进而调节货币供给量和利率的货币政策。如果中央银行提高再贴现率,商业银行和其他金融机构向中央银行借款或贴现的成本就会上升,商业银行和其他金融机构就会减少向中央银行的借款或贴现，这必然会导致商业银行和其他金融机构发放贷款规模的减少，从而导致货币供给的减少。在此情况下，如果货币需求不变，市场利率就会上升，市场利率的上升会抑制投资需求进而抑制总需求的增加，进而导致国民收入和就业量的减少。反之，如果中央银行降低再贴现率，由于向中央银行借款或贴现的成本下降，商业银行和其他金融机构就会增加向中央银行的借款或贴现，从而导致贷款规模增加和货币供给增加。在货币需求不变的情况下，市场利率会下降，市场利率的下降又会导致总需求的增加以及国民收入和就业量的增加。显然，如果政府实行紧缩性的货币政策，就应提高再贴现率；反之，若实行扩张性的货币政策，则应降低再贴现率。

公开市场业务是指中央银行在公开市场上买卖有价证券以控制货币供给和利率的政策行为。当中央银行在公开市场上买进有价证券时，就等于向货币市场注入基础货币，如果这些货币流入到社会中，例如流入到家庭部门和企业部门中，会直接增加货币供给量；如果流入到商业银行，在货币乘数的作用下，则会导致货币供给量的多倍增加。在货币供给增加而货币需求不变的情况下，还会导致利率下降，从而引起总需求的增加，并进而引起国民收入和就业的增加。反之，如果中央银行在公开市场上卖出有价证券，无论这些证券被家庭部门还是企业部门或者被商业银行购买，总会有相应数量的货币回笼，从而减少货币供给并引起利率上升，并进一步导致总需求和国民收入以及就业的减少。因此，当政府运用扩张性货币政策干预经济时，通常要在公开市场上买进有价证券，反之，如果实行紧缩性货币政策，就会在公开市场上卖出有价证券。

中性货币政策表现为货币利率与自然利率完全相等，使货币在经济活动中保持中立地位，从而不对经济增长发生任何实质性影响。自然利率（*natural rate of interest*）又称中性利率（*neutral interest rate*）或均衡利率（*equilibrium interest rate*）。现代主流经济学对自然利率的定义是，使实际产出保持在潜在产出、通货膨胀率保持在稳定水平时的利率。因此，当经济中实际利率高于自然利率时，会抑制投资增加并导致通货膨胀率下降；当实际利率低于自然利率时，则会刺激投资增加并导致通货膨胀率上升；当实际利率恰好与自然利率保持一致时，资本的供给与需求处于均衡状态，通货膨胀率保持稳定，实际产出保持在潜在产出水平。因此，货币当局或中央银行若要实行中性货币政策，就必须估算出自然利率水平，①并利用上述货币政策工具使实际利率接近于自然利率水平。

政府干预宏观经济运行的货币政策除包括上述三个一般性货币政策工具外，还包括选择性货币政策工具。这些政策工具是：（1）不动产信用控制，即中央银行根据宏观经济运行的状况对商业银行和其他金融机构在房地产放款方面进行限制；（2）消费者信用控制，即中央银行根据宏观经济运行的状况对不动产以外的耐用消费品信贷条件进行控制；（3）证券市场信用控制，即中央银行根据宏观经济形势对证券市场有关证券交易的各种贷款进行控制。

除一般性政策工具和选择性政策工具外，还有其他一些货币政策工具，如道义劝告和窗口指导。这里所说的道义劝告，就是货币当局或中央银行利用自己在金融体系中的特殊地位和权威，通过对商业银行和其他金融机构的劝告，以影响其发放贷款的数量和投资方向，从而达到控制和调节货币供给数量和结构的目的。窗口指导与道义劝告近似，是货币当局或中央银行通过劝告和建议来影响商业银行和其他金融机构信贷行为的一种非强制性的货币政策工具，通常是货币当局或中央银行向商业银行和金融机构说明货币政策的目标和意图，提出指导性意见或提示风险，从而达到控制贷款投向和规模的目的。

例如，在经济萧条时期，货币当局或中央银行可以通过道义劝告和窗口指导，鼓励商业银行和其他金融机构扩大贷款规模，以刺激经济增长；在通货膨胀时期，中央银行可以告诫商业银行和其他金融机构收缩贷款规模，以抑制经济过热。再比如，在经济结构失衡的情况下，货币当局或中央银行可以通过道义劝告和窗口指导，劝告或指导商业银行和其他金融机构的贷款流向，以达到调整经济结构的目的。

第二节　经济中的内在稳定器

一、财政制度中的内在稳定器

在经济系统中，存在着一种能够自动减轻各种因素扰动对宏观经济运行形

---

① 对自然利率的估计方法大致有三种。一是利用来自市场利率期限结构的信息估计自然利率；二是通过复杂的宏观经济模型直接测算自然利率；三是综合前两类方法的优点，利用动态随机一般均衡模型、结构 VAR 模型和新凯恩斯动态模型来估计自然利率。

成冲击的机制。当产出出现正缺口，经济中出现过度需求和通货膨胀时，这种机制能够自动对经济过热起到抑制作用；当产出出现负缺口，有效需求不足和失业严重时，这种机制又能自动减轻经济萧条的影响。这种能够自动稳定经济的机制被称为内在稳定器（built-in stabilizer）或自动稳定器（automatic stabilizer）。

财政制度中的内在稳定器亦称财政政策的内在稳定器，是指财政制度中存在的能够自动减轻需求波动对经济运行的冲击和经济波动的机制。主要包括三个方面的内容。

首先是税收制度。能够起到内在稳定器效应的税收制度主要是指个人所得税的征收制度和公司所得税的征收制度。从个人和公司所得税的征收制度来看，当经济进入衰退和萧条期时，国民收入水平下降，个人收入和企业利润都会相应减少，即使在税率不变的情况下，家庭部门和企业部门缴纳的所得税也会自动减少，这时家庭部门的可支配收入和企业部门的税后利润就会少下降一些，从而家庭部门的消费需求和企业部门的投资需求都会少下降一些。而在实行累进税率的情况下，经济萧条会自动使居民和企业进入较低的纳税等级，这时，政府税收收入下降的幅度会超过家庭部门和企业部门收入下降的幅度，从而会在更大程度上减缓家庭部门可支配收入和企业部门税后利润的下降速度以及消费需求和投资需求的下降速度。显然，在上述情况下，税收自动减少的效应相当于政府实行扩张性财政政策的效应，可以在一定程度上起到抑制经济衰退的作用。相反，在经济复苏和繁荣时期，由于产出水平提高，个人收入和企业利润都会相应增加，在税率不变的情况下，家庭部门和企业部门缴纳的所得税也会自动增加，家庭部门的可支配收入和企业部门的税后利润会增加得慢一些，从而消费需求和投资需求的增长速度也会相对慢一些。在实行累进税率的情况下，经济繁荣会自动使居民和企业进入较高的纳税等级，从而会在更大程度上减缓家庭部门可支配收入和企业部门税后利润增加的速度，进而减缓消费需求和投资需求增加的速度。在上述情况下，税收自动增加的效应相当于政府实行紧缩性财政政策的效应，因而能够在一定程度上起到抑制经济过热和通货膨胀的作用。

其次是政府转移支付制度。在经济进入衰退特别是进入萧条期时，由于失业增多，家庭部门的收入水平下降，政府发放的失业救济金、贫困救济金及其他社会保障和社会福利支出会相应增加，这会在一定程度上抑制人们可支配收入水平和消费需求水平的下降。反之，当经济进入复苏期特别是进入繁荣期时，由于就业增加，家庭部门的收入增加，失业救济、贫困救济及其他社会保障和社会福利支出会相应减少，从而在一定程度上抑制人们的可支配收入和消费需求的增加。上述政府转移支付的自动增加或自动减少的效应相当于政府扩张性财政政策的效应和紧缩性财政政策的效应，因而能够在一定程度上起到抑制经济衰退和失业增加或抑制经济过热和通货膨胀的作用。

最后是农产品价格维持制度。在经济萧条时期，由于有效需求不足，农产品价格会因农产品过剩而下降。这时，在实行农产品价格维持制度的国家，政府通常对农产品实行支持价格，并收购过剩的农产品。这实际上是政府对农业的一种补贴，能够在一定程度上把农民的收入和消费需求稳定在一定的水平上，因而也具有抑制经济衰退的效应。反之，在经济繁荣期，由于农产品价格上升，政府以支持价格的形式对农业的补贴就会相应减少以致消失，有时为了平抑农产品价格的过度上升还会抛售农产品。显然，这能够在一定程度上抑制农民收入和消费需求的增加速度，从而起到抑制经济过热和通货膨胀的作用。

上述财政制度中的内在稳定器通常被看作是防止经济运行出现波动的第一道防线，并且也能够在一定程度上抑制经济波动，稳定经济运行，但其作用毕竟是有限的，无法使经济实现持续增长和稳定增长，即实现充分就业和熨平经济波动。因此，政府运用积极的财政政策干预经济也就有其存在的必要性。

二、货币制度中的内在稳定器

货币制度中的内在稳定器有时也被称为货币政策的内在稳定器，是指在货币政策中存在的能够自动减轻需求对经济运行的冲击和经济波动的机制。货币制度中的内在稳定器主要包括两个方面的内容。

一是利率效应。利率效应又称凯恩斯效应。在经济运行过程中，当出现总需求膨胀，经济中出现产出正缺口，从而引发通货膨胀时，由于物价水平上升，公众对货币的交易性需求和预防性需求即 L_1 会增加，但对货币的投机性需求即 L_2 会减少。L_1 是收入的函数，与利率水平无关。但 L_2 的减少会导致利率上升，而利率上升又会抑制投资需求增加，在其他条件不变的情况下，总需求的增加也会受到抑制，从而能够在一定程度上抑制通货膨胀，减轻需求膨胀对经济的冲击。相反，当总需求不足而出现经济萧条时，由于物价水平下降或出现通货紧缩，投机性货币需求 L_2 的增加会导致利率水平下降，而利率水平下降又导致投资需求和总需求增加，从而在一定程度上刺激经济增长，减轻有效需求不足对经济形成的冲击。

二是实际货币余额效应。实际货币余额效应又称庇古效应。在经济运行过程中,当总需求膨胀引发通货膨胀时,由于价格水平上升,人们所拥有的货币余额所能购买到的消费品数量会减少,即实际购买力降低,这会在一定程度上抑制消费需求。如果其他条件不变,总需求膨胀和通货膨胀就会受到一定的抑制。相反,在经济萧条和通货紧缩时期,由于价格水平下跌,人们所拥有的货币余额所能购买到的消费品数量会增加,即实际购买力会上升,这又有利于增加消费需求,刺激经济增长,并对通货紧缩起到一定的抑制作用。

同财政制度中的内在稳定器一样,货币制度中的内在稳定器虽然也能够在一定程度上抑制经济波动,稳定经济运行,但其作用是极其有限的,不可能单纯依靠这种内在稳定器的作用使经济实现持续增长和稳定增长,即实现充分就业和熨平经济波动。在此情况下,政府运用积极的货币政策干预经济也是必要的。

第三节 财政政策和货币政策的效应

对封闭经济中财政政策和货币政策效应的分析是建立在 $IS-LM$ 模型的理论基础之上的,而对开放经济中财政政策和货币政策效应的分析是建立在 $IS-LM-BP$ 模型的理论基础之上的。在本节,我们首先分析财政政策的效应,然后再分析货币政策的效应。

一、财政政策的效应和财政政策乘数

首先假定经济是封闭经济。在分析财政政策的效应时,我们假定货币政策不变。如果在经济运行过程中出现有效需求不足所导致的产出负缺口,从而出现失业,政府就要运用扩张性财政政策增加总需求,以刺激经济增长。那么扩张性财政政策的有效性如何呢?我们首先观察图13-1。

图13-1是 $IS-LM$ 模型,坐标的纵轴代表利率,横轴代表国民收入。一般来说,如果货币政策不变,LM 曲线的位置也就不变。假设经济最初运行在 IS_1 曲线与 LM 曲线相交的均衡点 E_1,这时产品市场和货币市场同时均衡条件下的利率为 i_1,产出为 Y_1。假设 Y_1 的产出水平是小于充分就业的均衡国民收入,这时,政府为促进经济增长和实现充分就业,实行扩张性财政政策,于是 IS 曲线从最初的 IS_1 线向右平移到 IS_2 线,均衡点就会沿着 LM 曲线从 E_1 点向右上方移动到 E_2 点,于是均衡产出便从 Y_1 增加到 Y_2,在其他条件不变的情况下,就

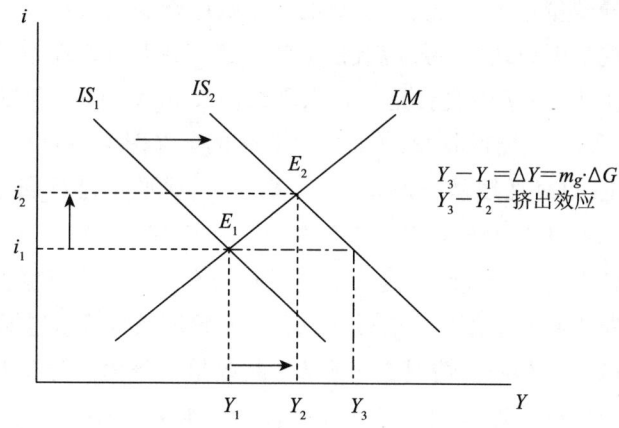

图 13-1　财政政策的有效性和挤出效应

业会相应增加。显然，扩张性财政政策是有效的。

虽然扩张性的财政政策是有效的，但是，扩张性财政政策所导致的均衡国民收入的增加并没有像第十章（10.21）式所描述的那样增加到 Y_3，即国民收入的增长恰好等于政府购买的增长乘以政府购买乘数（$\Delta Y = m_g \cdot \Delta G$）。实际上，均衡国民收入的增长要小于 ΔY。从图 13-1 可以看出，如果乘数原理完全发挥作用，均衡国民收入就不应增加到 Y_2，而是应当增加到 Y_3。

为什么均衡国民收入没有从 Y_1 增加到 Y_3 呢？原因就在于，如果国民收入从 Y_1 增加到 Y_3，必须以利率水平不变即利率仍然是 i_1 为前提。但是，由于政府购买增加使 IS 曲线右移，均衡利率水平必然会从 i_1 上升到 i_2。根据投资函数可知，如果其他条件不变，利率上升必然会使私人投资减少，而投资需求的减少又会导致国民收入的减少。$Y_3 - Y_2$ 就是由于均衡利率水平升高从而挤出一部分私人投资而产生的效应，宏观经济学将其称之为挤出效应（crowding out effect）。显然，产生挤出效应的直接原因是利率上升挤出了私人投资。为什么政府增加购买支出会导致均衡利率上升呢？宏观经济学的解释是，政府购买增加会导致总需求增加，而总需求增加又会导致国民收入增长。根据货币需求函数，国民收入增长必然会导致交易性货币需求增加，在货币供给不变的情况下，货币需求增加必然会导致均衡利率水平上升。

虽然存在挤出效应，但在存在产出负缺口即没有实现充分就业的情况下，扩张性的财政政策仍然是有效的，即能够刺激经济增长，使产出和就业增加。但是，在不存在产出负缺口即实现充分就业以后，扩张性的财政政策就是无效的了，它只能导致价格水平上升，这时的挤出效应就是完全的。

从理论上说，财政政策的效应或挤出效应还存在两种极端情况。如果经济处于流动性陷阱中，LM 曲线就是一条水平线。在此情况下，伴随政府购买增加和 IS 曲线右移，扩张性财政政策是完全有效的。在图 13 - 1 中，假设在最初的利率水平 i_1 上，LM 曲线是一条水平线，随着 IS_1 线平移到 IS_2 线，与 LM 曲线相交的均衡产出便从 Y_1 增加到 Y_3，此时挤出效应为零。原因就在于，在 LM 曲线为水平线的情况下，增加政府购买不会引起利率上升，因而也就不会挤出私人投资，故扩张性财政政策完全有效。这种极端情况被称为凯恩斯主义极端。

挤出效应的另一种极端情况是，当 LM 曲线是一条垂线时，扩张性财政政策虽然会使 IS 曲线右移，但却不会改变均衡产出水平，即扩张性财政政策完全无效。在图 13 - 1 中，如果在最初的均衡产出水平 Y_1 上，LM 曲线是一条垂线，尽管 IS_1 线平移到 IS_2 线，但均衡产出水平依然为 Y_1。其原因是，在 LM 曲线为垂线的情况下，政府购买增加会大幅度提高利率水平，当 IS_1 线平移到 IS_2 线时，与垂直的 LM 曲线相交的均衡利率会比 i_2 高出许多，这意味着会挤出更多的私人投资，如果再联系到投资曲线就会发现，此时被挤出的私人投资恰与政府支出的增加量相等，因而挤出效应是完全的，即扩张性财政政策完全无效。这种极端情况被称为古典主义极端。

既然存在挤出效应，那么政府购买的增加所引起的产出的增加量，就必定小于该项政府购买的增加量与政府购买乘数的乘积，这时，这项政府购买支出所导致的实际产出增加的倍数，就一定会小于政府购买乘数，于是就有了财政政策乘数的概念。财政政策乘数（*fiscal policy multiplier*）是指在保持实际货币供给不变的情况下，政府购买支出的变化实际导致的均衡产出变动的倍数。根据财政政策乘数的定义，可以用（13.1）式表示财政政策乘数。

$$m_f = \frac{dY}{dG} = \frac{1}{1 - c\ (1 - t)\ + bk/h} \tag{13.1}$$

（13.1）式中的 m_f 代表财政政策乘数。如果使用政府购买乘数 m_g 的概念（10.33），财政政策乘数还可以用公式（13.2）表示：

$$m_f = \frac{dY}{dG} = \frac{m_g}{1 + bm_g k/h} \tag{13.2}$$

财政政策乘数公式的推导是将 LM 曲线的方程代入三部门经济条件下考虑税率作用后的 IS 曲线方程，然后解出产品市场和货币市场共同均衡条件下的国民收入 Y 的表达式，再以政府购买 G 为自变量微分而求得的。读者完全可以根据我们前面给出的公式自行推导出财政政策乘数。

通过对公式（13.1）财政政策乘数与第十章的公式（10.33）政府购买乘数相比较不难看出，由于挤出效应的存在，财政政策乘数要小于政府购买乘数。

以上对财政政策效应的分析是以扩张性的财政政策为例。相反，如果在经济中存在正缺口从而出现通货膨胀时，政府若实行紧缩性的财政政策干预经济运行，同样会得出财政政策有效的结论。即紧缩性的财政政策能够抑制产出的过快增长和通货膨胀。这里不再重复。

以上分析的是封闭经济中财政政策的效应。在开放经济中，扩张性财政政策的效应会因汇率制度的不同以及资本在国家间自由流动的程度而有所不同。

我们首先分析实行固定汇率制度，并且资本不能完全自由流动情况下的财政政策效应。在分析财政政策效应时，假定货币政策不变，并且以扩张性财政政策为例。

假如在经济运行过程中存在产出负缺口，即存在失业，这时，政府运用扩张性财政政策增加总需求，以刺激经济增长，我们就可以用 $IS-LM-BP$ 模型分析扩张性财政政策的有效性，如图 13-2 所示。

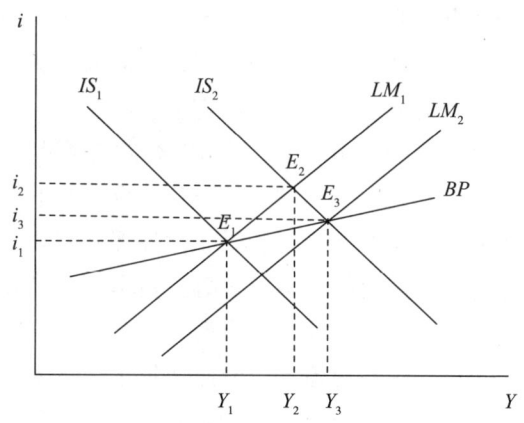

图 13-2　固定汇率制度下财政政策的有效性

在图 13-2 中，假设经济最初运行在 IS_1 线、LM_1 线和 BP 曲线三条线相交的 E_1 点，此时经济实现了内外部共同均衡，与均衡点 E_1 相对应的均衡产出为 Y_1，均衡利率为 i_1。

如果此时的均衡国民收入小于实现充分就业的均衡产出水平，为实现充分就业，政府增加了支出从而增加了总需求，IS 曲线就会从 IS_1 线向右移动到 IS_2 线，此时，产品市场和货币市场共同均衡点在 IS_2 线和 LM_1 线相交的 E_2 点，与之相对应的均衡产出和均衡利率分别为 Y_2 和 i_2，显然，国民收入从 Y_1 增加到 Y_2 意味着就业相应增加。但是，E_2 点仅仅代表着产品市场和货币市场的共同均衡，即实现了内部均衡，而外部即国际收支是失衡的。因为 E_2 点位于 BP 曲线上方，说明此时存在国际收支盈余。如果国际收支存在盈余，本币一定具有升值压力。在固定汇率制度下，为稳定汇率，货币当局或中央银行必须增加货币供应量以购入外币，这无疑迫使中央银行实行了扩张性货币政策。而货币供应量增加会使 LM 曲线向右平移，而且必须移动到内外部均衡时为止，在图 13 - 2 中，只有移动到 LM_2 线，才会与 IS_2 线和 BP 曲线相交于 E_3 点，重新实现内外部共同均衡。与 E_3 点相对应，均衡利率为 i_3，均衡产出从 Y_2 进一步增加到 Y_3，但存在挤出效应。显然，在固定汇率制度下，扩张性财政政策有效。但财政政策控制或绑架了货币政策，迫使货币政策与之相适应，或者说，中央银行不能控制货币供给。

在固定汇率制度下，如果资本可以完全自由流动，那么图 13 - 2 中的 BP 曲线就是一条与初始利率水平 i_1 即与外国部门相同的利率水平（$i_1 = i_f$）相对应的水平线。如果扩张性财政政策使利率上升至 i_2，这意味着国内利率高于外国部门利率，此时就会有大量的资本从外国部门迅速流入，从而出现国际收支盈余，进而使本币具有巨大的升值压力。在固定汇率制度下，为稳定汇率，中央银行必须被迫实行更为扩张的货币政策，即 LM_2 线向右平移的幅度会更大一些，与此相联系，内外部共同均衡的点 E_3 也会沿着 IS_2 线向右下方移动，这一调整过程直到内外部实现共同均衡时为止。此时，内外部共同均衡的利率会回到初始的利率水平 i_1，即与外国部门的利率相等时，资本的流动才会停止。而内外部共同均衡的产出水平要比资本不能完全流动时的 Y_3 更多。这表明，在固定汇率制度下，如果资本可以完全自由流动，财政政策十分有效，或者说，财政政策的效应是完全的，即不存在挤出效应。读者根据图 13 - 2 完全可以推导出上述结论。当然，与资本不能完全自由流动的情况相同，财政政策依旧控制或绑架了货币政策，即中央银行不能控制货币供给。

以上的分析是假定实行固定汇率制度。如果经济体实行的是浮动汇率制度，财政政策效应如何呢？

为了说明这个问题，我们依然假定货币政策不变，并且以扩张性财政政策为例。首先分析资本不能完全流动的情况，如图 13 - 3 所示。

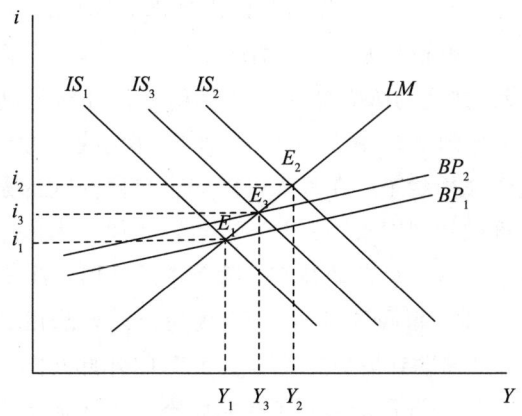

图 13-3　浮动汇率制度下财政政策的有效性

在图 13-3 中，最初的内外部共同均衡点在 E_1，与之相对应的利率水平是 i_1，产出水平为 Y_1。假定 Y_1 的产出水平小于充分就业的均衡产出水平，政府实行扩张性财政政策以刺激经济增长和就业增加，于是 IS_1 线向右平移到 IS_2 线，它与 LM 线相交于 E_2 点。与 E_2 点相对应的利率为 i_2，国民收入为 Y_2，就业相应增加。同前述分析一样，由于 E_2 点位于 BP 曲线上方，因而只是实现了产品市场和货币市场的共同均衡，未能实现国际收支平衡，此时的国际收支存在着盈余。在浮动汇率制度下，中央银行无需为汇率的上升做任何事情，国际收支盈余会使本币自动升值，这也意味着外币贬值，显然，这会导致净出口减少，如果国际挤出效应并不能完全抵消政府支出的增加，于是 IS_2 线向左平移到 IS_3 线；同时，BP 曲线也会从 BP_1 线向左上方平移至 BP_2 线。此时，IS_3 线、LM 线和 BP_2 线相交于 E_3 点，内外部重新实现了共同均衡。观察图 13-3 可以看出，与 E_3 点相对应的均衡利率 i_3 高于 i_1 但低于 i_2，均衡产出 Y_3 大于 Y_1 但小于 Y_2。这表明，在浮动汇率制度下，如果资本不能完全自由流动，国际挤出效应不完全，扩张性财政政策是有效的，它能够在一定程度上刺激经济增长和就业，但与固定汇率制度下的财政政策相比，其效应被严重削弱了。如果假设国际挤出效应是完全的，即出口的减少完全抵消了政府支出的增加，那么 IS_2 线将会直接左移至 IS_1 线，自然也不会有 IS_3 线和 BP_2 线的存在，均衡产出和均衡利率都将回到初始水平，则扩张性财政政策完全无效。这正是我们下面所要描述的情形。

在浮动汇率制度下，如果资本可以在国家间完全自由流动，图 13-3 中的 BP 曲线就是一条与初始利率水平 i_1（$i_1 = i_f$）相对应的水平线。读者可以完全

忽视 BP_2 线以及 IS_3 线的存在。假设最初的内外部共同均衡点在 IS_1 线、LM 线、BP_1 线相交的 E_1 点,均衡利率为 i_1,均衡产出为 Y_1。如果扩张性财政政策使 IS_1 线向右移动到 IS_2 线,并且与 LM 曲线相交于 E_2 点,此时的利率会从 i_1 上升至 i_2,国民收入从 Y_1 增加到 Y_2。由于均衡点 E_2 位于 BP_1 线上方,因此国际收支存在盈余,即外部处于失衡状态。在资本可以完全自由流动的条件下,由于 i_2 的利率水平高于外国部门的利率水平 i_1,一定会有巨额资本迅速流入,在实行浮动汇率制度的情况下,本币会自动升值。随着本币升值,净出口减少,IS 曲线会向左下方平移,直到重新回到最初的 IS_1 线为止,与此相联系,均衡点也会沿着 LM 曲线向左下方移动到最初的 E_1 点,此时内外部共同均衡的利率和国民收入分别为 i_1 和 Y_1。即经济重新回到了初始状态。上述分析表明,如果实行浮动汇率制度,并且资本可以在国家间完全自由流动,那么扩张性财政政策完全无效,即无法刺激经济增长和就业增加。

综上所述,一般而言,在开放经济条件下,如果实行固定汇率制度,财政政策更为有效,并且,资本的流动性越强,财政政策调节产出水平的效应越大,当资本在国家间可以完全自由流动即 BP 曲线为水平线时,财政政策的效应最大。而在浮动汇率制度下,如果资本可以完全自由流动,即 BP 曲线为水平线时,财政政策完全无效,只有当资本不完全自由流动即 BP 曲线向右上方倾斜时,扩张性财政政策对产出和就业的增长才具有一定的有效性,这还必须以国际挤出效应不完全为前提。

以上在分析财政政策的效应时,都是以扩张性财政政策为例。根据上述分析,读者完全可以推导出紧缩性财政政策的效应。

二、货币政策的效应和货币政策乘数

首先假定经济是封闭经济。在分析货币政策的效应时,我们假定财政政策不变。现在我们假定,如果在经济运行过程中出现了产出负缺口和失业,政府试图运用扩张性货币政策刺激总需求,以实现充分就业。那么扩张性货币政策的有效性如何呢?可以利用图 13-4 给出的 $IS-LM$ 模型对之进行分析。

图 13-4 假定财政政策不变,因而 IS 曲线的位置也不变。假设经济最初运行在 IS 曲线与 LM_1 曲线相交的 E_1 点,这时产品市场和货币市场共同均衡条件下的利率为 i_1,产出为 Y_1。假设 Y_1 的产出水平是小于充分就业的国民收入,政府为了促进经济增长和实现充分就业,实行了扩张性的货币政策,增加了货币供给,于是 LM 曲线从最初的 LM_1 线向右平移到 LM_2 线,均衡点会相应地从 E_1 点

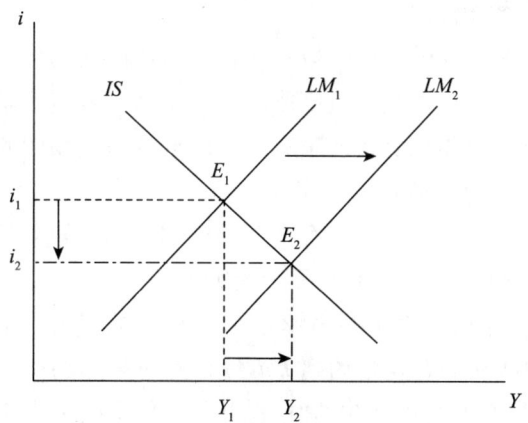

图 13-4 货币政策的有效性

沿着 IS 曲线向右下方移动到 E_2 点，这时均衡产出从 Y_1 增加到 Y_2，在其他条件不变的情况下，就业会相应增加。显然，在经济中存在产出负缺口即未实现充分就业之前，扩张性的货币政策是有效的。同样，如果出现相反的经济形势，即出现产出正缺口和通货膨胀，政府运用扩张性的货币政策不仅不能增加产出和就业，反而会使通货膨胀更加严重。

扩张性货币政策在存在产出负缺口的条件下既然是有效的，其效应究竟有多大呢？这可以用货币政策乘数来描述。货币政策乘数（monetary policy multiplier）是指在产品市场均衡或 IS 曲线不变时，货币供给量的变动所引起的均衡产出变动的倍数。与推导财政政策乘数的方法基本相同，首先将 LM 曲线的方程代入三部门经济条件下考虑税率作用后的 IS 曲线方程，解出产品市场和货币市场一般均衡条件下的国民收入 Y 的表达式，再将上式以货币供给 M 为自变量进行微分，就可以得到货币政策乘数。货币政策乘数可以用公式（13.3）来表示。

$$m_c = \frac{dY}{dM} = \frac{1}{[1-c(1-t)]\frac{h}{b}+k} \tag{13.3}$$

如果使用财政政策乘数 m_f 的概念（13.1），货币政策乘数还可以用公式（13.4）来表示。

$$m_c = \frac{dY}{dM} = m_f \cdot \frac{b}{h} \tag{13.4}$$

式中 m_c 是货币政策乘数。需要注意的是，一定不能把货币政策乘数与第十一章导出的货币乘数相混淆。

以上对货币政策效应的分析是以扩张性的货币政策为例，相反，如果在经济中存在产出正缺口从而出现通货膨胀时，货币当局若实行紧缩性的货币政策干预经济运行，同样会得出货币政策有效的结论。即紧缩性的货币政策能够抑制产出的过快增长和通货膨胀。

从理论上说，货币政策效应也存在两种极端情况。如果私人投资对利率极为敏感，即投资对利率的弹性系数等于无穷大，此时的 IS 曲线就是一条水平线。根据图 13-4，如果在最初的利率水平 i_1 上 IS 曲线为水平线，扩张性货币政策会导致 LM 曲线从 LM_1 线移动到 LM_2 线，此时虽然均衡利率水平不变，但与水平的 IS 曲线相交的均衡产出会比 Y_2 更多，货币政策完全有效。对该种情况出现的合理解释是，经济运行正处在复苏和繁荣阶段，投资者具有良好的预期，故投资对利率的弹性系数趋向无穷大，即利率稍有下降，就会导致私人投资大幅度增加。此种极端情况被称为古典主义极端。

货币政策的另一种极端情况是，如果私人投资对利率极不敏感，即投资对利率的弹性系数等于零，此时的 IS 曲线就是一条垂线。根据图 13-4，如果在最初的均衡产出水平 Y_1 上 IS 曲线为垂线，扩张性货币政策尽管使 LM 曲线平移至 LM_2 线，并且使利率水平出现了更大幅度的下降，但却不会增加均衡产出，这意味着扩张性货币政策完全无效。对这种情况的合理解释是，经济运行正处在衰退和萧条阶段，由于厂商对未来存在不确定性预期，因而无论利率怎样下降都会使投资者望而却步，即投资不依赖于利率。通常，我们把这种现象称为投资呆滞，这种极端情况被称为凯恩斯主义极端。

以上分析的是封闭经济中的货币政策效应。在开放经济中，货币政策的效应会因汇率制度的不同以及资本在国家间自由流动的程度而有所不同。

我们首先分析实行固定汇率制度，并且假设资本不能完全自由流动的情况。在分析货币政策效应时，假定财政政策不变，并且以扩张性货币政策为例。

如果经济中存在产出负缺口，即存在失业，这时，货币当局或中央银行运用扩张性货币政策增加总需求，以刺激经济增长，我们就可以用 IS-LM-BP 模型分析扩张性货币政策的有效性，如图 13-5 所示。

在图 13-5 中，假设经济最初运行在 IS 曲线、LM_1 线和 BP 曲线三条线相交的 E_1 点，此时经济实现了内外部共同均衡，与均衡点 E_1 相对应的均衡产出为 Y_1，均衡利率为 i_1。

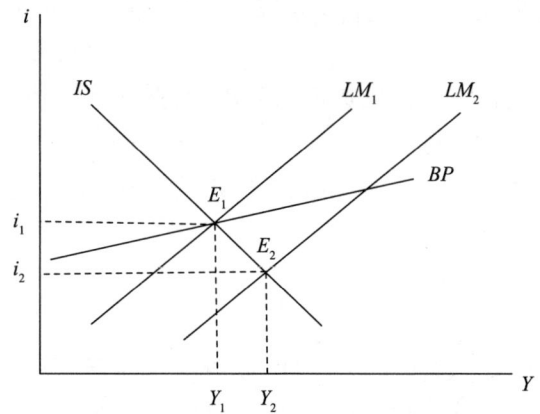

图 13-5　固定汇率制度下货币政策的有效性

如果此时的均衡国民收入小于实现充分就业的均衡产出水平，为实现充分就业，中央银行增加了货币供给，LM 曲线就会从 LM_1 线向右移动到 LM_2 线，此时，产品市场和货币市场共同均衡点在 IS 线和 LM_2 线相交的 E_2 点，与之相对应的均衡产出和均衡利率分别为 Y_2 和 i_2，显然，国民收入从 Y_1 增加到 Y_2 意味着就业增加。但是，E_2 点仅仅代表实现了产品市场和货币市场的共同均衡，即实现了内部均衡。由于该点位于 BP 曲线下方，说明此时国际收支存在赤字，即未实现国际收支平衡或外部处于失衡状态。如果国际收支存在赤字，本币一定具有贬值压力。在固定汇率制度下，为稳定汇率，中央银行必须抛出外币以回笼本币，这相当于货币紧缩，即实行了紧缩性的货币政策，于是 LM_2 线又会向左平移，直至移动到初始的 LM_1 线，与此相联系，均衡点就会沿着 IS 曲线从 E_2 重新回到初始的 E_1 点，内外部才能实现共同均衡。此时的均衡产出和均衡利率又回到初始的水平。上述分析表明，如果实行固定汇率制度，并且资本不能完全自由流动，扩张性货币政策完全无效，它不能刺激经济增长和就业增加。

在固定汇率制度下，如果资本能够完全自由流动，对扩张性货币政策效应的分析依然可以观察图 13-5。如果资本可以在国家间完全自由流动，BP 曲线就是一条与初始利率 i_1（$i_1 = i_f$）相对应的水平线。如果扩张性货币政策使 LM_1 线向右平移至 LM_2 线，均衡点会沿着 IS 曲线从最初的 E_1 点向右下方移动到 E_2 点，国际收支赤字的存在，依然会使中央银行实行紧缩性货币政策，其结果和上述分析的一样：LM 曲线向左平移，均衡点沿着 IS 曲线从 E_2 点移动到 E_1 点，均衡国民收入和均衡利率水平又会回到初始水平，扩张性货币政策完全无效。

显然，在固定汇率制度下，无论资本是否完全自由流动，扩张性货币政策都是无效的。①

以上是分析实行固定汇率制度下货币政策的有效性。如果实行浮动汇率制度，货币政策的效应如何呢？

首先分析资本不完全自由流动情况下货币政策的效应，仍以扩张性货币政策为例。见图13-6。

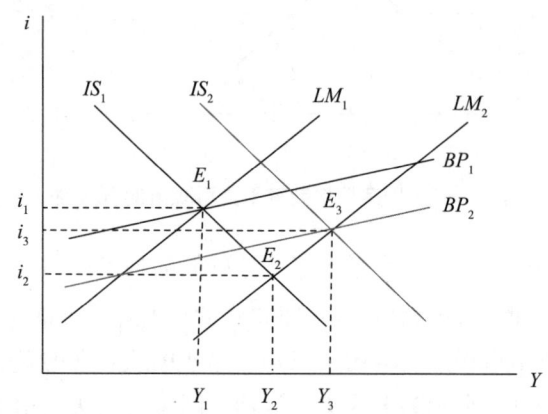

图13-6 浮动汇率制度下货币政策的有效性

假设经济最初运行在 IS_1 线、LM_1 线和 BP_1 线三条线相交的 E_1 点，此时经济实现了内外部共同均衡，与均衡点 E_1 相对应的均衡产出为 Y_1，均衡利率为 i_1。如果此时的均衡产出小于充分就业的均衡产出水平，中央银行运用扩张性货币政策刺激经济增长和就业，于是增加了货币供给。货币供给的增加会导致 LM 曲线向右平移，例如移动到 LM_2 线。此时 IS_1 线和 LM_2 线相交于 E_2 点，均衡产出和均衡利率分别为 Y_2 和 i_2，但这不是内外部共同均衡的产出水平和利率水平。由于 E_2 点位于 BP 曲线下方，说明此时存在国际收支赤字，因此经济仅实现了内部均衡，未实现外部均衡。在浮动汇率制度下，中央银行无需为汇率的下降做任何事情，国际收支赤字的存在，会导致本币自动贬值。本币贬值则会导致净出口增加，而净出口增加不仅会使 IS 曲线向右平移，例如移动到 IS_2 线，也会使 BP 曲线向右下方平移，例如移动到 BP_2 线。这时，IS_2 线、LM_2 线和 BP_2 线

---

① 确切地说，在实行固定汇率的制度下，本币贬值会导致净出口增加，因此图13-5中的 IS 曲线应该右移。但由于净出口增加会导致国民收入增加，而国民收入增加又会导致进口增加，从而会抵消净出口的增加，因此假设 IS 曲线位置不变是合理的。

相交于 E_3 点，经济重新实现了内外部共同均衡。而与内外部共同均衡的 E_3 点相对应的均衡产出为 Y_3，均衡利率为 i_3。显然，在浮动汇率制度下，即使资本不能完全自由流动，扩张性货币政策也是有效的，它能够促进经济增长和就业增加。

在浮动汇率制度下，如果资本可以完全自由流动，货币政策的效应仍然可以利用图 13-6 予以说明。在资本可以完全自由流动的情况下，BP 曲线就是一条与初始利率水平 i_1（$i_1 = i_f$）相对应的水平线，因此可以忽视 BP_2 线的存在。如果扩张性货币政策使 LM_1 线向右平移至 LM_2 线，均衡点会沿着 IS_1 线从最初的 E_1 点向右下方移动到 E_2 点。此时，一方面由于 i_2 的利率水平低于与外国部门相等的利率水平 i_1，资本自由流动必然会导致资本迅速流出，并且会大于资本不能自由流动情况下的流出额，这会加剧国际收支的失衡；另一方面，在浮动汇率制度下，国际收支赤字的存在会使本币自动贬值，且贬值的幅度更大，从而一定会导致净出口以更大的幅度增加，净出口的大幅度增加会使 IS_2 线以更大的幅度向右平移，经济才会重新实现内外部共同均衡。当经济重新实现内外部共同均衡时，均衡国民收入会大于资本不能完全自由流动下的 Y_3。因此，与资本不能完全流动的情况相比，资本自由流动下的扩张性货币政策更为有效。读者根据图 13-6 完全可以推导出上述结论。

综上所述，在开放经济中，一般而言，在固定汇率制度下，无论资本是否完全自由流动，即无论 BP 曲线是水平线还是向右上方倾斜，货币政策对产出水平的调节都是无效的。但在浮动汇率制度下，货币政策对产出水平的调节则是有效的，并且，资本的流动性越强，货币政策的效应越大，当 BP 曲线为水平线时，货币政策的效应最大。

以上在分析货币政策的效应时，都是以扩张性货币政策为例。根据上述分析，读者完全可以推导出紧缩性货币政策的效应。

从以上对财政政策和货币政策效应的分析来看，读者可能会意识到，在开放经济中，任何一个国家都不可能同时保持或实现本国货币政策的独立性、汇率的稳定性（固定汇率）、资本在国家之间完全自由流动这三种状态或三个目标，充其量只能同时保持或实现其中的两种状态或两个目标。这种三难困境（impossible trinity）也被称为三难选择或三元悖论。

此外，需要指出的是，在分析开放经济中财政政策和货币政策效应时，都是以小型开放经济体为对象的，因为绝大多数国家相对于整个世界来说都是小的；但如果少数大型开放经济体可以充分控制其利率水平，财政政策和货币政策的效应会略有不同。感兴趣的读者可以阅读相关文献。

三、财政政策和货币政策的时滞

经济学家们区分了实施稳定经济政策的两个时滞，即内在时滞和外在时滞。内在时滞（inside lag）是指从经济冲击发生到政府对经济冲击作出反应并制定出稳定经济的政策所需要的时间。内在时滞产生的原因首先是决策者对经济冲击的性质要有一个认识和判断的过程；其次是需要经过一定的程序制定适当的稳定经济的政策。外在时滞（outside lag）是指政府从实施稳定经济的政策到政策对经济运行产生实际影响所需要的时间。

首先，观察财政政策和货币政策的内在时滞。财政政策的内在时滞在不同的国家显然是有所不同的。因为一项财政政策的出台，在许多国家需要经过国会甚至总统的批准，这就意味着这项政策的出台必须在大多数议员取得共识的情况下才能被制定出来并付诸实施，因此财政政策的认识时滞可能较长。此外，在国会预算程序较为复杂的情况下，即使不存在认识方面的时滞，要完成国会预算程序，也可能需要较长的时间，因而导致财政政策的内在时滞较长。例如，在美国，财政支出和税收的变动需要总统和参众两院的批准，缓慢和繁琐的立法程序可能使出台一项稳定宏观经济的财政政策需要很长的时间。而在中国，一项稳定宏观经济的财政政策可能在较短的时间内就能被制定出来并被付诸实施。2008年以来中美两国在应对国际金融危机方面的决策过程就证明了这一点。相比之下，货币政策的内在时滞要比财政政策的内在时滞短得多。因为稳定经济的货币政策通常都是由各国的货币当局或中央银行直接制定的，不存在繁琐的立法程序和批准程序。货币当局或中央银行甚至可以在一天之内就能决定并实施政策变动，这在货币当局或中央银行具有独立性的国家尤为如此。

其次，就财政政策和货币政策的外在时滞而言，由于财政政策和货币政策具有不同的传导机制，因此两种政策也就具有不同的外在时滞。一般地说，由于财政政策是通过变动政府支出和税收来影响经济运行的，它可以直接增加或减少总需求，在乘数的作用下，对经济的扩张或收缩会比较迅速地产生影响，因此其外在时滞可能较短。与财政政策的传导机制不同，货币政策的作用更为间接，因而其外在时滞可能较长。因为中央银行无论实行扩张性货币政策还是实行紧缩性货币政策，都要首先运用某些货币政策工具影响货币供给，并通过货币供给的变动影响利率，然后通过贷款发放额度的变动和利率的变动影响私人部门的投资,再影响国民收入。货币政策的这一传导机制表明,相对于财政政策来说,货币政策对经济运行产生实质性的影响作用要经过较长的时间才能发挥出来。需要说明的是,货币政策外在时滞的长短乃至货币政策效应的大小,都与一个国家金融体系的完善程度具有很大关系。

第四节 财政政策和货币政策的综合运用

财政政策和货币政策虽然都是政府干预经济运行的需求管理政策,对宏观经济运行具有相同的调节作用,但也应看到,财政政策和货币政策具有不同的作用机制,它们对某些经济变量的作用方向也存在着不一致性。此外,在经济运行周期的不同阶段,两种政策对经济扩张和经济收缩的作用程度也有所不同。因此就产生了综合运用两种政策干预经济的必要性。

一、财政政策和货币政策综合运用的必要性

首先,财政政策和货币政策对利率的作用具有完全不同的效应。政府如果实行扩张性财政政策,增加政府支出,在其他条件不变的情况下,产品市场和货币市场的力量会迫使均衡利率水平上升;反之,如果政府实行紧缩性财政政策,则会导致均衡利率水平下降。与财政政策对利率的作用相反,如果政府实行扩张性货币政策,增加货币供给,在其他条件不变的情况下,会导致均衡利率水平下降;反之,紧缩性货币政策则会导致利率上升。可见,财政政策和货币政策对利率的作用方向是相反的。

其次,财政政策和货币政策对私人部门投资的作用也具有完全不同的效应。如上所述,扩张性货币政策会导致利率下降,而利率下降会导致私人部门投资增加,在其他条件不变的情况下,投资增加会导致国民收入增加。反之,紧缩性货币政策会导致利率上升,而利率上升会导致私人部门投资减少,从而引起国民收入减少。与货币政策不同,扩张性财政政策虽然会增加总需求,并最终导致国民收入增加,但由于扩张性财政政策会导致均衡利率上升,而利率上升又会挤出私人部门的投资,产生挤出效应。

再次,财政政策和货币政策在经济运行的不同阶段,其作用的效果也会有所不同。当经济出现萧条时,扩张性货币政策尽管能够降低利率水平,但是只要厂商对未来的预期比较悲观,即使较低的利率也难以刺激私人部门投资的大量增加,即投资呆滞。如果再考虑到流动性陷阱的存在会使利率下降到一定水

平不能再下降的情况，那么，扩张性货币政策在经济萧条时期的效果就可能很小。反之，在经济繁荣时期，紧缩性货币政策作为反通货膨胀的有力武器，其效果则比较显著。与货币政策相反，在经济萧条时期，扩张性财政政策通常具有显著的效果，因为扩张性财政政策主要是通过增加政府支出和减少税收来实现的，无论是政府支出的增加，还是税收的减少，都会直接增加总需求，进而对国民收入和就业的增加产生直接的影响。

此外，财政政策和货币政策必须综合运用，也与财政政策和货币政策的时滞差异有关。正是由于财政政策和货币政策具有不同的内在时滞和外在时滞，因此，有选择地运用财政政策和货币政策并把它们结合起来运用，也就有其必要性。

由于财政政策和货币政策的效应既具有相同的一面，又具有一定的区别，因此，政府在运用财政政策和货币政策干预经济运行时，通常总是有选择地把两种政策有机地结合在一起。

二、财政政策与货币政策组合

财政政策与货币政策组合有四种基本的方式，即扩张性财政政策和扩张性货币政策组合、紧缩性货币政策和紧缩性财政政策组合、扩张性财政政策和紧缩性货币政策组合、紧缩性财政政策和扩张性货币政策组合。

扩张性财政政策和扩张性货币政策组合也称双松的经济政策。这种政策组合通常在经济出现较大的负缺口即经济萧条、通货紧缩、失业严重的经济过冷时被采用。在经济过冷的情况下，为了增加有效需求，刺激经济增长，如果单纯使用扩张性财政政策，虽然会增加产出和就业，但由于会导致利率上升和挤出私人投资，因而必然会产生挤出效应，使扩张性财政政策的效应受到削弱。如果在实行扩张性财政政策的同时，再辅之以扩张性的货币政策，增加货币供给，利率就不会上升。在此情况下，扩张性财政政策所产生的挤出效应就会被扩张性货币政策的效应所抵消，这样就可以使经济以较高的速度增长，尽快摆脱萧条，走出低谷，实现充分就业。读者可以运用 IS – LM 模型对双松的经济政策的效应进行分析。

20 世纪 60 年代初，美国经济严重萧条，政府就使用了这样的政策组合。一方面通过减税刺激经济增长，另一方面又采用了扩张性的货币政策，使利率基本保持不变，收到了较好的效果。

紧缩性货币政策和紧缩性财政政策组合又称双紧的经济政策。这种政策组合通常在产出出现较大的正缺口即通货膨胀严重的经济过热时期被采用。在经济过热的情况下,由于经济增长速度过快,生产要素被过度利用,不仅会导致资源短缺,也会出现严重的通货膨胀。在此情况下,货币当局或中央银行为了有效地抑制通货膨胀,通常要使用紧缩性货币政策,减少货币供给。货币供给的减少会导致利率上升,而高利率会抑制投资的过快增长,进而抑制总需求的增长速度,使物价水平降低。但是,由于货币政策的效应具有滞后性,紧缩性货币政策难以收到立竿见影的效果。同时,紧缩性货币政策又是以利率上升为前提的,而利率上升会导致许多弊端,如加剧社会的分配不公,国际游资的大量进入,由于成本上升导致产品在国际市场的竞争力被削弱,等等。在此情况下,如果在实行紧缩性货币政策的同时,再实行紧缩性财政政策,就可以在一定程度上消除上述弊端,并且会在更大程度上抑制经济的过快增长和抑制通货膨胀,使过热的经济尽快降温。读者也可以运用 IS – LM 模型对双紧的经济政策的效应进行分析。

1992 年,我国的经济增长率高达 14.2%,1993 年依然高达 14.0%,通货膨胀率达到 20% 左右,经济出现了过热。为了抑制经济的过快增长,1993 年我国实行了适度从紧的货币政策,以后又实行了适度从紧的财政政策,到 1996 年,经济顺利地实现了软着陆,收到了较好的政策效果。

扩张性财政政策和紧缩性货币政策组合是一种松紧搭配的经济政策,通常在经济增长出现停滞同时又存在通货膨胀也就是滞胀的情况下被采用。当经济增长出现停滞,经济萧条不很严重时,政府可以采用扩张性的财政政策刺激总需求,拉动经济增长,增加就业;同时,为了抑制通货膨胀,又必须实行紧缩性货币政策。扩张性财政政策和紧缩性货币政策都会导致利率上升,因而对通货膨胀的抑制作用具有确定性。但由于扩张性财政政策和紧缩性货币政策对经济增长的刺激作用是相反的,因此,这种政策组合能够在多大程度上增加国民收入和就业量,则具有不确定性,这种不确定性取决于扩张性财政政策和紧缩性货币政策这两种政策各自的力度。读者可以尝试运用 IS – LM 模型对这种政策组合的效应加以分析。

20 世纪 70 年代后期,美国卡特政府实行了扩张性的财政政策,失业率大幅度下降,但通货膨胀率却高达 9% 以上。为了抑制通货膨胀,1979 年实行了紧缩性货币政策。80 年代初,里根政府上台,在继续实行紧缩性货币政策的同时,又实行了减税和增加国防支出的扩张性财政政策,从而形成了扩张性财政政策和紧缩性货币政策的组合。1982 年以后,美国经济开始走上了复苏之路,到 80 年代后期，失业率降到了 5% 左右，基本接近了自然失业率水平，同时，通货膨胀率也降到了 5% 左右。可以说，这种政策组合贯穿于 20 世纪 80 年代的美国经济，对美国经济的稳定增长起到了积极的促进作用。

紧缩性财政政策和扩张性货币政策组合也是一种松紧搭配的经济政策，从理论上说，这种政策组合适用于经济中出现过热同时又存在通货紧缩的经济形势，但由于这种经济形势在实践中极其罕见，因此，在经济出现过热，但通货膨胀又不很严重的情况下，就可以考虑采用这种政策组合。在这种政策组合中，用紧缩性财政政策抑制总需求，进而抑制经济过热和通货膨胀的作用是十分明显的，但为了避免财政过度紧缩而引发经济衰退，可以同时采用扩张性货币政策。使用这种政策组合干预经济对利率的影响作用具有确定性，也就是一定会导致利率水平的下降，但对国民收入和就业的影响程度则具有不确定性，因为这种影响程度取决于紧缩性财政政策和扩张性货币政策各自的力度。读者同样可以尝试运用 $IS-LM$ 模型对这种政策组合的效应加以分析。

上述分析是假定经济体为封闭经济。在一个开放的经济体中，运用财政政策和货币政策组合干预经济运行还必须考虑汇率对经济的影响。因此，在开放经济条件下，经济政策的运用会更为复杂，这已经超出本书研究的范围。有兴趣的读者可以阅读高级宏观经济学教程。

第五节　财政政策和货币政策效应的国际传导

在一个开放的经济中，当一个国家的宏观经济政策进行调整时，也会对其他国家的经济产生某种影响，这就是经济政策效应的国际传导。随着世界经济一体化的逐步深入，这种政策效应的国际传导愈益明显。

一、财政政策和货币政策效应的传导

在开放经济的条件下，一国经济政策的调整或改变不仅会影响本国的经济运行，同样会影响到其他国家，这就是经济政策效应的国际传导。

经济政策效应的国际传导主要是通过国际贸易和金融市场两个渠道进行的。根据 $IS-LM$ 模型，无论实行何种类型的财政政策和货币政策，最终都会影响本国的产出和利率。而本国产出水平的变动和利率水平的变动都会影响到其他国家的经济运行。通过国际贸易渠道的政策效应传导被称为乘数联系，通过金融市场渠道的政策效应传导被称为货币联系。

首先，就乘数联系而言，如果 A 国实行扩张性的财政政策或扩张性的货币政策，并最终拉动了本国的经济增长，导致了国民收入的增加，这会通过国际贸易渠道影响其他国家的经济运行。因为伴随着国民收入的增加，A 国从外国例如从 B 国的进口会相应增加，这意味着 B 国的出口会增加，如果其他条件不变，总需求会相应增加，在乘数的作用下，最终会拉动 B 国的经济增长，使该国的产出和就业也相应增加。相反，如果 A 国实行紧缩性的财政政策或紧缩性的货币政策，并最终抑制了国内过快的经济增长，同样会使 B 国的经济增长速度放缓，甚至会使 B 国经济出现衰退。显然，一国实行的任何一项能够扩张自己经济，从而增加产出和就业的经济政策，也会使外国的产出和就业增加；反之，一国实行的任何一项能够收缩自己经济，抑制增长的经济政策，也会导致外国的经济增长速度放缓，并减少产出和就业。这就是一国的经济扩张和较高的经济增长速度，通常为什么会受到其他国家欢迎的原因。当然，一个有影响的大国如果出现经济衰退，也会自然而然地引起其他贸易伙伴国的担忧。过去，人们曾经形象地比喻，只要美国打一个"喷嚏"，欧洲就会"感冒"。现在，随着中国经济实力的快速增长和对外经济联系的加强，许多经济学家也已经把中国看作是一打"喷嚏"，其他许多国家就要"发烧"的经济大国了。

其次，就货币联系而言，如果 A 国实行扩张性的财政政策或实行紧缩性的货币政策，并最终导致了本国利率水平上升，也会主要通过金融市场的传递影响其他国家。其国际传导机制表现在：利率的变动会影响汇率的变动，汇率的变动又会影响净出口的变动并最终影响其他国家的经济运行。具体表现在：如果 A 国实行扩张性的财政政策或紧缩性的货币政策，从而导致了本国利率水平上升，那么 A 国较高的利率会导致净资本流入增加，而净资本流入增加会导致汇率上升，即本币升值，当然，这会导致外国例如 B 国资本流出和该国货币贬值，汇率的变动自然又会影响到 A 国和 B 国的净出口，即 A 国净出口减少，B 国净出口增加。此外，A 国的利率提高以后，投资者会卖出 B 国的金融资产，这会导致 B 国货币贬值和利率上升。B 国货币贬值会促进该国出口的增加，在其他条件不变时会使 B 国的产出和就业增加。但是 B 国利率上升会抑制其国内的投资需求，如果其他条件不变，这又会使 B 国的产出和就业减少。显然，A 国利率上升对 B 国出口和投资的影响具有确定性，但对 B 国产出和就业的影响则具有不确定性。

无需赘言，如果 A 国实行紧缩性的财政政策或扩张性的货币政策并导致了本国利率水平下降，其对 B 国的影响读者完全可以根据自己的分析得出正确的结论。

二、溢出效应和回振效应

从以上的分析不难看出，在开放的经济中，通过贸易和金融两个渠道，一国经济的扩张或收缩会传递到另一国，使别国的经济也相应地出现扩张或收缩，而别国经济的扩张或收缩又会反过来影响最初扩张或收缩的国家。

当一国的经济扩张或收缩，通过对外贸易和金融市场导致其他国家的经济相应扩张或收缩，所产生的这种效应就是溢出效应（spillover effect）。由于 A 国经济的扩张或收缩引起 B 国经济出现扩张或收缩以后，又必然会通过对外贸易和金融市场反过来影响最初引发溢出效应的 A 国的经济运行，使 A 国的经济加速扩张或收缩，这种影响被称之为回振效应或回波效应（backwash effect）。

需要说明的是，如果一个国家单纯用货币贬值的方法来刺激本国的经济增长，通常被认为是一种损人利己的行为。举例来说，如果 A 国宣布本国货币贬值，或听任汇率下跌，这将有利于 A 国增加出口，同时还可能导致进口的减少。在此情况下，A 国的净出口就会增加，在其他条件不变时，净出口的增加会引起总需求的增加，并最终在乘数的作用下导致本国国民收入和就业的增加。然而，A 国宣布本币贬值对 B 国却不是一件好事。因为 A 国出口的增加和进口的减少是建立在 B 国进口增加和出口减少的基础上的，从而必然导致 B 国净出口减少，在其他条件不变时，B 国的总需求就会减少，并最终导致 B 国国民收入和就业的减少，甚至有可能导致 B 国的经济出现收缩或衰退。由于本币贬值的汇率政策只对自己有利而对别人不利，故此项政策被称之为"以邻为壑的政策"（beggar–thy–neighbor policy）。1997 年东南亚金融危机爆发后，中国政府坚持人民币不贬值，赢得了世界各国的一致赞扬，树立了"负责任的经济大国"的形象，而此后的几年日本政府听任日元贬值的做法则受到了许多国家的政府和经济学家们理所当然的批评和谴责。

以上的分析表明，当世界经济出现不景气时，各国应当相互协调经济政策，而不应当实行竞争性贬值。

关键名词和术语

需求管理政策　财政政策　斟酌使用的财政政策　货币政策　自然利率　法定准备金率　再贴现率　公开市场业务　道义劝告　窗口指导　财政制度的内在稳定器　货币制度的内在稳定器　利率效应　实际货币余额效应　挤出效应　凯恩斯主义极端　古典主义极端　财政政策乘数　货币政策乘数　风险中性　三难困境　财政政策和货币政策的时滞　双松的经济政策　双紧的经济政策　乘数联系　货币联系　溢出效应　回振效应

复习思考题

1. 宏观经济政策的目标都有哪些？分析它们之间的关系。
2. 财政政策和货币政策的工具有哪些？怎样运用这些工具干预宏观经济运行？
3. 宏观经济政策有哪些基本的类型？它们各自适用什么样的经济条件？
4. 财政制度中的内在稳定器是怎样发挥作用的？其效应如何？
5. 货币制度中的内在稳定器是怎样发挥作用的？其效应如何？
6. 使用扩张性的财政政策为什么会出现挤出效应？
7. 分析固定汇率制度和浮动汇率制度下财政政策和货币政策的效应。
8. 在开放经济中，为什么会存在三难困境或三元悖论？
9. 怎样认识财政政策和货币政策的时滞？
10. 分析不同政策组合的适用条件和效应。
11. 怎样认识财政政策和货币政策效应的国际传导？
12. 为什么说本币贬值的政策是一种以邻为壑的经济政策？

计算证明题

1. 假定经济满足 $Y = C + I + G$。已知消费函数为 $C = 800 + 0.63Y$，投资函数为 $I = 7500 - 20000i$，货币需求函数为 $L = 0.1625Y - 10000i$，名义货币供给量 $M = 6000$，由货币供给等于货币需求得价格水平为 1。解出用利率表示的 LM

曲线和用 Y 表示的 IS 曲线。当政府购买从 7500 增加到 8500 时，这一扩张性的财政政策会挤占多少私人投资？（单位：亿美元）

2. 假定货币需求 $L=0.2Y$，货币供给量 $M=200$，消费 $C=90+0.8Y$，税收 $T=50$，投资 $I=140-5i$，政府购买 $G=50$。导出 IS 和 LM 方程，求均衡收入、均衡利率和投资。如果其他条件不变，政府购买增加 20，均衡收入、利率和投资有什么变化？是否存在挤出效应？

第十四章

总需求－总供给模型

从第十章到第十二章,我们从总需求的角度分析了国民收入的决定和宏观经济的均衡,在此基础上,第十三章又概述了总需求的管理政策。在前面的分析中,我们一直假定价格水平不变,从本章开始,我们将放弃这种假设,将价格水平视为宏观经济运行过程中的一个重要变量。本章的分析表明,无论是总需求决定的国民收入,还是由短期总供给决定的国民收入,都与价格水平的变动相关。

从本章开始,我们将重点转入对总供给的分析。第一节在把价格水平作为变量的基础上,推导出总需求曲线;第二节引入总供给分析;第三节分析决定总供给的因素;第四节分析总需求－总供给模型,通过对总需求－总供给模型的分析,解释经济波动的直接原因以及总需求－总供给模型的政策含义。

第一节 总需求函数和总需求曲线

一、总需求和总需求函数

总需求(aggregate demand,AD)是一个经济社会或经济体对产品和服务的需求总量,由消费需求、投资需求、政府需求和国外需求构成。实际上,总需求就是指家庭部门、企业部门、政府部门和外国部门购买的产品和服务的总量。因此,总需求所衡量的是在其他经济变量既定时,经济社会中各种行为主体在各种可能的价格水平下的总支出水平。需要说明的是,由于总支出与总收入是恒等的,因此这里所说的总支出水平亦即总收入水平。

总需求函数被定义为一个经济社会或经济体的国民收入或产出与价格水平

之间的内在联系，这种内在联系表现为国民收入是价格水平的减函数。在一个横轴为国民收入（Y）、纵轴为价格水平（P）的坐标上，总需求函数表现为一条斜率为负的曲线，即总需求曲线。见图 14–1。

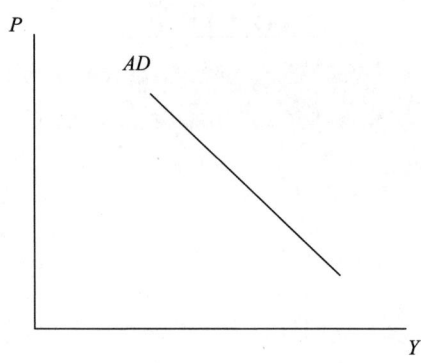

图 14–1　总需求曲线

图 14–1 坐标中的 AD 线即为总需求曲线。总需求曲线是在产品市场和货币市场同时均衡条件下各种可能的价格水平与产出水平组合点的集合，或者说是在各种可能的价格水平上，产品市场和货币市场同时均衡条件下国民收入水平的变动轨迹。斜率为负的总需求曲线表明，价格水平 P 越高，总支出水平即总收入水平 Y 就越低；反之，价格水平 P 越低，总支出水平即总收入水平 Y 就越高。总支出水平或总产出水平之所以与价格水平负相关，基于如下三个原因：

首先是因为经济中存在利率效应。在一个经济体中，当价格水平上升时，产品和服务会变得更加昂贵，因而人们需要更多的货币进行交易，即货币需求增加。在货币供给不变的条件下，利率将会上升，利率的上升将会导致投资支出的下降；反之，当价格水平下降时，由于货币需求减少并导致利率下降，投资支出则会增加。

其次是经济中存在着财富效应，即上一章所说的庇古效应或实际货币余额效应。如果其他条件不变，当价格水平上升时，人们所持有货币的购买力和其他资产的实际价值将会减少，即人们所拥有的财富或实际余额减少，这必然会导致人们的消费支出减少；反之，当价格水平下降时，人们的消费支出则会增加。

最后是经济中存在着税收效应，如果其他条件不变，当价格水平上升时，会使人们的名义收入增加，名义收入增加会使人们进入更高的纳税等级，从而减少人们的可支配收入，这会导致人们的消费支出减少；反之，价格水平下降则会导致人们可支配收入增加和消费支出增加。

综上所述，价格水平的变动会导致投资支出和消费支出的反向变动，在其他条件不变时，一个经济体的总支出水平或总收入水平，进一步说就是总产出水平，必然与该经济体的价格水平呈负相关的关系。

二、总需求曲线和总需求函数的推导

总需求是一个经济社会或经济体对产品和服务的需求。假定经济是封闭的，这种需求既表现在产品市场上，也表现在货币市场上，因而与产品市场和货币市场的均衡有关。正是由于这个原因，所以总需求函数或总需求曲线可以从 $IS-LM$ 模型推导出来。在对需求曲线进行几何推导之前，先复习一下 LM 曲线在坐标上位置移动的原因。第十一章我们曾经指出，如果其他条件不变，LM 曲线的位置主要决定于实际货币供给（M/P），如果实际货币供给增加，LM 曲线向右移动，反之则向左移动。而实际货币供给的变化又取决于名义货币供给量（M）和价格水平（P）。根据实际货币供给的定义可以知道，如果 P 不变，M 增加即意味着实际货币供给增加，于是 LM 曲线将向右移动，反之则向左移动；同样，如果 M 不变，P 下降，同样意味着实际货币供给的增加，于是 LM 曲线向右移动，反之则向左移动。知道了价格水平与 LM 曲线的关系后，就可以利用 $IS-LM$ 模型推导出总需求曲线了。

图 14-2（a）给出的是 $IS-LM$ 模型，坐标横轴表示国民收入或总产出水平，纵轴表示利率水平。我们假定图中 IS 曲线的位置始终不变。图 14-2（b）是用来表示总需求曲线的坐标，横轴表示国民收入或总产出水平，纵轴表示价格水平。

我们首先假定，在坐标（b）中，最初的价格水平为 P_E。在价格水平为 P_E 的情况下，就有坐标（a）中的 LM 曲线。或者说，LM 曲线中的实际货币供给是建立在价格水平 P_E 的基础之上的。这时，IS 曲线与 LM 曲线相交于 E 点，与 E 点相对应的均衡利率为 i_E，均衡产出为 Y_E。与坐标（a）中横轴上的产出水平相对应，坐标（b）横轴上的均衡产出水平也应当是 Y_E。于是，在坐标（b）中，我们就可以得到一个当价格水平为 P_E 时均衡产出为 Y_E 的组合点 E' 点。

现在我们假定，在坐标（b）中，价格水平从 P_E 下降到 P_{E1}，根据前面我们对价格水平与 LM 曲线关系的分析可以知道，随着价格水平的下降，在名义货币量不变时，实际货币供给会增加，这时 LM 曲线将向右移动，例如移动到

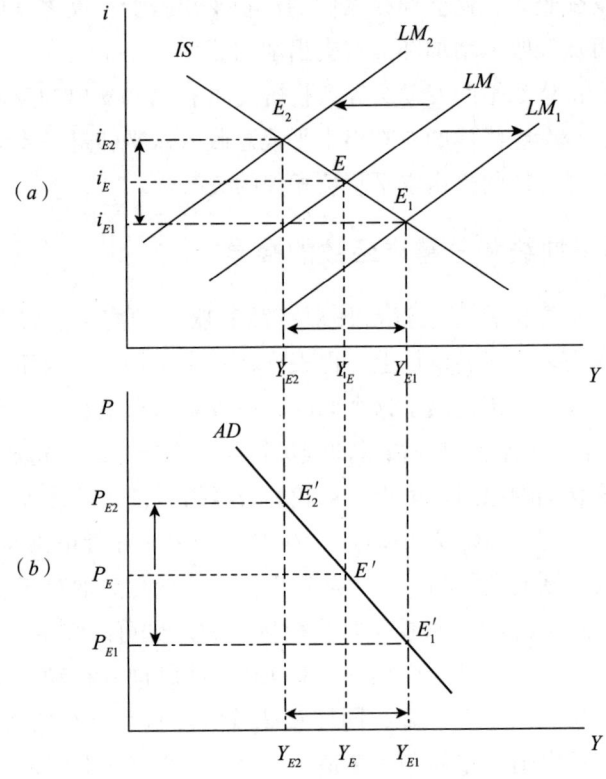

图 14-2 AD 曲线的推导

LM_1 线。这时 IS 曲线与 LM_1 线相交于 E_1 点，于是均衡利率从 i_E 下降到 i_{E1}，均衡产出则从 Y_E 增加到 Y_{E1}。相应地，在坐标（b）中，均衡产出也从 Y_E 增加到 Y_{E1}。这样，在坐标（b）中，我们又得到一个当价格水平为 P_{E1} 时产出水平为 Y_{E1} 的组合点 E_1' 点。

最后，我们假定在坐标（b）中，价格水平从 P_E 上升到 P_{E2}，这时的 LM 曲线将从 LM 线向左移动到 LM_2 线，并与 IS 曲线相交于 E_2 点，均衡利率为 i_{E2}，均衡产出为 Y_{E2}。于是，在坐标（b）中，又可以得到一个当价格水平为 P_{E2} 时产出为 Y_{E2} 的组合点 E_2' 点。如果假定价格水平是连续变化的，我们就可以将坐标（b）中的点 E'、E_1'、E_2' 连接成一条线，就可以得到一条向右下方倾斜的曲线，这条线就是总需求曲线，即图中的 AD 线。

通过以上对总需求曲线的推导不难看出，总需求曲线是在产品市场均衡（$I = S$）和货币市场均衡（$L = M/P$）即两个市场共同均衡条件下的各种利率和收入组合点的集合。总需求曲线所表明的是，在 IS 曲线和名义货币量不变，且产品市场和货币市场共同均衡的条件下，每一价格水平上的均衡国民收入水平或均衡支出水平。

与总需求曲线的几何表达方式相同，总需求函数也可以用代数方式即 IS 曲线方程（14.1）和 LM 曲线方程（14.2）来表示。将两个方程联立求解，可以得到总需求曲线上任意一点的均衡产出和均衡价格。通过第十一章的分析，已知：

IS 曲线方程： $$Y = m \cdot (A - bi) \tag{14.1}$$

LM 曲线方程： $$i = \frac{1}{h}\left(kY - \frac{M}{P}\right) \tag{14.2}$$

对 IS 曲线方程和 LM 曲线方程联立，并解出均衡产出或均衡国民收入，则可以得到（14.3）式：

$$Y = \frac{mA + bmM/hP}{1 + bmk/h} \tag{14.3}$$

如果令 $\gamma = \dfrac{m}{1 + mbk/h}$，即使用财政政策乘数的概念，（14.3）式还可以表示为与第十一章中（11.16）式相同的公式，如（14.4）所示。

$$Y = \gamma A + \gamma \frac{b}{h} \cdot \frac{M}{p} \tag{14.4}$$

将 IS 曲线方程和 LM 曲线方程联立，并解出均衡价格水平 P，则可以得到（14.5）式：

$$P = \gamma \frac{b}{h} \times \frac{M}{Y - \gamma A} \tag{14.5}$$

进一步的数学推导可以证明，总需求曲线实际上是一条双曲线而不是一条直线，只是为了简单起见，在以后的分析中，我们假定总需求曲线始终是一条直线。从总需求函数不难看出，总需求曲线的斜率取决于财政政策乘数 γ、投资对利率的敏感系数 b 和货币需求对利率的敏感系数 h。在其他条件不变时，γ 值和 b 值越大，或 h 值越小，总需求曲线斜率的绝对值就越小，即 AD 曲线越平坦；反之，γ 值和 b 值越小，或 h 值越大，总需求曲线斜率的绝对值就越大，即 AD 曲线越陡峭。

从总需求函数可以看出，总需求曲线在坐标上的位置取决于自发需求 A 和货币供给量 M。在四部门经济中，自发需求 A 既包括自发消费需求 C_0、自发投资需求 I_0，也包括自发出口需求 X_0，同时，由于政府支出 G 是外生变量，也

可以把它归入到自发需求 A 中。在其他条件不变时，自发需求和货币供给量的增加都会导致总需求曲线向右移动，即总需求增加；反之，自发需求和货币供给量的减少都会导致总需求曲线向左移动，即总需求减少。进一步说，在价格水平既定的情况下，所有能够对消费需求、投资需求、政府需求和净出口产生外生影响的因素都会引起总需求的变动，从而使总需求曲线发生位移。

在影响总需求的诸多因素中，政府部门最容易控制的是政府支出、税收和货币供给。因此，政府和货币当局可以运用需求管理政策即财政政策和货币政策改变总需求，并通过总需求的变动影响产出水平和就业水平。

在开放经济中，总需求还要受实际汇率的影响。一般来说，如果本币贬值，即汇率水平越低，那么本国产品价格水平就越低，这意味着外国部门会购买更多的本国产品，于是净出口增加，净出口增加会导致总产出或国民收入增加。这意味着总产出水平与价格水平负相关；反之亦然。因此，在开放经济中，已经融入了汇率变动影响的 AD 曲线也是向右下方倾斜的斜率为负的曲线。开放经济中的总需求曲线可以从 $IS-LM-BP$ 模型导出。不过这已经超出了经济学中级教程的范畴。

第二节　劳动市场的均衡与总供给曲线

在推导出总需求曲线后，我们将转入对总供给的分析。总需求是建立在产品市场和货币市场共同均衡基础之上的，而总供给则是建立在劳动市场均衡和总量生产函数基础之上的。因此，对总供给的分析必须与劳动市场的均衡联系在一起。

一、总供给和劳动市场

总供给（aggregate supply, AS）是在经济制度、资源数量和技术水平既定的情况下，一个经济社会或一个经济体在一定时期中的总产量或总产出。在经济制度、资源数量和技术水平既定的情况下，各种价格水平与总产量之间的组合关系就是总供给曲线或总供给函数。

一般而言，总供给决定于生产要素（最重要的是劳动和资本）的投入数量和生产要素的效率（主要是技术进步）。然而，从产权的制度安排来看，在现代市场经济中，是资本雇用劳动，而不是劳动雇用资本。因此在静态短期均衡分析的情况下，我们可以假定资本存量和生产要素的效率不变，这时，经济中的总供给水平就决定于所使用的劳动数量。

在短期内,总供给也与一个经济社会或经济体的价格水平相关。如果假定在短期内资本存量和生产要素的效率不变,总供给就主要地取决于劳动的投入数量即就业量,而就业量的多少又与实际工资水平有关。如果名义工资(W)不变,则实际工资水平(W/P)与价格水平(P)负相关,即价格水平上升,实际工资水平下降;反之,价格水平下降,实际工资水平上升。因此,总供给量与价格水平之间存在着一定的联系。价格水平对总供给量或总产量的影响过程是:首先,价格水平的变化会影响实际工资水平,而实际工资水平的变化又会影响劳动市场上劳动的供给和需求,进而影响就业量。然后,在一定的总量生产函数的条件下,劳动市场上就业量的变化最终会导致总产量即总供给量的变化。因此,要想得到总供给曲线,既要联系劳动市场,又要借助于总量生产函数。

二、劳动市场的均衡和总量生产函数

在微观经济学第六章中,我们对劳动市场的分析表明,无论是竞争性厂商,还是垄断性厂商,他们对劳动的需求都服从于追求利润最大化的目标,而劳动供给则服从于居民或消费者追求效用最大化的目标。在宏观经济运行中,如果所有厂商即企业部门都以追求利润最大化为目标,所有劳动者即家庭部门都以追求效用最大化为目标,那么根据第六章的分析可以推论:在宏观经济中,企业部门对劳动的需求(L_D)是实际工资(W/P)或实际工资率(w)的减函数,而家庭部门向市场提供的劳动即劳动供给(L_S)则是实际工资(W/P)或实际工资率(w)的增函数。因此,劳动需求函数可以表示为$L_D = L_D(w)$,劳动供给函数可以表示为$L_S = L_S(w)$。

根据上述分析,在一个横轴表示经济体的就业量(N)即经济体的劳动投入量(L)、纵轴表示实际工资水平(W/P)或实际工资率(w)的坐标上,劳动需求曲线是一条向右下方倾斜的斜率为负的曲线。如果假定劳动者对收入和闲暇时间的偏好不变,劳动供给曲线则是一条向右上方倾斜的斜率为正的曲线。如图14-3所示。

在宏观经济学中,由于企业部门是所有厂商的集合体,家庭部门是所有居民或劳动者的集合体,因此,一个经济体中的劳动需求曲线就是工资-就业量空间上所有单个厂商的劳动需求曲线水平相加之和,而劳动供给曲线则是所有单个劳动者的劳动供给曲线水平相加之和。劳动市场的均衡是指劳动需求和劳

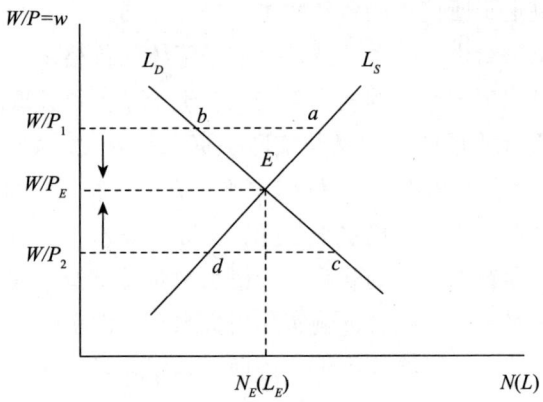

图 14-3 劳动市场的均衡

动供给相等时（$L_D = L_S$）劳动市场的稳定状态。在图 14-3 中，劳动需求曲线和劳动供给曲线相交的 E 点即是劳动市场的均衡点。

在图 14-3 中，L_D 线是所有厂商对劳动的需求曲线，L_S 线是所有居民或劳动者的劳动供给曲线，W/P_E 是劳动市场均衡时整个社会的平均实际工资水平，N_E 或 L_E 为劳动市场均衡时的均衡就业量或劳动投入量。从图 14-3 不难看出，如果实际工资水平高于均衡工资水平，例如为 W/P_1，劳动的供给量（L_S 线上的点 a）就会大于厂商对劳动的需求量（L_D 线上的点 b），于是，实际工资水平就会下降，并且只有一直下降到 W/P_E 的工资水平时才能实现劳动市场的均衡。反之，如果实际工资水平低于均衡工资水平，例如为 W/P_2，厂商对劳动的需求量（L_D 线上的点 c）将会大于劳动的供给量（L_S 线上的点 d），实际工资水平则会上升，并且只有上升到 W/P_E 的工资水平时才能实现劳动市场的均衡。可见，劳动市场只有在劳动的需求曲线和劳动的供给曲线相交的 E 点才能实现均衡。这时的均衡工资水平为 W/P_E，均衡就业量或均衡劳动量为 N_E 和 L_E。

在宏观经济中，如果其他条件不变，均衡就业量的变化会导致总产量或总产出的变化，即国民收入的变化。均衡就业量的变化是怎样引起总产出变化的呢？这需要把劳动市场与生产函数联系起来。

与微观经济学中的生产函数有所不同，宏观经济学中的生产函数是指在经济制度、土地等自然资源和技术水平既定条件下整个经济体总投入与总产量或国民收入之间的关系，我们将其称之为总量生产函数。如果假设要生产一定量的总产量或国民收入，需要投入一定量的劳动和资本，那么总量生产函数就可以一般地表示为（14.6）式。

$$Y = f(N, K) \tag{14.6}$$

在（14.6）式中，Y 是一个经济体的国民收入或总产量，N 为投入的总劳动量即就业量，K 为投入的总资本量。（14.6）式表明，国民收入是劳动投入总量和资本投入总量的函数。如果假定在短期内投入的资本总量不变，总产出就是就业量或劳动投入量的函数，因而总量生产函数可以表示为（14.7）式：

$$Y = f(N, \overline{K}) \tag{14.7}$$

在技术水平不变的条件下，总量生产函数服从边际产量递减规律，在此情况下，（14.7）式的总量生产函数可以用图 14-4 来表示。

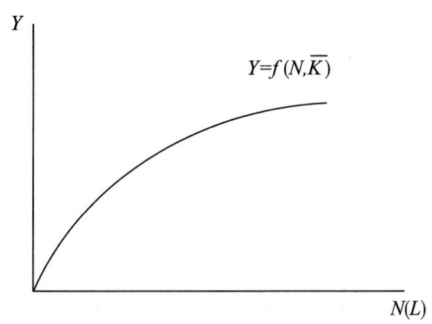

图 14-4　总量生产函数

图 14-4 中的横轴表示就业量或劳动投入量，纵轴表示总产出或总产量。坐标中向右上方倾斜并越来越平缓的总量生产函数曲线表明，总产量或国民收入是就业量或劳动投入量的函数，并且，伴随就业量或劳动投入量的增加，边际产量从始至终都是递减的。

如果将劳动市场的均衡和总量生产函数整合在一起，就可以知道劳动市场与总产量之间的内在联系。这种内在联系可以用图 14-5 来表示：

在图 14-5 中，坐标（a）表示劳动市场的均衡，坐标（b）是总量生产函数曲线。在坐标（a）上，当实际工资水平为 W/P_E 时，劳动市场处于均衡状态，这时就业量或劳动的供给量为 N_E 或 L_E。在就业量为 N_E 的情况下，根据生产函数 $Y = f(N, \overline{K})$，坐标（b）中的总产量为 Y_E。在这里，总产量就是总供给量，其价值形态即为国民收入。

在本章，我们放弃了价格水平不变的假设后，价格水平的变动不仅会影响总需求，也会影响总供给。如果价格水平的变动导致实际工资水平 W/P_E 变动，均衡就业量 N_E 就会相应变动。而均衡就业量 N_E 的变动必然会导致总产量 Y_E 的

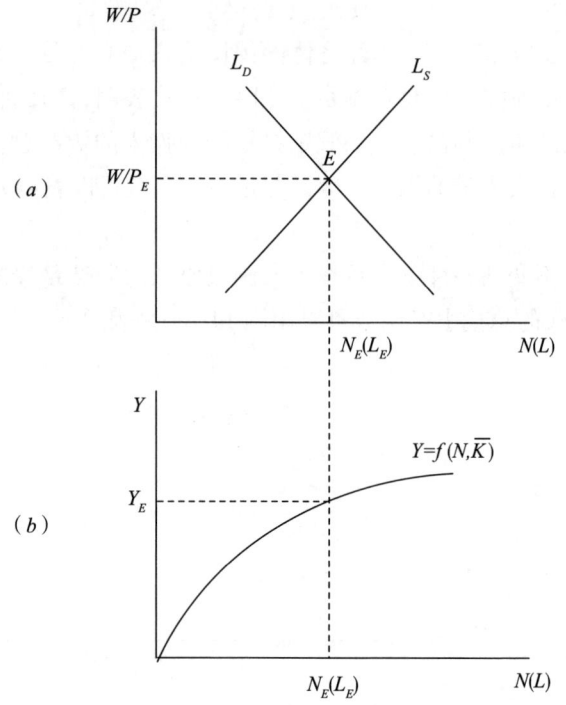

图 14-5 劳动市场的均衡和总产出

变动。利用图 14-5，读者可以很容易地看出，如果 P_E 变动导致 N_E 增加，Y_E 会相应增加，反之，如果 P_E 的变动导致 N_E 减少，Y_E 会相应减少。因此，总供给函数可以一般的表述为（14.8）式。①

$$Y = F(P) \quad (Y < Y_C) \tag{14.8}$$

现代宏观经济理论认为，总产出与价格水平的正相关关系只在短期内存在，即短期总供给函数。下面的分析会告诉我们，在长期，一个经济体的总产出与价格水平的变动无关。

根据图 14-5 的分析，我们还可以得出一个经济体总产量或国民收入与就业量的关系。假定经济体的制度因素、技术因素、其他投入要素如资本投入均不变。设 a 代表劳动生产率，总产出与就业量的关系可以用公式（14.9）表示。

$$Y = aN \tag{14.9}$$

---

① 对短期总供给函数更为详尽的分析将在第十五章第四节和第五节给出。

公式（14.9）表明，一个经济体的总产出或国民收入是就业量与劳动生产率的乘积，总产出与就业量成比例。如果实际就业量 N 为充分就业的就业量 N_C，这时的总产出即为潜在产出 Y_C，于是公式（14.9）就可以转换为公式（14.10）。

$$Y_C = aN_C \tag{14.10}$$

公式（14.10）表明，当经济体实现了充分就业，实际产出即为潜在产出。理解总产出和就业量之间的关系，就可以把产出缺口转换为就业缺口，或者把就业缺口转换为产出缺口。下一章我们将运用这种关系。

以上的分析是假定制度、技术等因素不变。如果经济体中由于制度因素、技术因素发生有利的变化时，总量生产函数曲线将会上移；反之，如果制度因素或技术因素发生不利的变化时，总量生产函数曲线将会下移。从图14-5不难看出，无论总量生产函数曲线如何移动，在就业量不变的情况下都会改变总产量或总供给。第十六章我们将对此展开分析。

三、短期总供给曲线和长期总供给曲线

现代宏观经济学将总供给曲线分为短期总供给曲线和长期总供给曲线，并且认为，在一个横轴为总产量或国民收入、纵轴为价格水平的坐标上，短期总供给曲线是一条斜率为正即向右上方倾斜的曲线，而长期总供给曲线则是一条位于经济体中潜在产出水平上的垂直于横轴的垂线。如图14-6所示。

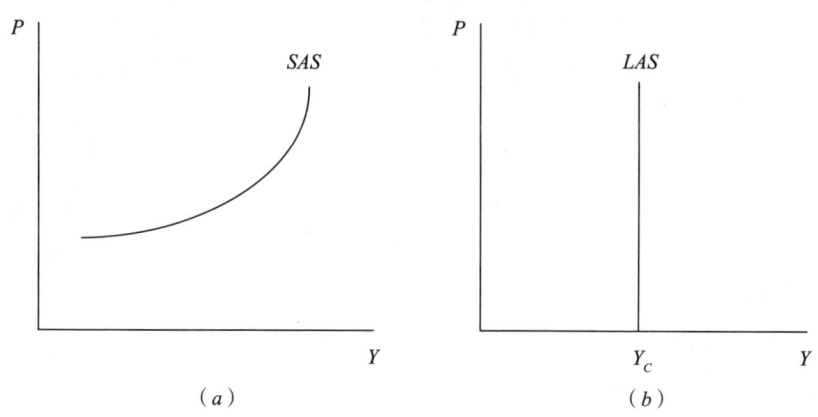

图14-6 短期总供给曲线和长期总供给曲线

图14-6的横坐标表示产出水平，纵坐标表示价格水平。（a）图中的 SAS 曲线为短期总供给曲线，向右上方倾斜的斜率为正的短期总供给曲线表明，价

格水平越高,产出水平也越高,反之,价格水平越低,产出水平也越低。(b)图中的 LAS 曲线即为长期总供给曲线,与坐标横轴相垂直的长期总供给曲线表明,在长期中,产出水平与价格水平的变动无关,与长期总供给相联系的产出 Y_C 是一个经济体的潜在产出水平。

短期总供给曲线为什么是向右上方倾斜的,而长期总供给曲线则是垂直的呢?在这个问题上,经济学家们有不同的解释。实际上,这是宏观经济学中一个最有争议的理论问题。

按照西方主流经济学即凯恩斯主义经济学的解释,在短期中,劳动的价格即货币工资具有粘性(sticky),只要存在着工资粘性,供给曲线就一定是向右上方倾斜的。

所谓工资粘性,就是指在短期内工资的调整是极其缓慢的,不会因为劳动供求的变化进行及时和迅速的调整。因为工人和厂商之间都签订有货币工资的合同,这种工资合同或劳动合同由于具有长期性和交错调整的特征,因而在短期内不会因为价格水平的波动发生较大的变化。不仅工资具有粘性,而且其他投入品,例如厂商租赁的土地、房屋,购买的机器设备和原材料等的价格的调整也是缓慢的,原因是这些产品的价格变动也要受购销合同的约束,或者具有"菜单成本"。① 此外,有些投入品的价格例如水、电等许多产品和某些服务的价格是由政府管制的,因而其调整也是缓慢的。这意味着上述产品和服务的价格都具有粘性特征。为什么只要存在工资粘性和价格粘性就会导致短期总供给曲线向右上方倾斜,即总产出与价格水平正相关呢?主流经济学的解释是,短期内在工资和其他投入品价格具有粘性的情况下,厂商的生产成本通常是不变的或者变动很小和较为缓慢。这时,如果产品的价格上升,厂商的利润就会增加,在实际产出未达到潜在产出之前($Y<Y_C$),厂商就会增加产量,于是,伴随着价格水平上升,总产出便相应增加,在此情况下,产出水平与价格水平就呈现正相关的关系,这种正相关的关系就表现为一条向右上方倾斜的斜率为正的短期总供给曲线。

下面,我们以价格水平上升为例,利用图 14-7 来说明工资粘性的存在为

---

① 货币工资合同或劳动合同理论是新凯恩斯主义经济学的基本观点。此外还有许多理论解释工资为什么具有粘性。例如效率工资理论、集体谈判理论、不完全信息-市场出清理论、内部人-外部人模型、货币幻觉等。解释产品价格粘性的理论也很多,除上面提到的外,还有厂商信息不充分等理论。菜单成本是指餐馆调整价格所要支出的成本,用以形容厂商在调整产品价格时也是具有成本的。尽管解释工资粘性和价格粘性的理论有很多,但经济学家们并不认为这些理论是成熟的。

什么会导致短期总供给曲线具有向右上方倾斜的特点。

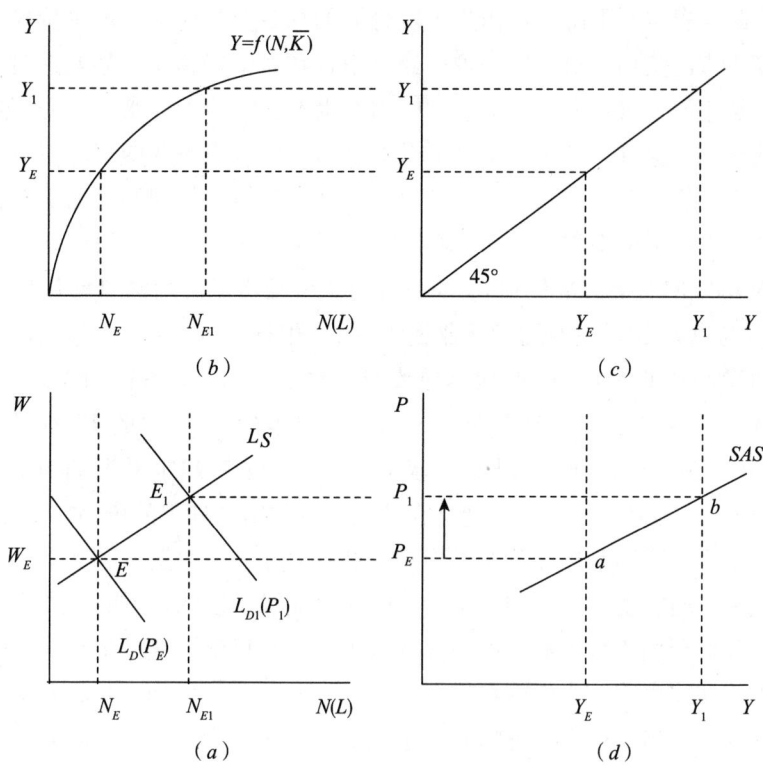

图 14-7　短期总供给曲线的推导

图 14-7 中的坐标（a）表示的是劳动市场的情况，坐标（b）表示的是生产函数曲线，坐标（c）中的曲线是一条 45°线，根据 45°线的性质，线上的任意一点都表示横轴与纵轴上的产出水平相等，坐标（d）用来表示短期总供给曲线。

首先，假设在坐标（d）中，价格水平为 P_E，与 P_E 的价格水平相联系，坐标（a）中的工资水平为 W_E，在 W_E 的工资水平上，劳动需求曲线 L_D 和劳动供给曲线 L_S 相交于 E 点，这时的均衡就业量为 N_E，假定它是小于充分就业的就业量。根据坐标（b）中的生产函数曲线，在就业量为 N_E 时，均衡产出应为 Y_E。通过坐标（c）中 45°线的转换，将坐标纵轴上的产出 Y_E 转换到横轴上，然后再将横轴上的 Y_E 延伸到坐标（d）的横轴上。这样，在坐标（d）上，就可以得到一个当价格水平为 P_E、均衡产出水平为 Y_E 时的价格-产出组合点，即 a 点。显然，点 a 是建立在劳动市场均衡条件下的价格-产出组合。

现在，我们假定坐标（d）中的价格水平从 P_E 上升到了 P_1。价格水平上升意味着实际工资水平下降。但由于工资合同的存在，厂商不会由于价格水平上升而提高工人的货币工资，即是说，经济中存在着工资粘性。甚至这时工人也可能存在货币幻觉（money illusion），[①] 因而也不会因为价格水平上升而提出增加工资的要求。这样，在价格水平上升而货币工资水平不变即实际工资下降的情况下，劳动供给就不会减少，但厂商的利润必然增加。利润的增加会使企业部门增加产出，从而会增加对劳动的需求。假定坐标（a）中的劳动需求曲线从最初的 L_D 线向右上方平移到 L_{D1} 线，这时，劳动市场的均衡点便从点 E 移动到点 E_1。与点 E_1 相对应的均衡就业量为 N_{E1}。根据坐标（b）中给出的生产函数，劳动投入量或就业量的增加会导致产出水平增加，在（b）图中，均衡产出水平从 Y_E 增加到了 Y_1。将 Y_1 的产出水平通过坐标（c）中的 45°线转换到坐标（d）中，就可以得到一个当价格水平为 P_1、均衡产出水平为 Y_1 时的价格－产出组合点 b。显然，点 b 也是建立在劳动市场均衡条件下的价格－产出组合。假设价格水平的变动是连续的，就可以把坐标（d）中的点 a 和点 b 连接在一起，得到一条向右上方倾斜的斜率为正的 SAS 曲线，这就是短期总供给曲线。

以上我们利用货币工资粘性假说分析了短期总供给曲线的形状。正斜率的短期总供给曲线表明，当价格水平上升时，企业部门会增加产量，从而使总产出增加；反之，当价格水平下降时，企业部门会减少产量，从而导致总产出下降。但是在长期，工资合同终究是要重新签订的，工人也不会存在货币幻觉。无论是货币工资还是其他投入品的价格，都不具有粘性，而是具有完全的伸缩性。因为在长期中，伴随价格水平的上升，所有成本要素的价格都是可以调整的，并最终会使成本上升的幅度赶上价格水平上升的幅度，从而恢复到以前的成本－价格比率。一旦出现这种情况，厂商就不会因为价格水平的上升而盈利。这就意味着价格的上升不再能刺激企业部门增加产量，因而产出水平与价格水平不再相关。于是，长期总供给曲线即为一条垂线。对长期总供给曲线的推导可以用图 14-8 来表示。

图 14-8 中的坐标与图 14-7 中的坐标所代表的内容是相同的。首先，假设在坐标（d）中，价格水平为 P_E，与 P_E 的价格水平相联系，坐标（a）中的实际工资水平为 W/P_E，在 W/P_E 的工资水平上，劳动需求曲线 L_D 和劳动供给曲

[①] 货币幻觉是经济学家欧文·费雪（Irving Fisher）于 1928 年提出来的概念，这里是指工人并没有感到自己的实际工资由于价格水平上升而下降了。

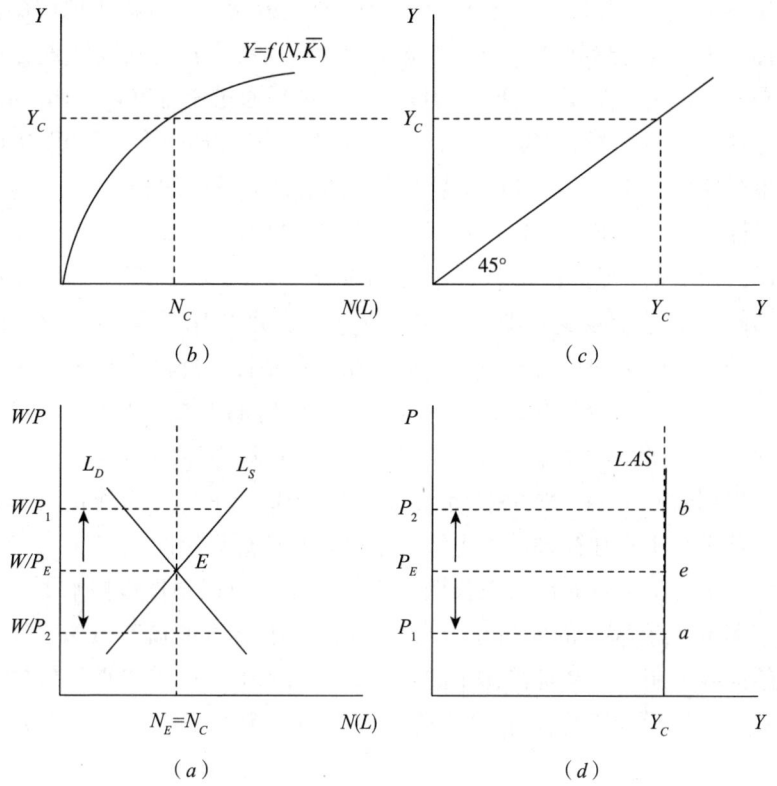

图 14-8 长期总供给曲线的推导

线 L_S 相交于 E 点,这时的均衡劳动量或就业量为 N_E。与对短期供给曲线的推导不同,在长期中,我们假定均衡就业量 N_E 就是充分就业的就业量 N_C,即 $N_E = N_C$。如果 N_C 代表充分就业的就业水平,那么在坐标(b)中,根据生产函数曲线所得到的实际产出水平 Y_C 就是潜在产出水平。将潜在产出 Y_C 通过坐标(c)中 45°线转换到坐标(d)的横轴上。这样,就可以在坐标(d)中得到一个当价格水平为 P_E、产出水平为 Y_C 时的价格-产出组合点 e。显然,价格-产出组合点 e 是以劳动市场的均衡为基础的。

现在,我们假定坐标(d)中的价格水平从 P_E 下降到了 P_1,这时,坐标(a)中的实际工资水平会相应上升到 W/P_1。在 W/P_1 的工资水平上,会导致劳动供给量的增加和劳动需求量的减少,坐标(a)中的 L_S 曲线和 L_D 曲线显示出劳动供给量大于劳动的需求量。如果货币工资或名义工资 W 具有完全的伸缩性,即不存在工资粘性,厂商就会降低货币工资 W,于是实际工资水平下降,

直至下降到 W/P_E。当实际工资下降到 W/P_E 时，劳动市场重新实现均衡，均衡就业量仍然是 N_E。根据坐标（b）中的生产函数曲线，若就业量仍然是 N_E，则产出水平不变，仍然是 Y_C。将坐标 Y_C 的产出水平通过坐标（c）中的45°线转换到坐标（d）中，就可以得到一个当价格水平为 P_1 时产出水平仍为 Y_C 的价格-产出组合点 a 点。a 点也是以劳动市场的均衡为基础的。

按同样的方法，如果假定坐标（d）中的价格水平从最初的 P_E 上升到 P_2，坐标（a）中的实际工资水平就会下降到 W/P_2，由于在长期中不存在货币幻觉，劳动的供给量会减少，图中显示，这时的劳动供给量会小于劳动的需求量。在劳动供不应求的情况下，由于不存在工资粘性，厂商会提高名义工资水平 W，于是实际工资会上升，直至 W/P_E。在 W/P_E 的工资水平上，均衡就业量仍然是 N_E，均衡产出水平仍然是 Y_C。这样，在坐标（d）中又会得到一个新的价格-产出组合点 b 点。最后，将坐标（d）中的点 e、a、b 连接起来，就可以得到一条垂直于坐标横轴的 LAS 线，这就是长期总供给曲线。

从以上的分析不难看出，在长期，货币工资 W 可以根据价格水平的变动进行调整，即 W 具有完全的伸缩性，此时的长期总供给曲线就是一条垂线。垂直的总供给曲线表明，一个经济体中的长期总供给和潜在产出水平与价格水平的变动无关，即是说，价格水平的变动不会影响一个经济体的生产潜力或生产能力。

垂直的长期总供给曲线是建立在经济已经实现了充分就业的均衡即 $N_E = N_C$ 以及实际产出等于潜在产出即 $Y = Y_C$ 基础之上的。因此，如果将 N_C 和 Y_C 带入公式（14.7）给出的生产函数，并假定经济中只有劳动一种投入要素，就有公式（14.11）表示的生产函数。

$$Y_C = f(N_C) \qquad (14.11)$$

公式（14.11）表示的生产函数表明，潜在产出与价格水平无关，它只与充分就业的就业量或就业率相关，因此，在横轴为总产出、纵轴为价格水平的坐标上，长期总供给曲线是一条垂线。公式（14.11）可以视为一般意义上的长期总供给函数。

综上所述，无论是短期总供给曲线，还是长期总供给曲线，都是在劳动市场均衡条件下的各种价格和产出组合点的集合，即劳动市场均衡条件下价格-产出组合的变动轨迹。

以上分析了主流经济学的总供给曲线。在推导短期总供给曲线时，为简单起见，我们假设 SAS 线是向右上方倾斜的直线。但实际上，主流经济学认为，在实际产出达到潜在产出之前 SAS 线是比较平缓的，这意味着伴随实际产出的增加，价格水平是小幅缓慢上升的。因为此时资源尚未被充分利用，厂商主要用增加产量以满足社会需求。然而，一旦实际产出超过潜在产出，短期总供给曲线就会变得十分陡峭，这意味着此时总需求的增加只能导致较少产出的增加，并引起价格水平迅速上升，因为此时经济中的资源已经被过度利用，甚至还可能出现部分资源短缺，即出现"瓶颈资源"，工人也不得不加班加点工作，从而价格水平急剧上涨就是不可避免的。

在总供给的研究领域，宏观经济学存在较大争议。新凯恩斯主义经济学与前述分析大体相同。而凯恩斯则认为总供给曲线是水平的。其理论基础是，市场机制的作用是不充分或不完全的，在短期内价格（包括货币工资）是不变的，即具有刚性。其政策含义也是不说自明的：政府必须运用需求管理政策干预宏观经济运行，需求管理政策是完全有效的，它能够增加总产出和就业。水平的总供给曲线被称为凯恩斯总供给曲线。与凯恩斯经济学不同，古典经济学认为总供给曲线是一条垂直于横轴的垂线。其理论基础是，市场机制的作用是充分的，价格（包括货币工资）不具有刚性或粘性，而是具有完全的伸缩性或弹性，即可以根据市场供求关系的变化随时调整，因而市场总是出清的。其政策含义也是不说自明的：政府试图运用需求管理政策干预宏观经济运行是无效的。这就是所谓古典总供给曲线及其政策含义。与上述总供给曲线的理论基础完全不同，代表新古典宏观经济学的卢卡斯供给曲线是建立在理性预期的理论基础之上的。卢卡斯认为，厂商都是理性的，他们是否增加产量，取决于对价格水平的预期。如果厂商具有不完全信息，实际价格水平的上升高于预期价格水平的上升，实际产出才会增加，这时的总供给曲线向右上方倾斜；如果厂商具有完全信息，即预期价格水平的变动与实际价格水平的变动相同，总产出就不会增加，这时的总供给曲线是垂直的。总需求增加只能导致价格水平上升。[①]卢卡斯供给曲线的政策含义是，政府扩张经济的政策属于公共政策，虽然会导致价格水平上升，但市场主体会对之有一个理性预期，假如厂商预料到价格水平上升完全是货币供应量增加的结果，他们就不会增加产量，因为在产品价格上升的同时，生产成本也以同等幅度上升了，利润不会增加。因此，预期中的

---

① 卢卡斯供给曲线可以用方程表示为 $Y=\alpha(P-P^e)+Y^*$。式中 Y 是实际产出，P 和 P^e 分别代表实际价格水平和预期价格水平，即相对价格；Y^* 代表经济体正常的产出水平；α 是厂商的产出对相对价格变动的弹性系数。该方程与第十五章中附加预期的菲利普斯曲线在本质上是相同的。

扩张性经济政策自然不会导致总产出和就业增加，扩张性经济政策无效。可见，卢卡斯供给曲线是理性预期学派用以反对凯恩斯主义经济学的一个重要工具，与古典经济学相同，新古典宏观经济学也是强调市场机制的作用，反对政府对市场进行干预。

尽管存在上述争论，无论其出发点、理论基础和政策主张有何不同，但所有现代总供给模型都倾向于一个近似的结论，即短期总供给曲线是平坦的、向右上方倾斜的，而长期总供给曲线是垂直的。

第三节 决定总供给的因素和总供给曲线的移动

长期总供给曲线和短期总供给曲线不仅有不同的形状，而且决定长期总供给和短期总供给的因素也是有所不同的。下面我们分别分析长期总供给和短期总供给的决定因素以及长期总供给曲线和短期总供给曲线的移动。

一、决定长期总供给的因素和长期总供给曲线的移动

一个经济体的长期总供给体现的是整个经济中产品和服务的生产能力或生产潜力，所以，长期总供给曲线同时就是潜在产量线，影响长期总供给的因素同时也是影响潜在产出的因素。

在制度不变的条件下，一个经济体的长期总供给和潜在产出首先取决于该经济体生产要素的投入量，包括资本的投入量、劳动的投入量和自然资源的投入量。而影响要素投入量的因素有很多，如经济体的资本积累水平和资本流入流出的状况、人口自然增长率和劳动参与率的变化、自然资源丰裕程度的变化，等等。其次，长期总供给还取决于该经济体生产要素的使用效率或生产率，而生产要素的使用效率主要决定于技术进步以及与技术进步相关的知识积累和人力资本积累的状况，同时也决定于要素的配置效率。

如果其他条件不变，一个经济体由于某种原因导致了生产要素投入量长期增长，长期总供给就会增加，潜在产出也会相应增加，长期总供给曲线或潜在产量线就会向右移动；反之，如果一个经济体由于某种原因导致了生产要素投入量长期减少，总供给和潜在产出就会减少，长期总供给曲线或潜在产量线就会向左移动。如图14-9所示。因此，一切能够影响资本、劳动、自然资源等生产要素投入量的因素都是影响长期总供给能力和潜在产出水平的因素。

在其他条件不变的情况下，如果一个经济体生产要素的使用效率或生产率

由于技术进步提高了,那么长期总供给和潜在产出就会增加,长期总供给曲线或潜在产量线就会向右移动;反之,如果生产要素的使用效率或生产率由于某种原因出现了长期下降的趋势,长期总供给和潜在产出就会减少,长期总供给曲线或潜在产量线就会向左移动。如图 14-9 所示。

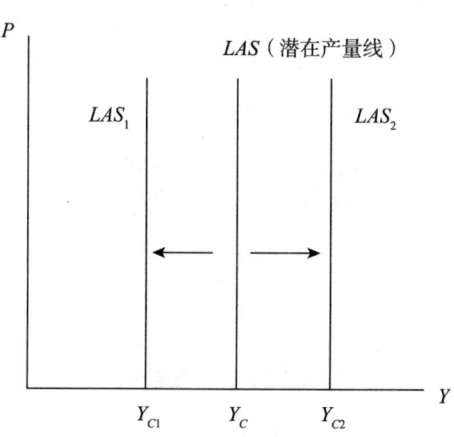

图 14-9　长期总供给曲线的移动

在图 14-9 中,假设最初的长期总供给曲线和潜在产量线为 LAS 线,与之相联系的潜在产出为 Y_C。当要素的投入量减少或要素使用效率下降时,长期总供给曲线便向左移动到 LAS_1 线,与之相联系的潜在产出便从 Y_C 减少到 Y_{C1};反之,当要素的投入量增加或要素使用效率提高时,长期总供给曲线便向右移动到 LAS_2 线,潜在产出也相应地从 Y_C 增加到 Y_{C2}。

假如制度因素是可变的,那么制度变迁会从多个方面对经济体的长期总供给能力和潜在产出水平产生重要影响。例如它可能通过要素投入量和要素使用效率的改变对长期总供给产生好的或坏的影响,还可能通过制度正激励或负激励对长期总供给产生好的或坏的影响,等等。在这一研究领域,新制度经济学作出了杰出的贡献。1978 年以来中国市场化取向的经济体制改革充分证明了这一点。

二、决定短期总供给的因素和短期总供给曲线的移动

短期总供给体现的是一个经济体在短期中的生产能力或生产潜力。首先,短期总供给决定于一个经济体的长期总供给能力即潜在产出水平。如果长期总供给能力或潜在产出水平下降,短期总供给能力自然也会相应下降;与此相反的是,如果长期总供给能力或潜在产出水平提高,短期总供给能力则会相应提

高。在坐标上，短期总供给的变化表现为短期总供给曲线位置的移动。图 14 - 10 给出了短期总供给决定于长期总供给的情况。

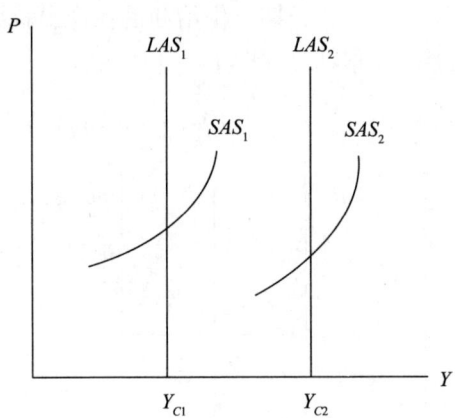

图 14 - 10　短期总供给决定于长期总供给

图 14 - 10 表明，如果不考虑其他因素的变化，若长期总供给发生变动，例如长期总供给曲线从 LAS_1 线向右移动到 LAS_2 线，则短期总供给曲线也会相应地从 SAS_1 线向右移动到 SAS_2 线，这意味着短期总供给的增加；反之，长期总供给曲线从 LAS_2 线向左移动到 LAS_1 线，则短期总供给曲线也会相应地从 SAS_2 线向左移动到 SAS_1 线，这意味着短期总供给的减少。这表明，在其他条件不变时，短期总供给会随着长期总供给的变化而变化。因此，一切决定长期总供给的因素同时也是决定短期总供给的因素。

其次，一个经济体短期总供给的变动还要受企业成本的影响。在其他条件不变的情况下，能够提高企业成本的任何因素都将使短期总供给减少，从而使 SAS 线向左上方移动；反之，能够降低企业成本的任何因素都将使短期总供给增加，从而使 SAS 线向右下方移动。影响企业成本的因素有很多，例如名义工资水平、投入品价格、生产率和技术水平等。

最后，一个经济体的短期总供给还受价格冲击的影响。如果其他条件不变，向上的价格冲击会导致总供给减少，即 SAS 线向左上方移动，而向下的价格冲击会导致总供给增加，即 SAS 线向右下方移动。关于价格冲击对短期总供给的影响，我们将在本章下一节进行分析。此外，下一章的分析还将告诉我们，通货膨胀预期将透过短期菲利普斯曲线影响短期总供给曲线在坐标上的位置，使短期总供给发生变动。

需要说明的是，短期总供给的变动不会导致长期总供给和潜在产出的变动。这不仅是因为一个经济体的长期总供给能力是决定该经济体短期总供给能力的基础而不是相反，而且是因为工资水平的变动、投入品价格的变动不会改变一个经济体生产要素的数量，也无法改变该经济体生产要素的使用效率。所以，短期总供给曲线的移动不会对长期总供给曲线的变动产生影响。

第四节 AD-AS模型和经济波动

总需求和总供给是宏观经济运行中的两个方面，代表两种不同的市场力量。如果将总需求曲线和总供给曲线整合在同一个坐标上，就可以得到总需求－总供给模型，即 AD-AS 模型，并可以用 AD-AS 模型解释经济波动。

一、AD-AS 模型

由于总供给分为短期总供给和长期总供给，因此，AD-AS 模型也就分为总需求－短期总供给模型和总需求－长期总供给模型，我们分别用 AD-SAS 和 AD-LAS 来表示这两种模型。如图 14-11 所示。

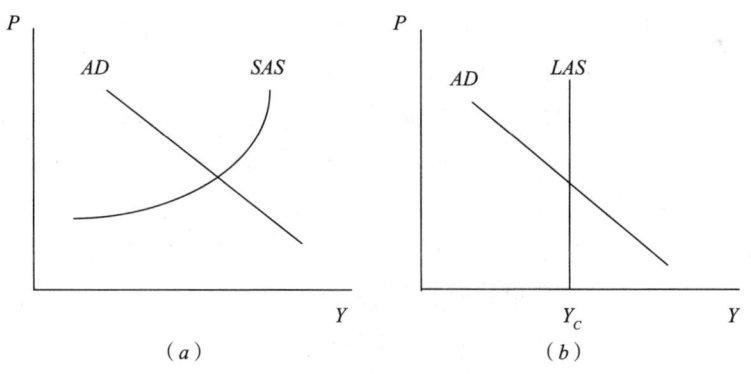

图 14-11 AD-AS 模型

图 14-11 中的坐标（a）是 AD-SAS 模型。向右下方倾斜的 AD 线是总需求曲线，向右上方倾斜的 SAS 线是短期总供给曲线。注意 SAS 曲线开始比较平坦，但随着产出水平的增加，它变得越来越陡峭。坐标（b）是 AD-LAS 模型。LAS 曲线是长期总供给曲线，它是一条垂直于横轴的直线，与坐标横轴相交的点所代表的产出 Y_c 是潜在产出，即能够在长期中实现充分就业，并与一个国家或一个经济体的长期总供给能力相联系的产出水平。

图 14-11 给出的两个总需求-总供给模型具有不同的政策含义。它们的政策含义可以用图 14-12 来说明。

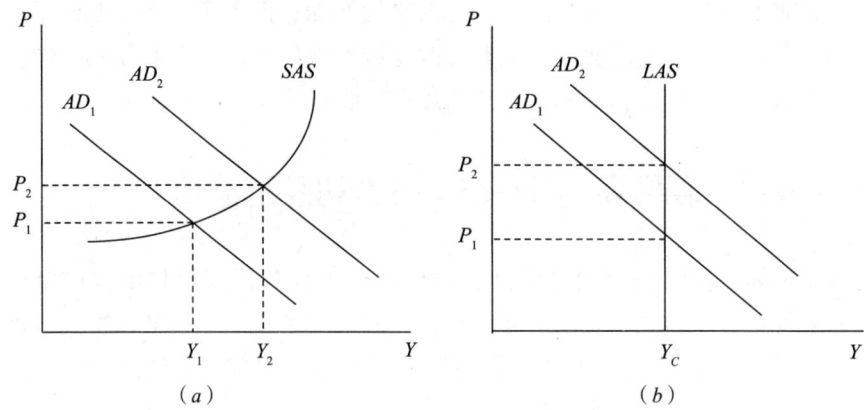

图 14-12 AD-AS 模型的政策含义

图 14-12（a）给出的 AD-SAS 模型表明，在短期内或在短期总供给状态下，增加总需求可以增加产出，而伴随着产出水平的增加，价格水平也会有所上升；反之，减少总需求则会减少总产出，同时价格水平也会相应下降。如图所示，当总需求从 AD_1 增加到 AD_2 时，产出水平便从 Y_1 增加到 Y_2，价格水平则从 P_1 上升到 P_2；反之，如果总需求从 AD_2 减少到 AD_1，产出水平则从 Y_2 减少到 Y_1，价格水平则从 P_2 下降到 P_1。这表明，在短期内，需求管理政策是有效的，即增加总需求能够刺激经济增长和就业的增加，而抑制总需求也能够抑制过快的经济增长和通货膨胀。

图 14-12（b）给出的 AD-LAS 模型表明，在长期中或在长期供给状态下，增加总需求或减少总需求不能相应地增加潜在产出或减少潜在产出，当然也不能影响长期的充分就业的水平，只能导致价格水平的波动。如图所示，总需求无论是从 AD_1 增加到 AD_2，还是从 AD_2 减少到 AD_1，潜在产出水平不变，均为 Y_C。但总需求的增加会导致价格水平上升，而总需求的减少则会导致价格水平下降。例如，当总需求从 AD_1 增加到 AD_2 时，价格水平就会从 P_1 上升到 P_2；反之，当总需求从 AD_2 减少到 AD_1 时，价格水平就会从 P_2 下降到 P_1。这表明，在长期中，需求管理政策是无效的，政府不能指望用扩张性的需求管理政策刺激长期经济增长和就业水平的提高，总需求的长期增加只会导致通货膨胀。原因是不说自明的：在长期中，潜在产出或长期总供给能力的增长并不决定于总需求。

如果将总需求曲线、短期总供给曲线、长期总供给曲线整合在同一个坐标上,我们将会得到一个完整的 AD-AS 模型,应用这个模型可以更好地解释需求管理政策的含义。如图 14-13 所示。

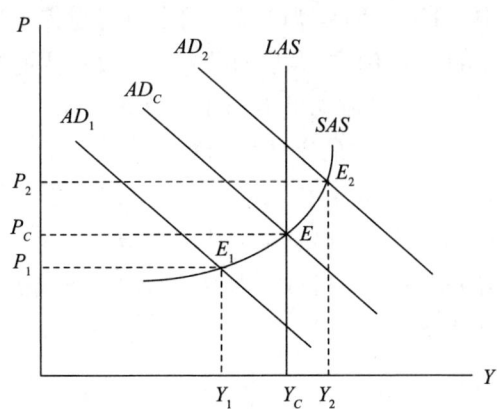

图 14-13　AD-AS 模型及其政策含义

在图 14-13 中,AD 曲线、SAS 曲线和 LAS 曲线相交于 E 点,实际产出与潜在产出相同,均为 Y_C,因此在 E 点,经济实现了充分就业的均衡。假设经济最初运行在 AD_1 与 SAS 相交的 E_1 点,实际产出为 Y_1,价格水平为 P_1。由于 $Y_1 < Y_C$,表明经济处于小于充分就业均衡的状态。为实现充分就业,假定政府实行了扩张性经济政策,于是总需求从 AD_1 增加到了 AD_C,总产出从 Y_1 增加到了 Y_C。虽然实现了充分就业,但价格水平也从 P_1 上升到了 P_C。由于 SAS 曲线比较平坦,虽然总产出增加较多,但价格水平上升幅度不大。当经济实现充分就业后,如果政府继续通过扩张性经济政策等额增加总需求,即从 AD_C 增加到 AD_2,但总产出仅从 Y_C 增加到 Y_2,明显小于之前的从 Y_1 增加到 Y_C 的增长幅度,然而价格水平却从 P_C 上升到了 P_2,明显比之前从 P_1 到 P_C 的上升幅度大。原因是当 SAS 曲线越过 LAS 线即实现充分就业以后,由于资源被过度利用,SAS 曲线变得陡峭了。

实际上,当 SAS 曲线越过 LAS 曲线以后,其陡峭程度是因不同国家的国情而有所不同的。如果经济体实现了充分就业以后,厂商无法招雇到更多工人,而在职工人又不愿意加班加点工作而是更愿意追求闲暇,或者延长工作时间受到法律的严格限制,SAS 曲线就会变得非常陡峭,在极端情况下,SAS 曲线可能会与 LAS 曲线相重合。如果是这样,潜在产出就只能被定义为经济体实现充分就业的最大产出而不是恰好实现充分就业的产出水平。

二、由总需求冲击、总供给冲击和价格冲击引发的经济波动

在宏观经济学中，$AD-AS$ 模型可以被用来解释总需求冲击和总供给冲击对经济运行产生的影响，从不同的角度解释经济波动产生的原因。

在经济运行过程中，经济波动可能源于总需求冲击。总需求冲击（aggregate demand shock）是指总需求的突然变动对经济运行的一种扰动，因此也称总需求扰动（aggregate demand disturbance）。总需求冲击包括逆向总需求冲击和正向总需求冲击两种情况。逆向总需求冲击是指总需求突然减少而形成的对经济的扰动，正向总需求冲击是指总需求突然增加而形成的对经济的扰动。图 14-14 给出了两种冲击的表现形式。

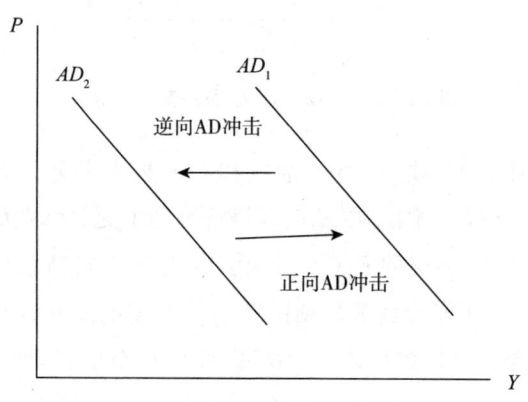

图 14-14　总需求冲击

在图 14-14 中，假设一个经济体中最初的总需求为 AD_1，由于某种原因，例如出口的突然减少，导致总需求在短期内大幅度减少到 AD_2，显然这是一次逆向总需求冲击；反之，如果经济体中最初的总需求为 AD_2，由于某种因素的影响，例如投资的突然增加，致使总需求在短期内大幅度增加到 AD_1，那么这就是一次正向总需求冲击。

如果出现总需求冲击，将会对经济运行产生什么影响？市场机制将会怎样对之进行调整？图 14-15 用 $AD-LAS$ 模型描述了总需求冲击对经济运行产生的影响和引发的经济波动，以及假设不存在政策干预情况下经济对总需求冲击的全部动态反应过程和市场机制对总需求冲击的调整路径。

首先观察图 14-15（a）。假设最初的总需求为 AD 线，总需求曲线与长期总供给曲线相交于 E 点，实际产出水平同时也是充分就业的潜在产出水平为

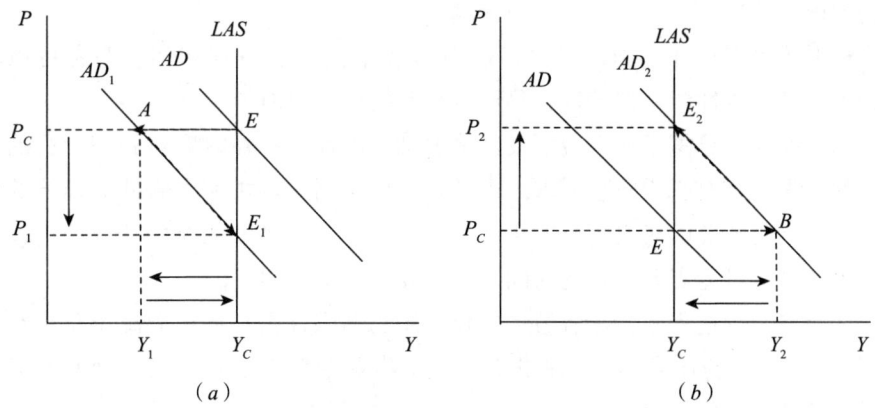

图 14-15　经济对总需求冲击的动态反应过程和调整路径

Y_C，价格水平为 P_C。经过一次逆向总需求冲击，总需求曲线向左平移到 AD_1 线，这时，在短期内实际的产出水平就会从最初的 Y_C 减少到 Y_1，由于实际产出 Y_1 小于潜在产出 Y_C，因而经济中出现了产出负缺口（$Y_1 - Y_C$）。当经济中出现产出负缺口之后，会对价格水平造成下降的压力，伴随价格水平的下降，总需求量会增加，即从 A 点沿着 AD_1 线向右下方移动，直到新的均衡点 E_1。此时，经济又实现了新的均衡，并且实际产出水平又回复到初始的潜在产出水平 Y_C，而价格水平则从 P_C 下降到 P_1。显然，逆向总需求冲击会引发一次经济收缩，并导致价格水平下降，但却无法改变潜在产出水平。对于一次逆向总需求冲击，市场机制对经济运行的调整路径是：首先从均衡点 E 水平向左到达 AD_1 线上的 A 点，然后再从 A 点沿着 AD_1 线移动到新的均衡点 E_1。

再观察图 14-15（b）。假设最初的总需求为 AD 线，总需求曲线与长期总供给曲线相交于 E 点，实际产出就是潜在产出为 Y_C，价格水平为 P_C。经过一次正向总需求冲击之后，总需求曲线向右平移到 AD_2 线，这时，在短期内实际产出就会从 Y_C 增加到 Y_2，由于实际产出 Y_2 大于潜在产出 Y_C，因而经济中出现了产出正缺口（$Y_2 - Y_C$）。产出正缺口的存在会对价格水平造成上升的压力，伴随价格水平的上升，总需求量会减少，即沿着 AD_2 线从 B 点向左上方移动，直到新的均衡点 E_2，此时，经济又实现了新的均衡，并且实际产出水平又回复到潜在产出水平 Y_C，但价格水平则从 P_C 上升到 P_2。显然，正向总需求冲击会引发一次经济扩张，并导致价格水平上升，但正向总需求冲击同样不改变潜在产出水平。对于一次正向总需求冲击，市场机制对经济运行的调整路径是：首先从均衡点 E 水平向右移动到 AD_2 线上的 B 点，然后从 B 点沿着 AD_2 线移动到

新的均衡点 E_2。

从上述总需求冲击引起的经济扩张或收缩的动态过程和调整路径可以看出，价格具有刚性或粘性特征，是经济波动的重要原因。

综上所述，总需求冲击会引发经济波动。即使不存在政府对经济运行的政策干预，无论是对于逆向总需求冲击还是正向总需求冲击所引起的对经济的扰动，市场机制都能够对之进行矫正，并使经济重新达到新的充分就业的均衡状态。当然，这可能需要较长的时间，并且要付出沉重的代价。

在经济运行过程中，经济波动不仅源于总需求冲击，还可能源于总供给冲击（aggregate supply shock）。总供给冲击是指短期总供给的突然变动所形成的对经济的冲击，包括逆向总供给冲击和正向总供给冲击。逆向总供给冲击是指由于短期总供给突然减少对经济形成的冲击，正向总供给冲击是指由于短期总供给突然增加对经济产生的影响。无论是逆向总供给冲击还是正向总供给冲击，都是对经济运行的一次扰动，因此，总供给冲击也被称为总供给扰动（aggregate supply disturbance）。

逆向总供给冲击可能是由于经济的原因造成的，也可能是由于非经济的因素引起的。例如能源和原材料价格以及工资水平上涨所引发的生产成本的大幅度上升以及战争的爆发、自然灾害的出现等都会导致短期总供给减少。20 世纪 70 年代的石油危机，就曾经对许多发达国家的经济运行产生了逆向总供给冲击。逆向总供给冲击会导致实际总产出减少，并引发通货膨胀。与此相反的是，正向总供给冲击会导致总产出增加和价格水平下降。引起正向总供给冲击的原因也可能是由于经济的原因造成的，也可能是由于非经济的因素引起的。例如新能源或替代能源的出现，新矿山的开采，技术进步所引起的生产成本的大幅度降低等都可能导致短期总供给的增加。

总供给冲击对经济运行的影响和它所引发的经济波动，以及在没有政策干预条件下经济对总供给冲击的全部动态反应过程和市场机制对总供给冲击的调整路径，可以用图 14 - 16 来表示。

在图 14 - 16（a）中，假设最初的短期总供给为 SAS 线，它与 AD 线和 LAS 线相交于 E 点，实际产出同时也是潜在产出为 Y_C，价格水平为 P_C。由于一次逆向总供给冲击，短期总供给突然减少，导致短期总供给曲线向左上方移动到 SAS_1 线，经济在 E_1 点实现了新的短期均衡，这时的实际产出从 Y_C 减少到 Y_1，价格水平从最初的 P_C 上升到 P_1。由于实际产出水平低于潜在产出水平，因而经济中出现了产出负缺口（$Y_1 - Y_C$）。产出负缺口的出现意味着逆向总供给冲

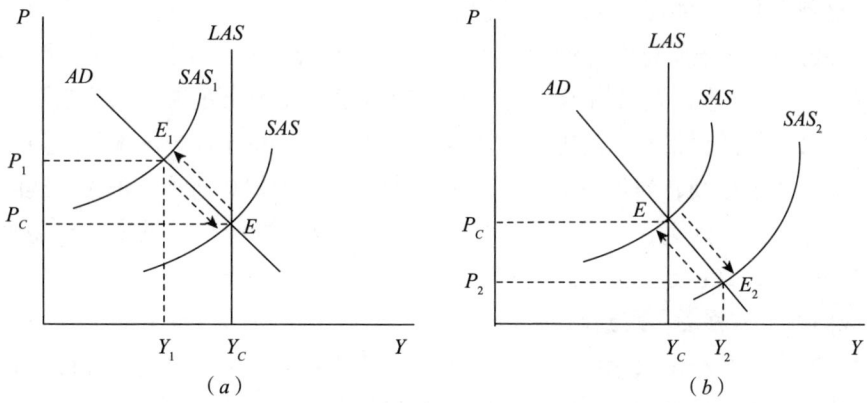

图 14-16　经济对总供给冲击的动态反应过程和调整路径

击导致经济出现了一次向下的调整过程，即出现了经济收缩；同时，由于价格水平从 P_C 上升到 P_1，经济中还出现了通货膨胀。经济衰退和通货膨胀同时出现的这种经济现象，在宏观经济学中通常被称为"滞胀"（stagflation）。可见，逆向总供给冲击是导致经济中出现滞胀的一个重要原因。

在经济出现滞胀的情况下，市场机制是能够对之进行调整的。因为在 $Y_1 < Y_C$ 即存在产出负缺口的情况下，价格水平迟早会出现回落，伴随价格水平的回落，总需求量会相应增加，并拉动总产出增加，最终，当价格水平回落到 P_C 时，产出负缺口会完全消失，实际产出水平将会回复到潜在产出水平。通过对 14-16（a）的观察不难看出，对于一次逆向总供给冲击，市场机制对经济的调整路径是：首先，伴随总供给冲击的出现，经济从均衡点 E 沿着 AD 线向左上方移动，直到新的均衡点 E_1；然后，伴随价格水平的下降和总需求量的增加以及产出水平的提高，经济又从 E_1 点沿着 AD 线向右下方移动到最初的均衡点 E，图中的箭头描述了这一调整路径。

图 14-16（b）描述了一次正向总供给冲击对经济运行的影响以及市场机制对总供给冲击的调整路径。首先，假设最初的短期总供给为 SAS 线，它与 AD 线和 LAS 线相交于 E 点，实际产出等于潜在产出为 Y_C，价格水平为 P_C。在发生一次正向总供给冲击之后，短期总供给增加到了 SAS_2，经济在 E_2 点实现了短期均衡，此时的实际产出是 Y_2，价格水平为 P_2。显然，一次正向总供给冲击在短期内不仅导致了一次经济扩张，并且导致了价格水平下降。由于正向总供给冲击在导致经济扩张的同时并没有引发通货膨胀，因此，正向总供给冲击通常被看作是对经济有利的冲击，然而，这种有利的冲击并不总是经常出现，同

时，这种有利的影响也不会长期持续下去。

在经历一次正向总供给冲击之后，经济中常常会出现产出正缺口。在图 14 - 16（b）中，产出正缺口为 $Y_2 - Y_C$。只要经济中存在产出正缺口，价格水平迟早会上升。伴随价格水平的上升，总需求量会减少，并导致产出水平下降，产出正缺口逐渐缩小，当价格水平上升到 P_C 时，产出正缺口将最终消失，实际产出水平又会回复到潜在产出水平。可见，对于一次正向总供给冲击，市场机制对经济的调整路径是：首先，伴随总供给冲击的出现，经济从均衡点 E 沿着 AD 线向右下方移动，直到新的均衡点 E_2；然后，伴随价格水平的上升和总需求量的减少以及产出水平的下降，经济又从 E_1 点沿着 AD 线向左上方移动到最初的均衡点 E，图中的箭头描述了这一调整路径。

从总供给冲击对经济的扰动和经济的动态反应过程来看，经济的扩张或收缩，即经济波动时间的长短，与价格的刚性程度相关。

总供给冲击对经济的扰动与来自经济体外部的价格冲击对经济的影响相似。来自经济体外部的价格冲击（price shock）是指产出缺口和通货膨胀预期之外的力量所引起的价格水平的剧烈波动对经济所形成的冲击，包括向上的价格冲击和向下的价格冲击。向上的价格冲击是指由产出缺口和通货膨胀预期之外的力量所引起的价格水平大幅度上升对经济造成的冲击，与之相反，向下的价格冲击是指由产出缺口和通货膨胀预期之外的力量引发的价格水平突然大幅度下降对经济造成的影响。图 14 - 17（a）和图 14 - 17（b）分别描述了向上的价格冲击和向下的价格冲击对经济运行的影响和经济的调整路径。

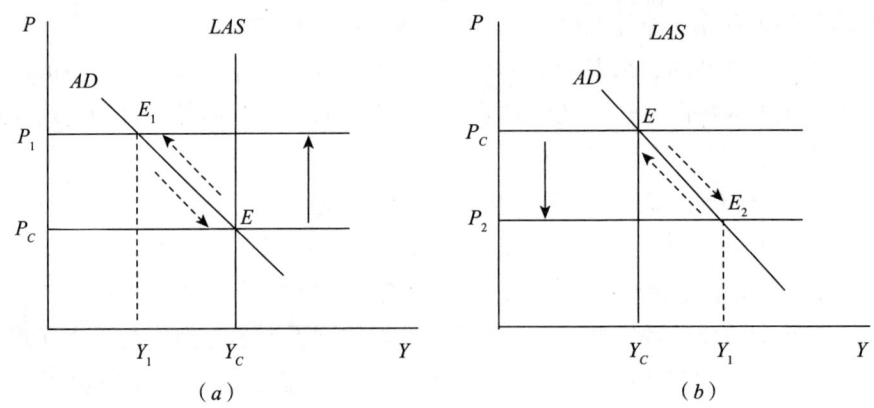

图 14 - 17　价格冲击对经济的影响以及经济的调整路径

图 14-17 中的两条水平线代表价格线。价格线与总需求曲线 AD 和长期总供给曲线 LAS 相交的 E 点是最初的均衡点。伴随一次向上的价格冲击（图 a），会导致经济中出现产出负缺口（$Y_1 - Y_C$）和价格水平上升（从 P_C 上升到 P_1），这意味着经济中出现了滞胀。而一次向下的价格冲击（图 b）则会导致经济中出现产出正缺口（$Y_2 - Y_C$）和价格水平下降（从 P_C 下降到 P_2）。无论经济中出现什么情况，市场机制都会对价格冲击做出反应。与市场机制对总供给冲击的调整相同，经济调整的路径也是图中的总需求曲线，如图中虚线箭头所示。

从以上的分析可以看出，总供给冲击和价格冲击无论是对经济的影响，还是经济对两种冲击所做出的反应以及市场机制对经济的调整路径，都是基本相同的。联系图 14-16 和图 14-17 不难发现，一次向上的价格冲击会减少短期总供给，而一次向下的价格冲击则会增加短期总供给。因此，从某种意义上说，总供给冲击和价格冲击实际上是一个问题的两个方面。价格冲击之所以会改变短期总供给，是因为价格冲击改变了厂商的生产成本。

虽然总供给冲击和价格冲击对经济的影响相似，但从引发总供给冲击和价格冲击的原因来看，可能会有所不同。一般来说，引起供给冲击的原因也是形成价格冲击的原因，但价格冲击还可能由其他因素引起，例如政府实行了错误的财政政策和货币政策等，都可能导致经济中出现价格冲击。

1973 年 10 月，第四次中东战争爆发，中东产油国采取了减产、禁运、抬价等举措，使石油价格在不到 3 个月内从每桶约 3 美元上升到约 11 美元，这是一次严重的向上的价格冲击。这次冲击不仅加剧了西方发达国家的经济衰退，同时还引发了严重的通货膨胀，滞胀的局面就此形成并持续了很长的时间。类似的情况还曾出现在 20 世纪 70 年代后期和 90 年代初期，1978 年的伊朗革命和 1980 年的两伊战争又一次引起了石油价格的上涨，石油价格在两年内从每桶 13 美元飙升至 34 美元，石油价格的大幅度上涨不仅进一步加剧了西方发达国家的通货膨胀，并且加剧了 20 世纪 80 年代初期美国和世界经济的衰退。90 年代初期，作为伊拉克入侵科威特的结果，石油价格几乎上涨了 1 倍，国际油价一度升至每桶 40 美元，油价的上升对世界经济又产生了一次短暂的冲击，并加剧了 1991 年的经济萧条。与之相反的例子是，1982 年石油输出国组织（欧佩克）开始实施生产配额制，欧佩克成员国为争夺市场份额展开了价格战，油价在 1986 年第二季度曾一度下跌至每桶 6 美元左右，这是一次向下的价格冲击，曾被许多经济学家看作是有利的冲击。尽管要分清石油价格的下跌对经济产生了多大程度的有利影响是困难的，但仍可用来解释西方发达国家在 1987

年和 1988 年保持了低通胀和高增长的事实。

三、面对总需求冲击和总供给冲击的政策调整

尽管市场机制能够对总需求冲击和总供给冲击所造成的经济波动进行自行调整，但这一调整过程可能是漫长的，并且要付出沉重的经济代价和社会代价。为降低失业和通货膨胀所造成的经济成本和社会成本，无论是面对总需求冲击还是总供给冲击，政府都应做出相应的政策调整。

如果经济波动是由需求冲击或总需求扰动引起的，政府就可以用总需求管理政策即财政政策和货币政策对之进行干预，并有可能取得预期效果。图 14-18 运用 $AD-AS$ 模型描述了面对总需求冲击或总需求扰动的政策调整过程和政策效应。

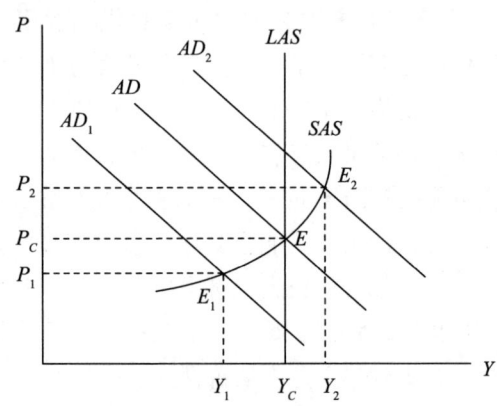

图 14-18 面对总需求冲击的政策调整和政策效应

在图 14-18 中，假设最初的总需求是 AD 线，它与 SAS 曲线和 LAS 曲线相交于 E 点，这是充分就业的均衡点，与这一均衡点相对应，总产出为 Y_C，价格水平为 P_C。假设出现了一次逆向总需求冲击，总需求减少到 AD_1，这时 AD_1 线与 SAS 线相交于 E_1 点。在点 E_1，虽然总需求等于短期总供给，经济是均衡的，但却是小于充分就业的均衡，此时的产出水平从最初的 Y_C 下降到了 Y_1，经济中出现了产出负缺口（$Y_1 - Y_C$）。产出负缺口的出现意味着资源未能得到充分利用，经济中必然存在着失业，同时还可能存在着通货紧缩，因为价格水平从最初的 P_C 下降到了 P_1。现在我们假定，为了实现充分就业，政府实行了扩张性的经济政策，从而增加了总需求，如果总需求的增加足以使 AD_1 线向右移动到最初的 AD 线的位置，产出缺口就会消失，产出水平就会回复到 Y_C，价格水平也会回复到 P_C，经济重新实现了充分就业的均衡。显然，面对逆向总需求冲

击,扩张性的经济政策对于增加产出和就业是有效的。

同样的道理,如果最初的总需求为 AD 线,它与 SAS 曲线和 LAS 曲线相交于 E 点,总产出为 Y_C,价格水平为 P_C。假设出现了一次正向总需求冲击,总需求增加到 AD_2,即出现了过度总需求,这时 AD_2 线与 SAS 线相交于新的均衡点 E_2,显然,这是一个大于充分就业的均衡点,因为此时的实际产出为 Y_2,大于充分就业的产出水平 Y_C,这意味着经济中出现了产出正缺口($Y_2 - Y_C$)。产出正缺口的出现表明,资源已经被过度利用。同时,由于价格水平从 P_C 上升到了 P_2,经济中出现了通货膨胀。现在我们假定,为了抑制通货膨胀,政府实行了紧缩性的经济政策,从而减少了总需求,如果总需求曲线会因此向左移动到最初的 AD 线的位置,产出缺口就会消失,产出水平将回复到 Y_C,价格水平将下降到 P_C,经济重新实现了充分就业的均衡。显然,面对正向总需求冲击,紧缩性的经济政策对抑制过快的经济增长和通货膨胀也是有效的。

如果经济中出现一次逆向总供给冲击或向上的价格冲击,从而导致经济中出现了滞胀,总需求管理政策还会有效吗?

滞胀是令各国政府均感头疼的一种经济形势。经济中一旦出现滞胀,政府就难以运用扩张性的经济政策或紧缩性的经济政策同时消除经济停滞和通货膨胀这两种经济现象。因为如果政府试图使用扩张性的经济政策刺激经济增长,这虽然会使总需求增加,并导致产出和就业的增长,但是会进一步推高价格水平,使通货膨胀更加严重;相反,如果政府试图运用紧缩性的经济政策抑制通货膨胀,又会导致更严重的经济衰退。显然,这是一种两难选择。图 14-19 描述了面对滞胀的经济政策选择和政策效应。

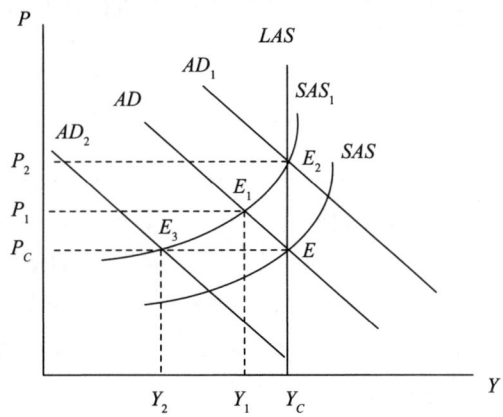

图 14-19 面对滞胀的政策选择和政策效应

在图 14-19 中，假设最初的短期总供给曲线为 SAS，总需求曲线为 AD，它们与长期总供给曲线 LAS 相交于 E 点，潜在产出 Y_C 即为实际产出，价格水平为 P_C，经济实现了充分就业的均衡。如果经济中出现一次逆向总供给冲击，短期总供给从 SAS 线向左上方移动到 SAS_1 线，经济中滞胀的局面就会形成，这时的短期均衡点在 SAS_1 线与 AD 线相交的 E_1 点，与此相联系的总产出为 Y_1，价格水平为 P_1，产出负缺口为 $Y_1 - Y_C$。

现在我们假定，面对滞胀的局面，政府为消除失业，实行了扩张性的经济政策，总需求增加到 AD_1，并且 AD_1 线与 SAS_1 线和 LAS 线相交于 E_2 点，这时的实际产出水平就会回复到供给冲击前的 Y_C 水平，产出负缺口消失。然而，扩张性的经济政策虽然重新实现了充分就业，但却更进一步加剧了通货膨胀，因为总需求的增加使价格水平从 P_1 进一步上升到了 P_2。如图 14-19 所示。

面对最初的滞胀局面，如果政府只是为了消除通货膨胀，就应当实行紧缩性的经济政策。通过政策紧缩，如果总需求能够从最初的 AD 减少到 AD_2，均衡点就会从滞胀发生后的 E_1 点移动到 E_3 点，价格水平就会从滞胀发生后的 P_1 下降到滞胀发生前的 P_C。虽然紧缩性的经济政策有效地抑制了通货膨胀，但产出负缺口被进一步扩大了，从滞胀发生后的 $Y_1 - Y_C$ 进一步扩大到了实行紧缩性政策后的 $Y_2 - Y_C$，如图 14-19 所示。这意味着经济衰退和失业更加严重了。

鉴于扩张性的经济政策和紧缩性的经济政策难以同时消除经济停滞和通货膨胀这两种现象，因此，如果政府仍然运用总需求管理政策干预经济运行，就只能根据当时经济社会中存在的主要矛盾决定政策的取向和政策的力度。

关键名词和术语

总需求　总需求曲线　总需求函数　总供给　总供给曲线　工资粘性　价格粘性　货币幻觉　主流经济学总供给曲线　古典总供给曲线　凯恩斯总供给曲线　卢卡斯供给曲线　$AD-AS$ 模型　总需求冲击　逆向总需求冲击　正向总需求冲击　总供给冲击　逆向总供给冲击　正向总供给冲击　价格冲击　向上的价格冲击　向下的价格冲击　滞胀

复习思考题

1. 总需求曲线是怎样导出的？解释总需求曲线的经济含义。
2. 从总需求函数的推导过程来看，影响总需求变动的因素有哪些？
3. 劳动市场的均衡与总供给曲线存在着怎样的内在联系？
4. 为什么短期总供给曲线斜率为正，而长期总供给曲线是一条垂线？
5. 解释主流经济学的总供给曲线及其政策含义。
6. 解释古典总供给曲线、凯恩斯总供给曲线、卢卡斯总供给曲线及其政策含义。
7. 长期总供给和短期总供给是由什么决定的？
8. 简述经济对总需求冲击的动态反应过程和市场机制对总需求冲击的调整路径，并说明价格刚性或价格粘性在经济波动中的作用。
9. 简述经济对总供给冲击的动态反应过程和市场机制对总供给冲击的调整路径。
10. 解释总供给冲击和价格冲击，说明经济中出现滞胀的原因。
11. 分析政府面对总需求冲击和总供给冲击可能作出的政策调整及其政策效应。
12. 解释制度变迁对长期总供给的影响。

计算证明题

1. 假设在一个两部门的经济中，消费函数 $C = 100 + 0.8Y$，投资函数 $I = 150 - 6i$，货币需求函数为 $L = 0.2Y - 4i$，设价格水平 $P = 1$，名义货币供给 $M = 150$。（1）试求总需求函数和均衡收入、均衡利率。（2）若该经济的总供给函数为 $AS = 800 + 150P$，均衡收入和均衡利率各为多少？
2. 设 IS 曲线方程为 $i = 0.415 - 0.0000185Y + 0.00005G$，$LM$ 曲线方程为 $i = 0.00001625Y - 0.0001 \times \dfrac{M}{P}$。试求总需求函数。
3. 假设生产函数和劳动供给函数分别为 $F(N) = 20N - N^2$ 和 $N^s = \dfrac{1}{2} \times \dfrac{W}{P}$，其中 N 为劳动人数，W 为名义工资，P 为价格水平。（1）求劳动力市场的均衡工资和均衡就业人数。（2）假设价格水平外生给定，政府推行最低名义工资水平 $W = 50$，计算存在最低工资时的均衡价格和就业人数。（3）在最低名义工资水平为 50 时，推导总供给曲线。

第十五章

通货膨胀、失业与产出波动

本章将在上一章总需求－总供给模型分析的基础上，从供给侧进一步分析一般价格水平的变动与总产出之间的内在联系。为此，我们将把价格水平的变动与经济中的失业或就业联系起来，进一步说，也就是将价格水平的变动与产出波动联系起来。同时，我们还要在上一章的基础上，把总供给曲线和菲利普斯曲线联系起来，对总供给作进一步的分析。

本章的第一节和第二节概述通货膨胀的一般理论；第三节阐述失业的相关理论，并把经济中的失业与产出波动联系起来；第四节透过菲利普斯曲线分析通货膨胀与失业、就业、总产出之间的关系，并将这种关系与总供给曲线联系起来；第五节将把短期菲利普斯曲线和短期总供给曲线动态化，并通过对价格调整方程和通货膨胀国际传导的分析进一步阐述通货膨胀的成因；第六节分析政府反通货膨胀的政策和货币政策规则。

第一节 通货膨胀及其对经济的影响

通货膨胀是宏观经济运行中经常出现的现象。到 20 世纪 60 年代，大多数工业化国家都发生过较为严重的通货膨胀，并对经济产生了重要的影响。应当说，通货膨胀是经济发展过程中人们最不愿看到却经常出现的现象之一。

一、通货膨胀和通货紧缩

所谓通货膨胀（inflation），是指在一段时间内，一般物价水平或价格水平持续、显著上涨的经济现象。反之，在一段时间内价格水平持续、显著下降的经济现象则被定义为通货紧缩（deflation）。通货膨胀的这一定义包含以下几层意思：首先，通货膨胀是一个动态的时间过程，具有一定的持续性；其次，通货膨胀不是指个别商品价格的上涨，也不是指价格水平的轻微上扬，而是指大多数商品和服务的价格水平即物价水平的总体上涨，并且上涨的幅度是显著的；最后，需要说明的是，物价水平的上涨有公开的形式，也有隐蔽的形式，比如在实行物价管制的情况下，表面上不存在物价水平普遍上涨的现象，但却存在着严重的短缺，这实际上是通货膨胀的隐蔽形式，可以称之为隐性通货膨胀。

在现实生活中，往往会存在这样的情况，即在一部分商品和服务的价格水平上涨的同时，另一部分商品和服务的价格水平却在下跌，而且各种商品和服务价格的涨跌水平不尽一致。在此情况下，应当如何理解和测算商品和服务价格的普遍上涨呢？显然，要判断经济中是否存在通货膨胀，只能使用物价水平或价格水平这一概念。所谓价格水平，是指一个经济体中商品和服务的价格经过加权后的平均价格。

经济学中通常把通货膨胀率定义为从一个时期到另一个时期价格水平变动的百分比，并且用通货膨胀率来反映通货膨胀的程度。计算通货膨胀率的公式可以用（15.1）式表示：

$$\pi_t = \frac{P_t - P_{t-1}}{P_{t-1}} \times 100\% \tag{15.1}$$

在公式（15.1）中，π_t 代表本期或报告期的通货膨胀率，P_t 代表本期或报告期的价格水平，P_{t-1} 表示上一期的价格水平。

因为通货膨胀所描述的是价格水平持续上升的过程，所以，在现实生活中，通货膨胀率通常是用消费价格指数、生产价格指数和国内生产总值平减指数来衡量的，上述三个概念的定义在第九章中已经给出。

用消费价格指数、生产价格指数和国内生产总值平减指数来衡量通货膨胀所得到的统计数字基本上是一致的，但也可能存在着一定的差异。这种差异源于消费价格指数和生产价格指数与国内生产总值平减指数所存在的两个方面的差别。一是国内生产总值平减指数所反映的是一定时期国内生产的所有商品和服务的价格，而消费价格指数和生产价格指数仅仅反映一定时期中部分商品和服务的价格。二是在计算方法上，在建立消费价格指数时，通常按照每种商品在经济生活中的重要程度来确定商品价格的权数，计算生产价格指数的固定权数是每种商品的净销售额；而国内生产总值平减指数作为名义 *GDP* 和实际 *GDP* 的比率，不是通过对国民生产总值的各个组成部分的价格指数进行加权平均得到的。因此，用不同的指数计算出来的结果存在差异是在所难免的。这种差异表明，用国内生产总值平减指数衡量通货膨胀更能全面地反映总体物价水平的变动趋势。

一般来说，上述三种价格指数所反映的通货膨胀率应呈现基本相同的趋势，均能反映一个经济体的价格变动水平。但一些经济学家认为，这三种价格指数存在着一定缺陷，比如未将股票、证券等金融资产的价格变动包括在内。在现实生活中，人们通常用消费价格指数（CPI）观察一个经济体的通货膨胀情况。

二、通货膨胀的类型

对于通货膨胀，可以从不同的角度对之进行分类。宏观经济学根据不同的标准划分出不同类型的通货膨胀。

首先，如果按照价格水平上涨的幅度来划分，可以把通货膨胀分为温和的通货膨胀、奔腾的通货膨胀和超级通货膨胀三种类型。

温和的通货膨胀是指每年价格水平上涨幅度不超过10%的通货膨胀。其特点是价格水平相对较为稳定，上涨速度缓慢且可以预测，人们对货币较为信任，因而这种通货膨胀一般不会对经济构成明显的不利影响。

奔腾的通货膨胀是指每年价格水平上涨幅度在10%～100%之间的通货膨胀。其特点是价格水平迅速上升，货币流通速度迅速提高，货币购买力迅速下降。在此情况下，人们会抢购和囤积商品，采取各种措施避免经济上的损失。

超级通货膨胀是指每年价格水平上涨幅度在100%以上的通货膨胀。当发生这种通货膨胀时，由于货币购买力迅速下降，因此人们会完全失去对货币的信任，正常的经济联系可能会出现中断，货币体系和价格体系趋于崩溃。

美国经济学家保罗·萨缪尔森（Paul A. Samuelson）描述了更为可怕的情形，他把通货膨胀分为温和的通货膨胀、急剧的通货膨胀和恶性通货膨胀。在他看来，温和的通货膨胀（low inflation）是指通货膨胀率为一位数即不超过10%的通货膨胀，如果通货膨胀率突破两位数，甚至达到三位数，即为急剧的通货膨胀（galloping inflation）。在这种较高的通货膨胀率下，经济会发生严重的扭曲，货币会明显贬值，人们会积极地囤积商品、购置房产，以此降低高通货膨胀率给自己带来的经济损失，而人们的这种预期心理会使得货币购买力进一步加速下降，通货膨胀率进一步提高，金融市场逐渐消亡，资本逃向国外。恶性通货膨胀（hyper inflation）是指价格水平每年以百分之一百万，甚至以百分之十亿的速率持续上涨的通货膨胀。当这种通货膨胀爆发后，通常会使整个经济窒息。

其次，按照对不同商品价格的影响程度来划分，可以把通货膨胀分为平衡的通货膨胀和非平衡的通货膨胀两种类型。

平衡的通货膨胀是指每种商品的价格均按同一比例上升，包括各种生产要素的价格，如劳动的价格即工资、土地的价格即租金和资本的价格即利息率等。实际上，各种商品价格按相同的速度和相同的比例上升的情况在现实经济生活中是难以出现的，因此，平衡的通货膨胀在现实生活中更像是一种巧合。多数情况下，通货膨胀都表现为非平衡的通货膨胀。

非平衡的通货膨胀是指在经济中各种商品的价格按不同比例上涨的通货膨胀。这是一种常见和多发的通货膨胀类型。这种类型的通货膨胀之所以常见，是因为不同商品和服务的价格毕竟受不同因素的影响。因此，在现实生活中，住房价格上升的幅度可能会高于汽车价格上升的幅度，消费品价格上涨的幅度可能会高于投资品价格的上涨幅度，等等。当然，也可能会出现某些商品价格上升，而另外一些商品价格下降的情形。

最后，按人们对物价上涨的预期来划分，可以把通货膨胀分为可预期的通货膨胀和不可预期的通货膨胀两种类型。

预期是人们的一种心理反应，是人们对于未来的经济状况所作出的判断。可预期的通货膨胀是指在较平稳的经济运行过程中，物价水平年复一年地按照某一比例或幅度上升，因而该国国民根据这一上升比例可以预测到未来一年的物价水平，并根据可预测到的价格水平调整自己的消费行为和储蓄行为。在存在可预期通货膨胀的情况下，由于每个人都将物价上涨的因素考虑在其预算收入和预算支出中，这势必造成该国商品和服务的价格与工资、利息、租金、利润等同比例地提高。因此，可预期的通货膨胀具有自我维持的特点。由于可预期的通货膨胀具有自我维持的特点，因此价格水平的上涨有点像运动着的物体都存在惯性一样，故人们又将可预期的通货膨胀称为惯性通货膨胀。

但是，并不是所有的通货膨胀都是可以预期的。在一个开放的世界中，由于影响价格水平变动的因素多种多样，并且变化莫测，因此，在大多数情况下，通货膨胀都是不可预期的，包括普通居民和经济学家。例如，20世纪90年代初期，没有人能够料到，俄罗斯在1992年放开物价水平后的5年内价格水平居然会上升1000倍。不可预期的通货膨胀如果出现，通常会给经济生活带来更大的冲击，并有可能导致经济生活的紊乱。

三、通货膨胀的经济影响

通货膨胀作为经济运行过程中经常出现的一种经济现象,通常会对经济生活产生多方面的影响。这种影响主要表现在如下三个方面。

通货膨胀对经济生活产生影响的第一个方面是,通货膨胀可能会改变收入以及财富在不同社会阶层之间的再分配。

这种影响首先表现在货币收入固定和货币收入不固定的居民之间。在出现平衡的和可预期的通货膨胀的情况下,每一种商品、每一种生产要素的价格,包括劳动的价格都会按同一比例上升,人们的货币收入和财富的市场价值也会按相同比例上升。在此情况下,通货膨胀不会对人们的收入和财富的再分配产生影响。但是,如果在经济中出现非平衡的或不可预期的通货膨胀的情况,通货膨胀首先会对拥有固定货币收入的人产生不利的影响,因为他们的收入水平是固定不变的,因此,随着价格水平的上升,他们的货币收入的实际购买力就会下降,即实际收入水平下降。伴随着实际收入水平的下降,对于拥有固定货币收入的人来说他们的生活水平会相应下降。但是,对于那些货币收入不固定即货币收入随价格水平的上升而相应上升的人来说,情况正好相反,他们会从通货膨胀中受益。例如,在伴随着通货膨胀而相应扩张的行业中工作的劳动者,他们的货币收入增长通常会走在物价水平上涨之前;在有强大的工会支持的行业中工作的工人,他们的工资合同中通常都订有工资随生活费用(*CPI*)的上升而相应增加的条款,即所谓工资收入指数化(*indexing or indexation*)。即使没有这样的条款,由于背后有强大的工会支持,他们的工资水平也会伴随物价水平的上升或快或慢、或多或少地提高。

其次,通货膨胀还可能对储蓄者产生不利的影响,使储蓄者的收入水平下降,这是不言而喻的。因为通货膨胀意味着货币价值的下降,而货币价值的下降必然使储蓄者手中的存款价值或货币的实际购买力降低。可以设想一下,如果通货膨胀率为100%,而储蓄者的利息并不因此而增加,那么这就意味着储蓄者手中的存款价值每年会损失50%。用不了多少年,他们辛辛苦苦积攒下来的货币财富就会不值几文。

最后,不可预期的通货膨胀还会将债权人的一部分财富再分配给债务人,使债权人的利益受到损害,使债务人获得意外收益。例如,债务人 *A* 向债权人 *B* 借款100万元,约定一年后每年还本付息10万元。但在此之后,包括工资在内的价格水平每年上涨100%,虽然债务人 *A* 每年仍然要向债权人 *B* 名义上支付 10 万元的本息，但实际上债务人的借款成本每年都会下降 50%，因为在工资水平也按 100% 上升的情况下，债务人 A 只需要用过去一半的劳动就可以偿付 10 万元的借款。显然，债务人从通货膨胀中获得了好处，但债权人的利益却遭受到了损失，因为他现在所"享受"的利率水平实际上是负值。

由此可见，通货膨胀通过影响人们手中财富的实际价值实现了收入和利益的再分配。在不知不觉中，通货膨胀将固定收入者手中的财富转移到非固定收入者的手中；如果利率不与价格指数挂钩的话，它还会将储蓄者手中的财富转移到投资者或银行手中，将债权人手中的财富转移到债务人手中。当然，如果出现相反的情况，即非平衡的和不可预期的通货紧缩时，它的经济影响正好相反。

实际上，人们在经济生活中的角色是多元化的，他们的经济行为也是多种多样的。在不同的经济联系中，他可能既是储蓄者又是股票持有者，既可能是债权人又可能是债务人，利率既可能是随价格水平的变动而变动的，也可能不是。诸如此类，在此情况下，非平衡的和不可预期的通货膨胀对于收入和财富的再分配既是客观的，也可能是随机的，因而一般不会刻意地剥夺某些人的财富并将它转送给某些其他特定的人群。

通货膨胀对经济生活所产生的第二个方面的影响是，它会在很大程度上降低经济效率，使资源无法得到最优配置。

价格是一种市场信号。在一个竞争性的经济中，无论是消费者，还是生产者，他们都会根据价格信号的变动调整自己的消费行为和生产行为，从而使资源配置发生改变。在一个不存在通货膨胀或低通胀的经济中，当某一种商品的价格上升时，消费者很可能会减少对该种商品的消费而增加其他替代品的消费；如果消费者预期该种商品的价格还会继续上升，他则可能会增加对这种商品的当期消费。例如，当人们预期房地产的价格在可预见的将来还会继续上升时，他们可能会作出果断的决定：现在就购买一套住房。反之，如果当某一种商品的价格下降时，消费者很可能会增加对该种商品的消费而减少其他替代品的消费；如果消费者预期该种商品的价格还会继续下降，他就会减少对这种商品的当期消费，而等待价格的下降。生产者也会根据该种商品价格的变动作出类似的反应：增加或减少产量。在这里，市场机制不仅有效地调节着消费，也调节着生产。但是，当通货膨胀爆发以后，作为市场信号的价格会发生扭曲，无论是消费者，还是生产者，都无法从频繁变动的价格信号中对市场需求和供给的变动趋势作出准确的判断，也无法区分相对价格的变化和整体价格水平的变化。在此情况下，价格信号失真意味着市场机制作用失灵，消费者的消费行为和生产者的生产行为都可能发生紊乱，从而使资源无法得到最优配置，导致经济效率降低。

较高的通货膨胀率还会扭曲货币的使用。在通货膨胀率高于名义利率的情况下，货币的实际利率为负值，这时，人们会降低对货币的信任度，与持有货币相比，消费者和生产者更愿意持有消费品和存货。显然，消费者和厂商不断购进消费品和投资品，不是为了进一步满足自己的消费需要和增加生产投资，而是为了避免货币贬值所造成的损失。中国在1988年曾经出现过经济过热的现象，较高的通货膨胀率以及随之而来的抢购风，导致人们盲目购物消费，以至过了几年甚至十几年后，很多商品已经不知更新换代了多少次，而很多家庭还在使用着那时候抢购的过时的洗衣机、电视机，穿着那时候抢购的已经落伍的西装和棉毛裤。显然，过高的通货膨胀率如果扭曲了人们对货币的使用，就难以使消费者实现效用最大化，也难以使厂商实现利润最大化，从而导致资源配置效率或经济效率的降低。

通货膨胀对一国经济的影响与对社会的影响相比，可能是更为直接的和轻微的，如果通货膨胀对经济生活的冲击一旦扩大和波及到整个政治社会，引起社会各阶层利益和力量对比的改变，那么由此引发的社会动荡就是不可避免的。

通货膨胀除了对收入以及财富在不同阶层之间的再分配以及对经济效率产生影响外，还会对社会总产出即国民收入产生影响，这是通货膨胀对经济生活影响的第三个方面。

通货膨胀对产出的影响在短期内和长期中是不同的。在短期内，如果通货膨胀率较低，那么通货膨胀与产出水平就是正相关的。即是说，在价格水平上涨幅度不大的情况下，伴随着价格水平的上升，经济增长速度也会相应加快，因而产出水平也就比较高；相反，在存在通货紧缩即价格水平不断下降的情况下，经济增长速度通常比较慢，因而产出水平也会比较低。通货膨胀与产出之间的这种正相关的关系仅仅表现在短期内，而且以较低的通货膨胀率为前提。如果一个国家发生了较严重的通货膨胀，例如超级通货膨胀、急剧的通货膨胀或是恶性通货膨胀，这种正相关的关系也许就不存在。一项对127个国家的调查资料显示，当这些国家的通货膨胀率较低时，其经济增长速度也较快，当然其产出水平也就比较高，而当通货膨胀率较高或出现通货紧缩时，其经济增长率也相对较低，甚至为负增长，当然其产出水平也就较低。如表15-1所示。

表 15-1 通货膨胀与经济增长

通货膨胀率（每年%）	人均 GDP 增长率（每年%）
-20~0	0.7
0~10	2.4
10~20	1.8
20~40	0.4
100~200	-1.7
1000+	-6.5

资料来源：Michael Bruno and William Esterly, World Bank, Policy Research Working Paper 1517, September 1995。

表 15-1 所表明的是短期内通货膨胀与经济增长即实际产出之间的相关关系，但在长期中，通货膨胀与潜在产出之间不存在这种关系。因为潜在产出水平取决于生产要素的投入数量和生产要素的使用效率或生产率，而不是取决于价格水平。关于通货膨胀与产出水平之间的关系，本章第三节将给予进一步的理论说明。

第二节　通货膨胀的一般成因

西方主流经济学对于通货膨胀的成因主要有三种理论解释，即需求拉动的通货膨胀理论、成本推动的通货膨胀理论和结构性通货膨胀理论。

一、需求拉动的通货膨胀

所谓需求拉动的通货膨胀，又称过度需求通货膨胀，是指由于总需求的增加超过了总供给而引起的价格水平持续、显著上涨的经济现象。由于总需求是和货币供给量联系在一起的，所以需求拉动的通货膨胀又被解释为过多的货币追逐过少的商品。

总需求的增加可能是由消费需求的增加或投资需求的增加引起的，也可能是由政府支出的增加或净出口的增长造成的，当然也可能是总需求中四个分量共同作用的结果。而导致消费需求、投资需求、政府支出和净出口这四个变量增加的因素可能是多种多样的，例如消费者收入的变动，利率的变动，货币供给量的变动，汇率的变动，等等。

总需求的增加是否会导致通货膨胀,与总供给的状况有关。在一个经济社会或经济体没有实现充分就业即资源没有被充分利用之前,或者说供给弹性很大时,总需求的增加只能导致产出的增长而不会引发通货膨胀。当经济扩张到一定阶段,以致某些资源的供给变得相对不足时,总需求的进一步增加虽然还会刺激经济的进一步增长,但也会引发价格水平的小幅上升,从而出现英国经济学家凯恩斯所说的"半通货膨胀"或"爬行式通货膨胀"。当经济中的资源已经被充分利用即实现了充分就业以后,总需求的继续增加就会导致真正意义上的通货膨胀或完全的通货膨胀。这时,产出不再增加或增加很少,但价格水平则会急剧上升,这就是需求拉动的通货膨胀。需求拉动的通货膨胀可以用图15-1来表示。

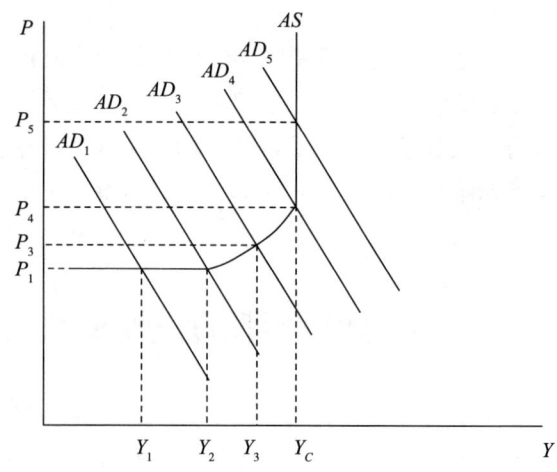

图 15-1 需求拉动的通货膨胀

在图 15-1 的坐标中,横轴表示产出水平,纵轴表示价格水平。坐标中的 AD 线为总需求曲线。斜率为负的总需求曲线表示的是全社会的需求总量与一般价格水平之间的负相关关系。如前所述,总需求是指整个社会对产品和服务的需求总量,由消费需求、投资需求、政府需求和国外需求即净出口等四个变量构成。坐标中的 AS 线是总供给曲线。总供给是由在一定条件下整个社会生产的商品量和提供的服务量所构成的。

从图 15-1 中我们可以看到,总供给曲线 AS 起初保持水平,当总需求曲线为 AD_1 线时,它与总供给曲线的交点所决定的产出水平为 Y_1,价格水平为 P_1。当总需求增加,即从 AD_1 线右移到 AD_2 线时,产出水平从 Y_1 增加的 Y_2,但这时总需求的增加并未引起物价水平的上涨，价格水平仍保持在 P_1。当总需求继续增加到 AD_3 线乃至增加到 AD_4 线时，虽然产出水平仍然会继续增加到 Y_3 和 Y_c，但价格水平也会相应上涨到 P_3 和 P_4，这时的价格水平上升就是所谓的半通货膨胀或爬行式通货膨胀。之所以会出现半通货膨胀，原因就在于，当由总需求拉动的经济增长过快时，就会导致某些资源的供给出现相对不足，即出现经济增长中的瓶颈现象，从而引起价格水平上涨。图 15-1 显示，当总需求曲线为 AD_4 线时，产出水平为 Y_c，Y_c 为潜在产出水平。当实际产出达到潜在产出水平时，意味着资源已经被充分利用即社会实现了充分就业，总供给曲线 AS 线将呈现垂直状态。这时，如果总需求继续增加，例如增加到 AD_5 时，总供给将不会随之增加，产出水平将不再增长，但价格水平将被拉升到 P_5，这时的价格上涨就是完全的通货膨胀。可见，当总需求的增加超过资源的供给能力时，就会引起需求拉动的通货膨胀。

二、成本推动的通货膨胀

成本推动的通货膨胀理论与需求拉动的通货膨胀理论的出发点正好相反，它是从总供给而不是从总需求的角度出发，假设在不存在过度需求的情况下，由于供给方面成本的提高所引起的价格水平持续、显著上升的一种经济现象。成本推动的通货膨胀理论把推动通货膨胀的成本因素归结为工资和利润两个方面，所以，成本推动的通货膨胀理论又分为两种，即工资推动的通货膨胀理论和利润推动的通货膨胀理论。

工资推动的通货膨胀理论认为，形成通货膨胀的根本原因就在于劳动市场是不完全竞争的市场。如果劳动市场是完全竞争的市场，工资的水平是完全由劳动市场上的供求关系决定的，工资的增长率不会高于劳动生产率的增长率，因此工资的提高不会引起通货膨胀。而在不完全竞争的劳动市场上，由于具有强大势力的工会的存在，工资不再是完全由劳动供求关系决定的竞争性工资，而是由工会与雇主之间通过协商所达成的协议工资。一般情况下，协议工资都高于供求关系决定的竞争性工资，从而使得工资的增长率高于劳动生产率的增长率。由于工资的提高会提高生产成本，从而必然引起价格水平的上升；而价格水平的上升又会引起新一轮工资水平的提高，工资水平的提高会再度提高生产成本，并推动价格水平的持续上升。这就是工资推动的通货膨胀。工资推动的通货膨胀理论把这种工资和价格的螺旋上升运动，即工资-价格螺旋视为通货膨胀的直接原因，把工会的存在所导致的不完全竞争的劳动市场视为通货膨胀的根源。在经济学中，由于工资被视为劳动成本，因此，工资推动的通货膨胀亦即成本推动的通货膨胀。

与工资推动的通货膨胀理论不同，利润推动的通货膨胀理论则把通货膨胀的原因归结为产品市场的非竞争性。在完全竞争的产品市场上，商品价格是由市场的供求关系决定的均衡价格，任何企业都不能通过控制产品的产量来操纵产品的价格，企业只能被动地充当价格的接受者而不是价格的制定者。在此情况下，价格水平上升的速度一般不会超过生产成本增长的速度。但是，如果市场是垄断的市场或寡头垄断的市场，垄断企业和寡头垄断企业就可以利用其垄断的优势，通过控制产量和提高产品价格来获取高额垄断利润，这必然会推动价格水平上升，并使价格水平的上升速度超过生产成本的增长速度，从而引发通货膨胀。这就是利润推动的通货膨胀理论。在经济学中，由于利润被看作是成本的一部分，即被视为企业家成本，因此，利润推动的通货膨胀也属于成本推动的通货膨胀理论。

以上是关于需求拉动的通货膨胀理论和成本推动的通货膨胀理论的基本观点。一些经济学家认为，仅从总需求或仅从总供给的角度分析通货膨胀的原因是片面的，应当同时从总需求和总供给两个方面及其相互影响来说明通货膨胀，在经济学中，这种理论被称为混合通货膨胀理论。

三、结构性通货膨胀

在经济运行过程中，有时在既不存在需求拉动，也不存在成本推动的情况下，仅仅是由于经济结构因素的变化也可以导致价格水平持续、显著的上涨，引发通货膨胀，这就是结构性通货膨胀。

从经济结构本身所具有的特点来看，国民经济的各个部门各具特点，并且千差万别，这是导致结构性通货膨胀的根源。国民经济各部门之间的差别主要表现在，首先，从劳动生产率提高的速度来看，有些部门的劳动生产率提高的速度快，而有些部门的劳动生产率提高的速度慢；其次，从各部门在经济发展过程中的发展趋势来看，有些部门正处在发展的上升阶段，而有些部门则处在发展缓慢的衰退阶段，即所谓的"朝阳产业"和"夕阳产业"；最后，从与世界市场联系的密切程度及部门的开放程度看，有些部门属于开放部门，与世界市场联系紧密，而有些部门属于非开放部门，与世界市场联系较少，在一种较为封闭的状态下发展。

在现代社会，由于资本和技术在不同的经济部门具有不同的特征，因此，现代社会的经济结构很难使这些资本和技术从劳动生产率较低的部门流转到劳动生产率较高的部门，从渐趋衰落的部门流转到正处于发展上升阶段的部门，从较封闭的部门流转到开放的部门。但是，货币工资的增长速度通常是由生产率较高的部门、处于发展上升阶段的部门和开放度较高的部门决定的。如果出现这种情况，在工会追求工资均等化和公平原则的压力下，在劳动市场竞争的作用下，那些劳动生产率较低的部门、发展缓慢处在衰退阶段的部门和非开放的部门，其工资的增长速度会向生产率提高较快、正处于上升期和开放度高的先进部门看齐，使整个社会的货币工资增长速度具有同步增长的趋势。如果整个社会的工资增长速度都向那些先进的经济部门看齐，势必会导致全社会的工资增长率高于社会劳动生产率的平均增长率，这必然会导致价格水平的普遍上涨，从而引发通货膨胀，这种通货膨胀就是结构性通货膨胀。

上述对通货膨胀成因的分析，包括需求拉动的通货膨胀、成本推动的通货膨胀和结构性通货膨胀，是传统的主流经济学对通货膨胀成因的一般分析，在本章第四节和第五节，我们还将引进新的变量对通货膨胀的成因作进一步的深入分析。

第三节　失业与奥肯法则

在一个经济体中，价格水平的变动通常是和产出的波动联系在一起的，而产出的波动又是与失业水平的变动联系在一起的，在本节，我们将考察失业的经济影响和失业与经济增长的一般关系。

一、失业和失业的经济影响

在以马歇尔和庇古为代表的古典经济学理论中，失业只有两种状态：摩擦失业和自愿失业。而经济中只存在摩擦失业或自愿失业的状态即为充分就业。古典经济学的理论认为，市场机制的作用使货币工资具有完全的伸缩性或弹性，因而经济总是处于充分就业的状态。

20世纪30年代的经济萧条使古典经济学充分就业均衡的理论破产，从而诞生了凯恩斯经济学。凯恩斯认为，在经济中，由于有效需求不足，不仅存在摩擦失业或自愿失业，而且还存在非自愿失业。自愿失业是指经济中有工作岗位，但由于种种原因，劳动者拒绝工作或不愿接受现行的工资水平而存在的失业；非自愿失业是指由于存在有效需求不足，以致不足以使经济吸纳愿意工作的人而出现的失业。凯恩斯经济学认为，经济中只要存在非自愿失业，就不能称为充分就业。但是，在实践中，哪些人的失业是自愿的，哪些人的失业是不自愿的，往往难以区分。因此，现代宏观经济学又将失业分为三种类型，即摩擦失业、结构性失业和周期性失业。上述概念的含义在第九章中已经给出。

现代宏观经济学认为，如果经济中仅仅存在摩擦失业和结构性失业，就应当被看作是已经实现了充分就业。如果在经济中仅仅存在摩擦失业和结构性失业，此时的失业人口与适龄劳动人口的比率即为自然失业率。所以，自然失业率是实现充分就业状态下的失业率，也是实际产出与潜在产出相一致时存在的失业率。如果实际失业率等于自然失业率，经济即处于充分就业状态。

在一个经济体中，对失业状况的衡量有三个重要指标：失业率（unemployment rate）、劳动参与率（labor force participation rate）和职位空缺率（job vacancy rate）。

失业率衡量的是一个经济体中劳动力和工作岗位的匹配情况，它被定义为：失业率＝失业人口/劳动力人口＝失业人口/（失业人口＋就业人口）。从失业率的定义中，读者完全可以自行推出就业率的定义。

劳动参与率衡量的是一个经济体中适龄劳动人口愿意工作的情况，它被定义为：劳动参与率＝劳动力人口/劳动年龄人口＝（就业人口＋正在寻找工作的人口）/劳动年龄人口。[①]

职位空缺率也是描述一个经济体就业状况的重要指标。它被定义为：职位空缺率＝职位空缺数/（职位空缺数＋就业人口）。

通常，在一个经济体中，职位空缺率与失业率存在负相关的关系，即失业率越低，职位空缺率越高，反之亦然。两者呈现负相关关系的原因一般可以理解为，当失业率较高，尤其是实际失业率高于自然失业率（$u > u_c$）时，由于经济中存在大量的周期性失业，而企业能够提供的工作机会又较少，因而职位空缺率较低；反之，当失业率较低，特别是实际失业率低于自然失业率（$u < u_c$）时，由于经济体已经实现了充分就业，同时企业部门又能够提供较多的工作机会，因而职位空缺率较高。

在一个横轴表示失业率（U）和纵轴表示职位空缺率（V）的坐标上，职位空缺率和失业率的关系会呈现出一条向右下方倾斜的曲线，它被称为贝弗里

[①] 国际上一般把 15~64 岁列为劳动年龄人口，中国规定男 16~60 岁、女 16~55 岁为劳动年龄人口。

奇曲线（Beveridge curve）或 UV 曲线。如图 15-2 所示。贝弗里奇曲线是以英国经济学家威廉·贝弗里奇（William Beveridge）的名字命名的，其最重要用途是作为一种实用工具将经济中的失业分解为摩擦失业、结构性失业和周期性失业等不同的类型。

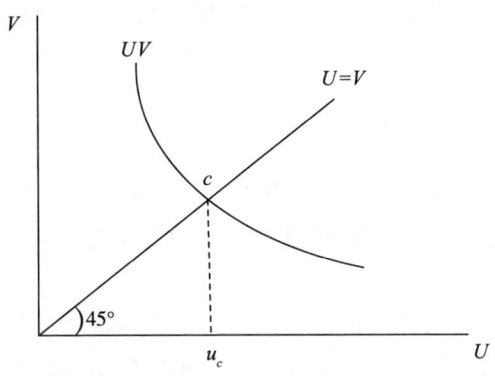

图 15-2　贝弗里奇曲线

图 15-2 中向右下方倾斜的贝弗里奇曲线与 45°线相交的 c 点表示失业人数与职位空缺人数相等，即 $U=V$。通常，这被视为经济中不存在周期性失业，即周期性失业等于零，这意味着经济体刚好实现了充分就业。假如所观测到的实际失业率大于自然失业率（$u>u_c$），即位于 c 点右下方的 UV 曲线上，说明经济中存在周期性失业，这时，增加总需求就可以使实际失业率（u）趋向充分就业的自然失业率（u_c）。如果所观测到的失业率在 c 点左上方的 UV 线上，则表明经济中不存在周期性失业，因为此时实际失业率低于自然失业率（$u<u_c$），那么经济中存在的失业就一定是结构性失业或摩擦失业，因为在存在大量空岗的情况下失业者仍然找不到工作，一定是劳动力市场存在错配或信息不充分造成的。

贝弗里奇曲线除了可以被用来区分失业的类型外，还可以通过 UV 曲线的移动观察劳动力市场的运行效率。UV 曲线越是靠近原点，说明劳动力市场的运行效率越高。因为在 UV 曲线向原点移动时，意味着在失业率下降的同时，职位空缺率也在下降；相反，UV 曲线距离原点越远，则表明劳动力市场的运行效率越低。

贝弗里奇曲线与本章第四节要讨论的菲利普斯曲线不同，前者主要用于失业的结构分析，后者主要用于失业的总量分析。

在一个经济体中，高失业率的存在不仅是个经济问题，而且也是一个社会问题。当实际失业率高于自然失业率时，说明经济中存在产出负缺口，资源没有得到充分利用，这实际上意味着该经济体是在扔掉那些本可以由失业工人生产的商品和服务，这显然是对有价值的资源的一种浪费。同时，失业还会导致成千上万的失业人员因收入水平降低而面对生活的压力和精神上的痛苦，并导致社会的不稳定。

二、奥肯法则

失业的变动通常是和产出的波动联系在一起的。美国经济学家阿瑟·奥肯（Arthur M. Okun）首先揭示了产出波动和失业变动之间在数量上的相关关系，这就是奥肯法则。

奥肯法则也称奥肯定律（Okun's law），它的一般表达方式是：实际产出增长率或实际 GDP 增长率（G）每高于潜在产出增长率或潜在 GDP 增长率（G_C）1 个百分点，相对于自然失业率（u_c），实际失业率（u）就会下降 0.5 个百分点。奥肯法则也可以表示为：相对于自然失业率，实际失业率每提高一个百分点，实际产出则低于潜在产出 2 个百分点。如公式（15.2a）和（15.2b）所示。

$$\Delta u = -0.5 (G - G_C) \quad (15.2a)$$

或

$$\frac{Y - Y_C}{Y_C} = -2 (u - u_c) \quad (15.2b)$$

例如，根据公式（15.2b），一个经济体充分就业的产出水平为 150000 亿元，与此相对应的自然失业率为 3%。如果实际失业率为 4%，那么失业率的变动率（Δu）或失业率缺口（$u - u_c$）即为 1%（4% - 3%），这时，实际产出或实际 GDP 就会比潜在产出或潜在 GDP 少 3000 亿元〔150000 ×（-2%）〕，产出缺口或 GDP 缺口为 -2%（-3000/150000）。根据公式（15.2a），如果 GDP 缺口（$G - G_C$）为 -2%，失业率则增加 1%〔-0.5 ×（-2%）〕，也就是高于自然失业率 1 个百分点。在（15.2）式中，0.5 和 2 均为经验参数。

根据公式（15.2a），在一个用横轴表示实际经济增长率、纵轴表示失业率变动率的坐标中，奥肯法则是一条斜率为负的曲线。如图 15-3 所示。

在图 15-3 中，如果潜在 GDP 增长率为 3%，而实际 GDP 增长率为 5%，则失业率将会下降 1%〔-0.5 ×（5% - 3%）〕。

读者也许会奇怪，为什么失业率每变动 1 个百分点，总产出会以 2 倍的百

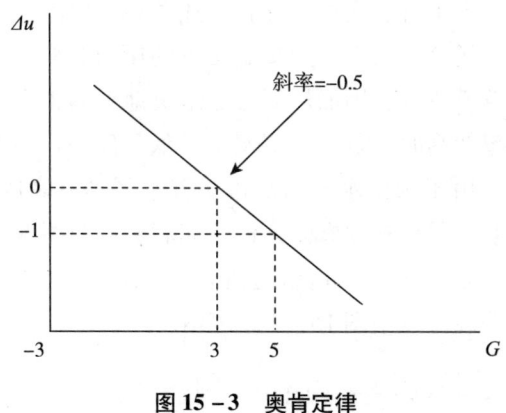

图 15-3 奥肯定律

分比发生变动呢？原因是，当周期性失业上升时，意味着经济衰退已经来临，这时，不仅处于就业状态的人数减少了，而且在职劳动者的人均周工作小时也会减少，甚至平均劳动生产率会下降。显然，这会放大失业增加的效应。

要记住的是，奥肯定律并不是一个规律，而是一个经验法则。不同的国家有不同的国情，奥肯法则所揭示的数量关系未必适用于所有国家，甚至不适用于同一国家的不同时期。这就是说，奥肯法则所描述的失业变动和产出波动之间负相关的关系具有确定性和普遍性，但两者负相关关系的参数值则不具有确定性和普遍性。

第四节　菲利普斯曲线和总供给曲线

在宏观经济运行过程中，有时会出现通货膨胀，有时则会出现失业。在短期，通货膨胀与失业一般存在着替代关系，这种替代关系通常用短期菲利普斯曲线来表示。但是在长期，这种替代关系并不存在，这就是长期菲利普斯曲线所有表示的经济关系。在本节，我们还要把菲利普斯曲线与上一章的总供给曲线联系起来。

一、短期菲利普斯曲线和长期菲利普斯曲线

最初的菲利普斯曲线所描述的是工资水平与失业水平相关关系的曲线，是由英国的经济学家菲利普斯（A. W. Phillips）创立的。菲利普斯在深入研究了英国1861~1957年的失业和货币工资的资料后，得出了失业与货币工资之间存在负相关关系的结论，即当失业率较高时，工资水平就会下降，而当失业率

较低时，工资水平则会上升。之所以存在上述关系，原因就在于，当失业率较高时，难以寻觅工作机会的工人要求提高工资的压力会变小，同时，失业率较高也意味着企业经营不景气，因而厂商会更坚决地抵制工人增加工资水平的要求。因此，当失业率较高时，货币工资水平较低；反之，当失业率较低时，货币工资水平则较高。由于物价水平与货币工资水平具有高度的相关性，因此，后来的经济学家如萨缪尔森和罗默等人便将菲利普斯曲线改写为价格水平或通货膨胀率（π）与失业的关系，这就是现代宏观经济学中的短期菲利普斯曲线。短期菲利普斯曲线可以用图15-4来表示。

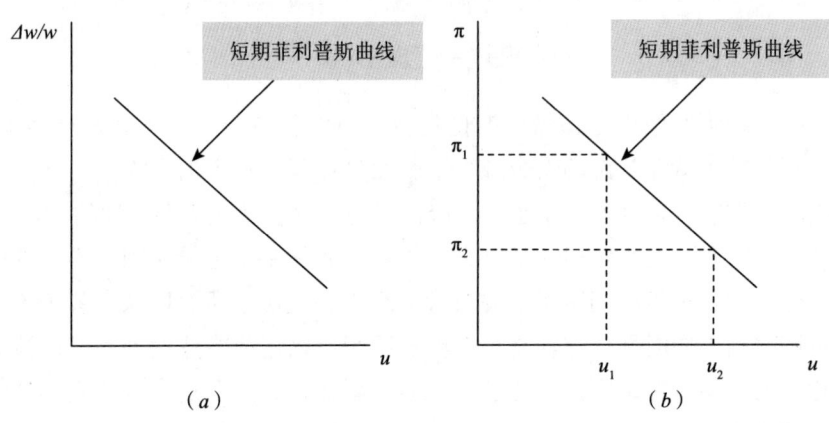

图15-4 短期菲利普斯曲线

图15-4（a）是最初的描述货币工资变动率与失业率负相关关系的菲利普斯曲线。坐标的纵轴表示货币工资变动率（$\Delta w/w$），横轴表示失业率（u）。图15-4（b）是现代宏观经济学中用来表示通货膨胀率与失业率之间负相关关系的短期菲利普斯曲线。坐标的纵轴表示通货膨胀率，横轴依然表示失业率。短期菲利普斯曲线表明，在短期内，如果经济中存在着较低的失业率，这时的通货膨胀率则较高；反之，当沿着菲利普斯曲线向右下方移动时，我们会发现，如果要降低通货膨胀率，则失业率会相应提高。这就是说，在短期内，失业率与通货膨胀率之间存在着一种负相关的关系，或者说，两者之间存在着替代关系。这种替代关系表明，要降低失业率（从相反的意思说就是要实现经济增长和充分就业），通常就要以较高的通货膨胀率为代价；反之，要降低通货膨胀率，社会就要承受失业的痛苦，也就是要以较高的失业率或牺牲经济增长率为代价。例如，在坐标（b）中，当失业率从 u_2 降低到 u_1 时，通货膨胀率从 π_2 上升到了 π_1。从另一个角度来看，当通货膨胀率从 π_1 降低到 π_2 时，失业率

则从 u_1 上升到了 u_2。

如果引进实际失业率与自然失业率的概念，可以把失业率看作是实际失业率 u 与自然失业率 u_c 之差，即失业率缺口 $u-u_c$，这时，图 15-3（a）和（b）的短期菲利普斯曲线可以分别用公式（15.3）和公式（15.4）来表示。

$$\frac{\Delta w}{w} = -\varepsilon(u-u_c) \tag{15.3}$$

$$\pi = -\varepsilon(u-u_c) \tag{15.4}$$

式中 ε 是货币工资变动率 $\Delta w/w$ 或通货膨胀率 π 对失业率的敏感系数。

虽然在短期内失业率与通货膨胀率存在负相关的关系，但在长期中，失业率与通货膨胀率之间则不存在这种负相关的关系，这可以用长期菲利普斯曲线来表示。如图 15-5 所示。

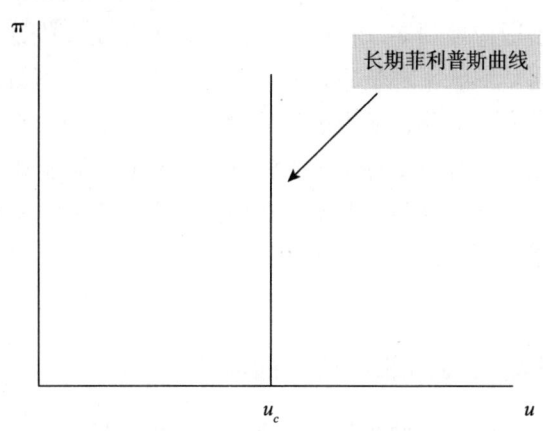

图 15-5　长期菲利普斯曲线

在图 15-5 的坐标中，横轴表示失业率，纵轴表示通货膨胀率，坐标中垂直于横轴的垂线被称为长期菲利普斯曲线。垂直的长期菲利普斯曲线表明，在长期中，无论价格水平怎样变动，失业率均为自然失业率（u_c）不变。如前所述，在只存在自然失业率的条件下，经济体实际上已经实现了充分就业，在充分就业条件下所实现的产出水平即为潜在产出水平。因此，图 15-5 中的长期菲利普斯曲线不仅意味着在长期中失业水平与价格水平无关，也意味着潜在产出水平与价格水平无关。

需要说明的是，不同的经济学流派如凯恩斯主义、货币主义、理性预期学派对菲利普斯曲线的解释存在较大分歧。新凯恩斯主义经济学认为短期菲利普斯曲线向右下方倾斜，原因是市场机制的调整具有滞后性，因而价格和工资具有粘性,又由于有效需求不足是市场经济的常态,因此失业和通货膨胀之间存在稳定的负相关关系。由此得出的结论是货币政策在短期内是有效的。货币主义经济学家们尽管认为短期菲利普斯曲线也是向右下方倾斜的,但这在很大程度上取决于人们对通货膨胀的适应性预期和自然失业率。其基本观点是,如果实际失业率小于自然失业率,实际通货膨胀率将高于预期通货膨胀率;当实际失业率高于自然失业率时,实际通货膨胀率将低于预期通货膨胀率。[1]与新凯恩斯主义的观点相同,货币主义的经济学家们也认为长期菲利普斯曲线是一条从自然失业率出发的垂线,尽管对这一结论的解释存在较大差异。与上述观点完全不同,理性预期学派或新古典宏观经济学认为,无论是短期菲利普斯曲线,还是长期菲利普斯曲线,都是一条从自然失业率出发的垂线,因而通货膨胀与失业之间不存在替代关系。其理论基础是假设公众的预期都是合乎理性的,即理性预期,而不是适应性预期。在这种假设下,无论是短期还是长期,预期通货膨胀率和实际通货膨胀率都是一致的。假如短期内发生意外的政策变化,从而使产出和就业量发生变化,但由于理性预期的存在,公众会很快预期到这种变化并反映到自己的决策中,所以价格水平的变化对就业和产出不会产生影响,通货膨胀率与失业率之间也就不存在明显的替代关系。理性预期学派和货币主义的政策主张相同,即认为货币当局应当保持货币供给增长率的稳定性,因为货币政策无效。

二、从总供给曲线到菲利普斯曲线

短期菲利普斯曲线和长期菲利普斯曲线的区别所反映的实际上是短期总供给曲线和长期总供给曲线的区别。为了说明这一点,根据第十四章公式(14.9)给出的总产出与就业量的关系 $Y = aN$,我们首先假定经济中的就业水平与总产出成比例,同时根据公式(15.1),假定通货膨胀率与价格水平的变动成比例,这样就可以首先将短期总供给曲线转换为表示通货膨胀率与就业率正相关的短期菲利普斯曲线。此外,根据本章第三节给出的奥肯定律,我们还可以在总产出或产出缺口与失业率或失业缺口之间建立起联系,这样又可以将短期总供给曲线转换为通货膨胀率与失业率负相关的菲利普斯曲线。这一转换过程可以用图15–6来表示。

---

[1] 用公式可以表示为 $\pi - \pi^e = -\varepsilon(u - u_c)$,即本章中的公式(15.5)。

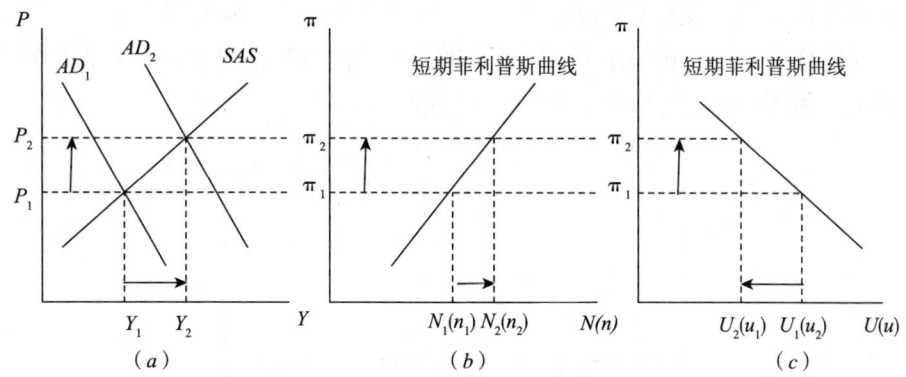

图 15-6 从短期总供给曲线到短期菲利普斯曲线

在图 15-6 中，坐标（a）是 AD-SAS 模型，横轴表示产出水平，纵轴表示价格水平。坐标（b）是用来表示通货膨胀率与就业水平或就业率相互关系的短期菲利普斯曲线，横轴表示就业量（N）或就业率（n），纵轴表示通货膨胀率。坐标（c）是用来表示通货膨胀率与失业水平或失业率相互关系的短期菲利普斯曲线，横轴表示失业量（U）或失业率（u），纵轴表示通货膨胀率。

从图 15-6 可以看出，在坐标（a）中，当短期总供给曲线为 SAS 线，总需求曲线为 AD_1 线时，均衡价格水平为 P_1，均衡产出水平为 Y_1。与 P_1 的价格水平相联系，坐标（b）和坐标（c）中的通货膨胀率均为 π_1，坐标（b）中的就业量和就业率分别为 N_1 和 n_1，坐标（c）中的失业量和失业率分别为 U_1 和 u_1。

现在我们假定，在坐标（a）中，当总需求上升到 AD_2 时，均衡价格水平上升为 P_2，均衡产出水平增加到 Y_2。与 P_2 的价格水平相联系，此时坐标（b）和坐标（c）中的通货膨胀率上升到 π_2。随着产出水平的增加，就业人数会相应增加，失业人数将会减少。于是坐标（b）中的就业水平从 N_1 上升到 N_2，或者说就业率从 n_1 上升到了 n_2，坐标（c）中的失业量则从 U_1 下降到了 U_2，或者失业率从 u_1 下降到了 u_2。

通过上面的转换，我们可以在坐标（b）中得到一条斜率为正的表示通货膨胀率与就业水平或就业率正相关的短期菲利普斯曲线，并在坐标（c）中得到一条斜率为负的表示通货膨胀率与失业水平或失业率负相关的短期菲利普斯曲线。

从图 15-6 不难看出，菲利普斯曲线和总供给曲线实际上是一枚硬币的两个方面，它们所要说明的是同一个问题，即价格水平与产出水平或就业水平存在正相关的关系,或者说是价格水平与失业水平存在着负相关的关系。

用同样的方法,我们还可以知道长期总供给曲线与长期菲利普斯曲线的内在联系。如图15-7所示。

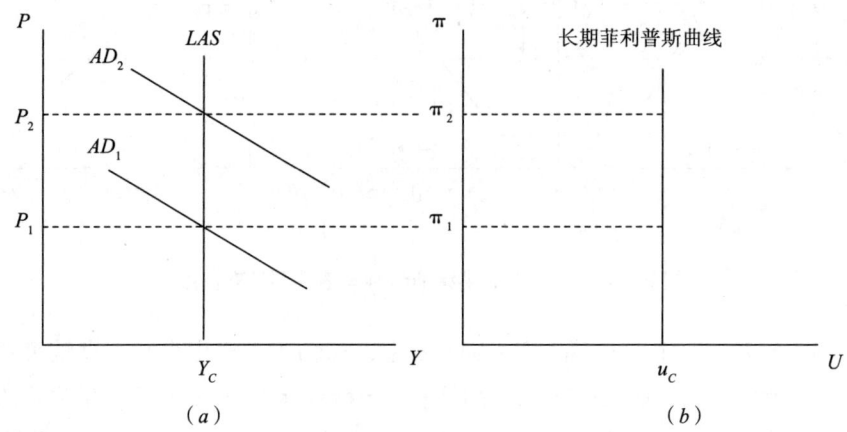

图15-7　从长期总供给曲线到长期菲利普斯曲线

在图15-7中,坐标(a)是$AD-LAS$模型,坐标(b)是用来表示通货膨胀率与失业率相互关系的长期菲利普斯曲线。在坐标(a)中,当长期总供给为LAS线,总需求曲线为AD_1线时,价格水平为P_1,潜在产出水平为Y_C,这时坐标(b)中的通货膨胀率为π_1,充分就业条件下的自然失业水平为u_C。

在坐标(a)中,当总需求从AD_1线增加到AD_2线时,价格水平上升到P_2。但由于经济中资源已经被充分利用,即实现了充分就业,因此产出水平仍然为潜在产出Y_C。与P_2的价格水平相联系,在坐标(b)中,通货膨胀率上升到了π_2,但失业水平仍然为自然失业率u_C。于是,在坐标(b)中,我们就会得到一条垂直的长期菲利普斯曲线。

长期菲利普斯曲线表明,在长期中,一个经济体的失业水平——反过来说也就是就业水平——与该经济体中的价格水平或通货膨胀率无关,即在长期中,无论通货膨胀率有多高,实际失业率总是等于自然失业率。实际上,在其他条件不变的情况下,只要生产要素的投入量和使用效率,包括人口结构、社会生产技术水平没有发生变化,自然失业率水平也就不会发生大的变化。现代宏观经济学认为,当经济生活中的实际失业率稳定在自然失业率的水平时,价格水平或通货膨胀通常会保持稳定。因为在这时恰好实现了充分就业,即资源刚好被充分利用。如果实际失业率与自然失业率发生了偏离,通货膨胀率就会处于变动之中。例如当实际失业率低于自然失业率时，说明经济中存在着过度需求，资源已经被过度利用，因而通货膨胀就有上升趋势；反之，当实际失业率高于自然失业率时，说明经济中存在着有效需求不足，资源未被充分利用，这时，通货膨胀就具有下降的趋势。

三、存在通货膨胀预期的菲利普斯曲线

以上对短期菲利普斯曲线的分析是假定不存在通货膨胀预期。如果存在通货膨胀预期，则会改变短期菲利普斯曲线在坐标上的位置。

如前所述，没有通货膨胀预期的短期菲利普斯曲线方程可以表示为（15.4）式，而有通货膨胀预期的菲利普斯曲线则可以用公式（15.5）来表示。

$$\pi = -\varepsilon(u - u_c) + \pi^e \tag{15.5}$$

公式（15.5）中的 π^e 表示预期通货膨胀率。公式表明，经济中只要存在通货膨胀预期，实际通货膨胀率就会上升；预期通货膨胀率有多高，实际通货膨胀率就会有多高。

引进通货膨胀预期这一变量后，我们会发现，现代菲利普斯曲线具有一个重要性质：只要通货膨胀率对失业缺口的敏感系数（ε）不为零，当实际通货膨胀率与预期通货膨胀率相等时，实际失业率就处于自然失业率水平；或者说，当实际失业率等于自然失业率时，实际通货膨胀率与预期通货膨胀率相等。

有通货膨胀预期的短期菲利普斯曲线和没有预期的短期菲利普斯曲线可以用图15-8来表示，图中垂线是长期菲利普斯曲线。

图15-8中位置较低的 PH_0 线是没有通货膨胀预期的短期菲利普斯曲线，位置较高的 PH_1 线是有通货膨胀预期的短期菲利普斯曲线，也被称为附加预期的短期菲利普斯曲线。两条线的垂直距离即为预期通货膨胀率 π^e。这表明，人们对通货膨胀的预期越高，实际的通货膨胀率就越高，反之亦然。

根据图15-6给出的总产出、就业和失业的关系，用通货膨胀率和失业率缺口表示的短期菲利普斯曲线方程（15.5）就可以转换成用通货膨胀率和产出缺口表示的短期菲利普斯曲线方程（15.6）和用通货膨胀率与就业缺口表示的短期菲利普斯曲线方程（15.7）。式中 N 表示实际就业人数，N_c 表示自然失业人数，$(N-N_c)/N_c$ 为就业缺口。

$$\pi = \varepsilon\left(\frac{Y - Y_C}{Y_C}\right) + \pi^e \tag{15.6}$$

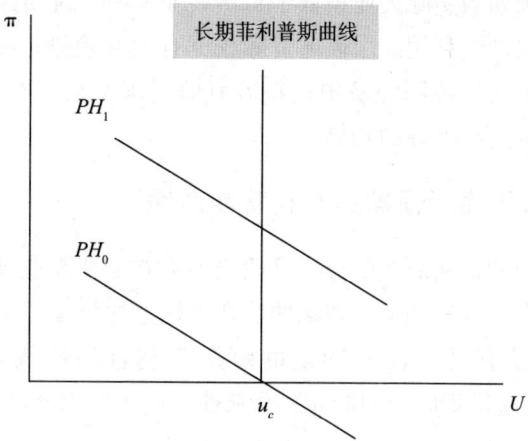

图 15-8　没有通货膨胀预期和附加预期的短期菲利普斯曲线

$$\pi = \omega\left(\frac{N - N_C}{N_C}\right) + \pi^e \qquad (15.7)$$

公式（15.6）中的 $(Y - Y_C)/Y_C$ 是用相对值表示的产出缺口。如果设 $\lambda = \varepsilon/Y_C$，还可以用绝对值表示的产出缺口 $(Y - Y_C)$ 来替代公式（15.6）中的产出缺口，这时就可以得到被简化后的没有通货膨胀预期的短期菲利普斯曲线。如公式（15.8a）所示。

$$\pi = \lambda(Y - Y_C) \qquad (15.8a)$$

如果将公式（15.1）中的 $\pi = (P_t - P_{t-1})/P_{t-1}$ 带入到公式（15.8a）中，则有公式（15.8b）。

$$P_t = P_{t-1}[1 + \lambda(Y - Y_C)] \qquad (15.8b)$$

公式（15.8b）与公式（15.8a）没有实质性区别，但它更贴近短期总供给曲线的表达形式。

根据公式（15.6），设 $\lambda = \varepsilon/Y_C$，附加预期的短期菲利普斯曲线还可以用简化后的公式（15.9）表示。

$$\pi = \pi^e + \lambda(Y - Y_C) \qquad (15.9)$$

公式（15.9）也是附加预期的短期总供给曲线方程。根据公式（15.9），我们还可以用另一种方式表达现代菲利普斯曲线的性质：如果通货膨胀率对产出缺口的敏感系数（λ）不为零，当实际通货膨胀率等于预期通货膨胀率时，实际产出就处于潜在产出水平，即 $Y = Y_C$；或者说，当产出缺口为零时，实际通货膨胀率与预期通货膨胀率相等。

如果用几何方式表示没有通货膨胀预期和附加预期的短期菲利普斯曲线方程，就可以得到图15-9表示的向右上方倾斜的短期菲利普斯曲线。

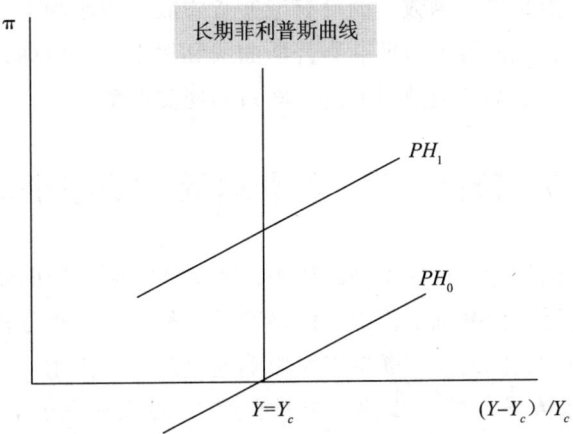

图15-9　用产出缺口和通货膨胀率表示的短期菲利普斯曲线

在图15-9中，横轴表示产出缺口，纵轴表示通货膨胀率。向右上方倾斜的没有通货膨胀预期的短期菲利普斯曲线 PH_0 表明，在短期内，如果经济中存在产出正缺口，就会有较高的通货膨胀率，沿着短期菲利普斯曲线向右上方移动，产出正缺口越大，通货膨胀率就越高；而沿着短期菲利普斯曲线向左下方移动时，我们会发现，产出缺口越小，通货膨胀率越低，当出现产出负缺口时，通货膨胀率为负值。然而，如果观察附加预期的短期菲利普斯曲线 PH_1 线就会发现，只要存在较高的通货膨胀预期，即使出现产出负缺口，也可能会有较高的通货膨胀率。据此可以认为，如果存在普遍的较高的通货膨胀预期，实际通货膨胀率就会上升。

通货膨胀预期的存在，不仅会推高经济体的实际价格水平，还会导致经济中出现滞涨。观察图15-9，长期菲利普斯曲线与坐标横轴相对应的产出缺口为零，即实际产出水平与潜在产出水平相等（$Y=Y_c$），经济体实现了充分就业。如果存在普遍的通货膨胀预期，并且使短期菲利普斯曲线从 PH_0 上移到 PH_1，此时，如果经济出现衰退，即经济中出现了产出负缺口（$Y<Y_c$），那么沿着位于长期菲利普斯曲线左侧的 PH_1 线移动，无论在哪一点上，通货膨胀率显然比之前都提高了。这意味着经济中出现了滞涨。因此，导致经济体出现滞涨的因素不仅是第十四章中给出的供给冲击或来自经济体外部的价格冲击，还包括通货膨胀预期。

需要说明的是,前面给出的短期菲利普斯曲线方程以及图 15-9 中的短期菲利普斯曲线,都没有考虑到价格粘性的作用。因此在这里,通货膨胀率只是一般意义上的产出缺口的函数,而没有把通货膨胀率表示为上一期产出缺口的函数。在下一节,我们将把短期菲利普斯曲线和短期总供给曲线动态化,分析通货膨胀或价格水平与产出缺口的内在联系和现实关系。

第五节 价格调整方程和通货膨胀的国际传导

在本节,我们将考虑价格粘性的作用,将短期菲利普斯曲线或短期总供给曲线动态化;之后在此基础上再引入价格调整方程,进一步分析经济体内部通货膨胀与产出波动之间的内在联系以及影响通货膨胀的因素;最后,通过分析通货膨胀的国际传导,进一步说明开放经济中通货膨胀的影响因素和传导机制。

一、价格调整方程

在上一节给出的公式(15.6)和(15.9)的基础上,如果再考虑价格粘性的作用,就必须加入时间因素,这样可以得到动态短期菲利普斯曲线方程或动态短期总供给曲线方程。如公式(15.10)所示。

$$\pi_t = \varepsilon \frac{Y_{t-1} - Y_C}{Y_C} + \pi_t^e$$

或
$$\pi_t = \pi_t^e + \lambda (Y_{t-1} - Y_C) \qquad (15.10)$$

注意(15.10)的两个方程是相同的,因为 $\lambda = \varepsilon / Y_C$。在(15.10)中,$\pi_t$ 是本期或报告期的实际通货膨胀率,Y_{t-1} 是上一期的总产出,Y_C 是潜在产出,因此 $(Y_{t-1} - Y_C)/Y_C$ 和 $(Y_{t-1} - Y_C)$ 是上一期的产出缺口,ε 是通货膨胀率对上一期产出缺口的敏感系数或弹性系数,π_t^e 是本期的预期通货膨胀率。公式(15.10)表明,本期或现实的通货膨胀率是上一期产出缺口和本期预期通货膨胀率的函数。如果上一期存在产出正缺口,本期或现实的通货膨胀率就会上升;反之,如果上一期存在产出负缺口,本期或现实的通货膨胀率就会下降。公式(15.10)还表明,如果本期存在通货膨胀预期,也会导致现实的通货膨胀率上升;反之亦然。

为什么在上一期出现产出正缺口,会在本期引发通货膨胀呢?这首先是因为,当经济中出现产出正缺口时,意味着资源被过度利用,由于资源被过度利用会导致资源短缺,从而价格水平必然存在上涨的压力;相反,当经济中出现产出负缺口时,意味着资源未被充分利用,即出现资源闲置,而资源闲置必然使价格水平具有下降的压力。另外,将本期的实际通货膨胀率视为上一期产出缺口的函数,显然是考虑到了价格粘性包括货币工资粘性的作用。这意味着,如果上期存在产出正缺口,会对本期的价格水平形成上升的压力;反之,如果上期存在产出负缺口,则会对本期的价格水平形成下降的压力。这就是说,由于价格存在粘性,本期的产出缺口通常不会马上对通货膨胀产生影响。因此,通货膨胀是上一期产出缺口的函数。

本章第二节在分析通货膨胀的成因时,曾提到需求拉动、成本推动对通货膨胀的影响,实际上,无论是需求拉动、成本推动,都和经济中出现产出正缺口相关。一般而言,只有在出现产出正缺口,经济增长过快时,需求拉动、成本推动才有可能成为通货膨胀的直接原因。

为什么只要存在通货膨胀预期,就会导致实际通货膨胀?并且预期通货膨胀率越高,实际通货膨胀率就越高?首先把通货膨胀预期作为一个经济变量引入经济分析的米尔顿·弗里德曼(Milton Friedman)和埃德蒙·费尔普斯(Edmund S. Phelps)认为,工人感兴趣的是实际工资而非名义工资。如果工人或工会存在通货膨胀预期,他们就会要求提高工资。如果厂商也存在通货膨胀预期,他们会同意提高工人的工资。因为厂商能够以更高的价格销售其产品,从而不会引起其利润损失。如果工资和产品价格以相同的速率上升,虽然工人的实际收入和厂商的实际利润水平并没有发生变化,但是物价水平却实实在在的上升了。实际上,即使不存在上述导致实际通货膨胀发生的机制,只要存在普遍的通货膨胀预期,人们就会通过各种方式进行融资去抢购商品,从而把物价水平推高。例如,如果人们普遍认为房地产价格在不久的将来会大幅上涨,他们就会去抢购住房,从而把房地产及其相关产品的价格推高。以上的分析表明,只要存在普遍的通货膨胀预期,预期通货膨胀就会转化为实际通货膨胀。这是现代菲利普斯曲线的另一个重要性质。

那么预期通货膨胀率的高低如何确定呢?一个最简单的适应性预期的模型是,把本期的预期通货膨胀率(π_t^e)等同于上一期的实际通货膨胀率(π_{t-1}),即根据上一期的实际通货膨胀率预期本期的通货膨胀率。如公式(15.11)所示。

$$\pi_t^e = \pi_{t-1} \qquad (15.11)$$

根据公式(15.11)给出的关系式,我们可以用π_{t-1}取代公式(15.10)中的π_t^e,这时,本期的通货膨胀率就是上一期的通货膨胀率和产出缺口的函数。

公式（15.10）给出的动态菲利普斯曲线方程或动态总供给方程还不能说明经济体通货膨胀率或价格水平变动的全部原因。如第十四章所述，供给冲击或来自经济体外部的价格冲击也会对价格水平产生重要影响，尽管这种情况并不经常发生。如果把供给冲击或价格冲击融入到公式（15.10）中，就可以得到公式（15.12）表示的价格调整方程。

$$\pi_t = \varepsilon \frac{Y_{t-1} - Y_C}{Y_C} + \pi_t^e + Z$$

或
$$\pi_t = \pi_t^e + \lambda(Y_{t-1} - Y_C) + Z \tag{15.12}$$

公式（15.12）表明，如果出现逆向总供给冲击或有来自经济体之外的向上的价格冲击（Z），通货膨胀率就会上升；反之，如果出现正向的总供给冲击或来自经济体外的向下的价格冲击，通货膨胀率就会下降。显然，价格调整方程更为全面地解释了一个经济体中通货膨胀的影响因素，并把通货膨胀和产出波动以及失业联系在一起。

通过引进价格调整方程会发现，仅用需求拉动、成本推动和结构变动还远不能解释引起通货膨胀的全部原因。一个经济体出现通货膨胀，是由多方面的因素造成的。

二、通货膨胀的国际传导

在开放的世界中，一个经济体的通货膨胀水平还可能受外国部门经济活动的影响，即通货膨胀的国际传导。通货膨胀的国际传导一般有两个途径：贸易途径和货币途径。

从国际贸易的传导过程来看，如果原料和能源出口国发生了通货膨胀并导致原料和能源价格上涨，那么必然会抬高原料和能源进口国的生产成本。如果原料和能源进口国是钢材、机器、设备等资本品或是冰箱、电视机、汽车等消费品的生产国和出口国，这势必会提高资本品和消费品的价格，并把资本品和消费品价格的上升传导到其他国家，依此类推，通货膨胀可能会因此传导到世界上所有的国家，尤其是开放程度较高的国家。

贸易途径的传导过程还可以作如下解释：假设一个包含有 A 国和 B 国两个开放国家的世界经济，并且这两个国家的经济通过国际贸易相联系。对于 A、B 两个国家来说，总需求都无一例外地包含国内需求和出口两部分，而总供给则包含国内供给和进口两部分。在宏观经济平衡的状态下，总需求等于总供给。现在假定：A 国由于需求膨胀而引发了通货膨胀，那么在 A 国的商品市场上，总需求大于总供给。为了弥补国内的供需缺口，A 国可能采取的措施有两个，一是增加从 B 国的进口，二是减少向 B 国的出口以满足国内市场需求。这样，B 国所面临的情况是出口增加，进口减少。如果其他条件不变，这时 B 国的国内总需求将会超过国内总供给，于是 B 国也发生了通货膨胀。

从对通货膨胀的贸易传导途径的两种解释来看，前者是通过进出口贸易直接输出和输入通货膨胀，并且在很大程度上是成本推动的通货膨胀传导；后者则是通过进出口贸易拉动他国的总需求，改变其总需求与总供给的平衡，间接地实现了通货膨胀的国际传导。因此，后一种途径可以被视为国际间的需求拉动的通货膨胀传导。

通货膨胀国际传导的另一个途径是货币途径。通货膨胀通过货币途径在国家间传导的条件有两个：一是固定汇率制，二是资本可以在国家间自由流动。

在开放的经济中，一国的基础货币包含两部分，即国内信贷和外汇储备，这两部分通过货币乘数放大，构成了一个国家的货币总供给。我们同样假设一个包含有 A 国和 B 国两个开放国家的世界经济，这两个国家都实行固定汇率制度，并且资本在这两个国家可以自由流动。

现在假设在 A 国存在通货膨胀，这意味着 A 国存在过剩的货币供给，这会增加 A 国对进口商品的需求，从而导致 A 国的国际收支出现赤字。A 国出现国际收支赤字意味着 B 国的国际收支会出现盈余，并导致外汇储备增加。如果 B 国的货币当局或中央银行不采取对冲政策，即当外汇储备增加时政府并不采取措施减少国内信贷投放，那么 B 国的基础货币以及货币总供给就会增加，在国民收入增长率不变的条件下，B 国也会出现通货膨胀。

上述分析虽然是立足于开放条件下的货币均衡分析，但却是建立在国际贸易的基础之上的，并没有涉及资本的国际流动问题。如果从资本流动的角度来解释，通货膨胀的国际传导主要表现在：如果 A 国的通货膨胀率高于 B 国的通货膨胀率，这时 A 国资本市场的货币供给充裕，但 B 国的货币供给相对短缺。在此情况下，资本将从 A 国向 B 国流动，从而使 B 国产生国际收支盈余。为避免净资本流入过多，如果 B 国扩大信贷，增加货币供给量，就会使 B 国通货膨胀率上升。这意味着 A 国的高通货膨胀率传递到了 B 国。反之也是一样。

显然，上述两种解释是从国际收支中的经常项目和资本项目两个不同的角度进行分析的，因此都强调通货膨胀会导致国际收支出现盈余或赤字，在一定的条件下，国际收支不平衡就会导致通货膨胀的国际传导。

通货膨胀的国际传导要受许多因素的影响。其中最重要的因素是一国经济的开放程度以及与对外贸易、利率、汇率相联系的经济政策、制度和机制。

第六节 反通货膨胀的政策

保持价格水平的稳定是政府宏观经济政策的一个重要目标。政府应当如何反通货膨胀，保持价格水平的稳定呢？宏观经济学提出了两种基本的思路，一是用紧缩性经济政策抑制通货膨胀，二是用收入政策反通货膨胀。

一、紧缩性经济政策

用紧缩经济抑制通货膨胀的政策，也被称为用经济衰退抑制通货膨胀的政策。这种政策是一种反需求拉动通货膨胀的经济政策。由于需求拉动通货膨胀的起因是过度需求，因此，只要抑制总需求，就可以达到抑制通货膨胀的目的。在政策上，政府可以通过实行紧缩性的财政政策和紧缩性的货币政策来实现。实行紧缩性的财政政策意味着要减少政府支出或增加税收，实行紧缩性的货币政策意味着应当抽紧银根，减少货币供给量，提高利率。实行紧缩性的财政政策和紧缩性的货币政策，会导致消费需求、投资需求、政府需求和来自国外的需求即净出口减少，从而导致总需求减少。在总供给水平不变的情况下，总需求的减少会导致价格水平下降，从而对通货膨胀起到抑制作用。但这也会导致产出水平下降，从而引起经济衰退。如图 15-10 所示。

在图 15-10 的坐标中，横轴表示产出水平，纵轴表示通货膨胀率。坐标中的 LAS 线代表与潜在产出水平相联系的长期总供给曲线，SAS 线为短期总供给曲线，AD 线为总需求曲线。假设长期总供给和短期总供给不变，经济中最初的总需求曲线为 AD_1 线，这时的产出水平为 Y_1，高于潜在产出水平 Y_e，通货膨胀率较高为 π_1，说明这时的经济在高点运行，资源被过度利用，经济出现了过热。政府为了抑制通货膨胀，采用紧缩性财政政策和紧缩性货币政策，减少了总需求，使总需求曲线从 AD_1 线左移到 AD_e 线，这时的通货膨胀率就会从 π_1 下降到 π_e，但是产出水平也相应下降到 Y_e 的水平。当产出水平达到 Y_e 时，在经济体中也就实现了充分就业。假如这时的通货膨胀率 π_e 是可以接受的或能够容忍的，那么也就意味着政府所追求的政策目标实现了。如果认为 π_e 的通货膨胀率是不能容忍的，政府就会继续减少总需求，使总需求曲线左移，当总需求曲线移至 AD_2 线时，通货膨胀率会进一步下降到 π_2，但是产出水平则进一步下

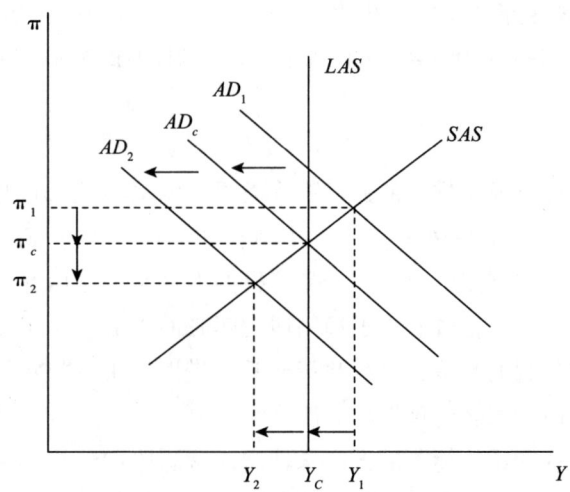

图 15-10　用经济衰退抑制通货膨胀

降到 Y_2。这时，由于实际产出水平低于潜在产出水平，经济中的实际失业率会高于自然失业率。由此可见，如果政府使用紧缩性财政政策和紧缩性货币政策抑制总需求，就可以有效地抑制通货膨胀，但也可能使经济出现一次明显的衰退过程。经济衰退不仅意味着产出水平的减少，也意味着失业的增加。

用紧缩性经济政策或用经济衰退来抑制通货膨胀，实践中存在着两种不同的政策选择，即渐进主义的政策选择与激进主义的政策选择。渐进主义的政策选择的基本目标是以较缓的经济衰退和较低的失业率为代价在较长的时间内来降低通货膨胀率。这就意味着在政策措施上，政府应当实行适度从紧的财政政策和货币政策，即紧缩的力度应当较小，在较长的时间内实现降低通货膨胀率的目标。

与渐进主义的做法相反，激进主义的政策选择是以较大幅度的经济衰退和较高的失业率为代价在较短的时间内来实现降低通货膨胀率的目标的。这就意味着在政策措施上，政府会采用较大力度的紧缩性财政政策和货币政策措施，在较短的时间内实现降低通货膨胀率的目标。激进主义的政策选择虽然能够迅速地降低通货膨胀率，但一定会造成较大幅度的经济衰退。

既然通货膨胀率的降低是以经济衰退为代价的，那么，这一代价的大小应当如何衡量呢？为此，宏观经济学引入了"牺牲率"这一概念。所谓牺牲率（sacrifice ratio），就是指作为反通货膨胀政策结果的 GDP 损失的累计百分比与实际获得的通货膨胀率的降低率之间的比率。假定一项反通货膨胀的政策在 3 年时间内把通货膨胀率从 10% 降低到 4%，即通货膨胀率降低了 6%，其代价是第一年的产出水平低于潜在产出水平10%，第二年低8%，第三年低6%，则 GDP 的总损失是 24%（10% + 8% + 6%），于是牺牲率即为 4（24% ÷ 6%）。

二、收入政策

这种政策是针对成本推动的通货膨胀而提出的一项反通货膨胀的政策。由于成本推动的通货膨胀是由工资的过快增长和利润的非正常增长引起的，因此，政府可以通过控制工资收入和产品价格的上升来抑制由此而引发的通货膨胀。所谓收入政策，就是政府为了抑制通货膨胀而采取的对工资收入和产品价格上升进行某种限制的政策，这种政策通常要借助于工资与物价管制、道义劝告和改变人们对通货膨胀的预期等方法来实现。

支持使用工资和物价管制的方法来抑制通货膨胀的经济学家认为，工会和厂商利用自己对劳动市场和产品市场的垄断力量来保持自己的实际收入，致使货币工资和产品价格水平持续增长，而要抑制货币工资和产品价格的上升，就有必要采取对工资收入和产品价格进行管制的收入政策。

多数经济学家都反对使用限制工资收入和产品价格的方法来抑制通货膨胀。首先，人为地限制产品价格会扭曲资源配置所依赖的价格信号，不利于资源的有效配置；其次，这种做法并没有触及通货膨胀的深层原因；再者，在实践中，这种控制工资收入和产品价格的做法其实很难实施，这不仅仅是因为这种做法涉及成千上万名工人的利益，而且也涉及成千上万种产品甚至所有产品的价格，因为通货膨胀会导致所有的产品一起涨价，而不是每个商品的价格分别上升。此外，强行限价还存在着另一个困难，这就是各种商品的相对价格是不断变化的，如果价格控制要持续相当长时间的话，它必须允许产品的相对价格变动，否则，低于均衡价格的那些产品就要发生短缺，而高于均衡价格的那些产品则会出现过剩。

政府采用收入政策反通货膨胀的另一种方法是道义劝告。所谓道义劝告，就是政府不是通过强制性地控制货币工资和产品价格，而是巧妙地通过劝说或施加压力的方法告诫厂商和工会不要提高产品价格和试图要求增加工资。通常，政府会编制物价和工资的指导线，希望工会和厂商能够遵守。政府也可以通过某种方式给企业施加压力，用永不购买该企业的产品来威胁那些不听从劝告的企业。在历史上，肯尼迪总统曾担心美国钢铁公司提价会引起通货膨胀，于是他通过对钢铁公司施加压力的方式，成功地使公司放弃了提价的企图。可见，道义劝告实际上是政府对货币工资和物价进行非强制性管制的一种收入政策。

道义劝告的办法所以能够奏效，在很大程度上是因为这种方法改变了人们对通货膨胀的预期。新古典宏观经济学的经济学家们坚信，人们对通货膨胀的预期会改变通货膨胀的发展趋势。他们认为，政府抑制通货膨胀的政策所以能够成功，在很大程度上得益于人们相信这项政策可以成功。如果人们相信政府所采取的抑制通货膨胀的政策是能够成功的，这种信心和预期本身就有助于消灭通货膨胀。相反，如果人们认为政策不可能奏效，那么，通货膨胀就可能持续下去，并且使之加剧。

以上反通货膨胀的政策主要是针对需求拉动和成本推动的通货膨胀而言的。实际上，如果全面考虑影响通货膨胀的因素，反通货膨胀的政策远远不是仅有这些。根据通货膨胀产生的原因和各国的实际情况，政府还可以通过制定和调整税收政策、增加有效供给的政策、对通货膨胀预期的管理政策、利率政策、汇率政策等反通货膨胀。

三、货币政策规则

正如第十三章所指出的那样，在抑制通货膨胀方面，紧缩性货币政策比紧缩性财政政策更为有效，因为通货膨胀毕竟是一种货币现象。货币当局或中央银行在使用货币政策干预宏观经济运行时，通常存在两个中间目标：利率目标和货币供应量目标，即通过把利率控制在一定水平或通过把货币供应量控制在一定数量范围内来达到扩张或收缩经济的目标。美国自从通过平衡预算法案后，自20世纪90年代以来主要把调控利率作为货币政策的中间目标，我国近年来主要把调控货币供应量作为货币政策的中间目标。

货币当局在运用利率干预经济运行时，是否存在行为准则呢？针对美国货币政策的中间目标，美国斯坦福大学教授约翰·泰勒（John B. Taylor）于1993年根据美国货币政策的实际经验，提出了一个短期利率调整的货币政策规则，该规则也被称为泰勒规则（*Taylor's rule*）。如公式（15.13）所示。

$$i_t = r^* + \pi_t + \alpha\ (\pi_t - \pi^*) + \beta\left(\frac{Y_t - Y_C}{Y_C}\right) \qquad (15.13)$$

在公式（15.13）中，i_t 是短期名义利率（基准利率），r^* 是实际自然利率，即当失业率等于自然失业率时或实际产出 Y 等于潜在产出 Y_C 时所对应的实际利率，π_t 是本期或现实的通货膨胀率，π^* 是货币当局的目标通货膨胀率，$(Y_t - Y_C)/Y_C$ 是本期的产出缺口。α 是短期名义利率对实际通货膨胀率和目标通货膨胀率差额的敏感系数，β 是短期名义利率对产出缺口的敏感系数，α 和 β

都是大于零的参数。根据经验估计值，α 和 β 均为 0.5，$r^* = 0.02$。如果假定货币当局的目标通货膨胀率为 0.02。把上述数据代入公式（15.14），可以得到以下方程：

$$i_t = 0.02 + \pi_t + 0.5\ (\pi_t - 0.02) + 0.5\left(\frac{Y_t - Y_C}{Y_C}\right)$$

根据上述方程，当产出缺口为零，且实际通货膨胀率等于目标通货膨胀率时，短期名义利率为 4%（$i = 0.02 + 0.02$）。如果产出缺口为 1%，即实际 GDP 或实际产出超过潜在 GDP 或潜在产出 1 个百分点，为抑制经济过快增长，货币当局将把短期名义利率提高 0.5 个百分点（$0.02 + 0.02 + 0.5 \times 0.01 = 0.045$），此时 $i = 4.5\%$；同样，如果不存在产出缺口，但经济中的实际通胀率为 3%，即实际通货膨胀率高于目标通货膨胀率 1 个百分点（0.03 - 0.2），货币当局将把短期名义利率提高 1.5 个百分点（$0.02 + 0.03 + 0.01 = 0.055$），以抑制通货膨胀。此时 $i = 5.5\%$。需要说明的是，宏观经济学中的实际利率是指名义利率与通货膨胀率之差，即 $r = i - \pi$。而公式（15.14）中的 r^* 不仅是指实际利率，而且是自然利率。名义利率和实际利率以及自然利率的定义已经分别在第十一章和第十三章中给出。

经济学家们认为，货币政策规则不一定很完美，但却为货币当局或中央银行在运用货币政策干预宏观经济运行时提供了一个行为准则。

关键名词和术语

通货膨胀　通货紧缩　隐性通货膨胀　温和的通货膨胀　奔腾的通货膨胀　超级通货膨胀　急剧的通货膨胀　恶性通货膨胀　平衡的通货膨胀　非平衡的通货膨胀　可预期的通货膨胀　不可预期的通货膨胀　需求拉动的通货膨胀　半通货膨胀　成本推动的通货膨胀　混合通货膨胀　结构性通货膨胀　失业率　劳动参与率　职位空缺率　贝弗里奇曲线　奥肯法则　短期菲利普斯曲线　长期菲利普斯曲线　通货膨胀预期　最低可持续失业率　牺牲率　价格调整方程　货币政策规则

复习思考题

1. 怎样计算通货膨胀率？用消费价格指数和 GDP 平减指数计算通货膨胀率有什么不同？
2. 简述通货膨胀的经济影响。
3. 简述需求拉动的通货膨胀理论、成本推动的通货膨胀理论和结构性通货膨胀理论。
4. 奥肯法则揭示了失业变动和产出波动之间存在着一种怎样的内在联系？你怎样看待这种联系？
5. 短期菲利普斯曲线是怎样描述失业与通货膨胀之间的交替关系的？为什么长期菲利普斯曲线是一条垂线？其政策含义是什么？
6. 分析现代菲利普斯曲线的性质，解释为什么只有当实际失业率水平稳定在自然失业率水平上时，物价水平才会具有稳定性？
7. 试分析菲利普斯曲线与总供给曲线的关系。为什么通货膨胀预期会改变短期菲利普斯曲线的位置？
8. 运用价格调整方程解释影响经济体通货膨胀的成因。
9. 通货膨胀在国家之间是怎样传导的？怎样防范通货膨胀的国际传导？
10. 试述通货膨胀的成因和政府反通货膨胀的政策。
11. 解释泰勒规则为中央银行运用货币政策干预宏观经济运行提供的行为准则。
12. 论述现代菲利普斯曲线的基本内涵和政策含义，并指出凯恩斯主义、货币主义、理性预期学派理论观点的异同。

计算证明题

1. 假设在一个经济体中，潜在产出增长率为 9.5%，本期经济增长率为 8%，上一期的实际经济增长率为 13.5%，实际通货膨胀率对产出缺口的敏感系数为 0.8，预期通货膨胀率为 2%，排除其他因素的影响，根据价格调整方程，本期的实际通货膨胀率是多少？
2. 查找 1978 年到 2011 年中国 GDP 增长率和 CPI 的相关数据，分析和证明经济增长率和通货膨胀率之间的内在联系。

第十六章
经济增长与经济波动

经济增长是世界各国的一个永恒的课题。经济增长的快慢不仅关系着一国的经济实力，也是一国居民生活水平提高和福利增加的基础。因此，保持经济的长期、稳定、持续和高速增长，已成为各国所追求的共同目标，也是各国长期经济成就的重要标志。然而，一国的长期经济增长却又总是在短期的波动中实现的。

就经济增长理论而言，它试图解决两个方面的问题：首先是一个国家或地区即一个经济体的经济增长主要取决于什么因素的问题，并试图以此来解释为什么不同经济体的经济增长会存在较大的差异；其次是一个国家或地区即一个经济体能否实现经济的长期稳态均衡或平衡增长的问题。

本章将在第十三章和第十四章的基础上，首先从总供给的角度分析一国的长期经济增长问题，然后再从总供给和总需求的角度分析短期经济波动的影响。

第一节　经济增长与经济增长的源泉

在当今世界上，各国乃至各个地区的经济增长都存在着很大的差异。探索影响长期经济增长的因素，分析不同经济体之间存在经济增长率差异的原因，是经济增长理论的一个重要内容。

一、经济增长与经济发展

在现实生活中，就一般意义而言，经济增长是指一个国家或一个地区在一定时期内的总产出即国民收入与前期相比所实现的增长。总产出或国民收入通常用国内生产总值（GDP）来衡量。对一国经济增长速度的度量，通常用经济增长率来表示。设 Y_t 为本期或报告期的国民收入，Y_{t-1} 为 $t-1$ 期的国民收入，ΔY_t 为本期国民收入的增量，则经济增长率（G）就可以用下式表示：

$$G = \frac{Y_t - Y_{t-1}}{Y_{t-1}} = \frac{\Delta Y_t}{Y_{t-1}}$$

经济增长有时也用人均国民收入或人均总产出增长率来表示。如果用 y_t 表示本期或报告期的人均国民收入，y_{t-1} 为 $t-1$ 期的人均国民收入，Δy_t 为本期或报告期的人均国民收入增量，则人均经济增长率（g）就可以用下式表示：

$$g = \frac{y_t - y_{t-1}}{y_{t-1}} = \frac{\Delta y_t}{y_{t-1}}$$

经济增长率的高低体现了一个国家或一个地区在一定时期内总产出的增长速度，也是衡量一个国家总体经济实力增长速度的标志。而人均总产出增长率的高低则体现了经济效率的高低。

上述关于经济增长的定义是现实经济生活中关于经济增长的一般定义，也是短期内总产出增长的定义。在宏观经济学中，如果从严格的意义上讲，长期经济增长不是指实际产出的增加，而是指在一定时期内一国的潜在总产出或潜在 GDP 与前期相比所实现的增长，即一国长期总供给的增加或长期总供给曲线的右移，也可以说，是一国生产可能性边界的外移。因此，长期经济增长，包括经济增长的快慢或增长率的高低，应当是剔除了经济波动影响后的经济增长。本章后面对经济增长的分析，都是建立在这一严格定义的基础上的。从这个意义上说，一个关于经济增长的较为经典的定义是由美国经济学家库兹涅茨给出的。他认为："一个国家的经济增长，可以定义为给居民提供种类日益繁多的经济产品的能力长期上升，这种不断增长的能力是建立在先进技术以及所需要的制度和思想意识之相应的调整的基础上的"。①

经济发展比经济增长具有更广的外延。经济发展既包括经济增长，还包括伴随经济增长过程而出现的技术进步、结构优化、制度变迁、福利改善以及人与自然之间关系的进一步和谐等方面的内容。因此，经济发展是反映一个经济社会总体发展水平的综合性的概念。从经济增长与经济发展的关系来看，经济增长是经济发展的前提、基础和核心，没有一定的经济增长，就不会有经济发展。美国经济学家萨缪尔森曾经这样描述长期经济增长的重要性：持续快速的

---

① 西蒙·史密斯·库兹涅茨（Simon Smith Kuznets）："现代经济增长：发现与反映"，《现代国外经济学论文选（第二辑）》，商务印书馆，1981。

经济增长使得先进工业国能给它的居民提供更多的福利、更好的食物、更大的住房、更多的医疗,以及对污染的控制,对孩子的普及教育和为退休者提供广泛的补贴。同时,持续快速的经济增长还可以避免政治和社会的动荡。

二、影响长期经济增长的因素

一个国家或地区的长期经济增长,常常受到总供给方面的多种因素的影响。概括地说,它主要取决于:(1)生产要素的投入数量;(2)生产要素使用效率的提高。因此,影响长期经济增长的因素,也就是影响长期总供给的因素。从总供给的角度分类,在一个经济体中,如果经济增长主要是依赖生产要素投入量的增加推动的,我们就把它称之为粗放型经济增长方式;如果经济增长主要是依靠生产要素使用效率的提高推动的,则为集约型经济增长方式。

生产要素包括劳动、资本和土地及其他自然资源。由于土地和其他自然资源可以被视为一种特殊形式的资本,因此,劳动和资本常常被看作是影响长期经济增长的两个基本的生产要素。如果其他条件是一定的,那么一个经济体投入的劳动数量和资本数量越多,产出就越多,经济增长就越快。劳动的数量取决于劳动者的人数和劳动时间,在劳动时间不变的情况下,取决于人口的增长。资本的数量则主要取决于资本积累,包括资本积累的规模和资本积累的速度,也包括引进外资的数量。

经济增长不仅取决于生产要素的投入数量,而且与生产要素使用效率的高低相关。如果生产要素投入的数量不变,那么生产要素的使用效率越高,总产出的增长就越快;反之,生产要素的使用效率越低,总产出的增长就越慢。生产要素使用效率的提高,主要表现为劳动者素质的提高、以物质资本形态存在的机器设备的技术装备水平的提高以及要素配置效率的提高。影响生产要素使用效率高低的因素主要包括:(1)技术进步。技术进步是指通过技术革新、改造、新技术的应用、技术结构的调整和升级来提高生产要素的使用效率。(2)知识的积累和人力资本的积累。知识的积累是指可以用于生产过程的一般知识和专业化知识的增加;人力资本的积累是指通过正规的或非正规的教育而掌握了劳动技能的人力资源的增加。

一个国家或地区的长期经济增长,除了受生产要素的投入量和使用效率的影响外,制度安排和制度创新也在很大程度上影响着经济增长。制度安排和创新,既包括社会经济制度和经济体制的安排和创新,也包括企业制度的安排和创新。此外,在一个既定的社会经济制度中,政治组织、经济组织、金融体系、社会保障制度、税收制度、教育制度等方面的变革和创新也会直接或间接地对经济增长产生影响。

技术进步、知识和人力资本的积累以及制度创新都会极大地促进生产要素使用效率的提高，进而促进一个国家或地区的长期经济增长。正是由于这个原因，经济学在分析影响经济增长的因素时，常常把技术进步、知识和人力资本的积累以及制度创新视为除劳动、资本之外的决定长期经济增长的第三因素。美国经济学家萨缪尔森则把人力资源（包括劳动力的供给、教育、纪律、激励）、自然资源（包括土地、矿产、燃料、环境质量）、资本（机器、工厂、道路）和技术（科学、工程、管理、企业家才能）等四个要素视为经济增长的四个轮子。

美国经济学家丹尼森则把影响经济增长的因素分为两大类：生产要素投入量和生产要素的生产率。生产要素投入量包括劳动投入量、资本投入量和土地投入量。其中，土地投入量是不可变的，而劳动投入量和资本投入量都是可变的。丹尼森把生产要素的生产率看作是产出量和投入量的比率，即单位投入量所实现的产出量。据此，丹尼森将影响经济增长的因素具体归结为7个。这7个因素是：（1）劳动者的数量以及劳动者的年龄和性别构成；（2）包括非全日制劳动者工作的时数；（3）就业人员的受教育程度；（4）资本存量的规模；（5）资源配置状况；（6）规模经济；（7）知识进展。

美国另一位经济学家和统计学家库兹涅茨运用统计分析方法，通过对美国、英国等十几个发达国家100多年来的统计资料进行分类研究，从各国经济增长的差异中探索影响经济增长的因素。他把影响经济增长的因素归结为三个方面：（1）生产率的提高；（2）经济结构的变化；（3）知识存量的增长。

实际上，在社会经济发展的不同阶段，各种增长因素对经济增长作用的程度和贡献是不同的。在以手工劳动为基础的传统农业社会中，劳动是促进经济增长的最重要的因素。这时，人口的增长和劳动效率的提高就成为经济增长最基本、最重要的源泉。在工业化进程开始以后，随着机器大工业的产生和发展，资本积累和技术进步对经济增长的作用和贡献越来越大。在工业化进程的初期，资本积累曾一度成为制约经济增长的关键。在现代社会中，尽管资本积累对经济增长的作用依然不可低估，但技术进步、知识和人力资本的积累以及制度创新对经济增长的促进作用越来越大。正是由于在经济的不同发展阶段会有不同的因素对经济增长起主导作用，所以在现代经济增长理论中出现了多个经济增长模型。

三、增长核算

增长核算主要是分析一个经济体的投入要素和技术进步对经济增长的贡献，尤其是技术进步对经济增长的贡献。为此，我们首先给出一个把技术进步考虑在内的新古典生产函数，生产函数采用希克斯中性技术进步的形式，[①] 即

$$Y = AF(K, L)$$

上式是一个总量生产函数。式中 Y 代表经济体的总产量或总产出，K 代表资本投入量或资本存量，L 代表劳动投入量或劳动存量，相当于第十四章和第十五章中的就业量 N。式中 A 代表一个经济体的技术水平或称之为技术进步。

根据希克斯中性技术进步的生产函数，如果假定 K 和 L 不变，技术进步率（$\Delta A/A$）增长 1%，那么经济增长率（$\Delta Y/Y$）也将增长 1%，即按照与 A 相同的增长率增长，换句话说，Y 与 A 成正比。同样，在规模报酬不变的假设下，当资本增长率（$\Delta K/K$）和劳动增长率（$\Delta L/L$）发生变化时，经济增长率也会同比例发生变化。

设资本增长对经济增长的贡献由 α（$\Delta K/K$）决定，劳动对经济增长的贡献由 β（$\Delta L/L$）决定，其中 α 是资本在国民收入中的份额，即资本对总产出所作贡献的比例或贡献权数，也称资本的产出弹性；β 是劳动在国民收入中的份额，即劳动对总产出（Y）所作贡献的比例或贡献权数，也称劳动的产出弹性，它们都大于零。由于生产函数具有规模报酬不变的性质，因此 $\alpha + \beta = 1$。这时，一个经济体的经济增长率（$\Delta Y/Y$）就可以用下式表示：

$$\frac{\Delta Y}{Y} = \alpha \frac{\Delta K}{K} + \beta \frac{\Delta L}{L} + \frac{\Delta A}{A} \qquad \alpha + \beta = 1$$

由于 $\alpha + \beta = 1$，因此，我们还可以用 $1 - \alpha$ 代替方程右边的 β，于是就可以得到增长核算的关键方程，即公式（16.1）。

$$\frac{\Delta Y}{Y} = \alpha \frac{\Delta K}{K} + (1 - \alpha) \frac{\Delta L}{L} + \frac{\Delta A}{A} \qquad 0 < \alpha < 1 \qquad (16.1)$$

增长核算方程也称索洛剩余方程。方程把一个经济体的实际经济增长率分为三部分：资本的加权平均增长率、劳动的加权平均增长率和技术的增长率。运用方程（16.1）可以直接得到技术进步对经济增长的贡献。式中的技术进步

[①] 中性技术进步包括希克斯中性技术进步、索洛中性技术进步和哈罗德中性技术进步三种类型。增长核算属于经验研究。在经验研究中，一般采用希克斯中性技术进步的形式，因为它的生产函数相对简单，也更符合实际。

率 $\Delta A/A$ 被称为索洛剩余或索洛余值（Solow residual），也被称为全要素生产率（total factor productivity，TFP）。索洛剩余之所以被称为全要素生产率，是因为技术进步提高了所有生产要素的效率。因此它是一个经济体中总产出增长率超出要素投入增长率的部分，全要素生产率的提高常常被视为技术进步的结果。多年来，经济学家们对各国经济增长源泉的经验研究都是在索洛余值的框架下进行的。

一般来说，由于经济增长率、资本增长率和劳动增长率的数据可以从历史资料的分析中得到，因此，如果用适当的方法估计出 α 值，便可以把技术进步对经济增长的贡献作为"余值"计算出来。

例如，根据美国经济学家丹尼森的计算，从 1929~1973 年，美国年均经济增长率约为 3% 左右，劳动增长率和资本增长率均为 2%，劳动产出弹性和资本产出弹性分别为 0.75 和 0.25。根据测算索洛余值的方法，则有 $\Delta A/A = 0.03 - 0.75 \times 0.02 - 0.25 \times 0.02 = 1\%$。这表明，在这一期间，技术进步对美国经济增长的贡献约为三分之一。

值得注意的是，索洛剩余或全要素生产率不一定都是技术进步的结果，索洛剩余方程所测量的实际上是不能由投入要素变化所解释的经济增长的变化。因此，它也包括除要素投入增长和技术进步之外的一些因素对经济增长的贡献，例如人力资本的积累、自然资源的变化、制度变迁等。

增长核算方程清楚地告诉我们，一个经济体经济增长的源泉主要来自两个方面：要素投入的增长和技术进步，其中要素投入既包括资本的增长即资本积累，也包括劳动供给的增长。

增长核算属于对经济增长的经验估算，通过增长核算解释投入要素和技术进步在经济增长中的作用，对于经济增长理论的研究和构建索洛增长模型是必要的。

第二节 经济增长理论

经济增长理论所要说明的是一个国家或地区的长期经济增长与各种相关经济变量之间的内在联系和数量关系；同时，经济增长理论还试图解释一个国家的经济能否实现长期的稳态均衡或平衡增长。

长期增长理论属于动态经济学的范畴。而开创动态经济学先河的经济增长模型是哈罗德－多马模型。

一、哈罗德-多马增长模型

20世纪40年代，英国经济学家哈罗德（H. E. Harrod）和美国经济学家多马（E. D. Domar）各自创立了内容基本相同的经济增长理论和经济增长模型，被称为哈罗德-多马经济增长模型。但经济学通常以哈罗德经济增长模型作为哈罗德-多马增长模型的代表。

哈罗德假定：（1）全社会只生产一种产品，并且生产这种产品只需要资本和劳动两种生产要素；（2）劳动力或人口按一个固定比率增长；（3）不存在资本折旧；（4）不存在技术进步；（5）资本-产出比即资本系数不变；（6）储蓄是国民收入的函数；（7）经济体是封闭型的，不存在对外贸易；（8）不存在政府对经济的干预。

哈罗德沿用了投资等于储蓄的均衡分析方法，认为只有投资等于储蓄时，经济才能实现均衡增长。在此基础上，哈罗德首先考察了实际经济增长率（G）、储蓄率（s）和资本-产出比（V）三个经济变量之间的关系。

设资本-产出比（V）是存量资本（K）与总产出或国民收入（Y）的比率。用公式可以表示为：

$$V = K/Y$$

根据资本产出比的定义，则有 $K = VY$。引入时间变量，将 $K = VY$ 动态化，即把 K 视为 t 期或本期的存量资本（K_t），将 Y 视为 t 期或本期的国民收入（Y_t），则有下式：

$$K_t = VY_t$$

设本期的增量资本（ΔK_t）等于本期存量资本（K_t）与上一期存量资本（K_{t-1}）之差，即 $\Delta K_t = K_t - K_{t-1}$。如果假定不存在折旧，本期增量资本就应当与本期投资（I_t）相等，即 $\Delta K_t = I_t$。再设本期的增量国民收入（ΔY_t）等于本期国民收入（Y_t）与上一期国民收入（Y_{t-1}）之差，即 $\Delta Y_t = Y_t - Y_{t-1}$。根据前面给出的关系式，则有下式：

$$\Delta K_t = I_t = V\Delta Y_t$$

由于储蓄是国民收入与储蓄率（s）的乘积，即 $S = sY$，根据宏观经济均衡的条件即投资等于储蓄（$I = S$），因此有下式：

$$sY_t = V\Delta Y_t$$

设经济增长率 $G = \Delta Y/Y$，对上式进行移项整理并带入 G，就可以得到哈罗德经济增长模型的一个重要方程，即（16.2）式。

$$G = \frac{s}{V} \tag{16.2}$$

根据哈罗德经济增长的基本公式，假定资本-产出比不变，这时，一国的经济增长率就取决于储蓄率。由于经济均衡的条件是投资等于储蓄，因此，储蓄率亦即投资率或资本积累率。显然，在资本-产出比不变的条件下，一个经济体的经济增长率就主要地取决于储蓄率或资本积累率。储蓄率或资本积累率越高，经济增长率就越高；反之，储蓄率或资本积累率越低，经济增长率就越低。

例如，假定资本-产出比等于4并且不变，当储蓄率为20%时，经济增长率即为5%，如果储蓄率提高到40%，则经济增长率就会提高到10%。

哈罗德认为，要进行动态理论研究，重要的是要考虑企业家的预期和建立其上的企业家的意愿等因素，因此，要实现一国经济长期的均衡增长，必须有企业家的意愿做保证，这时的增长率才是有保证的增长率，它是建立在企业家意愿的资本-产出比基础之上的。设有保证的增长率为 G_W，[①] 企业家意愿的资本-产出比为 Vr，则有下式：

$$G_W = s/Vr$$

哈罗德认为，只有实际增长率（G）等于有保证的增长率，即 $G = G_W$ 时，经济增长才有可能实现。因为：

根据 $G = s/V$，必有

$$G \times V = s$$

根据 $G_W = s/Vr$，则有

$$G_W \times Vr = s$$

如果假定 $V = V_r$，即实际的资本-产出比与企业家意愿的资本-产出比相等，根据上面两个公式，可以得出下式：

$$G = G_W$$

哈罗德认为，即使经济增长是有保证的，但如果经济中存在着失业，经济也不能实现充分就业的均衡。要使一个经济体能够在长期中实现充分就业的均衡，实际经济增长率（G）和有保证的增长率（G_W）还必须等于能够保证充分就业的经济增长率。假设一个经济体中的劳动力和人口增长率相同，并且以不

[①] 哈罗德认为，他所说的"有保证"概念类似于"均衡"，之所以使用"有保证"而非"均衡"的概念，是因为这种均衡是不稳定的。（Harrod，1939）

变的速度 n 增长，能够保证充分就业的经济增长率即为自然增长率（G_n），在此情况下，要实现长期的充分就业的均衡增长，就必须具备（16.3）式所给出的条件。

$$G = G_W = G_n \qquad (16.3)$$

（16.2）式所给出的条件表明，要使一个经济体能够实现长期的、有保证的并且能够实现充分就业的均衡增长，实际经济增长率与有保证的增长率必须相等，同时，实际经济增长率也应当与自然增长率相等。这就意味着，一个国家的实际经济增长率最终总是等于劳动力增长率或人口增长率。

在一个经济体中，是否存在哈罗德－多马模型所指出的长期均衡增长的条件？这个问题在经济学中被称为"存在性问题"。假如经济运行偏离了 $G = G_W = G_n$ 这一增长路径，经济中是否存在一种自动纠偏的机制，使经济运行实现新的稳态均衡？这个问题在经济学中被称为"稳定性问题"或"收敛性问题"。实际上，一个国家的经济增长率并不一定与该国的劳动力增长率或人口增长率相等。同时，由于实际经济增长率、有保证的增长率和自然增长率各自取决于不同的因素，因此当实际经济增长率、有保证的增长率和自然增长率不一致时，经济中不仅没有一种力量能够对这种非均衡进行自我纠正，而且还会产生更大的偏离。这一结论被称为"哈罗德不稳定原理"。因此，哈罗德所提出的实现经济长期均衡增长的条件是很难实现的。人们把这一很难实现的均衡条件形象地比喻为"刃锋（knife edge）"，即"刀刃上的平衡"。

尽管哈罗德模型存在许多问题，但哈罗德模型开创了动态经济学的先河，是现代经济增长理论的起点，也是将经济增长理论模型化研究的起点，同时，它强调了物质资本的增长即资本积累在经济增长中的作用，同时也强调了经济不稳定的内在性。

二、新古典增长模型

新古典增长模型是由新古典经济学家索洛（R. M. Solow）和斯旺（T. Swan）在 1956 年分别创立的，他们理论的共同点是提出了一个相同的总量生产函数，其中以索洛的理论最为经典。因此，新古典增长模型也被称为索洛增长模型，有时也称为索洛－斯旺模型。索洛增长模型是研究经济增长理论的典范，并确立了当代经济增长理论的研究范式。

新古典增长模型与哈罗德－多马增长模型的主要区别，首先反映在新古典增长模型的两个基本假设上。

首先，假定生产函数具有像柯布－道格拉斯生产函数那样的性质。而柯布－道格拉斯生产函数的一个重要特点是劳动和资本可以相互替代以生产等量产品。如果资本和劳动两个生产要素是可以相互替代的，即资本和劳动能够以可变的比例组合，那么资本－产出比就是可变的。而在哈罗德－多马增长模型中，资本和劳动是按固定比例组合的，因而资本－产出比不变。

其次，假定市场机制能够充分发挥作用，整个经济时刻都处于劳动和资本这两种生产要素供求均衡的状态；并且在任何时候，资本和劳动都可以得到充分利用。而哈罗德－多马增长模型则不包含这样的假定。这样一来，在哈罗德－多马增长模型中有意义的实际增长率与充分就业的增长率之间的背离状态，在新古典增长模型中就失去了意义。

作为新古典增长模型的代表，索洛增长模型的一个重要特征是在模型中引进了技术进步，但为了更容易地理解经济增长过程和经济是怎样达到稳态均衡的，以及储蓄率、人口增长率等外生变量的变化对经济增长的影响，我们首先假设经济中不存在技术进步。

（一）假设不存在技术进步的索洛增长模型

新古典增长模型或索洛增长模型是从新古典生产函数中导出的。新古典生产函数有三个关键假设。

第一个关键假设是规模报酬不变。即在 $\lambda>0$ 时，如果投入要素增加 λ 倍，总产出也将增加 λ 倍，即 $F(\lambda K, \lambda L) = \lambda F(K, L)$。

第二个关键假设是每一种投入要素都有正的边际产出，但边际产量递减。这里的边际产量递减与微观经济学中的边际产量递减有所不同。在微观经济学中，边际产量递减通常不是从一开始就递减，而新古典生产函数假定在整个过程中边际产量都是递减的。

第三个关键假设是必须满足稻田条件。稻田条件是指，当资本存量趋向于零时，资本（或劳动）的边际产出趋向于无穷大，而当资本存量趋向于无穷大时，资本（或劳动）的边际产出趋向于零。①

如果假定经济中不存在技术进步，即 $\Delta A/A = 0$，此时的生产函数可以用

---

① 稻田条件也称伊纳达（Inada）条件，是日本学者稻田献一于1964年提出的。由于这一假设条件存在一定争议，因而只在一些高级宏观经济学教材中出现。本教材中只作为一般的了解，以便于与高级宏观经济学对接。这一条件可以表示为 $\lim_{K \to 0} F_K = \lim_{L \to 0} F_L = \infty$，$\lim_{K \to \infty} F_K = \lim_{L \to \infty} F_L = 0$。稻田条件的作用我们将在解释图16-2时给予简要说明。

(16.4) 式表示。

$$Y = F(K, L) \tag{16.4}$$

公式（16.4）是一个总量生产函数。式中 Y 代表实际产出，K 代表资本投入量或资本存量，L 代表劳动投入量或劳动存量，相当于第十四章和第十五章中的就业量 N。

由于新古典生产函数假设规模报酬不变，因此就可以把总量生产函数改写为人均形式。把总量生产函数改写为人均形式的原因是，在总量生产函数下，由于人口或劳动是增长的，因而要得出一个在总产出、总资本水平上的稳态是不可能的。但通过将变量写为人均形式或集约形式，这一问题便迎刃而解了。根据方程（16.4），如果投入要素资本和劳动都增长 λ 倍，总产出也必定增长 λ 倍，即 $\lambda Y = F(\lambda K, \lambda L)$，再令 $\lambda = 1/L$，就可以得到 $Y/L = F(K/L, L/L)$。由于 $L/L = 1$ 是个常数，因而可以忽略不计。再用 $y = Y/L$ 表示人均收入或人均产出，用 $k = K/L$ 表示人均资本，这时，总量生产函数（16.4）就可以表示为人均形式的生产函数，见公式（16.5）

$$y = f(k) \tag{16.5}$$

（16.5）式的人均生产函数表明，人均收入是人均资本的函数，即随着人均资本的增大，人均收入或人均产出相应增大，但由于新古典生产函数服从边际产出递减的假设，新增加的人均收入要比之前增加单位人均资本所增加的产出要少。

新古典增长模型假定劳动增长率或人口增长率是外部给定的常数。在假设不存在技术进步的条件下，唯一可变的要素是资本增长率。那么资本增长量的大小由什么决定呢？一般地说，资本增长量的多少取决于投资量，投资量又由储蓄量决定，而储蓄量又依赖于收入量，收入量或产出量则受资本大小的影响。于是，资本、投资、储蓄和产出之间就存在一个相互依存的体系，通过这个体系可以对资本进行动态积累。图 16-1 给出了资本、投资、储蓄和产出或收入之间的依存关系和动态过程。

根据图 16-1 给出的四个变量的依存关系和动态过程，资本对产出的影响已经由（16.4）和（16.5）式给予说明，资本存量的变化（ΔK）即投资量（I）对资本存量（K）的影响是显而易见的，收入或产出（Y）对储蓄（sY）的影响可以用储蓄函数来描述。显然，在这个体系中，唯一要说明的是储蓄对资本存量的影响。

假定在一个只生产单一产品的且只有家庭部门和企业部门的简单封闭经济

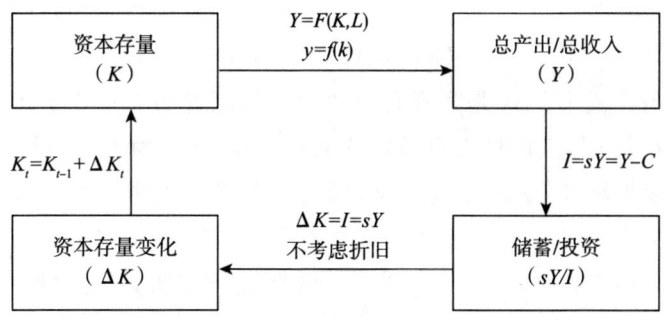

图 16-1 资本、投资、储蓄和产出之间的依存关系

中,产出分为消费和投资两部分,即 $Y=C+I$,且投资等于储蓄,即 $I=S$。如果总储蓄 S 是总产出 Y 的一个固定比例 s,则有 $S=sY$,其中 s 是储蓄率。如果再考虑资本折旧,并用 δ 代表给定的资本折旧率,就可以得到资本积累方程,见公式(16.6)。

$$\Delta K = sY - \delta K \tag{16.6}$$

在资本积累方程中,K 是存量资本,K 与 δ 的乘积为重置资本,即用于替换报废的机器、设备的资本,ΔK 是总储蓄减去重置资本 δK 的余额,它代表资本存量的变化,也就是投资。根据资本积累方程可知,本期的存量资本 K_t 即为上一期的存量资本 K_{t-1} 与本期的增量资本 ΔK_t 或本期的投资 I_t 之和,即 $K_t = K_{t-1} + \Delta K_t$ 或 $K_t = K_{t-1} + I_t$。如果将资本积累方程记为人均形式,即在资本积累方程两边除以劳动量 L,则有公式(16.7)。

$$\Delta k = sy - \delta k \tag{16.7}$$

公式(16.7)中,Δk 是人均资本存量的变化,sy 是人均储蓄或人均投资,δk 是人均重置资本。公式表明,在人均收入中,只有减去人均重置资本的剩余部分,才可以为现有劳动力配置更多的人均资本。

如果再假定经济体中劳动增长率和人口增长率相等,并且以一个不变的速度 n 增长,为了实现充分就业的均衡,也要为新增劳动力配置与现有劳动力相同的人均资本即 nk。因此,在方程(16.7)中,不仅要从人均储蓄 sy 中扣除人均重置资本,还要减去为新增劳动力配置的人均资本 nk。于是就有方程(16.8)。

$$\Delta k = sy - \delta k - nk \tag{16.8}$$

最后,将公式(16.5)代入公式(16.8),就可以得到不存在技术进步条件下的索洛增长模型的基本方程。见(16.9)式。

$$\Delta k = sf(k) - (n+\delta)k \qquad (16.9)$$

或
$$sf(k) = \Delta k + (n+\delta)k$$

在（16.9）式中，Δk 是为现有劳动力增加配置的人均资本，被称为资本的深化；储蓄率 s 与人均收入 $f(k)$ 的乘积即 $sf(k)$ 为人均储蓄；$k = K/L$ 是人均资本存量或资本劳动比；$(n+\delta)k$ 是为每个新增劳动力配置的人均资本 nk 与人均重置资本 δk 之和，被称为资本的广化。由于 nk 和 δk 是满足充分就业和资本更新所必须的投资，也是使人均资本保持不变所必须的投资，因此也被称为持平投资。

方程（16.9）表明，一个经济体要实现长期充分就业的均衡，人均储蓄或人均投资只有在满足了持平投资或资本广化的需求之后，才能用于资本的深化。综合公式（16.5）和（16.9），可以认为，在一个经济体中，人均收入的增长取决于人均资本的增长；而人均资本的增长则取决于人均储蓄与持平投资的差额。

宏观经济均衡的条件是投资等于储蓄。在一个经济体中，如果人均储蓄 $sf(k)$ 大于持平投资 $(n+\delta)k$，人均资本就会增加，人均收入也会相应增加；相反，如果人均储蓄小于持平投资，人均资本就会减少，人均收入也会相应减少。假如人均储蓄刚好被用于持平投资或资本的广化，即人均资本为零增长，此时经济处于稳态均衡（steady state equilibrium）。因此，稳态均衡的条件可以用公式（16.10）表示。

$$sf(k) = (n+\delta)k \qquad (16.10)$$

即
$$\Delta k = 0$$

由于人均收入是人均资本的函数，所以，当经济处于稳态均衡时，人均收入的增长也等于零，即 $\Delta y = 0$。

据此，我们就可以给出稳态均衡的定义：稳态均衡是指模型中所有的内生变量都以不变的速率增长或零增长的状态。[①] 当经济处于稳态均衡时，我们就称该经济处于稳定增长状态或稳态。进一步的分析表明，当经济处于稳态均衡时，人均消费、资本劳动比率、资本产出比率均保持不变。

如果对方程（16.10）稍作一点改变，即把重置资本 δk 移至方程左侧，有

[①] 如果经济变量都以一种不变的比率增长或均为零增长，我们就称该经济处于稳定增长状态；如果经济变量都以一种相同的不变比率增长或均为零增长，我们就称该经济处于平衡增长状态。在大多数增长模型中，稳定增长路径也是平衡增长路径，在不出现混淆的前提下，两者是可以通用的。

助于我们从另一个角度理解经济的稳态均衡。如下式：
$$sf(k) - \delta k = nk$$

上式表明，当经济实现稳态均衡时，扣除重置资本以后的人均储蓄刚好等于为每个新增劳动力配置的资本。

在假设不存在技术进步的情况下，经济的增长过程和稳态均衡可以用图 16 - 2 表示。

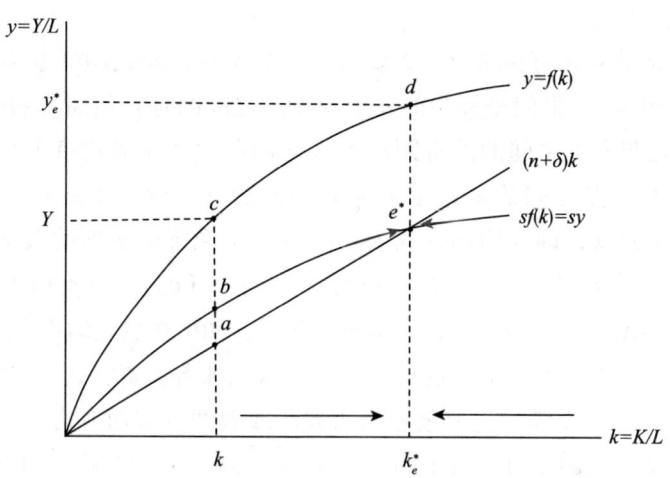

图 16 - 2　经济的增长过程和稳态均衡

图 16 - 2 坐标的横轴表示人均资本，纵轴表示人均收入，$f(k)$ 曲线是人均形式的生产函数曲线，即人均收入或人均产出曲线，它服从边际产量递减规律；$sf(k)$ 曲线是人均储蓄曲线，它与人均生产函数曲线大体一致，因为人均储蓄等于人均生产函数与储蓄率的乘积；$(n+\delta)k$ 线是经济中必须的持平投资曲线，由于人口增长率 n 和折旧率 δ 是外部给定的常数，因此在坐标中是一条正斜率的直线。

在图 16 - 2 的模型中，稻田条件假设的作用是，当人均资本 k 趋向于零时，由于资本的边际产出很大，因而人均收入曲线要比持平投资曲线陡峭，即高于持平投资曲线；而当 k 变大时，资本的边际产出趋向于零，这意味着与人均收入曲线相联系的人均储蓄曲线会变得比持平投资曲线平坦，并最终在某一点上与持平投资曲线相交。因此，稻田条件的作用就是保证经济路径不发散。

图 16 - 2 表明，当人均储蓄曲线与持平投资线相交即人均储蓄刚好等于重置资本与为新增劳动力配置的人均资本之和时，经济处于稳态均衡。而处于稳

态的人均资本 k_e^* 和人均收入 y_e^* 都不再变动,即 $\Delta k = 0$, $\Delta y = 0$。这表明,经济在长期中确实存在一条稳定增长或平衡增长的路径。在平衡增长路径上,每个变量的增长率都是常数。至此,在假设不存在技术进步的条件下,索洛增长模型回答了经济增长理论中的第一个问题,即"存在性问题"。

经济增长理论中的第二个问题是,假如经济最初处于非稳定状态,那么经济体能否使非稳态的经济趋向稳态均衡,即重新回到平衡增长路径上?这就是所谓"收敛性问题"。

假设经济最初运行在图 16 - 2 横坐标上的 k 点,即人均资本为 k,人均收入或人均产出为 y。此时坐标中的 a 点与 k 点之间的垂直距离为初始的人均持平投资,a 点与 b 点之间的垂直距离为人均储蓄中大于人均持平投资的余额,即 Δk; b 点与 c 点之间的垂直距离为人均消费($c = C/L$)。显然,此时的 $sf(k) > (n+\delta)k$,即人均储蓄或人均投资大于经济中必须的人均持平投资,于是人均资本就会增加,直至增加到 k_e^*。此时 $sf(k) = (n+\delta)k$,$\Delta k = 0$,人均资本不再增加,经济实现稳态均衡。相反,如果初始人均资本大于 k_e^*,即人均储蓄或人均投资小于必须的持平投资,这意味着投资要么不能满足资本折旧的需要,要么不能满足充分就业的需要,或者两者兼而有之。在此情况下,人均资本就必然会减少直至减少到 k_e^*。综上所述,无论初始人均资本是多少,经济最终总会向稳态均衡点 k_e^* 收敛。只有当经济实现稳态均衡,人均资本增加或减少的压力才会最终消失。至此,索洛模型解决了经济增长理论中的"收敛性问题"。

以上的分析表明,经济可以在充分就业的条件下,实现长期的稳定增长。那么,当经济处于稳态均衡时,经济体的总收入或总产出是否继续增长呢?这显然是人们所关心的问题。索洛增长模型的答案是,由于 $Y = yL$,而稳态人均收入 y 是个常数,因此,当经济处于稳态时,总产出 Y 的增长率也就等于劳动 L 的增长率 n。还可以举例说明这一结论:假设在一个经济体中,现有劳动力 $L = 1$ 亿,人均收入 $y = 10$ 万。如果劳动增长率 $n = 10\%$,即 $L = 1.1$ 亿,在人均收入 10 万不变的情况下,总收入增长率就应当等于人口增长率 n,即为 10%。

当经济处于稳态时,总资本 K 的增长率也等于人口增长率 n。其推导过程与总产出是一样的:由于 $K = kL$,而稳态人均资本 k 为常数,因此,总资本 K 的增长率也就等于劳动 L 的增长率 n。

类似的问题还有总消费 C 的增长率。已知人均消费等于消费率或边际消费倾向乘以人均收入,即 $c = (1-s)y$,由于储蓄率 s 是外部给定的常数,稳态

人均收入 y 不变,因此,稳态人均消费 c 也就不变。在此情况下,根据 $C=cL$,那么总消费 C 也就按照劳动增长率 n 的速率增长。

综上所述,当经济处于稳态均衡时,不仅总资本和总消费都按人口增长率的速度增长,而且经济体的经济增长率也只能按照人口增长率的速度增长。显然,这是一个令人沮丧的结论,因为如果人口不再增长,经济也就停滞了。那么储蓄率的提高是否可以改变这种状况呢?

在前面的分析中,始终假定储蓄率不变。如果储蓄率是变化的,例如人们愿意将收入中的更大部分用于储蓄,于是经济体中的储蓄率提高了,这将对该经济体的经济增长产生什么影响?

为简单起见,假设不存在资本折旧,那么储蓄率提高对经济增长的影响可以用图 16-3 来说明。

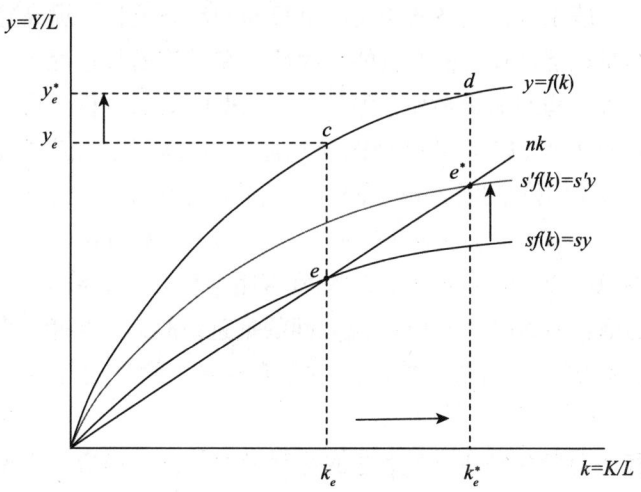

图 16-3　储蓄率提高对产出增长的影响

在图 16-3 中,当储蓄率为 s,人均储蓄为 $sf(k)$ 时,经济稳定在 e 点,稳态人均资本为 k_e,稳态人均收入为 y_e。由于稳态 k 和 y 保持不变,那么总收入或总产出增长率就等于 nk 线的斜率即人口增长率 n。现在假定,其他条件不变,储蓄率从 s 提高到 s',则人均储蓄就会增加到 $s'f(k)$,人均储蓄曲线相应地从原来的 $sf(k)$ 线上移到 $s'f(k)$ 线,这时新的稳态均衡在 e^* 点。伴随人均储蓄的增加,稳态人均资本从 k_e 增加到 k_e^*,稳态人均收入从 y_e 增加到 y_e^*。同时,伴随储蓄率的上升,人均资本从 k_e 增加到 k_e^* 这一事实表明,在储蓄率上升的过程中,也就是在短期,较高的储蓄率提高了人均收入增长率和总收入增长率。然而,当经济重新达到新的稳态时,人均资本和人均收入都不再变动,总收入以及总资本的增长率仍然等于人口增长率 n。这就是说,在短期,储蓄率的提高能够使人均产出和总产出增长率上升,但在长期,储蓄率的提高不会使经济体人均收入增长率和总产出增长率提高,稳态均衡的经济增长率总是等于人口增长率。这意味着稳态增长率不受储蓄率的影响,长期经济增长率独立于储蓄率。这是索洛增长模型的一个重要结论。

分析储蓄率变动对经济增长的影响,会派生出一个问题:经济体的储蓄率是否越高越好?的确,根据图 16-3,储蓄率越高,稳态的人均资本和人均收入就越高。但是,人均资本越高,维持资本劳动比(K/L)不变所需要的投资就越大,而投资越大,用于当前的消费就越少。在此情况下,经济体就会出现人均收入高但消费水平低的情况。显然,这涉及经济增长的终极目标究竟是为什么的问题。一般来说,经济增长是一个长期的动态过程,提高经济体的人均消费水平应当是经济增长的根本目的。因此,在经济增长过程中,要使经济体的福利水平最大,稳态消费必须达到最大。根据前面的分析,稳态消费 c^* 应当等于稳态人均收入 $f(k^*)$ 减去稳态人均储蓄 $sf(k^*)$,或者稳态人均收入 $f(k^*)$ 减去稳态人均持平投资 $(n+\delta)k^*$。如下式所示:

$$c^* = f(k^*) - sf(k^*) = f(k^*) - (n+\delta)k^*$$

显然,图 16-2 中 d 和 e^* 点之间的垂直距离就是稳态消费,图 16-3 中 c 和 e 点之间的垂直距离以及 d 和 e^* 点之间的垂直距离分别为储蓄率提高之前和储蓄率提高之后的稳态消费。然而,稳态消费并不意味着经济体的消费水平最高。

那么,稳态消费在何种情况下才能达到最大化?索洛增长模型并没有给出稳态消费最大化的条件,经济学家费尔普斯于 1961 年找到了与人均消费最大化相联系的人均资本应满足的关系式,这一关系式被称为黄金分割率。根据这一关系式,只有当人均资本的边际产量 $f'(k^*)$ 等于持平投资的增长 $(n+\delta)$ 时,稳态消费最大。如公式(16.11)所示。①

$$f'(k^*) = n + \delta \tag{16.11}$$

我们还可以用几何方式加以说明。在图 16-3 生产函数曲线上作切线,只有当唯一的一条切线的斜率(资本的边际产量)与持平投资线的斜率相等时,稳态消费最大。此时,$f'(k^*) = n$。这也就是说,只有当人均储蓄或人均资本

---

① 在技术进步条件下,(16.11) 式应改写为 $f'(k^*) = n + \delta + g$。

量的选择能够达到这样的程度,即人均资本的边际产量等于劳动增长率时,经济体的稳态消费最大。能够满足稳态消费最大化的储蓄或资本被称为资本存量的黄金律(golden rule capital stock),有时也被称为经济增长的黄金律。

根据索洛增长模型,假设不存在技术进步,稳态下的经济增长率只能等于劳动或人口增长率。那么人口增长率发生变化会对经济增长产生什么影响呢?在此之前,我们一直假设劳动或人口以一个不变的速度增长。如果取消这个假设,就可以用图16-4来说明劳动或人口增长率的变化对经济增长的影响。

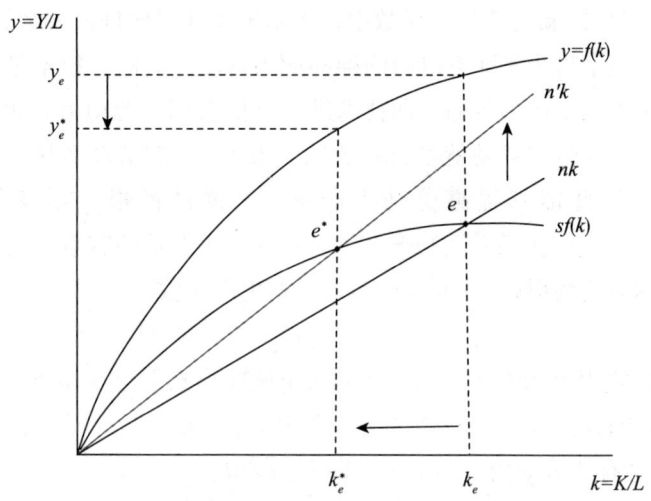

图16-4 劳动或人口增长率提高对产出增长的影响

在图16-4中,假设最初的人口增长率为n,经济在e点实现了稳态均衡,人均资本为k_e,人均收入为y_e。在其他条件不变时,如果人口增长率从n提高到n',经济将在e^*点实现均衡。此时,稳态人均资本从k_e减少到了k_e^*,稳态人均收入从y_e减少到了y_e^*。显然,在一个经济体中,人口增长率的提高不仅会导致稳态人均资本减少,还会导致稳态人均收入水平下降。新古典经济增长理论认为,这正是许多发展中国家所面临的现实问题。当然,根据新古典增长模型,人口增长率上升也意味着总收入或总产出增长率上升,即长期稳态增长路径的改变。

综上所述,按照新古典经济增长理论,如果不考虑技术进步,经济体总收入的稳态增长率就只能等于劳动或人口增长率;并且,在实现了稳态均衡的条件下,长期经济增长率独立于储蓄率。这显然不符合实际。要解释现实中经济一般总是呈现增长的这一事实,索洛在他的经济增长模型中引进了技术进步,并且非常强调技术进步的作用,认为技术进步是推动一国经济长期增长的源泉。

(二)存在技术进步的索洛增长模型

以上的分析是假定不存在技术进步,如果存在技术进步,即假定 $\Delta A/A > 0$,并且假定生产函数具有哈罗德中性技术进步的性质,① 此时的总量生产函数就可以用(16.12)式表示。

$$Y = F(K, A(t)L) \tag{16.12}$$

在(16.12)的新古典生产函数中,技术进步 A 是时间的函数,也就是说,在经济体中,技术进步是随着时间的推移而出现的;同时,技术进步是以与劳动相乘的形式进入生产函数的,即技术进步仅仅表现在劳动上。如果技术进步表现在劳动上,这时的劳动就是有效劳动(AL)。有效劳动是具有一定技术或知识的劳动,因此能够提高劳动生产率。根据规模报酬不变的假设,从(16.12)的总量生产函数就可以导出(16.13)式表示的有效劳动的人均生产函数,也被称为集约形式(*intensive form*)的生产函数。

$$y = f(k) \tag{16.13}$$

(16.13)式表示的有效人均生产函数虽然在形式上与(16.5)式表示的人均生产函数相同,但却有不同的含义。在这里,y 是有效劳动的人均收入,即 $y = Y/AL$,k 是有效劳动的人均资本,即 $k = K/AL$。

如果假定技术进步以给定的不变速度 g 增长,即 $\Delta A/A = g$,那么技术进步所必需的人均资本就可以表示为 gk。这时,经济中有效劳动的人均储蓄 $sf(k)$ 不仅要满足资本折旧和劳动增长对人均资本的需求,还要满足技术进步对人均资本投入的需要(gK),此后的余额才能用于资本的深化。于是就可以得到(16.14)式。

$$\Delta k = sf(k) - (n + \delta + g)k$$

或 $$sfk = \Delta k + (n + \delta + g)k \tag{16.14}$$

公式(16.14)是存在技术进步条件下新古典增长模型的基本方程。式中 Δk 是为每一单位有效劳动增加的资本,即资本的深化;$f(k)$ 是有效劳动的人均收入($f(k) = y = Y/AL$);储蓄率与有效劳动的人均收入的乘积即 $sf(k)$ 是有效劳动的人均储蓄;n 和 δ 仍然为人口增长率和折旧率,g 为技术进步率

---

① 假设技术进步具有哈罗德中性的性质,是基于数学分析的需要。因为在技术不变的假设下,只有哈罗德中性技术进步被证明是与稳态相一致的。

或与技术进步相联系的知识增长率，它们都是外部给定的常数。式中 $(n+\delta+g)k$ 是用于新增有效劳动、重置资本和技术进步所必需的人均资本之和，即资本的广化或持平投资。方程（16.14）表明，有效劳动的人均储蓄只有满足了技术进步条件下持平投资或资本广化对人均资本的需要后，才能为现有的有效劳动配置更多的资本。

引入技术进步后，新古典增长模型的经济增长过程及稳态均衡可以用图 16-5 来表示。

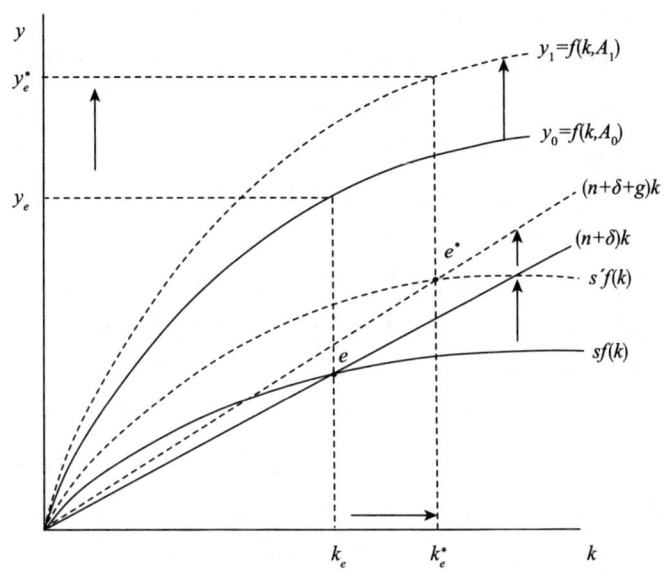

图 16-5　技术进步条件下的经济增长过程和稳态均衡

图 16-5 给出了不存在技术进步和存在技术进步条件下（图中的虚线）的经济增长过程和经济的稳态均衡。由于经济中发生了技术进步，于是人均形式的生产函数曲线便从没有技术进步状态（A_0）时的 y_0 线上移到技术进步后（A_1）的 y_1 线，储蓄函数以相同的方式增长，人均储蓄曲线从 $sf(k)$ 线上移到了 $s'f(k)$ 线，相应地持平投资曲线也从 $(n+\delta)k$ 线上移到 $(n+\delta+g)k$ 线。在模型中引入技术进步后，人均资本、人均收入以及人均消费均以技术进步率 g 的速率增长。

观察图 16-5，在未引入技术进步前，经济在 e 点实现稳态均衡，稳态人均资本为 k_e，稳态人均收入为 y_e。引入技术进步以后，经济在 e^* 点实现稳态均衡，稳态有效劳动的人均资本为 k_e^*，稳态有效劳动的人均收入为 y_e^*。因此，在技术进步条件下经济实现稳态均衡的条件可以用公式（16.15）来表示。

$$sf(k) = (n+\delta+g)k \quad (16.15)$$

或
$$\Delta k = 0$$

图16-5表明，在技术进步条件下，经济一旦实现了稳态均衡，有效劳动的人均资本、有效劳动的人均收入以及有效劳动的人均消费又会保持不变，均为零增长。

引入技术进步以后，经济体的总产出将以什么样的速率增长？在技术进步条件下，由于$Y=y \cdot AL$，$K=k \cdot AL$，而经济处于稳态时的y和k为常数，在劳动增长率为n和技术进步率为g的假设下，那么经济体的总产出和总资本必然以$n+g$的速度增长。自然，人均收入y和人均资本k就只能以技术进步率g的速率增长。这就是说，如果经济体存在技术进步，总收入或总产出的增长率便从之前的n提高到了$n+g$，即以人口增长率加上技术进步率的速度增长，相应地，总消费C增长率也为$n+g$，而人均消费的增长率自然为g。假如一个经济体中人口为零增长，总收入或总产出就以g的速率增长。显然，这解释了一个人口出生率低甚至负增长的国家为什么会有较高的经济增长率。可见，技术进步可以使经济体实现稳态增长。

索洛增长模型的结论是显而易见的：一个经济体要实现持续的经济增长，必须有持续的技术进步。因为储蓄率提高不影响稳态增长率；稳态人均收入增长率由技术进步率决定；总收入或总产出的增长率由人口增长率和技术进步率之和决定。显然，技术进步对经济增长具有至关重要的作用。

（三）经济增长的水平效应和增长效应

为了更清晰地区分由于人均资本增加引起的经济增长和由于技术进步导致的经济增长，我们需要引进水平效应和增长效应这两个概念。图16-6（a）描述了不存在技术进步条件下，随着人均资本的增加即资本深化所引起的人均收入或产出的增长路径；图16-6（b）则描述了存在技术进步时人均收入或产出的增长路径。

在图16-6中，我们假定除资本K以外的所有生产要素的投入量都是不变的，只有K是可变的，即人均产出仅仅是人均资本的函数。

在图16-6（a）中，假定在t_0期不存在技术进步，人均产出曲线为y线。伴随资本的深化，人均资本从k_a增加到k_b，这时人均产出便由y_a增加到y_b。这种由于人均资本增加所引起的经济增长被称为水平效应。y曲线上从a点到b点即为资本深化所引起的人均产出的增长路径。

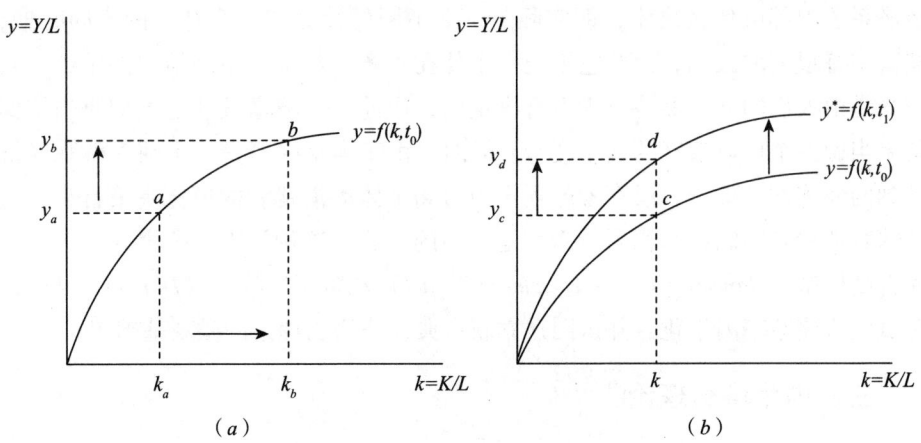

图 16-6　水平效应和增长效应

在图 16-6（b）中，随着时间的推移，即从 t_0 到 t_1 期，出现了技术进步，技术进步改变了生产函数曲线即人均产出曲线的位置，使人均产出曲线从 y 线上移到 y^* 线，这时，人均资本虽然没有增加，仍为 k，但人均产出却从 y_c 增加到了 y_d。这种由于技术进步所引起的经济增长被称为增长效应。经济增长从 c 点到 d 点即为技术进步所引起的人均产出的增长路径。

索洛模型把技术进步引进了经济增长理论，并强调了技术进步在经济增长中的作用，这符合第二次世界大战后经济增长的现实。但是，在索洛模型中，技术进步是一个外生变量。这就意味着，一个国家的经济增长只能依赖于外部因素变化的推动，这显得有点不符合实际。因而，经济的稳态增长外生化是新古典增长模型的一个主要缺陷。此外，该理论认为，假如不存在技术进步，一国的经济增长率最终总是等于该国的劳动增长率或人口增长率，经济增长率与储蓄率的高低无关联性的结论也出现了经验性偏差，实际数据表明，经济增长率与储蓄率是正相关的，并且从各国的经济实践来看，人口增长率高的国家不一定有较高的经济增长率。此外，根据索洛增长模型，由于假定资本边际产量是递减的，因此，人均资本较低的经济具有较高的资本产出增长率，而人均资本较高的经济具有较低的资本产出增长率，按此推理，巨额资本一定会从经济发达国家流向不发达国家，并最终使各国的经济增长率以及人均收入趋同。然而，在现实经济中，我们并没有看到这种现象发生。实际上，即使会出现趋同，也应当是有条件的。

还有一些经济学家认为，在索洛模型中，储蓄是外生变量，没有说明其在经济系统内部由什么决定，而实际上，在不同的社会或一个社会的不同时期，储蓄率有很大的区别，因此它不是一个外在于整个经济体系的给定的常数，它应当是由人们的社会经济行为本身决定的，因此，经济增长理论模型应当把储蓄率当做一个可以解释的内生变量。同时，由于索洛模型是一个缺乏微观经济基础的经济增长理论，没有考虑到作为市场主体的消费者的最优决策行为，这意味着消费者的储蓄和积累行为都是先验的。鉴于这种认识，拉姆齐-卡斯-库普曼模型（Ramsey-Cass-Koopmans Model）和戴蒙德模型（Diamond Model）都试图将储蓄率内生化，并试图建立新古典经济增长理论的微观基础。①

三、内生增长理论②

新古典增长理论之所以会得出只要不存在技术进步，一国的经济增长率最终将取决于该国的劳动力增长率或人口增长率，以及经济增长率与储蓄率的高低无关的令人遗憾的结论，其理论基础或假设前提是存在资本边际产量递减规律。由于这个规律的作用，生产函数曲线就总是一条向右上方倾斜的弯曲的曲线。相应的，储蓄曲线也必然是与之相类似的曲线。又因为用于资本广化所必需的投资曲线是一条正斜率不变的直线，因此，弯曲的人均储蓄曲线必定会与这条直线相交。这样一来，无论人均储蓄怎样变化，经济增长率最终总是等于劳动增长率或人口增长率。

如果改变一下新古典增长模型的假设条件，即假定资本边际产量不是递减的而是不变的，新古典增长理论的令人遗憾的结论就不能成立。

（一）AK 模型

经济学家罗伯特·巴罗（Robert Barro，1990）和里贝罗（Rebelo，1991）提出了一个单要素生产函数。在这个生产函数中，技术进步 A 是外生的，并且始终是一个正常数，并且假定资本 K 是唯一的生产要素，生产函数就可以采取最简单的线性形式，如（16.16）式所示：

$$Y = AK \qquad (16.16)$$

（16.16）式给出的生产函数被形象地称为 AK 生产函数。该函数假定规模报酬不变，由于 A 为常数，所以，资本的边际产量也不变。

---

① 拉姆齐-卡斯-库普曼模型也称无限期界模型（infinite horizon model），戴蒙德模型也称世代交叠模型（overlapping generations model），通常在高级宏观经济学教程中予以介绍。
② 对内生增长理论的分析具有很强的技术性，属于高级宏观经济学的范畴，但鉴于其在现代经济增长中的重要性，本教材仅对这一理论的基本思想作简明扼要的介绍。

如果将生产函数写成人均形式,人均收入曲线 $y=f(k)=Ak$ 以及与之相联系的人均储蓄曲线 $sy=sf(k)=sAk$ 都是线性的,假设不存在资本折旧,满足充分就业的持平投资就等于人口增长率与人均资本的乘积,即 nk。如图 16-7 所示。

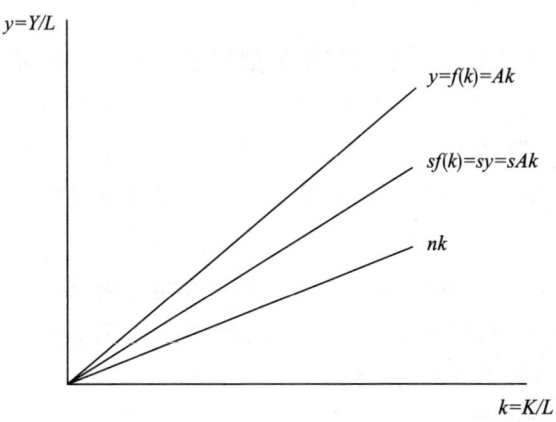

图 16-7 资本边际产量不变条件下的 y 曲线和 $sf(k)$ 曲线

从图 16-7 不难看出,如果人均产出曲线和人均储蓄曲线都是正斜率的直线,那么人均储蓄曲线就不会与用于充分就业所必需的持平投资曲线即 nk 线相交,这意味着,无论横轴上的人均资本为多少,人均储蓄总是大于必需的持平投资,即 $sf(k) > nk$。这表明,储蓄率越高,储蓄高于必需的持平投资的差距就越大,资本的深化就会越快,经济增长率就越高。这样,即使不存在外生的劳动力的增长或技术进步,经济也可以在一定程度上实现自我持续的增长,亦即实现经济的内生增长。

对(16.16)式的进一步分析会看到,一国的经济增长率与储蓄率是正相关的。假定储蓄率 s 不变,人口不增长,折旧率为零,所有的储蓄(sY)都用来增加资本存量(ΔK),就可以得到下式:

$$\Delta K = sY = sAK$$

在公式两边除以 K,就可以得到(16.17)式:

$$\Delta K/K = sA \tag{16.17}$$

公式(16.17)表明,在技术水平不变的情况下,资本增长率 $\Delta K/K$ 取决于储蓄率 s,储蓄率越高,资本增长率就越高。由于假定资本边际产量不变,因而产出与资本成比例,在此情况下,经济增长率 $\Delta Y/Y$ 也就取决于资本增长率和储蓄率。如(16.18)式所表明的那样。

$$\Delta Y/Y = \Delta K/K = sA \tag{16.18}$$

公式（16.18）表明，伴随储蓄率的提高，资本积累过程会不断持续下去，即使不存在技术进步和劳动力增长，经济也会实现自我持续的增长，即实现内生增长。

AK 模型对资本边际产量不变假定的解释是：模型中的资本不仅包括物质资本，还包括人力资本，人力资本可以使收益递增，并且这两种资本具有替代性。因此，资本边际产量不变的假设和资本边际产量递减规律并不矛盾。

显然，AK 模型的含义是不说自明的：永久提高投资率会使经济体的经济增长率持续提高。

在索洛增长模型和 AK 模型中，技术进步都是外生的。尽管在模型中强调了技术进步对经济增长的重要性，但却没有给出在经济模型内部决定技术进步的因子，即未能将技术进步内生化。

(二) 知识积累模型

是什么原因有可能使资本边际产量不变甚至递增呢？经济学家们把视线转移到技术或知识的生产上。如果经济系统中找到决定技术进步的因子，技术可以像产品一样不断地被生产出来，长期增长就是可能的。美国斯坦福大学教授保罗·罗默（Paul M. Romer）的知识积累模型是将技术进步内生化的典范。

知识积累模型的核心是两部门模型。① 罗默假设经济中存在两个部门，一个是产品生产部门，生产传统产品；另一个是研发部门（R&D），生产技术或知识。经济中的全部资源都用于产品和技术或知识的生产。产品的生产函数和知识的生产函数都服从于柯布－道格拉斯生产函数，规模报酬不变，技术进步属于哈罗德中性技术进步。

在两部门模型中，产品生产部门的生产函数可以用公式（16.19）表示。

$$Y(t) = [(1-\alpha_k)K(t)]^{\alpha}[A(t)(1-\alpha_L)L(t)]^{1-\alpha} \quad 0<\alpha<1 \tag{16.19}$$

在（16.19）式中，Y 是总产出，K 是存量资本，L 是存量劳动，A 是存量技术。$1-a_K$ 是全部资本中用于产品生产部门的份额，$1-a_L$ 是全部劳动用于产品生产部门的份额。该生产函数表明，总产出 Y 取决于投入的资本和有效劳动。

---

① 1990 年，罗默在两部门模型的基础上又设定了一个中间产品生产部门，旨在说明中间产品的生产不能以某个代表性厂商来描述，因为在任意一个时期，总有一些中间产品是当前技术无法生产出来的，从而假定了技术进步具有无限可能性。

在两部门模型中,知识或技术生产部门的生产函数可以用公式(16.20)表示。

$$\dot{A}(t) = B[\alpha_k K(t)]^\beta [\alpha_L L(t)]^\gamma A(t)^\theta \quad B>0, \beta\geq 0, \gamma\geq 0$$
(16.20)

在(16.20)式中,$\dot{A}$是研发部门新生产出来的知识,B为转移参数,用来说明影响知识生产的其他因素,a_K是存量资本中用于研发部门生产知识的份额;a_L是存量劳动中用于研发部门生产知识的份额;K、L和A分别为存量资本、存量劳动和存量技术;θ反映了现有技术存量对研发成败的影响,这种影响可能是正的,也可能是负的,因为人们不知道知识存量的增加是怎样影响生产的。该生产函数表明,新知识也是由投入的资本、有效劳动生产出来的。注意模型没有规定知识的生产函数是规模报酬不变的,它可能是递增的,也可能是递减的,这取决于研发人员相互合作的有效性和对固定设施的利用状况。

罗默认为,新知识具有两种不同的性质和用途:一是专业化知识用于新产品生产,并受到专利保护,因而具有完全的排他性,但可以使相关企业收益增加,从而推动经济增长;二是新知识能够增大知识存量即知识积累,知识积累构成一般知识,而一般知识具有外部经济性,可以使整个经济体收益增加,进而推动经济增长。

罗默的知识积累模型在把技术进步内生化的基础上,强调了研究与开发部门在经济增长中的作用。认为一个经济体要实现长期的可持续增长,就必须重视研究开发部门的作用,增加研究与开发部门的投入,提高知识积累率,促进技术创新和进步,实现经济的持续增长。

罗默的知识积累模型虽然把技术进步或知识积累内生化了,并且解释了经济长期可持续增长的源泉,但却不能很好地解决各国在人均收入方面为什么会存在巨大差异。因为知识取决于研发,研发又取决于投资,这是任何一个国家都可以做到的事情。从某种意义上说,卢卡斯的人力资本积累模型对此作出了更好的解释。

(三)人力资本积累模型

美国芝加哥大学教授罗伯特·卢卡斯(R. E. Lucas, Jr.)构建的人力资本积累模型是另一个将技术进步内生化的典范。

卢卡斯的内生经济增长模型把整个经济分成两个部门:消费品生产部门和人力资本生产部门。在消费品生产部门,每个劳动者根据其拥有的物质资本和一部分人力资本生产消费品；在人力资本生产部门，假定每个劳动者受教育和参加培训的时间，决定了他进一步获取新知识的能力速度。卢卡斯构造的总量生产函数可以用公式（16.21）表示。

$$Y(t) = AK(t)^{\alpha}[u(t)h(t)N(t)]^{1-\alpha}h_z(t)^{\gamma} \qquad (16.21)$$

在公式（16.21）中，A 代表技术水平，是一个常数；K 是存量资本；u 为劳动时间，h 代表一个典型工人的人力资本水平或一般技能水平，N 表示拥有一般技能水平的劳动者人数。生产函数还假定所有的劳动者都具有相同的技能水平，并且所有的劳动者都选择了同样的时间配置。而最后一个因子 $h_z(t)^{\gamma}$ 则体现了人力资本的溢出效应。人力资本的溢出效应可以解释为相互学习，一个拥有较高人力资本的人对他周围的人会产生有利影响，提高他们的生产率，但他并不因此获得收益。显然，卢卡斯的总量产函数体现了人力资本在经济增长中的重要作用。

卢卡斯在构造总量生产函数的同时，还构造了一个人力资本的生产函数。他把劳动分为纯体力的原始劳动和具有劳动技能的人力资本两种类型。人力资本增长模型可以用公式（16.22）表示。

$$h'(t) = \frac{dh(t)}{d(t)} = h(t) \cdot \delta[1 - u(t)] \qquad (16.22)$$

式中：h' 表示人力资本增量，$h(t)$ 是具有劳动技能的人力资本，δ 表示人力资本的产出弹性，$u(t)$ 代表全部生产时间，$1-u(t)$ 是脱离生产的在校学习时间或接受培训的时间。卢卡斯模型中的人力资本函数是以单个人力资本的形式表达的，但由于假定劳动者是同质的，因此全社会的人力资本可以通过加总获得。

模型表明，如果 $u(t)=1$，则 $h'(t)=0$，即无人力资本积累；如果 $u(t)=0$，则 $h(t)$ 按 δ 的速度增长，此时 $h'(t)$ 达到最大值。可见，脱产学习是人力资本积累的最重要途径。因此，人力资本的增长主要取决于现有人力资本和用于学习的时间。

卢卡斯将人力资本作为一个独立因子纳入经济增长模型，强调了人力资本在经济增长中的作用，即人力资本积累越快，总产出增长越快；人力资本积累规模越大，总产出规模越大。同时，人力资本积累不仅具有外部性，而且与人力资本存量成正比。

此后，卢卡斯又建立了"干中学"模型，认为专业化人力资本可以通过"干中学"获得。同时，他又认为专业化人力资本形成的规模和速度，直接取决于一般人力资本已达到的水平。同时，单纯依靠"干中学"方式，人力资本总体水平只能以十分缓慢的速度提高。

卢卡斯的人力资本积累模型不仅将技术进步内生化，而且认为人力资本积累是经济得以持续增长的决定性因素。这样，各国之间人均收入的巨大差异就可以用人力资本积累的差异作出合理的解释了。

第三节 促进长期经济增长的政策和制度创新

要保持一国的长期经济增长，通常只能借助于供给方面的政策。由于影响一个国家或地区长期经济增长的因素包括生产要素的投入数量和生产要素的效率，因此，刺激长期经济增长的经济政策主要包括刺激资本形成的政策、促进技术进步的政策和增加劳动供给的政策。同时，制度创新在经济增长中的作用也是不容忽视的。

一、促进资本积累和有效利用自然资源的政策

资本的形成或资本积累意味着资本存量的增加。资本存量的持续增加是促进长期经济增长的重要因素。在现代社会化大生产条件下，为把经济增长提高一个百分点，资本存量需要增加几个百分点。资本存量的高增长需要持续的高水平的投资支出，而为了维持持续的高水平的投资支出，就必须增加储蓄，包括私人储蓄、政府储蓄或公共储蓄，也包括引进外资。因此，一切影响私人储蓄、公共储蓄和引进外资的政策都会影响一个国家或地区的长期经济增长。

此外，制定正确的能够合理有效地利用自然资源的经济政策，也是使一个国家的经济能够保持长期稳定和持续增长的重要条件。

二、促进技术进步的政策

在现代社会，特别是已经进入后工业化时期的国家或地区，经济增长的源泉主要来自于技术进步。一个国家或地区技术进步的水平，主要取决于教育和科学研究的发展水平。然而，教育和科学研究尤其是基础研究是具有正外部性或外部经济的产业。如果通过市场机制来调节，私人部门在教育和科学研究上选择的投资水平一定会低于社会最优水平。显然，这需要政府对该部门进行投资。因此，政府对教育和科学研究部门的投资政策是影响一个国家技术进步，进而影响该国长期经济增长的最重要的因素。

同时,与技术进步相关的其他政策对长期经济增长的作用也是不容忽视的。例如有关技术创新的政策和专利制度、受政府政策影响的企业固定资产的折旧制度以及产业政策等都会在不同程度上影响一个国家的技术进步和长期经济增长。

三、增加劳动供给的政策

劳动供给也是影响一国长期经济增长的重要因素。劳动供给的状况取决于人口增长的状况,也取决于劳动时间和劳动的强度。如果一个国家的人口增长率过高,劳动时间较长,或由于其他原因导致劳动供给过剩,就会减少人均资本存量,从而必然使人均产出水平降低。相反,如果人口增长过慢,工作时间较短或由于其他原因导致劳动供给出现严重短缺,也同样会对经济增长起制约作用。

人口增长率的高低、工作时间的长短通常是和一个国家的收入水平联系在一起的。一般来说,低收入国家的人口增长率通常高于高收入国家的人口增长率。因此,制定一个符合本国国情的人口政策、劳动政策以及移民政策,对于保持长期稳定、持续的经济增长也就具有特别重要的意义。

四、制度创新

制度创新理论认为,由于不包括制度因素,传统的经济增长理论有其局限性。制度创新理论把制度安排当成一个变量,而不是把它看成是既定的、已知的。制度创新是指可以使创新者或创新集团通过制度的调整与变革取得潜在利益的一种活动,这种活动也能够促进经济增长。例如,正是由于金融制度方面的创新,才使投资者减少了投资的风险,从而使投资的增加和经济增长成为现实;正是由于商业制度方面的创新,才使厂商和消费者都感受到了方便和得到了实惠,从而促进了交易额的扩大、商业的发展,并因此而推动了经济增长;由于劳工供给制度方面的创新,才解决了一些国家长期劳工不足等方面的问题,保证了经济增长。

但是,一旦制度创新实现以后,就会出现制度均衡的局面。制度均衡是指这样一种情况:即社会中已经不存在可以通过制度变革而获得潜在利益的机会。当制度均衡出现以后,无论试图怎样改变现存的制度,都不会给制度变革者带来额外的收益。但是,制度均衡不是永久不变的。如果外界的条件发生了变化,那么就有可能打破原有的制度均衡,出现新一轮的制度创新,从而进一步推动经济增长。可见,要实现长期可持续的经济增长,进行持续的制度创新是必不可少的。

第四节 经济波动与经济周期

在长期中,任何一个国家或地区的经济都存在着一个特定的增长趋势或潜在产出增长路径。虽然如此,但在短期中,实际的经济增长总是围绕这一趋势上下波动的,并呈现出周期性的特征,这就是经济周期。本节前三个问题的讨论,我们以主流经济学的理论框架对经济周期的成因作出解释,第四部分将简单介绍与主流经济学不同但有重要影响的真实经济周期理论。

一、经济波动和经济周期的类型

在长期中,一个国家或经济体的经济增长趋势也就是该经济体的潜在产出增长路径。在潜在产出增长路径或趋势线上,任意一点都代表着一个经济体在某一时期充分就业状态下即资源被充分利用条件下的总产出。

虽然一个国家或经济体在一个持续长的时期内都存在着一个相对稳定的长期经济增长趋势或潜在产出增长路经,但这并不排除实际经济运行在短期内会偏离这个趋势,有时,它可能在趋势线的上方运行,而在另外的时候,它又可能回到趋势线附近或跌到趋势线的下方。实际经济运行不断偏离又不断收敛于长期增长趋势,就是经济波动。并且,这种经济波动具有周期性,我们把周期性的经济波动称为经济周期(business cycles),有时也称为商业周期。如图16-8所示。

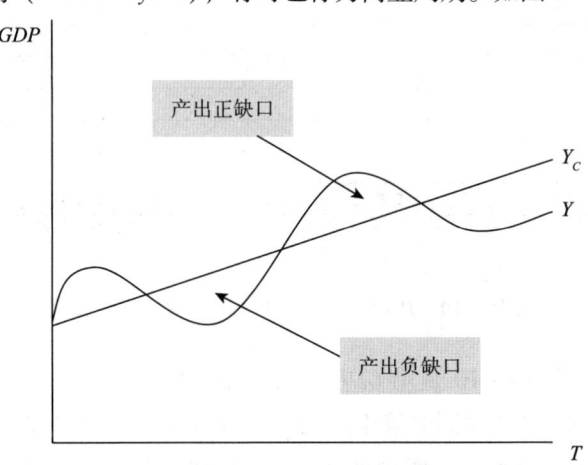

图16-8 经济波动和产出缺口

图 16-8 中的横轴表示以年为单位的时间,纵轴表示产出水平。坐标中的 Y_C 线为长期经济增长趋势线,线上的任意一点都表示一个国家或经济体在一定时期的潜在产出水平。坐标中 Y 线是实际经济增长曲线,曲线上的任意一点都表示经济体在某一时期的实际总产出。当实际产出水平高于潜在产出水平时,经济中存在着产出正缺口,而当实际产出水平低于潜在产出水平时,经济中则存在着产出负缺口。

经济的周期性波动是经济体短期经济增长的基本特征。图 16-9 和图 16-10 分别给出了 1978 年至 2019 年世界经济和中国经济的走势。

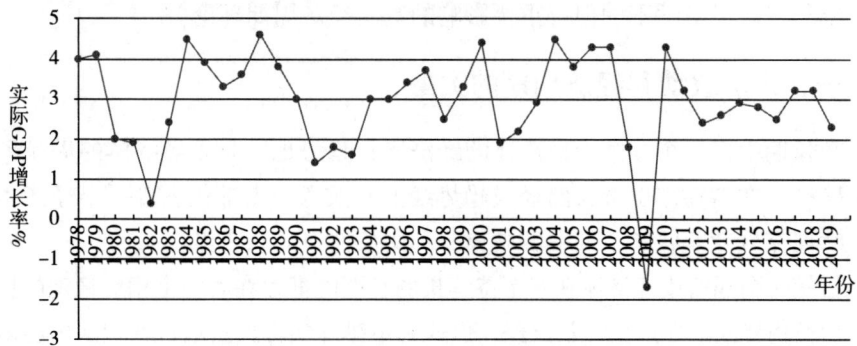

图 16-9 1978—2019 年全球实际 *GDP* 增长率

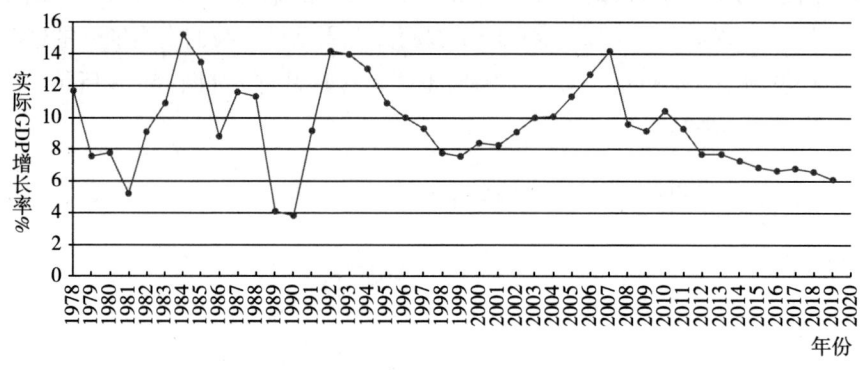

图 16-10 1978—2019 年中国实际 *GDP* 增长率

图 16-9 和图 16-10 是用 *GDP* 增长率描述的经济波动。实际上,许多经济变量都会伴随经济波动同时发生波动,一些变量会随着经济扩张而上升,随经济收缩而下降,即所谓"顺周期变量",如通货膨胀率、投资增长率、消费增长率、生产率、实际工资率等;而另一些变量会随经济扩张而下降,随经济

收缩而上升,即所谓"逆周期变量",如失业率。当然,也有些变量是无周期的。读者可以搜集相关数据,观察这些数据变化与经济增长率变化的关系,你会发现,一些变量可能是领先或滞后于经济波动的,而另一些变量可能是与之同步的。毫无疑问,价格水平应当是滞后指数,因为经济中存在价格粘性。经济学家们把经济中诸多变量共同波动的现象称之为"联动(comovement)"。

按照周期波动时间的长短,一般可以把经济的周期性波动分为三种类型,即长周期、中周期和短周期。长周期又称长波循环,据认为,每个周期的长度平均为50~60年。这是由前苏联的经济学家康德拉耶夫(Nikolai D. Kondratieff)提出来的,因此又称康德拉耶夫周期(Kondratieff cycles)。中周期又称中波循环或大循环,每个周期的平均长度约为8~10年左右。这是由法国的经济学家朱格拉(C. Juglar)提出来的,因此又称朱格拉周期(Juglar cycles)。短周期又称短波循环或小循环,它的平均长度约为40个月左右,这是由美国的经济学家基钦(Joseph Kitchin)提出来的,因此又称基钦周期(Kitchin cycles)。在现实生活中,对经济运行影响较大且较为明显的是中周期,人们最关注的也是中周期,宏观经济学中所研究的经济周期或商业循环也大都是指中周期。

按照一国经济总量绝对下降或相对下降的不同情况,中周期又可分为古典型周期和增长型周期。如果一国的经济运行处在低谷时的经济增长为负增长,即经济总量绝对减少,通常将其称为古典型周期;如果处在低谷时的经济增长率仍为正值,即经济总量只是相对减少而非绝对减少,则为增长型周期。

二、经济周期的阶段划分和阶段特征

经济周期是指经济活动沿着经济增长的长期趋势而出现的有规律的扩张和收缩。在一般情况下,一个完整的经济周期包含四个阶段,即复苏、繁荣、衰退和萧条。见图16-11。

在图16-11的坐标中,曲线上的A点和A'点表示一国的经济运行正处于周期的低谷或波谷,C点则表示一国经济运行正处在周期的波峰,在B点和D点,经济运行正处在趋势线上,表明资源刚好被充分利用,即刚好实现充分就业。在图16-11中,从A点到B点为复苏阶段,从B点到C点为繁荣阶段,从C点到D点为衰退阶段,从D点到A'点为萧条阶段。也可以把从A点到C点看成是一国经济增长的扩张阶段,把从C点到A'点视为收缩阶段。计算经济周期的长度可以从波谷到波谷,即从A点到A'点,也可以从波峰到波峰,即从

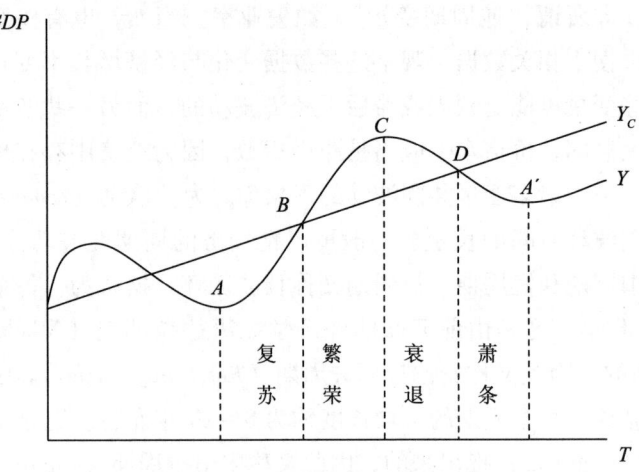

图 16-11　经济周期的阶段划分

上一个 C 点到下一个 C 点。许多教科书通常把经济周期分为两个阶段：当经济处于扩张期时即为复苏阶段，当经济处于收缩期时则为衰退阶段。[①]

在扩张阶段，经济上可能出现的一般特征是，伴随着经济增长速度的持续提高，消费需求、投资需求持续增长，产量不断增加，市场需求旺盛，就业机会增多，企业利润、居民收入和消费水平都有不同程度的提高。特别是当经济运行进入到繁荣阶段时，会常常伴随着通货膨胀和经济过热。相反，在收缩阶段，伴随着经济增长速度的持续下滑，消费需求不足，投资活动萎缩，生产发展缓慢，甚至出现停滞或下降，市场疲软，产品滞销，就业机会减少，失业率上升，企业利润水平下降，亏损、倒闭、破产企业数量增多，居民收入和消费水平呈不同程度的下降趋势。在此期间，尤其是进入萧条阶段时，还常常伴随着通货紧缩。因此，了解经济周期是非常重要的，因为经济衰退和萧条会给许多人带来失业和贫困，并且会使许多企业陷入困境、倒闭或破产；而经济复苏和繁荣又会给许多人带来新的就业和增加收入的机会，而许多新企业也会伴随经济的扩张而诞生。当然，了解经济周期对政府同样重要，因为经济周期在很大程度上决定着政府的经济政策取向。

需要指出的是，在扩张阶段和收缩阶段，上述经济特征可能全部出现，也可能部分出现。而且其严重程度也会因波动幅度的大小和波动的剧烈程度而有

---

① 经济学界对经济周期的阶段划分并不唯一。

所不同。还需要说明的是,上述特征通常是市场经济条件下的表现,而在传统的计划经济体制中则可能有所不同。例如在低谷时期,产品不是表现为过剩而是表现为短缺,通货膨胀和通货紧缩也不一定以价格持续上升和持续下降的形式表现出来。

三、经济周期的直接原因和根源

经济波动的最直接原因是总需求与总供给的不一致。因为代表实际经济运行的 Y 线之所以会与代表经济长期增长趋势的 Y_c 线相偏离,或者说,实际总产出之所以会与潜在总产出不一致,是因为一个国家或经济体的长期经济增长即潜在产出的增长依赖于该国或该经济体长期总供给的增长,即劳动、资本和技术等有效供给的增长,而无论是劳动或人口的增长、资本积累的增长还是技术进步,都是相对稳定的,对整个经济的影响也是渐进的。因此,一个国家的长期经济增长趋势也必然具有相对稳定性。

然而,在短期内实际总产出或实际 GDP 并不决定于长期总供给。在长期总供给水平既定的情况下,实际总产出是由包括消费需求、投资需求、政府需求和净出口在内的总需求决定的,而总需求的变动相对于长期总供给来说不具有稳定性。当消费者、厂商、政府和外国人扩大或削减他们的支出时,总需求就会发生变动。在此情况下,短期实际经济增长与长期增长趋势相偏离即经济波动就是不可避免的。因此,经济波动的直接原因即为总需求与长期总供给的不一致。当总需求与短期总供给决定的均衡产出或总需求大于长期总供给决定的潜在产出时,实际经济就会运行在趋势线的上方,这时,产出存在正缺口,这意味着资源被过度利用。通常,经济中会出现通货膨胀,经济表现为"热"的状态。反之,当总需求与短期总供给决定的均衡产出或总需求小于长期总供给决定的潜在产出时,实际经济运行就会跌至趋势线的下方,这时,产出存在负缺口,资源未能得到充分利用,失业会增加,有时也会伴随着通货紧缩,经济呈现"冷"的状态。

一般认为,总需求与总供给的不一致,从而经济出现周期性的波动,既可能源于总需求的扰动或需求冲击,也可能源于总供给的扰动或冲击。

首先,在短期内,当总需求由于某种原因持续增加时,经济运行便可能进入扩张阶段。当总需求的持续增加致使经济活动水平超出该经济体潜在的生产能力,即高于经济增长的趋势线,也就是出现产出正缺口时,就可能出现经济过热和通货膨胀,这时的总需求大于总供给。反之,当总需求由于某种原因持续收缩时，经济运行就可能进入收缩阶段。当总需求的持续收缩致使经济活动水平低于该经济体潜在的生产能力，即跌到趋势线的下方，也就是出现产出负缺口时，就会出现经济过冷和严重失业，此时总需求小于总供给。

其次，总需求与总供给的不一致也可能是由于供给冲击造成的。供给冲击是指由于在短期内出现自然灾害、战争或其他因素所导致的总供给的突然减少。短期总供给的突然减少会导致产出水平下降，使经济出现收缩，同时也会导致物价水平上升，即出现经济滞胀的局面。

总之，主流经济学解释经济波动的理论框架是总需求－总供给模型。关于总需求冲击和总供给冲击所形成的经济波动，我们在第十四章"$AD-AS$模型和经济波动"一节中已经做了详细分析，这里不再重述。问题是，经济波动是客观的，但经济波动为什么具有周期性？这涉及经济周期的根源。

经济运行出现周期性波动的根源是极为复杂的。一般而言，它可能根源于经济制度或经济体制本身的某些特征，也可能起因于经济结构的变动或是经济政策的影响；既可能起因于经济中存在的引起波动的内在力量，也可能起因于随机的或未预期到的外部力量的冲击，也可能起因于多种因素的相互作用。

目前，在经济理论界，对经济周期根源的解释观点众多，但至今没有一个令人满意的解释，就是说，经济周期的根源究竟是什么，仍然是宏观经济学中争议最大的一个理论问题。

现代经济理论对经济周期的解释大体可以分为三类：一是供给冲击，如技术进步、自然气候、资源发现、世界市场原料价格波动等都可以对总供给形成冲击；二是需求冲击，如投资扰动、消费扰动以及私人需求方面预期和偏好的改变等都可以对总需求形成冲击；三是政策冲击，如政府的货币政策、财政政策、汇率政策等对经济形成的冲击。经济学家们认为，上述因素对经济的冲击之所以会导致经济周期性波动，可能是价格和货币工资粘性造成的，也可能是随机冲击的结果。

经济周期的存在，反映了市场机制在调节宏观经济运行过程中自身存在的局限性和缺陷。因此，为了保持经济持续、稳定、高速增长，政府通常运用需求管理政策即财政政策和货币政策干预经济运行。一般而言，当一国的经济活动水平高于趋势线，即经济中出现产出正缺口时，为避免出现经济过热和通货膨胀，政府常常采用紧缩性的财政政策和紧缩性的货币政策抑制总需求的增长；反之，当经济活动水平低于趋势线，即经济中出现产出负缺口时，为避免经济过冷和致使更多的企业陷入困境以及更多的劳动者失业，政府常常采用扩张性的财政政策和货币政策，以刺激总需求的增加。但是，无论是财政政策还是货币政策，都不能改变一国的潜在产出水平。

四、真实经济周期理论①

在真实经济周期理论出现之前，尽管经济学家们对经济周期形成的根源存在不同的认识，并形成了众多流派，但是，在把经济周期视为短期实际产出与长期潜在产出增长趋势相偏离这一点上，基本上还是相同的。而真实经济周期理论彻底否定了这一点。

真实经济周期或实际经济周期（real business cycle，RBC）理论颠覆了主流经济学和传统经济学的研究范式，认为经济运行过程中不存在短期与长期的问题，因为在短期和长期中决定经济增长的因素都是相同的，既有总需求方面的因素，也有总供给方面的因素。因此，人为地把经济分为短期和长期是没有意义的。与此相联系，经济周期不是实际产出与潜在产出的背离，而是潜在产出增长路径即经济增长趋势本身的改变。

那么经济周期是由什么引发的呢？或者说，是什么因素改变了经济增长趋势或潜在产出增长路径？RBC 理论否定了主流经济学关于经济周期源于市场机制不完善的观点，认为市场体系本身是完善的，在短期或长期都可以自发地使经济实现充分就业的均衡。因此，经济波动只能是由经济体系外的某些"真实因素"冲击造成的。这些真实因素既有来自供给方面的，也有来自需求方面的。其中，来自供给方面的技术进步所形成的冲击是经济周期的最主要的波动源。真实经济周期理论认为，技术冲击是广义的。许多事件并不是技术性的，但也像技术冲击一样影响着生产函数，如原材料和能源价格的改变、气候的变化，等等。在引发经济周期的真实因素中，既有对经济形成"有利冲击"或"正冲击"的因素，也有对经济形成"不利冲击"或"负冲击"的因素。

外部冲击是怎样引起经济周期的呢？RBC 理论认为，经济周期主要根源于技术冲击。技术冲击会导致技术进步率大幅度波动，使全要素生产率发生改

---

① 真实经济周期理论诞生于 20 世纪 80 年代，属于新古典宏观经济学派，主张经济自由化。主要代表人物是基德兰德（Finn E. Kydland）和普雷斯科特（Edward C. Prescott）。本部分的主要观点也出自于基德兰德和普雷斯科特的论文和著作。

变，进而引起产出和就业的波动。技术冲击具有随机的性质，它使产出的长期增长路径也呈现出随机的跳跃性：当出现技术进步时，经济就在更高的起点增长；若技术恶化或下降，经济将出现衰退。当技术冲击最初发生于某一个部门时，由于社会生产各部门之间存在着密切的相互联系，因而会引起整个宏观经济的波动。此外，宏观经济的持续波动可以是由连续的单方向的技术冲击引发的，也可以是由一次性重大的冲击造成的。

为什么一次性技术冲击能够引起实际产出和就业的持续波动？RBC 理论认为，由技术冲击引起经济波动的核心传导机制是劳动供给的跨时替代，即在不同时段重新配置工作时间的意愿。当技术冲击引起全要素生产率波动时，各个经济主体就会调整对劳动的供给和消费，从而产生一个较大的供给反应，并最终导致产出和就业的持续波动。

真实经济周期理论认为，市场体系本身是完善的，因而经济周期是经济体系外部因素的冲击造成的，与市场机制无关。因此，经济波动一定是理性的经济主体对外部因素冲击所做出的最优反应的结果。同时，由于经济周期表现为经济增长趋势自身的波动，而不是经济围绕着趋势波动，这也就意味着，周期波动不是对均衡的偏离，而是均衡自身的波动所致。所以，只要均衡存在，帕累托最优也就存在。自然，经济衰退也不应被视为是一种福利损失。由此得出的合乎逻辑的结论就是：由外部冲击引起的周期性波动，不应当由政府用经济政策来平抑，而是要依靠市场机制的自发调节来实现经济稳定。即是说，政府的任何干预都是毫无意义的。RBC 理论甚至认为，政府运用经济政策干预经济本身就是导致经济周期波动的一个真实因素。用政府干预代替市场机制的结果，只能是破坏经济稳定和经济本身自发调节的功能。

关键名词和术语

经济增长　经济发展　粗放型经济增长方式　集约型经济增长方式　潜在产出增长路径　哈罗德-多马模型　资本-产出比　哈罗德不稳定原理　新古典增长模型　希克斯中性技术进步　索洛剩余　全要素生产率　劳动产出弹性　资本产出弹性　稳态均衡　资本的深化　资本的广化　资本存量的黄金率　水平效应　增长效应　AK 模型　人力资本　制度创新　基钦周期　朱格拉周期　康德拉耶夫周期

复习思考题

1. 影响长期经济增长的因素有哪些？怎样实现经济增长方式的转变？
2. 简述丹尼森和库兹涅茨对经济增长因素的分析。
3. 简述哈罗德模型并解释哈罗德不稳定原理。
4. 简述新古典增长模型对经济增长理论的贡献及其缺陷。
5. 新古典增长模型稳态增长的条件是什么？实现资本存量的黄金率水平有何理论意义和现实意义？
6. 解释当经济实现稳态均衡时，经济体中相关变量的稳态增长率。
7. 根据新古典增长模型，储蓄率、人口增长率和技术进步率的变化对经济增长会产生怎样的影响？
8. 新古典增长模型、内生增长理论在经济转型和创新发展过程中具有什么借鉴意义？
9. 促进一个国家经济长期可持续增长的经济政策有哪些？
10. 怎样用总需求－总供给模型解释经济波动？指出哪些变量是顺周期和逆周期的，并分析其原因。
11. 分析经济周期的原因及政府面对经济周期的经济政策取向。
12. 你怎样看待真实经济周期理论？

计算证明题

1. 已知资本增长率为 2%，劳动增长率为 0.8%，产出增长率为 3.1%，资本产出弹性为 0.25。试求技术进步对经济增长的贡献。
2. 设某一国某一时期的 GDP 增长率为 8%，同一时期劳动和资本的 $\wedge$ 增长率分别为 3% 和 10%，劳动与资本的产出弹性分别为 0.6 和 0.4。计算全要素生产率和技术进步对经济增长的贡献率。
3. 在新古典增长模型中，人均生产函数为 $y = f(k) = 2k - 0.5k^2$，人均储蓄率为 0.3，人口增长率为 0.03，求：（1）使经济均衡增长的 k 值；（2）与黄金律相对应的人均资本量。

后 记

本书是为经济管理类专业本科生和非经济管理类专业研究生教学需要而编写的。为了更好地适合教学的需要，作为一名经济学教授，作者曾对美国和欧洲的20余所大学进行过访问考察，并对国内数所大学的经济学教学进行过研究，最终将本书定位于初级教程和中级教程水平之间但更接近于中级教程的水平。

《经济学教程》作为一部教材，在名词、概念和原理的表述上，在逻辑推理方面，在内容、结构和体系安排以及对经济理论的理解方面，都有很高的要求。作者集30多年的教学经验，对本书几经修改，前后写作了近两年的时间，于2007年4月出版，2010年对本书进行了修订，2012年再次修订。目前呈现给读者的是《经济学教程》第四版。

本书在写作和修订过程中，得到了许多同事的帮助，并提出了宝贵的修改意见。同时，本书的写作也参考了国内外目前已经正式出版的经济学教材和大量的经济学文献，由于篇幅所限，没有一一列出；此外，本书在出版过程中，还得到了经济日报出版社胡子清编审的鼎力支持，作者在此一并表示感谢。

作者：张连城
2021年1月5日于北京

图书在版编目（CIP）数据

经济学教程／张连城编著．——4 版．——北京：经济日报出版社，2021.1
 ISBN 978-7-5196-0735-7

Ⅰ．①经⋯ Ⅱ．①张⋯ Ⅲ．①经济学-教材 Ⅳ．①F0

中国版本图书馆 CIP 数据核字（2021）第 231043 号

经济学教程（第四版）

作　　者	张连城
责任编辑	胡子清
责任校对	徐建华
出版发行	经济日报出版社
地　　址	北京市西城区白纸坊东街 2 号 A 座综合楼 710（邮政编码：100054）
电　　话	010-63567684（总编室）
	010-63584556　63567691（财经编辑部）
	010-63567687（企业与企业家史编辑部）
	010-63567683（经济与管理学术编辑部）
	010-63538621　63567692（发行部）
网　　址	www.edpbook.com.cn
E-mail	edpbook@126.com
经　　销	全国新华书店
印　　刷	北京文昌阁彩色印刷有限责任公司
开　　本	710×1000 mm　1/16
印　　张	32
字　　数	470 千字
版　　次	2021 年 2 月第四版
印　　次	2021 年 2 月第一次印刷
书　　号	ISBN 978-7-5196-0735-7
定　　价	68.00 元

版权所有　盗版必究　印装有误　负责调换